W0244281

La gestione delle crisi aziendali: cause, strategie e piani di risanamento

Alla luce del Codice della crisi d'impresa e dell'insolvenza

IUSTITIAM COLIMUS

Alberto Dell'Atti

La gestione delle crisi aziendali: cause, strategie e piani di risanamento

Alla luce del Codice della crisi d'impresa e dell'insolvenza

Giappichelli

© Copyright 2023 - G. GIAPPICHELLI EDITORE - TORINO
VIA PO, 21 - TEL. 011-81.53.111

http://www.giappichelli.it

ISBN/EAN 979-12-211-0264-2
ISBN/EAN 979-12-211-7994-1 (ebook - pdf)

G. Giappichelli Editore

Questo libro è stato stampato su carta certificata, riciclabile al 100%

Stampa: LegoDigit s.r.l. - Lavis (TN)

Le fotocopie per uso personale del lettore possono essere effettuate nei limiti del 15% di ciascun volume/fascicolo di periodico dietro pagamento alla SIAE del compenso previsto dall'art. 68, commi 4 e 5, della legge 22 aprile 1941, n. 633.

Le fotocopie effettuate per finalità di carattere professionale, economico o commerciale o comunque per uso diverso da quello personale possono essere effettuate a seguito di specifica autorizzazione rilasciata da CLEARedi, Centro Licenze e Autorizzazioni per le Riproduzioni Editoriali, Corso di Porta Romana 108, 20122 Milano, e-mail autorizzazioni@clearedi.org e sito web www.clearedi.org.

a Elisa
e al mio fedele e inseparabile Ciro

Indice

pag.

Capitolo II

I processi di diagnosi e la valutazione delle strategie di risanamento

Capitolo III

Il governo societario e gli assetti organizzativi d'impresa

pag.

Capitolo IV

Le procedure di risanamento nel Codice della crisi d'impresa e dell'insolvenza

Capitolo V

I principi di redazione dei piani di risanamento

Capitolo VI

I principi di attestazione dei piani di risanamento

Capitolo VII

Le procedure liquidatorie nel Codice della crisi d'impresa e dell'insolvenza

Capitolo VIII

La gestione della crisi nei gruppi aziendali

Capitolo IX
Il trattamento contabile dei debiti ristrutturati

Prefazione

Il D.Lgs. 12 gennaio 2019, n. 14, in attuazione della Legge delega n. 155/2017, ha introdotto nel nostro ordinamento giuridico il "*Codice della crisi d'impresa e dell'insolvenza*" (d'ora innanzi CCII), con l'obiettivo precipuo di riformare in modo sistematico e organico la materia dell'insolvenza, della crisi d'impresa e delle procedure concorsuali [1].

Tuttavia, fatta eccezione di alcune norme, il nuovo impianto normativo è entrato in vigore solo a partire dal 15 luglio 2022 per effetto del D.Lgs. 17 giugno 2022, n. 83.

Com'è noto, le diverse modifiche normative in materia di procedure concorsuali che si sono succedute nel tempo, soprattutto quella attuata con il D.Lgs. 9 gennaio 2006, n. 5, hanno ampiamente modificato la normativa di base costituita dal R.D. 19 marzo 1942, n. 267, ma, nello stesso tempo, hanno accentuato il divario tra le disposizioni riformate e quelle rimaste invariate, le quali hanno risentito ancora di un'impostazione nata in un contesto temporale e politico ben lontano da quello attuale. Inoltre, la frequenza degli interventi normativi che si sono succeduti negli anni, il più delle volte di natura sporadica ed emergenziale, intervenendo su disposizioni della legge fallimentare modificate da poco, ha generato rilevanti difficoltà applicative e la formazione di indirizzi giurisprudenziali non consolidati. Da qui l'esigenza, largamente avvertita dagli studiosi e dagli operatori del settore, di una riforma organica dell'intero impianto normativo.

Non solo, ma l'evidenziata esigenza di una revisione complessiva della materia concorsuale si è resa ancor più impellente in virtù delle sollecitazioni provenienti dall'Unione Europea. Si ricordano, infatti, il regolamento (UE) 2015/848 del Parlamento e del Consiglio del 20 maggio 2015 che tratta dell'efficienza e dell'efficacia delle procedure di insolvenza per il buon funzionamento del mercato interno in ragione delle sempre più crescenti implicazioni transfrontaliere; la Rac-

---

[1] Esso è frutto della sequenza dei seguenti provvedimenti:

1. il D.Lgs. n. 14/2019;
2. il D.Lgs. "correttivo" n. 147/2020;
3. Direttiva europea n. 1023/2019;
4. D.L. n. 118/2021;
5. D.Lgs. n. 83/2022.

comandazione n. 2014/135/UE della Commissione del 12 marzo 2014, che ha posto il duplice obiettivo di garantire alle imprese sane, ma in difficoltà finanziaria, l'accesso a un quadro nazionale in materia di insolvenza, che permetta loro di ristrutturarsi in una fase precoce e di dare una seconda opportunità (in tutta l'Unione) agli imprenditori onesti che "falliscono"; il Regolamento delegato UE 2016/451 della Commissione, che stabilisce i principi e i criteri generali per la strategia d'investimento e le regole di gestione del Fondo di risoluzione unico.

In tale contesto, si ricorda anche la Direttiva UE 2019/1023, chiamata anche "*Direttiva Insolvency*" (riguardante i quadri di ristrutturazione preventiva, l'esdebitazione e le interdizioni, le misure volte ad aumentare l'efficacia delle procedure di ristrutturazione, ecc.), che ha modificato la Direttiva UE 2017/1132 in tema di ristrutturazione e di insolvenza.

Vanno richiamati, inoltre, i principi della *Model law*, elaborati in tema d'insolvenza dalla Commissione delle Nazioni Unite per il diritto commerciale internazionale (UNCITRAL), cui hanno aderito molti paesi anche in ambito extraeuropeo (tra cui gli Stati Uniti d'America), il cui recepimento, in regime di reciprocità, consente il riconoscimento dei provvedimenti giurisdizionali emessi nei rispettivi paesi con evidente vantaggio anche per gli imprenditori italiani operanti all'estero.

Conseguentemente, la Legge n. 155/2017, contenente la delega al Governo per la riforma delle discipline della crisi di impresa e dell'insolvenza, ha avuto come scopo principale quello di fornire una risposta alle indicate sollecitazioni.

Il citato D.Lgs. di attuazione n. 14/2019 rappresenta un quadro normativo unitario, che detta, innanzitutto, i principi giuridici comuni al fenomeno dell'insolvenza, destinati a operare come punti di riferimento per le diverse procedure, pur mantenendo le differenziazioni necessarie in ragione della specificità delle diverse situazioni in cui l'insolvenza può manifestarsi.

Esso, se da un lato modifica radicalmente la "legge fallimentare", dall'altro lato va ad incidere anche sull'istituto della composizione delle *crisi da sovraindebitamento,* introdotta con la Legge 27 gennaio 2012, n. 3.

Così come il D.L. n. 118/2021 ha introdotto un ulteriore strumento di risanamento aziendale, quello della *composizione negoziata della crisi d'impresa*, che rappresenta un percorso di negoziazione, volontario e stragiudiziale, che oltretutto sostituisce le procedure di allerta inizialmente previste dallo stesso CCII.

Nell'ottica della riforma sono stati dettati i principi generali e sono state definite alcune nozioni fondamentali nella materia in esame, a cominciare da quella di "crisi" e quella di "insolvenza".

Sempre sul piano definitorio, com'è noto, il legislatore ha abbandonato la tradizionale espressione "fallimento" (e quelle da essa derivate), uniformandosi a una tendenza già manifestatasi nei principali ordinamenti europei di *civil law* (tra cui quelli di Francia, Germania e Spagna), volta a evitare l'aura di negatività e di discredito, anche personale, che storicamente a quella parola si accompagnava. È vero, infatti, che anche un diverso approccio lessicale può meglio esprimere una nuova cultura del superamento della crisi, vista come evenienza fisiologica nel ciclo vitale di un'impresa da prevenire ed eventualmente affrontare al meglio.

La riconduzione della disciplina dell'insolvenza a un quadro sistematico, le cui linee generali risultino bene individuabili, ha come corollario un'opera di semplificazione delle regole processuali di volta in volta applicabili, con conseguente riduzione delle incertezze interpretative e applicative, nonché maggiore uniformità agli orientamenti giurisprudenziali.

Nel quadro complessivo della riforma, l'intento primario del legislatore è quello di salvaguardare le attività economiche che si trovano in uno stato di crisi, prevedendo e disciplinando una serie di strumenti a disposizione dell'imprenditore che mirano a una soluzione immediata della crisi medesima. Il principio di fondo dell'intero impianto normativo è quello di operare un intervento preventivo, onde evitare che situazioni di difficoltà di natura fisiologica sfocino in situazioni di natura patologica, compromettendo l'equilibrio generale dell'impresa, sino a determinarne un'insolvenza irreversibile.

In tale ottica, come si è detto in precedenza, lo stesso legislatore prevede che l'azienda debba dotarsi di un adeguato assetto societario, volto a monitorare e valutare la situazione patrimoniale, finanziaria ed economica, al fine di intervenire efficacemente e tempestivamente, rimuovendo le cause disfunzionali e, quindi, ripristinando gli equilibri compromessi, nell'ottica della continuità aziendale.

Come più volte rimarcato in ambito aziendale, lo stato di crisi, tranne rarissimi casi, difficilmente si manifesta all'improvviso, ma si evolve con una certa gradualità, vale a dire attraverso un progressivo processo degenerativo che trae origine, il più delle volte, da una fase di mera disfunzione (quindi una condizione fisiologica), caratterizzata da una difficoltà temporanea, sino alla fase della crisi conclamata, ossia uno stato di palese insolvenza rappresentata da una oggettiva incapacità dell'impresa di far fronte, in tutto o in parte, alla proprie obbligazioni. Ovviamente, nel primo caso la situazione appare decisamente meno complessa, in quanto, se affrontata con immediatezza e con strumenti appropriati, si presta a più favorevoli possibilità di successo.

L'impresa in crisi è naturalmente portata a tentare la via del risanamento al fine di ripristinare l'equilibrio generale. Ovviamente ciò è possibile solo dopo aver appurato l'esistenza dei presupposti e delle condizioni di reversibilità, ossia la sussistenza dei margini di intervento su un potenziale aziendale che si presta ad azioni di recupero o di riconversione. In altre parole, occorre comprendere appieno se l'azienda presenta ancora apprezzabili prospettive future di continuità, ossia se gode ancora della fiducia dei fornitori o dei clienti, se i prodotti o i servizi offerti mantengono una soddisfacente grado di competitività sul mercato, se il *know how* è ancora sfruttabile e altro ancora. È evidente che il venir meno di tali condizioni impone la consapevole presa d'atto che il processo di deterioramento è giunto a un livello tale da non lasciare spazio ad altre soluzioni se non quella della cessazione (assoluta o relativa). Ovviamente, il compito di verificare l'esistenza delle potenzialità aziendali ed eventualmente scegliere la strategia di risanamento più appropriata spetta agli organi di direzione.

A tal riguardo, in ambito economico-aziendale, le patologie che possono interessare la gestione di un'impresa costituiscono un filone che, seppur consolidato, è in continua evoluzione, anche in funzione dei nuovi contesti aziendali e di mercato, nonché dei differenti fenomeni che determinano lo stato di crisi.

È di esempio la crisi internazionale che ha avuto inizio intorno al 2007, prevalentemente di matrice finanziaria, che, favorita dal fenomeno sempre più pressante della globalizzazione, ha avuto una rapita e estesa diffusione coinvolgendo un numero sempre più elevato di categorie di stakeholders. Ma si pensi anche alla crisi economica dovuta al periodo della pandemia e non ultima a quella del conflitto tra Russia e Ucraina.

A tal proposito, i fenomeni patologici che interessano le aziende e le conseguenti eventuali azioni di risanamento, pur analizzati in chiave economico-aziendale, non possono certo prescindere da una composizione negoziale, ossia il ricorso a strumenti giuridici che favoriscono il superamento dello stato di crisi e allo stesso tempo tutelano l'azienda.

Tuttavia, indipendentemente dalla tipologia dell'intervento che si intende adottare (stragiudiziale o meno), è di fondamentale importanza il rapporto che si instaura tra l'azienda e i suoi creditori.

Invero, la componente *fiducia*, che rappresenta la sintesi dei giudizi sia sull'andamento passato, sia sulle prospettive future, riveste un ruolo determinante, soprattutto in contesti caratterizzati da un elevato grado di incertezza e aleatorietà. In definitiva, la conoscenza del passato è utile per conoscere il comportamento tenuto dall'imprenditore e dal management, ossia se la loro condotta è stata improntata su scelte prudenziali e a tutela degli interessi aziendali, primo tra cui la conservazione del patrimonio. Nel contempo, l'analisi delle prospettive future è altrettanto importante, in quanto consente di formulare un giudizio sulle probabilità di successo di un'azione di risanamento. In altre parole, per quanto tale processo rappresenti un evento straordinario e di rottura rispetto al passato, è altrettanto vero che esso non può non tener conto degli accadimenti trascorsi e del ruolo che gli organi di governo hanno svolto in tal senso.

Va da sé che, dinanzi a una situazione di crisi, soprattutto se di natura patologica, indipendentemente dalla strategia di risanamento che si intende porre in essere, risulta indispensabile il consenso esterno, senza il quale il rischio di non raggiungere gli obiettivi prefissati risulta elevato.

Come già ricordato, il più delle volte un piano di risanamento si fonda su strumenti giuridici che offrono maggiori garanzie di serietà e di tutela nei confronti dei soggetti terzi all'azienda, finendo per rafforzare quel rapporto di fiducia poc'anzi ricordato. Nel contempo, non bisogna dimenticare quello che è l'interesse economico generale, in quanto la ricchezza prodotta da ogni singola impresa concorre a migliorare il benessere dell'intera collettività.

Il presente lavoro ha lo scopo di interpretare il concetto di crisi aziendale e di analizzare, soprattutto in chiave economico-aziendale, i possibili strumenti giuridici previsti dal legislatore volti a consentire all'impresa (o ai gruppi di imprese) il superamento della crisi medesima nell'ottica della continuità aziendale.

Nel contempo, per completezza espositiva, sono stati analizzati, se pur sommariamente, gli istituti con finalità liquidatorie nell'ottica della cessazione assoluta dell'impresa.

Capitolo I
Rischio aziendale e crisi d'impresa

1. Premessa

Notoriamente l'impresa opera in un contesto sempre più caratterizzato da intensi e discontinui mutamenti che determinano un elevato grado di incertezza e che trova espressione in una configurazione definita *rischio*. Invero, l'attività economica, per quanto attentamente preordinata e improntata su una gestione razionale, è oggettivamente connotata da una limitata conoscenza degli eventi futuri, pertanto, il futuro divenire dell'attività aziendale è caratterizzato da un ineludibile grado di aleatorietà, da cui possono scaturire tanto effetti negativi, quanto effetti positivi.

Come è noto il sistema *ambiente*, in cui ciascuna azienda opera, è caratterizzato da una forte componente di mutevolezza e, soprattutto, di dinamismo che risulta ancora più accentuato dalla presenza di determinati fenomeni (la globalizzazione dei mercati, il mutamento del comportamento dei consumatori, l'avanzamento tecnologico, la diffusione di mezzi di comunicazione sempre più sofisticati) che rendono gli scenari futuri altamente imprevedibili.

Pertanto, nell'ambito dei processi decisionali, le imprese si trovano a dover fronteggiare gli eventi negativi, ossia i cosiddetti *rischi puri*, da cui discende una serie di rischi specifici che nel loro insieme danno luogo al cosiddetto *rischio economico d'impresa*.

In ambito dottrinale è opinione diffusa che il rischio non è riconducibile a singole cause (indipendentemente che esse siano endogene o esogene), ma scaturisce dall'effetto sistemico di singoli rischi specifici. Tale impostazione di pensiero consente un inquadramento dei rischi aziendali nella concezione sistemica dell'impresa, facendo emergere implicitamente la necessità di associare alle capacità previsionali un sistema di decisioni che sia agile, rapido ed efficace [1].

---

[1] F. ALOI (2004), *Crisi aziendali: cause e interventi risolutivi*, in *Amministrazione e Finanza*, n. 12; D. CARDASCIA (2005), *Crisi d'impresa e interventi di turnaround*, in *Amministrazione e Finanza*, n. 23.

Ovviamente, il rischio d'impresa ha una portata di per sé ampia, nel senso che produce effetti non solo limitatamente all'ambito della sfera economico-giuridica dal soggetto aziendale, ma, in vario modo, investe anche i soggetti terzi (o categorie di essi) che, direttamente o indirettamente, sono interessati alla gestione aziendale, sino a propagarsi all'intero contesto socio-economico di appartenenza trasformandosi così in *rischio economico generale*.

Da qui la necessità di adottare un comportamento gestionale improntato alla razionalità e alla correttezza, tale da permettere la creazione di valore e la conseguente perdurabilità dell'azienda nel tempo, in un'ottica di uno sviluppo generale dell'intero sistema economico.

Pur tuttavia, anche un'attenta e oculata gestione non esime l'azienda da eventi inattesi e spesso imprevedibili, che possono, in relazione all'intensità e alla persistenza con cui si manifestano, pregiudicare gli equilibri aziendali sino a generare situazioni di *disfunzione* o addirittura di *crisi*[2].

In proposito, è opportuno distinguere i due concetti. Invero, con il termine *disfunzione*, che normalmente assume connotazioni fisiologiche, si suole definire una situazione determinata da un mutamento verificatosi nei sottosistemi aziendali (fattori interni) o nel sistema ambiente (fattori esterni). Se di rilevante impatto, esso rischia di innescare dei meccanismi a cascata, pertanto, è necessario un intervento rapido ed efficace, al fine di evitare che gli effetti si propaghino e si alimentino a vicenda, compromettendo l'equilibrio aziendale nel suo complesso[3].

In quanto fenomeno prevalentemente *fisiologico*, molto frequente in ambito aziendale, una situazione di disfunzione richiede necessariamente un sistema aziendale dotato di una certa flessibilità e, quindi, capace di rispondere con la dovuta prontezza ai mutamenti in atto.

Al contrario, lo stato di *crisi* assume connotazioni ben più critiche e profonde, in quanto è sintomatico di un processo di deterioramento del sistema aziendale di tipo *patologico*, che trae origine da situazioni fisiologiche alle quali gli organi di governo aziendale non hanno potuto o saputo porre rimedio[4].

Tuttavia, il più delle volte la crisi aziendale, almeno nella fase embrionale, non impatta sull'equilibrio generale dell'impresa, ma può condurre inizialmente a situazioni di squilibrio economico, ma non finanziario (e viceversa), sebbene prima

---

[2] La dottrina economico-aziendale da molto tempo ha rivolto il suo campo di indagine al fenomeno della crisi aziendale, partendo da una connotazione, circa la sua natura, strettamente connessa con la sua conoscibilità di derivazione contabile. A tale proposito, tra i primi a essersi interessati si ricorda: A. RIPARBELLI (1950), *Il contributo della ragioneria all'analisi dei dissesti aziendali*, Stabilimenti Grafici Vallecchi, Firenze.

[3] M. CONFALONIERI (1993), *Le cause dei dissesti aziendali*, in *Finanza, Marketing e Produzione*, n. 1.

[4] Sull'argomento si veda più approfonditamente: C. VERGARA (1988), *Disfunzioni e crisi d'impresa. Introduzione ai processi di diagnosi, risanamento e prevenzione*, Giuffrè, Milano.

o poi, per effetto di un processo osmotico, a lungo andare essa investe entrambi gli aspetti.

In linea generale, è evidente che la presenza del solo squilibrio finanziario è di per sé una situazione relativamente meno preoccupante, in quanto una congrua redditività, unitamente ad una politica di autofinanziamento e ad una oculata gestione finanziaria, determina nel tempo un incremento dei mezzi propri e, di conseguenza, un graduale risanamento dello squilibrio finanziario venutosi a determinare. Questo in linea generale [5].

Tuttavia, occorre comprendere l'entità di tale squilibrio, vale a dire se l'obiettivo del risanamento può essere raggiunto soltanto attraverso una politica di ritenzione di utili, ovvero, se le dimensioni sono tali per cui la sola gestione corrente si rivela inidonea a garantire un adeguato ritorno delle risorse finanziarie.

Vi è da aggiungere, infine, che se la situazione di squilibrio finanziario non viene risanata in tempi brevi, essa prima o poi andrà ad intaccare la sfera economica.

Al contrario, una situazione di solo squilibrio economico è decisamente più preoccupante, in quanto è indicativa di un'azienda che produce perdite che, come è noto, vanno a erodere il capitale proprio. Nel tempo, quindi, tale condizione tenderà inevitabilmente a riflettersi anche a livello finanziario, in quanto, in mancanza di apporto di nuovi mezzi propri, l'azienda sarà costretta ad incrementare il proprio livello di indebitamento con il conseguente peggioramento della già precaria situazione finanziaria, ma poi anche della situazione economica per effetto dell'incidenza degli oneri finanziari.

Il terzo caso, infine, è rappresentativo di una situazione di duplice squilibrio e, quindi, il punto di arrivo delle due fattispecie precedentemente esposte.

Pertanto, lo squilibrio economico e quello finanziario non si manifestano contestualmente, ma l'uno (se protratto nel tempo o a seconda dell'intensità con cui si manifesta) tende a coinvolgere l'altro, indipendente dalla causa che lo ha generato.

Il seguente grafico evidenzia la stretta interrelazione esistente tra la crisi di tipo industriale e quella finanziaria e come l'una tende prima o dopo a produrre inevitabilmente effetti sull'altra, determinando una situazione di squilibrio generale.

---

[5] Sull'argomento si vedano più approfonditamente: P. CAPALDO (1977), *Crisi d'impresa e suo risanamento*, in *Banche e banchieri*, n. 5; G. PAOLONE (2010), *Le cause aziendali della crisi d'impresa*, in S. ADAMO, G. NICCOLINI, *Le liquidazioni aziendali*, Giappichelli, Torino, p. 81 ss.

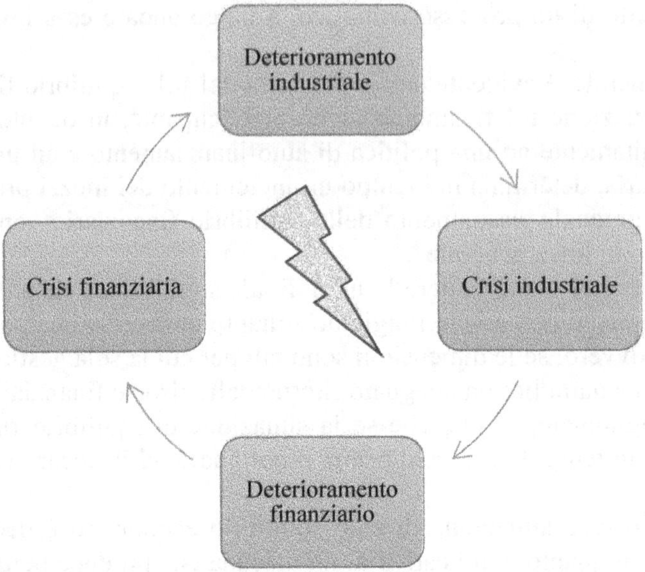

Come già detto, la crisi aziendale è frutto di un progressivo deterioramento dell'intero sistema aziendale, il più delle volte attribuibile all'incapacità dell'imprenditore o del management di prevedere determinati scenari e/o di farvi fronte con azioni tempestive ed efficaci. Tuttavia, come già ricordato, essa non si manifesta improvvisamente, ma con una certa gradualità, a seguito di disequilibri più o meno duraturi. In altre parole, esiste uno stato latente della crisi che, in modi e tempi differenti e in relazione alle diverse fattispecie, emerge in una forma acuta richiedendo interventi di carattere straordinario[6]. Ovviamente, gli effetti saranno tanto maggiori ed evidenti quanto più lungo è il lasso temporale tra la sua percezione e l'implementazione delle azioni di risanamento, in mancanza delle quali la situazione tende a divenire cronica e, spesso, irrimediabile.

A tal riguardo, è utile sottolineare che, la crisi aziendale, qualunque sia la causa originante, presenta sempre dei segnali premonitori, la cui manifestazione temporale muta in rapporto alla tipologia e alla natura delle cause sottostanti. Pertanto, è necessario percepire con immediatezza e in maniera consapevole tali sintomi in modo tale da predisporre con altrettanta rapidità un adeguato piano di risanamento.

Dunque, la competenza degli organi di direzione assume un ruolo determinante, in quanto spetta a loro il compito di individuare tempestivamente le cause della crisi e porre in essere le conseguenti misure di risanamento volte al rilancio e allo

[6] P. ANDREI (1996), *La prevenzione dei dissesti aziendali: alcuni spunti di riflessione*, in AA.VV., *Crisi d'impresa e procedure concorsuali*, Giuffrè, Milano, p. 167.

sviluppo dell'attività aziendale. In caso contrario, la situazione rischia di innescare irrimediabilmente un processo degenerativo sino a sancire la fine dell'azienda.

2. La definizione di rischio e le diverse tipologie

La dottrina aziendale è unanime nel considerare il *rischio* quale condizione insita in un evento futuro del quale, apriori, vi è una scarsa possibilità di conoscere puntualmente sia le modalità con cui esso si manifesta, sia gli effetti che ne possono scaturire [7].

Dal punto di vista terminologico il rischio viene esplicitato per il tramite di una serie di interpretazioni, tra loro molto spesso differenti, che si basano, da un lato sul concetto di incertezza, dall'altro lato sugli effetti che derivano dall'evento oggetto di analisi.

Con riferimento al primo aspetto, ossia l'incertezza, è utile sottolineare che l'esatta previsione degli eventi futuri è tutt'altro che agevole, in quanto essa è frutto sia delle capacità conoscitive degli individui a ciò preposti, sia dell'efficienza degli strumenti a loro disposizione [8].

A tal proposito, autorevole dottrina evidenzia la possibilità di operare una distinzione tra i seguenti fenomeni:

- fenomeni *deterministici*, ossia quelli generati da condizioni preesistenti secondo un rapporto di causa-effetto o di interdipendenza;
- fenomeni *probabilistici*, derivanti da cause tra loro interdipendenti, ma che agiscono in base a modalità misurabili mediante tecniche di calcolo probabilistico;
- fenomeni *entelechiani*, ovvero che non scaturiscono da alcuna causa esterna;
- fenomeni *misti*, che presentano connotazioni eterogenee relativamente ai fenomeni predetti.

È indubbio che, mentre con riferimento ai fenomeni deterministici il grado di conoscenza appare in un certo senso sufficientemente inequivocabile, in quanto aprioristica, con riferimento alle altre tipologie lo stato di incertezza appare, invece, decisamente più marcato.

Da quanto detto, dovrebbe apparire chiara la stretta connessione tra il grado di incertezza di un evento e il rischio che da esso ne scaturisce, sebbene i confini concettuali appaiono alquanto sfumati.

Sulla base di un orientamento dottrinale del tutto condivisibile, il confine tra

---

[7] N. Di Cagno, S. Adamo, F. Giaccari (2011), *Lineamenti di Economia Aziendale*, II ed., Cacucci, Bari, p. 39 ss.; S. Sassi (1940), *Il sistema dei rischi d'impresa*, Vallardi, Milano, p. 2.

[8] Si veda in merito: F. Dezzani (1971), *Rischi e politiche d'impresa. Contenuto e relazioni*, Giuffrè, Milano, p. 17.

rischio e incertezza è rappresentato dalla *misurabilità*, nel senso che il rischio si manifesta ogniqualvolta che le situazioni di incertezza possono essere misurate attraverso l'applicazione di metodi matematico-statistici [9]. Di converso, i casi di incertezza assoluta, ossia di situazioni per le quali non è possibile procedere ad alcun tipo di misurazione, sarebbero fuori dal concetto di rischio.

Un'altra corrente di pensiero [10] introduce il concetto di *incertezza probabile* (o caso intermedio di rischio), ossia ipotesi che non sono configurabili né come rischio, né come incertezza, concetti questi che, secondo tale impostazione, esprimono due condizioni tra loro distinte.

Secondo un altro filone di pensiero, il rischio rappresenterebbe una forma particolare di incertezza, pertanto, non si ravvisa alcuna differenza tra i due fenomeni, in quanto il concetto di incertezza comprende anche quello di rischio. In altre parole, l'incertezza rappresenta uno stato di cose che impedisce o rende difficile operare delle previsioni e, pertanto, essa si colloca alla base del rischio che, evidentemente, non esisterebbe nell'ipotesi in cui si operasse in condizioni di certezza.

Pur tuttavia, una variabile che consente di separare l'incertezza dal rischio può essere individuata nella differente natura delle cause che determinano lo stato di probabilità. Invero, una situazione di aleatorietà può essere determinata sia dall'insufficienza di informazioni (*fattori soggettivi*), sia da cause delle quali se ne ignora l'esistenza (*fattori oggettivi*) [11]. Pertanto, mentre il *rischio* sarebbe il frutto di situazioni che impediscono una conoscenza di tipo soggettivo, l'*incertezza* sarebbe determinata prevalentemente da circostanze di tipo oggettivo.

La differenza tra cause soggettive e oggettive permette di operare un'ulteriore differenziazione delle situazioni di aleatorietà, distinguendo il *caso* dalla *congiuntura*.

Invero, il *caso* scaturisce dalla manifestazione di una pluralità di eventi sconosciuti, mentre la *congiuntura* è frutto di quei fenomeni legati all'ambiente economico, giuridico e sociale [12].

A tal proposito, in ambito dottrinale, si suole operare una distinzione dei rischi in relazione alla capacità di approssimare la conoscenza delle modalità di manifestazione di un evento futuro. Pertanto si distinguono:

– *rischi statici*, rappresentati da uno stato di conoscenza di natura probabile, ossia misurabile mediante l'utilizzo di metodi matematico-statistici;
– *rischi quasi-dinamici*, legati a situazioni di incertezza probabile e, di conseguenza, misurabili per analogia;

---

[9] Al riguardo: F.H. Knight (1960), *Risk, Uncertainty and Profit*, La Nuova Italia, Milano.

[10] G. Demaria (1950), *Logica della produzione e dell'occupazione*, Malfasi, Milano, p. 650 ss.

[11] Ciò a dimostrazione dei limiti della scienza e dell'ambiente in generale. G. Ferrero (1968), *Istituzioni d'azienda*, Giuffrè, Milano, p. 36.

[12] U. Bertini (1987), *Introduzione allo studio dei rischi nell'economia aziendale*, Giuffrè, Milano, p. 24 ss.

- *rischi dinamici*, derivanti da fenomeni sconosciuti e che possono essere soltanto oggetto di giudizi soggettivi.

Ciò precisato, un evento futuro produce degli effetti, pertanto, occorre distinguere il *rischio* dall'*effetto*. Invero, il rischio rappresenta la probabilità futura che si verifichi un evento di natura incerta, mentre l'effetto è il risultato della manifestazione del rischio.

In relazione agli effetti, poi, si distinguono:

- i *rischi puri* (o unilaterali);
- i *rischi speculativi* (o bilaterali).

I primi sono rappresentativi di una situazione per la quale, al manifestarsi di un evento futuro e incerto, può scaturire un risultato negativo in termini di danno, ossia di una perdita fisica o economica, ovvero uno scostamento tra un obiettivo prefissato e il risultato raggiunto.

Al contrario, i rischi speculativi possono avere conseguenze sia positive, sia negative.

Orbene, nonostante la dottrina leghi al concetto di rischio sia effetti negativi, sia positivi, è il rischio puro quello a cui comunemente si accosta il concetto di rischio vero e proprio, nel senso che è a esso che si fa risalire l'origine di un evento dannoso da cui conseguono effetti negativi che inducono ad adottare tempestivamente le azioni di intervento [13].

Inoltre, in relazione alle differenti tipologie di rischio, si suole operare un'ulteriore distinzione in funzione di differenti criteri.

In base alla *tipologia dell'effetto*, si distinguono:

a) i *rischi economici*, per i quali è possibile procedere a una quantificazione in termini monetari;
b) i *rischi non economici*, per i quali è da escludere simile quantificazione.

Nel primo caso si tratta di rischi che si ricollegano a situazioni che possono influenzare negativamente la ricchezza e la capacità produttiva di un soggetto, nel secondo caso si tratta di rischi che hanno riflessi prevalentemente di tipo personale e sociale.

Inoltre, in relazione alla *natura dell'evento*, si distinguono:

- i *rischi fisici*, quelli cioè che si riferiscono a fenomeni fisico-naturali (ad esempio un disastro naturale);
- i *rischi economici*, ossia quelli derivanti dallo svolgimento di un'attività economica posta in essere da un individuo.

È indubbio che i rischi naturali prescindono dalla volontà umana, pertanto essi

---

[13] P.E. CASSANDRO (1957), *Le gestioni assicuratrici*, Utet, Torino, p. 2.

risultano totalmente imprevedibili a differenza di quelli economici che, invece, sono strettamente connessi all'operato dell'uomo.

Peraltro, in ambito aziendale, i rischi economici possono assumere le seguenti connotazioni:

- *rischi economici-singoli*, che a loro volta possono essere legati a fenomeni interni all'azienda (rischi attivi), ovvero a fenomeni esterni (rischi passivi);
- *rischi tecnici*, legati al processo tecnico-produttivo;
- *rischi commerciali*, connessi alla fase della commercializzazione di prodotti e servizi [14].

Invero, nell'ottica aziendale, l'analisi del rischio deve essere effettuata in relazione all'oggetto di riferimento, ossia all'azienda, il cui studio è fondamentale al fine di individuare i caratteri che contraddistinguono il rischio aziendale da altre tipologie di rischio, nonché far emergere i principali fattori da cui esso trae origine.

Come è noto, l'attività aziendale è obiettivamente esposta a un generale grado di incertezza in relazione alla sua perdurabilità e alla capacità di produrre ricchezza atta a rigenerare i processi economici. In considerazione di ciò, in relazione alla sua complessità, se risulta difficile delineare un quadro deterministico, è più facile parlare di condizioni di tipo probabilistico che denotano un certo stato di incertezza misurabile, ovvero il rischio.

Pertanto, il rischio aziendale è un fatto inevitabile e intrinseco nella capacità prospettica di esistere, attitudine questa che risulta strumentale in relazione del conseguimento rispetto alle finalità aziendali [15]. Ne consegue che, esso può essere definito come la probabilità di un'azienda di non essere più in grado di produrre ricchezza in maniera durevole e in quantità tale da remunerare congruamente i fattori produttivi impiegati, compreso il capitale apportato dal soggetto aziendale. Tale definizione è quella che la dottrina utilizza per descrivere il cosiddetto *rischio economico generale* [16].

---

[14] Tra gli altri si vedano: L. AZZINI (1964), *I processi produttivi e i rischi di andamento dei prezzi nel tempo*, Giuffrè, Milano; C. BUTTÀ (1969), *Rischio d'impresa e pianificazione*, in *Annali della Facoltà di Economia e Commercio dell'Università di Catania*, p. 245 ss.; F. DI LAZZARO (1990), *Il rischio aziendale ed i modi per il suo fronteggiamento*, Giuffrè, Milano; A. MAIZZA (2006), *La gestione d'impresa tra vitalità e rischio di crisi*, Cacucci, Bari; O. ROGGI (2008), *Rischio d'impresa, valore e insolvenza: aspetti teorici e processi di gestione del rischio*, F. Angeli, Milano.

[15] U. CAPRARA (1952), *Rendimenti e reddito d'impresa*, in *Produttività*, n. 4.

[16] Più diffusamente si vedano: A. AMADUZZI (1949), *Il sistema dell'impresa nelle condizioni prospettiche del suo equilibrio*, Signorelli Ed., Roma, p. 14; P.E. CASSANDRO (1986), *Trattato di Ragioneria*, Cacucci, Bari; G. GOLINELLI (2000), *L'approccio sistemico al governo dell'impresa*, Cedam, Padova, p. 146; P. ONIDA (1971), *Economia d'azienda*, Utet, Torino, p. 8 ss.

3. Il rischio economico generale

Il rischio economico generale può assumere connotazioni di diversa natura, ovvero:

- ***economica***, allorquando il rischio si ricollega, appunto, a eventi futuri di natura economica, sia che essi trovino origine all'interno dell'azienda, sia che derivino da eventi esogeni. Detto rischio influisce sul processo di produzione di ricchezza in termini di maggiori costi, ovvero di minori ricavi;
- ***generale***, quando risulta difficile individuare delle cause specifiche o effetti ben precisi a esse ricollegabili. Pertanto, esso investe il sistema aziendale nel suo complesso, perciò è esprimibile in termini di una pluralità di rischi specifici;
- ***sistemica***, connotazione che assume rilievo in relazione sia al processo di formazione del rischio aziendale, sia alla sua entità. Dal punto di vista del processo formativo, il rischio aziendale si manifesta come combinazione di una pluralità di fattori, quindi, non riconducibile a singole ragioni interne o esterne all'azienda, pertanto, esso trae origine dalla combinazione sistemica di rischi specifici interdipendenti tra loro e capaci di generare ulteriori rischi. Inoltre, dal punto di vista dell'entità (o consistenza), il rischio aziendale non può essere considerato come la somma dei singoli effetti specifici, ma come funzione dei medesimi. L'effetto sistemico si realizza indirettamente per effetto della complementarietà che distingue i fattori della produzione impiegati;
- ***sistematica***, in quanto il rischio aziendale è espressione unitaria di un sistema in cui la connessione tra i singoli rischi può essere la causa da cui derivano ulteriori rischi. Ne deriva che il rischio aziendale è un fenomeno *complesso* in quanto derivante da una molteplicità di fattori in continuo divenire, nonché ineliminabile atteso che i singoli rischi che lo determinano possono essere rimossi singolarmente e non contemporaneamente [17];
- ***speculativa***, nel senso che da eventi futuri possono anche derivare risultati positivi inattesi o addirittura superiori a quelli previsti;
- ***dinamica***, in quanto il rischio aziendale assume connotazioni contraddistinte da un certo dinamismo, pertanto esso è valutabile solo sulla scorta di parametri e di giudizi soggettivi, di conseguenza, non può che essere oggetto di giudizio sulla base delle informazioni disponibili e delle prospettive future.

Il rischio d'impresa, il più delle volte, incide negativamente sulle condizioni di equilibrio che sono funzionali alla creazione di valore, producendo, quindi, effetti negativi sulla combinazione aziendale considerata nella sua globalità. In quest'ottica, come già ricordato, si possono identificare i fattori originanti, che possono avere matrice interna ed esterna e che, nel loro complesso, conducono inesorabilmente allo stato di crisi e, quindi, a un vero e proprio stato patologico.

---

[17] U. BERTINI (1987), *Introduzione allo studio ...*, cit., p. 39 ss.

Tuttavia, la presenza di una componente manageriale capace di individuare con tempestività dette cause e, quindi, di intervenire con strumenti idonei, può impedire che la situazione degeneri e sfoci in uno stato patologico o, addirittura, trasformare la crisi in una opportunità per il rilancio dell'azienda.

Ciò detto, è anche vero che per il management è più semplice agire sui fattori interni (inefficienze organizzative, manageriali, produttive, ecc.) rispetto a quelli esterni (livelli di concorrenza, mutamenti ambientali, mutamenti della domanda), per i quali gli spazi di intervento molto spesso sono più limitati e complessi. Invero, un fattore esterno è meno controllabile, pur tuttavia un'adeguata e attenta attività di previsione può quantomeno limitarne gli effetti negativi o consentire di individuare per tempo gli interventi più appropriati per farvi fronte.

In caso contrario, gli effetti si manifestano in tutta la loro evidenza, sia dal punto vista economico, sia dal punto di vista finanziario, attraverso una pluralità di segnali, quali:

- la contrazione del fatturato;
- l'incremento dei costi (o riduzione dei ricavi) connessi a perdite riconducibili a un portafoglio clienti mediocre, a una scarsa qualità dei prodotti, ecc.;
- l'incremento di oneri finanziari derivanti da una squilibrata gestione finanziaria che, a sua volta, può essere frutto di inefficienza economica;
- la rilevazione di indicatori di redditività non congrui.

Ciò dimostra come il rischio aziendale, nel suo complesso, deriva da una pluralità di fattori e provoca altrettanti variegati riflessi di ordine economico e finanziario che coinvolgono il sistema aziendale nella sua interezza.

4. I contributi dottrinali in tema di crisi aziendale

L'approccio più comune utilizzato dagli economisti aziendali per studiare il fenomeno della crisi aziendale è sempre stato quello di collegare la sopravvivenza dell'impresa alla sua capacità di prevenire i mutamenti o di adattarsi con tempestività a uno scenario in continua trasformazione. A tal riguardo, i più recenti studi manageriali e di teoria dell'impresa hanno indicato quale obiettivo primario dell'azienda la capacità di cogliere e di mantenere nel lungo periodo le fonti del vantaggio competitivo, nonché di attuare una politica di controllo del rischio aziendale e una gestione improntata alla flessibilità, ponendo in secondo piano l'obiettivo da sempre perseguito, ossia quello della massimizzazione del profitto.

Gli approcci teorici che si sono occupati del tema della crisi aziendale sono diversi (studi aziendali, studi di strategia, studi economici) e ognuno di essi si è posto in un'ottica di analisi differente, ponendo l'attenzione su alcuni aspetti rispetto ad altri[18].

---

[18] A tal riguardo: A. TEDESCHI TOSCHI (1993), *Crisi d'impresa tra sistema e management. Per un approccio allo studio delle crisi aziendali*, Egea, Milano, p. 5 ss.

Nell'ambito degli studi aziendali lo sviluppo del tema della crisi è avvenuto in due periodi distinti: il primo, a partire dalla fine degli anni '20 sino ai primi anni '40, il secondo, compreso tra la fine degli anni '60 e gli inizi degli anni '80. Tali studi sono riconducibili a due principali filoni di indagine che si sono sviluppati in modo parallelo e che hanno dimostrato di avere pochi elementi in comune.

Il primo filone, diffusosi per l'appunto intorno agli anni '30, ha posto l'attenzione principalmente sulle diverse circostanze che generano l'insolvenza aziendale. Si tratta di una scuola di pensiero di transizione, in quanto essa si è limitata a considerare solo gli strumenti a disposizione dell'imprenditore per avviare eventuali azioni di tutela, trascurando, invece, lo studio delle peculiarità gestionali delle imprese in crisi. Tuttavia, tali strumenti, opportunamente rivisti in relazione all'evoluzione degli studi aziendali, sono tuttora utilizzati in ambito aziendale ai fini dell'analisi gestionale.

Il secondo filone di analisi, invece, si basa su un approccio prevalentemente manageriale, vale a dire una visione della gestione della crisi dall'interno dell'impresa. Detto filone, rispetto al precedente, appare decisamente più articolato, in quanto tende ad affrontare la crisi ampliando il campo d'indagine e considerando le specificità aziendali, le evidenze empiriche della crisi, le sue cause, le azioni da intraprendere.

Tuttavia, nell'ambito di tale filone si delineano differenti approcci di analisi che risiedono, ovviamente, in altrettante differenti radici di pensiero sviluppatesi negli anni nei diversi paesi industrializzati.

Notoriamente, nei paesi anglosassoni, ma anche in Francia, la dottrina aziendale ha rivolto la propria attenzione verso la ricerca di modelli di condotta utili per lo svolgimento delle diverse funzioni aziendali. Tale modo di procedere, sebbene nel tempo appare essersi affievolito, è stato utilizzato anche nell'ambito degli studi della crisi d'impresa, caratterizzandosi in un complesso di norme e regole spesso distinte per singole aree gestionali [19].

Nel nostro Paese, invece, si è andata delineando una visione unitaria e sistemica dell'azienda, pertanto, l'approccio di tipo funzionale si è sviluppato solo dopo aver consolidato le conoscenze generali sull'azienda e, comunque, sempre considerando il sistema aziendale come unitario [20].

Inoltre, la dottrina italiana ha sempre privilegiato lo studio degli aspetti gestionali essenzialmente nelle loro manifestazioni economiche, considerate prioritarie rispetto ai contenuti operativi delle scelte. Pertanto, l'elemento distintivo, rispetto

---

[19] Cfr.: G. AIROLDI (1986), *L'articolazione, l'origine ed il valore normativo delle discipline economico-aziendali, Letture e casi di Economia aziendale*, Cusl, Milano.

[20] Tra gli altri si vedano: A. AMADUZZI (1969), *L'azienda nel suo sistema e nell'ordine delle sue rilevazioni*, Utet, Torino; U. BERTINI (1990), *Il sistema azienda. Schemi di analisi*, Giappichelli, Torino; P.E. CASSANDRO (1981), *Sulla crisi d'impresa e sulla possibilità di risolverla*, in *RIREA* n. 4; P.E. CASSANDRO (1986), *Trattato di ragioneria*, cit.; G. GOLINELLI, *L'approccio sistemico ...*, cit.; G. ZAPPA (1957), *Le produzioni nell'economia delle imprese*, Tomo I, Giuffrè, Milano.

agli studi anglosassoni e francesi, risiede non solo per il loro scarso valore normativo, limitandosi a considerare i criteri generali che devono informare la gestione aziendale, ma anche per una più ampia e completa concezione con la quale vengono affrontate le diverse problematiche.

Alla diversità di tipo culturale, si aggiunge anche un differente approccio circa l'interpretazione del concetto stesso di crisi, delle sue cause e dei relativi interventi. In altre parole, la nostra dottrina utilizza il termine crisi per individuare fenomeni differenti per ampiezza e intensità, non mancando di evidenziare che l'analisi non si limita solo ai risultati aziendali dell'impresa, ma anche a quelli di altre imprese. Pertanto, si delinea un concetto di crisi più ampio sulla base del quale si allarga il campo di indagine sia per ciò che attiene le cause, sia per quanto riguarda i diversi interventi da porre in essere.

5. Gli stadi evolutivi della crisi

Molteplici sono le definizioni attribuite al concetto di crisi aziendale, ognuna delle quali risente dei differenti approcci dottrinali rivolti allo studio del fenomeno.

Tuttavia, indipendentemente dalla definizione utilizzata, come già ricordato, è indubbio che la crisi aziendale assume connotazioni *patologiche* che traggono origine da situazioni fisiologiche che, se trascurate, finiscono per coinvolgere il sistema aziendale nella sua interezza, determinando un progressivo deterioramento dell'equilibrio generale [21].

La crisi d'impresa non è altro che il frutto di un inefficiente utilizzo delle risorse aziendali dovuto all'inadeguato posizionamento dell'impresa rispetto all'ambiente [22]. Tale definizione dimostra come essa derivi da un insieme di cause interne ed esterne all'azienda stessa. Essa evidenzia una incapacità manageriale, sia rispetto alla gestione delle risorse interne all'azienda, sia rispetto ai mutamenti provenienti dall'ambiente [23].

---

[21] Più approfonditamente si leggano: C. CARAMIELLO (1968), *L'azienda nella fase terminale*, Colombo Cursi, Pisa; L. GUATRI (1986), *Crisi e risanamento delle imprese*, Giuffrè, Milano.

[22] Sul punto si legga: G. FERRERO (1987), *Impresa e management*, Giuffrè, Milano.

[23] A tal riguardo, interessante appare il concetto di flessibilità dell'impresa, ossia la capacità di intervento dell'azienda dinanzi al verificarsi di un divario tra le previsioni poste alla base delle scelte gestionali e ciò che si verifica durante la gestione stessa. In merito si veda: S. SCIARELLI (1987), *L'impresa flessibile*, Cedam, Padova, p. 31. Inoltre, per gli altri contributi si rinvia a: L. AZZINI (1961), *L'elasticità della gestione*, in *Saggi di Economia Aziendale e Sociale in memoria di G. Zappa*, Giuffrè, Milano; R. CORTICELLI (1987), *L'elasticità dei fattori produttivi e dell'azienda: interrelazioni*, in AA.VV., *Scritti di Economia Aziendale per Egidio Giannessi*, vol. I, Pacini, Pisa, p. 489 ss.; H.G. KRIJNEN (1979), *The flexible firm*, in *Problemi di gestione*, anno XI, n. 11/12; G. LORENZONI (1986), *Strategia e flessibilità organizzativa*, in *Economia e Politica Industriale*, n. 52; B. MASCARENHAS (1984), *The Need for Strategic Flexibility*, in *Problemi di gestione*, anno XVI, n. 1.

Inoltre, tale definizione sottintende un concetto di crisi che va interpretato non come un fatto negativo di natura eccezionale, ma come un evento insito nella gestione di qualunque impresa e come tale deve essere tenuto sempre in considerazione attraverso un costante, attento e puntuale monitoraggio e analisi delle variabili interne ed esterne all'azienda stessa, le quali non possono essere considerate separatamente, ma in maniera unitaria ed organica.

In definitiva, se i mutamenti ambientali possono costituire la causa originante di uno stato di crisi, è altrettanto vero che una struttura aziendale incapace di fronteggiare tali mutamenti concorre al peggioramento delle condizioni aziendali. Inoltre, i mutamenti provenienti dall'esterno molto spesso non sono prevedibili (rischi necessari), mentre le inefficienze interne sono altrettanto di frequente trascurate o addirittura volute (rischi volontari), fattori questi che, insieme, assumono un ruolo concomitante [24].

D'altronde, come più volte detto, la crisi difficilmente si manifesta in maniera improvvisa e inattesa, al contrario, nella maggior parte dei casi essa è frutto di situazioni che si manifestano in modo più o meno latente e i cui effetti si sedimentano gradualmente nell'ambito del sistema aziendale, finendo per influenzarsi reciprocamente, innescando in tal modo la fase del declino. Pertanto, la crisi può essere definita come la fase post-declino [25], la quale è caratterizzata principalmente da una progressiva erosione del capitale economico dell'azienda. A essa si perviene mediante un percorso che assume la seguente articolazione:

a) la fase dell'*incubazione*, ossia la fase iniziale in cui il declino trae origine da situazioni di squilibrio o di inefficienza di vario genere dovute a fattori esogeni e/o endogeni all'azienda;
b) la fase della *maturazione*, caratterizzata dalla perdita della capacità reddituale e, quindi, della produzione di valore;
c) la fase delle *ripercussioni*, ovvero dell'effetto negativo che la produzione di perdite genera sui flussi finanziari. Ciò si traduce in una perdita di fiducia nell'azienda, nonché nella perdita di valore del capitale economico che, come è noto, sintetizza non solo i flussi reddituali e finanziari prodotti dalla gestione, ma anche i flussi attesi in termini di capacità produttiva futura;
d) la fase dell'*impatto*, cioè l'effetto sugli shareholders e gli stakeholders, ossia i portatori di interessi, in quanto lo stato di crisi conduce l'azienda all'incapacità di far fronte regolarmente ai propri impegni, situazione questa che, se protratta nel tempo, apre la fase del dissesto, ovvero dello squilibrio conclamato.

Dunque, lo stato di insolvenza può assumere una duplice connotazione:

– *temporanea*, allorquando l'azienda si dimostra incapace a far fronte ai propri

---

[24] Sul concetto di rischio necessario e rischio volontario si veda: A. CANZIANI (1986), *Le circostanze di crisi nelle recenti esperienze industriali italiane*, in M. CATTANEO, F. CESARINI, A. PROVASOLI, B. QUATRARO (a cura di), *Crisi d'impresa e amministrazione controllata*, Giuffrè, Milano.

[25] Si legga: L. GUATRI (1995), *Turnaround: declino, crisi e ritorno al valore*, Egea, Milano, p. 110 ss.

impegni, sebbene tale incapacità assume connotazioni di temporaneità e reversibilità. In tale ipotesi, pur in presenza di uno squilibrio finanziario, l'azienda mantiene il capitale proprio positivo, unitamente a prospettive economiche altrettanto favorevoli. Invero, la presenza di un capitale netto positivo è motivo di sufficiente tranquillità per i creditori, in quanto il prosieguo dell'attività aziendale è garantito fondamentalmente anche dai mezzi propri e, quindi, non grava interamente sul capitale di terzi. Tuttavia, tale situazione non è condizione sufficiente per appurare la momentaneità dell'insolvenza, in quanto è necessario che venga contestualmente accertata la sussistenza di future condizioni economiche favorevoli, ossia l'esistenza di flussi attesi di ricavi in grado di remunerare congruamente tutti i costi relativi ai fattori produttivi impiegati compresi quelli figurativi[26]. In proposito, per valutare le prospettive economiche nell'ottica della continuità aziendale è necessaria un'attenta e approfondita analisi, che non può non partire da una constatazione della situazione pregressa, sebbene la presenza di perdite precedenti non è sempre sintomatica o sinonimo di perdite future;
- *definitiva*, nel momento in cui i creditori prendono atto che il rischio dell'eventuale prosecuzione dell'attività aziendale ricade esclusivamente su di essi. Questo rappresenta il momento in cui è necessario interrompere l'attività o assumere delle decisioni drastiche in quanto la situazione di dissesto si manifesta in tutta la sua evidenza[27].

Da quanto detto emerge con chiarezza che la crisi d'impresa è spesso il risultato del ritardo con cui si prende atto delle cause che ne sono all'origine e tale ritardo diventa il fattore scatenante di un processo che, il più delle volte, si rivela inarrestabile. Si intuisce, pertanto, quanto sia importante il ruolo del management nel cogliere tempestivamente i segnali di criticità, analizzarli e fornire delle risposte immediate in termini di strategie di intervento[28].

6. Le cause della crisi

Come più volte ribadito, la preventiva conoscenza delle cause della crisi è un atto imprescindibile e preliminare a qualsiasi tipo di intervento che si intende adottare. Tuttavia, tale compito non sempre è agevole, in quanto, sovente, si corre

[26] Notoriamente, l'assenza di adeguate prospettive economiche è sintomatica di situazioni di squilibrio sul piano tecnico-produttivo (ad esempio, il sovradimensionamento aziendale o, al contrario, le inefficienze produttive, l'obsolescenza tecnologica, ecc.).

[27] Si vedano, al riguardo: L. GUATRI (1983), *Il fronteggiamento delle situazioni di crisi*, in *Finanza, Marketing e Produzione*, n. 1, p. 33 ss.; C. ROSSI (1989), *L'insolvenza delle imprese. Cause e previsione*, in *Rivista dei Dottori Commercialisti*, n. 4.

[28] G. PAOLONE (1987), *Il deterioramento delle condizioni di equilibrio dell'azienda*, in *Studi in onore di L. Azzini*, Giuffrè, Milano, p. 992.

il rischio di confondere le cause della crisi con gli effetti che essa genera, rischio che tende ad aumentare, soprattutto, quando si interviene in ritardo, ossia quando gli effetti assumono connotati e dimensioni tali da tramutarsi anch'essi in cause.

A tal riguardo, al fine di evitare che si generi tale commistione e che essa aggravi ancor di più la situazione aziendale, autorevole dottrina ritiene necessario agire in una duplice direzione: da un lato, rimuovere o quanto meno circoscrivere le cause della crisi, dall'altro lato neutralizzare o arginare gli effetti dannosi non eliminabili o già maturati [29]. Per esempio, la presenza di perdite non è la causa di una crisi, ma è l'effetto di una gestione economicamente non corretta, per cui occorre agire dapprima sulla causa affinché sia rimosso l'effetto.

Ciò chiarito, l'individuazione delle cause generatrici può avvenire riconducendo le medesime prevalentemente al comportamento dell'imprenditore o del management, quindi, attraverso un *approccio soggettivo*, ovvero attraverso la ricerca di motivazioni obiettive che esulano dagli aspetti strettamente comportamentali, quindi, mediante un *approccio oggettivo* [30].

Il primo approccio, come già detto, si basa prevalentemente sul fattore umano (imprenditore e/o management), vale a dire su quei soggetti che esercitano il potere decisionale all'interno dell'azienda e che determinano le scelte gestionali. A tal proposito, è utile evidenziare che, nonostante le decisioni aziendali subiscano condizioni e vincoli di vario tipo, compresi quelli di natura ambientale, chi esercita il potere decisionale possiede, comunque, un certo grado di discrezionalità nel definire l'assetto organizzativo e gestionale dell'azienda, pertanto, esso riveste un ruolo preponderante nella determinazione del successo o dell'insuccesso delle strategie adottate [31]. Occorre, quindi, indagare sul grado di competenza di tale organo, sulla sua struttura, sulla capacità di intervenire tempestivamente, sul rapporto tra il soggetto aziendale e il management, nonché sul grado di influenza che il primo esercita sul secondo (e viceversa), e altro ancora [32].

Tuttavia, in considerazione della complessità che caratterizza il sistema aziendale, un'indagine rivolta all'individuazione delle cause della crisi, basata esclusivamente su un approccio soggettivo, appare alquanto riduttiva e inadeguata [33].

---

[29] In proposito: A. RIPARBELLI (1950), *Il contributo della ragioneria ...*, cit., p. 200.

[30] A tal riguardo, si evidenzia che nel corso degli anni si sono sviluppati ulteriori approcci che pongono l'attenzione prevalentemente sull'origine interna o esterna della crisi, oppure attraverso un'analisi di benchmark tra un'impresa eccellente e una in crisi, al fine di comprendere i differenti requisiti. Si veda, tra gli altri: N. ANGIOLA (1998), *Crisi d'impresa. Modelli di analisi e di previsione*, Quaderno n. 8, Dipartimento di Scienze Economiche, Matematico-Statistiche, Economico-Aziendali, Ambientali, Università di Lecce.

[31] Più in generale: V. CODA (1977), *Crisi d'impresa e comportamento direzionale*, in AA.VV., *Crisi d'impresa e sistemi di direzione*, Etas, Milano.

[32] Più diffusamente: M. PAOLONI (2003), *La crisi della piccola impresa tra liquidazione e risanamento*, Giappichelli, Torino, p. 113 ss.

[33] S. PIVATO, A. GILARDONI (2000), *Elementi di economia e gestione delle imprese*, Egea, Milano.

Se è vero che una situazione di declino aziendale il più delle volte appare addebitabile all'elemento umano, non è detto che tale conclusione debba essere generalizzata, in quanto la componente personale può essere solo una delle concause che scaturiscono dal mutamento sia dei sub-sistemi aziendali, sia di quello ambientale. Pertanto, è necessario ampliare il campo d'indagine attraverso un approccio oggettivo, al fine di evitare di attribuire erroneamente delle responsabilità, ovvero trascurare ulteriori fattori sottostanti.

Di conseguenza, atteso che le cause (interne ed esterne) possono essere di vario tipo, soggettivo e oggettivo, si possono individuare differenti fattispecie, ossia:

1. crisi da inefficienza;
2. crisi da sovracapacità/rigidità;
3. crisi da declino degli output;
4. crisi da carenza di pianificazione (anche strategica) e innovazione;
5. crisi da mancanza di equilibrio finanziario [34].

6.1. La crisi da inefficienza

Lo stato d'inefficienza è proprio di un'impresa che consegue risultati inferiori a quelli attesi e, comunque, mediamente conseguiti da imprese concorrenti di pari dimensioni. Il più delle volte detta inefficienza risiede nella funzione tecnico-produttiva, relativamente alla quale la disorganizzazione o l'inadeguatezza della forza lavoro, l'obsolescenza degli impianti, l'eccesso o la carenza della capacità produttiva, e altro ancora, determinano un livello di costi maggiori rispetto a quelli sostenuti da imprese concorrenti.

Tale situazione è indicativa dell'incapacità di svolgere un'efficiente ed efficace attività sia dal lato della programmazione, sia dal lato del controllo della produzione (di breve, medio e lungo periodo), ovvero:

a) dal lato della *programmazione*, il management dimostra una certa incapacità a predisporre una struttura organizzativa del lavoro che viene svolto nei centri tecnico-produttivi, nonché a destinare adeguatamente le risorse disponibili per il raggiungimento sia dei volumi delle vendite prefissati, sia degli obiettivi strategici di medio e lungo periodo [35];
b) in merito all'attività di *controllo*, essa si dimostra inefficace allorquando non è in grado di verificare:
   - la realizzazione dei volumi di produzione programmati (controllo operativo);
   - gli standard qualitativi raggiunti rispetto a quelli prefissati (controllo di qualità);

[34] Per un approfondimento si legga: L. GUATRI, *Tournaround ...*, cit., p. 118.

[35] A.E. BREITER (1994), *Ristrutturazioni aziendali*, in *Economia e management*, n. 3.

- il contributo del processo tecnico-produttivo al processo economico in generale (controllo economico), soprattutto in termini di efficienza e, quindi, di economia di costi.

Tuttavia, l'inefficienza può risiedere anche in altre funzioni aziendali, prima tra tutte quella amministrativa, quando essa risulta rigida ed eccessivamente burocratizzata e, quindi, generativa di costi aggiuntivi, nonché inidonea a fornire all'organo preposto utili e immediate informazioni a supporto delle decisioni [36].

Inoltre, le inefficienze possono riguardare la sfera finanziaria e derivano principalmente dall'incapacità di reperire le risorse finanziarie necessarie per attuare i programmi di investimento, ovvero di reperirle, ma a condizioni più onerose [37].

Infine, le inefficienze possono risiedere nella funzione marketing, ovvero nella incapacità dei responsabili di tale area a comprendere correttamente e per tempo i mutamenti del mercato, i bisogni e le tendenze dei consumatori, i punti di forza e di debolezza dei concorrenti, e così via [38].

6.2. La crisi da sovracapacità/rigidità

Tale fattispecie emerge quando a una rigidità di tipo produttivo si affianca una rigidità di tipo strutturale. In altri termini, si assiste all'incapacità dell'azienda di adeguarsi alle mutevoli fluttuazioni della domanda, positive o negative che siano.

Invero, a un incremento della domanda, l'impresa non riesce a rispondere con un incremento della produzione, con la conseguente rinuncia a nuovi flussi di ricavi e, quindi, a ulteriori risorse finanziarie. Al contrario, nell'ipotesi di una contrazione della domanda, il problema risiede principalmente nella presenza di costi fissi ineliminabili relativi a taluni fattori della produzione, ossia nell'incapacità di procedere al loro azzeramento o quanto meno alla loro riduzione.

Come si può notare, in entrambi i casi, l'azienda è caratterizzata da una scarsa flessibilità strutturale che impedisce di attuare una politica di adattamento o di ridimensionamento rispetto agli input che provengono dall'esterno [39].

---

[36] L. GUATRI (1985), *All'origine delle crisi aziendali, cause reali e cause apparenti*, in *Finanza, Marketing e Produzione*, n. 1.

[37] E. ALTMAN (1984), *A further empirical investigation of the bankruptcy cost question*, in *Journal of Finance*, September.

[38] Nella realtà la crisi dovuta solo a una sola causa è rara, in quanto il più delle volte essa deriva da un insieme di cause. Sul punto si vedano: G. BRUGGER (1984), *Gli interventi professionali nelle situazioni di crisi d'impresa*, in *Finanza, Marketing e Produzione*, n. 2; C. VALLINI (1984), *Equilibri, stati patologici e comportamenti e comportamenti di risanamento aziendale,* Coppini, Firenze.

[39] D. BESANKO, D. DRANOVE, M. SHANLEY (2001), *Economia dell'industria e strategia d'impresa*, Utet, Torino, p. 619.

6.3. La crisi da declino degli output

La crisi da declino dei prodotti si manifesta allorquando gli output di produzione non sono più in grado di soddisfare in maniera adeguata le esigenze di mercato.

In tal caso, si assiste a una incapacità dell'azienda di rispondere adeguatamente e con la dovuta rapidità:

- ai mutati bisogni dei consumatori;
- al progresso tecnologico;
- al mutamento delle tendenze sociali;
- alle strategie attuate dalle imprese concorrenti.

Prevalentemente, tale tipologia di crisi è propria di quelle aziende che offrono una limitata gamma di prodotti e che operano in un mercato geograficamente ristretto. Al contrario, le imprese che presentano una molteplicità di prodotti e operano in un mercato territorialmente più vasto, sono esposte a un rischio decisamente più contenuto.

A tal riguardo, la risposta più efficace appare quella di un intervento immediato sui prodotti, mediante politiche di innovazione, che non necessariamente devono limitarsi ai processi produttivi o ai prodotti, ma possono anche riguardare i processi di commercializzazione, ossia l'implementazione di strategie tendenti a un condizionamento dei propri clienti.

6.4. La crisi da pianificazione e da innovazione

Anche la scarsa capacità dell'impresa di porre in essere un'adeguata attività di pianificazione può rivelarsi causa di crisi.

Come è noto, l'attività di pianificazione, compresa quella strategica, consente al soggetto aziendale di prevedere il futuro divenire dell'azienda nelle sue diverse manifestazioni e, quindi, preordinare in modo consapevole le azioni da intraprendere. Ciò attraverso la fissazione degli obiettivi che si intendono raggiungere nel breve, medio e lungo periodo, nonché delle risorse da impiegare a tal fine.

La mutevolezza e la dinamicità dell'ambiente con il quale l'impresa è in costante contatto può modificare gli accadimenti previsti, ed è ovvio che il grado di conoscenza di tali accadimenti deriva dalla capacità e dall'esperienza possedute dal soggetto deputato a svolgere l'attività previsionale, dalla loro complessità, dai metodi di indagine che vengono adottati[40]. Ebbene, come ogni attività destinata a preordinare delle situazioni prospettiche, anche la pianificazione aziendale si basa su ipotesi e congetture che, in funzione del tempo e della complessità degli accadimenti futuri, presuppone sempre un certo grado di incertezza in merito al loro

---

[40] Cfr. F. DEZZANI (1971), *Rischi e politiche d'impresa ...*, cit., p. 111.

verificarsi. Tuttavia, ciò non deve essere di ostacolo a un'attività di previsione degli eventi futuri e a un loro costante monitoraggio, attività quest'ultima che risulta indispensabile al fine di porre in essere le dovute azioni correttive, onde evitare che gli eventuali scostamenti tra quanto previsto e quanto si è verificato possano protrarsi nel tempo incidendo negativamente sulla gestione.

Ovviamente l'attività di pianificazione, soprattutto quella di lungo periodo, si fonda sulla preventiva definizione delle strategie aziendali che riguardano una serie di variabili fortemente mutevoli e complesse. Pertanto, si comprende bene che il rischio di commettere degli errori è elevato e ineliminabile, ma proprio per tale motivo è necessario procedere a una costante verifica degli obiettivi e a un'eventuale ridefinizione degli stessi, allorquando il loro raggiungimento appare compromesso. Da qui emerge ancora una volta la necessità di dotare l'azienda di una struttura flessibile.

6.5. La crisi da squilibrio finanziario

Come più volte ribadito, l'obiettivo dell'impresa è quello di perseguire l'equilibrio economico unitamente all'equilibrio finanziario, in quanto la mancanza dell'uno prima o dopo si riflette negativamente sull'altro.

In particolare, lo squilibrio finanziario può derivare da una molteplicità di cause (o di concause), tra cui:

a) un eccessivo indebitamento, quindi, una sproporzionata prevalenza del capitale di terzi rispetto al capitale proprio, con la conseguente eccessiva incidenza a livello economico degli oneri finanziari;
b) un'inadeguata copertura del fabbisogno finanziario;
c) un'eccessiva immobilizzazione degli investimenti che impedisce il ritorno di flussi finanziari in tempi compatibili con le esigenze della gestione corrente.

Ovviamente, lo scenario assume connotazioni più complesse in periodi in cui il costo del denaro è più elevato, ovvero in presenza di politiche di finanziamento restrittive (*credit crunch*) attuate dal sistema creditizio.

Occorre precisare che, sovente, lo squilibrio finanziario viene considerato la causa principale della crisi d'impresa, tuttavia, il più delle volte, esso rappresenta lo specchio di un'inefficienza economica derivante da una rigidità strutturale, dal decadimento dei prodotti, dall'inefficienza produttiva e altro ancora

Emerge, pertanto, che la crisi d'impresa è l'epilogo di una situazione di degrado complessivo che, gradualmente, tende a compromettere sia l'equilibrio economico, sia quello finanziario. Tuttavia, l'aspetto più preoccupante si ha quanto l'azienda non è più in condizione di raggiungere l'equilibrio economico, ossia quando non è più in grado di rispondere adeguatamente alle attese dei partecipanti (primo tra tutti il soggetto economico) alla gestione aziendale per un periodo di tempo non breve.

Pertanto, l'indagine diretta ad accertare uno stato di crisi aziendale deve basarsi, in primo luogo, sull'analisi dell'andamento economico, non solo in relazione allo stato attuale, ma, soprattutto, in rapporto alle prospettive future[41].

Invero, la dottrina aziendale è concorde nell'affermare che è molto difficile incorrere in situazioni di crisi aventi solo ed esclusivamente matrice di natura finanziaria. Ciò può aversi principalmente in due casi:

a) nella *fase iniziale*, quando i mezzi finanziari risultano inadeguati (per quantità e/o qualità) rispetto al piano degli investimenti, determinando, quindi, l'impedimento o il rallentamento dell'avvio dell'attività;
b) nella *fase della crescita*, quando allo stadio dello sviluppo non corrisponde un incremento di mezzi propri. Tuttavia, anche in questo caso, il problema può essere superato se il progetto di investimento è ritenuto economicamente apprezzabile e, pertanto, si dimostra idoneo ad attrarre nuovi mezzi finanziari[42].

All'infuori di tali ipotesi, la crisi dovuta a disfunzioni finanziarie, in linea generale, appare meno complessa e più facilmente risolvibile rispetto a quella causata da eventi di natura economica[43], ossia dallo squilibrio tra componenti reddituali. Infatti, in presenza di inefficienze tipicamente di natura economica, la situazione è decisamente più difficile e articolata, in quanto politiche di risanamento basate sulla rimozione delle inefficienze organizzative, sull'innovazione dei prodotti, sull'efficienza delle politiche di mercato, e altro ancora, appaiono oggettivamente più onerose e complesse e non sempre assicurano il raggiungimento dei risultati auspicati.

7. Sull'economicità aziendale

Da quanto sopra detto, appare chiaro che l'equilibrio economico costituisce l'obiettivo prioritario a cui deve tendere l'impresa, al fine di evitare che si inneschi un processo perverso in grado di generare uno stato patologico.

Come è noto, l'impresa è un sistema complesso volto allo svolgimento di un'attività produttiva ai fini della creazione di valore[44]. Quest'ultima rappresenta la finalità prevalente, in quanto è connessa sia all'attività di produzione, sia a quella di soddisfacimento dei bisogni del mercato, sia alla rigenerazione della ricchezza intesa quale remunerazione della componente personale in senso lato.

Notoriamente, in tema di finalità aziendale, si suole distinguere una *finalità*

---

[41] C. VERGARA, *Disfunzioni e crisi aziendali*, cit., p. 50.

[42] G. FARINET (1996), *Lo sviluppo come fattore di crisi dell'impresa industriale*, in *Finanza, Marketing e Produzione*, n. 3.

[43] A tal proposito di legga: S. SCIARELLI (1995), *La crisi d'impresa. Il percorso gestionale di risanamento nelle PMI*, Cedam, Padova, p. 10 ss.

[44] In tema di finalità aziendale si legga: S. ADAMO (1999), *Finalità ed obiettivi nell'attuale contesto socio economico*, in *Scritti in memoria di Paolo Maizza*, Cacucci, Bari.

naturale o *finalità originante* (soddisfacimento dei bisogni) da una finalità istituzionale (creazione di valore). Strettamente connesso a ciò è il concetto di *perdurabilità* dell'azienda, ossia la sua prosecuzione nel tempo, intesa come obiettivo funzionale in stretta interrelazione con la condizione di *economicità*, quindi, come capacità dell'azienda di produrre ricchezza in maniera tale da remunerare congruamente tutti i fattori produttivi impiegati e di distribuire la medesima tra coloro che, a vario titolo, hanno partecipato alla sua produzione[45].

A tal proposito, è opportuno rilevare che l'obiettivo della perdurabilità, così come quello dell'economicità, assume una connotazione temporale di lungo periodo, in considerazione del fatto che, indipendentemente dalle aspettative dei diversi portatori di interessi, la vita di ciascuna azienda è proiettata verso un futuro potenzialmente indefinito, in quanto essa vive e si sviluppa in funzione di finalità e obiettivi istituzionali e, pertanto, solo indirettamente può soddisfare finalità individuali[46].

Va da sé che se l'obiettivo dell'azienda è quello di esistere nel tempo, essa deve dimostrare un'adeguata capacità a svolgere la propria attività in un contesto economico garantendosi innanzitutto la *sopravvivenza* e, in chiave prospettica, lo *sviluppo*. È evidente che la prima condizione denota uno stato di debolezza e di precarietà, soprattutto in presenza di un elevato grado di dinamismo e di mutevolezza dell'ambiente circostante[47]. Ne consegue che, la condizione di sopravvivenza deve avere una durata limitata nel tempo o, comunque, essere riservata a particolari momenti congiunturali. In altre parole, la sopravvivenza è considerata una fase preliminare a quella di sviluppo ed è il primo obiettivo che l'azienda deve raggiungere, funzionale al consolidamento della propria posizione sul mercato, ma è, comunque, una fase che nel più breve periodo deve essere superata da un processo di sviluppo non solo dimensionale, ma anche competitivo[48].

Pertanto, la creazione di valore e la sua equa distribuzione presuppongono il raggiungimento del duplice obiettivo, ossia:

a) l'*equilibrio economico* (o efficienza economica);
b) l'*equilibrio tecnico* (o efficienza tecnico-produttiva).

Come ricordato in precedenza, un'impresa è in equilibrio economico quando è in grado di produrre ricchezza in quantità tale da remunerare congruamente e nel tempo tutti i fattori della produzione, compresi quelli di provenienza del soggetto aziendale, ossia gli oneri figurativi.

Strettamente connesso all'equilibrio economico è quello monetario-finanziario

---

[45] Sul punto si veda: P. ONIDA (1991), *Economia d'azienda*, cit., p. 78 ss.

[46] A. AMADUZZI (1948), *L'impresa nelle condizioni prospettiche del suo equilibrio*, Bozzi, Genova.

[47] G. ZAPPA (1950), *Il reddito d'impresa. Scritture doppie, conti e bilanci di aziende commerciali*, ed., Giuffrè, Milano, p. 12.

[48] N. DI CAGNO, S. ADAMO, F. GIACCARI (2011), *Lineamenti di Economia Aziendale*, cit., p. 225 ss.; C. SORCI (2002), *Lezioni di economia aziendale*, Vol. I, Giuffrè, Milano, p. 399 ss.

che, come si dirà in seguito, denota la capacità dell'impresa di far fronte regolarmente agli impegni finanziari assunti durante la gestione, a dimostrazione del fatto che tale equilibrio, a differenza di quello economico, è una condizione di breve periodo.

Inoltre, il concetto di economicità non può non tener conto dell'efficienza tecnico-produttiva, ossia un adeguato rendimento fisico-tecnico dei fattori produttivi impiegati, senza il quale l'equilibrio economico e, di conseguenza quello finanziario, risulterebbero fortemente compromessi.

In merito al giudizio di valutazione inerente l'equilibrio economico, è opportuno ricordare che la congruità del risultato economico è legata alla capacità del flusso dei ricavi di coprire tutti i costi compresi quelli figurativi. In tal caso, si è in presenza di una condizione minima di equilibrio economico, in quanto i ricavi si limitano a remunerare i costi dei fattori impiegati, senza creare quel surplus di ricchezza da destinare ai fini di una strategia di sviluppo aziendale.

Invero, è solo in presenza di ricchezza aggiuntiva, definita anche *extra-reddito* o *profitto*, che l'azienda è in grado di trarre i dovuti vantaggi in termini di innovazione, sviluppo e competitività, tutti concetti che traggono origine da una pluralità di fattori che concorrono a determinare un'elevata efficienza aziendale ed una posizione di rilievo sul mercato [49].

L'insieme di tali variabili, il più delle volte rappresentate dai cosiddetti fattori intangibili, determinano il successo aziendale, non solo, ma la produzione di extra-redditi consente all'impresa stessa di attuare politiche di autofinanziamento volte allo sviluppo e alla crescita [50].

8. Sull'equilibrio finanziario e patrimoniale

Con il termine equilibrio finanziario si suole definire la capacità dell'azienda di dotarsi di una struttura finanziaria atta a garantire un sincronico flusso tra entrate e uscite, con la conseguenza di ottenere anche benefici dal punto di vista economico [51].

---

[49] Sull'argomento si leggano: U. BERTINI (1987), *In merito alle condizioni che determinano il successo dell'impresa,* in *Saggi di Economia Aziendale per Lino Azzini*, Giuffrè, Milano; S. BRANCIARI (1991), *Riflessioni sull'equilibrio economico dell'impresa: le ragioni di un possibile allargamento del concetto,* in *RIREA*, sett.-ott.; P.E. CASSANDRO (1967), *Il profitto dell'impresa e la sua determinazione*, in *Rassegna Economica*, Napoli, n. 5; V. CODA (1988), *I paradigmi dell'eccellenza imprenditoriale,* in *Economia e Management*, n. 2; A. CONSORTI (1994), *Il successo dell'azienda. Schema di analisi,* Giappichelli, Torino; M. PORTER (1987), *Il vantaggio competitivo*, Edizioni di Comunità, Milano.

[50] A. AMADUZZI (2002), *Equilibrio e valore economico aziendale*, Giuffrè, Milano; L. MARCHI (a cura di) (2000), *Introduzione all'economia aziendale: il sistema delle operazioni e le condizioni di equilibrio aziendale*, Giappichelli, Torino; G. PAOLONE (2007), *L'economia aziendale e la ragioneria nella teoria e nelle specializzazioni*, F. Angeli, Milano, p. 84 ss.

[51] E. GIANNESSI (1982), *L'equazione del fabbisogno di finanziamento nelle aziende di produzione e le possibili vie della sua soluzione*, Giuffrè, Milano.

Pertanto, è possibile individuare una duplice dimensione dell'equilibrio finanziario, ossia:

a) una *dimensione statica*, relativa alla struttura patrimoniale e finanziaria assunta dall'azienda, sia in termini di composizione degli investimenti e delle fonti di finanziamento, sia in termini di correlazione tra impieghi e fonti;
b) una *dimensione dinamica*, attinente all'adeguatezza della gestione finanziaria, intesa come capacità amministrativa di ottimizzare i percorsi finanziari dell'impresa, in un'ottica di sincronica razionalizzazione delle scelte e dei flussi [52].

È evidente come, nell'ambito della dimensione statica, si faccia rientrare anche l'equilibrio patrimoniale, ossia la capacità dell'azienda di dotarsi di una struttura equilibrata degli investimenti e delle fonti.

Tuttavia, come già ricordato, non deve sfuggire l'interrelazione (più volte citata) esistente tra la sfera finanziaria, la sfera patrimoniale e quella economica, atteso che i tre aspetti sono tra loro strettamente connessi e influenzabili. A tal proposito, si evidenzia:

– la delimitazione della sfera finanziaria e della sfera patrimoniale;
– la determinazione del fabbisogno finanziario e delle relative fonti di finanziamento;
– la razionalizzazione della struttura finanziaria e dei relativi flussi.

In merito alla delimitazione della sfera finanziaria e di quella patrimoniale, si sottolinea come qualunque fatto aziendale presenta notoriamente sia un aspetto economico, sia un aspetto finanziario. La determinazione del fabbisogno finanziario è strettamente dipendente dalla dimensione assunta dall'azienda, nonché dai processi produttivi che essa svolge. È evidente che il tutto è legato alla capacità dell'impresa di reperire le risorse finanziarie necessarie in quantità e qualità adeguate alle esigenze gestionali [53].

Nella fase di avvio, il fabbisogno finanziario viene determinato in funzione di ipotesi che riguardano sia gli investimenti nei fattori della produzione a fecondità ripetuta (*fabbisogno durevole*), sia nei fattori della produzione a fecondità semplice (*fabbisogno corrente*), in relazione ai programmi di produzione che l'impresa intende attuare. È ovvio che dette ipotesi possono mutare nel tempo, causando una rideterminazione del fabbisogno stesso in base agli incrementi o ai decrementi di produttività che possono verificarsi.

Una volta stabilito il fabbisogno finanziario iniziale è necessario procedere alla sua contestuale adeguata copertura mediante le fonti di finanziamento che, come è noto, possono provenire dal soggetto aziendale (capitale proprio) ovvero da soggetti esterni all'azienda (capitale di terzi).

---

[52] Sull'argomento: G. PAOLONE, L. D'AMICO (a cura di) (2011), *L'economia aziendale nei suoi principi parametrici e modelli applicativi,* Giappichelli, Torino, p. 269 ss.

[53] V. CODA (1984), *La valutazione della solvibilità a breve*, in *Finanza, Marketing e Produzione*, n. 2.

È chiaro che, in linea di principio[54], il fabbisogno finanziario durevole esige una copertura attraverso mezzi finanziari che prevedono tempi di restituzione più o meno lunghi nel tempo, mentre il fabbisogno variabile richiede l'acquisizione di risorse finanziarie caratterizzate da vincoli di restituzione di breve periodo.

Ciò precisato, l'andamento della gestione è determinante, in quanto in funzione di come esso varia, il fabbisogno finanziario tende a fluttuare, sia nel breve periodo in relazione alla parte variabile, sia nel lungo periodo in relazione a quella durevole[55].

Osservando la continuità dei cicli tecnici e monetari, nonché la conseguente linearità di svolgimento del processo economico posto in essere dall'azienda, si viene a determinare un certo grado di connessione tra l'andamento produttivo e quello relativo al fabbisogno finanziario. Pertanto, l'evoluzione di quest'ultimo dipende dalla coordinazione dei processi di investimento con quelli di realizzo.

Ne consegue che, la definizione e l'equilibrio della struttura finanziaria trova un preliminare momento di analisi nella definizione della coordinazione economica e, solo successivamente, è possibile definire la copertura finanziaria mediante le risorse disponibili, ciò nell'intento di riuscire a fronteggiare i livelli massimi di espansione mediante un'adeguata sincronizzazione dei processi di investimento/realizzo da un lato, e di approvvigionamento/restituzione dei mezzi finanziari dall'altro. Va da sé che la struttura finanziaria ottimale deve basarsi su una sincronia temporale tra l'andamento qualitativo e quantitativo del fabbisogno finanziario e quello delle fonti poste a copertura del medesimo.

Peraltro, l'analisi di tale struttura, attraverso l'utilizzo di appropriate tecniche, conduce a un'altrettanta efficace analisi della struttura patrimoniale e alla definizione del suo equilibrio, sebbene quest'ultimo mostra un limite rappresentato da un'osservazione statica della situazione finanziaria che, invece, ai fini di una sua più agevole comprensione, dovrebbe essere analizzata in un'ottica evolutiva.

È di tutta evidenza che un'ottimale struttura finanziaria implica un soddisfacente equilibrio patrimoniale, ma entrambi scaturiscono da un adeguato innesto del circuito finanziario su quello della produzione che si realizza attraverso due momenti:

a) la coordinazione tra i processi di investimento e quelli di realizzo;
b) la sincronizzazione dei processi di investimento/realizzo con quelli di approvvigionamento delle risorse finanziarie. Quest'ultimo deriva da una pluralità di fattori, quali:
   - la veste giuridica prescelta, in base alla quale è possibile accedere a determinante fonti rispetto ad altre;
   - la struttura dei mercati finanziari e le condizioni praticate;
   - il modello di governance adottato, nonché la composizione del soggetto economico e le disponibilità finanziarie da questi possedute, ecc.;

---

[54] Si precisa che la determinazione delle due classi viene operata in funzione della destinazione che l'impresa assegna alle risorse investite e non invece alla natura degli investimenti.

[55] G. PAOLONE (2007), *L'economia aziendale ...*, cit., p. 91.

- la natura dell'attività svolta, le modalità di svolgimento dei processi produttivi, nonché il grado di rischio che caratterizza un determinato settore di attività.

Da quanto sopra detto, si evince che, in un'ottica sistemica, le condizioni di perdurabilità e di sviluppo dell'azienda si fondano sul raggiungimento e il mantenimento dell'equilibrio economico, finanziario e patrimoniale.

Invero, dal punto di vista *economico*:

- il processo produttivo influenza il fabbisogno finanziario mediante la configurazione degli investimenti ed il loro realizzo, agendo, quindi, a livello di equilibrio patrimoniale;
- in funzione delle modalità con cui si svolge il processo produttivo, si hanno le conseguenti ricadute sulla formazione della liquidità aziendale e, quindi, sulle condizioni di equilibrio finanziario e monetario.

Dal punto di vista *finanziario e monetario*:

- le condizioni finanziarie e monetarie influiscono sull'equilibrio economico, in quanto una corretta struttura finanziaria permette di contenere gli oneri finanziari;
- le medesime condizioni consentono l'ottimizzazione della struttura finanziaria, contribuendo al raggiungimento del suo equilibrio.

Dal punto di vista *patrimoniale*:

- la copertura del fabbisogno richiede il reperimento di fonti per le quali l'azienda sostiene degli oneri che, a loro volta, si riflettono sulla formazione del risultato economico, influenzando, appunto, le condizioni di equilibrio economico;
- l'equilibrio finanziario deve sempre trovare una costante verifica nelle condizioni monetarie e finanziarie che lo determinano.

9. Il passaggio generazionale nelle imprese familiari quale causa della crisi d'impresa

Una trattazione a parte si ritiene di dover riservare alle *imprese familiari* e, in particolare, alla tematica del passaggio generazionale quale possibile causa di crisi aziendale.

Allorquando si parla di imprese familiari si è soliti pensare a quelle realtà di piccole dimensioni e che spesso vengono considerate come "marginali". Si tratta, tuttavia, di una visione alquanto obsoleta e riduttiva per definire una realtà, al contrario, molto diffusa e con elevate potenzialità.

Invero, nonostante le diverse definizioni fornite dalla dottrina aziendale nel corso degli anni, quella che sembra essere maggiormente rispondente alle connotazioni a tali tipologie di imprese è la seguente: «*un'impresa si definisce familiare quando una quota del capitale di rischio, sufficiente a garantire il controllo della medesi-*

ma, è posseduta da una o più famiglie ed, inoltre, uno o più membri di queste famiglie prestano il proprio lavoro (intellettuale o manuale) all'interno di essa»[56].

Tale definizione fornisce una chiara ed esaustiva visione della fattispecie, in quanto:

- non fa alcun riferimento alla dimensione dell'attività aziendale, potendo rientrare nella fattispecie tanto un piccolo esercizio commerciale, quanto una multinazionale;
- evidenzia il forte legame di dipendenza delle sorti dell'impresa da quelle della famiglia;
- uno o più membri della famiglia sono coinvolti nell'attività operativa dell'impresa;
- le relazioni familiari costituiscono uno dei fattori più importanti nei processi di successione e di trasmissione del potere;
- non è considerata impresa familiare quella in cui nessun familiare è impegnato in una attività lavorativa;
- è considerata familiare anche un'impresa di prima generazione[57];
- i valori dell'impresa si identificano in larga parte con quelli della famiglia[58].

Indipendentemente dalle differenti definizioni, gli elementi che distinguono e caratterizzano le imprese familiari possono essere così sintetizzati:

- la piena e forte congiunzione e sovrapposizione fra due realtà organizzative diverse per natura e per scopo: la famiglia e l'impresa;
- una quota rilevante del capitale di rischio dell'impresa è detenuta dal nucleo familiare o da più nuclei familiari alleati;
- l'imprenditore e gli altri familiari, oltre ad apportare all'impresa capitali di rischio, svolgono anche una o più delle seguenti funzioni:
  - imprenditorialità;
  - managerialità;
  - lavoro esecutivo, specie nella fase iniziale;
  - partecipazione alle decisioni di tipo strategico.

Tuttavia, non è da ignorare la circostanza che la definizione di impresa familiare, nei termini sopra descritti, lascia aperto un problema rilevante, quello, cioè, di ricomprendere in un'unica categoria tipologie di imprese alquanto eterogenee.

Invero, nonostante l'eterogeneità della fattispecie è possibile, in prima approssimazione, suddividere le imprese familiari in due macro gruppi:

---

[56] A. DELL'ATTI (2007), *Il passaggio generazionale nelle imprese familiari*, Cacucci, Bari, p. 73 ss.

[57] Channon considera imprese familiari quelle che hanno superato almeno la prima generazione. D.F. CHANNON (1971), *The Strategy and Structure of British Enterprise*, MacMillan, London, p. 161. Della stessa opinione è R.G. DONNELY (1964), *The Family Business*, in *Harvard Business Review*, July-August.

[58] C.E. SCHILLACI (1990), *I processi di transizione del potere imprenditoriale nelle imprese familiari*, Giappichelli, Torino, p. 7.

a) un primo gruppo in cui la proprietà e il management fanno capo solo ed esclusivamente alla famiglia;
b) un secondo gruppo dove la famiglia, pur detenendo la proprietà, si riserva di affidare la gestione a un management esterno qualificato.

Le imprese familiari possono, infatti, presentare connotazioni differenti in relazione al grado di copertura delle funzioni imprenditoriali, manageriali e operative da parte dei membri della famiglia coinvolti. Nella realtà sono riscontrabili situazioni in cui tutti i ruoli sono ricoperti esclusivamente da familiari; altre nelle quali la famiglia si riserva solo il ruolo imprenditoriale, delegando tutte le altre funzioni, incluse quelle direzionali, a persone esterne. Infine, vi sono tipologie di imprese in cui la famiglia, in quanto proprietaria della quota di controllo del capitale, esercita la sola funzione di proprietà e delega a soggetti esterni la funzione imprenditoriale, lasciando loro le scelte strategiche e le funzioni manageriali.

L'impresa familiare è, almeno nelle intenzioni del suo fondatore, destinata a essere trasmessa alle successive generazioni, i cui componenti, a loro volta, diventeranno proprietari e responsabili della gestione. Il forte desiderio di trasmettere l'impresa a uno o più componenti della propria famiglia molto spesso induce l'imprenditore a scelte ispirate da sentimenti di affetto o empatia, trascurando le soluzioni che, alla luce della cosiddetta razionalità economica, risulterebbero le più opportune (come per esempio, la vendita a terzi, l'affitto d'azienda, la fusione con altre realtà economiche e così via).

Da più parti si sottolinea la costante vitalità delle imprese familiari, nonostante i crescenti ostacoli incontrati nel corso degli ultimi decenni per ragioni di ordine sociale, psicologico e organizzativo[59]. Tale considerazione nasce da un'attenta valutazione di alcune connotazioni, quali il grado di determinazione nel perseguire gli obiettivi del sistema e il grado di efficienza nello svolgimento delle attività necessarie a tale perseguimento.

Dall'intersezione di questi due aspetti in una matrice di correlazione, si possono individuare quattro tipologie d'imprese all'interno delle quali è possibile collocare anche le imprese familiari:

- *le imprese eccellenti*, che presentano un elevato grado sia di determinazione, sia di capacità nel perseguire gli obiettivi e, quindi, sono destinate a conseguire risultati di prestigio;
- *le imprese che sopravvivono*, le quali a un alto grado di capacità professionale non abbinano un'adeguata determinazione nel definire e perseguire gli obiettivi dell'organizzazione;
- *le imprese pretenziose* che, pur adeguatamente motivate al raggiungimento de-

[59] Si vedano, in particolare: G. PAOLONE (1996), *L'azienda a proprietà familiare*, Giappichelli, Torino, p. 12; P. DAVIS (1983), *Realizing the potential of the family business*, in *Organizational Dynamics*, 12 (1), pp. 47-56.

gli obiettivi, non hanno le capacità professionali e organizzative necessarie a perseguirli;

- *le imprese allo sbando* che mancano sia di motivazioni, sia di capacità professionali.

La dottrina aziendale ha più volte evidenziato i vantaggi offerti dalla gestione familiare dell'impresa, individuando quelle che possono essere considerate le condizioni di successo dell'impresa, ossia:

– la capacità di adattarsi alle differenti congiunture riguardanti i mercati, la forza lavoro, la tecnologia, gli interventi dello stato, le esigenze dei clienti, ecc.;
– la capacità di mantenere l'efficienza della gestione operativa;
– la capacità di attrarre risorse professionali determinanti per lo sviluppo aziendale, soprattutto nella fase della crescita successiva a quella della creazione.

Tra gli svantaggi quello che presenta significativi risvolti sociali risulta essere collegato alla natura ereditaria del potere, che non sembra in grado di garantire la più efficace transizione intergenerazionale dal momento che il carattere dell'imprenditorialità non è per sua natura ereditario.

Non è da sottovalutare il fatto che la successione familiare comporta spesso il coinvolgimento, in promettenti progetti imprenditoriali avviati dalla generazione presente, dei legittimi eredi che non sempre, però, dimostrano di possedere le qualità richieste per gestire in maniera efficace ed efficiente un'attività imprenditoriale.

I problemi gestionali di tali imprese si acutizzano nel momento della successione e del "passaggio dei poteri". In relazione a ciò, si ritiene opportuno porre l'accento sul fatto che i componenti della famiglia sono portati a confondere gli scopi familiari con le finalità aziendali che spesso risultano divergenti.

Il processo di successione può costituire l'evento causale dell'apertura di una nuova fase di sviluppo e di una maggiore prosperità per la vita futura dell'impresa, ma come spesso accade può essere anche causa di scelte incoerenti con la sopravvivenza o la prosperità futura dell'azienda e, quindi, essere solo occasione di crisi.

Molte aziende, infatti, nell'affrontare il passaggio generazionale attuano scelte gestionali poco avvedute tali da portare, in tempi più o meno brevi, l'azienda alla crisi.

Nella successione al vertice aziendale non è raro che, nella routine della gestione aziendale, possano svilupparsi delle problematiche in qualche modo latenti, che tendono a emergere molto lentamente, ma è anche possibile che, in determinate circostanze, si manifestino degli eventi scatenanti che fanno emergere la crisi in maniera molto rapida ed inattesa.

Ciò è dovuto alla presenza di linee guida, valori, convincimenti e atteggiamenti di fondo dell'imprenditore, il quale, talvolta, anche inconsapevolmente, dimostra una certa incoerenza con le esigenze legate alla sopravvivenza e allo sviluppo dell'impresa.

10. Il concetto di crisi: un diverso approccio tra il CCII e la dottrina aziendale

L'art. 2, comma 1, lett. *a*), CCII, di recente introduzione, definisce con il termine crisi «*lo stato del debitore che rende probabile l'insolvenza e che si manifesta con l'inadeguatezza dei flussi di cassa prospettici a far fronte alle obbligazioni nei successivi dodici mesi*».

Tale concetto ha una portata differente rispetto al termine *insolvenza* (di cui all'art. 2 comma 1 lett. b) CCII), intesa come «*lo stato del debitore che si manifesta con inadempimenti od altri fatti esteriori, i quali dimostrino che il debitore non è più in grado di soddisfare regolarmente le proprie obbligazioni*».

Quest'ultima definizione conferma quanto già riportato nell'art. 5 del R.D. n. 267/1942 (c.d. Legge fallimentare), mentre quella riferita alla *crisi* coincide con l'incapacità dell'azienda di disporre di flussi finanziari atti a far fronte agli impegni futuri impegni nei prossimi 12 mesi e, quindi, come presupposto dell'insolvenza.

Tuttavia, più che di definizioni, si tratta di differenti modalità di manifestazione dell'insolvenza in un'ottica tipicamente finanziaria [60].

Come già detto in precedenza, la dottrina aziendale (Guatri) identifica la *crisi* quale processo di deterioramento avanzato (sebbene non ancora nella fase terminale) che, se non prontamente interrotto, sfocia nella fase terminale del dissesto e dell'insolvenza. Pertanto, si tratta di un concetto che identifica la crisi come un avanzato stato disfunzionale della gestione che, se raggiunge una determinata intensità, va a intaccare gli equilibri aziendali (economico, finanziario e patrimoniale).

Pertanto, ove tale condizione di crisi (ancora reversibile) non viene prontamente risolta rischia di tramutarsi in dissesto, sia patrimoniale, ossia incapacità delle attività a far fronte all'indebitamento, ma anche finanziario, cioè insufficienza dei flussi di cassa (attuali e prospettici) a garantire l'assolvimento degli impegni assunti dall'azienda.

Riprendendo la definizione di crisi riportata dal CCII, appare evidente che il riferimento alla sola sfera finanziaria, ossia probabile insolvenza determinata dalla carenza dei flussi finanziari nei prossimi 12 mesi, denota un appiattimento del legislatore su un concetto di crisi estremamente sbilanciato verso la dimensione dell'insolvenza, ossia della fase terminale e irreversibile della crisi stessa.

In tal modo, una tale interpretazione della crisi finisce per identificare la stessa come uno stato di insolvenza in corso, ma anche come insolvenza probabile e ciò collide con la concezione aziendalistica di crisi [61].

Invero, condividendo quanto asserito dalla dottrina aziendale, la definizione di crisi riportata nel CCII appare più vicina al concetto di insolvenza prospettica, ma

---

[60] M. SANDULLI (2007), *La crisi d'impresa. Il Fallimento e le altre procedure concorsuali*, Giappichelli, Torino.

[61] S. ADAMO (2019), *Il nuovo codice della crisi è già in crisi?*, in *RIREA*, n. 9-10-11-12.

anche imminente (se non quasi certa), anziché essere associato a uno stato di insolvenza solo probabile, relativamente alla quale non si ha sufficiente certezza in merito al suo verificarsi. In entrambi i casi l'elemento determinante non è solo l'arco temporale prospettico, ma anche le dimensioni dello squilibrio che non sembrano coincidere con un'insolvenza temporanea e, comunque, reversibile.

Ne deriva, quindi, un duplice concetto di insolvenza, ossia:

- un'insolvenza *immediata* o *attuale*, coincidente con la definizione di *insolvenza* di cui all'art. 2, comma 1, lett. *b*), CCII, ossia con lo stato del debitore di non essere più in grado di far fronte ai propri impegni;
- un'insolvenza *imminente* o *prospettica*, coincidente con la definizione di *crisi* di cui all'art. 2, comma 1, lett. *a*), CCII, ossia con lo stato di difficoltà gestionale molto prossimo all'insolvenza immediata.

In tale ultimo caso, lo stato di insolvenza imminente, unitamente all'inadeguatezza dei flussi finanziari futuri nei prossimi 12 mesi (arco temporale decisamente breve), costituiscono degli indicatori di una situazione aziendale giunta oramai al capolinea e con scarse possibilità di attivazione di un processo di *turnaround*[62].

D'altronde, anche la stessa previsione dell'art. 3, comma 3, CCII avvalora tale conclusione, allorquando individua i segnali per l'emersione tempestiva della crisi nei debiti scaduti e non pagati, ossia a una posizione finanziaria in evidente quanto conclamato squilibrio[63]. Ne consegue che, ci si trova dinanzi a un'eccessiva propensione del legislatore verso la fase dell'insolvenza e ciò non favorisce obiettivamente l'emersione anticipata della crisi come, invece, auspica il legislatore comunitario.

In definitiva, dinanzi alla valutazione di una situazione di crisi aziendale il legislatore pone in secondo piano l'aspetto economico della gestione, quando lo stesso, come più volte è stato detto in precedenza, costituisce la condizione per la produzione di ricchezza e, di conseguenza, del ritorno dei flussi finanziari. Infatti, uno squilibrio economico in fase avanzata rappresenta già una condizione di crisi, ossia di deterioramento del sistema aziendale, indipendentemente dal fatto che l'azienda

---

[62] A. QUAGLI (2016), *Il concetto di crisi d'impresa come incontro tra la prospettiva aziendale e quella giuridica*, *IlCaso.it*, 2 febbraio; CNDC (2005), *Crisi d'impresa. Strumenti per l'individuazione di una procedura di allerta*, Soc. Tipografica Romana, Pomezia (Roma).

[63] Si ricorda, a tal proposito, che l'art. 3, comma 4, CCII individua i seguenti segnali che fanno scattare l'obbligo dell'emersione tempestiva della crisi di cui all'art. 3, comma 3, CCII:

a) l'esistenza di debiti per retribuzioni scaduti da almeno trenta giorni pari a oltre la metà dell'ammontare complessivo mensile delle retribuzioni;
b) l'esistenza di debiti verso fornitori scaduti da almeno novanta giorni di ammontare superiore a quello dei debiti non scaduti;
c) l'esistenza di esposizioni nei confronti delle banche e degli altri intermediari finanziari che siano scadute da più di sessanta giorni o che abbiano superato da almeno sessanta giorni il limite degli affidamenti ottenuti in qualunque forma purché rappresentino complessivamente almeno il cinque per cento del totale delle esposizioni;
d) l'esistenza di una o più delle esposizioni debitorie previste dall'art. 25-*novies*, comma 1.

abbia ancora risorse monetarie disponibili. Tuttavia, ove non si ponesse rimedio, l'equilibrio finanziario ancora in essere prima o dopo sarà intaccato dall'inefficienza economica. Non solo, dinanzi al permanere dello squilibrio economico, qualunque intervento dal lato finanziario, come per esempio l'immissione di nuovi capitali (propri o di terzi), rappresenterà solo una soluzione temporanea, in quanto la persistenza di una situazione economica negativa porterà l'azienda al punto di non ritorno. Va da sé che una situazione finanziaria negativa assume significatività quando a monte vi è uno squilibrio economico derivante da inefficienze irreversibili [64].

Ne consegue che, se l'intento del legislatore è quello di salvaguardare il patrimonio dell'impresa nell'ottica della continuità aziendale, è necessario che il giudizio prognostico, volto a identificare le condizioni e le strategie che permettono il superamento dello stato di crisi, deve fondarsi su una valutazione della gestione aziendale intesa nella sua globalità, quindi, non solo dal punto di vista strettamente finanziario.

Tale impostazione tipicamente aziendalistica sembra essere stata recepita dal legislatore con l'introduzione nel CCII dell'istituto della *composizione negoziata della crisi d'impresa* (D.L. n. 118/2019 e art. 12 e ss. CCII), il cui accesso, come si vedrà in seguito, è *riservato all'imprenditore commerciale ed agricolo che si trova in condizioni di squilibrio patrimoniale o economico-finanziario, che ne rendono probabile la crisi o l'insolvenza e risulta ragionevolmente perseguibile il risanamento dell'impresa* [65].

Si tratta, in entrambi i casi, di presupposti oggettivi che, ovviamente, devono essere valutati dall'imprenditore e dagli organi societari in generale, stante la sua natura negoziale e stragiudiziale sancita dall'art. 38 CCII.

In merito alla verifica delle condizioni di squilibrio, appare del tutto evidente che il legislatore ha fatto un notevole passo in avanti rispetto alla definizione di crisi riportata nell'art. 2 CCII, in quanto apre la strada a un'analisi più evoluta e aderente alla concezione aziendalistica coinvolgendo tutte le dimensioni gestionali e, quindi, non solo quella strettamente finanziaria, ma anche, e forse soprattutto, quella economica e poi patrimoniale.

Invero, la finalità preminente dell'impresa è quella di creare valore in quanto connessa sia alla produzione di bani e servizi atti a soddisfare i bisogni del mercato e sia alla generazione di ricchezza quale remunerazione della componente personale (forza lavoro, manager, proprietà). In stretta connessione il concetto di *perdurabilità* dell'azienda nel tempo, che si esplicita nella continuità aziendale, quale obiettivo funzionale dell'impresa unitamente alla condizione di economicità.

Ne consegue che il raggiungimento dell'obiettivo preminente della continuità aziendale richiede la costante capacità nel tempo di raggiungere le condizioni atte

---

[64] S. ADAMO, R. FASIELLO (2014), *Problemi di inquadramento della continuità aziendale nella crisi d'impresa*, in *RIREA*, n. 10-11-12.

[65] Com'è noto la composizione negoziata della crisi ha sostituito le procedure di allerta inizialmente previste prima dell'entrata in vigore del CCII, tramite l'integrale riscrittura del Titolo II.

a favorire ciò, prima tra tutte quella dell'economicità, configurabile come capacità aziendale di produrre e distribuire equamente ricchezza.

Va da sé che la condizione di equilibrio, inteso come capacità dell'azienda di remunerare congruamente tutti i fattori della produzione (compresi gli oneri figurativi), va inquadrata in un'ottica temporale di medio-lungo periodo. E di tutta evidenza che in stretta connessione con l'equilibrio economico vi è quello monetario-finanziario a livello di struttura patrimoniale e finanziaria, ma, come già ricordato, a differenza di quello economico quest'ultimo è una condizione di breve periodo in quanto l'azienda deve essere pronta in qualsiasi momento a far fronte ai propri impegni [66].

In considerazione di ciò, la continuità aziendale (*going concerne* per gli anglosassoni) costituisce un carattere distintivo per l'impresa in regolare funzionamento, la cui dimensione temporale, permeando il fenomeno aziendale in tutti i suoi aspetti, connota la natura sistemica dell'impresa stessa che opera in un contesto dinamico e complesso [67].

In relazione a ciò, la perdurabilità del sistema aziendale richiede la capacità costante nel tempo di rispettare effettive condizioni di economicità, in termini di perseguimento del sistemico e dinamico equilibrio aziendale. Pertanto, la verifica del presupposto della continuità aziendale richiede un'analisi globale delle condizioni di esistenza dell'impresa, mediante una valutazione prospettica della dinamica gestionale in termini di equilibrio generale, ossia economico, patrimoniale e finanziario. Si instaura, dunque, una stretta connessione tra la continuità aziendale e le condizioni di esistenza dell'impresa (economicità) che si pongono in relazione circolare con il perseguimento delle finalità istituzionali dell'azienda stessa in termini di creazione di valore.

---

[66] N. DI CAGNO, S. ADAMO, F. GIACCARI (2011), *Lineamenti ...*, cit., p. 225 ss.

[67] N. DI CAGNO, S. ADAMO (2021), *Il bilancio di esercizio nelle imprese societarie, Modello civilistico*, Cacucci, Bari, p. 105. Sull'argomento, inoltre: P. ONIDA (1971), *Economia d'azienda*, cit. La continuità aziendale costituisce un principio fondamentale della dottrina economico-aziendale ai fini dell'inquadramento della gestione aziendale. A tal riguardo, si ricorda il pensiero zappiano secondo cui l'impresa (istituto economico atto a perdurare) esiste e raggiunge i propri fini attraverso il divenire della propria gestione tutta protesa al futuro. G. ZAPPA (1956), *Le produzioni nell'economia delle imprese*, Vol. I, Giuffrè, Milano, p. 37 ss. Ma sull'argomento si evidenziano anche i seguenti contributi: A. AMADUZZI (1949), *Il sistema dell'impresa nelle condizioni prospettiche del suo equilibrio*, Signorelli, Roma, p. 37; G. ZAPPA (1957), *Le produzioni nell'economia delle imprese*, Vol. II, Giuffrè, Milano, p. 915 ss.

Capitolo II

I processi di diagnosi e la valutazione delle strategie di risanamento

1. I sistemi del controllo di gestione

L'individuazione delle cause della crisi aziendale presuppone un'adeguata capacità manageriale in termini di conoscenza e di percezione del rischio, nonché di possibili interventi da attuare.

Tralasciando per un attimo la natura delle cause, esse, come già ricordato, possono trarre origine:

- da errori compiuti in sede di pianificazione, ossia di definizione degli obiettivi e delle strategie da attuare;
- dalla mancata percezione dei sintomi derivanti da inefficienze operative.

In entrambi i casi, emerge l'importanza di un adeguato ed efficiente sistema di controllo, atto a consentire:

a) nella *fase della programmazione*, la definizione di obiettivi strategici e operativi compatibili sia con la struttura aziendale, sia con le caratteristiche ambientali e di settore;
b) nella *fase operativa*, il costante monitoraggio della gestione, al fine di rilevare e valutare eventuali scostamenti rispetto agli obiettivi prefissati e, di conseguenza, porre in essere le immediate azioni correttive.

Riportata in questi termini, tale attività può apparire semplice se non addirittura riduttiva, tuttavia, la presenza di una pluralità di fattori (interni ed esterni), correlati tra loro, rende assai complesso il contesto economico in cui l'impresa opera, con la conseguenza che l'attività di controllo risulta alquanto ampia, articolata e complessa [1].

---

[1] A. Panizza (2011), *Il controllo in tempo di crisi e dopo la crisi: spunti per il monitoraggio delle PMI*, in *Controllo di gestione*, n. 6.

Invero, la manifestazione di una pluralità di fenomeni, complessi e variegati tra loro, rende il sistema aziendale nel suo complesso instabile nel suo divenire e, quindi, imprevedibile, pertanto, il problema fondamentale è quello, da un lato, di saper cogliere eventuali mutamenti delle condizioni di gestione, dall'altro lato, di riuscire ad intervenire in maniera rapida ed efficace, al fine di neutralizzare determinati eventi negativi.

In ambito aziendale, lo sviluppo di tecniche di gestione sempre più articolate e complesse consente al management di dominare o quanto meno ridurre la complessità aziendale già nella fase della programmazione, attraverso lo studio e l'implementazione di strategie tali da assicurare le condizioni di efficienza e di efficacia e, di conseguenza, la riduzione del rischio aziendale.

Nel contempo, un monitoraggio costante e puntuale permette di controllare le diverse fasi della gestione, attività questa che non può limitarsi a una mera rilevazione degli eventuali scostamenti, ma deve spingersi oltre, ossia indagare sulle cause da cui essi traggono origine e l'area funzionale da cui esse promanano [2].

In quest'ottica, il controllo di gestione si pone come un fattore strategico per il successo e lo sviluppo dell'impresa [3].

In tale ambito assume particolare importanza il *sistema informativo*, tramite il quale l'organo decisionale è in grado di ottenere i dati (elementari e complessi) di tipo economico, finanziario e patrimoniale relativamente all'ambiente interno ed esterno all'azienda. Tuttavia, i flussi di informazioni devono essere finalizzati in funzione delle esigenze dei soggetti che, al tempo stesso, generano e utilizzano le informazioni stesse.

Affinché il sistema informativo assolva compiutamente le proprie funzioni è necessario che l'azienda sia dotata di una struttura tecnico-contabile che non si limiti al tradizionale sistema della contabilità generale, ma vada oltre, ossia un impianto di contabilità industriale atto a fornire informazioni non solo tipicamente contabili, ma anche indicatori e parametri di natura extracontabile. Detto strumento, come è noto, consente di rilevare, confrontare, analizzare e valutare le performance individuali ed organizzative, quindi, ottenere adeguate informazioni sulla gestione, utili al management per attuare i processi decisionali [4].

Solo in tal modo è possibile svolgere un'efficace attività di controllo, attraverso cui individuare le cause che hanno determinato lo stato di crisi, prendendo con-

---

[2] Sull'argomento, tra gli altri, si vedano: F. AMIGONI (1977), *Il controllo di gestione e le crisi d'impresa*, in AV.VV., *Crisi d'impresa e sistemi di direzione*, Etas, Milano; P. BASTIA (2001), *Sistemi di pianificazione e controllo*, Il Mulino, Bologna; P. BASTIA (1996), *Pianificazione e controllo dei risanamenti aziendali*, Giappichelli, Torino; G. BRUNETTI (1979), *Il controllo di gestione, in condizioni ambientali perturbate*, Franco Angeli, Milano; G. BRUNI (1990), *Contabilità per l'Alta Direzione*, Etas, Milano.

[3] R.N. ANTHONY, R., KAPLAN, S.M. YOUN (1998), *Management Accounting*, Isedi, Torino.

[4] A tal riguardo: A.M. KENNETH, A. RICCABONI (1998), *Il controllo di gestione*, McGrawHill, Milano.

sapevolmente atto dei mutamenti inattesi che si sono verificati o degli eventuali errori commessi.

Ne deriva che, la principale funzione del sistema di controllo è quella di mettere in condizione ogni centro decisionale, costituito nell'azienda ai diversi livelli, di ottenere le necessarie informazioni, al fine di percepire con la dovuta immediatezza i mutamenti in atto e attuare gli interventi più appropriati [5].

Ovviamente, ogni sistema di controllo ha le proprie connotazioni e dimensioni, in rapporto alla tipologia aziendale, al settore di appartenenza, alle sue dimensioni, alle caratteristiche gestionali. Infatti, in taluni casi potrebbero rivelarsi sufficienti le informazioni provenienti dalla contabilità generale, sempreché sia tenuta in maniera chiara e corretta, in altri casi potrebbero essere necessarie procedure di controllo più complesse idonee a soddisfare adeguatamente le esigenze aziendali [6].

Invero, le caratteristiche di un sistema di controllo possono essere così riassunte [7]:

a) ***articolazione***, intendendo con ciò i diversi livelli di aggregazione con cui le informazioni vengono raccolte e rappresentate. In proposito, un sistema può presentare un'articolazione che si definisce:
   - *bassa*, nell'ipotesi in cui vengono rilevati solo dati elementari e di sintesi;
   - *alta*, nel caso in cui vengono operati raggruppamenti per classi di valori, di processi produttivi, di combinazioni produttive particolari, di livelli organizzativi ed altro ancora.

   Nella prima ipotesi rientra la contabilità generale, mentre nel secondo caso si considera anche la contabilità industriale, l'analisi economico-finanziaria, i modelli di simulazione e altro ancora;

b) ***rilevanza***, tale connotazione è propria di un sistema in grado di fornire le informazioni necessarie nell'ambito del processo decisionale. A differenza dell'articolazione, che attiene la numerosità dei diversi livelli aziendali, la rilevanza riguarda la loro tipologia, pertanto, un sistema, sebbene articolato, può non essere rilevante [8];
c) **selettività**, termine utilizzato per indicare il rapporto esistente tra la quantità di informazioni rilevanti rispetto a quelle non rilevanti. Invero, in presenza di una considerevole quantità di informazioni è necessario che il sistema sia dotato di un meccanismo in grado di individuare ed eliminare quegli elementi dai quali

---

[5] Si veda anche: R.L. LYNCH, K.F. CROSS (1991), *Measure Up – The Essential Guide to Measuring*, Mandarin, London.

[6] Più in generale: P. MELLA (1997), *Controllo di gestione*, Utet, Torino.

[7] Sui caratteri del sistema informativo si veda, tra gli altri: L. MARCHI (2008), *Revisione aziendale e sistemi di controllo interno*, Giuffrè, Milano, p. 281 ss.

[8] Sul punto si vedano: AMERICAN ACCOUNTING ASSOCIATION, *Report of Committee on Management Decision Models*, in *The Accounting Review*, vol. XLIV, n. 1; C. HORNGREN (1962), *Choosing Accounting Practices for Reporting to Management*, N.A.A. Bulletin, September.

possono scaturire informazioni distorte o inutili, ciò al fine di evitare di appesantire inutilmente o di deviare l'operato del management[9];

d) **orientamento**, tale caratteristica è connessa alla propensione del sistema di controllo di privilegiare determinati eventi e informazioni. Pertanto, in funzione di ciò che si intende analizzare, un sistema può essere orientato ai fattori produttivi, ai risultati, al passato, al futuro, ecc.;
e) **responsabilità formale**, detta connotazione è connessa alla metodologia di gestione che mira a guidare e coordinare il comportamento delle unità organizzative, attraverso la definizione degli obiettivi attribuiti a ciascuna di esse. In tal modo, si attua un sistema di responsabilizzazione formale, ossia la raccolta di informazioni per centri di responsabilità[10];
f) **rigidità procedurale**, nel senso che un sistema risulta *rigido* se sussistono regole e procedure che ne definiscono le caratteristiche formali (per esempio, la tipologia e la periodicità delle informazioni da raccogliere, la calendarizzazione di riunioni volte alla definizione degli obiettivi ed all'analisi dei risultati), ciò nel convincimento che un sistema altamente formalizzato e diffuso ai diversi livelli aziendali consente di svolgere in maniera più efficace l'attività di controllo. Al contrario, un sistema *flessibile* è caratterizzato da una limitata ripetitività programmata, ovvero riservata a un nucleo ristretto di individui;
g) **stile**, con riferimento al quale il livello di responsabilizzazione può essere *ristretto*, qualora la valutazione dell'operato di ciascun responsabile è strettamente connessa con gli obiettivi prefissati. Al contrario, si definisce *ampio*, allorquando detta valutazione assume connotazioni più ampie, nel senso che il mancato raggiungimento degli obiettivi viene analizzato in un'ottica complessiva. In altre parole, nell'ipotesi in cui si verifichino degli scostamenti, tutti gli organi direzionali, indipendentemente dal loro grado di responsabilità, ne prendono atto e valutano insieme le decisioni da adottare. Ne consegue che, la valutazione del loro operato non avviene esclusivamente sul grado di raggiungimento degli obiettivi, ma sul loro comportamento complessivo;
h) **immediatezza**, un sistema di controllo si definisce efficiente se è in grado di fornire tempestivamente i dati di cui si necessita. Invero, minore è l'intervallo di tempo che intercorre tra il verificarsi di un dato evento e la sua segnalazione agli organi competenti, minore è l'impatto che esso produrrà sulla gestione.

---

[9] R.L. ACKOFF (1967), *Management Disinformation System*, Management Science, vol. 14, n. 4; H.A. SIMON (1979), *Informatica, direzione aziendale e organizzazione del lavoro, La nuova scienza delle decisioni aziendali*, Franco Angeli, Milano.

[10] R. BEYER (1963), *Profitability Accounting for Planning and Control*, The Ronald Press Co., N.Y.; J.R. GALBRAITH (1974), *Organization Design: an Information Processing View*, Interfaces, May.

2. Struttura aziendale e dinamismo ambientale

Le variabili che incidono sull'ampiezza e sull'articolazione del sistema di controllo possono essere così sintetizzate:

a) il grado di complessità della struttura aziendale e dei rapporti che intercorrono con l'ambiente circostante;
b) il grado di dinamismo e discontinuità, sia dell'impresa e sia dell'ambiente.

Dette variabili risultano fortemente correlate tra loro.

Infatti, per quanto attiene la complessità strutturale è utile sottolineare che essa è contraddistinta sia dal numero delle aree di risultato e dal loro grado di interrelazione, sia dal numero e dall'articolazione dei centri di responsabilità. In merito alle aree di risultato, è fuor di dubbio che un'impresa, anche di grandi dimensioni, ma che produce una limitata gamma di prodotti, ovvero opera in un singolo mercato, o ancora che si serve di un limitato canale distributivo, presenta problematiche gestionali meno complesse rispetto a un'altra impresa che, sebbene di minori dimensioni, produce una pluralità di prodotti, o che attua un processo di internazionalizzazione o, ancora, che è dotata di più canali distributivi.

Pertanto, appare scontato che più elevato è il numero delle aree di risultato e, quindi, dei centri di responsabilità, maggiore è il grado di articolazione e di complessità del sistema di controllo e dei suoi strumenti [11].

Con riferimento al grado di *dinamicità* e *discontinuità* dell'impresa, nonché della componente ambientale, si sottolinea che, mentre con il termine dinamicità si definisce la velocità con cui si manifestano i cambiamenti, con il termine discontinuità si suole definire il grado di prevedibilità degli stessi. In definitiva, un ambiente statico agevola la gestione aziendale; tuttavia, anche in un ambiente dinamico, ma caratterizzato da una certa continuità, l'attività di previsione risulta facilitata, pertanto, la gestione aziendale può risultare meno complessa ed esposta agli imprevisti.

Non vi è dubbio che taluni fenomeni quali la globalizzazione dei mercati, le incertezze di politica economica e finanziaria, la crisi dei mercati finanziari e altro ancora, creano una certa discontinuità nell'ambiente circostante, con evidenti riflessi sulla capacità aziendale di prevedere adeguatamente i futuri accadimenti.

Emerge, pertanto, la presenza di una pluralità di variabili, endogene ed esogene, strettamente correlate tra loro, che agiscono sul sistema di controllo.

Quanto sopra detto, viene sintetizzato nel seguente grafico, in cui vengono poste a confronto le caratteristiche del sistema di controllo in relazione sia alla complessità strutturale dell'azienda, sia al grado di dinamismo e di discontinuità ambientale:

---

[11] R. FERRARIS FRANCESCHI (a cura di) (2010), *Sistemi di pianificazione e controllo*, Giappichelli, Torino, p. 46 ss.

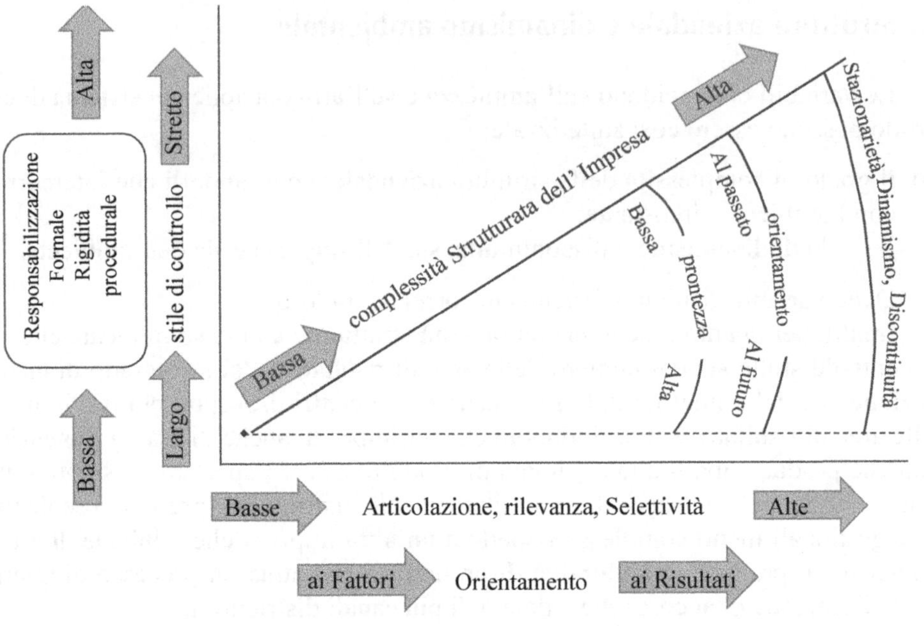

Fonte: M. AGLIATI (cura di) (2009), *Budget e controllo di gestione*, vol. n. 5, Collana Management, Egea-Unibocconi, p. 417.

Come si può notare, all'aumentare della complessità strutturale dell'azienda corrisponde una maggiore articolazione del sistema di controllo, nonché una maggiore attenzione alle caratteristiche di rilevanza e selettività e con un orientamento al risultato, mentre in un ambiente meno dinamico e caratterizzato da una scarsa discontinuità, la rigidità procedurale e la responsabilizzazione formale aumentano.

Al contrario, in un ambiente fortemente dinamico e discontinuo, un elevato grado di articolazione e di responsabilizzazione appare meno idoneo ad assicurare un'efficace attività di controllo.

3. Gli strumenti formali dell'attività di controllo

Una volta individuate le relazioni esistenti tra le caratteristiche dell'impresa e dell'ambiente con quelle del sistema di controllo, è necessario evidenziare, se pur in sintesi, gli strumenti a disposizione del management, affinché detto sistema sia in grado di assolvere adeguatamente il proprio compito.

Appare utile, quindi, delineare le correlazioni esistenti tra le più diffuse metodologie di controllo e le caratteristiche che le stesse conferiscono al sistema. In proposito, si sottolinea come un determinato strumento non possiede di per sé caratteristiche ben specifiche, ma le assume in funzione del modo con cui esso viene progettato e utilizzato. In altre parole, una contabilità industriale può avere una rilevanza, articolazione, selettività quanto mai varie, con il rischio di compiere un errore metodologico, vale a dire descrivere il sistema di controllo solo in termini di strumenti. Inoltre, è necessario operare una distinzione tra le caratteristiche potenziali degli strumenti e quelle reali, ossia derivanti dall'effettivo impiego.

Ciò precisato, i principali strumenti di controllo a disposizione del soggetto aziendale sono i seguenti:

1) La contabilità generale e il bilancio d'esercizio

Come è noto, si tratta di uno strumento amministrativo configurabile quale preordinato processo organico e continuo di rilevazioni quantitative, con specifiche funzioni di accertamento amministrativo [12]. Detto strumento si basa su un sistema e un metodo di scritture, definite *rilevazioni*, che si attuano durante la vita dell'azienda, al fine di pervenire a delle sintesi contabili volte a rappresentare i risultati gestionali, sia con riferimento al risultato economico di periodo e del correlato capitale di funzionamento [13].

In definitiva, attraverso la contabilità generale si perviene al documento di sintesi periodica definito *bilancio d'esercizio*, dal quale si ottengono le informazioni in merito all'andamento economico, finanziario e patrimoniale dell'azienda, anche attraverso l'applicazione di tecniche di analisi che ne facilitano la comprensione.

Il bilancio, peraltro, oltre ad avere una valenza esterna, ha prima di tutto una valenza interna, in quanto consente al management di fare le proprie valutazioni nell'ottica della razionalizzazione della gestione e dell'organizzazione aziendale. A tal riguardo, ancor più importanti sono i bilanci infrannuali (o di periodo), i quali permettono e agevolano il controllo attraverso una continua attività di monitoraggio [14].

Invero, mentre il bilancio d'esercizio altro non è che una sintesi globale riferita all'intero periodo amministrativo, il bilancio periodico si riferisce a un arco temporale più limitato, ma in entrambi i casi si tratta di strumenti che non richiedono un'elevata articolazione, rilevanza, selettività e responsabilizzazione del sistema di controllo.

Inoltre, dal punto di vista della rapidità delle informazioni, mentre il bilancio d'esercizio è uno documento di sintesi di valori passati che viene redatto alla fine

---

[12] N. Di Cagno, S. Adamo S., F. Giaccari (2011), *Lineamenti ...*, cit., p. 325 ss.; G. Ferrero, F. Dezzani, P. Pisoni, L. Puddu (1995), *Contabilità e bilancio d'esercizio*, 4ª ed., Giuffrè, Milano, p. 4.

[13] S. Adamo (2003), *Lezioni di Ragioneria. Le rilevazioni di esercizio*, Cacucci, Bari, p. 43 ss.

[14] Sulla funzione del bilancio nell'ipotesi di crisi aziendale si veda: V. Antonelli (2011), *Politiche di bilancio nelle aziende in crisi: obiettivi e vincoli*, in *Amministrazione e Controllo*, n. 1.

del periodo amministrativo, quindi, meno immediato, il bilancio periodico consente una più immediata informazione e, quindi, una più attenta attività di monitoraggio e tempestività di intervento.

Tuttavia, la contabilità generale presenta alcuni limiti, rappresentati dalla carenza di informazioni dettagliate, ossia quelle riferite a singoli prodotti, o a singoli processi produttivi o, infine, a singole aree aziendali [15]. Ecco allora che tale vuoto viene colmato attraverso l'implementazione di un sistema di contabilità industriale di cui si parlerà tra breve.

2) I piani e i programmi

Un sistema di controllo è privo di efficacia se a esso non viene affiancata una preliminare attività di pianificazione strategica e di programmazione aziendale, la cui importanza è accentuata dalla crescente complessità che caratterizza la vita economica e che rende l'amministrazione aziendale sempre più improntata a criteri di razionalità.

Il perseguimento di obiettivi strategici consente di individuare un processo continuo che trae origine da un'idea creativa, si traduce in un progetto e si sviluppa attraverso l'implementazione di piani operativi.

Invero, solo una corretta e adeguata definizione degli obiettivi aziendali permette di preordinare in modo consapevole il futuro divenire dell'azienda. Tale attività rappresenta il momento di avvio del complesso processo di gestione che deve portare al raggiungimento degli obiettivi in maniera efficace ed efficiente, avvalendosi di una contestuale attività di controllo. Quest'ultima, infatti, rappresenta la naturale prosecuzione dell'attività di pianificazione, essendo l'una e l'altra imprescindibili e, quindi, due momenti di un processo unitario [16].

L'attività di pianificazione e di programmazione, pertanto, assume un ruolo fondamentale, in quanto permette di indirizzare e razionalizzare i comportamenti degli individui a cui è demandata la responsabilità gestionale, ma anche di costruire un modello razionale, definito *piano*, in grado di esprimere le condizioni di economicità dell'attività svolta, unitamente alle condizioni di efficienza ed efficacia.

È indubbio che un comportamento razionale richiede di agire con consapevolezza, di ponderare in anticipo le azioni da intraprendere, di confrontare le risorse a disposizione con gli obiettivi prefissati, operando, tra le diverse opportunità, la scelta economicamente più vantaggiosa e individuando, nel contempo, eventuali azioni alternative.

Tuttavia, l'attività di pianificazione sottintende un processo che non può essere

---

[15] G. PAOLONE, S. MIGLIORI (2011), *Introduzione alla contabilità industriale*, Franco Angeli, Milano, p. 10.

[16] C. BIANCHI (1996), *Modelli contabili e modelli dinamici per il controllo di gestione in un'ottica strategica*, Giuffrè, Milano; R. MUSSARI (2011), *Manuale operativo per il controllo di gestione*, Rubbettino Ed., Roma.

lasciato solo alla mera intuizione e alla creatività, né può essere limitata a determinati aspetti gestionali, ma essa ha una portata più ampia in quanto deve interessare la gestione aziendale nel suo complesso, attraverso una pluralità di piani tra i quali si instaura un rapporto organico e di interdipendenza. Detti piani riflettono il futuro divenire dell'azienda intesa nella sua globalità, divenendo lo strumento principale e insostituibile di governo aziendale [17], sia che siano di *tipo strategico* (di lungo periodo), sia che siano di *tipo operativo* (di breve periodo), con la conseguenza che esistono due tipologie di controllo, ossia il *controllo strategico*, operato a livello di vertice aziendale e, quindi, di organo decisionale e il *controllo operativo*, compiuto a livello direzionale [18].

3) La contabilità industriale

A differenza della contabilità generale che ha una valenza anche esterna per via del bilancio d'esercizio, la contabilità industriale ha una funzione informativa meramente interna.

Come già detto, la prima presenta il problema della sommarietà delle informazioni, limite questo che, appunto, viene superato attraverso l'implementazione di un sistema di contabilità industriale.

Nonostante i differenti scopi, si tratta di due strumenti tra loro coordinati, atteso che la contabilità generale, rilevando principalmente fatti già accaduti e trascurando la gestione interna, denota, comunque, una certa carenza informativa ai fini direzionali.

Invero, la contabilità industriale è uno strumento che fornisce una serie di informazioni utili sia nella fase di pianificazione, sia nella fase operativa. Essa include l'individuazione, la misurazione, l'accumulazione, l'analisi, la preparazione, l'interpretazione e la comunicazione delle informazioni necessarie al management ai fini del corretto svolgimento delle proprie funzioni. Pertanto, si tratta di uno strumento che può definirsi *poliedrico*, in quanto permette la comprensione dei risultati economici aziendali mediante l'analisi dei costi e dei ricavi della gestione. Le informazioni che ne derivano costituiscono una fonte di dati sullo stato dell'azienda e sulle sue prospettive future e, se adeguatamente elaborate, rappresentano un valido supporto all'attività decisionale.

In definitiva, la contabilità industriale rileva i fatti interni di gestione con lo scopo principale di determinare i costi dei prodotti, la fissazione dei prezzi di

---

[17] Tra tutti: P.E. CASSANDRO (1986), *Trattato ...*, cit., p. 246 ss.

[18] Sul concetto di pianificazione strategica si vedano: M. BERGAMIN BARBATO (1992), *Programmazione e controllo in un'ottica strategica*, Utet, Torino; P.E. CASSANDRO (1977), *Sulla pianificazione strategica nelle imprese*, in *Rivista dei Dottori Commercialisti*, Milano, n. 5-6. Sempre sull'argomento si vedano: AA.VV. (2007), *Programmazione e Controllo*, Prentice Hall, N.Y.; R.H. GARRISON, E.W. NOREEN, P.C. BREWER (a cura di M. Agliati) (2007), *Programmazione e Controllo*, McGraw Hill, N.Y.; R. STUTELY (2005), *Il Business Plan*, Prentice Hall-Financial Times.

vendita, la verifica della loro remunerazione, la rilevazione di risultati economici particolari, il controllo dei movimenti interni, l'accertamento dell'efficienza aziendale.

In particolare, la conoscenza dei costi aziendali si rivela indispensabile, sia nell'ambito dell'attività di pianificazione e sia in quella di controllo, nelle scelte di convenienza e nei processi di determinazione quantitativa, fermo restando che, ai fini del perfezionamento del processo decisionale, i numeri esprimenti le quantità oggetto di determinazione devono essere attentamente interpretati.

Alla definizione dei costi deve necessariamente seguire la determinazione dei risultati analitici, con l'intento di ottenere informazioni sul grado di efficacia raggiunto dalla gestione. Occorre, cioè, valutare il conseguimento dei risultati prefissati, onde modificare, eventualmente, il comportamento aziendale. Oggetto di tale sistema informativo saranno, quindi, i risultati economici particolari, pertanto, alle determinazioni dei costi dovranno affiancarsi quelle dei ricavi.

Come è noto, la contabilità industriale elabora tre diverse tipologie di dati:

- i dati *consuntivi*, ossia quei dati che scaturiscono dalla contabilità generale o da altre fonti informative;
- i dati *stimati*, derivanti da congetture relative ad accadimenti futuri;
- i dati *standard*, che costituiscono grandezze obiettivo.

In realtà, i dati consuntivi e quelli stimati sono strettamente interdipendenti tra loro, in quanto le previsioni risultano influenzate dagli accadimenti passati, così come i dati consuntivi, pur non trovando determinazione esclusivamente nel passato, prendono le mosse dalle previsioni sugli accadimenti futuri.

Con molta probabilità, dal confronto effettuato a consuntivo tra i dati reali e quelli stimati può emergere uno scostamento, il quale può essere frutto di un errore previsionale o derivare da fatti imprevisti sopraggiunti che esulano dalla volontà o dalla capacità umana.

L'analisi degli scostamenti, propria del sistema di controllo, consente, pertanto, di prendere atto delle eventuali divergenze tra ciò che era stato preventivato e ciò che si è verificato, al fine di adottare gli opportuni interventi correttivi.

Il seguente grafico sintetizza quanto detto in precedenza, mettendo a confronto le caratteristiche dell'impresa e dell'ambiente con gli strumenti di controllo.

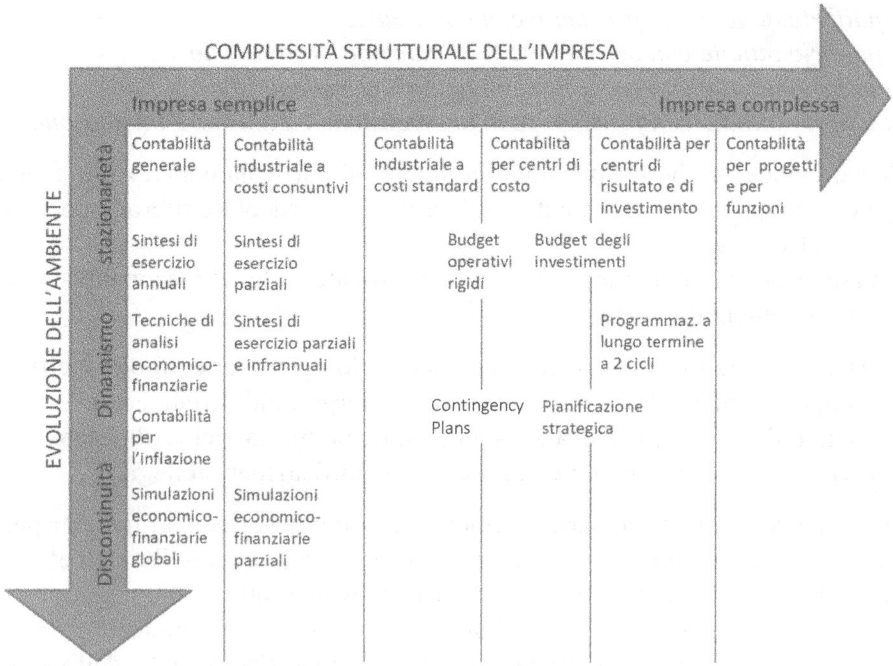

Fonte: M. AGLIATI (a cura di) (2009), *Budget e controllo di gestione*, cit., p. 419.

4. Gli strumenti e i processi di diagnosi

4.1. Inquadramento generale

Da aver esposto, se pur in sintesi, le caratteristiche e le finalità degli strumenti informativi sopra citati, è indubbio che essi, se correttamente predisposti, consentono agli organi preposti di individuare agevolmente le cause che sono all'origine della disfunzione aziendale, lo stadio di sviluppo, l'intensità di coinvolgimento della struttura e altro ancora.

Ciò precisato, è utile sottolineare che, l'individuazione di eventuali squilibri di tipo economico, finanziario e patrimoniale, o di inefficienze operative, non sempre determinano automaticamente uno stato di crisi, almeno nel breve periodo. È noto, infatti, che quest'ultimo si identifica in un processo involutivo e degenerativo delle situazioni di inefficienza o di squilibrio.

Invero, nella dinamica aziendale, possono verificarsi quattro diverse situazioni alternative, ossia [19]:

---

[19] C. CARAMIELLO (1968), *L'azienda nella fase terminale*, cit., p. 19 ss.; A. DELL'ATTI (2016), *Crisi d'impresa: strumenti di diagnosi e strategie di risanamento*, in *atti del convegno sul tema "Il Concordato con riserva"* a cura di A. Leozappa, Edicusano, Roma.

a) *equilibrio attuale con prospettive di continuità;*
b) *equilibrio attuale con prospettive di mutamento in squilibrio;*
c) *squilibrio attuale con prospettive di mutamento in equilibrio;*
d) *squilibrio attuale con prospettive di prosecuzione ed ulteriore involuzione.*

Appare evidente che le situazioni meritevoli di particolare attenzione e monitoraggio sono quelle di cui ai punti *sub b)* e *d),* con particolare riferimento soprattutto a quest'ultima.

Entrambe sono sintomatiche di tensioni verificatesi a livello economico e/o finanziario/patrimoniale, ossia:

– situazioni di inefficienza legate a fenomeni fisiologici (per esempio, inefficienza di tipo commerciale, scarso controllo dei margini industriali, ecc.);
– situazioni di inefficienza legate a stati patologici, molto vicine allo stato di crisi (per esempio, errori commessi in sede di pianificazione strategica).

In entrambi i casi è necessario intervenire con immediatezza, al fine di riportare, nel più breve tempo possibile, l'azienda in condizioni di equilibrio ed efficienza, in modo tale da garantire la stabile prosecuzione dell'attività.

Come detto in precedenza, la crisi si manifesta in maniera graduale attraverso una serie di stadi che vanno dalla fase dell'incubazione sino a quella dell'impatto. Pertanto, occorre individuare preliminarmente lo stadio in cui essa si trova e prevederne l'evoluzione futura, al fine di identificare e adeguare gli interventi necessari [20].

Molto spesso si genera una confusione tra gli effetti e le cause della crisi, ponendo maggiore attenzione ai primi e trascurando le seconde.

È un approccio che si rivela molto spesso errato e, soprattutto, aleatorio, in quanto la mancata rimozione delle cause diviene un fattore aggravante della crisi stessa. In altre parole, non è sufficiente prendere atto di uno squilibrio economico o finanziario, ma occorre risalire alle cause che lo hanno determinato, quindi, all'origine del fenomeno (o dei fenomeni) che ha inciso negativamente sulle condizioni di equilibrio [21].

Non è corretto, quindi, classificare le crisi aziendali in economiche, finanziarie e patrimoniali, o quanto meno non è sufficiente, in quanto:

– così facendo ci si limita a constatare gli effetti e non le cause che, invece, potrebbero essere di altra natura. Come detto in precedenza, una crisi potrebbe

---

[20] Più in generale: K. AROGYSWAMY, V. BACKER, M. YASAI-ARDEKANI (1995), *Firms Turnaround: An Integrative Two, – Stage Model*, in *Journal of Management Studies*, 32, 4; C. HOFER (1980), *Turnaround strategies*, in *Journal of Business Strategy*, n. 1.

[21] V.L. BARKER (1992), *Corporate turnaround as strategic reorientations: A field study of turnaround attempts from firmbased decline*, University of Illinois.

essere definita di natura finanziaria, ma in realtà ha radici economiche, quindi, lo squilibrio finanziario altro non è che l'effetto di un'inefficienza economica;
- la predetta classificazione individua la crisi solo quando i suoi effetti si sono già manifestati, non tenendo conto delle crisi cosiddette *probabili*[22]. In tal modo si commette il grave errore di considerare gli effetti della crisi che si sono già manifestati, trascurando quelli latenti o potenziali.

In proposito, autorevoli studiosi hanno articolato i diversi stadi della crisi in relazione all'impatto che essi generano sulle condizioni generali di vita dell'impresa, distinguendo le seguenti fasi:
- *potenziale*, nella quale si manifestano i primi sintomi;
- *iniziale*, caratterizzata da perdite di modesta entità;
- *grave*, quando presenta disfunzioni diffuse e degenerate, ma ancora controllabili e sanabili;
- *irreversibile* e *definitiva*.

La predetta classificazione dimostra come all'origine della crisi vi siano squilibri e inefficienze che, se trascurati, producono le prime perdite, il perpetuarsi delle quali rischia di generare uno stato di insolvenza che prima o poi si traduce in dissesto[23].

Pertanto, gli squilibri, indipendentemente dalla loro natura, rappresentano gli effetti della crisi e la loro gravità deriva dallo stadio in cui essa si trova. Va da sé che, un'eventuale azione di risanamento sarà tanto più complessa e difficile quanto più avanzato sarà lo stadio della crisi medesima.

Alcuni studiosi considerano la crisi come un fatto patologico, conseguenza di uno stato degenerativo del sistema aziendale, quindi, un evento spesso naturale e ineludibile del ciclo di vita di un'azienda giunta nella fase terminale. In tal modo, la crisi viene interpretata come la fase che conduce alla liquidazione e, quindi, allo smembramento del patrimonio aziendale. Tuttavia, a parere di chi scrive, tale conclusione appare alquanto drastica e affrettata, in quanto per poter parlare di uno stato di crisi irreversibile occorre che l'impresa non sia più in grado di arrestare il processo di deterioramento che inevitabilmente la condurrà al dissesto, salvo un intervento risolutore esterno.

In altre parole, se la crisi viene considerata come un evento normale nella vita di un'azienda, quindi, non più come un fatto conclusivo, allora essa perde la valenza di evento eccezionale, traducendosi in un incidente di percorso dinanzi al quale gli organi decisionali devono assumere nuovi comportamenti e individuare le azioni da intraprendere, dimostrando un adeguata capacità di adattamento alle mutevoli condizioni di gestione.

---

[22] C. VERGARA (1987), *Note metodologiche nella ricerca della causa delle crisi aziendali*, in AV.VV., *Crisi di impresa e strategie di risanamento*, Giuffrè, Milano, p. 92 ss.

[23] L. GUATRI (1986), *Crisi* ..., cit.; G. PAOLONE (1987), *Il deterioramento* ..., cit.

Se, al contrario, la crisi viene considerata come un fatto patologico di per sé irreversibile, si presentano due possibilità:

– quella del risanamento, attraverso interventi drastici e spesso traumatici, di rottura rispetto al passato, che possono interessare la struttura, l'organizzazione, le strategie, il settore, ovvero il ricorso a procedure concorsuali disciplinate e regolamentate dal legislatore;
– quella di una sistemazione stragiudiziale.

Dunque, se la crisi viene vissuta come un fatto naturale e non destabilizzante, gli interventi di risanamento si configurano come atti di ordinaria gestione e possono rappresentare un'opportunità di sviluppo e di crescita per l'impresa [24].

Come è noto, le condizioni di equilibrio aziendale mutano al variare delle condizioni interne ed esterne all'azienda stessa, pertanto, detto equilibrio non rimane tale nel tempo, ma è in continua evoluzione. Ne consegue che, il successo aziendale è strettamente legato alla capacità dell'impresa di affrontare tale dinamismo.

Tuttavia, uno stato di crisi è molto spesso il frutto di un inefficiente e/o inadeguato utilizzo delle risorse aziendali rispetto ai mutamenti ambientali, da ciò la necessità di intervenire ripristinando le condizioni di equilibrio, sebbene, nella maggior parte dei casi, esse potranno assumere connotazioni differenti rispetto a quelle raggiunte in passato.

Tornando alla distinzione tra il concetto di disfunzione e quello di crisi, è utile sottolineare che la prima è una condizione insita nel sistema aziendale. In altre parole, è impensabile che un'azienda sia sempre scevra da disfunzioni, in quanto non esiste nella realtà un sistema aziendale talmente flessibile ed elastico capace di adeguarsi con immediatezza a cambiamenti repentini. Tutt'al più, se dotata di un'efficiente e solida struttura, l'azienda potrà fronteggiare adeguatamente una situazione di disfunzione per evitare che essa si tramuti in crisi. Infatti, nella maggior parte dei casi, lo stato di crisi, come più volte ricordato, è il risultato di un graduale processo degenerativo al quale il management non ha saputo o potuto porvi rimedio, oppure non ha avuto la capacità di percepirlo in tempo utile. Tale conclusione mette in chiara evidenza una responsabilità manageriale.

Tuttavia, è anche vero che il rischio di una crisi deve essere percepito, vissuto e affrontato non solo dal management, ma anche da tutti quei soggetti che, a vario titolo, ne sono coinvolti, quindi, gli azionisti, le forze sindacali, ovvero tutti coloro che attraverso le proprie decisioni e comportamenti possono contribuire all'individuazione di una soluzione positiva.

È necessario, pertanto, acquisire la *cultura della crisi*, vale a dire la consapevolezza che essa è un evento naturale e possibile nella vita di un'impresa, che

---

[24] A. CANZIANI (1984), *La strategia aziendale*, Giuffrè, Milano; S. DOBBIN (1991), *Rapidità d'azione per vincere la crisi*, in *L'Impresa*, n. 5; R.M. GRANT (2005), *L'analisi strategica per le decisioni aziendali*, Il Mulino, Bologna; S. SCIARELLI (1995), *La crisi d'impresa ...*, cit.

coinvolge il sistema aziendale nel suo complesso, investendo, quindi, gli interessi di tutti i soggetti che a vario titolo, direttamente o indirettamente, ne sono coinvolti, e allora solo un atteggiamento positivo e aperto alla cooperazione può rappresentare il presupposto cardine per una immediata ed efficace risposta.

4.2. La valutazione delle strategie di risanamento

Come più volte ribadito, l'individuazione della strategia di risanamento e la sua conseguente attuazione richiedono una preliminare conoscenza delle cause che sono alla base della crisi, la consapevolezza delle risorse possedute, nonché la valutazione dei costi che l'azienda sarà costretta a sostenere e che dovranno essere opportunamente ponderati con i benefici attesi. In altre parole, il percorso della valutazione della strategia di risanamento può essere così schematizzato:

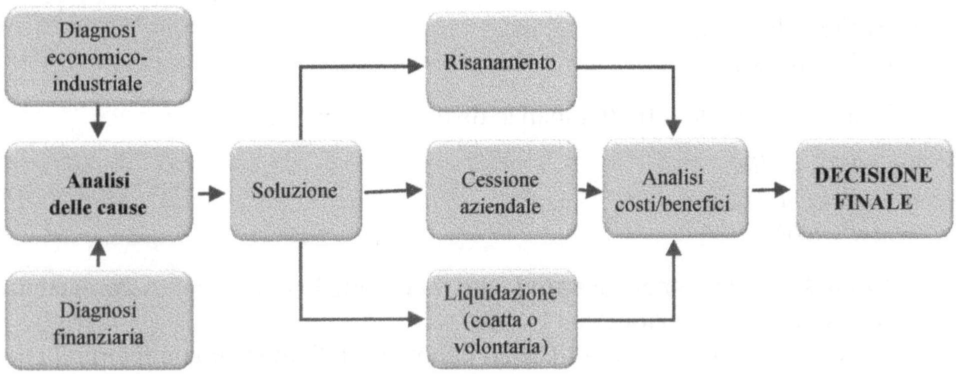

4.2.1. Diagnosi e individuazione delle cause della crisi

Da più parti si auspica che il processo di individuazione delle cause da cui trae origine la crisi dell'impresa sia anticipatorio rispetto al verificarsi dell'evento negativo, ossia si sottolinea la necessità di valutare la sussistenza delle condizioni e delle probabilità che un'azienda, a un certo punto della sua vita, possa entrare in crisi [25].

A tal riguardo, la dottrina aziendale, nel corso degli anni, ha elaborato dei modelli teorici della crisi di tipo *predittivo*, meglio noti come "*modelli di previsione delle insolvenze*", ognuno dei quali presenta caratteristiche differenti, con altrettanti differenti pregi e difetti [26].

---

[25] C. SMART, I. THOM, I. VENTINSKY (1978), *Diagnosing corporate effectiveness and susceptibility to crises*, in *Journal of Business Administration*, n. 9.

[26] Più in generale, sul tema delle metodologie di previsione delle insolvenze si ricordano: A. ALBERICI (1975), *Analisi dei bilanci e previsione delle insolvenze aziendali*, Isedi, Milano; E.I. ALT-

Essi si distinguono in modelli *teorici* e modelli *empirici*. I primi si basano su una serie di parametri e assunti di tipo astratto, mentre i secondi sull'osservazione e sulla valutazione di dati reali [27]. In particolare, i modelli teorici si fondano su un approccio tipicamente deduttivo e si propongono di definire in anticipo le probabilità che un'azienda entri in crisi. Tuttavia, si tratta di modelli basati su ipotesi che spesso non trovano riscontri in termini reali, e proprio per tale motivo presentano non poche incognite in merito alla loro concreta applicazione.

Maggiore validità dimostrano, invece, i modelli empirici, i quali si basano su un approccio di tipo induttivo. Essi presentano caratteristiche applicative e complessità differenti, nonché un diverso rapporto di proporzionalità inversa tra il grado di affidabilità e i costi sostenuti. Invero, i modelli meno costosi sono anche i più semplici da applicare, ma dimostrano anche un minor grado di affidabilità, mentre quelli più onerosi si dimostrano più attendibili, ma nello stesso tempo più complessi.

I modelli di previsione di tipo empirico si distinguono in [28]:

- *modelli tradizionali*;
- *modelli innovativi*.

A loro volta, i modelli tradizionali si distinguono in:

- *modelli semplici*;
- *modelli complessi*;
- *modelli evoluti*.

Tra i modelli tradizionali ***semplici***, che non richiedono particolari competenze tecniche, trovano collocazione:

a) l'*analisi sommaria*, che si limita a una mera individuazione e interpretazione dei dati aziendali senza, quindi, procedere a una loro rielaborazione. Si tratta,

---

MAN (1984) *Corporate Financial Distress: A complete Guide to Predicting, Avoiding and Dealing with Bankruptcy*, Wiley & Sons, N.Y.; E.I. ALTMAN, J.K. LA FLEUR (1985), *I modelli di previsione delle insolvenze: le loro applicazioni alla gestione d'impresa*, in *Finanza, Marketing e Produzione*, n. 4; L.C. GUPTA (1983), *Financial Ratios for Monitoring Corporate Sickness*, Oxford University Press, Delhi.

[27] Tra i modelli teorici più noti si ricordano quelli di: J.W. WILCOX (1971), *A gambler's ruin prediction of business failure using accounting data*, in *Sloan Management Review*, n. 3; J.T. SCOTT (1981), *The probability of bankraptscy: a comparison of empirical predictions and theoretical models*, in *Journal of Banking and Finance*, n. 5. Inoltre, per un approfondimento si vedano: N. D'ANNUNZIO, G. FALAVIGNA (2004), *Modelli di analisi e previsione del rischio di insolvenza, una prospettiva delle metodologie applicate*, WP Ceris-CNR, n. 17; M. MANTOVAN, P. MANTOVAN (1987), *Un modello di previsione del dissesto d'impresa*, in *Rivista dei Dottori Commercialisti*, Giuffrè, Milano, n. 1-2; C. ROSSI (1988), *Indicatori di bilancio, modelli di classificazione e previsione delle insolvenze aziendali*, Giuffrè, Milano.

[28] S. CORONELLA (2011), *Potenzialità e limiti dei modelli predittivi delle crisi aziendali*, in *Riv. Contabilità, finanza e controllo*, n. 1, p. 32.

pertanto, di una raccolta di dati di tipo contabile, commerciale, di settore, ecc., anche provenienti da enti e istituzioni pubbliche e private.

A tal riguardo, si evidenzia che la primaria fonte di informazione aziendale è il bilancio d'esercizio. Tuttavia, come detto in precedenza, esso fornisce un'informazione sommaria, in quanto già il linguaggio contabile e la stessa nota integrativa presentano dei limiti oggettivi all'approfondimento dei contenuti, ma anche perché detto documento per sua natura è inidoneo a rappresentare gli aspetti qualitativi della gestione non traducibili in grandezze quantitativo-monetarie[29].

Le fonti di tipo commerciale, invece, provengono essenzialmente dai clienti, dagli ispettori delle vendite, dagli agenti di commercio e da tutti coloro che sono in stretto contatto con il mercato.

Ulteriori fonti informative, riguardanti soprattutto il mercato, il settore di attività, la congiuntura economica, sono rappresentate dai *report* elaborati da società specializzate o da enti e istituzioni (pubbliche e private)[30]. Tuttavia, si tratta di fonti che possono fornire informazioni generiche o specifiche, ma sempre con un grado di approfondimento limitato. Inoltre, è necessario valutare il loro grado di affidabilità, al fine di evitare di considerare dati o parametri che potrebbero addirittura indurre a valutazioni errate;

b) le *tecniche del punteggio*, consistenti in procedure automatizzate basate su una serie di analisi statistiche in relazione alle tipologie di informazioni che si intendono ottenere. Esse sono il frutto dell'elaborazione di questionari alle cui risposte viene attribuito un punteggio percentuale (*credit score*)[31]. A titolo di esempio, se si intende conoscere il grado di insolvenza della clientela, il questionario conterrà una serie di domande che tiene conto dell'area geografica in cui operano i clienti, la ragione sociale, i tempi di dilazione concessi dai loro fornitori, il numero di istituti di credito con cui essi operano, ed altro ancora. A ciascuna risposta viene attribuito un punteggio sino a determinare un punteggio finale tramite il quale viene stabilita la percentuale di insolvenza complessiva attribuita a ogni cliente. Tale punteggio viene messo a confronto con un parametro fissato dall'azienda, costituente il limite massimo di rischio da essa ritenuto accettabile. È evidente che se il risultato attribuito al singolo cliente è superiore a tale limite si può decidere di non avviare alcun rapporto commerciale oppure di interromperlo, ovvero di adottare i possibili accorgimenti per tenere sotto controllo un probabile rischio.

---

[29] G. PAOLONE, F. DE LUCA (2011), *Il bilancio d'esercizio, Principi, procedure, valutazioni*, Franco Angeli, Milano, p. 64 ss.

[30] A. DELL'ATTI (2011), *Il processo di internazionalizzazione attraverso l'export. Una strategia di rilancio per le PMI*, in Atti del 3° Workshop Internazionale AIDEA dal titolo *"I processi innovativi nelle piccole imprese. Le sfide oltre la crisi"*, Urbino Università Carlo Bo', 16/17 settembre, Piccola Impresa – Small Business, Montefeltro Ed.

[31] In merito si veda: M. DALLOCCHIO (1989), *La gestione commerciale ed il credit manager*, Egea, Milano, p. 54.

La tecnica dei punteggi conduce a risultati che sono fortemente influenzati dal numero delle domande poste, dalle modalità con cui esse vengono formulate e, soprattutto, dal grado di attendibilità della risposta. Pertanto, si tratta di un'indagine previsionale che presenta evidenti limiti dal punto di vista del rigore metodologico.

I modelli tradizionali ***complessi*** sono basati essenzialmente sull'*analisi di bilancio*.

Come ricordato in precedenza, esigenze di natura legale e gestionale fanno emergere, durante il funzionamento dell'azienda, la necessità di conoscere e informare sull'andamento economico-finanziario-patrimoniale dell'azienda, attraverso sintesi periodiche quantitative che solo in via astratta interrompono il continuo divenire della vita aziendale.

A tal proposito, a differenza dell'informativa gestionale, quella tipicamente contabile rimane lo strumento principale nei processi di comunicazione d'impresa, i quali, al di là di ogni informazione di tipo qualitativo, non possono prescindere dalla determinazione razionale delle grandezze fondamentali del bilancio (capitale e reddito) ai fini della verifica degli equilibri gestionali.

In tale contesto, nel corso del tempo, il bilancio d'esercizio ha assunto un ruolo informativo sempre più rilevante, passando da una informazione ristretta (ossia destinata al soggetto economico), ad una informazione anche esterna, allargando quindi la platea dei destinatari [32].

Esso ha la funzione di rappresentare gli equilibri aziendali e di verificare il presupposto della continuità aziendale, attraverso un'analisi complessiva delle condizioni di esistenza dell'impresa che trovano espressione mediante una valutazione prospettica della dinamica gestionale in termini di equilibrio aziendale, declinato nelle sue fondamentali ed interrelate sfere (economica, patrimoniale e finanziaria).

Invero, i tre aspetti che caratterizzano la gestione aziendale sono tra loro inscindibili: le disponibilità finanziarie ottenute mediante il ricorso alle fonti di finanziamento vengono investite in attività patrimoniali necessarie per porre in essere il processo produttivo e, di conseguenza, per produrre ricchezza [33]. Di converso, i risultati economici incidono inevitabilmente sulla dinamica finanziaria, il cui equilibrio è condizione imprescindibile per la sostenibilità dei cicli produttivi [34]. Ne consegue che le condizioni di economicità e perdurabilità del sistema

---

[32] S. ADAMO (2021), *Origine ed evoluzione dell'informazione di bilancio*, in N. DI CAGNO, S. ADAMO, *Il bilancio d'esercizio delle imprese societarie. Modello civilistico*, Cacucci, Bari, p. 21 ss.; S. FORTUNATO (2017), Gli obiettivi informativi del "nuovo" bilancio di esercizio, in *Giur. comm.*, I.

[33] I. FACCHINETTI (1996), *Analisi dei flussi finanziari. Formazione, lettura e interpretazione del rendiconto finanziario previsionale e consuntivo*, Il Sole 24 Ore, Milano, p. 6.

[34] C. CAVAZZONI (2003), *La dinamica finanziaria nel sistema di impresa. Strumenti e metodologie di analisi*, Giappichelli, Torino, p. 10.

aziendale non possono prescindere dal raggiungimento e dal mantenimento dell'equilibrio inteso nel suo complesso e nei vari aspetti (economico, finanziario e patrimoniale), richiedendo una costante attività di monitoraggio.

L'analisi del bilancio permette, quindi, di interpretare le risultanze gestionali superando il limite informativo oggettivamente insito nei documenti che compongono il bilancio stesso.

In particolare, nell'analisi per indici, attraverso la riclassificazione degli schemi di stato patrimoniale e di conto economico e l'applicazione dei diversi *ratios*, è possibile verificare e analizzare la gestione aziendale nei diversi aspetti (patrimoniale, finanziario ed economico)[35].

Si tratta di una metodologia oramai convenzionale e irrinunciabile che permette di valutare lo stato di salute dell'azienda, al fine di valutare il grado di solvibilità, la solidità patrimoniale e finanziaria, la redditività operativa, nonché la redditività totale.

Ovviamente la scelta degli indici da applicare deriva dalla tipologia di informazioni che si intende ottenere. Non solo, ma anche la riclassificazione delle voci che compongono gli schemi di bilancio necessita di determinate informazioni grazie alle quali l'analista è in grado di deciderne la collocazione[36].

Mentre nell'analisi per flussi, attraverso il rendiconto finanziario, è possibile comprendere in che misura le diverse operazioni di gestione poste in essere hanno generato ovvero assorbito risorse finanziarie. Non solo, ma dal rendiconto finanziario è possibile desumere l'origine dei flussi finanziari che sono stati generati, ovvero se essi provengono dalla gestione operativa ovvero da quella extra operativa[37].

L'analisi di bilancio è una tecnica sostanzialmente semplice e non particolarmente onerosa, e allo stesso tempo immediata, grazie alla quale è possibile entrare nel merito dei dati contabili, ma, a differenza dei modelli tradizionali semplici, richiede una adeguata conoscenza tecnica dell'analista. Tuttavia, essa può rivelar-

---

[35] Sull'analisi di bilancio, tra gli altri, si leggano: C. CARAMIELLO, F. DI LAZZARO. G. GIORI (2003), *Indici di bilancio. Struttura per l'analisi della gestione aziendale*, Giuffrè, Milano, II ed.; G. CERIANI, B. FRAZZA (2007), *Analisi di bilancio. Metodologie e casi di studio*, Cedam, Padova; A. CONSORTI (2001) *La dimensione economico-reddituale e la dinamica finanziaria dell'azienda: schemi di analisi per indici e per flussi*, Giappichelli, Torino; B. FRAZZA (2007), *Analisi di bilancio. Metodologie e casi di studio*, Cedam, Padova; I. FACCHINETTI (2006), *Analisi di bilancio,* Il Sole 24 Ore ed.; F. GIUNTA, M. PISANI (2012), *Analisi di bilancio*, Apogeo, Milano; G. PAOLONE, L. D'AMICO, R. PALUMBO (2001), *Le analisi di bilancio*, Cacucci, Bari; C. TEODORI (2008), *L'analisi di bilancio*, Giappichelli, Torino.

[36] M. FAZZINI (2009), *L'analisi di bilancio nelle imprese in crisi*, in *Amministrazione e Controllo*, n. 10.

[37] A. DELL'ATTI (2021), *Il rendiconto finanziario,* in N. DI CAGNO, S. ADAMO, *Il bilancio d'esercizio nelle imprese societarie. Modello civilistico*, p. 615 ss.; F. GIUNTA, M. PISANI (2016), *L'analisi del bilancio,* Maggioli, p. 416.

si fuorviante per lo stesso analista e per i destinatari, nel momento in cui il bilancio oggetto di analisi non è stato redatto nel rispetto delle norme di legge e dei principi contabili vigenti.

L'analisi di bilancio può essere affiancata da tecniche e metodi statistici che costituiscono i cosiddetti modelli tradizionali ***evoluti***.

Tra questi si ricorda l'*analisi univariata* mediante l'applicazione di metodologie statistiche unidimensionali, ovvero l'*analisi multivariata,* basata su metodologie multidimensionali, con riferimento alla quale assume particolare rilevanza la cosiddetta "*analisi discriminante*"[38].

L'analisi univariata è basata su tecniche statistiche relativamente semplici, sebbene essa presenta, rispetto alle metodologie di indagine viste sinora, un approccio più rigoroso. Proprio per tale motivo, detta analisi richiede specifiche competenze e presuppone ancora una volta l'attendibilità del bilancio esaminato.

D'altro canto, l'analisi multivariata si basa sull'applicazione di metodologie statistiche multidimensionali particolarmente complesse, per cui essa richiede elevate competenze tecniche, la dovuta attendibilità dei bilanci oggetto di analisi, una maggiore onerosità, ma, nel contempo, garantisce una maggiore affidabilità delle informazioni.

I modelli ***innovativi***, invece, si basano sull'individuazione di punti di riferimento (parametri, valori, ecc.) con i quali confrontare i dati ottenuti dall'analisi di una determinata azienda, al fine di comprendere se essa versa o meno in stato di difficoltà.

I modelli applicabili sono numerosi e molto differenti tra loro, sia in termini di tipologie di informazioni ottenibili, sia in termini di metodi di elaborazione. Il loro grado di complessità e onerosità è molto elevato.

Tra questi, meritano particolare attenzione, l'analisi RPA (*Recursive Partitioning Algorithm*), le *reti neurali*, gli *algoritmi genetici*, gli *insiemi sfocati*, ecc.[39].

Si tratta di metodologie che necessitano di un'elevata competenza informatica, attrezzature complesse, un numero elevato di variabili, con la conseguenza di un'elevata onerosità. Tuttavia, dette tecniche, se ben implementate, consentono di ottenere risultati altamente affidabili.

Nonostante la molteplicità dei modelli applicabili, ognuno con un diverso livello di complessità e onerosità, i modelli empirici si confermano gli unici ad aver avuto sino ad ora un elevato grado di applicazione con risultati complessivamente soddisfacenti. Invero, se è vero che i modelli basati su tecniche più raffinate e

---

[38] J.R. DIXON, A.J. JR. NANNI, T.E. VOLLMANN (1990), *The New Performance Challenge: Measuring Operations for World-Class Manufacturing*, Homewood, Business One Irwing; R.G. ECCLES (1991), *The Performance Measurement*, in *Harvard Business Review*, Gen.-Feb; R.G. ECCLES, P.J. PYBURN (2004), *Il vantaggio competitivo nelle misure non finanziarie*, in *Riv. L'Impresa*, n. 6.

[39] Si vedano, tra gli altri: L. DAVIS (1991), *Handbook of genetic algorithms*, Van Nostrand Reinhold, N.Y.; D.E. GOLDBERG (1989), *Genetic algorithms in search, optimization and machine learning*, Reading, MA, Addison-Wesley.

complesse consentono di pervenire a risultati più attendibili, è altrettanto vero che i costi di implementazione sono elevati e proprio per tale motivo il loro livello di diffusione è ancora decisamente limitato. Il loro impiego, infatti, si registra prevalentemente nell'ambito delle aziende bancarie o delle agenzie di rating, le quali dispongono di adeguate risorse finanziarie e umane, anche se, molto spesso, detti soggetti hanno difficoltà a ottenere informazioni dettagliate.

Inoltre, è importante sottolineare che le indagini previsionali volte a verificare un potenziale stato di crisi aziendale presentano, comunque, un livello di aleatorietà che è fisiologica in ogni attività di stima in cui gioca un ruolo determinante l'intuito e il grado di preparazione del valutatore.

Ritornando all'individuazione delle cause della crisi, giova sottolineare che l'inefficienza presente in un dato settore aziendale si manifesta all'esterno attraverso uno squilibrio che può essere di tipo economico, finanziario o patrimoniale. Molto spesso, però, tali manifestazioni giungono con un certo ritardo, per cui risulta utile attivare dei meccanismi di segnalazione che, almeno nella fase iniziale, nonostante la presenza di indicatori ancora positivi (utile, margine di tesoreria positivo, capitale circolante netto positivo, ecc.), dimostrano un trend in peggioramento.

Perciò si può correttamente affermare che, più elevato è il ritardo con il quale tali segnali vengono percepiti, più diffusi e incisivi saranno gli effetti della crisi e, quindi, più complesse saranno le misure da adottare.

Pertanto, ogni azienda, in relazione alle caratteristiche che contraddistinguono il proprio settore di attività e le imprese concorrenti, nonché in base al numero e al grado di interrelazione delle diverse variabili, deve essere in condizioni di:

a) individuare i propri punti di forza e di debolezza;
b) identificare le aree gestionali nelle quali è più probabile che si verifichino le inefficienze;
c) definire i parametri di rendimento coerenti con le scelte strategiche;
d) realizzare un sistema di misurazione capace di tenere sotto controllo l'intero sistema aziendale e di segnalarne i mutamenti.

4.2.2. L'analisi di bilancio per indici

Come ricordato in precedenza, una situazione di crisi può essere prevista mediante tecniche basate su analisi sommarie riguardanti fatti che rappresentano potenziali cause di declino. Per esempio, la perdita di segmenti di mercato, le inefficienze di tipo produttivo, commerciale, l'aumento dei crediti insoluti, ecc.

Nel contempo, la stessa analisi può, invece, essere condotta attraverso il ricorso agli strumenti contabili, primo tra tutti il bilancio d'esercizio. Invero, come già evidenziato, l'analisi del bilancio attraverso gli indici consente di ottenere quelle informazioni idonee a valutare la rischiosità di un'azienda, attraverso l'ottenimento di dati che vengono anche posti a confronto con quelli di altre aziende o con la media di un gruppo di esse, al fine di appurare eventuali scostamenti[40]. L'analisi di bilancio mantiene ancora la sua validità ai fini della valutazione della situazione aziendale, in quanto consente di identificare, nell'ambito di ciascuna area gestionale, i rapporti che esprimono il grado di economicità e, nello stesso tempo, di comprendere le relazioni esistenti tra le diverse aree gestionali, individuando tra queste quelle che presentano maggiori criticità[41].

Detta analisi, soprattutto quella operata sui rendiconti infrannuali, consente di monitorare costantemente la gestione e di individuare con sufficiente immediatezza i segnali di una crisi in atto o potenziale, ciò al fine di evitare che le inefficienze presenti in una determinata area gestionale si propaghino in altre aree rimaste ancora immuni, permettendo in tal modo di circoscrivere la portata del processo di risanamento[42].

In generale, i fattori che determinano o che potrebbero determinare una crisi e gli effetti che da essa ne derivano, sono pressoché agevolmente individuabili all'interno dell'azienda. Ma può accadere anche il contrario, ossia che per incapacità o per errori del management alcune situazioni critiche sfuggano al controllo impedendo di percepire delle crisi latenti.

Indubbiamente, in alcuni casi, la sola analisi di bilancio può non essere sufficiente a fornire tutte le informazioni necessarie e, quindi, rivelarsi limitativa dal punto di vista della comprensione di taluni fenomeni. Dunque, è necessario che le informazioni che da essa ne derivano, che sono prettamente di tipo quantitativo, siano integrate da altri dati di tipo qualitativo quali:

- la composizione qualitativa della struttura tecnico-produttiva (grado di efficienza degli impianti, capacità produttiva, innovazione dei processi produttivi, calore della produzione per addetto, ecc.);
- l'aspetto finanziario (rapporto tra credito concesso, credito utilizzato ed eventuali sconfinamenti, entità e frequenza degli sconfinamenti, ecc.);
- la situazione del mercato (organizzazione di vendita, andamento delle vendite, posizionamento, ecc.);
- le caratteristiche della funzione organizzativa (capacità, grado di coinvolgi-

---

[40] In realtà si tratta di una analisi di benchmark. A tal proposito, si vedano: G. FIORI (1998), *Benchmarking: eccellere attraverso il confronto,* Giappichelli, Torino; J.G. PATTERSON (1997), *I fondamenti del benchmarking,* Franco Angeli, Milano; G.H. WATSON (1995), *Benchmarking: come migliorare i processi e la competitività adattando e adottando le pratiche delle imprese leader*, Franco Angeli, Milano.

[41] Si vedano: F. FRATTINI (1983), *Il valore di acquisizione delle imprese in funzionamento*, Giuffrè, Milano; G. ZANDA, M. LACCHINI, T. ONESTI (1994), *La valutazione delle aziende*, Giappichelli, Torino.

[42] In merito, si vedano: R. PALUMBO, *Il principio dell'analisi dei dati per la determinazione dei costi aziendali,* in G. PAOLONE, L. D'AMICO (2002), *La ragioneria nei suoi principi applicativi e modelli contabili,* Giappichelli, Torino; A. PROVASOLI (a cura di) (2004), *Bilancio d'esercizio, Letture e casi,* Egea, Milano.

mento e motivazionale del management, grado di innovazione dello stile direzionale, rigidità o meno della struttura, ecc.);
- la presenza di risorse intangibili (*know how*, conoscenze, competenze, ecc.).

Ne deriva che, l'integrazione tra le informazioni di tipo quantitativo e quelle di tipo qualitativo consente di ottenere un quadro aziendale completo, ossia di conoscere i fattori di criticità dell'azienda e, nello stesso tempo, di individuare i punti di forza in modo tale da studiare ed attuare la strategia di intervento più appropriata[43].

A tal riguardo, è opportuno ricordare che la dottrina aziendale sviluppatasi intorno agli anni '30 (principalmente quella anglosassone) ha condotto una serie di studi empirici su aziende omogenee dal punto di vista settoriale e dimensionale, che avevano vissuto una situazione di crisi e che, nella maggioranza dei casi, era sfociata nel fallimento. Detti studi hanno dimostrato l'idoneità di alcuni indici di bilancio di far emergere in anticipo l'esistenza dei presupposti di una crisi futura. Ovviamente, a parere di chi scrive, contrariamente a quanto sostenuto in passato da autorevoli studiosi, non esistono degli indici migliori o più significativi di altri, in quanto ognuno di essi fornisce indicazioni in relazione alla tipologia di informazione che si vuole ottenere[44].

Chiarito ciò, come già ricordato, la determinazione degli indici di bilancio richiede una preventiva riclassificazione degli schemi di stato patrimoniale e di conto economico. La logica della riclassificazione è quella di far confluire le singole voci di bilancio in aggregati diversi da quelli riportati negli schemi civilistici, al fine di meglio consentire la percezione degli equilibri patrimoniale, finanziario ed economico[45].

Pertanto, le fasi dell'analisi di bilancio per indici sono di seguito sintetizzate:

[43] Si legga: E. CASCIOLI, A. PROVASOLI (1986), *La previsione delle insolvenze aziendali. Un modello quantitativo*, in M. CATTANEO, F. CESARINI, A. PROVASOLI, B. QUATRARO (a cura di), *Crisi d'impresa e amministrazione controllata*, Giuffrè, Milano.

[44] A tal riguardo, si legga: M. ZITO (1999), *Fisiologia e patologia delle crisi d'impresa*, Giuffrè, Milano, p. 143 ss.

[45] Sulle diverse configurazioni di stato patrimoniale e conto economico si veda: N. DI CAGNO (2011), *Il bilancio d'esercizio (Normativa civilistica e principi contabili nazionali)*, Cacucci, Bari, p. 82 ss.

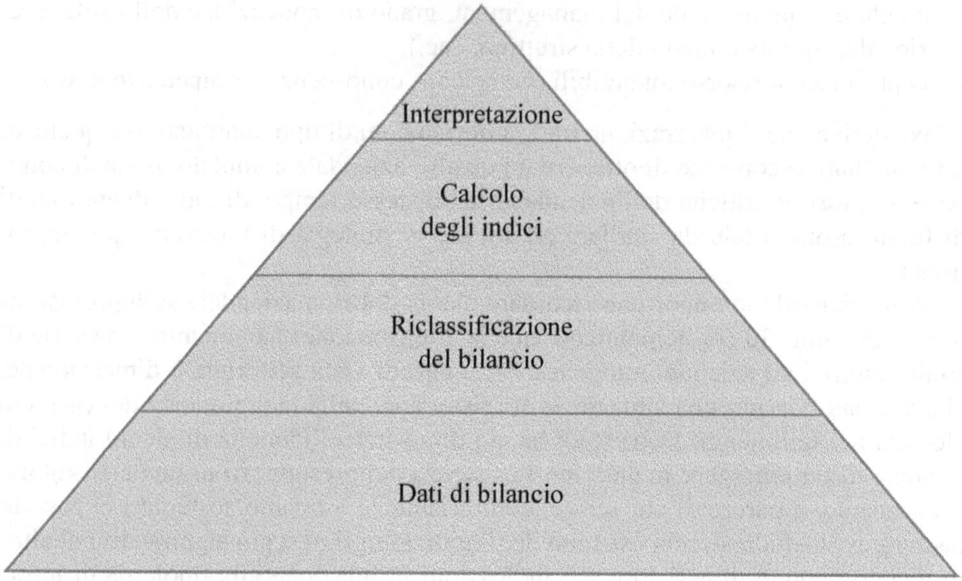

I principali *ratios* utilizzati ai fini della valutazione dello stato di crisi aziendale possono essere così riassunti:

INDICI DI SOLIDITÀ: sono volti a verificare la capacità dell'azienda di far fronte agli impegni nel medio e lungo periodo.		
– Grado di indebitamento	*Capitale di terzi/Capitale proprio*	Evidenzia il grado di dipendenza dell'azienda da terzi finanziatori.
– Grado di copertura della immobilizzazioni	*Capitale proprio + Passività consolidate/ Attività immobilizzate*	Evidenzia la capacità dell'azienda di finanziare attraverso i mezzi propri e il capitale di terzi a lungo termine gli investimenti immobilizzati.
– Margine di struttura	*Capitale proprio – Immob. nette*	Può essere utilizzato in alternativa al *grado di copertura della immobilizzazioni*, in quanto evidenzia quanta parte delle immobilizzazioni nette sono finanziate con capitale di terzi.
– Indice di indipendenza finanziaria	*Capitale proprio/Capitale investito*	Permette di valutare in che misura l'azienda è in grado di finanziare gli investimenti totali con i mezzi propri.

segue

INDICI DI LIQUIDITÀ: sono utilizzati al fine di verificare la capacità dell'azienda di far fronte ai propri impegni nel breve periodo		
– Indice di liquidità primaria	*Liquidità immediate + liquidità differite/Passività correnti*	Misura la capacità dell'azienda di dar fronte all'indebitamento di breve periodo attraverso le disponibilità liquide e l'incasso di crediti di breve periodo.
– Margine di tesoreria	*Liquidità immediate + liquidità differite – Passività correnti*	È un modo differente di esprimere l'indice di liquidità primaria.
– Indice di liquidità secondaria	*Attività correnti/Passività correnti*	Indica la capacità dell'azienda di fronte all'indebitamento a breve attraverso l'attivo corrente compre le rimanenze di magazzino.
– Capitale circolante netto	*Attività correnti – Passività correnti*	È un modo differente di esprimere l'indice di liquidità secondaria.
INDICI DI REDDITIVITÀ:		
– Indice di redditività delle vendite (ROS)	*Reddito operativo/Vendite*	Misura la convenienza economica delle vendite, nel senso che un'alta redditività delle vendite sta a significare che l'azienda è in grado di praticare prezzi elevati rispetto ai costi.
– Indice di redditività del capitale investito (ROI)	*Reddito operativo/Capitale investito (nella stessa gestione)*	Misura la redditività della gestione caratteristica.
– Indice di redditività del capitale proprio (ROE)	*Reddito netto/Capitale proprio*	Misura la redditività del capitale proprio in relazione al risultato netto prodotto.

Ovviamente, vi sono ulteriori indicatori, ognuno dei quali consente di ottenere specifiche informazioni, al fine di delineare un quadro quanto più completo ed esaustivo della situazione aziendale.

L'analisi per indici consente di valutare la propensione dell'azienda a una crisi futura attraverso l'osservazione della devianza di taluni indicatori rispetto alla generalità delle aziende, ovvero alla media di un campione appositamente selezionato. Allorquando uno o più indici manifestano un sensibile peggioramento rispetto a quello delle altre imprese o del campione considerato, si può asserire, con un certo grado di obiettività, che l'azienda è soggetta a squilibri interpretabili come fattori latenti di crisi. In altre parole, a ogni indice viene attribuito un punteggio che varia in funzione del valore che esso assume e del *range* di riferimento[46].

Un esempio potrebbe essere il procedimento di valutazione che, in passato, è stato adottato dal Ministero delle Attività Produttive, al fine di verificare la meritevolezza delle aziende ai fini dell'accesso ai finanziamenti a fondo perduto *ex* Legge n. 488/1992[47]. Invero, con apposita circolare rivolta alle banche concessionarie, il Ministero emanò, per ogni settore di attività, le disposizioni generali, i criteri e le modalità in base alle quali esse dovevano verificare l'ammissibilità ai progetti di finanziamento. Tra questi criteri fu previsto un sistema di *scoring* basato su alcuni indici di bilancio, per ognuno dei quali veniva attributo un punteggio, con il fine di verificare lo stato di salute patrimoniale, finanziario ed economico di ciascuna impresa.

In particolare, a ogni indice considerato significativo veniva attribuito un punteggio per ogni *range* di appartenenza:

1. Indice di indipendenza finanziaria:

Classi di valori	Punteggio
≥ 15%	3
10% – 15%	2
0 – 10%	1
≤ 0	0

2. Indice di copertura delle immobilizzazioni:

Classi di valori	Punteggio
≥ 1,25	3
1 – 1,25	2
0 – 1	1
≤ 0	0

3. Incidenza degli oneri finanziari (*saldo della gestione finanziaria/Vendite*):

Classi di valori	Punteggio
≥ 5%	3
5% – 10%	2
10% – 20%	1
≤ 20%	0

46 A. ALBERICI, S. CASELLI (2003), *La valutazione dell'impresa per i fidi bancari*, Franco Angeli, Milano.

47 MINISTERO ATTIVITÀ PRODUTTIVE, Circolare 15 gennaio 2003, n. 972064.

Una volta attribuito il punteggio a ogni indice, si assegnava un punteggio cumulato al fine di attribuire la classe di merito di appartenenza:

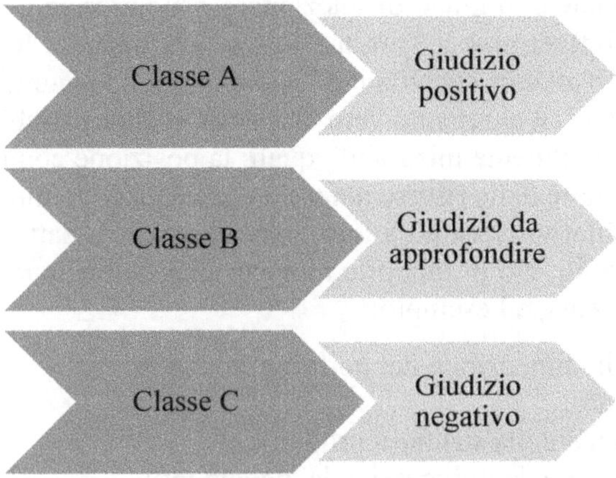

A ogni classe di merito (o *rating*) corrispondeva un punteggio che, a sua volta, corrispondeva a un giudizio di meritevolezza. Infatti:

Classe di merito	**Punteggio totale**
A	> 6
B	4 – 5
C	< 4

Nel caso in cui il giudizio richiedeva degli approfondimenti, il Ministero suggeriva la verifica di ulteriori indici, quali, per esempio, il *Margine di tesoreria*, nonché il *ROE* e il *ROI* riferiti agli ultimi due esercizi. Se questi fossero risultati ancora negativi, l'istruttoria si chiudeva con esito negativo.

Ovviamente, l'esempio del processo di scoring appena visto è uno dei tanti procedimenti esistenti. Ciò significa che ciascun analista, in funzione del suo grado di discrezionalità e sulla base della tipologia di azienda e del settore considerato, può utilizzare altri indici che ritiene più significativi, attribuire punteggi differenti, stabilire dei *range* altrettanto diversi. Questo dimostra come nell'analisi di bilancio vi sia anche un'elevata componente soggettiva del valutatore, particolarità questa che la rende non esente da critiche. Nonostante ciò, al fine di individuare eventuali situazioni di crisi aziendale (in atto o futura), tale analisi rimane tuttora quella più valida e maggiormente diffusa.

Tuttavia, come già detto, alle informazioni di tipo quantitativo occorre affiancare anche quelle di tipo qualitativo, ma che non sono desumibili dal bilancio. Ciò è possibile attuando un sistema di controllo costante, grazie al quale, per il tramite di adeguate forme di *reporting*, si possono ottenere informazioni utili in merito agli scostamenti che possono subire alcune variabili critiche [48]. Attraverso i *report*, infatti, l'organo direzionale è in grado di selezionare e monitorare costantemente le variabili critiche che influenzano la gestione e ne condizionano il futuro divenire.

Se è vero che le variabili quantitative incidono in modo significativo sui risultati economici e finanziari, è altrettanto vero che vi sono altre variabili di tipo qualitativo che sono più difficilmente misurabili, quali: la posizione competitiva dell'azienda sul mercato, il valore delle risorse umane, la capacità di credito, ecc. [49]

Tali *assets* qualitativi possono a loro volta derivare da fattori governabili e da fattori non governabili, ciò in rapporto alla capacità dell'azienda di poterli gestire ed influenzare. Si pensi, ad esempio:

- alla qualità e alla dimensione del portafoglio clienti;
- al costo del lavoro;
- al grado di utilizzo della struttura produttiva;
- ai tempi di dilazione degli incassi e dei pagamenti;
- alla qualità dei prodotti;
- alla struttura della rete commerciale;
- all'attività di ricerca e sviluppo.

Con riferimento alle predette attività, il sistema di *reporting* permette di attuare un sistema di controllo nelle diverse aree funzionali ottenendo, per ciascuna di esse, le informazioni necessarie al fine di verificare gli eventuali scostamenti tra i dati consuntivi e quelli previsionali.

Ovviamente, maggiore è la frequenza con cui vengono redatti i *report*, più immediata è la percezione di eventuali scostamenti negativi e, di conseguenza, più tempestiva risulta l'analisi delle cause, la percezione di sintomi di difficoltà e i relativi interventi da attuare.

Come detto in precedenza, al fine di valutare compiutamente i diversi aspetti della gestione aziendale, è necessario dapprima trasformare i dati di bilancio in informazioni significative, ciò attraverso l'analisi di bilancio, una tecnica di interpretazione e confronto spazio-temporale di dati tratti da più bilanci d'esercizio [50].

L'analisi ha come obiettivo quello di accertare la composizione delle voci di reddito e di capitale, al fine di esprimere un giudizio sulla struttura aziendale, ovvero di indagare le variazioni subite da una certa struttura di valori in un determinato arco temporale [51].

---

[48] G. BRUNI, *Contabilità ...*, cit., p. 136.

[49] Più in generale: L. GUATRI (1997), *Valore e intangibles nella misura delle performance aziendali*, Egea, Milano.

[50] I. FACCHINETTI, *Analisi di bilancio*, cit., p. 3.

[51] I. FACCHINETTI, *Analisi dei flussi finanziari ...*, cit., p. 73.

Nella prima ipotesi si è dinanzi a un'analisi definita "*statica*", a differenza della seconda ipotesi che, invece, viene definita "*dinamica*".

Entrambe richiedono una preventiva valutazione dell'affidabilità dei dati di bilancio per poi passare alla riclassificazione delle voci, un procedimento questo che è volto all'esposizione dei valori in raggruppamenti omogenei sulla base di due criteri:

- il "*criterio "finanziario*", secondo il quale gli impieghi e le fonti di finanziamento vengono riordinati in base al parametro della "durata", ossia l'arco temporale entro cui, presumibilmente, i primi ritorneranno in forma liquida e le seconde dovranno essere estinte. Pertanto, sulla base di tale logica, si distinguono le Attività e Passività correnti (liquidabili/esigibili entro l'esercizio) dalle Attività e Passività consolidate (liquidabili/esigibili oltre l'esercizio)[52]. Dal confronto tra l'attivo e il passivo corrente si desume il grado della solvibilità aziendale, mentre dal confronto le Attività e le Passività consolidate emerge il livello di solidità dell'impresa[53];
- il "*criterio funzionale*" che, oltre a suddividere le fonti e gli impieghi in base alla loro durata, considera anche la loro appartenenza ai diversi ambiti della gestione. Esso segnala le fonti generate "spontaneamente" dalla gestione, ossia ottenute a titolo non oneroso, e rappresenta le voci in forma scalare determinando grandezze di sintesi e aggregati di particolare interesse[54].

È naturale che, affinché si possa giungere a un'esatta riclassificazione dello stato patrimoniale, così come a un'altrettanta precisa redazione del rendiconto finanziario, è necessario porre particolare attenzione alla costruzione del piano dei conti dell'azienda. In proposito, si sottolinea l'importanza di strutturare il piano dei conti in modo da rispettare le categorie di attività e passività sopra evidenziate secondo i canoni della liquidità per favorire l'indagine sulla solvibilità e sulla solidità. Molto spesso chi redige il piano dei conti, e ancor di più chi lo utilizza, rischia di limitare il ruolo di tale strumento a una esigenza meramente contabile di descrizione del fatto aziendale, commettendo tuttavia una leggerezza operativa, in quanto trascura di considerare che la differente collocazione del valore in un conto piuttosto che in un'altra modifica sostanzialmente la portata informativa del bi-

---

[52] U. SOSTERO, P. FERRARESE, M. MANCIN, C. MARCON (2018), *L'analisi economico-finanziaria di bilancio*, Giuffrè, Milano, p. 24.

[53] Più specificatamente, l'indagine sulla solvibilità tende a verificare se vi è la copertura del passivo a breve attraverso la liquidità che l'attivo circolante è in grado di liberare nel breve periodo. D'altro canto, la solidità aziendale mira a verificare se l'impresa riesce a finanziare l'attivo immobilizzato con il solo capitale proprio e, se necessita, mediante il ricorso al capitale di terzi e in che misura. Lo studio sulla solvibilità e solidità aziendale si avvale del valore espresso dagli indicatori e dagli indici di bilancio.

[54] U. SOSTERO, P. FERRARESE, M. MANCIN, C. MARCON (2018), *L'analisi economico-finanziaria* ..., cit., p. 56.

lancio e con essa la valenza economica e finanziaria. Si pensi, ad esempio, alla rilevazione della rata in scadenza di un debito di finanziamento a medio/lungo termine, molto spesso ricompresa tra le passività consolidate e non invece tra quelle correnti.

Tuttavia, la riclassificazione secondo i predetti criteri non consente di effettuare agevolmente l'analisi dinamica, in quanto dallo stato patrimoniale non è possibile cogliere l'impatto delle operazioni di gestione sulla liquidità aziendale. Più specificatamente, se è vero che tale deficit informativo appare ridotto dalla presenza dei valori dell'esercizio e di quelli dell'esercizio precedente, è altrettanto vero che le informazioni ottenute sono limitate alle variazioni intervenute nelle voci patrimoniali e finanziarie, ma non alla determinazione di aggregati significativi al fine di comprendere la dinamica finanziaria[55].

Come si è visto, esistono due differenti tipologie di analisi statiche: l'analisi per *margini* e l'analisi per *indici*.

La prima è quella di più immediata applicazione, in quanto si articola contrapponendo gli aggregati delle voci dell'attivo e del passivo individuati mediante la riclassificazione dello Stato Patrimoniale. Detti margini forniscono informazioni sulla struttura assunta dalle fonti e dagli impieghi in un dato istante; alcuni esempi sono:

- il *margine di struttura*, dato dalla differenza tra patrimonio netto e immobilizzazioni nette. Esso indica la capacità dell'azienda di coprire il fabbisogno durevole con i mezzi propri;
- il *capitale circolante netto*, ottenuto dalla contrapposizione tra attività e passività correnti. Tale margine individua la parte di impieghi a breve termine finanziata dalle fonti durevoli;
- la *posizione finanziaria netta*, formata dalle fonti di finanziamento onerose a breve e a lunga scadenza al netto delle attività finanziarie disponibili. Essa indica l'ammontare degli investimenti che non sono coperti dalle fonti proprie e/o dai debiti commerciali e richiedono perciò il ricorso all'indebitamento oneroso[56].

Il principale limite dei margini è il loro valore assoluto, il quale non permette l'immediata comparazione dei risultati ottenuti con quelli riferiti ad aziende simili o ad annualità precedenti.

L'analisi per indici, invece, è basata sui rapporti tra grandezze economico-finanziarie, e consente di superare il predetto limite fornendo i risultati in valore relativo, con l'obiettivo di fornire un giudizio sui diversi equilibri gestionali, mediante l'utilizzo di specifici indicatori divisi per categoria.

Tuttavia, anche in questo caso, gli indicatori volti all'analisi dell'equilibrio fi-

---

[55] U. Sostero, P. Ferrarese, M. Mancin, C. Marcon (2018), *L'analisi economico-finanziaria ...*, cit., p. 94.

[56] I. Facchinetti, *Analisi di bilancio*, cit., p. 97 ss.

nanziario si ottengono, prevalentemente, mediante il ricorso ad alcune grandezze flusso che, al contrario, emergono solo dal rendiconto finanziario. Ne deriva che, in assenza di tale prospetto, è possibile indagare la sola struttura patrimoniale-finanziaria dell'azienda.

Gli indici di equilibrio patrimoniale, pertanto, mirano a verificare la sussistenza delle seguenti condizioni:

- la congruità tra le fonti di finanziamento e rispettivi impieghi, considerando gli orizzonti temporali di riferimento;
- il livello di indebitamento dell'impresa, verificando che vi sia un adeguato apporto di mezzi propri;
- un'elasticità degli impieghi sufficiente per rispondere prontamente ai cambiamenti del mercato e dello sviluppo tecnologico [57].

Alla luce di quanto detto e per ciò che si dirà in seguito, una compiuta analisi finanziaria è possibile solo grazie al rendiconto finanziario, in quanto dalle sole analisi statiche non si ottengono informazioni relative alle cause che hanno determinato le variazioni degli aggregati finanziari.

4.2.3. L'analisi dei flussi finanziari

Come poc'anzi ricordato, le informazioni che emergono dall'analisi dallo stato patrimoniale e dal conto economico non permettono di indagare compiutamente l'aspetto finanziario della gestione, ossia i movimenti delle risorse monetarie, esigenza questa che, ai fini della valutazione dell'equilibrio generale, è fondamentale per comprendere lo stato di salute dell'azienda [58].

Invero, la sfera finanziaria riveste un ruolo altrettanto rilevante nella gestione aziendale sin dalla fase costitutiva, momento in cui si manifesta l'esigenza di stimare il fabbisogno finanziario iniziale e la contestuale individuazione delle fonti di finanziamento. Si tratta di un'azione fondamentale atteso che da essa deriva la determinazione della struttura finanziaria ottimale che, com'è noto, deve basarsi su alcuni fattori, tra cui:

- la composizione degli impieghi e delle fonti di finanziamento, nonché la loro correlazione;
- la convenienza al ricorso a fonti di terzi e le condizioni economico-finanziarie dettate dal sistema finanziario e creditizio;

---

[57] U. SOSTERO, P. FERRARESE, M. MANCIN, C. MARCON (2018), *L'analisi economico-finanziaria ...*, cit., p. 291 ss.

[58] A tal proposito, si ricorda che lo stato patrimoniale fornisce una rappresentazione statica del capitale di funzionamento, mentre il conto economico una rappresentazione dinamica del risultato economico.

- la durata del ciclo monetario dell'impresa, da determinarsi considerando le politiche commerciali di dilazione ottenute dai fornitori, quelle concesse ai propri clienti e la durata del processo tecnico-produttivo [59].

Il rispetto della correlazione fonti-impieghi prevede il ricorso a fonti di finanziamento a breve termine per la copertura del fabbisogno finanziario corrente; diversamente, per l'acquisizione di fattori produttivi a fecondità ripetuta, occorre prediligere le fonti di finanziamento a media-lunga scadenza, al fine di armonizzare i tempi di ritorno in forma liquida degli impieghi con le scadenze delle fonti. Inoltre, è necessario combinare opportunamente le fonti esterne e le fonti interne di finanziamento, nell'ottica del mantenimento di un'adeguata capitalizzazione dell'impresa ed anche in ragione della forma giuridica dell'azienda e dalla sua leva finanziaria.

Notoriamente l'attività dell'impresa è caratterizzata da continui scambi con l'ambiente esterno: essi riguardano l'acquisizione dei fattori produttivi e la vendita di prodotti e servizi a fronte dei quali corrisponde un corrispettivo di natura finanziaria [60]. Tuttavia, nei processi produttivi si crea sovente uno sfasamento temporale tra i flussi finanziari di entrate e di uscite che, se non ben gestito, può dare origine a tensioni finanziarie. Ne consegue che, la gestione aziendale, oltre a un corretto assetto patrimoniale, deve garantire un continuo rinnovamento delle risorse monetarie mediante flussi in entrata e in uscita che possa adeguatamente sostenere il complesso flusso di costi e ricavi [61].

L'equilibrio finanziario, quindi, può essere analizzato secondo una duplice dimensione, ossia:

- una *dimensione statica*, attinente alla struttura finanziaria e patrimoniale dell'azienda in termini di composizione e correlazione di fonti e impieghi;
- una *dimensione dinamica*, relativa all'adeguatezza della gestione finanziaria, da intendersi come capacità di sincronizzare scelte e flussi aziendali in modo ottimizzante e razionale [62].

In particolare, anche per ciò che si dirà in seguito, la valutazione dell'aspetto finanziario della gestione non può non passare attraverso l'analisi della solvibilità dell'azienda, ossia la sua capacità di far fronte ai propri impegni, sia nel breve che nel medio-lungo periodo [63]. Tale aspetto è di fondamentale importanza per gli ef-

---

[59] S. ADAMO (2019), *Dinamica gestionale ed equilibri aziendali nel funzionamento dell'impresa*, Cacucci, Bari, p. 176.

[60] G. DAIDOLA, M. ANDREAUS, *Bilanci d'esercizio e flussi finanziari*, Giuffrè, Milano, 1994, p. 3.

[61] C. CAVAZZONI, F. SANTINI (2013), *La dinamica economica e finanziaria nell'informativa del bilancio di esercizio*, Giappichelli, Torino, p. 90.

[62] A. DELL'ATTI (2012), *I piani di risanamento nelle operazioni di ristrutturazione d'impresa*, Franco Angeli, Milano, p. 42.

[63] Sul punto, si ricorda che l'importanza di cogliere per tempo i segnali di insolvenza, attraverso le cd. procedure di allerta (poi abrogate), è stata valorizzata dal Codice della crisi d'impresa e

fetti negativi che potrebbero riflettersi sulla gestione in generale, così come accade allorquando si verificano tensioni finanziarie.

Invero, una carenza di liquidità, a fronte dell'esigenza di far fronte ai pagamenti a breve termine, può indurre gli amministratori a operare scelte tali da dare respiro finanziario nel breve periodo, ponendo in secondo piano gli obiettivi di medio-lungo termine.

Tale atteggiamento può condurre a decisioni errate come, ad esempio, la rinuncia a investimenti redditizi di lungo periodo, ovvero la riduzione delle dilazioni di pagamento concesse ai clienti con la possibile conseguente perdita di quote di mercato o, ancora, la richiesta ai fornitori di maggiori dilazioni di pagamento con evidenti ripercussioni degli oneri finanziari a livello economico e così via.

Ne consegue la necessità di disporre di strumenti atti a valutare le condizioni di liquidità della gestione, attraverso l'applicazione, almeno in prima battuta, di margini e indici. Tuttavia, come si dirà in seguito, tali indicatori vengono applicati su grandezze fondo rappresentate nello stato patrimoniale, ma che nulla riferiscono in merito alla natura e alla consistenza dei flussi che le hanno generate. Pertanto, emerge l'esigenza di ricostruire, secondo la logica dei flussi finanziari, i movimenti che hanno determinato le variazioni delle cosiddette quantità-livello tra l'inizio e la fine dell'esercizio.

a) La valenza informativa del rendiconto finanziario

Com'è noto lo stato patrimoniale fornisce, tra le altre, informazioni inerenti sia agli impieghi effettuati (attività patrimoniali) e sia alle fonti di finanziamento affluite da più parti all'impresa (patrimonio netto e passività patrimoniali), cristallizzate ad una certa data coincidente con la chiusura del periodo amministrativo. Non vi è dubbio che si tratta di un'informazione che fornisce una rappresentazione statica (di *stock*) di una realtà che, invece, è in continuo movimento. Pertanto, sorge l'esigenza di ottenere specifiche informazioni a livello di dinamica dei flussi intervenuti (nell'arco del periodo amministrativo considerato) del fondo in questione[64].

A tal proposito, il *rendiconto finanziario* è lo strumento idoneo a fornire le informazioni sulle variazioni (flussi) intervenute nelle risorse finanziarie e patrimo-

---

dell'insolvenza in prima stesura. In merito, si vedano: S. FORTUNATO (2019), *Codice della crisi e codice civile: impresa, assetti organizzativi e responsabilità*, in *Rivista delle società*, n. 5-6; S. ADAMO (2019), *Il nuovo codice della crisi è già in crisi?*, cit., p. 262 ss.; G. SANTONI (2004), *I sistemi di allerta e di prevenzione e le procedure anticipatorie della crisi nel progetto di riforma della legge fallimentare*, in *Dir. fall.*, I, p. 735.

[64] Le grandezze "fondo" (o stock) sono elementi o aggregati di elementi del capitale di funzionamento riferiti a un determinato momento temporale (per esempio, disponibilità liquide, crediti, debiti, capitale circolante netto, ecc.). Mentre la grandezza "flusso", che esprime il concetto di dinamicità correlata all'attività d'impresa, è la variazione incrementativa o diminutiva prodotta tra due esercizi consecutivi del valore del fondo.

niali (*stock*) e sulle cause originanti[65]. Invero, con riferimento a un dato periodo amministrativo, esso consente di ottenere le informazioni inerenti le cause che hanno determinato la variazione di grandezze finanziarie e monetarie critiche per l'azienda (fondi liquidi), ai fini del raggiungimento della condizione di economicità che, a sua volta, costituisce il presupposto per il raggiungimento dell'obiettivo della creazione di ricchezza[66].

A differenza del conto economico, in cui i componenti di reddito vengono imputati in base al principio della competenza economica, nel rendiconto finanziario le operazioni rilevano soltanto per gli incassi e i pagamenti che hanno generato, ossia per le variazioni delle disponibilità liquide che discendono sia dalle operazioni compiute nell'esercizio, sia da quelle effettuate in un esercizio precedente.

Pertanto, la finalità dell'introduzione del rendiconto finanziario è quella di migliorare l'informativa del bilancio d'esercizio, atteso che da esso emergono le informazioni utili ai fini della valutazione della gestione finanziaria dell'azienda, che diversamente non sarebbe possibile ottenere.

---

[65] Si vedano: V. CODA (1991), *Il rendiconto finanziario*, in AA.VV., *Analisi, previsioni, simulazioni economico-finanziarie d'impresa*, Etas Libri, Milano. Inoltre: C. CARAMIELLO (1993), *Il rendiconto finanziario*, Giuffrè, Milano; G. FERRERO (1984), *Il controllo finanziario nelle imprese*, Giuffrè, Milano; C. TEODORI (2015), *Il rendiconto finanziario: ruolo informativo, analisi, interpretazione e modelli contabili*, Giappichelli, Torino; A. MATACENA, F. PASI (1980), *Il rendiconto finanziario nelle imprese*, Giannini, Napoli.

Si osserva che, al contrario della dottrina aziendale, il tema del rendiconto finanziario è stato per lo più trattato quasi accidentalmente dalla dottrina giuridica. Al riguardo si veda: G. RACUGNO (2016), *Il rendiconto finanziario secondo le nuove norme del bilancio d'esercizio, con una postilla sui flussi finanziari derivati*, in *Giur. comm.*, n. 3, p. 270. Inoltre, sull'importanza delle informazioni di tipo finanziario si vedano: B. LIBONATI (2007), *Creditori sociali e responsabilità degli amministratori nelle società di capitali*, in *Liber amicorum Gian Franco Campobasso, Il nuovo diritto delle società*, 3, a cura di Abbadessa-Portale, Utet, Torino, p. 627; C. ANGELICI (2012), *La società per azioni, Principi e problemi*, Giuffrè, Milano, p. 186, secondo i quali il ruolo del rendiconto finanziario assume un'importanza fondamentale al fine di verificare la sussistenza della continuità aziendale, essendo sicuramente insoddisfacente la c.d. tecnica quantitativa imperniata sul capitale sociale. Inoltre, si sottolinea come la regola che impone di comunicare al mercato la perdita del capitale sociale costituisce un'informazione grezza e incompleta in merito allo stato di salute dell'impresa. E. BOCCHINI (2006), *Riforma organica della disciplina della crisi d'impresa ed economia dell'informazione: una lettura*, in *Studi dedicati a Federico Martorano*, Esi, Napoli, p. 168.

[66] Si ricorda, inoltre, che nel prospetto di rendiconto devono essere riportati i valori riferiti all'esercizio considerato e quelli relativi all'esercizio precedente. Ciò permette di effettuare una comparazione al fine di evidenziare le tendenze in atto sulla capacità dell'azienda di generare flussi di cassa dall'attività di produzione economica, sull'intensità dei processi di investimento realizzati a sostegno della struttura produttiva e sull'entità e composizione delle fonti di finanziamento provenienti da terzi o dai soci. A. DELL'ATTI (2021), *Il rendiconto finanziario*, in N. DI CAGNO-S. ADAMO, *Il bilancio d'esercizio nelle imprese societarie. Modello civilistico*, cit., p. 615 ss.; A. DELL'ATTI (2017), *Il rendiconto finanziario nell'ambito dell'informazione societaria*, in *Rivista dei Dottori Commercialisti*, n. 1. Si veda, inoltre, M. CIAN (2016), *Il bilancio d'esercizio*, in *Manuale di diritto commerciale* (a cura di), Giappichelli, Torino, p. 494.

Tuttavia, il contenuto estremamente sintetico della norma non fornisce alcuna indicazione metodologica, implicando l'esigenza del ricorso ai principi contabili nazionali e, più specificatamente, all'OIC 10[67].

b) La funzione del rendiconto finanziario

In relazione alla funzione informativa affidata al *rendiconto finanziario*, l'art. 2425 *ter* c.c. prescrive l'obbligo di riportare:

- l'ammontare e la composizione delle disponibilità liquide (all'inizio e alla fine dell'esercizio), in termini di depositi bancari e postali, assegni, denaro e valori in cassa (anche espressi in valuta estera)[68];
- i flussi finanziari generati dalla gestione nell'arco dell'esercizio pertinenti a tre aree fondamentali, ossia[69]:
  - *Attività operativa*, relativa alla gestione caratteristica dell'azienda, ossia quella che comprende le operazioni connesse all'acquisizione, produzione e distribuzione di beni e alla fornitura di servizi, anche se riferibili a gestioni accessorie, ma anche le altre operazioni non ricomprese nell'attività di investimento e di finanziamento[70].
  - *Attività di investimento*, che comprende le operazioni di acquisto e di vendita delle immobilizzazioni materiali, immateriali e finanziarie e delle attività finanziarie non immobilizzate.
  - *Attività di finanziamento*, nella quale rientrano le operazioni relative all'ottenimento e alla restituzione delle disponibilità liquide, sotto forma sia di capitale proprio e sia di capitale di terzi.

---

[67] Si ricorda che, in materia di rendiconto finanziario, l'OIC 10 (emanato nel 2014) ha sostituito le indicazioni contenute nell'OIC 12 *(Composizione e schemi del bilancio d'esercizio)*. Peraltro, nel 2016 è stata pubblicata la nuova versione del documento, con decorrenza per i bilanci con esercizio avente inizio dal 1° gennaio 2016 o data successiva. La novità principale introdotta dall'OIC 10 richiede che siano rappresentati distintamente gli incassi e i pagamenti derivanti da attività afferenti il capitale di rischio rispetto a quelli derivanti da attività afferenti il capitale di terzi.

[68] OIC 14, *Disponibilità liquide*, 2016, par. 4.

[69] OIC 10, *Rendiconto finanziario*, 2016, par. 12. La suddivisione in oggetto ha come obiettivo principale quello di evidenziare il passaggio dalla gestione "dinamica" reddituale a quella "statica" patrimoniale. L'intento, pertanto, è quello di comprendere se e in che modo i flussi prodotti dalla gestione operativa si sono concretamente tramutati in flussi finanziari (e ancor più monetari) in uscita (come impieghi) e in entrata (come fonti). A. DELL'ATTI (2021), *Il rendiconto finanziario*, cit., p. 615 ss.

[70] Da un punto di vista strettamente terminologico, il legislatore, così come la nuova versione dell'OIC 10, aderendo all'impostazione dei principi contabili internazionali (IAS7) ha sostituito il termine *gestione reddituale* con quello di *attività operativa*, comprendendo in essa quelle operazioni connesse all'acquisizione, produzione e vendita di beni e servizi, anche se riferibili a gestioni accessorie e a operazioni purché non ricomprese nell'attività di investimento e di finanziamento.

In definitiva, il documento, oltre a evidenziare le variazioni periodiche (definite flusso complessivo) di grandezze finanziarie *stock*, misurate all'inizio e alla fine del periodo considerato, ha come obiettivo quello di rappresentare l'entità e le cause che hanno determinato i flussi elementari (o flussi analitici) e che a loro volta compongono il flusso complessivo della grandezza analizzata. Sono, infatti, i flussi analitici (o i flussi di categorie omogenee) a indicare il motivo da cui trae origine la variazione complessiva (in aumento o in diminuzione) delle grandezze finanziarie analizzate.

Pertanto, il rendiconto finanziario è in grado di fornire utili informazioni sulle variazioni della struttura finanziaria aziendale, evidenziando le motivazioni analitiche, in termini di flussi finanziari generati dalla gestione operativa, dalla gestione degli investimenti e dalla gestione delle fonti di finanziamento. In tal guisa, esso permette di esprimere un giudizio più puntuale sulla politica di finanziamento adottata dall'azienda (compreso l'eventuale autofinanziamento) e su quella degli investimenti attuata in un determinato periodo di tempo, nonché sull'adeguatezza di entrambe e della loro combinazione [71].

Ne consegue che la conoscenza delle cause (di natura reddituale, patrimoniale o finanziaria) che sono all'origine dei flussi finanziari consente di analizzare la dinamica della gestione aziendale, e più propriamente la capacità dell'impresa di produrre o meno risorse finanziarie attraverso lo svolgimento dell'attività caratteristica, e quindi generare autofinanziamento, ovvero se la situazione finanziaria è caratterizzata da operazioni di tipo non propriamente operative quali, ad esempio, l'accensione o il rimborso di finanziamenti, l'investimento o il disinvestimento di beni, nonché operazioni che implicano variazioni del capitale proprio.

Appare evidente che il rendiconto finanziario non ha una immediata derivazione dalla contabilità, ma si ottiene per elaborazione successiva al bilancio, prendendo come base di partenza gli stati patrimoniali di due esercizi contigui, al fine di conoscere e valutare i flussi finanziari che sono stati generati nell'arco temporale di un periodo amministrativo [72].

In relazione a ciò, il documento in questione costituisce un efficace strumento di analisi sulla base del quale poter esprimere un giudizio compiuto sulle scelte di investimento e di finanziamento operate dall'azienda, anche ai fini della verifica della compatibilità tra le condizioni di equilibrio economico e quelle di equilibrio

---

[71] Ovviamente tali informazioni, oltre a essere poste in correlazione con quelle desumibili dagli altri documenti di bilancio, devono essere ulteriormente integrate con quelle ottenibili dagli altri strumenti che costituiscono il sistema informativo aziendale (piani e programmi, contabilità industriale, controllo di gestione, ecc.). A. DELL'ATTI (2021), *Il rendiconto finanziario*, cit., p. 616.

[72] Il rendiconto finanziario costituisce, altresì, un utile strumento al fine di appurare eventuali operazioni poste in essere a danno dell'azienda e, quindi, dei creditori. Si pensi alle operazioni di grave imprudenza poste in essere al fine di procrastinare il fallimento (art. 217, n. 3, l.f.), al ricorso abusivo al credito (art. 218 l.f.), ecc.

finanziario. Non solo, ma per ciò che si dirà in seguito, il rendiconto finanziario, pur nascendo dalla gestione passata, costituisce un valido strumento predittivo per formulare previsioni sugli sviluppi aziendali.

c) Struttura e contenuto

A seguito dell'introduzione dell'art. 2425 *ter* c.c., l'OIC 10 ha subito delle modifiche[73]. Tale principio, com'è noto, stabilisce che la risorsa finanziaria da prendere come riferimento al fine di redigere il rendiconto finanziario è costituita dalle "*disponibilità liquide*", rappresentate da depositi bancari e postali, denaro, assegni e valori in cassa, anche nel caso in cui essi siano espressi in valuta estera.

Relativamente a tale punto, la disciplina nazionale si discosta da quella internazionale prevista dallo IAS 7; invero, la risorsa finanziaria indicata in tale principio è costituita dalle disponibilità liquide, comprese quelle definite "equivalenti", ossia gli investimenti finanziari prontamente liquidabili e soggetti a rischi di variazione di valore pressoché inesistenti. Tuttavia, diversamente dal passato e con l'eccezione di questa differenza, la posizione dell'Organismo Italiano di Contabilità appare sostanzialmente in linea con quella dello IASB[74]. Infatti, già nel 2014 l'emanazione dell'autonomo principio contabile aveva apportato sostanziali cambiamenti rispetto a quanto precedentemente previsto nell'OIC 12: l'eliminazione della possibilità di utilizzare il capitale circolante netto (attività a breve meno passività a breve) quale risorsa finanziaria di riferimento e la previsione di un solo schema di rendiconto in termini di liquidità rappresentavano un primo passo di avvicinamento agli standard internazionali[75].

In effetti, la preferenza delle disponibilità liquide in luogo del capitale circolante netto è rinvenibile, già nella precedente versione dell'OIC 12, il quale, pur riportando entrambe le risorse, ma non indicando alcuna delle due come obbligatoria, evidenziava la maggiore capacità di segnalazione del rendiconto finanziario redatto in termini di flussi di disponibilità liquide[76]. La principale motivazione alla base di tale scelta è rappresentata dal fatto che i flussi di cassa sono valori oggettivamente determinabili, poiché basati sui movimenti monetari di pagamenti

---

[73] La nuova edizione elaborata dall'OIC nel dicembre 2016 sottolinea che il rendiconto finanziario è un prospetto a sé stante e che, pertanto, si è reso necessario aggiornare il principio relativamente ai riferimenti normativi e al suo ambito di applicazione. Inoltre, le parti relative al bilancio consolidato sono state stralciate rinviando il tutto all'OIC 17, in considerazione del fatto che, in materia di rendiconto finanziario, sono state introdotte specifiche indicazioni.

[74] U. Sostero, P. Ferrarese, M. Mancin, C. Marcon (2018), *L'analisi economico-finanziaria ...*, cit., p. 200.

[75] E. Sartori, F. Izzo, V. Luciani (2014), *L'OIC 10 per la redazione del rendiconto finanziario, in Riv. Contabilità, Finanza e Controllo*, n. 6, p. 182.

[76] Organismo Italiano di Contabilità, OIC 12 (2022), *Composizione e schemi del bilancio di esercizio.*

e incassi, diversamente dal capitale circolante netto, grandezza che risulta essere influenzata da politiche di bilancio, dalla valutazione delle scorte e dalle aspettative di liquidabilità ed esigibilità rispettivamente di crediti e debiti [77].

Seguendo l'impostazione fornita dai principi contabili nazionali, il prospetto del rendiconto finanziario assume la forma scalare, in cui viene rappresentato l'ammontare e la composizione delle disponibilità liquide (all'inizio e alla fine dell'esercizio) e i flussi finanziari generati dalla gestione nell'arco del periodo amministrativo afferenti alle suddette tre aree, con riferimento sia all'esercizio in chiusura, sia all'esercizio precedente [78].

Dalla somma algebrica dei flussi finanziari generati dalle singole aree si giunge alla determinazione del *cash flow totale*, ossia la variazione netta (incremento o decremento) delle disponibilità liquide avvenuta nel corso dell'esercizio considerato.

Sul punto appare ovvio che le operazioni non monetarie, sebbene abbiano un impatto sulla struttura patrimoniale dell'azienda, non influiscono sulle disponibilità liquide nette, pertanto, atteso che il rendiconto finanziario ha la funzione di evidenziare i flussi finanziari, tali operazioni ne sono escluse [79].

Un breve cenno, inoltre, si ritiene opportuno rivolgere alle operazioni in valuta estera, le quali devono essere stimate nel momento in cui si realizza il reale flusso finanziario, ovvero all'atto dell'effettivo pagamento o incasso. A tal proposito, il tasso di cambio da considerare è quello che si registra al momento della generazione del flusso finanziario. Ne consegue che, gli eventuali utili o perdite non realmente realizzati non rilevano ai fini del risultato dell'esercizio, atteso che non

---

[77] In altri termini, adottando il solo rendiconto dei flussi di cassa si è voluto ancor di più enfatizzare la neutralità del documento dalle stime di valori che comportano invece la determinazione del risultato economico di esercizio. Sul punto si veda: FONDAZIONE NAZIONALE DEI DOTTORI COMMERCIALISTI, *Il rendiconto finanziario e l'informativa di bilancio*, Documento del 28 febbraio 2015, p. 12.

[78] In via generale, si riportano alcune indicazioni contenute nell'OIC 10, in cui si definisce che:
- le imprese possono illustrare i propri flussi finanziari adottando ulteriori prospetti informativi, in aggiunta a quelli proposti nel principio contabile n. 10, se ciò può comportare un miglioramento della rappresentazione della condizione finanziaria dell'impresa medesima;
- i flussi finanziari rientranti nei raggruppamenti degli schemi proposti, contrassegnati con le lettere maiuscole, possono essere suddivisi ovvero raggruppati, a seconda dei casi, purché ciò comporti una maggiore chiarezza delle dinamiche finanziarie dell'impresa;
- i flussi finanziari devono essere rappresentati al lordo di qualunque compensazione, sia essa tra le poste facenti parte della stessa sezione e sia essa parte integrante delle partite di sezioni opposte, al fine di non inficiare il reale effetto monetario prodotto da un'operazione di gestione;
- i prospetti di rendiconto redatti dall'impresa devono essere tra di loro confrontabili in un'ottica temporale. Così facendo si ha la possibilità di garantirsi, mediante l'adozione di schemi prestabiliti, una comparabilità del documento, sia nel tempo, pensando al trend di 3-5 anni consecutivi nella medesima azienda, e sia nello spazio, ipotizzando una comparabilità rispetto ad aziende che operano in settori similari o in eguale settore. Per fare ciò occorre raffigurare il rendiconto finanziario con degli schemi riferiti a due anni consecutivi, ovvero l'esercizio appena conclusosi rispetto a quello precedente.

[79] ORGANISMO ITALIANO DI CONTABILITÀ, OIC 10, cit., par. 53.

costituiscono, rispettivamente, ricavi e costi di natura monetaria. In merito all'allocazione nel prospetto di rendiconto degli utili o delle perdite, si dovrà tenere conto della loro natura, ossia in base alla loro riconducibilità alle tre aree della gestione [80].

Ciò precisato, come ricordato in precedenza, il flusso finanziario della *gestione operativa* comprende generalmente i flussi che derivano dall'acquisizione, produzione e vendita dei beni e servizi, nonché gli altri flussi che non rientrano nell'attività di investimento e di finanziamento. Pertanto, nella gestione operativa rientrano le operazioni che danno luogo ai ricavi e i correlativi costi.

Premesso ciò, la determinazione del flusso generato dalla gestione operativa può avvenire attraverso due alternativi metodi, ossia [81]:

a) il ***metodo diretto***, evidenziando i flussi finanziari;
b) il ***metodo indiretto***, mediante rettifica del risultato economico dell'esercizio.

Si tratta di due metodologie che, per ovvi motivi, non possono che condurre allo stesso risultato, ma attraverso una differente esposizione dei dettagli informativi. Invero, per ciò che si dirà immediatamente dopo, la differenza tra i due metodi risiede nella diversa riclassificazione delle voci relative all'attività operativa.

Metodo diretto

Il *metodo diretto* pone maggiormente l'attenzione sulle classi di entrate e uscite di cassa. Per cui si rivela di forte impatto, il quanto il rendiconto finanziario così redatto fornisce un'immediata informazione circa la situazione degli incassi e dei pagamenti.

Tuttavia, esso presuppone l'esistenza di un impianto contabile idoneo ad estrapolare più agevolmente i dati necessari.

Pertanto, con il metodo diretto il ***Flusso della gestione operativa (A)*** si determina attraverso la somma seguente algebrica:

(+) INCASSI DA CLIENTI
(+) ALTRI INCASSI
(-) PAGAMENTI A FORNITORI PER ACQUISTI
(-) PAGAMENTI A FORNITORI PER SERVIZI
(-) PAGAMENTI AL PERSONALE
(-) ALTRI PAGAMENTI
(-) IMPOSTE SUL REDDITO PAGATE
(+) INTERESSI INCASSATI (-) INTERESSI PAGATI
(+) DIVIDENDI INCASSATI

---

[80] Ad esempio, gli utili su cambi derivanti da operazioni di compravendita effettuate con l'estero troveranno collocazione nella gestione operativa, mentre quelli derivanti da operazione di investimenti in valuta estera vanno nell'attività finanziaria.

[81] C. MARCON (2016), *Dal bilancio civilistico ai prospetti contabili riclassificati*, in AA.VV., *L'analisi economico-finanziaria di bilancio*, Giuffrè, Milano.

Metodo indiretto

Il *metodo indiretto* è quello maggiormente utilizzato nella prassi contabile. Esso consente evidenziare in maniera più puntuale il passaggio dai flussi reddituali a quelli finanziari partendo proprio dal risultato netto d'esercizio sino a giungere al flusso finanziario complessivo generato dalla gestione. A differenza del metodo diretto, quello indiretto risulta più agevole nell'estrapolazione dei dati necessari.

Pertanto, dall'utile (o dalla perdita) dell'esercizio risultante dal conto economico occorre apportare le seguenti variazioni:

- rettifiche in senso positivo relativamente ai costi che non riguardano la gestione caratteristica (imposte dell'esercizio, oneri finanziari, minusvalenze da alienazione, ecc.);
- rettifiche in senso negativo relativamente ai ricavi che non riguardano la gestione caratteristica (proventi finanziari, dividendi, plusvalenze da alienazione, ecc.).

Il risultato che ne deriva costituisce l'*Utile (o perdita) prima delle imposte sul reddito, interessi, dividendi, plusvalenze e minusvalenze da cessione*[82].

Immediatamente dopo devono essere portati a incremento dell'utile i cosiddetti costi non monetari, ossia gli ammortamenti, gli accantonamenti ai fondi, le svalutazioni per perdite durevoli di valore, le altre rettifiche di elementi non monetari. Mentre vanno portati in diminuzione eventuali ricavi non monetari, quali, ad esempio, i costi capitalizzati (lavori interni).

Il risultato che si ottiene rappresenta il *Flusso finanziario prima delle variazioni di CCN* a cui devono sommarsi algebricamente le seguenti grandezze:

(+) DECREMENTO, (-) INCREMENTO DELLE RIMANENZE
(+) DECREMENTO, (-) INCREMENTO DEI CREDITI VS CLIENTI
(+) INCREMENTO, (-) DECREMENTO DEI DEBITI VERSO FORNITORI
(+) DECREMENTO, (-) INCREMENTO DEI RATEI E RISCONTI ATTIVI
(+) INCREMENTO, (-) DECREMENTO DEI RATEI E RISCONTI PASSIVI
(+/-) ALTRE VARIAZIONI DEL CAPITALE CIRCOLANTE NETTO

Ne deriva il *Flusso finanziario dopo delle variazioni di CCN*, con ulteriore somma algebrica dei flussi derivanti da *Altre rettifiche* al fine di ottenere il ***Flusso della gestione operativa (A)***.

---

[82] Il valore che si ottiene non è altro che il *risultato operativo* a cui sono stati sottratti i ricavi non monetari e aggiunti i costi non monetari, al fine di ottenere il flusso prodotto dalle operazioni facenti parte della macro-classe del Capitale Circolante Netto (CCN).

(+) INTERESSI INCASSATI (-) INTERESSI PAGATI [83]
(-) IMPOSTE SUL REDDITO PAGATE [84]
(+) DIVIDENDI INCASSATI
(-) UTILIZZO DI FONDI

Una volta che attraverso i due metodi viene stabilito il ***Flusso della gestione operativa (A)***, si passa alla determinazione del ***Flusso finanziario derivante dall'attività di investimento*** [85], ossia:

IMMOBILIZZAZIONI MATERIALI:
(-) INVESTIMENTI (+) DISINVESTIMENTI
IMMOBILIZZAZIONI IMMATERIALI:
(-) INVESTIMENTI (+) DISINVESTIMENTI
IMMOBILIZZAZIONI FINANZIARIE:
(-) INVESTIMENTI (+) DISINVESTIMENTI
ATTIVITÀ FINANZIARIE NON IMMOBILIZZATE:
(-) INVESTIMENTI (+) DISINVESTIMENTI
(-) ACQUISTO O (+) CESSIONE DI RAMI D'AZIENDA AL NETTO DI DISPONIBILITÀ LIQUIDE [86]

---

[83] Molto spesso non è agevole distinguere se l'indebitamento su cui maturano gli interessi si riferisca al finanziamento di una specifica attività, in quanto, in genere, esso riguarda la generale attività aziendale (si pensi agli interessi passivi maturati su uno scoperto di conto corrente). Per tale motivo, salvo particolari eccezioni, gli interessi sono classificati nell'attività operativa in quanto partecipano alla formazione del risultato economico dell'esercizio. OIC 10, cit., par. 41.

[84] Al pari di quanto prevede lo IAS 7, l'OIC 10, per motivi di comparabilità e semplificazione, stabilisce la classificazione delle imposte nell'area operativa. In merito a ciò, è bene precisare che le imposte sul reddito derivano da operazioni che danno origine a flussi finanziari inerenti l'attività operativa, l'attività di investimento e quella di finanziamento. Tuttavia, l'allocazione delle imposte nelle tre aree può risultare particolarmente ardua ed arbitraria, per tale motivo appare più corretto inserire i flussi finanziari relativi alle imposte nell'area operativa in modo distinto. OIC 10, cit., par. 44.

[85] Le operazioni relative a strumenti finanziari derivati (future, swap, ecc.) che producono flussi finanziari in entrata o in uscita rientrano nell'attività di investimento. Inoltre, qualora uno strumento finanziario derivato ha una funzione di copertura, i relativi flussi sono rappresentati, anche se in maniera distinta, nella medesima categoria dei flussi finanziari dell'elemento coperto (si pensi ad un finanziamento di medio-lungo termine). OIC 10, cit., parr. 48-49.

[86] Tali operazioni sono assimilate alle operazioni di acquisto o di cessione di società controllate. A tal proposito, è utile evidenziare che i flussi derivanti dall'acquisizione o cessione di ramo di azienda interessano la gestione degli investimenti. In un'ottica di flussi finanziari, le attività e le passività trasferite devono essere sommate alle attività e passività della società cessionaria, ma al netto delle disponibilità liquide. In calce al rendiconto, la società deve indicare la parte dei corrispettivi totali pagati o ricevuti, la parte dei corrispettivi consistenti in disponibilità liquide, l'ammontare delle disponibilità liquide acquisite o cedute mediante l'operazione di acquisto o cessione del ramo di azienda, il valore contabile delle attività e delle passività acquisite o cedute. Anche per questa

Flusso finanziario dell'attività di investimento (B)

Cosi come si procede alla determinazione del ***Flusso finanziario derivante dall'attività di finanziamento***, tenendo distinti i mezzi propri dai mezzi di terzi, ossia:

MEZZI DI TERZI

(+) INCREMENTO, (-) DECREMENTO DEBITI A BREVE VERSO BANCHE
(+) ACCENSIONE DI FINANZIAMENTI
(-) RIMBORSO DI FINANZIAMENTI
MEZZI PROPRI
(+) AUMENTO DI CAPITALE A PAGAMENTO
(-) RIMBORSO DI CAPITALE
(+) CESSIONE (-) ACQUISTO DI AZIONI PROPRIE
(-) DIVIDENDI E ACCONTI SU DIVIDENDI PAGATI

Flusso finanziario dell'attività di investimento (C)

Il risultato finale si ottiene dalla somma delle tre tipologie di flusso:

DISPONIBILITÀ LIQUIDE AL 01/01/N
***Flusso finanziario della gestione operativa* (A) +/-**
Flusso finanziario dell'attività di investimento (B) +/-
Flusso finanziario dell'attività di finanziamento (C) +/-
DISPONIBILITÀ LIQUIDE al 31/12/n

Le disponibilità liquide devono risultare separate tra depositi bancari e postali, assegni, denaro e valori in cassa

Come detto in precedenza, appare evidente che lo schema di rendiconto evidenzia una differenza solo nella parte riguardante l'area operativa, a seconda che si utilizzi il metodo diretto o indiretto, mentre risulta identico con riferimento all'area degli investimenti e a quella dei finanziamenti.

d) L'analisi dei risultati

Come poc'anzi illustrato, il *cash flow totale* scaturisce dalla somma algebrica dei flussi generati nell'area operativa (A), in quella di investimento (B) e in quella finanziaria (C) e, quindi, dalla sommatoria algebrica tra il *cash flow reddituale* (o cash flow operativo) e il *cash flow extra-reddituale* (o cash flow extra-operativo).

---

tipologia di operazioni è fatto divieto di compensazioni di partite tra partite contabili correlate a operazioni di acquisto e quelle correlate a operazioni di cessione. OIC 10, cit., parr. 50-52.

Quest'ultimo, infatti, è dato dal *cash flow* derivante dall'attività di investimento e dal *cash flow* derivante dall'attività finanziaria [87].

Le possibili ipotesi che si possono verificare sono riportate nella seguente tabella [88]:

	CASH FLOW REDDITUALE	CASH FLOW EXTRA-REDDITUALE	CASH FLOW TOTALE
1	+	+	+
2	+	-	+/-
3	-	+	+/-
4	-	-	-

In essa, sono riportati quattro possibili scenari in ordine crescente di complessità aziendale. Dal n. 1, rappresentativo di una situazione ottimale, al n. 4 che, al contrario, è rappresentativo di una situazione aziendale fortemente compromessa.

La prima ipotesi è sintomatica di un equilibrio generale, ossia di un'azienda capace di produrre flussi finanziari non solo attraverso l'attività operativa, denotando quindi una capacità di autofinanziamento, ma anche attraverso l'attività extra-operativa, sia che essi derivino da operazioni di investimento e/o da operazioni di finanziamento.

Tale situazione può, tuttavia, presentare connotazioni differenti, sebbene la condizione ottimale, ossia quella indicativa di una maggiore solidità aziendale, vede una prevalenza dei flussi di tipo operativo rispetto a quelli di tipo extra-operativo.

Nella seconda ipotesi, invece, a fronte di un flusso finanziario positivo generato dalla gestione operativa si contrappone un flusso finanziario negativo originato dall'attività extra-operativa. Ne deriva che il cash flow totale può assumere segno positivo o negativo, a seconda della prevalenza del risultato della gestione caratteristica su quella extra-caratteristica e viceversa. Tale ultima fattispecie, peraltro, è molto diffusa nella realtà aziendale, atteso che, molto spesso, l'area extra-operativa, e in particolare quella finanziaria, va ad assorbire le risorse generate dalla gestione caratteristica. Tuttavia, anche in questo caso è di fondamentale importanza individuare le cause sottostanti, in quanto se tale assorbimento scaturisce da un evento occasionale (ad esempio, una sopravvenienza passiva da alienazione) sarà certamente meno grave rispetto al caso in cui l'erosione del flusso di tipo

[87] C. Teodori (2015), *Il rendiconto finanziario ...*, cit.

[88] Lo schema è tratto da: Fondazione Nazionale dei Commercialisti, *Il rendiconto finanziario ...*, cit.

operativo è addebitabile a cause strettamente finanziarie, quali, per esempio, un'eccessiva incidenza degli oneri finanziari.

La terza ipotesi, invece, è indicativa di una situazione meritevole di particolare attenzione, in quanto a un flusso di tipo operativo negativo si contrappone un flusso extra-operativo positivo. Anche in questo caso, come in quello esaminato in precedenza, il cash flow totale potrà assumere segno positivo o negativo in ragione dell'entità dei due flussi. Tuttavia, tale fattispecie è indicativa dell'incapacità dell'azienda di produrre risorse finanziarie attraverso la gestione caratteristica, quindi l'incapacità di generare autofinanziamento. In questo caso è necessario approfondire le informazioni che ne derivano, al fine di valutare se la rimozione di inefficienze gestionali può rappresentare la soluzione per riportare l'azienda nelle condizioni all'azienda di produrre ricchezza in maniera congrua.

È del tutto evidente che qualora tale situazione di squilibrio dovesse permanere prima o poi lo squilibrio di tipo economico inciderà negativamente su quello patrimoniale-finanziario, generando così uno squilibrio complessivo.

L'ultima ipotesi è decisamente quella più grave e molto spesso irreversibile, in quanto entrambi i flussi, quelli cioè generati dalla gestione operativa e da quella extra-operativa, sono negativi. Ciò denota il venir meno dell'equilibrio aziendale nel suo complesso, pertanto, in tale situazione qualunque intervento può dimostrarsi tardivo e inefficace, in quanto le inefficienze gestionali hanno talmente intaccato il sistema aziendale da renderlo insensibile a qualunque tentativo di risanamento.

Pertanto, l'unica soluzione volta a evitare un ulteriore depauperamento del patrimonio aziendale è quella di adottare un radicale piano di risanamento aziendale, ovvero quella dell'immediata cessazione dell'attività, con la conseguente cessione o liquidazione del complesso aziendale.

Inoltre, si evidenziano ulteriori interessanti aspetti della dinamica finanziaria che meritano di essere analizzati attraverso la verifica della preponderanza, espressa in termini percentuali, delle fonti e degli impieghi di ciascuna area gestionale (operativa, degli investimenti e dei finanziamenti) sul totale delle fonti e sul totale degli impieghi, per il tramite degli *indici di composizione finanziaria*[89].

Dal lato degli impieghi dei flussi finanziari, raggruppando questi in ragione dell'area di appartenenza e determinando il peso percentuale di ciascun gruppo sul totale, è possibile trarre utili informazioni.

Ove vi sia una prevalenza degli impieghi nell'ambito dell'attività operativa appare logico che ciò è sintomatico di un'erosione delle risorse finanziarie da parte del *core business* aziendale, che anziché generare risorse finanziarie le assorbe. Tuttavia, il giudizio negativo non è automatico, in quanto è auspicabile approfondire lo studio di tipo finanziario, verificando la natura fisiologica o patologica del-

[89] L'utilizzo della percentuale nella rappresentazione dei risultati rende più netta e immediata l'indagine finanziaria.

la condizione appena descritta. In altri termini, occorre distinguere la situazione in cui si ha una prevalenza di impieghi di natura reddituale in una realtà in fase di *start up*, rispetto ad un'impresa in fase di declino, che sta vivendo una crisi di settore o che sta perdendo quote di mercato.

Così come un'altra situazione negativa, seppur meno preoccupante della precedente, si avrebbe anche nel caso in cui gli impieghi riguardassero in misura prevalente la distribuzione di dividendi o il rimborso del capitale proprio. Diversamente, qualora gli impieghi derivassero essenzialmente dal rimborso dei finanziamenti in base alla loro naturale scadenza, il giudizio circa le dinamiche finanziarie sarebbe sostanzialmente favorevole. Ma anche in questo caso il giudizio potrebbe essere diverso nell'ipotesi in cui, per esempio, il rimborso sia riconducibile a una richiesta di revoca di un affidamento bancario.

In ultimo, la situazione auspicabile è quella rappresentata da una prevalenza degli investimenti durevoli che, com'è noto, costituiscono il presupposto per la crescita e lo sviluppo dell'azienda. È questo il caso in cui è possibile ravvisare una certa vivacità dell'impresa che è in grado di ampliare il proprio portafoglio prodotti, procedere alla sostituzione di macchinari obsoleti, ampliare la propria struttura tecnica, investire in ricerca o nella formazione del personale.

Pertanto, i giudizi che ne posso derivare possono essere così sintetizzati:

a) **giudizio pienamente positivo:** nel caso in cui gli impieghi riguardino in prevalenza la gestione degli investimenti durevoli volti alla crescita e allo sviluppo aziendale;
b) **giudizio tendenzialmente positivo:** qualora gli impieghi siano destinati al rimborso di debiti giunti alla loro naturale scadenza;
c) **giudizio tendenzialmente negativo:** nell'ipotesi in cui gli impieghi riguardino in prevalenza il rimborso del capitale proprio o l'erogazione dei dividendi. Tuttavia, si tratta di una situazione, in particolare la seconda, rappresentativa di una scarsa propensione dell'impresa all'autofinanziamento, che la stessa potrebbe scontare in futuro nell'ipotesi in cui vi sia un'inversione di tendenza dell'andamento economico.

Altra situazione che potrebbe far esprimere un giudizio tendenzialmente negativo è quella del rimborso dei finanziamenti in caso di revoca degli affidamenti bancari, in quanto è sintomatica della presenza di elementi che inducono a una valutazione negativa da parte dell'istituto di credito.

d) **giudizio totalmente negativo:** qualora gli impieghi siano prevalentemente dalla gestione reddituale, in quanto è il chiaro segnale che l'azienda non è in grado di produrre ricchezza.

In merito alle fonti dei flussi finanziari, la casistica che può emergere è alquanto variegata, ma non vi è dubbio che la situazione auspicabile è quella della prevalenza di flussi finanziari generati dalla gestione reddituale e, quindi, la capacità dell'azienda di produrre ricchezza, entità questa che è alla base della politica di autofinanziamento.

Altrettanto positiva è l'ipotesi di una prevalenza di apporti di capitale proprio, rappresentativa della propensione dell'azienda al consolidamento patrimoniale.

Al contrario, un aspetto che va valutato con molta attenzione riguarda i flussi finanziari derivanti da disinvestimenti. Tuttavia, anche in questo caso occorre distinguere se essi derivano da politiche di riammodernamento o di riconversione ovvero dallo smantellamento della struttura produttiva, in quanto quest'ultima ipotesi sarebbe preoccupante.

La situazione più critica è rappresentata dalla prevalenza delle fonti esterne, situazione questa che denota un'elevata rigidità della struttura finanziaria con il conseguente impatto a livello economico di un'eccessiva incidenza degli oneri finanziari.

Tuttavia, è opportuno osservare che le valutazioni sui flussi finanziari connessi a fonti e impieghi devono essere sempre contestualizzati e analizzati in un'ottica unitaria, considerando il nesso tra le singole voci, al fine di giungere ad un giudizio quanto più esaustivo possibile.

e) Il rendiconto finanziario in un'ottica di valutazione prospettica e il *test pratico* nella procedura di composizione negoziata della crisi d'impresa

È indubbio che le valutazioni in base alle quali si decidono le future strategie aziendali non possono prescindere dai dati storici dell'impresa. Più in particolare, per quanto concerne la sfera finanziaria, come già detto, è importante conoscere l'entità dei flussi di cassa generati dall'impresa in un dato esercizio, indagare le determinanti della dinamica finanziaria e valutare il contributo apportato dalle singole aree gestionali.

Tuttavia, in chiave prospettica, dette informazioni sono altresì utili al fine di valutare la sostenibilità nel tempo dei risultati ottenuti [90].

Invero, l'analisi dei flussi finanziari prospettici è uno strumento imprescindibile ai fini del controllo finanziario della gestione, tenendo conto che essa deve essere condotta sia con riferimento a un arco temporale pluriennale, sia con riferimento all'anno o frazioni di esso, non fosse altro per le differenti informazioni che si desumono.

Infatti, l'analisi prospettica di medio-lungo periodo ha come finalità principale quella di predeterminare il fabbisogno finanziario durevole e corrente, anche e soprattutto in funzione delle future politiche strategiche che l'azienda intende attuare [91].

---

[90] P. GHIRINGHELLI (2019), *Analisi di bilancio e driver di valore*, Egea, Milano, p. 295.

[91] Le informazioni che si possono desumere dal rendiconto finanziario permettono di valutare le strategie aziendali, anche di tipo finanziario, sia in merito alla realizzazione di nuovi investimenti,

Tuttavia, al fine di determinare l'entità delle risorse finanziarie occorrenti per la copertura di tale fabbisogno, è necessario analizzare anche i conti economici prospettici riferiti al medesimo arco temporale, con l'obiettivo di valutare, *in primis*, la capacità dell'azienda di produrre al proprio interno risorse finanziarie, in modo tale da stabilire con ragionevole certezza le modalità di copertura degli impieghi previsti.

Soprattutto quando si tratta di valutare un piano degli investimenti, l'analisi preventiva dei flussi finanziari permette di verificare la compatibilità del fabbisogno finanziario sia con le risorse al momento disponibili (ossia quelle rappresentate dal capitale proprio e da quello di terzi già esistenti), sia con le risorse che si presume possano essere generate dall'investimento medesimo. Fatte queste premesse, è possibile redigere il piano di copertura del fabbisogno finanziario.

Nell'ottica di breve periodo, invece, l'analisi preventiva dei flussi finanziari è altrettanto utile ai fini della concreta realizzazione degli investimenti e dei finanziamenti programmati, nel rispetto dell'equilibrio monetario e finanziario della gestione.

È pur vero, tuttavia, che l'analisi prospettica non può prescindere dai dati storici, in considerazione della valenza, ai fini delle valutazioni, degli eventuali scostamenti che possono emergere tra i flussi finanziari pianificati e quelli effettivi, in quanto ciò consente di individuarne le cause e porre in essere gli opportuni correttivi.

L'analisi dei flussi finanziari prospettici rappresenta, quindi, un valido strumento che permette di evitare, o quanto meno attenuare, i possibili squilibri tra i fabbisogni finanziari e l'effettiva disponibilità di risorse[92].

Invero, il *cash flow* esprime la reale situazione finanziaria dell'azienda e la sua capacità di far fronte agli impegni assunti[93]. Pertanto, risulta fondamentale procedere all'analisi prospettica dei flussi finanziari e, a tale scopo, "trasformare il rendiconto finanziario da strumento di conoscenza a strumento operativo". Con questa espressione si intende sottolineare la necessità di definire in che modo l'analisi dei flussi finanziari finalizzata alla costruzione del rendiconto finanziario possa essere utilizzata per fini di programmazione[94].

A tal proposito, è utile evidenziare le relazioni esistenti tra l'analisi dei flussi

---

sia in merito alla politica dei finanziamenti, nonché cogliere i segnali di un eventuale crisi potenziale o in atto.

[92] G. MELIS (2004), *Il bilancio d'esercizio come strumento di controllo della gestione*, Giuffrè, p. 209.

[93] A. TAMI (1989), *Flussi reddituali e flussi finanziari in situazioni di dinamismo ambientale. Un approccio strategico alla valutazione d'impresa*, Giuffrè, Milano, p. 148.

[94] La conoscenza della struttura finanziaria dell'impresa costituisce la chiave di lettura pressoché assorbente della situazione patrimoniale, considerati i riflessi che la liquidità e la solvibilità assumono, non soltanto in relazione al mercato, ma anche alle procedure concorsuali. G. RACUGNO (2006), *In tema di rendiconto finanziario*, in *Giur. comm.*, p. 731.

finanziari e le scelte delle fonti di finanziamento, nonché tra l'analisi dei flussi e la gestione della tesoreria. Invero, la logica che è alla base del rendiconto finanziario può essere utilizzata in via previsionale per definire la struttura degli investimenti e per determinare le modalità di copertura, tenendo in considerazione anche il budget economico. Infatti, il prospetto redatto in chiave prospettica permette non solo di verificare la sostenibilità finanziaria di un determinato investimento, ma anche di valutare le possibili soluzioni alternative di finanziamento e, in caso negativo, di rivedere le scelte di investimento.

D'altro canto, l'impiego del budget di tesoreria consente di accertare l'equilibrio monetario prospettico. Tale schema com'è noto, si ricava dal rendiconto finanziario e ha la finalità di assicurare un sincronico flusso tra entrate e uscite, evitando in tal modo possibili tensioni finanziarie [95].

Inoltre, affiancando all'analisi prospettica quella del controllo, meglio se concomitante, è possibile ricercare le cause che sono all'origine di eventuali tensioni finanziarie. In tal caso, il management è tenuto a intervenire rivedendo, per esempio, la politica delle vendite e le dilazioni di pagamento concesse ai clienti, i rapporti con gli istituti finanziari, le dilazioni di pagamento ottenute dai fornitori, la politica di distribuzione dei dividendi, nonché rivalutare le scelte di finanziamento operate [96].

A sottolineare ulteriormente l'importanza del rendiconto finanziario in chiave prospettica, si richiama il comma 3 dell'art. 2381 c.c., il quale affida i *piani finanziari* dell'azienda all'esame degli amministratori, mentre il *Codice di autodisciplina* attribuisce agli stessi il potere-dovere di approvarli. Ne consegue che ricade sugli amministratori l'obbligo (espressamente previsto dal citato art. 2381, ultimo comma, c.c.) di agire informati, e ciò presuppone la conoscenza delle informazioni sull'origine e sull'utilizzo delle risorse finanziarie e sul grado di autonomia dell'azienda.

L'importanza della pianificazione dei flussi finanziari e, quindi, del rendiconto finanziario prospettico, è ulteriormente avvalorata dal Codice della crisi d'impresa e dell'insolvenza (CCII), il quale attribuisce un ruolo preminente all'attività di monitoraggio della gestione, al fine di prevenire potenziali cause di condizioni di squilibrio aziendale, tra cui quello finanziario [97].

Infatti, come si dirà meglio in seguito, il D.Lgs. 17 giugno 2022, n. 83 ha trasposto nel CCII i principi europei in materia di procedure concorsuali dettati dalle direttive comunitarie che nel tempo si sono succedute, da ultima la *Direttiva Insolvency* n. 1023/2019, che com'è noto ha lo scopo di introdurre a livello europeo un quadro giuridico armonizzato sia in materia di prevenzione della crisi d'impresa, sia per ciò che riguarda il costante monitoraggio delle diverse procedure concorsuali. In definitiva, il legislatore si prefigge di incentivare la fase del risa-

---

[95] P. BASTIA (2019), *Crisi aziendali e piani di risanamento*, Giappichelli, Torino, p. 221 ss.

[96] I. FACCHINETTI (1996), *Analisi dei flussi finanziari ...*, cit., p. 261 ss.

[97] Più in generale: G. FAUCEGLIA (2019), *Il nuovo diritto della crisi e dell'insolvenza*, Giappichelli, Torino, p. 15 ss.

namento aziendale in un'ottica di conservazione del patrimonio aziendale [98].

E in tal senso l'analisi della situazione finanziaria dell'impresa, attraverso il rendiconto finanziario prospettico, è uno degli strumenti di verifica del presupposto della continuità aziendale.

In tale ottica, il citato D.Lgs. n. 83/2022 ha inglobato nel CCII l'istituto della "*Composizione negoziata della crisi d'impresa*", una procedura di tipo negoziale e stragiudiziale, che, com'è noto, ha preso il posto delle procedure di allerta e della composizione assistita [99].

Si tratta di un ulteriore strumento di risanamento aziendale già introdotto dal D.Lgs. 24 agosto 2021, n. 118 (in vigore dal 15 novembre 2021) del quale si tratterà in seguito.

Invero, se nel D.Lgs. n. 118/2021 non emergeva una chiara volontà del legislatore di archiviare l'intero impianto normativo previsto dal CCII in merito alle cosiddette *procedure di allerta*, era tuttavia evidente un altrettanto chiaro intento di metterne in discussione le modalità di implementazione [100]. Ma, di fatto, il D.Lgs. n. 83/2022 ha completamente sostituito l'articolato delle cosiddette procedure di allerta ancor prima della loro applicazione pratica [101].

Precedendo l'entrata in vigore del CCII, in considerazione dell'elevato rischio che avrebbe potuto investire molte aziende una volta venute meno le misure straordinarie di sostegno attuate dallo Stato a seguito del COVID 19, il D.Lgs. n. 118/2021 ha previsto uno strumento stragiudiziale attraverso cui l'imprenditore prende atto della propria situazione e delle possibili soluzioni attuabili, al fine di prevenire l'eventuale crisi ovvero, nell'ipotesi estrema, di porvi fine se questa è già in atto [102].

Invero, l'art. 12, comma 1, CCII indica il presupposto oggettivo affinché l'imprenditore commerciale o agricolo possa accedere alla procedura della composizione negoziata, ossia *la condizione di squilibrio patrimoniale o economico-finanziario tale da determinare una situazione di crisi o di insolvenza e risulta ragionevolmente perseguibile il risanamento dell'impresa* [103].

---

[98] P. BENAZZO (2019), *Il Codice della crisi d'impresa e l'organizzazione dell'imprenditore ai fini dell'allerta: diritto societario della crisi o crisi del diritto societario?*, in *Rivista delle società*, nn. 2-3, p. 274 ss.

[99] Si ricorda che il D.Lgs. n. 118/2021 ha prorogato al 16 maggio 2022 l'entrata in vigore del CCII.

[100] L. PANZANI (2021), *Il D.L. "Pagni" ovvero la lezione (positiva) del Covid*, in *Diritto della crisi*, 25 agosto.

[101] Tra gli altri si veda: S. LEUZZI (2021), *Allerta e composizione negoziata nel sistema concorsuale ridisegnato dal D.L. n. 118 del 2021*, in *Diritto della crisi*, 28 settembre.

[102] Si evidenzia, a tal proposito, che l'istituto della composizione negoziata della crisi è stato introdotto nel CCII dal D.Lgs. n. 83/2022 agli artt. 12-25 *undecies*. A tal riguardo, si veda tra gli altri: F. SANTANGELI (2022), *Le finalità della composizione negoziata per le soluzioni della crisi d'impresa*, in *Diritto della crisi*, gennaio.

[103] La composizione negoziata, sebbene con alcuni necessari adattamenti, trova applicazione anche per i gruppi di imprese (art. 13) e per le imprese cosiddette sotto-soglia (art. 17).

Come detto in precedenza, appare evidente che il citato art. 12 riporta nella sfera aziendalistica il concetto di crisi, che non coincide più con lo "stato di difficoltà economico-finanziaria che rende probabile l'insolvenza del debitore" come previsto dal CCII, ma sottintende una condizione "di squilibrio patrimoniale o economico-finanziario che ne rendono *probabile* la crisi o l'insolvenza". Pertanto, ci si è spostati allo stato di *early warning* (rispetto alla successiva eventuale fase della c.d. *twilight zone*), ossia dinanzi a una situazione in cui la crisi (e quindi non l'insolvenza) è solo probabile, ma non ancora in atto.

Ciò chiarito, nell'ambito della composizione negoziata della crisi, uno degli obblighi posti a carico dell'imprenditore che intende accedervi è quello della compilazione del c.d. ***test pratico*** di cui all'art. 3, comma 3, lett. *c*), CCII, attraverso cui è possibile verificare il grado di sostenibilità e di complessità dell'azione di risanamento.

Il test si fonda sostanzialmente sui dati di flusso a regime, sia quelli correnti e sia quelli derivanti da politiche industriali in corso di attuazione o che si intendono adottare [104]. In altri termini, occorre stabilire i flussi finanziari prospettici al servizio del debito, attraverso la predisposizione di un prospetto che reca una struttura semplificata del *Free Cash Flow Operations* a regime [105].

Pertanto, si tratta di uno strumento che consente all'imprenditore di valutare la perseguibilità del risanamento (art. 12 CCII) e al professionista appositamente nominato (*esperto*) di verificare la sussistenza o meno di una concreta prospettiva di risanamento (art. 17 CCII) [106].

Non vi è dubbio che la crisi (o anche solo lo stato difficoltà dell'impresa) è intercettato anche attraverso altri percorsi volti a ricercarne innanzitutto la cause,

---

[104] La finalità del *test* è quella di dare risalto al rapporto causa-effetto tra i singoli elementi che vi concorrono e le iniziative che l'imprenditore può intraprendere al fine di intervenire su quelli maggiormente determinanti. Se l'imprenditore ha ben chiaro il nesso tra i flussi finanziari al servizio del debito e il debito stesso allora saranno più evidenti gli obiettivi da raggiungere e le linee di intervento da seguire.

[105] Si veda più ampiamente il Decreto dirigenziale del 28 settembre 2021 (Ministero della Giustizia) modificato dal successivo Decreto del 31 marzo 2023. Nello svolgimento del test ci si può limitare a esaminare l'indebitamento e i dati dell'andamento economico attuale, depurando quest'ultimo da eventi non ricorrenti (ad esempio, effetti del lockdown, contributi straordinari conseguiti, perdite non ricorrenti, ecc.). Tuttavia, il test non deve essere considerato alla stregua degli indici della crisi, ma è utile al fine di rendere evidente il grado di difficoltà che l'imprenditore dovrà affrontare e quanto il risanamento dipenderà dalla capacità di adottare iniziative in discontinuità e dalla intensità delle stesse. Esso si fonda principalmente sui dati di flusso a regime che, secondo la migliore valutazione dell'imprenditore, possono corrispondere a quelli correnti o derivare dall'esito delle strategie aziendali in corso di attuazione o ancora da attuare.

[106] La figura dell'esperto è prevista dall'art. 12, comma 2, CCII. Si tratta di una figura professionale, iscritta in un apposito albo, avente la funzione di agevolare le trattative tra l'imprenditore, i creditori ed eventuali altri soggetti interessati, al fine di individuare una soluzione per il superamento della crisi o della situazione di difficoltà in cui versa l'impresa.

tuttavia il *test* è uno strumento efficace ai fini della valutazione del grado di difficoltà dell'azione di risanamento, considerato che i flussi finanziari liberi che si prevede di realizzare, ossia quelli posti al servizio del debito, non possono non tener conto della capacità prospettica dell'impresa di produrre ricchezza [107].

Pertanto, ancora una volta emerge l'importanza del rendiconto finanziario prospettico, quale strumento idoneo a fornire le informazioni utili, al fine di valutare la capacità futura dell'azienda di produrre i flussi finanziari necessari per affrontare gli impegni che la stessa assumerà attraverso il piano di risanamento.

A tal proposito, il test pratico ha lo scopo di valutare in via preliminare la complessità dell'azione di risanamento attraverso il rapporto tra l'entità del debito che deve essere ristrutturato e i flussi finanziari liberi che devono essere posti annualmente al suo servizio. In particolare, per valutare se esiste una ragionevole perseguibilità del risanamento, ancor prima di redigere il piano d'impresa, ci si può limitare ad esaminare l'indebitamento e i dati dell'andamento economico attuale, depurando quest'ultimo da eventi non ricorrenti (ad esempio, effetti del lockdown, contributi straordinari conseguiti, perdite non ricorrenti, ecc.).

Il test non deve essere considerato al pari degli indicatori della crisi, né ha la funzione di individuare la situazione di crisi, ma è utile sia all'imprenditore per valutare il grado di difficoltà dell'azione di risanamento, sia all'esperto *per verificare se vi sono concrete prospettive di risanamento.*

Esso si fonda principalmente sui dati di flusso a regime che, secondo la migliore valutazione dell'imprenditore, possono corrispondere a quelli correnti o derivare dall'esito delle iniziative industriali in corso di attuazione o che l'imprenditore intende adottare.

Ai fini del test, è necessario determinare e poi porre in rapporto sia l'entità del debito da ristrutturare e sia i flussi finanziari al servizio di questo.

Nella seguente tabella si riporta la modalità di determinazione dell'***entità debito*** oggetto della ristrutturazione.

ENTITÀ DEL DEBITO (A)	IMPORTO
(+) Debito scaduto (di cui € .... per iscrizione a ruolo)	
(+) Debito riscadenzato o oggetto di moratoria	
(+) Affidamenti bancari utilizzati non più rinnovabili	
(+) Rate di mutui e finanziamenti con scadenza nei 2 anni successivi [108]	

segue

[107] G. BUFFELLI, G.P. ROTA (2023), *Composizione negoziata della crisi di impresa: il decreto dirigenziale del 28 settembre 2021 si aggiorna al Codice della Crisi di impresa e dell'insolvenza*, in *Diritto della crisi*, 5 aprile.

[108] Per le cooperative si tiene conto della probabile richiesta di rimborso del prestito sociale secondo le evidenze storiche non precedenti a tre anni.

(+) Investimenti relativi alle nuove strategie che si intendono adottare	
(-) Risorse finanziarie derivanti dalla dismissione di attività o di rami di azienda	
(-) Nuovi conferimenti e finanziamenti (anche postergati)	
(-) Stima dell'eventuale Margine Operativo Netto nel primo anno, compresi gli eventuali componenti non ricorrenti	
TOTALE (A)	

N.B.: L'ammontare del debito totale dev'essere figurativamente ridotto della parte che si ipotizza di dover stralciare.

Immediatamente dopo occorre determinare i ***flussi annui al servizio del predetto debito*** che l'impresa sarà in grado di generare a regime, ciò a prescindere dalle eventuali iniziative industriali.

FLUSSI FINANZIARI A REGIME (B)	**IMPORTO**
Stima del MOL prospettico normalizzato annuo a regime	
(-) Investimenti di mantenimento annui a regime	
(-) Imposte sul reddito (annue)	
TOTALE (B)	

È utile ricordare che il **MOL (O EBITDA)** considera solo la gestione caratteristica dell'impresa e si ottiene sottraendo al valore della produzione il costo della produzione, con esclusione degli ammortamenti e le svalutazioni. Pertanto, rimangono esclusi i componenti economici di natura finanziaria, quelli straordinari e le imposte sul reddito. Occorre, inoltre, procedere alla sua normalizzazione, ossia aggiungere o eliminare quote di costi e/o di ricavi che non partecipano alla gestione tipica dell'azienda oppure che non sono ricorrenti, perché dotati della caratteristica dell'eccezionalità (contributi straordinari ricevuti, perdite non ricorrenti, ecc.).

Nell'ipotesi in cui l'impresa è prospetticamente in equilibrio economico e cioè presenta, a decorrere almeno dal secondo anno, flussi finanziari annui superiori a zero e destinati a protrarsi nel tempo, il grado di difficoltà dell'azione di risanamento è dato dal rapporto tra il debito che deve essere ristrutturato (A) e l'ammontare annuo dei flussi al servizio del debito (B).

Tale rapporto (A/B) fornisce una prima indicazione di massima in merito a:

- l'arco temporale necessario per estinguere la posizione debitoria;
- il volume del debito che necessita di ristrutturazione;
- l'entità delle eventuali falcidie del debito o conversione in equity.

Più in particolare, il risultato (X) che ne può derivare evidenzia il grado di difficoltà dell'azione di risanamento e cioè:

a) **X ≥ 1** è indicativo di una difficoltà contenuta;
b) **1 ≤ X ≥ 3** evidenzia delle difficoltà crescenti, ma ancora contenute. In tal caso, i flussi correnti risultano ancora idonei a consentirne la sostenibilità del debito e, di conseguenza, la proposta ai creditori può essere effettuata facendo forza solo sull'andamento corrente;
c) **3 ≤ X ≤ 5** si tratta di una situazione che fa emergere delle criticità più evidenti, per cui l'azione di risanamento risulta possibile solo a fronte di nuove strategie industriali, da ciò la rilevanza il piano d'impresa;
d) **se 5 ≤ X ≤ 5/6** è indicativo di un'elevata criticità. Anche in presenza di un MOL positivo, l'azione di risanamento potrebbe risultare inefficace e, pertanto, potrebbe rendersi necessaria la cessione dell'azienda. In tale ipotesi, occorre stimare le risorse realizzabili attraverso la continuità indiretta, ossia la cessione dell'azienda o di rami di essa e compararle con il debito che deve essere servito, al fine di verificare la praticabilità del risanamento.

Ove, poi, l'impresa dovesse presentare uno squilibrio economico a regime, allora si rendono necessari interventi di discontinuità rispetto alla passata gestione aziendale (ad esempio, modifiche sui processi produttivi, introduzione di un nuovo modello di business, innovazioni di prodotto, cessioni o cessazione di rami di azienda, aggregazioni con altre imprese ed altro ancora).

4.2.4. La valutazione delle possibili azioni di risanamento, l'analisi costi/benefici della strategia e la decisione finale

Come più volte ricordato, lo stato di crisi è preceduto da una pluralità di manifestazioni più o meno palesi, che non vengono recepite o che non vengono valutate adeguatamente rispetto alla loro reale portata. Il loro progressivo manifestarsi, accompagnato dall'inerzia o dall'incapacità dell'organo direzionale, tende prima o poi a compromettere gli equilibri aziendali. Occorre, pertanto, comprendere l'entità di tali squilibri e le cause che sono all'origine, al fine di valutare gli eventuali interventi di risanamento, nonché il costo e il rischio che da essi scaturiscono [109].

In altre parole, una volta accertato lo stato di crisi si rende necessario valutare la convenienza ad avviare il processo di risanamento, ovvero scegliere, spesso con un minor costo, la soluzione della cessazione aziendale (relativa o assoluta) attraverso, appunto, la cessione d'azienda ovvero la sua liquidazione (volontaria o coatta) [110]. Tale decisione è tutt'altro che agevole, in quanto pone il soggetto aziendale dinanzi a un bivio, ossia preferire la prosecuzione dell'attività aziendale

---

[109] L. SICCA (1993), *Creazione di valore, conoscenza e gestione delle crisi aziendali*, in *Finanza, Marketing e Produzione*, n. 2.

[110] Sulle cessazioni aziendali si legga: S. ADAMO, F. GIACCARI (2006), *Le cessazioni aziendali*, in N. DI CAGNO , *Le società commerciali. Aspetti gestionali e contabili*, Cacucci, Bari, p. 375 ss.

investendo nuove risorse (umane e finanziarie), oppure decretare la cessazione dell'azienda con tutte le implicazioni di ordine economico, finanziario, sociale e psicologico che ne derivano.

L'avvio di un processo di risanamento è una decisione che richiede coraggio imprenditoriale, capacità professionale e disponibilità di mezzi finanziari, ma, soprattutto, implica un'attenta valutazione dei costi che essa comporta e del loro effetto, nel tempo, sugli equilibri aziendali [111]. È innegabile, infatti, che i costi di risanamento andranno a riflettersi sulla futura situazione economica dell'azienda e, pertanto, è necessario verificare come essi andranno a incidere sulla struttura economica e se troveranno congrua remunerazione nei futuri flussi dei ricavi.

Ovviamente, qualunque processo di risanamento presuppone l'eliminazione delle cause della crisi e, quindi, degli effetti distorsivi che da esse derivano. Solo in tal modo è possibile prevedere la probabile evoluzione futura dell'azienda, al fine di valutare la convenienza o meno a proseguire l'attività. Invero, una politica che mira solo ad eliminare gli effetti distorsivi, ma non le cause da cui essi traggono origine, non risolve i problemi, se non nel breve periodo.

In tale ottica, un elemento da tenere in considerazione è il fattore *tempo*, ossia l'arco temporale che intercorre tra il momento in cui viene decisa l'azione di risanamento e il momento in cui essa inizia a produrre i suoi effetti. In altre parole, è importante stabilite il periodo necessario per portare l'azienda fuori dalla crisi, nonché le risorse di varia natura che occorre impiegare a tal fine [112].

Nella crisi d'impresa il fattore tempo deve essere considerato sotto un triplice aspetto, ossia:

- la fase in cui l'azienda è in grado di mettere sotto controllo i fattori che hanno generato la crisi impedendo a questi di produrre ulteriori effetti negativi;
- la fase in cui il processo di ristrutturazione produce i risultati auspicati riportando l'azienda nelle condizioni di equilibrio (anche minimo);
- la fase dello sviluppo, nella quale l'azienda inizia a produrre congrui livelli di ricchezza.

Da quanto sopra detto, è facile intuire che il fattore tempo assume un'importanza fondamentale, in quanto più lungo è il processo di risanamento, maggiori saranno i costi che l'azienda sarà costretta a sostenere.

È evidente che la durata di tale processo deriva da una pluralità di fattori, tra cui:

- la dimensione aziendale ed il suo grado di elasticità strutturale;
- le caratteristiche e la gravità della crisi;

---

[111] F.H. KNIGHT (1960), *Risk, uncertainty* ..., cit.

[112] G.C. MEYERS (1988), *Gestire le crisi: come affrontare e risolvere le difficoltà dell'azienda*, Il Sole 24 Ore, Milano, p. 189 ss.; G.C. MEYERS, J. HOLUSHA (1991), *Managing crises*, in *Sviluppo e Organizzazione*, n. 120.

- i tempi di formulazione delle strategie di intervento;
- i tempi necessari per l'approvvigionamento delle risorse necessarie;
- il contesto ambientale esterno.

Pertanto, è molto probabile che, dinanzi a dimensioni aziendali più contenute, a una tempestiva individuazione dei fattori destabilizzanti, ad azioni di intervento adottate in tempi rapidi, a condizioni ambientali più favorevoli, i tempi per uscire dalla crisi saranno più limitati, così come i relativi costi da sostenere.

Ciò precisato, la scelta del risanamento implica la verifica di due condizioni:

a) l'una di tipo *oggettivo*, ossia la potenziale capacità aziendale di attuare il piano di risanamento con mezzi disponibili al proprio interno (patrimonio tecnologico, rete commerciale efficiente, struttura organizzativa adeguata, ecc.);
b) l'altra di tipo *soggettivo*, cioè la presenza di soggetti disposti sia a investire risorse finanziarie, sia a mettere a disposizione dell'azienda le proprie competenze manageriali e professionali.

Il tutto deve essere comparato con gli obiettivi del risanamento e con i risultati che si spera di raggiungere, in modo tale da confrontare i potenziali benefici con i costi da sostenere. Pertanto, strategie, tempi e costi di risanamento rappresentano tre elementi rigorosamente correlati tra loro [113].

Infatti, un'azienda potrebbe fissare determinati obiettivi, avere le risorse a disposizione, ma le strategie ipotizzate non sono compatibili con i tempi a disposizione. Ovvero, in relazione agli obiettivi e ai tempi di attuazione, l'azienda non dispone delle risorse necessarie. Ecco perché, prima ancora di immaginare di un vero e proprio piano di risanamento, è necessario predisporre un *progetto* di risanamento, al fine di verificare la sua concreta realizzazione.

Una volta definito il progetto di risanamento e i costi di attuazione, è necessario comparare tale progetto con l'altra ipotesi, ossia la cessazione aziendale.

Infatti, anche tale soluzione non esime l'azienda dal sostenere dei costi, che risulteranno tanto più elevati quanto maggiori saranno le barriere all'uscita. Non solo, ma vi sono anche dei costi psicologici quali la perdita di immagine dell'imprenditore, l'indebolimento della sua posizione sociale, gli effetti negativi su eventuali altre aziende da egli possedute, ecc. È ragionevole supporre che tali costi sono più contenuti nell'ipotesi della cessione rispetto a quella della liquidazione, atteso che, nel primo caso, comunque viene garantita la prosecuzione dell'attività aziendale in capo ad un altro soggetto, garantendo quanto meno la conservazione dei posti di lavoro.

Ciò chiarito, dal punto di vista più strettamente economico, è necessario avviare un processo comparativo di valutazione tra l'ipotesi del risanamento e, quindi, la continuazione aziendale, con l'ipotesi della cessazione aziendale.

---

[113] G. DEANGELI (1985), *Management dei risanamenti aziendali*, in *Sviluppo e Organizzazione*, n. 87.

Detto processo si articola nelle seguenti fasi:

a) la valutazione dei costi di risoluzione della crisi;
b) la valutazione dei benefici futuri derivanti dall'azione di risanamento;
c) la valutazione del costo della cessazione. Quest'ultimo può essere rappresentato sia dalla eventuale perdita di valore derivante dal realizzo del patrimonio aziendale, sia dai costi veri e propri del procedimento [114]. Questi ultimi sono rappresentati, ad esempio, dai costi per consulenze tecniche, dal compenso dei liquidatori, dagli indennizzi derivanti dalla risoluzione di contratti in essere, ecc. A fronte di tali costi, l'azienda conseguirà i realizzi derivanti dall'alienazione del proprio patrimonio.

È evidente, quindi, che occorre mettere a confronto:

a) il risultato dell'eventuale liquidazione, derivante dal bilancio finale di liquidazione prospettico;
b) il valore di cessione dell'azienda;
c) i benefici economici attesi da processo di risanamento.

Con riferimento alle tre ipotesi, occorre poi ponderare i valori che ne derivano con i costi che l'azienda dovrà sostenere per ciascuna procedura.

Tale comparazione deve essere ulteriormente integrata ed eventualmente corretta in relazione:

- ai vantaggi strategici o indotti derivanti dal risanamento aziendale;
- agli effetti psicologici negativi che la cessazione comporta [115].

È fuori di dubbio che la decisione finale è frutto non solo di un calcolo di convenienza economica così come sopra esposto, ma anche della disponibilità di risorse necessarie per attuare il processo di risanamento [116].

A tal riguardo, appare utile sottolineare che un processo di cambiamento finalizzato al riorientamento dell'azienda verso il successo ha una sua base logica. Essa presuppone la ridefinizione del problema, le cui basi sono rappresentate dalla "*linearità*" del cambiamento (cioè il completamento del circuito), dalla "*cognitività*" (razionalità e logica) e, infine, dalla "*modellizzazione*" della struttura organizzativa.

Tuttavia, il cambiamento deve essere affrontato come un *processo vivente ed evolutivo*, ponendo in essere meccanismi in grado di condurre a continui miglio-

---

[114] S. PROSPERI (2003), *Il governo economico della crisi aziendale*, Giuffrè, Milano, p. 145 ss.

[115] In merito si vedano: G.M. CIAMPAGLIA (1999), *La ristrutturazione delle imprese in crisi: evidenze empiriche ed aspetti innovativi,* in *Impresa Commerciale Industriale*, n. 4, p. 612; T. ONESTI (1988), *La valutazione del capitale economico delle aziende in perdita: un metodo empirico*, in *RIREA*, n. 5-6; S. SCIARELLI (1995), *La crisi d'impresa*, cit., p. 62.

[116] Sul punto: S. SCIARELLI (1995), *La crisi d'impresa*, cit., p. 62.

ramenti. In tale processo la componente più critica è rappresentata dalla dinamica emotiva dei soggetti interessati e dell'organizzazione in generale[117]. Invero, l'intelligenza emotiva rappresenta un fattore strategico di rilevante importanza, in quanto consente di individuare e comprendere le dinamiche emotive, dando luogo a nuove ed efficaci soluzioni. In altre parole, non è possibile immaginare un processo innovativo e di cambiamento basato esclusivamente sulla razionalità, trascurando, quindi, la sfera emozionale degli attori che ne sono coinvolti. A tal proposito, uno dei principali *driver emotivi* è rappresentato dal grado di fiducia, ossia dal convincimento che i soggetti interessati ripongono in una strategia di cambiamento. Ne deriva che, non è sufficiente modificare una struttura organizzativa, ma è necessario che i soggetti interessati siano convinti che la strategia prescelta è quella vincente.

Inoltre, il più delle volte accade che a una strategia di cambiamento si pensa solo quando l'azienda manifesta i sintomi di una difficoltà conclamata e non nel mentre si ottengono risultati positivi. Al contrario, è necessario cogliere l'opportunità del cambiamento quando l'andamento aziendale è positivo, in modo tale da apportare ulteriori miglioramenti ovvero prevenire possibili momenti di crisi. In tal modo, il processo di cambiamento si trasforma da processo *saltuario e lineare* a processo *continuo e circolare*, per cui a una gestione basata esclusivamente su processi relazionali si affianca una gestione basata sulle dinamiche emotive, superando la resistenza dei soggetti all'esigenza di cambiamento[118].

Quanto asserito è riportato nel modello definito *Change Map*, secondo cui il successo del cambiamento è perseguibile attraverso tre fasi cicliche continue, ossia la *motivazione*, l'*attivazione* e la *riflessione*[119].

La *motivazione* è di fondamentale importanza, in quanto, per il suo tramite, i soggetti vengono indirizzati verso il cambiamento lavorando sull'aspetto emozionale, quindi, creando un clima di fiducia nei confronti di un progetto, favorendone la realizzazione e il raggiungimento dei risultati sperati.

La seconda fase è quella dell'*attivazione*, che presuppone lo sviluppo e il sostenimento verso il cambiamento attraverso l'acquisizione della conoscenza, di nuovi comportamenti e di nuove modalità di implementazione del cambiamento.

Infine, vi è la fase della *riflessione*, quella in cui vengono analizzati i risultati conseguiti e apportati i dovuti correttivi agli scostamenti che eventualmente si sono manifestati.

In tal modo, si opera in un'ottica ciclica di miglioramento attraverso continue trasformazioni che vanno nella direzione di un continuo processo di avvicinamento agli obiettivi prefissati.

---

[117] J. FREEMAN, M. GHINI (2010), *Intelligenza emotiva dentro il cambiamento*, Il Sole 24 Ore, Milano.

[118] Per un approfondimento sul tema: G. PAOLONE (2011), *L'economia aziendale e la ragioneria, nella teoria e nelle specializzazioni*, Franco Angeli, Milano, p. 144 ss.

[119] J. FREEMAN, M. GHINI (2010), *Intelligenza ...*, cit., p. 26 ss.

Ciò mette in luce come, in ambito aziendale, l'attività previsionale risulta imprescindibile, in quanto attraverso essa è possibile preordinare in maniera consapevole il futuro divenire dell'azienda e, di conseguenza, individuare le strategie e gli strumenti più idonei per intraprendere la direzione prescelta.

Tuttavia, per quanto attenta e approfondita possa essere tale attività, occorre considerare un aspetto, spesso sottovalutato, ossia la *casualità* degli eventi [120].

Come già detto in precedenza, la vita aziendale è caratterizzata anche dal verificarsi di eventi futuri dei quali, apriori, vi è una scarsa possibilità di conoscere puntualmente sia le modalità e i tempi con cui essi si manifestano, sia gli effetti che da essi ne derivano. La probabilità che si verifichi un evento casuale presuppone la conoscenza dell'evento stesso, nonché il modo con cui si percepisce l'incertezza e viene elaborato il rischio che ne può scaturire.

Secondo autorevole dottrina aziendale, la casualità viene spesso sottovalutata e scambiata con il determinismo e, quindi, la probabilità viene scambiata come certezza, la fortuna come abilità, la teoria come realtà [121]. Pertanto, dinanzi a tali prerogative, ci si convince che una strategia aziendale sia eccellente, che il management di cui si dispone sia il migliore, che le risorse umane, ai diversi livelli, siano tutte capaci e idonee a svolgere il ruolo che rivestono, ecc. In altre parole, si ha la certezza che il successo aziendale sia determinato dall'insieme di tali fattori, escludendo l'insorgenza del "*caso*", ossia il verificarsi di una condizione (o di un insieme di condizioni) che non dipende dall'azienda e che, anche in parte, contribuisce a determinare il successo di un'azienda.

Invero, il successo viene giudicato dai risultati positivi conseguiti, attribuendo gli stessi alle capacità imprenditoriali e manageriali, senza considerare che alla base di essi può anche esservi la componente *fortuna*, ossia un evento favorevole che ha determinato quei risultati. Tale variabile va ad innescare un circolo *virtuoso*, così come, se essa dovesse risultare negativa, innescherebbe un circolo *vizioso*.

In altre parole, la tendenza è quella di guardare all'aspetto esteriore dei risultati conseguiti e della ricchezza prodotta, senza preoccuparsi di tenere nella giusta considerazione e, quindi, analizzare, le cause che sono all'origine. Così facendo ci si espone al pericolo di perdere di vista i rischi che si corrono [122].

In definitiva, le variabili economiche che hanno portato l'azienda al successo potrebbero aver funzionato per puro caso e, quindi, il successo è giunto per pura casualità. In assenza di casualità, dette variabili agirebbero in modo deterministico sulle condizioni di equilibrio e le fonti di informazione consentirebbero di operare delle previsioni certe e con risultati predeterminati. Ciò avverrebbe anche se la casualità fosse nota, ossia se si conoscessero con anticipo gli accadimenti futuri.

---

[120] Sul punto: G. PAOLONE (2011), *L'economia ...*, cit., p. 146 ss.

[121] G. PAOLONE (2011), *L'economia ...*, cit., p. 146 ss.

[122] N.N. TALEB (2008), *Giocati dal caso*, Il Saggiatore, Milano, p. 50 ss.

Tuttavia, la casualità non è nota, né può essere prevista con ragionevole certezza, pertanto, se talvolta le informazioni acquisite e le serie storiche dei risultati consentono di elaborare previsioni sufficientemente attendibili, in altri casi esse possono risultare inutili o, peggio ancora, fuorvianti. Ciò non significa che la conoscenza e, quindi, il sistema delle informazioni perda di rilevanza, al contrario, l'incremento dei flussi informativi consente di aumentare la conoscenza e, quindi, rendere più agevole l'attività previsionale. Ma ciò sarebbe sufficiente solo se si operasse in un'ottica deterministica, ossia se non si agisse nel campo provvisorio della casualità, tanto che essa sia fonte generatrice di eventi positivi, quanto di effetti negativi.

In definitiva, non si può trascurare la variabile "caso", indipendentemente che esso produca effetti favorevoli o sfavorevoli, in quanto spesse volte questo diventa un fattore determinante per il successo o l'insuccesso dell'azienda.

In quest'ultima ipotesi, potrebbe essere sempre il caso, ossia l'evento fortuito e inatteso a condurre l'azienda in crisi, così come lo stesso evento, ma di segno contrario, potrebbe riportare l'azienda nelle condizioni di equilibrio.

L'evento casuale presenta le seguenti caratteristiche, ossia:

- quello di essere isolato e fuori da ogni aspettativa;
- di avere un notevole impatto (positivo o negativo) sugli equilibri aziendali;
- di determinare, a posteriori, le cause che lo hanno generato.

La combinazione di tali connotazioni rende il caso, appunto, un evento misterioso il più delle volte trascurato, in quanto il management tende ad ignorare ciò che è ignoto, estremo ed improbabile, spostando, al contrario, la propria attenzione su ciò che è conosciuto.

La casualità, al contrario, è una variabile importante nell'ambito dello studio dell'economia dell'impresa, in quanto essa incide fortemente sugli equilibri aziendali.

5. La stima del valore economico dell'azienda in crisi nelle diverse ipotesi

La decisione finale in merito alla scelta dell'azione da intraprendere per porre fine alla crisi non può prescindere dalla preliminare determinazione e dalla conseguente valutazione del valore economico dell'azienda in relazione alle diverse ipotesi che si possono concretizzare.

5.1. Il valore economico nell'ipotesi di cessione

La dottrina aziendale è unanime nel ritenere che, al fine di determinare il valore economico di un'azienda in ipotesi di cessione, non è sufficiente limitarsi alla valutazione dell'aggregato patrimoniale, ma occorre considerare anche la capacità reddituale dell'azienda, nel senso che la nozione di capitale economico assume una connotazione significativa allorquando si lega il valore patrimoniale dell'azienda alla sua capacità o meno di produrre ricchezza [123]. Invero, in un'azienda sana ed efficiente i diversi componenti che costituiscono il patrimonio aziendale sono legati tra loro in maniera tale da generare un plus-valore atto a generare redditi futuri. Detto plus-valore, come è noto, prende il nome di *avviamento (goodwill)* [124].

Al contrario, in un'impresa in crisi, caratterizzata da un disequilibrio generale, l'azione congiunta delle disfunzioni in essere determina una vera e propria disarticolazione tra i diversi componenti patrimoniali, impedendo a questi di cedere la propria utilità economica in maniera efficace ed efficiente, quindi, privando il sistema della necessaria organicità e interrelazione tra le forze che lo compongono. Di conseguenza, i livelli di reddito tendono a contrarsi sino ad assumere valori negativi, con la conseguenza che, in presenza di perdite e/o in previsione di ulteriori risultati negativi, il valore economico dell'azienda tende a scendere al di sotto di quello patrimoniale. La differenza che ne scaturisce, e che sotto il profilo concettuale trae origine dall'inefficiente combinazione dei componenti patrimoniali, rappresenta quello che viene definito l'*avviamento negativo (badwill)* [125].

Traducendo il tutto in formula, ipotizzando che la carenza di reddito abbia una durata limitata, come è giusto che sia, si ha:

$$B = (R - iN')\, a_{\overline{n}|\, i'}$$

dove:
B = avviamento negativo (badwill);
N' = patrimonio netto rettificato a valori correnti;
R = reddito annuo medio prospettico;
i = tasso di remunerazione normale del capitale;
i' = tasso di attualizzazione dello scarto tra R e iN';
n = numero di anni in cui si presume che si verifichi lo scarto tra R e iN'.

---

[123] Tra tutti si vedano: G. FERRERO (1966), *La valutazione economica del capitale d'impresa*, Giuffrè, Milano, p. 2 ss.; P. ONIDA (1970), *La logica ed il sistema delle rilevazioni quantitative d'azienda*, Giuffrè, Milano, p. 328; G. ZAPPA (1950), *Il reddito d'impresa ...*, cit., p. 94.

[124] Sul vincolo di complementarietà e unitarietà dei beni costituenti il patrimonio aziendale si veda: A. DELL'ATTI, (2005), *I patrimoni destinati ad uno specifico affare,* Volume n. 11, Collana di Economia Aziendale – Serie Scientifica, Cacucci, Bari, p. 16; A. DELL'ATTI (2021), *I patrimoni e i finanziamenti destinati ad uno specifico affare*, in N. DI CAGNO-S. ADAMO, *Il bilancio d'esercizio delle imprese societarie. Modello civilistico*, Vol. 3, Cacucci, Bari, p. 561 ss.

[125] Sul concetto di avviamento si rinvia a: E. ARDEMANI (1957), *L'avviamento d'impresa*, Marzorati, Milano, parr. 2-7; L. GUATRI (1957), *L'avviamento d'impresa. Un modello quantitativo per l'analisi e la misurazione del fenomeno,* Giuffrè, Milano, parr. 1-2. Inoltre, sul tema della valutazione del capitale economico di un'azienda in crisi si vedano: L. GUATRI (1983). *La valutazione delle aziende in perdita*, in *Finanza, Marketing e Produzione*, n. 1; O. PAGANELLI (1990), *Valutazione delle aziende. Principi e procedimenti*, Utet, Torino; O PAGANELLI, F. LAMBERTINI (1986), *Valutazione di cessione delle aziende in esercizio*, Clueb, Bologna.

Ai fini della stima del reddito medio prospettico (*R*) si suole ricorrere al metodo della proiezione dei dati storici, ossia partendo dal risultato economico medio degli ultimi esercizi, opportunamente corretto e rielaborato in modo tale da esprimere una equilibrata redditività, e proiettando lo stesso in funzione del presumibile andamento di talune variabili, quali l'andamento del mercato, il tasso di crescita, il livello dei prezzi, ecc.

È evidente che una valutazione prudenziale è doverosa, soprattutto nell'ipotesi di aziende in crisi, per le quali l'evoluzione futura risulta certamente più complessa e aleatoria. Quindi, una volta determinato R e i', ossia il tasso di congrua remunerazione, quindi l'utile tendenzialmente ottenibile dal capitale impiegato (iN'), è possibile stimare la carenza di reddito ($R - iN'$) che l'azienda in crisi presenterà negli esercizi futuri.

Pertanto, alla sua determinazione concorrono le perdite attese e l'inadeguato rendimento del capitale investito; conseguentemente, il potenziale acquirente dovrà mettere in conto le eventuali perdite future, ovvero i rendimenti inadeguati che dovrà subire, nell'ipotesi in cui i risultati economici futuri saranno inferiori ai livelli di congrua remunerazione.

Una considerazione merita la grandezza N', ossia il valore del patrimonio netto, che, come è noto, non comprende i cosiddetti *assets intangibili*, cioè quei beni immateriali non identificabili e che, solitamente, vengono considerati nella determinazione dell'avviamento.

Chiarito ciò, il valore economico dell'azienda in crisi è così determinato:

$$Wc = N' - B$$

Giova precisare che Wc non è un valore certo e incontrovertibile, in quanto esso scaturisce da un processo valutativo che di per sé ha un carattere indeterminato. Ma anche la stessa determinazione dell'avviamento negativo, se pur apprezzabile per la sua razionalità d'impostazione, si caratterizza per una serie di difficoltà e incertezze applicative[126]. Invero, nella determinazione del *badwill* interviene una pluralità di elementi aleatori, pertanto, al fine di stabilire il valore di *Wc* è necessario considerare un valore correttivo (V.C.), che può essere positivo o negativo, il quale scaturisce da una serie di fattori, anch'essi soggettivi. In definitiva, Wc non rappresenta il prezzo di cessione, ma il valore di riferimento a cui le parti devono fare riferimento ai fini della contrattazione.

---

[126] E. GIANNESSI (1979), *Appunti di economica aziendale con particolare riferimento alle aziende agricole*, Pacini, Pisa, p. 343; L. GUATRI (1996), *Le ragioni della superiorità concettuale ed applicativa dei metodi reddituali*, in *Finanza, Marketing e Produzione*, n. 2.

5.2. Il valore economico nell'ipotesi di liquidazione

Come è noto la liquidazione è un processo attraverso cui gli elementi attivi che compongono il patrimonio aziendale vengono convertiti in denaro. In altre parole, si realizza lo smembramento del patrimonio aziendale, a seguito del quale tutti gli elementi che lo compongono perdono quel carattere di complementarietà e unitarietà, proprio del sistema aziendale[127]. Pertanto, a differenza dell'ipotesi di cessione, in cui il patrimonio aziendale mantiene la sua integrità e organicità, nel caso della liquidazione i beni vengono alienati separatamente.

La dottrina aziendale è concorde nel ritenere che il valore di liquidazione costituisce il limite inferiore per la valutazione dell'azienda in perdita, in quanto tale procedimento rappresenta l'ultima soluzione a cui il soggetto aziendale ricorre allorquando le condizioni sono tali da non consentire una proficua prosecuzione dell'attività aziendale[128].

È utile precisare che nella valutazione del capitale di liquidazione non rientrano notoriamente quei beni, prevalentemente immateriali, che non sono suscettibili di autonoma alienazione e che, invece, possono essere trasferiti solo nell'ipotesi di cessione del complesso aziendale considerato nella sua interezza. Si pensi ai costi di impianto e ampliamento, a quelli di sviluppo, alle licenze, alle concessioni, ecc.). Solo in talune circostanze, sebbene molto circoscritte, detti beni possono essere alienati autonomamente, ossia quando essi sono ancora in grado di cedere la loro utilità economica in capo all'acquirente. È il caso dei brevetti, dei marchi, del portafoglio ordini, ecc.

Ovviamente, ai fini della determinazione del capitale di liquidazione occorre non solo tener conto del valore realizzabile dall'alienazione delle attività e dei debiti che dovranno essere estinti, ma anche dei costi che sorgono nella fase liquidatoria, ossia:

a) i costi diretti di liquidazione, cioè i compensi dei liquidatori, dei consulenti tecnici, dei legali, i costi per la ricerca di acquirenti, i costi di pubblicità della vendita, i costi degli eventuali commissionari, ecc.;
b) i costi derivanti dalla risoluzione anticipata dei contratti in corso, i premi e gli incentivi dati al personale per le dimissioni anticipati, gli indennizzi o penali per mancate forniture, ecc.

A tali costi occorre aggiungere quelli derivanti dall'eventuale esercizio provvisorio dell'attività. Invero, può verificarsi che i liquidatori decidano di proseguire,

---

[127] C. CARAMIELLO (1968), *L'azienda nella fase* ..., cit., p. 11; A. AMADUZZI (1969), *L'azienda nel suo sistema* ..., cit., p. 217.

[128] Sull'argomento, si vedano, tra gli altri: M. CONFALONIERI (1979), *La valutazione delle imprese in dissesto*, in *Rivista dei Dottori Commercialisti*, n. 2; G. FERRERO (1966), *La valutazione economica* ..., cit., p. 81 ss.

anche se temporaneamente, l'attività aziendale, giustificando ciò con l'esigenza di completare le commesse, di mantenere in efficienza gli impianti, di sfruttare al meglio le rimanenze di magazzino. In tal caso, è necessario stimare anche i ricavi e i costi derivanti dall'esercizio provvisorio, dalla cui differenza emerge il reddito della liquidazione.

Ciò precisato, in una operazione di liquidazione, molto spesso emerge una differenza tra il valore attribuito al patrimonio netto e quello derivante dalla cessione dei singoli componenti patrimoniali.

Ad esempio, i crediti necessitano di un ulteriore abbattimento in considerazione del fatto che, nella fase di liquidazione, la loro riscossione può rivelarsi più difficile in considerazione dell'atteggiamento dei debitori che approfittano dello stato di bisogno dell'azienda. Le medesime considerazioni riguardano le immobilizzazioni tecniche, soprattutto quando il loro trasferimento richiede laboriose operazioni si smontaggio e rimontaggio. A ciò si aggiunga che anche i prezzi di realizzo sono spesso inferiori a quelli di mercato.

Infine, in considerazione del fatto che i tempi della procedura il più delle volte non sono brevi, ai fini della determinazione del valore di liquidazione occorre tenere presente la necessità di procedere all'attualizzazione del valore dei singoli realizzi e dei pagamenti, nonché dell'eventuale reddito atteso.

Pertanto, il capitale di liquidazione è così determinato:

$$W_L = A_R - D + R_L$$

dove:

W_L = valore del capitale di liquidazione;
A_R = valore attuale degli elementi attivi a prezzi di realizzo;
D = valore attuale dei debiti ante procedura liquidatoria;
R_L = valore attuale del reddito di liquidazione.

5.3. Il valore economico nell'ipotesi di risanamento

La terza e ultima ipotesi di soluzione alla crisi d'impresa è quella del risanamento. Come detto in precedenza, la decisione di intraprendere un'azione di risanamento richiede non solo la sussistenza dei presupposti per la continuazione dell'attività aziendale, ma anche che il soggetto aziendale possegga le risorse finanziarie sufficienti per attuare eventuali nuovi investimenti o, quanto meno, per ricostituire il capitale che il più delle volte risulta eroso dalle perdite, nonché disponga di risorse umane che abbiano specifiche competenze.

Come già evidenziato, nell'azione di risanamento assume un ruolo fondamentale il fattore tempo, ossia l'arco temporale entro il quale il processo produce i suoi effetti. Perciò, per come si dirà in seguito, è fondamentale distinguere tre fasi:

1. la *fase di avvio*;
2. la *fase della ristrutturazione*;
3. la *fase di consolidamento e di sviluppo*.

Quanto sopra detto può essere sintetizzato attraverso il seguente grafico:

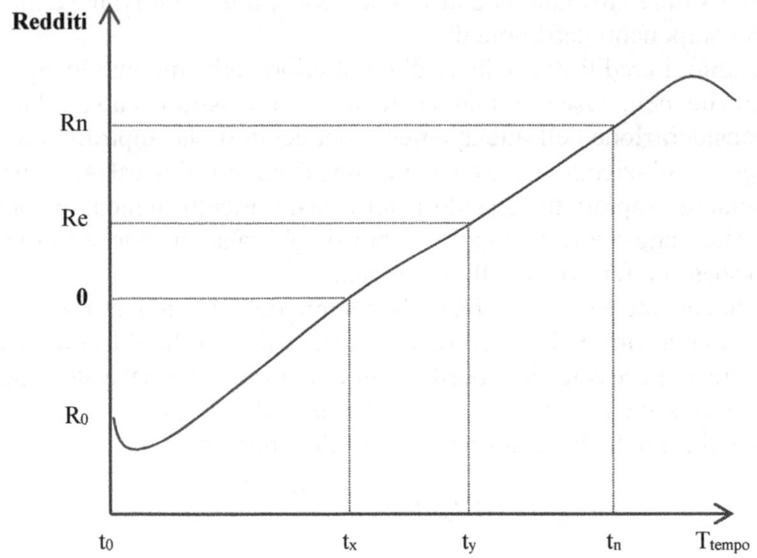

dove:
to – tx = fase di avvio;
tx – ty = fase di risanamento;
ty – tn = fase di consolidamento e sviluppo;
n = durata del piano;
R_0 = perdita nella fase iniziale;
Re = reddito di equilibrio minimo;
R_n = reddito atteso nella fase di sviluppo.

Sulla base di ciò, il valore economico di un'azienda in ipotesi di risanamento può essere così sintetizzato:

$$W_r = (R_1 - iN')\,v + (R_2 - iN')\,v^2 + \ldots\ldots + (R_n - iN')\,v^n + (R^*/i^*)\,v^n - (I_1\,v + I_2\,v^2 + \ldots. + I_n\,v^n)$$

dove:
$R_1, R_2 \ldots R_n$ = redditi (o perdite) attesi;
R^* = reddito medio prospettico che si ritiene di conseguire a partire dalla conclusione del risanamento in poi;
$I_1 + I_2 + \ldots + I_n$ = investimenti annui richiesti per attuare il risanamento;

N′ = ammontare del patrimonio netto;
i = tasso normale di rendimento;
v, v^2… v^n = coefficienti di attualizzazione pari a $1/(1+n')^n$.

La formula sopra riportata consente di determinare il valore economico dell'azienda al momento dell'avvio del risanamento. Essa può essere idealmente scomposta in tre elementi:

a) il primo evidenzia il valore attuale dei redditi che si ipotizza saranno conseguiti durante la fase del risanamento. Evidentemente essi potranno essere sia positivi, sia negativi, almeno sino al momento in cui il processo sarà ultimato;
b) con riferimento al secondo elemento, $(R^*/i^*)\ v^n$, è utile sottolineare che il rapporto R^*/i^* rappresenta il valore economico dell'azienda che si presume di raggiungere dopo n anni, una volta terminato l'intervento di risanamento. Tale formula ha una portata meramente teorica, in quanto, partendo dal presupposto che la durata dell'azienda è illimitata, considera illimitata anche la sua capacità di produrre redditi in futuro[129]. Sarebbe, pertanto, più opportuno, in quanto maggiormente prudenziale, sostituire alla formula della rendita perpetua quella della durata limita ossia: $R^*\ a_{\overline{n|}\, i^*}$.
Con riferimento alla grandezza i*, ossia il tasso di attualizzazione, è importante considerare che esso varia in funzione dell'intensità del rischio attinente l'investimento aziendale. Pertanto, in considerazione che si è dinanzi a un'impresa in crisi, esso dovrebbe collocarsi verso livelli più elevati rispetto alle condizioni normali di gestione;
c) il terzo e ultimo elemento riguarda il valore attuale degli investimenti che, con riferimento ai diversi periodi, si presume siano necessari per attuare il progetto di risanamento.

5.4. La valutazione e la comparazione del costo tra le possibili alternative

Una volta determinato il valore economico dell'azienda con riferimento alle tre differenti ipotesi sopra descritte, è necessario considerare il costo che ogni soluzione comporta.

Esso è dato dalla differenza tra il valore del patrimonio netto dell'azienda in crisi (N′) ed i rispettivi valori economici (W_C, W_L, W_R). Pertanto:

$C_C = N' - W_C$ = costo dell'operazione di cessione;
$C_L = N' - W_L$ = costo dell'operazione di liquidazione;
$C_R = N' - W_R$ = costo dell'intervento di risanamento.

---

[129] L. GUATRI, M. BINI (2009), *Valutazione delle aziende*, Collana Management, Egea-Unibocconi, vol. 9, p. 294 ss.

Sulla base di quanto sopra riportato le ipotesi possono essere le seguenti:

1) Cessione aziendale:

$$C_R > C_C < C_L$$

In tal caso l'onere derivante dalla cessione risulta inferiore sia a quello della liquidazione, sia a quello del risanamento, pertanto, l'alienazione dell'intero complesso aziendale appare la soluzione più favorevole. Inoltre, un'ipotesi del genere consentirebbe la prosecuzione dell'attività aziendale in capo a un altro soggetto aziendale, salvaguardando gli interessi dei lavoratori (*in primis*) e degli stakeholders in generale.

2) Liquidazione aziendale:

$$C_C > C_L < C_R$$

In questo caso lo smembramento del complesso aziendale costituisce la soluzione più favorevole rispetto alle altre due ipotesi. È evidente che quella della liquidazione è una situazione di profonda crisi aziendale quasi allo stato della liquidazione giudiziale, in quanto i diversi componenti patrimoniali perdono il carattere della complementarietà e interrelazione, motivo per cui è difficile ipotizzare la continuità aziendale. Invero, si tratta di una soluzione che presenta non poche incognite, quali la posizione di debolezza del cedente rispetto al mercato, i tempi di conclusione della procedura che spesso vanno al di là del previsto ed altro ancora. Pertanto, molto spesso i costi della procedura rischiano di rivelarsi più elevati rispetto a quelli preventivati, così come i realizzi possono risultare inferiori a quelli stimati, con la conseguenza che ci si ritrova nell'impossibilità di far fronte integralmente alle passività, costringendo così i liquidatori a richiedere la liquidazione giudizi.

3) Risanamento aziendale:

$$C_C > C_R < C_L$$

Tale fattispecie evidenzia che il costo dell'intervento di risanamento è inferiore alle altre due alternative. Ovviamente, si tratta di una operazione tutt'altro che agevole, in quanto, affinché essa giunga a compimento, è necessario che tutti i presupposti contenuti nel piano si realizzino secondo le previsioni. Vero è che, rispetto all'ipotesi della liquidazione e a quella della cessione, in cui lo scenario futuro appare decisamente incerto e difficilmente prevedibile, la soluzione del risanamento, sempreché ne ricorrano le condizioni, appare più credibile in quanto supportata da un piano, il più delle volte oggetto di valutazione e attestazione da parte di un professionista all'uopo nominato.

6. Gli interventi di risanamento

Nell'ipotesi in cui, dopo le opportune valutazioni, si dovesse optare per una strategia di risanamento, è evidente che gli interventi da attuare devono essere immediati, almeno con riferimento a determinati aspetti gestionali. Invero, come già ricordato, il processo di risanamento si articola principalmente in tre fasi:

a) la *fase di avvio*, nella quale vengono posti in essere tutti i possibili provvedimenti di urgenza volti a creare le basi per un vero e proprio intervento di risanamento;
b) la *fase della ristrutturazione*, in cui si interviene attraverso l'introduzione di veri e propri cambiamenti della struttura aziendale, volti a ricreare le condizioni di equilibrio generale [130];
c) la *fase di consolidamento e di sviluppo*, in cui è possibile intravedere i segnali di cambiamento che vengono supportati mediante adeguate politiche di investimento.

La fase di avvio, come già sottolineato, è caratterizzata da una sorta di terapia d'urto, ossia l'adozione di provvedimenti immediati diretti a creare i presupposti per gestire al meglio la crisi, al fine di garantire la sopravvivenza dell'impresa. In tale fase, pertanto, non è raro assistere a interventi che mirano a sostituire gli organi di vertice, a ridurre taluni costi aziendali, a reperire nuova liquidità, ecc., il tutto nell'ottica di creare da subito un clima di fiducia. È una fase, quindi, caratterizzata da azioni immediate fondate più sull'intuito e che mirano a ottenere risultati altrettanto immediati. Normalmente il tempo di attuazione è molto breve.

In altre parole, tale fase si pone un duplice obiettivo: da un lato, arrestare gli effetti negativi che hanno determinato la crisi, dall'altro lato, ristabilire un clima aziendale nuovo improntato su valori e obiettivi differenti rispetto al passato.

Nella fase della ristrutturazione, invece, gli interventi sono mirati ad apportare delle modifiche sulla combinazione produttiva e, quindi, il ritorno quanto meno all'equilibrio minimo. In altre parole, gli interventi mirano a eliminare tutte le inefficienze che hanno determinato lo stato di crisi. Il periodo di attuazione, in genere, è inferiore all'anno, anche se talvolta può raggiungere i 2 anni.

La terza e ultima fase è quella del consolidamento, ossia il momento in cui, ristabilite le condizioni di equilibrio aziendale minimo, si deve guardare a un potenziamento di tale stato diretto a rilanciare l'azienda verso la fase dello sviluppo e il ritorno alla creazione di valore [131]. Ovviamente tale fase, che normalmente si

---

[130] E.H. Bowman, H. Singh (1993), *Corporate Restructuring: Reconfiguring the Firm*, in *Strategic Management Journal*.

[131] G. Bertoli (2000), *Crisi d'impresa, ristrutturazione e ritorno al valore*, Egea, Milano; S.

estende su orizzonti temporali compresi tra i 2 e i 4 anni, richiede ulteriori nuovi investimenti in termini di risorse umane e finanziarie, in quanto si tratta di sviluppare l'attività aziendale attraverso il lancio di nuovi prodotti, l'innovazione di processi produttivi, l'accesso a nuovi mercati, ecc.[132]

Quanto sopra esposto può essere sintetizzato nel seguente schema:

	FASE DI AVVIO	**FASE DI STABILIZZAZIONE**	**FASE DI RILANCIO**
Obiettivi	Arrestare gli effetti negativi della crisi per garantire la sopravvivenza dell'azienda e ristabilire un clima di fiducia; flussi finanziari per garantire la gestione corrente.	Miglioramento dell'efficienza della gestione con risultati economici migliori in termini di ROI e ROE.	Ritorno alla creazione di ricchezza e sviluppo.
Strategie	Reperimento di nuova liquidità attraverso nuove fonti di finanziamento o disinvestimenti di assets non strategici; cambio del vertice aziendale, riduzione del personale, ecc.	Miglioramenti di processo e/o di prodotto, eliminazione delle inefficienze tecniche e gestionali, riposizionamento sul mercato, ecc.	Innovazione di processo e/o di prodotto, strategia di internazionalizzazione, politiche di autofinanziamento, creazioni di reti, ecc.
Controllo	Controllo costante, ma informale, soprattutto di tipo finanziario, Report di cassa giornalieri, ecc.	Strumento della contabilità industriale, report periodici di tipo economico e finanziario, ecc.	Report periodici ed analisi degli scostamenti, con eventuali azioni correttive.

Fonte: Nostra rielaborazione di: L. GUATRI (1995), *Turnaround, declino, crisi e ritorno al valore*, Egea, Milano.

Alla luce di quanto detto, quindi, è possibile sintetizzare i diversi ambiti di intervento nei quali l'azienda può decidere di agire in relazione alla natura delle cause e delle inefficienze che hanno determinato lo stato di crisi. Invero, ai fini del risanamento è possibile operare i seguenti tipi di intervento in funzione delle aree in cui sono state individuate le ragioni della crisi:

GARZELLA (2011), *La strategia del risanamento*, in *Amministrazione e Controllo*, n. 1; M. LAZZARI (2008), *Un modello di gestione dei processi di cambiamento e ritorno al valore*, in *Amministrazione e Finanza*, n. 1.

132 Sul punto si veda anche: C. TEODORI (1994), *I modelli di previsione delle insolvenze e l'amministrazione controllata*, in *Rivista dei Dottori Commercialisti*, n. 1.

TIPI DI INTERVENTO	MODALITÀ
STRATEGICI	– Nuovi orientamenti gestionali; – Focalizzazione sul core business; – Selezione di prodotti o mercati, introducendone dei nuovi; – Cessazione di partecipazioni e di altre attività non essenziali; – Variazione della compagine societaria e/o del management.
TECNICO-PRODUTTIVI	– Riduzione del personale; – Riduzione o rimodulazione dei tempi di lavorazione; – Eliminazione dei centri di produzione inefficienti; – Politiche di esternalizzazione o internalizzazione di alcune fasi del processo produttivo; – Introduzione di nuova tecnologia; – Aumento della qualità dei prodotti.
ORGANIZZATIVI E DI COMUNICAZIONE	– Struttura organizzativa più snella e meno burocratizzata; – Miglioramento dei controlli; – Revisione dei poteri e dei compiti; – Internalizzazione o esternalizzazione dei servizi; – Scelta dei criteri di comunicazione; – Controllo sull'efficacia della comunicazione.
DI MERCATO	– Rafforzamento del marchio; – Campagne promozionali e di pubblicità; – Controllo e/o rinnovo della rete distributiva; – Sistemi di valutazione e controllo della customer satisfaction; – Controllo e miglioramento dei servizi; – Politiche di prezzo o di prodotto su determinate aree.
FINANZIARI	– Aumento di capitale sociale; – Interventi sulla qualità e quantità dell'indebitamento; – Interventi sulle politiche di dilazioni di pagamento concesse e ottenute; – Riduzione delle scorte di magazzino; – Ristrutturazione o rinegoziazione finanziaria.

Come più volte ricordato, uno stato di crisi aziendale il più delle volte deriva da inefficienze di natura economica che poi si riflettono innegabilmente sulla sfera finanziaria. Nella maggior parte dei casi, infatti, gli squilibri finanziari hanno un'origine di natura economica.

È evidente che quando le cause di una crisi vengono trascurate, l'azienda vede compromesso il proprio equilibrio complessivo, pertanto, è necessario agire su entrambi i fronti per ripristinare le condizioni di stabilità.

Indubbiamente, un intervento solo sul lato finanziario rischia di non produrre gli effetti sperati, o li produce solo nel breve termine, in quanto, nel momento in cui non vengono eliminate le cause di matrice economica si ritorna nuovamente al punto di origine.

Pertanto, un piano di risanamento deve guardare all'azienda nel suo complesso, considerando ogni aspetto della gestione all'interno della quale possono annidarsi inefficienze.

In altri termini, le soluzioni finanziarie rappresentano la conseguenza della parte "industriale" del piano. Sarà quest'ultimo, infatti, a delineare i termini che consentiranno da un lato di determinare i flussi di cassa che la gestione sarà in grado di generare, dall'altro, l'ammontare di risorse di cui l'impresa necessiterà per il risanamento. Nella prassi, invece, si assiste molto spesso a un comportamento opposto, nel senso che viene adottato un "approccio rovesciato", in cui o la parte "industriale" del piano è subordinata alla parte "finanziaria", ovvero la parte "industriale" è quasi inesistente e, pertanto, il piano è limitato alla sola parte "finanziaria".

È evidente che tale modo di procedere, se può dare effetti positivi immediati, rischia di riportare l'azienda al punto di partenza e magari con effetti amplificati.

Capitolo III

Il governo societario e gli assetti organizzativi d'impresa

1. Premessa

Com'è noto, il D.Lgs. 12 gennaio 2019, n. 14, pubblicato nella G.U. del 14 febbraio 2019 ha introdotto, accanto al CCII, alcune significative modifiche al codice civile.

Si tratta di una serie di norme, contenute nella Parte seconda del decreto medesimo (v. artt. da 375 a 384 CCII) che, seppur connesse e funzionali alla complessiva riforma del diritto della crisi, per una parte significativa sono entrate in vigore in anticipo rispetto a quest'ultima. In particolare, proprio l'art. 375 CCII rappresenta la direttrice della riforma in relazione agli assetti organizzativi e al governo societario, e su di esso si radicano tutti gli interventi in materia societaria.

L'art. 389, infatti, indica:

a) al primo comma, in termini generali, il 14 agosto 2020 (successivamente prorogato con il D.L. n. 23/2020 al 1° settembre 2021 e poi al 16 maggio 2022 con il D.L. n. 118/2021 ed ancora al 15 settembre 2022 con il D.Lgs. n. 83/2022) la data di entrata in vigore del CCII;
b) al secondo comma, il 16 marzo 2019 ("trentesimo giorno successivo alla pubblicazione nella G.U. del presente decreto") l'entrata in vigore degli articoli "27 co. 1, 350, 356, 357, 359, 363, 364, 366, 375, 377, 378, 379, 385, 386, 387 e 388", che hanno modificato le norme del codice civile in materia di adeguati assetti organizzativi, amministrativi e contabili delle imprese, nonché le norme a essa strettamente correlate sui doveri, poteri e responsabilità dell'organo amministrativo e di controllo [1].

---

[1] La decisione di inserire gli aspetti organizzativi nell'impianto normativo costituisce un utile raccordo tra il diritto societario e il diritto della crisi d'impresa, atteso che, secondo l'impostazione aziendalistica, la crisi costituisce un fatto fisiologico della vita dell'impresa e non necessariamente la fase terminale. Non solo, ma in un'ottica di conservazione del patrimonio aziendale e di continui-

In tale ambito, le modifiche del codice civile riguardano:

- l'attività di impresa in generale: l'art. 375 CCII, interviene sull'art. 2086 c.c. in merito alla gestione aziendale [2];
- tutte le tipologie societarie: l'art. 377 CCII interviene sulla disciplina delle società di persone (art. 2257 c.c.), della società per azioni (artt. 2380-*bis* e 2409-*novies* c.c.) e della società a responsabilità limitata (art. 2475 c.c.);
- le società di capitali: l'art. 378, comma 2, CCII interviene sull'art. 2486 c.c.;
- la società a responsabilità limitata: l'art. 378, comma 1, CCII interviene sull'art. 2476 c.c., mentre l'art. 379 CCII interviene sull'art. 2477 c.c.

Inoltre, lo stesso legislatore, con il D.Lgs. n. 83/2022, è intervenuto ulteriormente riformulando integralmente l'art. 3 CCII (ora rubricato "*Adeguatezza delle misure e degli assetti in funzione della rilevazione tempestiva della crisi d'impresa*"), con l'intento di rafforzare l'esigenza del rispetto dei principi di una corretta gestione aziendale, elevando l'organizzazione e la procedimentalizzazione dell'attività a elemento essenziale e irrinunciabile della funzione gestoria. Ciò scaturisce dal presupposto che l'organizzazione costituisce un requisito che è insito nella stessa nozione di imprenditore (art. 2082 c.c.) e, pertanto, il dovere di istituire adeguati assetti organizzativi rappresenta un presupposto di condotta che deve guidare gli imprenditori, sia individuali e sia collettivi.

Le disposizioni di cui agli artt. 375 e 377 CCII, rispettivamente rubricate "*Assetti organizzativi dell'impresa*" e "*Assetti organizzativi societari*", trovano il loro fondamento nel principio enunciato dall'art. 14 della Legge delega n. 155/2017 che prevede il «*dovere da parte dell'imprenditore e degli organi societari di istituire adeguati assetti organizzativi per la rilevazione tempestiva della crisi e della perdita della continuità aziendale, nonché di attivarsi per l'adozione tempestiva di uno degli strumenti previsti dall'ordinamento per il superamento della crisi e il recupero della continuità aziendale*».

La previsione di istituire adeguati assetti organizzativi è di fatto strettamente funzionale alla finalità preminente del CCII, atteso che, come più volte detto, una

---

tà nel tempo, un intervento tempestivo consente la gestione della crisi in maniera più agevole e proficua. Pertanto, in tal guisa, proprio in virtù della necessità di salvaguardare l'azienda, l'imprenditore deve disporre di tutti gli strumenti necessari al fine di rilevare tempestivamente i segnali di crisi e agire con una certa rapidità per ripristinare le condizioni di equilibrio generale. Più in generale: R. RORDORF (2021), *I doveri dei soggetti coinvolti nella regolazione della crisi nell'ambito dei principi generali del codice della crisi e dell'insolvenza*, in *Fallimento*.

[2] Più in generale: ASSONIME, Circolare n. 02/2021, I doveri di amministratori e sindaci nella gestione della crisi d'impresa: una prima pronuncia del Tribunale di Milano sull'art. 2086 del Codice civile; S. FORTUNATO (2021), *Insolvenza, crisi e continuità aziendale nella riforma delle procedure concorsuali: ovvero la commedia degli equivoci*, in *Dir. fall.*, I, 34.; L. PANZANI (2022), *La composizione negoziata dopo lo schema di decreto legislativo del C.d.M. del 17 marzo 2022*, in *Diritto della crisi*, 19 aprile; V. DE SENSI (2021), *Adeguati assetti e business judgment rule*, in *Diritto della crisi*, 16 aprile.

diagnosi precoce della crisi e la preservazione della continuità aziendale costituiscono i presupposti della riforma [3].

Non solo, ma la salvaguardia della continuità aziendale (*going concern*) rappresenta l'obiettivo primario dei diversi interventi comunitari [4]. Invero, in aderenza a quanto previsto sia dall'ordinamento europeo e sia da quello statunitense, il CCII supera la tradizionale e consolidata visione del fallimento come procedura volta a eliminare l'imprenditore divenuto insolvente, in favore di una interpretazione del fenomeno della crisi ispirata alla *rescue culture* e alla *second chance* di derivazione statunitense, teorizzate nel *Chapter 11 dello U.S: Bancruptcy Code*, secondo cui inibire alle imprese di avviare un processo di *turnaround* finisce inevitabilmente per danneggiare il mercato, gli stakeholders e il sistema economico in generale [5].

Strettamente connesso al concetto di "seconda opportunità" è il principio della tempestività nella rilevazione delle disfunzioni che sono alla base della crisi. Il fattore tempo, infatti, costituisce un elemento fondamentale per una proficua azione di risanamento, pertanto, come più volte sottolineato, un intervento attuato con ritardo presenta connotazioni di complessità e onerosità tali da rendere inefficace qualsiasi soluzione [6].

Dunque, l'istituzione dell'obbligo a carico dell'imprenditore di adottare adeguati assetti societari va nella direzione di far emergere le difficoltà aziendali an-

---

[3] S. ADAMO (2019), *Il nuovo codice ...*, cit., p. 268 ss.; N. ABRIANI, P. BASTIA (2022), *Valutazione e presidio della continuità aziendale tra scienze economiche e diritto societario della crisi*, in *Diritto della Crisi*, 24 novembre.

[4] In proposito, si ricorda la Raccomandazione della Commissione Europea 2017/135/UE, la quale poneva tra gli obiettivi di un nuovo approccio all'insolvenza e alla crisi d'impresa quello di consentire alle imprese sane, ma in difficoltà finanziarie di ristrutturarsi in una fase precoce per evitare l'insolvenza e, quindi, di proseguire l'attività economica. Pertanto, dapprima la suddetta Raccomandazione UE e poi la *Direttiva Insolvency* (UE/2019/2023) capovolgono il paradigma che accompagnava la normativa fallimentare, ossia che le procedure minori (prima tra tutte il concordato preventivo) erano relegate in una posizione residuale rispetto alla procedura fallimentare.

[5] È utile ricordare che la necessità dell'emersione tempestiva della crisi, nell'ottica della conservazione della continuità aziendale, era stata affrontata già nella riforma del diritto fallimentare del 2005. Tuttavia, i vari interventi riformatori non hanno sortito pienamente i risultati sperati se si pensa che il numero dei fallimenti ha registrato numeri più elevati rispetto alle procedure di concordato preventivo. Così come, dall'evidenza empirica, è emerso che le procedure di risanamento poste in essere hanno presentato carattere risolutivo in un numero ristretto di casi. Sul punto si vedano: E. BRODI (2018), *Tempestiva emersione e gestione della crisi d'impresa. Riflessioni sul disegno di un efficace "sistema di allerta e composizione"*, in *Questioni di Economia e Finanza*, n. 440; A. DANOVI, S. GIACOMELLI, P. RIVA, G. RODANO (2018), *Strumenti negoziabili per la soluzione della crisi d'impresa: il concordato preventivo*, in *Questioni di Economia e Finanza*, n. 430.

[6] A tal proposito, si evidenzia come, da un'analisi condotta nel 2018, tra le imprese che hanno fatto ricorso a una procedura di risanamento la percentuale di quelle definite "*rischiose*" già due anni prima dell'apertura della procedura era pari al 63,3%, quelle classificate come "*vulnerabili*" era del 30,3%, mentre quelle definite come "*sicure*" era del 6,4%. Cfr. A. DANOVI, S. GIACOMELLI, P. RIVA, G. RODANO (2018), *Strumenti negoziabili per la soluzione ...*, cit., p. 13.

cor prima che lo faccia l'autorità giudiziaria, ossia prima che la situazione sfoci in una condizione irreversibile, cioè dell'insolvenza definitiva[7].

2. Gli assetti organizzativi dell'impresa nel nuovo art. 2086, comma 2, c.c.

Una delle principali novità introdotte dall'art. 2 del D.Lgs. n. 83/2022 (Modifiche al CCII) riguarda l'art. 3 CCII (*Adeguatezza delle misure e degli assetti in funzione della rilevazione tempestiva della crisi d'impresa*), il quale fa specifico riferimento al comma 2 dell'art. 2086 c.c.

Come si evince dalla Relazione Illustrativa, la funzione del citato art. 3 CCII è quella di fornire all'imprenditore le indicazioni utili e necessarie per cogliere tempestivamente i primi segnali di difficoltà gestionali, prima ancora che queste vadano a impattare sull'intero sistema aziendale.

In particolare, il comma 3 del citato articolo consente di dare contenuto sostanziale alla definizione di adeguati assetti, in considerazione del fatto che gli assetti di cui al comma 2 dell'art. 2086 c.c. permettono all'imprenditore:

a) di rilevare eventuali squilibri di carattere patrimoniale o economico-finanziario, rapportati alle specifiche caratteristiche dell'impresa e dell'attività imprenditoriale svolta dal debitore;
b) di verificare la sostenibilità dei debiti e le prospettive di continuità aziendale almeno per i dodici mesi successivi e rilevare i segnali di cui al successivo comma 4 dell'art. 3 CCII;
c) di ricavare le informazioni necessarie al fine di utilizzare la lista di controllo particolareggiata e ad effettuare il *test pratico* per la verifica della ragionevole perseguibilità del risanamento di cui all'art. 13, comma 2, CCII, nell'ambito della procedura di composizione negoziata della crisi d'impresa.

In merito ai segnali che lasciano presagire eventuali disfunzioni, il comma 4 dell'art. 3 CCII riporta le seguenti fattispecie:

a) l'esistenza di debiti per retribuzioni scaduti da almeno trenta giorni pari a oltre la metà dell'ammontare complessivo mensile delle retribuzioni;
b) l'esistenza di debiti verso fornitori scaduti da almeno novanta giorni di ammontare superiore a quello dei debiti non scaduti;
c) l'esistenza di esposizioni nei confronti delle banche e degli altri intermediari finanziari che siano scadute da più di sessanta giorni o che abbiano superato da almeno sessanta giorni il limite degli affidamenti ottenuti in qualunque forma,

---

[7] FONDAZIONE NAZIONALE DI RICERCA DEI COMMERCIALISTI (2023), *Assetti organizzativi, amministrativi e contabili: profili civilistici e aziendalistici* (Documento di ricerca), luglio.

purché rappresentino complessivamente almeno il cinque per cento del totale delle esposizioni;

d) l'esistenza di una o più delle esposizioni debitorie previste dall'art. 25-*novies*, comma 1, CCII.

Ne consegue che la previsione del legislatore consente di fornire un contenuto all'apparato gestionale delle imprese, composto da misure e assetti che devono essere funzionali alla rilevazione di eventuali disfunzioni.

Come ricordato in precedenza, gli artt. 375 e 377 CCII, riguardanti, rispettivamente "*Assetti organizzativi dell'impresa*" e "*Assetti organizzativi societari*" assumono particolare rilevanza, in quanto attuano il principio enunciato dall'art. 14, lett. b) della legge delega, ossia il dovere posto a carico dell'imprenditore e degli organi sociali di istituire assetti organizzativi adeguati al fine di rilevare tempestivamente la crisi e la perdita della continuità aziendale e, nello stesso tempo, di attivarsi affinché si adottino gli strumenti più adeguati per ristabilire le condizioni di equilibrio generale.

È evidente che si tratta di principi consolidati nell'ambito della dottrina aziendale ispirati alla corretta gestione dell'impresa, la cui collocazione è stata inserita nella nuova versione dell'art. 2086 c.c. e, quindi, all'interno dei principi dettati dal codice civile sull'impresa in generale.

Più in particolare, l'art. 375 CCII modifica il contenuto dell'art. 2086 c.c. (ora intitolato "*Gestione dell'impresa*" e non, come in passato, "*Direzione e gerarchia nell'impresa*"), introducendo, dopo il primo comma, quanto segue: «*L'imprenditore, che operi in forma societaria o collettiva, ha il dovere di istituire un assetto organizzativo, amministrativo e contabile adeguato alla natura e alle dimensioni dell'impresa, anche in funzione della rilevazione tempestiva della crisi dell'impresa e della perdita della continuità aziendale, nonché di attivarsi senza indugio per l'adozione e l'attuazione di uno degli strumenti previsti dall'ordinamento per il superamento della crisi e il recupero della continuità aziendale*».

Strettamente collegato a tale disposizione è l'art. 377 CCII, che modifica gli articoli del codice civile in materia di amministrazione delle società di persone (art. 2257 c.c.), di quelle a base azionaria (art. 2380-*bis* c.c. e, per le s.p.a. a sistema dualistico, l'art. 2409-*novies* c.c.) e delle società a responsabilità limitata (art. 2475 c.c.)[8].

Esso prevede che in tutte le tipologie societarie la gestione dell'impresa deve svolgersi nel rispetto della disposizione di cui all'art. 2086, comma 2, c.c. (quindi, sulla base di "un assetto organizzativo, amministrativo e contabile adeguato alla natura e alle dimensioni dell'impresa), tenendo conto che essa spetta esclusivamente agli amministratori, il cui compito è quello di porre in essere le operazioni necessarie per il raggiungimento dell'oggetto sociale.

In tal modo si viene a definire e a completarsi un percorso normativo che dap-

[8] Più diffusamente: S. FORTUNATO (2019), *Codice della crisi…*, cit., p. 952 ss.

prima ha interessato le società quotate (art. 149 del T.U.F.), poi le società a base azionaria e gli enti collettivi (D.Lgs. n. 231/2001), sino alle discipline di settore (da quello bancario e assicurativo alle società a partecipazione pubblica), per poi investire tutte le realtà imprenditoriali in forma collettiva[9].

La nuova disposizione richiama la regola già introdotta dalla riforma del diritto societario del 2003 per le S.p.A., negli artt. 2381 e 2403 c.c.: un principio recentemente anche riaffermato nel Testo Unico delle società a partecipazione pubblica[10], in merito al quale la dottrina aveva già avuto modo di sottolineare, con riferimento alle imprese azionarie, che gli assetti organizzativi e i sistemi di controllo societari devono risultare adeguati non solo *to a going concern*, ma anche alla tempestiva rilevazione dello stato di crisi[11].

Sulla scorta di tali indicazioni, le disposizioni in esame estendono a ogni realtà imprenditoriale, quindi anche a quelle costituite in forma collettiva, un principio di corretta gestione imprenditoriale che sembra destinato a produrre i suoi più rilevanti corollari applicativi, anche in termini di responsabilità, proprio con riferimento alla definizione degli assetti volti alla tempestiva percezione ed emersione della crisi. Il profilo sistematicamente più rilevante dell'art. 2086 c.c. è tuttavia rappresentato dalla sua nuova rubrica, denominata "*Gestione dell'impresa*" che, nel coordinamento con la rubrica della disposizione che tale articolo ha riscritto ("*Assetti organizzativi dell'impresa*") e con le definizioni generali di impresa e di azienda di cui agli artt. 2082 e 2555 c.c., individua nella predisposizione di assetti adeguati il cuore dell'attività di gestione, la cui paternità e responsabilità va riferita a chi è investito di tale funzione, ossia i soci amministratori delle società di persone o dei componenti dell'organo amministrativo delle società di capitali o anco-

---

[9] In merito alla legge delega e alla bozza di decreto delegato, si vedano: R. SACCHI (2018), *Sul così detto diritto societario della crisi: una categoria concettuale inutile o dannosa?*, in *Nuove leggi civ. comm.*, p. 1280 ss.; O. CAGNASSO (2018), *Diritto societario e mercati finanziari*, in *Il Nuovo Diritto delle Società*, p. 849; P. MONTALENTI (2018), *Gestione dell'impresa, assetti organizzativi e procedure di allerta nella riforma Rordorf*, p. 951 ss.; N. ABRIANI (2018), *Organizzazione dell'impresa societaria e modello di prevenzione dei reati: recenti linee evolutive*, in *Riv. dir. impr.*, p. 555 ss.

[10] Si vedano tra gli altri: F. GUERRERA (2017), *Crisi e insolvenza delle società a partecipazione pubblica*, in *Giur. comm.*, I, p. 374 ss.; F. FIMMANÒ (2017), *L'insolvenza delle società pubbliche alla luce del Testo Unico*, in *Fallimento*, p. 181 ss.

[11] A. DELL'ATTI, M. TURCO (2015), *Evolutionary Aspects of the Corporate Governance: from the Orientation to profit to the "Systematic" Vision of the Value*, in proceeding of 10ª Annual London Business Research Conference, 10-11 August, Imperial College, London (UK); V. BUONOCORE (2016), *Adeguatezza, precauzione, gestione, responsabilità: chiose sull'art. 2381, commi terzo e quinto, del codice civile*, in *Giur. comm.*, I; P. MONTALENTI (2011). *La gestione dell'impresa di fronte alla crisi tra diritto societario e diritto concorsuale*, in *Riv. dir. soc.*, p. 820 ss.; P. MONTALENTI (2018), *Diritto dell'impresa in crisi, diritto societario concorsuale, diritto societario della crisi: appunti*, in *Giur. comm.*, I, p. 62 ss., N. ABRIANI (2016), *Corporate governance e doveri di informazione nella crisi dell'impresa*, in G. GUIZZI, A. PACIELLO (a cura di), *Crisi d'impresa e ruolo dell'informazione*, Milano, p. 253 ss., in *Riv. dir. impr.*, p. 233 ss.

ra dei membri dell'organo direttivo di fondazioni o associazioni esercenti attività imprenditoriali.

Il concetto di organizzazione, che la legge pone da sempre alla base della nozione di impresa e di azienda, viene così precisato, in tutte le imprese collettive, alla predisposizione di "un assetto organizzativo, amministrativo e contabile adeguato alla natura e alle dimensioni dell'impresa".

L'impresa, pertanto, in quanto sistema di forze, richiede una struttura organizzativa sempre più complessa man mano che si passa dall'impresa individuale alla grande impresa a base azionaria, sino ad arrivare ai gruppi aziendali.

Sorge, quindi, la necessità di un adeguato protocollo organizzativo tale da garantire una corretta gestione imprenditoriale e, nel contempo, la verifica del suo funzionamento.

3. Le previsioni dell'art. 2086 c.c.

Come ricordato in precedenza, l'innovato contenuto dell'art. 2086 c.c. prevede l'istituzione di un assetto organizzavo, amministrativo e contabile volto, da un lato, a garantire la corretta gestione aziendale e, dall'altro lato, a far emergere la crisi e il venir meno della continuità aziendale, nonché l'obbligo di attivare uno degli strumenti previsti dal legislatore per il superamento della crisi stessa [12].

Tuttavia, giova precisare che il dovere di dotare la società di adeguati assetti organizzativi, così come quello di reagire tempestivamente a una situazione di crisi, sono principi che già rientrano nel concetto di corretta amministrazione (art. 2403 c.c.), nel dovere di diligenza (art. 2392, comma 1, c.c.), nonché nell'obbligo di preservare l'integrità del capitale sociale (artt. 2394 e 2486 c.c.).

Pertanto, in merito a tali aspetti, non sembra che l'art. 375 CCII abbia apportato significative innovazioni alla disciplina societaria, tenendo altresì presente che il dovere di predisporre un adeguato assetto organizzativo è destinato, comunque, a trovare applicazione entro margini di discrezionalità, né, una volta accertata la sopravvenuta insolvenza, potranno essere legittimate soluzioni semplificatrici volte a comprovare automaticamente che, già in origine, il modello organizzativo predisposto dagli organi sociali era inidoneo ai fini della sua prevenzione.

Certamente i segnali di allarme previsti dall'art. 3 CCII e il continuo monitoraggio dell'andamento gestionale, consentiranno di limitare il margine di discrezionalità degli amministratori in tema di prevenzione dell'insolvenza, in termini più circoscritti rispetto alle determinazioni di natura strategica che conducono gli stessi amministratori all'adozione dei più generali assetti organizzativi, ammini-

[12] F. Macario (2022), *La riforma dell'art. 2086 c.c. nel contesto del codice della crisi e dell'insolvenza e i suoi riflessi sul sistema della responsabilità degli organi sociali*, in *Diritto della crisi*, 26 maggio.

strativi e contabili, ritenuti, nell'ambito di una consapevole valutazione di costi e benefici, adeguati alle dimensioni e alla natura dell'impresa societaria e alla sua sostenibilità nell'orizzonte temporale di riferimento.

In merito ancora agli assetti organizzativi, dalla lettura dell'art. 377 CCII emergono non poche perplessità, laddove esso prescrive che, per tutte le forme societarie, la gestione dell'impresa si svolge nel rispetto dell'art. 2086, comma 2, c.c. e questa spetta esclusivamente agli amministratori, i quali compiono tutte le operazioni necessarie per il raggiungimento dell'oggetto sociale.

In proposito, è indubbio che si è dinanzi a una norma che ha un evidente impatto nell'ambito della governance aziendale, in quanto è riferita alle competenze e alle funzioni che coinvolgono tutti gli organi sociali e, pertanto, l'attribuzione di una competenza esclusiva agli amministratori corrisponde a una pari sottrazione di funzioni agli altri organi, primo tra cui l'assemblea dei soci.

Invero, il principio introdotto dall'art. 377 CCII, circa l'attribuzione degli atti di gestione esclusivamente agli amministratori di tutte le tipologie societarie, trova origine nell'art. 2380-*bis* c.c. introdotto dal D.Lgs. n. 6/2003 per la sola società per azioni (e quindi, nei limiti di compatibilità, valido per la s.a.p.a. e per la società cooperativa per azioni). Come è noto, detta norma aveva il preciso compito di riequilibrare la struttura organizzativa della s.p.a., con uno spostamento di competenze dall'assemblea (sempre meno sovrana) all'organo amministrativo, con poteri decisionali sempre maggiori. Nella direzione dell'art. 2380-*bis* c.c. si muoveva l'intero ordinamento della forma azionaria, con l'attribuzione agli amministratori di altre competenze, anche riguardanti la struttura finanziaria, già affidate esclusivamente all'assemblea dei soci (si vedano, in particolare, l'art. 2410, comma 1, c.c. e l'art. 152, comma 2, lett. *b*), l.f.).

Tuttavia, in tale scenario la scelta del legislatore si armonizzava con le contestuali modifiche che hanno interessato le competenze dell'organo volitivo. Si ricorda, infatti, che l'art. 2364, n. 5, c.c. limitava l'intervento di quest'organo in merito agli atti compiuti dagli amministratori volti al rilascio di autorizzazioni, ma solo in presenza di una previsione statutaria e, comunque, fermo restando la responsabilità degli amministratori per gli atti posti in essere. Il sistema normativo, quindi, precisava la massima espansione del potere dei soci, senza tuttavia mettere in discussione il fatto che, comunque (e quindi anche in presenza di un'autorizzazione dell'assemblea), la decisione circa il suo compimento restava esclusivamente di competenza degli amministratori [13].

Un analogo equilibrio era, peraltro, introdotto anche nella disciplina del sistema dualistico della s.p.a., laddove la possibilità di riservare per statuto al consiglio di sorveglianza le decisioni "in ordine alle operazioni strategiche e ai piani

---

[13] In merito agli assetti societari nel periodo anteriforma: G. MERUZZI (2011), *L'adeguatezza degli assetti*, in AA.VV., *Le clausole generali del diritto societario* a cura di G. MERUZZI, G. TANTINI, Milano.

industriali e finanziari della società" (cfr. art. 2409-*terdecies*, comma 1, lett. *f-bis*), si limitava ad operazioni e piani "predisposti dal consiglio di gestione" (e, comunque, ancora una volta, fermo restando la responsabilità di questo per gli atti compiuti).

Ne consegue, dunque, che le modifiche apportate dall'art. 377 CCII agli artt. 2380-*bis* e 2409-*novies* c.c., nella disciplina di s.p.a., s.a.p.a. e società cooperative per azioni, hanno di fatto un impatto limitato.

Lo stesso non può dirsi per le società di persone e quelle a responsabilità limitata. Com'è noto, le prime, a differenza delle seconde, non sono state toccate dalla riforma del diritto societario introdotta dal D.Lgs. n. 6/2003 e, pertanto, mantengono ancora oggi la struttura organizzativa conferita loro dal legislatore del 1942. Mentre le s.r.l. sono state interessate dalla riforma, in quanto considerate una forma societaria realmente autonoma e diversa dalla s.p.a.

Infatti, in questa tipologia societaria la gestione sociale è condivisa tra gli amministratori e i soci, pertanto, rimane da capire come troverà applicazione il citato art. 377 CCII.

A tal riguardo, le ipotesi possono essere diverse:

a) si può pensare ad una soluzione estrema, ossia l'abrogazione delle norme civilistiche incompatibili con l'art. 377 CCII e con il principio in esso contenuto che l'attività gestionale spetta esclusivamente agli amministratori. Tuttavia, si tratterebbe di un'interpretazione che andrebbe oltre la Legge delega n. 155/2017 e che lascerebbe nel totale vuoto normativo il tema della soluzione del veto opposto in presenza di un'amministrazione disgiuntiva nelle società di persone;
b) la seconda ipotesi potrebbe trovare ispirazione nelle regole che prevedono un marginale intervento dell'assemblea dei soci (e del consiglio di sorveglianza) nella s.p.a.
   In tal senso, l'intervento dei soci sarebbe circoscritto a una mera autorizzazione affinché gli amministratori possano compiere gli atti di gestione senza essere privati della libertà di decidere. Si tratta ovviamente di una soluzione interpretativa più prudente, ma che mal si concilierebbe con le norme in vigore, come ad esempio, quelle attinenti ai soci chiamati a sciogliere il veto nell'amministrazione disgiuntiva, i quali decidono e non autorizzano ovvero, il caso del socio accomandante munito di procura speciale che conclude affari in proprio, seppur in nome della società;
c) infine, come terza ipotesi si potrebbe immaginare di ridurre al minimo l'impatto dell'art. 377 CCII sulla governance delle società di persone e delle società a responsabilità limitata, valorizzando, da un lato, il dato letterale offerto dal richiamo all'art. 2086, comma 2, c.c. e dal riferimento operato tanto in quest'ultimo articolo, quanto nella rubrica di tale disposizione e dello stesso art. 377 CCII agli "assetti organizzativi", dall'altro lato, il dato storico rappresentato non solo dalle indicazioni desumibili dalla Relazione illustrativa, ma an-

che dall'esigenza di prevenire possibili censure di illegittimità costituzionale per eccesso di delega.

D'altra parte, il concetto di "gestione dell'impresa", propriamente inteso dalla dottrina aziendale, è inerente alla concreta operatività della stessa, pertanto, appare opportuno una lettura coordinata delle nuove disposizioni e della legge delega verso un'interpretazione volta a riferire l'esclusiva competenza degli amministratori, in tutti i tipi societari, soltanto ai doveri introdotti dal richiamato nuovo secondo comma dell'art. 2086 c.c. riguardanti l'adeguatezza degli assetti societari, in ragione della natura e delle dimensioni dell'impresa, anche in funzione della rilevazione tempestiva della crisi dell'impresa stessa e della perdita della continuità aziendale, nonché dell'attivazione e dell'adozione di uno degli strumenti previsti dall'ordinamento per il superamento della crisi e il recupero della continuità aziendale [14].

Dunque, è di tale imprescindibile protocollo organizzativo dell'impresa che gli amministratori di tutte le società, indipendentemente dalla forma giuridica adottata, sono chiamati a rispondere in via esclusiva.

Pertanto, sia nelle s.r.l. e sia nelle società di persone, i soci potranno contribuire ai processi decisionali anche grazie alla previsione di clausole statutarie che tendono a rafforzare le prerogative di gestione della proprietà. Invece, per quanto attiene le società per azioni la "sovranità" dei soci rimarrà imperativamente latente, in forza dei limiti sanciti, prima ancora che dall'art. 2380-*bis* c.c., dal rigido riparto di competenze desumibile dall'articolata disciplina che le riguarda.

In definitiva, appare ragionevole interpretare le disposizioni in esame nel senso che, con il combinato disposto degli artt. 375 e 377 CCII, il legislatore delegato si sarebbe limitato a chiarire che in ogni impresa in forma collettiva:

a) vanno predisposti assetti adeguati, anche in funzione della prevenzione della crisi;
b) qualora tali assetti rivelino indizi di crisi, vanno attivati senza indugio adeguati strumenti per farvi fronte;
c) la decisione sulla predisposizione degli assetti è di esclusiva competenza degli amministratori.

In tal modo, si potranno individuare coloro che avrebbero dovuto predisporre tali assetti e provvedere, qualora fossero emersi segnali di crisi, ad attivare tempestivamente i meccanismi previsti dalla normativa codicistica.

In altre parole, nella definizione e attivazione dei protocolli organizzativi, il legislatore ha inteso responsabilizzare l'organo amministrativo e quello di controllo, venendo a determinare un'importante evoluzione della governance anche

---

[14] N. Abriani, A. Rossi (2019), *Nuova disciplina della crisi d'impresa e modificazioni del codice civile: prime letture*, in *Le Società*, aprile.

nell'ambito delle piccole e medie imprese, pur mantenendo una netta distinzione tra la s.r.l. e le società a base azionaria. Invero, soltanto in quest'ultima ipotesi vi è una visione d'insieme del momento gestionale, che comprende non solo l'aspetto tipicamente organizzativo, ma anche quello delle decisioni inerenti la gestione aziendale propriamente intesa.

4. Gli assetti amministrativi e contabili ai fini della rilevazione tempestiva della crisi aziendale

La tempestiva rilevazione della crisi costituisce senza dubbio un obiettivo importante ai fini di una corretta gestione [15]. Tuttavia, esso rischia di rimanere un mero auspicio e con contorni tutt'altro che nitidi, se a monte non vengono previste concrete misure volte a incidere sulla struttura organizzativa dell'azienda.

Come ampiamente esposto nel secondo capitolo, uno degli strumenti di rilevazione della crisi è costituito dall'attività di pianificazione, attraverso la quale è possibile preordinare il futuro andamento gestionale e trarre un giudizio prognostico in merito alla sostenibilità dei debiti e, di conseguenza, all'equilibrio generale, nonché alla continuità aziendale [16].

Pertanto, un adeguato assetto organizzativo deve essere in grado di mettere a disposizione i flussi informativi riguardanti i dati prognostici inerenti l'andamento economico, patrimoniale e finanziario dell'azienda e che gli stessi siano affidabili.

Ciò presuppone:

a) una corretta strutturazione e collocamento delle funzioni aziendali con la conseguente chiara attribuzione di responsabilità ai diversi livelli organizzativi, tenendo ben separati il ruolo esecutivo da quello del controllo;
b) la definizione di un insieme di procedure e di regole interne volte ad individuare le informazioni, scegliendo tra quelle rilevanti e quelle non rilevanti, e assicurandosi del loro grado di affidabilità e di coerenza. Ciò presuppone una specifica attività di mappatura delle informazioni e di definizione delle regole di utilizzo;
c) l'adozione di adeguati strumenti informatici utili all'elaborazione delle informazioni raccolte. Quindi, è necessario che tali strumenti garantiscano la completezza dei dati compresi quelli storici, l'assenza di errori materiali, la coe-

---

[15] Sulla necessità dell'emersione della crisi si veda anche: A. ZOPPINI (2014), *Emersione della crisi e interesse sociale (Spunti dalla teoria dell'emerging insolvency)*, in *Diritto societario e crisi d'impresa* (a cura di Tombari), Torino, p. 49 ss.

[16] A tal riguardo, si ricorda che il principio del prevedibile andamento aziendale trova già applicazione prima ancora dell'entrata in vigore del CCII, ossia con l'art. 2428, comma 3, punto 6, c.c. (Relazione sulla gestione).

renza con le finalità e le ipotesi sottostanti al modello utilizzato, nonché la riduzione dei rischi a cui è esposta l'azienda.

Ne deriva che, gli assetti organizzativi comprendono anche quelli amministrativi e contabili.

In tale ottica e in considerazione delle caratteristiche e delle dimensioni di un'impresa, non è possibile immaginare una standardizzazione degli assetti aziendali, in quanto si rischierebbe di dettare degli schemi preconfezionati adatti per tutte le situazioni e questo per ovvie ragioni mal si concilia con la realtà.

Al contrario, gli assetti organizzativi devono essere definiti caso per caso, tenendo conto delle connotazioni dell'impresa, del settore di appartenenza, delle dimensioni, della forma societaria, ma anche del rapporto costi/benefici [17].

Nell'ottica del legislatore vi è un chiaro scopo, ossia quello di esigere dall'imprenditore un miglioramento della propria struttura organizzativa. Pertanto, anche l'imprenditore individuale, non espressamente tenuto all'obbligo prescritto dall'art. 2086, comma 2, c.c., è di fatto chiamato a dotarsi di una adeguata struttura organizzativa capace di intercettare in tempi rapidi eventuali disfunzioni aziendali.

Vi è da aggiungere che può emergere una certa difficoltà nell'operare una netta distinzione tra gli assetti amministrativi e quelli contabili, in quanto le due configurazioni, unitamente agli aspetti organizzativi, si innestano in una struttura aziendale attraverso disposizioni, procedure e prassi operative, intese come un fenomeno unico in grado di garantire il corretto svolgimento della gestione aziendale [18].

Detti strumenti devono consentire:

a) la rielaborazione i dati che emergono dalla contabilità generale e dal bilancio;
b) la previsione, ove possibile, di un impianto di contabilità analitica tale da permettere l'analisi e, quindi, la valutazione, di ciascuna area aziendale;
c) la valutazione degli eventuali scostamenti tra dati preventivi e quelli consuntivi, al fine di comprendere le cause sottostanti ed apportare i necessari correttivi;
d) la predisposizione di un sistema di *reporting* in grado di adattarsi alle diverse esigenze gestionali, ivi inclusa la tempestiva rilevazione dei segnali di squilibrio.

---

[17] Si veda: P. Bastia (2021), *Gli adeguati assetti organizzativi, amministrativi e contabili nelle imprese*, in *ristrutturazioniaziendali, ilcaso.it*, 27 luglio, p. 5.

[18] In proposito si ricorda che le *Norme di comportamento del Collegio sindacale delle società non quotate* (CNDCEC versione aggiornata del 12 gennaio 2021 con le disposizioni introdotte dalla Legge n. 178/2020) definiscono il *sistema amministrativo-contabile* come l'insieme delle direttive, delle procedure e delle prassi operative dirette a garantire la completezza, la correttezza e la tempestività di un'informativa societaria attendibile, in accordo con i principi contabili adottati dall'impresa. Le stesse *Norme di comportamento* definiscono gli assetti amministrativi come l'insieme delle procedure e dei processi atti ad assicurare il corretto e ordinato svolgimento delle attività aziendali e delle singole fasi.

Ne deriva che gli assetti contabili costituiscono una parte degli assetti amministrativi, aventi la funzione di tradurre contabilmente gli accadimenti gestionali, sia ai fini dell'attività di pianificazione, sia ai fini della rilevazione dei dati a consuntivo.

Sempre in merito agli assetti amministrativi e contabili, è utile richiamare il documento emanato da SIDREA [19], secondo cui essi rappresentano due sottoinsiemi all'interno della più ampia dimensione degli assetti organizzativi. Pertanto, l'implementazione congiunta dell'assetto amministrativo e di quello contabile consente di determinare e verificare, sia a livello previsionale e sia a livello consuntivo, l'andamento gestionale e i risultati economici e finanziari che ne conseguono, consentendo, quindi, anche la rilevazione tempestiva della crisi e della perdita della continuità aziendale.

In merito agli assetti amministrativi, vi è da aggiungere che da essi dipende la produzione delle informazioni utili al management, al fine di valutare i possibili scenari futuri, adottare le opportune decisioni, monitorare la gestione e, infine, analizzare i risultati [20]. Pertanto, gli assetti amministrativi, in un'ottica *ex-ante*, costituiscono un insieme di regole e di interventi volti a realizzare una funzione di indirizzo della gestione. Mentre, in un'ottica *ex-post*, attraverso i dati che scaturiscono dall'assetto contabile, consentono la rilevazione e l'analisi degli scostamenti e l'individuazione dei possibili correttivi.

Nell'ambito dell'assetto amministrativo è necessario dotarsi di software capaci di rispondere alle esigenze gestionali, alla definizione delle procedure per la gestione documentale degli aspetti operativi riguardanti il magazzino, la produzione, la logistica, gli acquisti, le vendite e così via.

Pertanto, il flusso delle informazioni dovrà essere supportato da un sistema in grado di garantire la raccolta, la rilevazione, l'elaborazione, la conservazione e la comunicazione delle informazioni medesime all'interno della struttura organizzativa. La realizzazione di tali processi dà luogo a un sistema strutturato della gestione che permette non solo la tempestiva rilevazione di eventuali disfunzioni che potrebbero interessare i vari subsistemi aziendali, ma anche la capacità di intervenire con una certa rapidità.

D'altro canto, con riferimento agli assetti contabili, essi comprendono tutte le procedure che riguardano la raccolta, la predisposizione e l'elaborazione di dati contabili che permettono di analizzare l'andamento gestionale, ivi compresa la rilevazione della crisi e l'identificazione di eventuali misure correttive.

---

[19] SIDREA (Società Italiana di Ragioneria e di Economia Aziendale) (2021), *Le parole della crisi. La lettura degli aziendalisti italiani*, marzo, p. 7.

[20] A. Panizza (2021), *Adeguati assetti organizzativi, amministrativi e contabili: aspetti teorici ed operativi*, in *ristrutturazioniaziendali.ilcaso.it*, 11 agosto, p. 18.

5. Gli adeguati assetti societari nelle medie, piccole e micro imprese

Gli obblighi di istituire adeguati assetti societari prescritti dal citato art. 2086 c.c. hanno effetto anche per le MPMI con la sola eccezione dell'imprenditore individuale, sebbene, come già ricordato, anche su di esso ricade l'obbligo di adottare adeguate misure idonee a rilevare tempestivamente lo stato di crisi e agire di conseguenza.

In primo luogo, una delle principali novità introdotte dal CCII riguarda l'organo di controllo nelle imprese societarie a responsabilità limitata di più piccole dimensioni. Invero, l'art. 379 CCII ha modificato l'art. 2477 c.c., rideterminando le soglie al di sopra delle quali per la s.r.l. scatta l'obbligo di nominare l'organo di controllo (anche monocratico) o del revisore.

Premesso che l'obbligo permane sempre e comunque in presenza di una s.r.l. che redige il bilancio consolidato o che esercita il controllo su una società obbligata alla revisione legale dei conti, negli altri casi è necessario procedere alla nomina del collegio sindacale o del revisore qualora la s.r.l. superi, per due esercizi consecutivi, almeno uno dei seguenti limiti:

a) totale dell'attivo dello stato patrimoniale: euro 4.000.000,00;
b) totale dei ricavi delle vendite e delle prestazioni: euro 4.000.000,00;
c) numero medio dei dipendenti durante l'esercizio: 20[21].

---

[21] Dal 16 marzo 2019 è in vigore l'art. 379 del codice della crisi d'impresa (D.Lgs. 12 gennaio 2019 n. 14, pubblicato in Gazzetta Ufficiale in data 14 febbraio 2019), che ha modificato l'articolo 2477 c.c. relativo all'organo di controllo delle società a responsabilità limitata e delle cooperative a responsabilità limitata. Pertanto, in base a tale normativa, l'obbligo della nomina dell'organo di controllo scattava allorquando, per due esercizi consecutivi, veniva superato almeno uno dei seguenti parametri:
a) totale dell'attivo dello stato patrimoniale: euro 2.000.000,00;
b) totale dei ricavi delle vendite e delle prestazioni: euro 2.000.000,00;
c) numero medio dei dipendenti durante l'esercizio: 10.

I nuovi parametri di riferimento, inferiori a quelli previsti dall'art. 2435 bis c.c., si rifacevano alla nozione di "microimpresa" delineata a livello europeo dalla Raccomandazione 2003/361/CE, i cui limiti dimensionali sono, appunto, indicati in due milioni di attivo patrimoniale o di fatturato o dieci dipendenti.

Con il D.L 18 aprile 2019, n. 32, in vigore dal 19 aprile 2019, i predetti parametri sono stati ulteriormente modificati così modificati:
a) totale dell'attivo dello stato patrimoniale: euro 4.000.000,00;
b) totale dei ricavi delle vendite e delle prestazioni: euro 4.000.000,00;
c) numero medio dei dipendenti durante l'esercizio: 20.

L'ulteriore novità, inoltre, è rappresentata dalla autonoma rilevanza assegnata a ciascuna delle predette soglie, imponendosi la nomina dell'organo di controllo o del revisore qualora per due esercizi consecutivi sia superato anche uno soltanto ("almeno uno") dei parametri indicati. Specularmente, l'obbligo viene meno solo se si scende al di sotto di tutte le soglie per tre (e non più due) esercizi consecutivi.

L'obbligo viene meno allorquando detti limiti non vengono superati per tre esercizi consecutivi.

Pertanto, in presenza dei predetti requisiti, le società, oltre alla nomina dell'organo di controllo o del revisore, devono procedere anche alla modifica delle norme statutarie.

La nomina dell'organo di controllo o del revisore deve avvenire nel termine di 30 gg. da parte dell'assemblea che approva il bilancio riferito all'esercizio in cui risultano superati i predetti limiti. In caso d'inerzia, vi provvede, ai sensi dell'art. 2477, comma 5, c.c., il tribunale su richiesta di chiunque sia interessato, ovvero su segnalazione del registro delle imprese. In proposito, sarà molto probabile l'implementazione di sistemi di elaborazione dei dati di bilancio che porteranno alla segnalazione automatica delle omissioni, con conseguente nomina d'ufficio dell'organo di controllo.

L'obbligo del collegio sindacale o del revisore anche nelle s.r.l. di più modeste dimensioni indica la ferma volontà del legislatore di introdurre un sistema di controllo decisamente più incisivo, volto a un più attento monitoraggio della gestione aziendale e, di conseguenza, alla prevenzione della crisi d'impresa, ovvero alla sua immediata emersione. Ciò al fine di consentire agli organi preposti di poter intervenire con immediatezza attraverso una strategia di risanamento volta a preservare l'integrità del patrimonio aziendale e, quindi, nell'ottica della continuità aziendale [22].

Rimane infine da sottolineare che, sebbene il legislatore continui a prevedere l'alternativa tra la nomina dell'organo sindacale o la nomina del revisore, il nuovo scenario normativo impone, segnatamente alle s.r.l. di maggiori dimensioni, di verificare se la semplice presenza di un revisore esterno sia effettivamente compatibile rispetto al generale dovere di istituire un assetto organizzativo, amministrativo e contabile adeguato alla natura e alle dimensioni dell'impresa, anche in funzione della rilevazione tempestiva della crisi dell'impresa e della perdita della continuità aziendale. D'altro canto, in presenza di un revisore esterno, si potrà valutare, in alternativa, l'adozione del sistema di amministrazione e controllo monistico, assegnando agli amministratori indipendenti che andranno a comporre il comitato per il controllo della gestione il ruolo di terminali delle segnalazioni e di interlocuzione dialettica che il CCII pone a carico dell'organo di controllo [23].

Ciò premesso, si ricorda che, secondo la Raccomandazione comunitaria 2003/361/CE, l'individuazione dei parametri per identificare le MPMI deve tener conto della seguente classificazione:

---

[22] G. Domenichini (2021), *Ruolo del collegio sindacale nelle procedure di allerta*, in AA.VV., *La riforma delle procedure concorsuali*, a cura di A. Jorio e R. Rosapepe, Milano.

[23] N. Abriani, A. Rossi (2019), *Nuova disciplina della crisi d'impresa ...*, cit.

Categoria	Unità lavorative/anno (ULA)	Fatturato annuo	Totale di bilancio annuo
MEDIE	< 250	≤ 50 mln. di euro	≤ 43 mln. di euro
PICCOLE	< 50	≤ 10 mln. di euro	≤ 10 mln. di euro
MICRO	< 10	≤ 2 mln. di euro	≤ 2 mln. di euro

In considerazione di tali parametri, emerge con tutta evidenza che il nostro tessuto economico è costituito prevalentemente da MPMI, per di più costituite in forma di s.r.l.

Esse sono caratterizzate da:

a) una ristretta compagine societaria, spesso riconducibile a persone che costituiscono lo stesso nucleo familiare;
b) una sostanziale coincidenza tra il socio di maggioranza e l'organo amministrativo (spesso A.U.), con accentramento dei poteri in capo a quest'ultimo;
c) il ricorso a professionisti esterni per la tenuta della contabilità e per gli adempimenti fiscali e amministrativi e, quindi, assenza di risorse umane all'interno dell'azienda capaci di adempiere a tali attività;
d) l'assenza di reportistica interna e di controllo interno e, ove presenti, si tratta di strumenti e documenti connotati da elevata informalità e sinteticità;
e) l'adesione a regimi semplificati di rendicontazione civilistica.

Si pensi al bilancio in forma abbreviata (art. 2435-*bis* c.c.) che prevede l'adozione di schemi di stato patrimoniale e di conto economico semplificati, l'esonero della redazione del rendiconto finanziario e della relazione sulla gestione, nonché una semplificazione dei contenuti della nota integrativo.

Mentre, per ciò che riguarda le micro-imprese, l'art. 2435-*ter* c.c. consente la redazione del bilancio tenendo conto di ulteriori maggiori semplificazioni rispetto a quanto prescritto dall'art. 2435-*bis* c.c.

In tale contesto non è da sottovalutare la possibilità per talune imprese di aderire a regimi fiscali agevolativi, quali:

– il *regime di contabilità semplificata* (art. 18 del D.P.R. n. 600/1973) del quale, com'è noto, possono avvalersi le imprese individuali e le società di persone. In conseguenza delle esenzioni previste, l'azienda non è obbligata alla tenuta delle scritture obbligatorie, ivi compreso il bilancio d'esercizio;
– l'esenzione della tenuta delle scritture ausiliarie di magazzino (art. 14 del D.P.R. n. 600/1973 e art. 1 del D.P.R. n. 695/1996), in presenza delle quali si potrebbe monitorare in forma sistemica l'andamento delle giacenze di magazzino, anche durante l'esercizio.

A ciò si aggiunga anche la frequente assenza dell'organo di controllo o del revisore in forza del mancato superamento delle soglie, nonché del modello organizzativo 231/2001.

Ne consegue che, alla luce dei limiti strutturali che caratterizzano tali imprese, emerge un'oggettiva difficoltà di adeguarsi al dettato normativo circa gli adeguati assetti.

Tuttavia, le imprese che rientrano nei parametri sopra indicati devono comunque seguire una serie di accorgimenti, al fine di non incorrere nella violazione della normativa civilistica.

Esse possono essere così riassunte:

a) predisposizione di un manuale approvato dagli amministratori o dall'imprenditore in cui devono essere riportati l'oggetto sociale, l'attività svolta dall'impresa, il settore di riferimento, nonché un organigramma e un mansionario da cui risultino le funzioni e le responsabilità attribuite a ciascun dei soggetti che operano all'interno dell'azienda;
b) la formalizzazione delle decisioni e delle delibere assunte dall'organo amministrativo;
c) la redazione di situazioni contabili infrannuali, opportunamente assestate, con conseguente monitoraggio attraverso l'applicazione degli indicatori patrimoniali, finanziari e economici, nonché degli indicatori dai quali è possibile trarre futuri segnali di crisi;
d) la predisposizione e l'aggiornamento del budget di cassa, quale prospetto riepilogativo delle entrate e delle uscite monetarie previste con riferimento a un dato periodo, redatto sulla scorta degli incassi e dei pagamenti attesi, al fine di verificare eventuali future tensioni di natura finanziaria;
e) la redazione del *test pratico* (di cui al D.L. n. 118/2021), strumento idoneo a verificare la tempistica di rientro dell'esposizione debitoria, nonché a individuare eventuali situazioni potenziali di crisi;
f) la presenza di professionisti esterni che abbiano particolari competenze in materia di pianificazione e controllo, che siano di ausilio per l'imprenditore o per gli amministratori nell'attività di monitoraggio degli assetti societari, amministrativi e contabili.

6. Il ruolo del collegio sindacale e dei revisori

Com'è noto, nelle società di capitali, in virtù del principio della limitata responsabilità dei soci (artt. 2325 e 2462 c.c.), assumono particolare importanza le norme civilistiche volte alla salvaguardia del capitale e della continuità aziendale, nell'ottica della tutela dei diritti dei terzi.

Si ricorda, a tal proposito, che l'art. 2392 c.c. impone agli amministratori l'obbligo di adempiere agli obblighi imposti loro dalla legge e dallo statuto con la diligenza richiesta in relazione all'incarico ricevuto e alle loro competenze specifiche. Detti obblighi riguardano principalmente la corretta gestione aziendale, l'informativa interna ed esterna e le azioni necessarie per far fronte a quelli eventi che potrebbero pregiudicare la continuità aziendale.

Con l'approvazione del CCII il legislatore ha precisato ulteriormente i principi e le procedure a cui devono fare riferimento gli amministratori ai fini di una corretta e diligente gestione.

Tra questi si ricordano:

a) l'attenzione che deve essere posta nei confronti dell'aspetto organizzativo, amministrativo e contabile, affinché esso sia adeguato alla natura e alla dimensione aziendale (art. 2381, comma 5, c.c.);
b) l'agire in modo informato (art. 2381, comma 6, c.c.);
c) la necessità di valutare l'andamento generale della gestione (art. 2381, comma 3, c.c.).

A tali doveri si aggiungono quelli già richiamati dall'art. 2086 c.c.

L'obbligo di agire con diligenza e in modo informato impone che l'operato degli amministratori debba rispettare il principio di ragionevolezza sulla base delle cautele, delle verifiche e delle informazioni che sono richieste per porre in essere le singole operazioni, onde valutare in via preventiva il loro grado di rischio.

Appare evidente che l'adempimento di tali obblighi deve essere valutato caso per caso, alla luce delle interpretazioni e delle norme di comportamento elaborate dalla dottrina, tenendo anche conto degli orientamenti giurisprudenziali.

Come ricordato in precedenza, tra gli obblighi degli amministratori vi è anche quello dell'informativa interna ed esterna, ossia:

a) riferire periodicamente al C.d.A. e al collegio sindacale sul generale andamento della gestione e sulla sua prevedibile evoluzione futura, nonché sulle operazioni di maggior rilievo poste in essere dall'azienda e dalle sue società controllate;
b) redigere il bilancio nel rispetto della clausola generale (art. 2423 c.c.), in termini di correttezza, chiarezza e veridicità;
c) dare pubblicità legale al bilancio e agli atti sociali mediante il deposito presso l'ufficio del registro delle imprese (art. 2435 c.c.);
d) indicare negli atti e nella corrispondenza l'ammontare del capitale sociale effettivamente versato e quello esistente dall'ultimo bilancio (art. 2250 c.c.);
e) indicare negli atti e nella corrispondenza la società o l'ente che esercita la direzione e il coordinamento, nonché mediante iscrizione in un'apposita sezione del registro delle imprese, esponendo le prescritte informazioni nella nota integrativa e nella relazione sulla gestione (art. 2497 *bis* c.c.);
f) informare il C.d.A. e il collegio sindacale di un proprio interesse in una determinata operazione, precisando natura, termine, origine e portata (art. 2391 c.c.).

Esistono, inoltre, ulteriori obblighi posti a carico degli amministratori, come quello di tenere le scritture contabili (art. 2214, comma 2, c.c.) e i libri obbligatori (art. 2421 c.c.), nonché quello di rispettare la normativa civilistica, fiscale e penale. Detti obblighi sono strumentali rispetto a quelli principali della corretta e diligente gestione.

Come più volte ribadito, sugli amministratori ricade l'obbligo di monitorare costantemente la sussistenza delle condizioni di equilibrio generale. Pertanto, nell'ipotesi di una rilevante erosione del patrimonio netto, ovvero nel caso di capitale circolante netto negativo, o ancora in presenza bilanci storici o prospettici che dimostrano consistenti perdite o cash flow negativo, gli amministratori devono attivarsi con gli strumenti cha hanno a disposizione, al fine di adottare le misure più idonee a fronteggiare l'evento[24].

Essi, in definitiva, hanno l'obbligo di valutare e adottare le misure più adeguate ai fini del risanamento dell'azienda, prima ancora che la stessa entri nella fase di crisi, attraverso la predisposizione di piani strategici che rispondano principalmente ai requisiti di attendibilità e realizzabilità. Ovviamente circa la verifica dell'adempimento dei predetti obblighi sono investiti gli organi di controllo e di revisione.

Invero, a tutela degli interessi dei terzi, il legislatore ha previsto un articolato sistema di controlli che comprendono, da un lato, l'osservanza delle norme di legge relative al bilancio d'esercizio e, quindi, dell'affidabilità dell'informativa contabile, dall'altro lato, in merito al controllo di legalità, riveste particolare importanza l'attività di vigilanza riguardante la tempestiva attuazione dei provvedimenti obbligatori previsti dalla legge, come quelli precedentemente citati.

Si ricorda in proposito che, prima della riforma societaria di cui al D.Lgs. n. 6/2003, la funzione del controllo contabile spettava al collegio sindacale. Solo dopo è stato introdotto l'istituto del *controllo contabile* (art. 2409-*bis* c.c.), sostituito successivamente dalla revisione legale che viene tenuta distinta dall'attività di vigilanza, sebbene entrambe (salvo il caso di società tenute alla redazione del bilancio consolidato) possono essere esercitate dal medesimo organo, ossia il collegio sindacale.

Tuttavia, nell'ipotesi in cui al collegio sindacale sia attribuita la sola funzione di vigilanza, a esso compete comunque il compito di esprimersi circa l'iscrizione in bilancio, tra le immobilizzazioni, dei costi di impianto e ampliamento e quelli di sviluppo, entrambi aventi utilità pluriennale, nonché dell'avviamento. Così

---

[24] Ad esempio: a) in caso di perdite rilevanti, gli amministratori devono convocare senza indugio l'assemblea per prendere gli opportuni provvedimenti (artt. 2446, 2447, 2482 e 2482 *bis* c.c.); b) procedere senza indugio qualora si dovesse verificare una causa di scioglimento (art. 2485 c.c.); attivarsi per l'adozione e l'attuazione di uno degli strumenti previsti dal CCII per il superamento dello stato di crisi e il ripristino delle condizioni di equilibrio (art. 2086 c.c.) e altro ancora. Più ampiamente: M. GROMIS DI TRANA, F. BAVA (2016), *Riduzione del capitale sociale per perdite. Redazione dell'informativa e ruolo degli organi di controllo*, Giuffrè, Milano.

come il collegio sindacale ha il dovere di sottoporre all'assemblea dei soci la relazione sul bilancio d'esercizio e sull'attività svolta nell'adempimento dei propri doveri, nonché le eventuali osservazioni e le proposte sul bilancio dopo aver acquisito dai revisori le dovute informazioni.

Pertanto, ai sensi dell'art. 2403 c.c., il collegio sindacale ha il dovere di vigilare sull'osservanza della legge e dello statuto, sul rispetto dei principi della corretta amministrazione e, in particolare, sull'adeguatezza dell'assetto organizzativo, amministrativo e contabile adottato dalla società e sul suo funzionamento.

Va da sé che, nell'esercizio delle proprie funzioni, il collegio sindacale ha il potere:

a) di compiere atti di ispezione e di controllo, anche con l'ausilio di propri dipendenti e collaboratori, richiedendo notizie agli amministratori (art. 2403-*bis* c.c.);
b) 2406 c.c.);
c) di indagare su fatti censurabili denunciati dai soci (art. 2408 c.c.);
d) di denunciare al tribunale atti di gravi irregolarità compiuti dagli amministratori (art. 2409 c.c.).

Si ricorda, infine, che in caso di cessazione di tutti gli amministratori, il collegio sindacale può compiere gli atti di ordinaria amministrazione (art. 2386 c.c.).

Per ciò che attiene i revisori, invece, a essi è attribuita la funzione di revisione legale dei conti, ossia:

a) verificare che il bilancio non contenga errori significativi, dovuti a frodi o a comportamenti o eventi anche non intenzionali e, pertanto, acquisire la ragionevole sicurezza lo stesso sia stato redatto in conformità alla normativa di riferimento e ai principi contabili;
b) redigere una relazione al bilancio ed effettuare comunicazioni circa i risultati ottenuti (ISA 200, par. 11);
c) conformarsi ai principi etici applicabili, inclusi quelli di indipendenza (ISA 200, par. 14);
d) pianificare e svolgere i compiti di revisione con un atteggiamento di scetticismo (ISA 200, parr. 15 e 16);
e) esprimere il proprio giudizio professionale nello svolgimento delle proprie funzioni;
f) svolgere la verifica periodica circa la regolare tenuta della contabilità e la corretta rilevazione degli accadimenti aziendali (art. 14, comma 1, lett. *b*), D.Lgs. n. 39/2010);
g) rilasciare un giudizio sulla coerenza della relazione sulla gestione con il bilancio d'esercizio e sulla sua conformità alle norme di legge (art. 14, comma 1, lett. *e*), D.Lgs. n. 39/2010);
h) per le società emittenti valori mobiliari ammesse alle negoziazioni in mercati regolamentati, il revisore è tenuto ad esprimere il giudizio in merito al grado di

coerenza di talune informazioni contenute nella relazione sul governo societario (art. 123-*bis*, comma 4, D.Lgs. n. 58/1998.

Inoltre, il lavoro del revisore è articolato nelle tre seguenti fasi (ISA 200):

a) *valutazione dei rischi di errori significativi*, ciò attraverso la conoscenza dell'impresa e del contesto in cui essa opera;
b) *risposta ai rischi individuati e valutati*, ossia la definizione e il conseguente svolgimento di procedure di revisione appropriate in risposta ai rischi precedentemente indentificati e stimati, al fine di acquisire elementi probatori sufficienti e appropriati per supportare il proprio giudizio;
c) espressione del giudizio, ossia la formazione e formulazione del giudizio sul bilancio, sulla scorta degli elementi acquisiti.

In definitiva, appare evidente come, nelle società di capitali, il ruolo degli organi societari sia chiaramente separato e distinto. Tuttavia, il perseguimento dell'obiettivo di una corretta gestione, unitamente alla necessità di garantire la tutela del patrimonio aziendale e dei diritti dei terzi, nonché la prevenzione della crisi, richiede l'intervento di tutti gli attori.

7. La responsabilità degli amministratori, il controllo dei soci e l'azione di responsabilità

In relazione al richiamato processo di riavvicinamento della governance tra le due tipologie di società di capitali, l'art. 378, comma 1, CCII introduce nella disciplina della s.r.l. l'azione dei creditori sociali, tradizionalmente disciplinata per le società a base azionaria dall'art. 2394 c.c., mentre l'ultimo comma dell'art. 379 estende l'istituto del controllo giudiziario, consentendone l'attivazione anche in assenza di un organo di controllo.

In merito all'applicabilità alle s.r.l. dell'art. 2394 c.c. e l'abrogazione dell'art. 2394-*bis* c.c., si evidenzia che il principio viene sancito dall'introduzione del comma 5 dell'art. 2476 c.c., secondo cui: «*Gli amministratori rispondono verso i creditori sociali per l'inosservanza degli obblighi inerenti alla conservazione dell'integrità del patrimonio sociale. L'azione può essere proposta dai creditori quando il patrimonio sociale risulta insufficiente al soddisfacimento dei loro crediti. La rinunzia all'azione da parte della società non impedisce l'esercizio dell'azione da parte dei creditori sociali. La transazione può essere impugnata dai creditori sociali soltanto con l'azione revocatoria quando ne ricorrono gli estremi*».

Indubbiamente non si tratta di una vera e propria novità, considerato che l'esercizio dell'azione di responsabilità nei confronti degli organi societari era già prevista per le s.r.l., sia per quelle in stato di liquidazione (artt. 2485, 2486 e 2491 c.c.), sia per quelle soggette ad attività di direzione e coordinamento (art. 2497 c.c.), nonché nei confronti dei sindaci (in forza del richiamo "a cascata" dell'art. 2394 c.c. operato dagli artt. 2477, ultimo comma e 2407 c.c.).

Tuttavia, la novità introdotta dal legislatore smentisce definitivamente quella parte della dottrina (seppur minoritaria) che, dinanzi al silenzio dell'art. 2476 c.c., aveva assunto una posizione preclusiva rispetto alla perdurante configurabilità di un'azione dei creditori sociali, posizione peraltro assunta dalla riforma del diritto fallimentare del 2006.

Inoltre, l'art. 2476 c.c. prevede in capo agli amministratori la responsabilità solidale verso la società dei danni derivanti dall'inosservanza dei doveri a essi imposti dalla legge e dall'atto costitutivo nell'esercizio delle loro funzioni. Tuttavia, tale responsabilità non si estende a coloro che siano in grado di dimostrare di non avere colpa e, consapevoli che l'atto stava per compiersi, abbiano dichiarato il proprio dissenso.

Inoltre, i soci che non assumono ruoli di gestione hanno il diritto di ottenere dagli amministratori notizie sullo svolgimento degli affari sociali e di consultare, anche tramite i propri professionisti, i libri sociali e i documenti relativi all'amministrazione [25].

Ciascun socio, quindi, può promuovere l'azione di responsabilità contro gli amministratori e può chiedere che, in caso di gravi irregolarità gestionali, sia adottato contro di essi un provvedimento cautelare di revoca. In tal caso, il tribunale può subordinare il provvedimento alla prestazione di apposita cauzione.

Inoltre, per effetto della modifica dell'art. 2486 c.c. introdotta dall'art. 378 CCII, resta fermo l'obbligo degli amministratori di gestire e conservare il patrimonio sociale, con la conseguenza che essi sono personalmente e solidalmente responsabili per i danni cagionati alla società, ai soci, ai creditori sociali e ai terzi in generale.

Pertanto, nell'ipotesi in cui essi siano ritenuti responsabili, il danno risarcibile si presume pari alla differenza tra il patrimonio netto determinato alla data in cui l'amministratore è cessato dalla carica (o, in caso di apertura di una procedura concorsuale, alla data di apertura di tale procedura) e il patrimonio netto determinato alla data in cui si è verificata una causa di scioglimento di cui all'art. 2484 c.c., detratti i costi sostenuti e da sostenere, secondo un criterio di normalità, dopo il verificarsi della causa di scioglimento e fino al compimento della liquidazione.

Se, invece, è stata aperta una procedura concorsuale e non può procedersi alla determinazione dei netti patrimoniali per mancanza o irregolarità delle scritture contabili o per altre ragioni, il danno è liquidato in misura pari alla differenza tra l'ammontare dell'attivo e del passivo accertati nella procedura medesima.

---

[25] Più diffusamente si veda: O. CAGNASSO (2023), *L'accesso agli strumenti di regolazione della crisi e dell'insolvenza delle società: la posizione degli amministratori*, in *Diritto della Crisi*, 1 febbraio.

Quindi, l'art. 378 CCII inserisce all'art. 2486 c.c. un terzo comma che introduce due distinti criteri di quantificazione del danno, allorquando sia accertata la responsabilità degli amministratori. Si tratta di criteri ben noti alla giurisprudenza di merito e sono:

- il criterio *dei netti patrimoniali*;
- il criterio *differenziale*.

Sul criterio dei netti patrimoniali la Relazione di accompagnamento del decreto non fa alcun riferimento all'art. 2486 c.c., ma è innegabile che il legislatore abbia inteso, con tale previsione, semplificare il lavoro degli organi delle procedure concorsuali e di quelli giudicanti, da un lato scaricando sui convenuti l'onere di provare che il danno generato dal loro comportamento sia inferiore a quello risultante dall'applicazione del criterio legale, dall'altro lato evitando che i giudici svolgano gravose riflessioni e trovare valide motivazioni sul nesso di causalità intercorrente tra la prosecuzione ostinata di un'attività d'impresa ed il danno che da essa ne è derivato come conseguenza immediata e diretta [26].

Tuttavia, in merito al comma 3 dell'art. 2486 c.c., prima ancora di verificare la concreta operatività della norma, è necessario evidenziare che il presupposto per la sua applicazione risiede nella sua violazione, ossia la mancata riprogrammazione dell'attività dell'impresa e, quindi, del patrimonio sociale in funzione della sua conservazione. Ciò non implica che, al verificarsi della causa di scioglimento, l'attività d'impresa debba automaticamente cessare (come sembra sia invece ipotizzato dal nuovo comma 3 dell'art. 2486 c.c.).

Invero, dal combinato disposto del comma 1, lett. *c*) dell'art. 2487 c.c. e dell'art. 104 l.f., emerge che una gestione liquidatoria non è incompatibile con la prosecuzione dell'attività d'impresa, pertanto, ai fini dell'azione di responsabilità, dovrà prima di tutto essere accertato, attraverso una puntuale valutazione, che la situazione economica e finanziaria della società avrebbe realmente imposto l'immediata interruzione dell'attività aziendale al verificarsi della causa di scioglimento. Solo dopo tale accertamento si potrà eventualmente dedurre l'illegittimità della prosecuzione dell'attività economica e, pertanto, l'applicazione della norma in esame.

Tuttavia, la quantificazione del danno è un'operazione tutt'altro che agevole. Infatti, se è vero che il legislatore, tramite una presunzione che introduce una vera e propria inversione dell'onere della prova, ha raggiunto l'obiettivo di agevolare il lavoro processuale delle curatele fallimentari a scapito dei convenuti, non altrettanto può dirsi in merito al lavoro dell'organo giudicante che, con molta probabilità, vedrà compressa la propria discrezionalità valutativa senza, tuttavia, che possa frequentemente sottrarsi alla consueta ammissione di una consulenza tecnica d'ufficio.

---

[26] Più diffusamente: D. GALLETTI (2018), *Ancora sulla valutazione del danno nelle azioni di responsabilità: un banco di prova per la coerenza dei concetti*, in *Il fallimentarista.it*, settembre.

Nella maggior parte dei casi, infatti, è molto raro trovarsi dinanzi ad azioni di responsabilità verso amministratori e sindaci di una società che abbia evidenziato in bilancio la perdita del capitale e nonostante ciò essi abbiano ignorato la questione.

Al contrario, è molto frequente trovarsi dinanzi a società che, pur di proseguire l'attività, hanno occultando la perdita del capitale sociale attraverso la violazione dei principi e dei criteri di redazione del bilancio, ad esempio, tramite l'attuazione di politiche illegittime, quali la mancata svalutazione dei crediti, i mancati ammortamenti, la sopravvalutazione delle rimanenze di magazzino ed altro ancora.

In tal caso, per l'organo giudicante sarà necessario predisporre una consulenza tecnica d'ufficio, al fine di stabilire a quale momento far risalire la perdita del capitale attraverso la rettifica dei bilanci di esercizio.

Ovviamente, un'analisi di questo tipo richiede una comparazione tra dati omogenei, pertanto, si dovrà procedere anche alla rettifica dei bilanci di partenza (quelli cioè riferiti alla cessazione dalla carica degli organi sociali o all'apertura della procedura concorsuale), il cui numero dipende dalle vicende che hanno interessato i singoli convenuti. In altre parole, ad ogni cessazione di un amministratore o di un sindaco, si dovrà redigere una situazione patrimoniale che costituisca il minuendo della differenza, assumendosi, ovviamente, l'esistenza di un patrimonio netto negativo.

A ciò deve aggiungersi che la norma, in ossequio alla prassi oramai in uso uffici giudiziari, prevede che, ai fini della quantificazione del danno, devono essere detratti i costi sostenuti e da sostenere, secondo un criterio di normalità, dopo il verificarsi della causa di scioglimento e fino al compimento della liquidazione. Ciò richiede un lavoro non semplice in quanto si devono ricomprendere, ad esempio, i costi sostenuti per i tentativi di risanamento, anche se non andati a buon fine, e ciò rappresenta un ulteriore quanto importante corollario dell'introduzione del dovere, posto dal CCII in capo agli amministratori, della tempestiva attivazione ai fini dell'adozione e dell'attuazione degli strumenti di prevenzione della crisi e del recupero della continuità aziendale.

Quindi, il vero senso della norma non sembra riguardare tanto la quantificazione del danno, quanto il nesso di causalità, in quanto ciò che si presume non è l'entità del danno, ma l'esistenza dello stesso quale conseguenza della prosecuzione dell'attività d'impresa, se non orientata alla finalità conservativa imposta dall'art. 2486, comma 1, c.c.

Vero è che con l'introduzione della nuova norma, il rischio di responsabilità degli organi sociali si aggrava rispetto al passato, ma ciò nonostante resta aperto il dubbio se il sistema sia comunque in grado di fornire maggiori incentivi all'adempimento delle obbligazioni di amministratori e sindaci, ovvero non determini una selezione (specialmente degli organi di controllo) sempre più avversa, con una fuga dei migliori controllori dagli incarichi sindacali.

Ai fini della quantificazione del danno, un'ultima considerazione merita l'art.

2486, comma 3, c.c., il quale prevede l'applicazione del criterio c.d. *differenziale*, qualora, nell'ipotesi di una procedura concorsuale, la mancanza o l'irregolarità delle scritture contabili, ovvero per altre ragioni, impediscono l'applicazione del criterio dei netti patrimoniali. In tal caso, il danno è rappresentato dalla differenza tra l'attivo e il passivo accertati nella procedura medesima[27].

A tal proposito, detta norma ricorda, seppur lontanamente, il principio di diritto affermato dalla Suprema Corte (a sezioni unite) n. 9100/2015, ma allo stesso se ne discosta nettamente poiché, nel caso trattato dalla Suprema Corte, la mancata tenuta delle scritture contabili costituiva occasione per introdurre il criterio c.d. *differenziale* nell'ambito di una valutazione equitativa del danno (e dunque con tutti i correttivi da questa consentiti), mentre nella previsione dell'art. 378 CCII il criterio è ancor più rigido di quello dei netti patrimoniali. Quest'ultimo criterio, invero, si manifesta come principale, mentre la quantificazione del danno sulla base della differenza tra attivo e passivo fallimentari è consentita solo in via sussidiaria, ovvero quando, per ragioni che attengono al comportamento del debitore o degli organi sociali (mancanza o irregolarità delle scritture contabili) ovvero anche per "altre ragioni" estrinseche, i netti patrimoniali non possono essere determinati.

Appare evidente che, in questa seconda parte della norma, il rigore della legge è particolarmente accentuato, venendo meno il nesso di causalità tra il comportamento illecito dell'imprenditore (ossia la prosecuzione non conservativa dell'attività aziendale) e il danno che ne è derivato, specie se si considera che, da un lato, parte del passivo fallimentare potrebbe aver trovato origine prima che si sia verificata la causa di scioglimento, dall'altro lato la scarsa valorizzazione dell'attivo potrebbe dipendere da scelte non ottimali di gestione della procedura di liquidazione giudiziale, sulle quali, evidentemente, il comportamento di chi è ritenuto responsabile non può incidere in alcun modo.

---

[27] V. De Sensi (2021), *Adeguati assetti e business judgment rule*, cit.

Capitolo IV

Le procedure di risanamento nel Codice della crisi d'impresa e dell'insolvenza

1. Premessa

Il CCII disciplina le situazioni di crisi e di insolvenza del debitore, sia esso consumatore o professionista, ovvero imprenditore che eserciti, anche senza fini di lucro, un'attività commerciale, artigiana o agricola, operando quale persona fisica, persona giuridica o altro ente collettivo, gruppo di imprese o società pubblica, con esclusione dello Stato e degli enti pubblici.

In tale ottica, il nuovo impianto normativo disciplina in modo complessivo, unitario e organico le diverse situazioni di crisi e di insolvenza, ciò a prescindere dalla natura giuridica del debitore e dal tipo di attività esercitata.

Nella natura unitaria del codice vengono, quindi, trattate le situazioni di crisi e insolvenza sia riferite alle imprese soggette a liquidazione giudiziale, sia quelle riferite ai consumatori, ai piccoli imprenditori (compresi quelli agricoli), ai professionisti, sino ai gruppi di imprese o società pubbliche, con esclusione dello Stato e degli enti pubblici. In particolare, il CCII disciplina i diversi strumenti di composizione della crisi in relazione agli altrettanti differenti soggetti che ne sono interessati.

Con riferimento alle categorie dei consumatori, dei piccoli imprenditori, delle imprese agricole e dei professionisti, il CCII ha introdotto una revisione alla Legge 27 gennaio 2012, n. 3 (c.d. *legge del sovraindebitamento*), al fine di armonizzare e coordinare il fenomeno della crisi delle imprese minori e dell'insolvente civile con i presupposti generali che regolano l'insolvenza e la crisi d'impresa, semplificando la regolazione del sovraindebitamento e ampliando l'istituto dell'esdebitazione, con l'obiettivo che, rispetto a quanto accaduto in passato, la nuova normativa incontri maggior favore da parte degli operatori e, soprattutto, dei soggetti interessati in prima persona.

L'impianto codicistico si articola seguendo un ordine ben preciso, ossia partendo dalle situazioni di crisi d'impresa meno intense per poi entrare nel merito della "procedura madre", ossia la liquidazione giudiziale, tenendo ben separate le procedure che interessano i soggetti di cui all'art. 2, lett. *d*) ed *e*), CCII (consumatore, impresa minore, professionisti, ecc.) dagli altri soggetti che, al contrario, sono assoggettabili alla liquidazione giudiziale [1].

L'impianto normativo appare coerente tanto con la legge delega, quanto con la Direttiva Insolvency. Invero, come detto in precedenza, è stata compiuta una scelta, prima dal legislatore europeo sin dai tempi della Raccomandazione 2014/135/UE della Commissione europea e poi dal nostro legislatore, in ordine al fatto che, in presenza di una situazione di crisi è necessario individuare una soluzione non traumatica attraverso la quale attuare un processo di ristrutturazione dell'azienda in modo da conservarne il valore e garantire la continuità, per il tramite di una pluralità di variegati strumenti all'uopo previsti, al fine di evitare la procedura liquidatoria che, al contrario, sancirebbe la disgregazione del patrimonio aziendale [2].

Questo spiega il motivo per il quale il CCII si occupa, nell'ordine, della composizione negoziata della crisi, poi dei piani di risanamento, delle convenzioni di moratoria, dei piani di ristrutturazione soggetti a omologazione, degli accordi di ristrutturazione dei debiti, sino al concordato preventivo compreso quello "minore". Una sorta di piano inclinato che vede alla base il percorso della composizione negoziata della crisi e al vertice la liquidazione giudiziale.

L'obiettivo del legislatore, come già ricordato, è quello di privilegiare gli interventi di risanamento al fine di garantire la continuità dell'impresa e, quindi, far emergere tempestivamente una situazione di difficoltà aziendale prima ancora che questa degeneri in uno stato di crisi conclamata. A partire, dunque, dal novellato art. 2086 c.c., per passare all'art. 3 CCII che precisa quali sono i fattori di rischio rappresentativi della crisi e come questi debbano essere intercettati per il tramite di un adeguato assetto organizzativo.

D'altronde, anche l'introduzione degli artt. 12 e ss. sulla composizione negoziata della crisi d'impresa denota la volontà del legislatore di creare un sistema volto a incentivare il debitore a rendere manifeste le proprie difficoltà e, quindi, a chiedere sostegno, atteso che è inutile e per di più inverosimile immaginare che una crisi si possa risolvere con le sole forze interne all'azienda senza coinvolgere il ceto creditorio e, comunque, tutti i soggetti interessati alle vicende aziendali.

In questa sede, ci si occuperà di delineare per sommi capi le connotazioni e gli aspetti giuridici che caratterizzano le diverse procedure di risanamento contemplate dal CCII, dapprima analizzando quelle accessibili da tutti i soggetti indipendentemente dalle loro dimensioni (salvo alcune eccezioni), per poi passare a quelle che,

---

[1] Tra gli altri si vedano: M. FABIANI (2022), *L'avvio del codice della crisi*, in *Diritto della crisi*, 5 maggio; G. D'ATTORRE (2022), *I principi generali del Codice della crisi d'impresa e dell'insolvenza*, in *Diritto della crisi*, 8 settembre; G.B. NARDECCHIA (2022), *Anticipazioni del codice della crisi: le modifiche della legge fallimentare*, in *Diritto della crisi*, 13 gennaio.

[2] A.M. ALBERTI (2023), *L'interesse dei creditori e la continuazione dell'attività nel codice della crisi d'impresa e dell'insolvenza: un'analisi trasversale*, in *ristrutturazioniaziendali.ilcaso*, 30 marzo.

al contrario, si differenziano in base al presupposto soggettivo, non fosse altro perché ciascuna di tali procedure presuppone la redazione di un piano di risanamento che, in virtù dei vincoli posti dalla normativa, assume connotazioni differenti.

2. La composizione negoziata della crisi d'impresa

Gli artt. 12 e ss. CCII disciplinano l'istituto della *composizione negoziata della crisi d'impresa* introdotto con il D.Lgs. n. 118/2021 [3].

Si tratta di un istituto che rappresenta una delle principali e significative novità introdotte dal legislatore e che costituisce una sorta di anticamera di tutte le altre procedure di risanamento.

La composizione negoziata ha come obiettivo preminente quello di salvaguardare l'integrità del patrimonio e la continuità aziendale, pur lasciando i poteri gestionali all'imprenditore, il quale, una volta presentata la domanda di accesso alla procedura, viene affiancato da un esperto che ha la funzione di mediare e facilitare le trattative tra l'imprenditore medesimo e le parti interessate.

Più in particolare, l'art. 12 CCII prevede che l'imprenditore commerciale o agricolo (*indipendentemente dalle proprie dimensioni*) che si trova in una condizione di squilibrio patrimoniale o economico-finanziario tale da rendere probabile una situazione di crisi o di insolvenza, può, dinanzi a una ragionevole possibilità di risanamento, chiedere la nomina di un esperto, la cui funzione è quella di agevolare le trattative con i creditori o altri eventuali soggetti interessati, al fine di individuare una soluzione atta a ripristinare le condizioni di equilibrio gestionale, anche ricorrendo alla cessione dell'azienda o di rami di essa [4].

La finalità preminente, quindi, è quella di anticipare il momento dell'emersione della crisi fornendo all'imprenditore uno strumento che permette di intervenire prima ancora che gli effetti negativi della gestione coinvolgano l'intero sistema aziendale ponendo a rischio l'equilibrio generale dell'azienda.

Tuttavia, se da un lato l'obiettivo è quello di prevenire, in via principale, la crisi aziendale, è altrettanto vero che il nuovo istituto è utilizzabile anche nei casi di insolvenza e ciò è reso evidente dall'art. 18, comma 4, CCII, il quale impedisce, in caso di richiesta delle misure protettive, la dichiarazione di liquidazione giudiziale, il cui presupposto, com'è noto, è rappresentato dall'insolvenza del debitore, ossia dalla sua incapacità di far fronte regolarmente alle proprie obbligazioni [5].

---

[3] Il D.Lgs. n. 118/2021, messo a punto dalla Commissione Pagni, è stato interamente trasposto nel CCII, con gli articoli dal 12 al 25-*undieces*, per il tramite del D.Lgs. n. 83/2022 (*Modifiche al CCII*).

[4] S. AMBROSINI (2021), *La nuova composizione negoziata: caratteri e presupposti*, in *ristrutturazioni aziendali.ilcaso.it, 23 agosto;* F. SANTANGELI (2022), *Le finalità della composizione negoziata per le soluzioni della crisi d'impresa*, in *Diritto della crisi*, 4 gennaio.

[5] Si ricorda che il comma 4 dall'art. 18 CCII, impedisce, a partire dal giorno in cui viene pubbli-

Tuttavia, l'ammissione alla procedura presuppone una concreta prospettiva di risanamento, ossia la presenza di reali e dimostrabili condizioni volte a ristabilire gli equilibri aziendali, pertanto, anche in caso di insolvenza sarà verosimilmente necessario un apporto esterno di cui si dovrà verificare l'adeguatezza.

La composizione negoziata della crisi più che un istituto rappresenta un percorso di negoziazione su base volontaria e stragiudiziale, pertanto è attivabile unilateralmente solo su iniziativa del debitore [6].

L'istanza di accesso viene presentata tramite una piattaforma unica nazionale accessibile dal sito della camera di commercio del capoluogo di regione in cui ha sede l'azienda. Nella piattaforma sono presenti tutte le informazioni utili all'imprenditore riguardanti la procedura, comprese le modalità di attivazione del percorso e i documenti da produrre, ivi inclusa l'istanza con la quale si richiede la nomina dell'esperto.

Inoltre, come detto in precedenza, è obbligo del debitore compilare un *test pratico* (disponibile sempre sulla piattaforma) avente la funzione di autodiagnosi e utilizzabile preventivamente rispetto al deposito dell'istanza. Il test permette all'imprenditore, oltre che verificare lo stato in cui si trova l'impresa, soprattutto di valutare l'effettiva perseguibilità del risanamento, nonché il grado di complessità dell'azione da intraprendere. L'inserimento di dati contabili richiesti permette di capire, pertanto, la sostenibilità del debito accumulato per il tramite dei flussi finanziari futuri e, quindi, il livello di squilibrio esistente, nonché il suo grado di reversibilità [7].

Il primo incentivo previsto dalla procedura è rappresentato dalla disciplina degli assetti societari volti alla rilevazione tempestiva della crisi, di cui all'art. 2086 c.c., di cui si è già trattato in precedenza. Invero, in base a tale norma, il soggetto,

---

cata la domanda di applicazione delle misure protettive di cui al comma 1 e sino alla conclusione delle trattative o all'archiviazione dell'istanza di composizione negoziata, che venga pronunciata la sentenza di apertura della liquidazione giudiziale o di accertamento dello stato di insolvenza, fatta salva l'ipotesi in cui il tribunale disponga la revoca. Si evidenzia, altresì, che il comma 1 del citato art. 18 vieta ai creditori sia di acquisire diritti di prelazione se non concordati con l'imprenditore, sia di intraprendere o proseguire azioni esecutive e cautelari sul suo patrimonio o sui beni e sui diritti con i quali viene esercitata l'attività d'impresa. Tuttavia, ai sensi del successivo comma 3, l'imprenditore può decidere di limitare le misure protettiva a determinate iniziative intraprese dai creditori a tutela dei propri diritti o a determinati creditori o categorie di creditori. Mentre ne restano sempre esclusi i crediti dei lavoratori.

[6] L'intervento dell'autorità giudiziaria è del tutto marginale in quanto è limitata nei casi in cui il debitore:

a) richieda di beneficiare delle misure protettive;
b) intenda ottenere l'autorizzazione a contrarre finanziamenti prededucibili;
c) voglia ottenere il trasferimento dell'azienda o di suoi rami in esenzione della solidarietà di cui all'art. 2560, comma 2, c.c.

[7] Come già detto in precedenza, modalità di compilazione del *test pratico* sono contenute nell'allegato al Decreto dirigenziale del Ministero della giustizia del 28 settembre 2021, modificato dal successivo Decreto del 31 marzo 2023.

la cui impresa è costituita in forma societaria, non solo deve rilevare tempestivamente i sintomi della crisi, ma deve anche intervenire con tempestività al fine di porvi rimedio. Anche l'organo di controllo, ove esistente, è investito in tal senso, atteso che esso è deputato a vigilare sul rispetto di tali obblighi da parte degli amministratori, con la possibilità, ritenuta in alcuni casi dalla giurisprudenza, di denuncia al tribunale competente di gravi irregolarità ai sensi dell'art. 2409 c.c.

Ne consegue che, per le aziende costituite in forma societaria, il sistema prevede l'accesso alla composizione negoziata, attraverso un meccanismo che si può definire di "*allerta interna*" che esorta gli amministratori a intervenire presentando un piano di risanamento. Infatti, spetta all'organo di controllo l'obbligo di segnalare agli amministratori la sussistenza dei presupposti per la presentazione dell'istanza di accesso alla procedura richiedendo la nomina di un esperto. La segnalazione deve necessariamente essere motivata e indicare il termine massimo di 30 gg. entro il quale l'organo amministrativo ha l'onere di riferire in ordine alle iniziative adottate. Nelle more delle trattative rimane fermo il dovere di vigilanza dell'organo di controllo, ma la tempestiva segnalazione e vigilanza devono essere valutate ai fini dell'esonero o dell'attenuazione delle responsabilità dei componenti di tale organo ai sensi dell'art. 2407 c.c.

Come detto in precedenza, l'istanza di accesso alla procedura presuppone la richiesta della nomina di un esperto indipendente [8], il cui compito è quello di valutare lo stato dell'impresa, ma soprattutto di assistere l'imprenditore nelle trattative da attivare per il buon esito della procedura e, di conseguenza, per la ricerca delle possibili soluzioni di risanamento. Tuttavia, la negoziazione è (e resta), per tutta la durata del percorso, una prerogativa dell'imprenditore, con l'eventuale ausilio dei propri consulenti.

L'esperto, quindi, non si sostituisce all'imprenditore nel rapporto con i creditori o con le altre parti interessate, ma ha solo la funzione di agevolare le trattative, rafforzare la credibilità dell'azione di risanamento e rassicurare le parti interessate. Pertanto, egli è chiamato a verificare costantemente l'efficacia e la funzionalità delle trattative rispetto alla strategia di risanamento e l'assenza di atti pregiudizievoli per i creditori, conferendo alle medesime trattative un elevato livello di sicurezza, eliminando ogni dubbio circa l'esistenza di possibili atteggiamenti dilatori o poco trasparenti tenuti dalle parti coinvolte. Quindi, la competenza nelle tecniche di facilitazione richiesta all'esperto è fondamentale per lo svolgimento di tali funzioni, per cui egli deve possedere professionalità e competenze molto specifiche in materia di ristrutturazione aziendale, così come prescritto dall'art. 16 CCII.

Le trattative, inoltre, hanno natura riservata proprio perché sono funzionali alla ricerca di una soluzione di risanamento e, quindi, non hanno lo scopo di fornire ai creditori o al mercato mere informazioni sulla situazione patrimoniale e finanziaria dell'imprenditore. L'obbligo di riservatezza, unitamente a quello di correttezza

[8] L'esperto deve possedere i requisiti di cui all'art. 13, comma 3, CCII.

e buona fede, rappresentano un elemento essenziale per il successo della procedura e per la sua concreta attuazione. Tutte le parti coinvolte, dall'imprenditore, all'esperto, ai creditori, fino alle altre parti interessate, hanno l'obbligo di non divulgare le notizie sull'impresa apprese nel corso delle trattative e a collaborare fattivamente per assicurarne il loro regolare svolgimento.

In sintesi, quindi, gli obblighi che gravano sui soggetti interessati si traducono:

a) per l'esperto, di verificare, prima ancora di accettare l'incarico, la propria indipendenza, il possesso delle competenze necessarie rispetto all'incarico da svolgere e, infine, la possibilità di dedicare alle trattative il tempo indispensabile per il loro completo e idoneo svolgimento. Egli, quindi, è obbligato a operare in maniera riservata, terza e imparziale e a portare avanti con sollecitudine le trattative per giungere, nel termine fissato (180 gg. dall'accettazione della carica), a una possibile soluzione;
b) per l'imprenditore, di rappresentare la propria situazione alle parti interessate in maniera completa e trasparente, nonché di continuare a gestire l'impresa in modo tale da non arrecare ulteriore pregiudizio ai creditori;
c) per i creditori, di mantenere l'obbligo di riservatezza e di collaborare attivamente in maniera leale durante le trattative, fornendo in tempo utile le informazioni che vengono loro richieste dall'imprenditore o dall'esperto in funzione delle trattative stesse e della loro prosecuzione. Tale ultimo obbligo è previsto, in maniera ancora più esplicita, per gli istituti bancari e per gli intermediari finanziari in ragione del ruolo che normalmente essi ricoprono per il buon esito della negoziazione e al fine di evitare che il risanamento dell'impresa sia messo a rischio da comportamenti inerti o da una partecipazione poco sollecita alle trattative. Infatti, è palese che in una situazione di crisi o di difficoltà patrimoniale e finanziaria, la rapidità con la quale si interviene rappresenta la principale chiave per garantire il successo del tentativo di risanamento dell'impresa.

Inoltre, è da sottolineare che laddove vi sia l'esigenza di inibire eventuali azioni che possono turbare il regolare corso delle trattative e mettere a rischio il risanamento dell'impresa, l'art. 18 CCII permette all'imprenditore di richiedere la protezione del patrimonio aziendale, richiesta che può avvenire contestualmente alla presentazione dell'istanza di nomina dell'esperto o anche successivamente. Tuttavia, l'applicazione di misure protettive devono essere confermate del tribunale competente a seguito di apposito ricorso [9].

---

[9] M. Montanari (2021), *Il procedimento relativo alle misure protettive e cautelari nel sistema della composizione negoziata della crisi d'impresa: brevi notazioni*, in *ristrutturazioniaziendali.ilcaso.it* del 24 dicembre 2021; A. Carratta (2022), *Misure protettive e cautelari e composizione negoziata della crisi*, in *ristrutturazioniaziendali.ilcaso.it*, 18 maggio; A. Didone (2021), *Appunti su misure protettive e cautelari nel d.l. 118/2021*, in *ristrutturazioniaziendali.ilcaso.it*, 17 novembre; A. Didone (2022), *Le misure protettive/cautelari*, in *Fallimento*, p. 1251 ss.

Inoltre, come prescritto dall'art. 20 CCII, una volta presentata l'istanza di accesso alla procedura, vengono meno gli obblighi relativi alla copertura delle perdite di cui agli artt. 2446, commi 2 e 3, 2447 e 2482-*bis*, commi 4, 5 e 6, 2482-*ter* c.c. (copertura delle perdite), nonché la clausola di scioglimento della società per riduzione o perdita del capitale sociale di cui all'art. 2484, comma 1, n. 4, c.c. e dell'art. 2545-*duocecies* c.c.

Come ricordato in precedenza, l'istituto in questione è attivabile su base esclusivamente volontaria, pur con la precisazione che l'organo di controllo societario segnala agli amministratori la sussistenza dei presupposti per la presentazione dell'istanza fornendo la relativa motivazione.

Inoltre, come già ricordato, le trattative devono concludersi entro centottanta giorni dall'accettazione della nomina dell'esperto, Tuttavia, queste possono proseguire per ulteriori centottanta giorni quando vi sia la richiesta di tutte le parti e l'esperto vi acconsenta, ovvero quando la prosecuzione si rende necessaria dal ricorso dell'imprenditore al tribunale ai sensi degli artt. 19 e 22 CCII.

All'esito delle trattative, nel caso in cui non sia stato raggiunto l'accordo, l'esperto è tenuto a redigere la relazione finale che sarà inserita nella piattaforma e comunicata al debitore. Inoltre, la stessa relazione sarà comunicata al segretario generale della camera di commercio affinché disponga l'archiviazione.

Tuttavia, in mancanza di un accordo, l'imprenditore può, in alternativa:

a) predisporre il piano attestato di risanamento di cui all'art. 56 CCII;
b) richiedere l'omologazione di un accordo di ristrutturazione dei debiti ai sensi degli artt. 57, 60 e 61 CCII. In tal caso, la percentuale di cui all'art. 61, comma 2, lett. *c*) CCII, è ridotta al 60 per cento se il raggiungimento dell'accordo risulta dalla relazione finale dell'esperto;
c) proporre la domanda di concordato semplificato liquidatorio di cui all'art. 25-*sexies* CCII;
d) accedere a uno degli strumenti di regolazione della crisi e dell'insolvenza disciplinati dal CCII, dal D.Lgs. 8 luglio 1999, n. 270 o dal D.L. 23 dicembre 2003, n. 347, convertito, con modificazioni, dalla Legge 18 febbraio 2004, n. Mentre l'imprenditore agricolo può accedere agli strumenti di cui all'art. 25-*quater*, comma 4, CCII.

Al contrario, ove sia stata individuata una soluzione volta al superamento della crisi, le parti possono, alternativamente:

a) concludere un contratto, con uno o più creditori, che produce gli effetti di cui all'art. 25-*bis*, comma 1, CCII, se, sulla base della relazione redatta dall'esperto questo risulta idoneo ad assicurare la continuità aziendale per un periodo non inferiore a due anni;
b) concludere la convenzione di moratoria di cui all'art. 62 CCII;
c) concludere un accordo sottoscritto dall'imprenditore, dai creditori e dall'esperto.

In tale caso, l'esperto dà atto che il piano di risanamento risulta coerente con l'obiettivo di risanamento.

3. La convenzione in moratoria

Un ulteriore strumento negoziale di regolazione della crisi previsto dal CCII è rappresentato dalla *convenzione di moratoria* di cui all'art. 62.

Essa costituisce una procedura fruibile da ogni tipo di imprenditore, anche non commerciale che, al pari della composizione negoziata, è svincolato dalla soglia dimensionale dell'impresa. Pertanto, anche in questo caso, possono accedervi tutte le imprese, comprese quelle non assoggettabili alla liquidazione giudiziale.

Sostanzialmente si tratta di un accordo volto alla dilazione delle scadenze dei crediti e/o alla rinuncia agli atti o alla sospensione delle azioni esecutive o conservative e di ogni altra misura che non comporti rinuncia al credito. Nello stesso tempo, a differenza della legge fallimentare che ammetteva le convenzioni di moratoria solo fra l'imprenditore e le banche o gli intermediari finanziari, il CCII consente di estenderne gli effetti ad ogni creditore (anche non aderente), purché la tipologia del credito possa essere collocata, per omogeneità di interessi, in una categoria i cui componenti abbiano aderito in percentuale non inferiore al settantacinque per cento, tenendo conto che un creditore può essere titolare di crediti inseriti in più categorie.

Inoltre, è necessario che tutti i creditori appartenenti alla categoria siano stati informati dell'avvio delle trattative o siano stati messi in condizione di parteciparvi in buona fede e abbiano ricevuto complete e aggiornate informazioni sulla situazione patrimoniale, economica e finanziaria del debitore, nonché sulla convenzione e i suoi effetti.

Un'ulteriore condizione per estendere gli effetti della convenzione anche ai creditori non aderenti, è rappresentata dalla sussistenza di concrete prospettive che essi, all'esito della convenzione, possano essere soddisfatti in misura non inferiore rispetto alla liquidazione giudiziale.

Ai sensi dell'art. 62, comma 2, lett. *d*), CCII, è altresì necessario che un professionista indipendente attesti la veridicità dei dati aziendali, l'idoneità della convenzione a disciplinare provvisoriamente gli effetti della crisi e la ricorrenza delle condizioni di cui alla lettera c) del medesimo comma, ossia la possibilità per i creditori di essere soddisfatti in misura migliorativa rispetto all'alternativa liquidatoria).

Il successivo comma 3 dell'art. 62 CCII, stabilisce inoltre che, per effetto della convenzione, ai creditori della medesima categoria non aderenti non possono essere imposti l'esecuzione di nuove prestazioni, la concessione di affidamenti, il mantenimento della possibilità di utilizzare affidamenti esistenti o l'erogazione di nuovi finanziamenti.

Una volta raggiunto l'accordo con il settantacinque per cento dei creditori appartenenti alla medesima categoria (ad esempio la categoria dei fornitori) il debitore ha l'obbligo di comunicare la convenzione ai creditori non aderenti, unitamente alla relazione dell'attestatore.

Entro trenta giorni dalla comunicazione può essere proposta opposizione dinanzi al tribunale competente che decide con sentenza in camera di consiglio.

4. Le procedure di risanamento applicabili esclusivamente ai soggetti di cui all'art. 2, comma 1, lett. *d*) ed e), CCII

4.1. Le procedure di composizione della crisi da sovraindebitamento

Le procedure di composizione della crisi da sovraindebitamento sono rivolte a particolari categorie di soggetti (diversi da quelli assoggettabili alla liquidazione giudiziale), in presenza dei seguenti presupposti:

1. *presupposti soggettivi*: ai sensi dell'art. 2, comma 1, lett. *c*), CCII, possono accedere alle predette procedure i consumatori, le imprese minori, i professionisti, gli imprenditori agricoli, le start-up innovative di cui al D.L. 18 ottobre 2012, n. 179, convertito, con modificazioni, dalla Legge 17 dicembre 2012, n. 221, nonché ogni altro debitore non assoggettabile a liquidazione giudiziale, ovvero alla liquidazione coatta amministrativa o ad altre procedure liquidatorie previste dal codice civile o da leggi speciali per il caso di crisi o insolvenza [10].

È utile precisare, inoltre, che l'art. 2, comma 1, lett. *e*), CCII, nel definire la figura del consumatore persona fisica, consente l'accesso alle procedure da sovraindebitamento anche ai soci illimitatamente responsabili di società commerciali (s.n.c., s.a.s. e s.a.p.a.) per i debiti estranei a quelli sociali [11].

Si evidenzia ancora che, ai sensi all'art. 2, comma 1, lett. *d*), CCII, le imprese minori (definite anche "imprese sotto soglia") sono quelle che presentano congiuntamente i seguenti requisiti:

a) un attivo patrimoniale di ammontare complessivo annuo non superiore a 300.000,00 euro nei tre esercizi antecedenti la data di deposito della domanda di accesso o dall'inizio dell'attività se di durata inferiore;

---

[10] In merito alla crisi da sovraindebitamento, desta perplessità la circostanza di un mancato esplicito riferimento agli enti privati non commerciali, quali comitati, associazioni (riconosciute e non), le fondazioni e tutti gli altri enti privati rientranti nel c.d. *terzo settore*. Tuttavia, in questa sede non si riscontrano elementi tali da poter escludere tali soggetti dalla nozione di "*ogni altro debitore non assoggettabile alla liquidazione giudiziale ovvero a quella coatta amministrativa*".

[11] Si veda al riguardo: N. SOLDATI (2021), *Il sovraindebitamento e la babele della meritevolezza*, in *Diritto della crisi*, 25 maggio; M. MONTANARI (2021), *Il concorso delle procedure da sovraindebitamento nel sistema del Codice della crisi*, in *Diritto della crisi*, 7 settembre.

b) ricavi, in qualunque modo essi risultino, per un ammontare complessivo annuo non superiore a 200.000,00 euro nei tre esercizi antecedenti la data di deposito della domanda di accesso o dall'inizio dell'attività se di durata inferiore;
c) un ammontare di debiti anche non scaduti non superiore a 500.000,00 euro [12].

2. *presupposti oggettivi*: la nozione di sovraindebitamento sottintende lo stato di *crisi* o di *insolvenza* dei soggetti di cui all'art. 2, comma 1, lett. *c*), CCII, ossia, rispettivamente, lo stato del debitore che rende probabile l'insolvenza e che si manifesta con l'inadeguatezza dei flussi di cassa prospettici a far fronte alle obbligazioni nei successivi dodici mesi, ovvero lo stato del debitore che si manifesta con inadempimenti od altri fatti esteriori, i quali dimostrino che egli non è più in grado di soddisfare regolarmente le proprie obbligazioni.

Dal punto di vista procedurale, l'accesso da parte dei soggetti interessati alle procedure di composizione della crisi da sovraindebitamento deve avvenire per il tramite di un apposito organismo, definito *Organismo di composizione della crisi* (OCC) [13].

Tutto ciò premesso, i soggetti in stato di sovraindebitamento possono far ricorso a tre differenti strumenti:

a) il ***piano di ristrutturazione dei debiti del consumatore*** (disciplinato dall'art. 67 CCII). È uno strumento riservato alle sole persone fisiche che hanno contratto debiti per finalità estranee a quelle imprenditoriali o professionali. Pertanto, ne possono beneficiare solo i consumatori sovraindebitati (comprese le loro famiglie), quindi, quei soggetti che si trovano in una situazione di squilibrio tra le obbligazioni assunte e il proprio patrimonio liquidabile per farvi fronte, tale da determinare una conclamata incapacità di adempiere regolarmente le proprie obbligazioni [14].

Il consumatore deve presentare un piano di ristrutturazione che è rivolto ai creditori e deve dimostrare la sostenibilità degli stessi rispetto ai propri redditi.

Il piano può, altresì, prevedere la falcidia dei debiti e/o la ristrutturazione degli stessi derivanti da contratti di finanziamento con cessione del quinto dello stipendio, del trattamento di fine rapporto o della pensione e dalle operazioni di prestito

[12] L. De Bernardin (2021), *Le imprese sottosoglia nel decreto-legge n. 118/2021: nuove opportunità*, in *Diritto della crisi*, 2 novembre.

[13] Gli *Organismi di composizione della crisi* (OCC) sono stati istituiti con il D.M. 24 settembre 2014, n. 02, e possono essere costituiti da parte di Enti pubblici (Comuni, Provincie, Città metropolitane, Regioni), Università pubbliche, Ordini professionali (Dottori Commercialisti, Avvocati e Notai).

[14] Si ricorda che, ai sensi dell'art. 69, il consumatore non può accedere a tale procedura qualora sia già stato esdebitato nei precedenti 5 anni precedenti alla domanda o abbia già beneficiato dell'esdebitazione per due volte, ovvero abbia determinato la situazione di sovraindebitamento per colpa grave, malafede o frode.

su pegno. Così come, ai sensi del comma 4 dell'art. 67 CCII, è possibile prevedere che i crediti muniti di privilegio, pegno o ipoteca vengano soddisfatti parzialmente, sempreché ne sia assicurato il pagamento in misura non inferiore a quella realizzabile, in ragione della collocazione preferenziale sul ricavato in caso di liquidazione, avuto riguardo al valore di mercato attribuibile ai beni o ai diritti oggetto della causa di prelazione, così come attestato dall'OCC.

Ai sensi dell'art. 67, comma 1, CCII, la domanda, dal contenuto libero, deve essere presentata al giudice tramite un OCC costituito nel circondario del tribunale competente, e deve indicare in modo specifico tempi e modalità di attuazione del piano [15]. Inoltre, al fine di semplificare la procedura e di contenerne i costi, non è richiesta l'assistenza di un difensore, né è necessaria l'attestazione del piano da parte di un professionista indipendente [16].

La funzione dell'OCC, oltre che fare da tramite tra il consumatore e il tribunale, è anche quella di assistere e aiutare il debitore nell'elaborazione del piano e di ricercare o suggerire una strategia risolutoria della propria situazione debitoria. Pertanto, è compito dell'OCC quello di verificare la correttezza e l'attendibilità dei dati in esso contenuti, di fare da tramite tra il debitore e i creditori, nonché di assolvere le formalità pubblicitarie e le attività di liquidazione, ove ordinato dal giudice [17].

La domanda del debitore deve essere corredata dell'elenco:

a) di tutti i creditori, con l'indicazione delle somme dovute e delle cause di prelazione;
b) della consistenza e della composizione del patrimonio;
c) degli atti di straordinaria amministrazione compiuti negli ultimi cinque anni;
d) delle dichiarazioni dei redditi degli ultimi tre anni;
e) degli stipendi, delle pensioni, dei salari e di tutte le altre entrate del debitore e del suo nucleo familiare, con l'indicazione di quanto occorre al mantenimento della sua famiglia.

Alla domanda di ammissione alla procedura deve essere allegata una relazione dell'OCC, contenente:

a) l'indicazione delle cause che hanno determinato l'indebitamento e della diligenza impiegata dal debitore nell'assumere le obbligazioni;

---

[15] Come esplicitato nella relazione illustrativa, l'OCC viene ad assumere un triplice ruolo:
a) consulente del debitore;
b) garante nei confronti del tribunale e dei creditori circa la serietà della proposta;
c) ausiliario del tribunale nella gestione ed esecuzione del procedimento.

[16] La mancanza dell'attestazione da parte di un professionista implica che il giudizio in merito alla fattibilità del piano spetterebbe al tribunale in composizione monocratica, il che desta non poche perplessità, in quanto sarà molto probabile che lo stesso tribunale richiederà all'OCC una relazione in tal senso.

[17] Per esigenze meramente semplificative, si ritiene che l'OCC non debba esprimersi sulla convenienza del piano rispetto alla liquidazione.

b) l'esposizione delle ragioni dell'incapacità del debitore di adempiere le obbligazioni assunte;
c) la valutazione circa la completezza e l'attendibilità della documentazione depositata a corredo della domanda;
d) l'indicazione presunta dei costi della procedura[18].

Inoltre, nella stessa relazione l'OCC deve indicare anche se il soggetto che ha concesso il finanziamento al debitore abbia tenuto conto del merito creditizio di quest'ultimo, valutato sulla base del suo reddito disponibile, al netto dell'importo delle spese necessarie per il mantenimento di un dignitoso tenore di vita[19].

Entro sette giorni dall'avvenuto conferimento dell'incarico da parte del debitore, l'OCC deve dare notizia all'agente della riscossione e agli uffici fiscali, nonché agli enti locali, competenti sulla base dell'ultimo domicilio fiscale dell'istante, affinché questi, entro quindici giorni, comunichino il debito tributario accertato e gli eventuali accertamenti pendenti.

L'art. 68, comma 5, CCII prevede, inoltre, che il deposito della domanda sospende il decorrere degli interessi convenzionali o legali sino alla chiusura della procedura, a meno che i crediti siano assistiti da ipoteca, pegno o privilegio, salvo quanto previsto dagli artt. 2749, 2788 e 2855, commi 2 e 3, c.c.

Inoltre, l'art 70, comma 1, CCII stabilisce che, qualora la proposta e il piano risultino ammissibili, il giudice procede all'omologazione e dispone, con decreto, la pubblicazione in un'apposita area del sito del tribunale o del Ministero della Giustizia, nonché l'obbligo in capo all'OCC di dare comunicazione a tutti i creditori, in modo tale che ciascuno di essi, nel termine di venti giorni, possa far pervenire le proprie osservazioni.

Si ricorda, inoltre, l'introduzione del c.d. *judicial stay*, ossia una serie di misure protettive, per cui, ai sensi dell'art. 70, comma 4, CCII, con il predetto decreto il giudice può, su istanza del debitore, sospendere le azioni esecutive eventualmente intraprese dai creditori, nonché disporre il divieto di nuove azioni (esecutive o cautelative) sul patrimonio del debitore stesso[20].

Una volta avviata la procedura, l'OCC ha il compito di vigilare sul corretto adempimento degli obblighi assunti, comunicando al giudice, con cadenza seme-

---

[18] In proposito, si evidenzia che il deposito della domanda sospende, ai soli effetti del concorso, il corso degli interessi convenzionali o legali fino alla chiusura della procedura, a meno che i crediti non siano garantiti da ipoteca, da pegno o privilegio, salvo quanto previsto dagli artt. 2749, 2788 e 2855, commi 2 e 3, c.c.

[19] Lo stesso art. 68, comma 3, CCII prescrive che l'importo necessario a mantenere un dignitoso tenore di vita non può essere inferiore all'ammontare dell'assegno sociale moltiplicato per un parametro corrispondente al numero dei componenti il nucleo familiare della scala di equivalenza dell'ISEE di cui al DPCM 5 dicembre 2013, n. 159.

[20] Tuttavia, dette misure possono essere revocate su istanza dei creditori in caso di atti compiuti in frode.

strale, lo stato dell'esecuzione della procedura. Al termine dell'esecuzione del piano, l'OCC, sentito il debitore, presenta al giudice il rendiconto della gestione (art. 71, commi 1 e 2, CCII).

Tuttavia, ai sensi dell'art. 72 CCII, il giudice dispone la revoca dell'omologazione (d'ufficio, su istanza di una dei creditori, del pubblico ministero e di chiunque abbia interesse), qualora sia stato, dolosamente o per colpa grave, aumentato o diminuito il passivo, ovvero sottratta dolosamente una parte rilevante dell'attivo, ovvero siano stati posti in essere atti in frode ai creditori. Allo stesso modo il giudice procede alla revoca nell'ipotesi non siano stati adempiuti gli obblighi indicati nel piano, ovvero se esso non è più attuabile e non sia possibile modificarlo.

Tuttavia, nell'ipotesi di revoca dell'omologazione, il giudice, su istanza del debitore, può disporre la conversione della procedura in liquidazione controllata. La conversione può essere richiesta anche dai creditori o dal pubblico ministero se essa è stata disposta per atti in frode o per inadempimento.

b) Il **concordato minore**, disciplinato dall'art. 74 e ss. CCII, è una procedura di risanamento riservata a tutti i soggetti indicati nell'art. 2, comma 1, lett. *d*), CCII, ossia non assoggettabili alla liquidazione giudiziale, ma con esclusione del consumatore[21].

Si tratta di un istituto volto a garantire la continuità (aziendale o professionale) e la conservazione del patrimonio e anche in questo caso la domanda deve essere formulata per il tramite di un OCC.

Sul punto è utile osservare che il debitore che intende accedere a una delle procedure di composizione della crisi da sovraindebitamento si trova dinanzi a una valutazione di rilevante importanza, poiché le caratteristiche di formazione del ceto creditorio e la natura dei debiti incidono profondamente sulla scelta da operare, tanto da potere divenire anche motivo di inammissibilità della domanda.

Invero, la valutazione di accesso alla procedura può risultare complessa in ragione dei dubbi che possono sorgere in merito alla sua qualificazione a fronte dello svolgimento di una pregressa attività imprenditoriale, sia esercitata direttamente, sia in qualità di socio illimitatamente responsabile, in relazione diretta con la composizione del proprio debito. Pertanto, il debitore, a fronte dell'espresso divieto per il consumatore di accedere al concordato minore, per evitare che la sua domanda sia dichiarata inammissibile deve, innanzitutto, valutare la propria posizione soggettiva, vale a dire, comprendere se possa effettivamente qualificarsi come "*non consumatore*", poiché, in assenza di tale presupposto soggettivo, non potrà avere accesso al concordato minore come, invece, era previsto dalla Legge n. 3/2012.

---

[21] N. SOLDATI (2021), *Il concordato minore nel codice della crisi d'impresa e dell'insolvenza quale evoluzione dell'accordo con i creditori*, in *Diritto della crisi*, 5 novembre.

Ne consegue che il debitore stesso deve valutare con estrema attenzione il problema della presenza di debiti che riguardano la sua sfera di consumatore che dovranno essere distinti dai debiti derivanti dallo svolgimento di una pregressa attività di impresa o professionale, ovvero dalla partecipazione con responsabilità illimitata in società di persone, ovvero, ancora, dal rilascio di una o più fideiussioni a favore di persone o enti svolgenti attività di impresa.

In merito al concordato minore, il meccanismo previsto dal legislatore ruota intorno alla proposta formulata dal debitore rivolta ai propri creditori (mediante l'ausilio dell'OCC) avente come oggetto la ristrutturazione dei debiti e il grado di soddisfacimento dei creditori, sulla base di un piano atto a consentire la prosecuzione della propria attività (imprenditoriale o professionale). Inoltre, nell'ipotesi in cui la proposta non abbia ad oggetto la prosecuzione dell'attività e, quindi, abbia finalità mista ovvero solo liquidatoria, è necessario che preveda l'apporto di risorse esterne che aumentino in misura apprezzabile il grado di soddisfacimento dei creditori (art. 74, comma 2, CCII).

Il piano, altresì, può prevedere il parziale soddisfacimento dei creditori muniti di privilegio, pegno o ipoteca, qualora sia assicurato il pagamento in misura non inferiore a quella realizzabile, in ragione della collocazione preferenziale sul ricavato in caso di liquidazione, avuto riguardo al valore di mercato attribuibile ai beni o ai diritti sui quali insiste la causa di prelazione, come attestato dall'OCC.

Il concordato minore prevede, pertanto, la ristrutturazione dei debiti e il soddisfacimento dei creditori, attraverso qualsiasi forma, anche mediante la cessione dei crediti futuri.

La domanda di accesso alla procedura deve essere presentata all'OCC per il tramite di un difensore. Essa ha un contenuto libero e deve indicare specificatamente i tempi e le modalità di esecuzione. Anche in questo caso, come per il piano del consumatore, la proposta può prevedere il parziale soddisfacimento dei creditori, in qualsiasi forma, nonché l'eventuale suddivisione in classi degli stessi.

Alla domanda il debitore deve allegare (art. 75, comma 1, CCII):

- i bilanci, le scritture contabili e la documentazione fiscale relativi ai tre esercizi precedenti a quello di presentazione, ovvero degli ultimi esercizi precedenti se l'attività ha avuto una durata inferiore;
- una relazione aggiornata sulla situazione patrimoniale, finanziaria ed economica;
- l'elenco di tutti i creditori, indicando per ciascuno le cause di prelazione e le somme dovute;
- gli atti di straordinaria amministrazione compiuti negli ultimi 5 anni;
- la documentazione relativa ai salari e stipendi, alle entrate proprie e della famiglia, con l'indicazione di quanto è necessario al mantenimento della stessa.

L'OCC, deputato al deposito della domanda presso il tribunale competente (composto in forma monocratica), deve allegare una relazione particolareggiata contenente (art. 76, comma 2, CCII):

- l'indicazione delle cause della crisi e della diligenza impiegata dal debitore nell'assumere obbligazioni;
- l'esposizione delle motivazioni che impediscono al debitore di far fronte alle proprie obbligazioni;
- l'eventuale esistenza di atti compiuti dal debitore impugnati dai creditori;
- la valutazione circa la completezza e l'attendibilità della documentazione allegata alla domanda presentata del debitore, nonché un giudizio di convenienza del concordato minore rispetto all'ipotesi liquidatoria;
- l'indicazione dei presunti costi della procedura;
- la misura, le modalità e i tempi di soddisfacimento dei creditori;
- l'indicazione dei criteri seguiti per la formazione delle classi (ove previste).

L'OCC, entro 7 gg dal conferimento dell'incarico da parte del debitore, deve dare notizia all'Agente della riscossione, agli Uffici fiscali e agli Enti locali competenti sulla base dell'ultimo domicilio fiscale del debitore stesso. Detti Uffici, entro 15 gg., dovranno comunicare il debito tributario accertato e gli eventuali accertamenti in corso di definizione.

Inoltre, ai sensi dell'art. 76, comma 5, CCII, la presentazione della domanda di concordato interrompe, solo agli effetti del concorso, la decorrenza degli interessi convenzionali o legali sino alla chiusura della procedura, a meno che i crediti siano assistiti da ipoteca, pegno o privilegio, salvo quanto previsto dagli artt. 2749, 2788 e 2855, commi 2 e 3, c.c.

Ove la domanda sia ritenuta ammissibile, con decreto non soggetto a reclamo, il giudice dichiara aperta la procedura e dispone la comunicazione, a cura dell'OCC, della proposta e del decreto a tutti i creditori (art. 78, comma 1, CCII)[22].

Con lo stesso decreto il giudice (art. 78, comma 2, CCII):

- dispone la sua pubblicazione in un'apposita area web del sito del Tribunale o del Ministero della giustizia, nonché nel Registro delle imprese (ove il debitore svolga attività commerciale);
- ordina la trascrizione dello stesso decreto presso gli uffici competenti, qualora il piano preveda la cessione di beni immobili e/o mobili registrati;
- fissa il termine non superiore a 30 gg. entro cui i creditori devono far pervenire all'OCC, a mezzo PEC, l'adesione (o meno) alla proposta concordataria e le eventuali osservazioni;
- dispone, su istanza del debitore e a pena di nullità, il divieto di avviare o proseguire azioni esecutive, disporre sequestri conservativi o acquisire diritti di

[22] La domanda per l'accesso alla procedura è inammissibile (art. 77 CCII):
- in mancanza della documentazione di cui agli artt. 75 e 76 CCII;
- se il debitore presenta i requisiti per essere sottoposto alla liquidazione giudiziale;
- se il debitore ha già beneficiato dell'esdebitazione per due volte;
- se il debitore ha compito atti in frode ai creditori.

prelazione sul patrimonio del debitore da parte di creditori aventi diritto e causa anteriori, e ciò sino al momento in cui il provvedimento di omologazione della procedura diventa definitivo;

- nomina il commissario giudiziale perché svolga le funzioni dell'OCC nel caso in cui:
  a) sia stata disposta la sospensione generale delle azioni esecutive individuali e la nomina appare necessaria per tutelare gli interessi delle parti;
  b) sia stata proposta la domanda di concordato in continuità aziendale, con omologazione da pronunciarsi ai sensi dell'art. 112, comma 2, CCII;
  c) quando la nomina è stata richiesta dal debitore.

Si evidenzia, inoltre, che gli atti eccedenti l'ordinaria amministrazione, senza l'autorizzazione del giudice, sono privi di efficacia rispetto ai creditori se compiuti prima che il decreto sia stato pubblicato.

Ai fini dell'omologazione, il concordato richiede l'approvazione da parte dei creditori che rappresentino la maggioranza degli aventi diritto al voto (art. 79, comma 1, CCII) e, in caso di mancata comunicazione del voto da parte del creditore, esso si intende acquisito favorevolmente (art. 79, comma 3, CCII).

Inoltre, quando un unico creditore è titolare di crediti in misura superiore alla maggioranza dei crediti ammessi al voto, il concordato è approvato se, oltre alla maggioranza di cui al periodo precedente, ha riportato la maggioranza per teste dei voti espressi dai creditori. Quando, invece, sono previste diverse classi di creditori, il concordato minore risulta approvato se la maggioranza dei creditori ammessi al voto è raggiunta anche nel maggior numero di classi [23].

Si ricorda, inoltre, che il concordato minore estende i suoi effetti anche ai soci illimitatamente responsabili, ma non pregiudica i diritti dei creditori nei confronti dei coobbligati o fideiussori del debitore e obbligati in via di regresso, salvo il caso in cui sia stato pattuito diversamente (art. 79, commi 4 e 5, CCII).

Una volta verificati i requisiti di ammissibilità alla procedura e la presenza della maggioranza per l'approvazione, il giudice, con sentenza, omologa il concordato minore disponendo adeguate forme di pubblicità, nonché la trascrizione se ritenuta necessaria (art. 80, comma 1, CCI) e, di conseguenza, la procedura viene dichiarata chiusa.

---

[23] Sono esclusi dal calcolo della maggioranza, e quindi dal diritto di voto, i creditori muniti di ipoteca, pegno e privilegio (in quanto per essi è previsto il pagamento integrale), salvo il caso in cui essi rinuncino in tutto o in parte alla prelazione. Pertanto, i creditori soddisfatti parzialmente sono equiparati ai creditori chirografari per la parte residua del credito.

Sono, altresì, esclusi dal voto il coniuge, la parte dell'unione civile e il convivente di fatto del debitore (di cui alla Legge 20 maggio 2016, n. 76), nonché i parenti e affini entro il quarto grado dello stesso, compresi i cessionari o aggiudicatari dei loro crediti divenuti tali da meno di un anno prima della domanda.

5. Le procedure di risanamento applicabili esclusivamente alle imprese assoggettabili alla liquidazione giudiziale

5.1. Il piano attestato di risanamento

Rispetto alla normativa fallimentare, con il CCII il piano attestato di risanamento, disciplinato dagli artt. 56 e ss. CCII, assume una dignità di istituto giuridico autonomo.

In premessa, è utile osservare che, in linea generale, un piano di risanamento presuppone uno stato di difficoltà dell'azienda non irreversibile, nel senso che devono esservi i presupposti affinché l'azienda stessa sia in grado ristabilire le condizioni di equilibrio complessivo (patrimoniale, finanziario ed economico), al fine di garantire la continuità aziendale. Ad avviso di chi scrive, pertanto, non può parlarsi di azione di risanamento, intesa nel senso proprio del termine, qualora essa ha esclusivamente finalità liquidatorie.

Inoltre, il piano di risanamento ha una natura strettamente privatistica e può assumere una valenza interna, ossia puntare a una soluzione della crisi rimanendo estraneo al ceto creditorio, ovvero può avere una valenza esterna, mediante la sua attestazione da parte di un professionista a ciò abilitato, il cui ruolo è quello di dimostrare la fattibilità e la realizzabilità delle ipotesi poste alla base del piano medesimo.

Ovviamente, il piano a cui fa riferimento l'art. 56 CCII è quello con valenza esterna.

Tuttavia, per completezza espositiva, è utile sottolineare che il *piano di risanamento interno* non è altro che uno strumento di ristrutturazione aziendale, il cui presupposto è quello di rimuovere le cause che hanno determinato lo stato squilibrio aziendale e di definire le politiche di rilancio dell'azienda stessa[24].

Il piano in questione è assimilabile a un piano pluriennale di sviluppo (basato su un sistema di budget), incentrato sulla riorganizzazione dei flussi produttivi, sulla riduzione o razionalizzazione della forza lavoro, su nuove politiche di mercato, ecc., avente l'obiettivo primario di ottimizzare l'efficacia e l'efficienza dei processi tecnico-produttivi e, quindi, di ristabilire la competitività aziendale nell'ottica del ritorno al valore ed all'equilibrio generale. Esso, inoltre, può anche individuare gli strumenti di controllo tramite i quali operare un costante monitoraggio della gestione[25].

Detto piano presenta alcuni vantaggi, primo tra tutti quello di non richiedere il coinvolgimento dei creditori (ma solo la loro eventuale adesione), i quali, di con-

---

[24] Sull'argomento si vedano: D. GALLETTI (2006), *I piani di risanamento e di ristrutturazione*, in *Riv. trim. dir. e proc. civ.*, p. 2010 ss.; A. SILVESTRINI (2006), *La nuova disciplina dell'art. 67 Legge Fallimentare*, in *Dir. fall.*, I, p. 862 ss.

[25] Sul punto: P. BASTIA (2019), *Crisi aziendali e piani di risanamento*, cit., p. 189 ss.

seguenza, potrebbero ignorare la situazione di difficoltà vissuta dall'azienda. Inoltre, anche i costi dell'intervento sono decisamente contenuti, così come più semplici e meno rigide appaiono le formalità da espletare rispetto ad altre procedure di risanamento, soprattutto quelle che prevedono l'intervento dell'autorità giudiziaria.

Ritornando al *piano attestato* si evidenzia che esso costituisce uno strumento di risanamento della situazione debitoria dell'imprenditore in stato di crisi o di insolvenza, che interviene in una fase stragiudiziale e in via meramente negoziale, senza alcuna necessità di omologazione da parte dell'autorità giudiziaria. Per tale motivo l'istituto non assume la natura giuridica di procedura concorsuale[26].

Ovviamente, la strategia di risanamento adottata deve avere prospettive di lungo periodo, nel senso che deve essere improntata su presupposti di sviluppo e di crescita e non di mera sopravvivenza, altrimenti il rischio è quello di operare in condizioni future di precarietà. In altre parole, l'obiettivo deve essere quello di rimuovere completamente le cause che hanno dato origine allo stato di crisi, in caso contrario vi è l'elevata probabilità che le manifestazioni patologiche scompaiano solo apparentemente e, quindi, si ripresentino in seguito e con maggiore intensità.

Inoltre, il piano deve riguardare l'azienda nel suo complesso, ossia negli aspetti economico, finanziario e patrimoniale. In particolare, esso deve indicare le varie ipotesi di riposizionamento strategico e le condizioni di realizzabilità (il cosiddetto piano industriale), nonché le risorse finanziarie necessarie per farvi fronte (piano finanziario).

In tale contesto assume un ruolo determinante il tempo di attuazione, il quale muta in relazione a una pluralità di fattori, quali: la gravità della crisi, le dimensioni aziendali, le condizioni ambientali e altro ancora. Di conseguenza, pur risultando difficile poter stabilire con certezza la durata media di un piano, è indubbio che esso si pone in un'ottica di medio-lungo periodo.

Le strategie che un'impresa può porre in essere ai fini di una politica di risanamento sono molteplici:

1. la più immediata appare quella di una *ristrutturazione tecnico-produttiva e organizzativa* volta, da un lato, a eliminare le inefficienze produttive, ridurre i costi che generano squilibrio economico, migliorare la qualità dei prodotti, dotare l'azienda di una maggiore flessibilità strutturale e altro ancora;
2. tuttavia, in presenza di una crisi del settore, la sola ristrutturazione tecnico-produttiva e organizzativa può risultare insufficiente e, quindi, la strategia di

[26] Si tratta di una soluzione prospettata dall'imprenditore in stato di crisi ai propri creditori che può condurre a un accordo e che persegue l'obiettivo di definire (o tentare di risolvere) le cause della difficoltà aziendale, senza la necessità di accedere ad istituti concorsuali maggiormente invasivi. F. SANTANGELI (2020), *Il piano attestato di risanamento ex art. 56 D.Lgs. n. 14/2019 a seguito del correttivo*, in *Diritto della crisi*, 31 dicembre.

risanamento deve puntare anche su una ridefinizione strutturale del rapporto impresa-mercato alla luce delle prospettive di evoluzione futura di quest'ultimo e delle concrete possibilità di trasformare, in tutto o in parte, l'attuale formula imprenditoriale. Pertanto, è necessario comprendere le potenzialità del mercato, altrimenti qualunque politica di risanamento fondata sul mantenimento della passata attività aziendale rischia di non produrre gli effetti sperati. In tali casi, il tentativo potrebbe essere quello di guardare ai mercati che presentano caratteristiche affini con quello con cui l'impresa ha operato[27], ovvero ricercare nuove opportunità di sbocco. È evidente che questa seconda ipotesi può richiedere un radicale processo di riconversione con conseguenti investimenti, sia in termini tecnici, sia in termini di risorse umane;

3. all'interno di un'azienda possono coesistere più settori di attività, ognuno dei quali autonomamente organizzato come unità aziendale. In tal caso, il processo di risanamento può essere attuato procedendo alla *cessione di uno o più rami aziendali*, ciò in una duplice ottica: ad esempio, eliminare quelli improduttivi, quindi, facendo venir meno le cause di inefficienza, ovvero, reperire risorse finanziarie da destinare alla riorganizzazione di altri rami aziendali sui quali l'impresa intende basare la propria strategia di sviluppo;
4. inoltre, le cause della crisi possono essere ricondotte all'incapacità del soggetto aziendale di operare le giuste scelte strategiche. In tale ipotesi, un'efficace politica di risanamento potrebbe puntare su un allargamento della compagine societaria e, quindi, sull'ingresso di nuovi soci in grado non solo di apportare capitali, ma anche conoscenze e competenze. Tuttavia, è evidente che l'allargamento dell'assetto proprietario può determinare un mutamento del livello di comando e, quindi, degli equilibri interni alla proprietà;
5. la crisi potrebbe derivare da inefficienze da ricercarsi all'interno dell'organo amministrativo e/o manageriale, pertanto, il rimedio più immediato appare quello di procedere alla loro sostituzione (totale o parziale). In questo caso, appare opportuno, comunque, attuare il cambiamento in maniera graduale, al fine non solo di evitare di disperdere un patrimonio di conoscenze e di esperienze accumulato nel corso degli anni, ma anche per consentire alla struttura aziendale di abituarsi ai mutamenti in atto senza generare particolari traumi. Molto spesso tale ricambio è necessario non solo per acquisire nuove esperienze e conoscenze, ma anche per dare all'esterno una rinnovata immagine aziendale in termini di credibilità, nell'intento di trovare un maggior supporto alla politica di risanamento;
6. il processo di risanamento può richiedere nuovi investimenti e, quindi, nuove risorse finanziarie che possono essere reperite o attraverso un aumento di capitale proprio, ovvero, per quelle aziende la cui forma societaria lo consente, mediante l'emissione di prestiti obbligazionari (anche convertibili).

---

[27] Ad esempio, un'impresa che opera prettamente nel settore agricolo diversifica la propria attività affiancando un'attività agrituristica o trasformando i prodotti agricoli in surgelati.

Tuttavia, per le aziende di elevate dimensioni, in presenza dei requisiti richiesti, è possibile anche ricorrere alla quotazione in borsa, evento questo che permette di cogliere vantaggi di natura patrimoniale e finanziaria, primo tra tutti quello di procedere alla raccolta di capitale direttamente dagli investitori.

Ai fini della redazione del piano, che può essere concepito e realizzato nella più assoluta autonomia, l'imprenditore deve attenersi ai principi contenuti nel documento emanato nel 2022 dal Consiglio Nazionale dei Dottori Commercialisti ed Esperti Contabili, di cui si tratterà nel successivo capitolo.

Inoltre, il piano è riservato, pertanto non soggiace a forme obbligatorie di pubblicità. In tal caso, resta a conoscenza solo del debitore e di ogni singolo creditore, salvo una scelta differente, sebbene facoltativa, ossia di richiedere la pubblicazione nel registro delle imprese per accedere ai benefici fiscali che la legge prevede[28].

L'art. 56, comma 2, CCII prevede, inoltre, che il piano, oltre ad avere data certa, deve indicare:

- la situazione economico-patrimoniale e finanziaria dell'impresa;
- le principali cause della crisi;
- le strategie d'intervento e dei tempi necessari per assicurare il riequilibrio della situazione finanziaria;
- i creditori e l'ammontare dei crediti dei quali si propone la rinegoziazione e lo stato delle eventuali trattative;
- gli apporti di finanza nuova;
- i tempi delle azioni da compiersi, che consentono di verificarne la realizzazione, nonché gli strumenti da adottare nel caso di scostamento tra gli obiettivi e la situazione in atto.

Inoltre, l'imprenditore deve allegare al piano i documenti previsti dall'art. 39 del D.Lgs. n. 14/2019, ossia:

- le scritture contabili e fiscali obbligatorie;
- le dichiarazioni dei redditi concernenti i tre esercizi o anni precedenti ovvero l'intera esistenza dell'impresa o dell'attività economica o professionale, se questa ha avuto una minore durata;
- i bilanci relativi agli ultimi tre esercizi;
- una relazione sulla situazione economica, patrimoniale e finanziaria aggiornata;
- uno stato particolareggiato ed estimativo delle sue attività;
- l'elenco nominativo dei creditori e l'indicazione dei rispettivi crediti e delle cause di prelazione;

[28] La pubblicazione del piano consente all'impresa debitrice di avvalersi della disciplina di cui dell'art. 88, comma 4, D.P.R. n. 917/1986, secondo cui non sono soggette a tassazione (per la parte che eccede le perdite pregresse di periodo) le sopravvenienze attive derivanti dalla falcidia dei debiti come prevista nel piano attestato.

- l'elenco nominativo di coloro che vantano diritti reali e personali su cose in suo possesso e l'indicazione delle cose stesse e del titolo da cui sorge il diritto;
- un'idonea certificazione relativa ai debiti fiscali, contributivi e assicurativi;
- una relazione riepilogativa degli atti di straordinaria amministrazione compiuti nei 5 anni precedenti.

Come ricordato in precedenza, l'art. 56, comma 2, CCII prevede, inoltre, che un professionista indipendente provveda all'attestazione circa la veridicità dei dati aziendali e la fattibilità economica e giuridica del piano.

Alla luce di quanto disposto dall'art. 2, comma 1, lett. *o*), CCII, il professionista deve soddisfare congiuntamente i seguenti requisiti:

- essere iscritto all'albo dei gestori della crisi e insolvenza delle imprese, nonché nel registro dei revisori legali;
- essere in possesso dei requisiti previsti dall'art. 2399 c.c.;
- non essere legato all'impresa o ad altre parti interessate all'operazione di regolazione della crisi da rapporti di natura personale o professionale.

Inoltre, il professionista e i soggetti con i quali è eventualmente unito in associazione professionale non devono aver prestato negli ultimi 5 anni attività di lavoro subordinato o autonomo in favore del debitore, né essere stati membri degli organi di amministrazione o controllo dell'impresa, né aver posseduto partecipazioni in essa.

Tuttavia, il ricorso allo strumento del piano attestato, sebbene scongiuri l'intervento dell'autorità giudiziaria, non inibisce eventuali azioni esecutive da parte dei creditori, né l'interruzione di quelle già avviate. Così come, ai sensi dell'art. 166, comma 3, lett. *d*), CCII, in caso di successiva apertura della liquidazione giudiziale, non sono soggetti a revocatoria gli atti, i pagamenti effettuati e le garanzie concesse su beni del debitore posti in essere in esecuzione del piano attestato e in esso indicati. L'esclusione non opera in caso di dolo o colpa grave dell'attestatore o di dolo o colpa grave del debitore, quando il creditore ne era a conoscenza al momento del compimento dell'atto, del pagamento o della costituzione della garanzia.

In merito alle misure di risanamento, si rileva la necessità di fissare obiettivi e strategie concretamente realizzabili, ciò in funzione delle reali condizioni aziendali e di quelle dell'ambiente circostante. A tal riguardo, dette misure possono riguardare, tra le altre:

- l'alienazione di taluni beni, di alcune linee produttive o di rami aziendali;
- politiche di consolidamento di debiti;
- reperimento di nuovi finanziamenti;
- riconversione industriale;
- conversione di debiti in capitale proprio;
- rilascio di adeguate garanzie a fronte di debiti pregressi.

Inoltre, il piano è un atto negoziale unilaterale che scaturisce dalla volontà del debitore, per cui, come più volte detto, non richiede l'adesione dei creditori[29]. Tuttavia, i creditori che vi aderiscono potranno essere soddisfatti nella misura indicata, mentre per i creditori che ne sono rimasti estranei il soddisfacimento dovrà avvenire integralmente nei tempi stabiliti e con mezzi normali[30].

5.2. Gli accordi di ristrutturazione dei debiti

L'accordo di ristrutturazione dei debiti, disciplinato dagli artt. 57 e ss. CCII, è concluso dall'imprenditore (anche non commerciale), con esclusione del soggetto minore, che si trova in stato di crisi o di insolvenza, con i creditori che rappresentino almeno il 60% per cento dei crediti (salvo quanto previsto dall'art. 60 CCII) ed è soggetto a omologazione da parte del tribunale.

Alla base dell'accordo di ristrutturazione vi è il piano che deve essere redatto secondo le modalità indicate dall'art. 56 CCII e, pertanto, ai sensi dell'art. 57 CCII, anche in questo caso è richiesta l'asseverazione da parte di un professionista, il quale deve attestare la veridicità dei dati e la fattibilità del piano medesimo[31].

Gli accordi di ristrutturazione devono assicurare il pagamento integrale dei creditori estranei nei seguenti termini:

a) entro centoventi giorni dall'omologazione, in caso di crediti già scaduti a quella data;
b) entro centoventi giorni dalla scadenza, in caso di crediti non ancora scaduti alla data dell'omologazione.

Inoltre, qualora prima dell'omologazione intervenga una modifica sostanziale degli accordi o del piano, l'art. 58, comma 1 CCII impone l'obbligo del rinnovo sia dell'attestazione da parte del professionista, sia delle manifestazioni di voto da parte dei creditori.

Ai sensi del comma 2 del citato art. 58 CCII, se dopo l'omologazione si rendono necessarie modifiche sostanziali del piano volte ad assicurare l'esecuzione degli accordi, vi è l'obbligo di rinnovare l'attestazione. In questo caso, il piano modificato e la relativa relazione di attestazione sono pubblicati nel registro delle

---

[29] Si vedano: G. GIANNELLI (2005), *Concordato preventivo e accordi di ristrutturazione dei debiti, piani di risanamento dell'impresa nelle procedure concorsuali*, in *Dir. fall.*, I, p. 1156; P. PISCITELLO (2007), *Piani di risanamento e posizione delle banche*, in *Banche, borsa e titoli di credito*, Giuffrè, Milano, I, p. 539.

[30] AA.VV. (2009), *La crisi d'impressa nelle PMI*, Egea, Milano.

[31] In merito agli accordi di ristrutturazione dei debiti, tra questi vanno ricompresi anche quelli contemplati dagli artt. 60 e 61 CCII, ossia, rispettivamente, gli *accordi di ristrutturazione agevolati* e gli *accordi di ristrutturazione ad efficacia estesa*.

imprese e comunicati ai creditori, i quali potranno fare opposizione dinanzi al tribunale nel termine di 30 gg. dal ricevimento dell'avviso.

5.3. Il Piano di Ristrutturazione Omologato (P.R.O.)

Disciplinato dall'art. 64-*bis* CCII, anche il P.R.O. rientra tra le procedure di gestione della crisi d'impresa con l'obiettivo di ristabilire l'equilibrio aziendale.

Esso costituisce un ulteriore strumento che permette al debitore commerciale, che non dimostra il possesso congiunto dei requisiti di cui all'art. 2, comma 1, lett. *d*) e che si trova in stato di crisi o di insolvenza, di soddisfare i propri creditori, previa suddivisione in classi degli stessi secondo posizione giuridica e interessi economici omogenei, distribuendo il ricavato del piano anche in deroga ai vincoli di distribuzione previsti per le procedure concorsuali dagli artt. 2740 e 2741 c.c. Ciò significa che il debitore può di fatto trattare in maniera diversa crediti della stessa natura, ovvero in maniera uguale crediti che hanno gradi di privilegio diversi [32].

Tuttavia, è necessario che il piano sia approvato dall'unanimità delle classi e i crediti assistiti dal privilegio di cui all'art. 2751-*bis*, n. 1, c.c. (ossia i crediti dei lavoratori dipendenti) siano soddisfatti in denaro integralmente entro 30 gg. Dall'omologazione.

Inoltre, è necessario l'intervento di un professionista che attesti l'adeguatezza del piano a garantire il riequilibrio dell'impresa.

Il P.R.O., similmente al piano attestato (di cui all'art. 56 CCII) e agli accordi di ristrutturazione dei debiti (di cui all'art. 57 CCII), ha il vantaggio di non rientrare tra le procedure concorsuali propriamente intese, atteso che esso può derogare al principio della *par condicio creditorum.*

Tuttavia, ai fini della sua efficacia, è necessario che vi sia l'omologa del tribunale e la nomina di un commissario giudiziale che sorvegli la gestione, che però può continuare in capo agli amministratori dell'impresa sia nell'ordinaria che nella straordinaria amministrazione.

Un altro aspetto significativo da sottolineare è la differenzia tra il P.R.O. e l'accordi di ristrutturazione di cui all'art. 57 CCII, atteso che quest'ultimo prevede il soddisfacimento integrale dei "creditori estranei all'accordo" entro 120 giorni, mentre, con riferimento al P.R.O., il creditore che si oppone non determina l'impossibilità di omologa da parte del tribunale, a condizione che quest'ultimo consideri la proposta conveniente per il creditore medesimo rispetto all'ipotesi della liquidazione giudiziale [33].

---

[32] Più in generale: S. BONFATTI (2022), *Il piano di ristrutturazione soggetto ad omologazione*, in *Diritto della crisi*, 15 agosto; G. BOZZA (2022), *Il Piano di Ristrutturazione soggetto ad omologazione*, in *Diritto della crisi*, 7 giugno.

[33] F. PLATANIA (2022), *Piano di Ristrutturazione soggetto ad omologa*, in *www.ilfallimentarista.it*,

È chiaro, quindi, che l'intendimento del legislatore è quello di evitare che un creditore precluda l'omologazione di un piano di risanamento che consente allo stesso creditore di essere soddisfatto almeno in egual misura rispetto alla liquidazione giudiziale, circostanza questa che nella stragrande maggioranza dei casi soddisfa i creditori in misura inferiore rispetto a un piano in continuità.

Un ultimo aspetto riguarda le c.d. "misure protettive". Anche nel caso del P.R.O., a seguito di apposita istanza da parte del debitore, il tribunale può inibire ai creditori di iniziare o proseguire azioni esecutive già avviate, ovvero chiedere la liquidazione giudiziale dell'impresa. Si tratta di una protezione molto forte ed estremamente utile al fine di poter procedere in maniera ordinata alle trattative con i creditori, senza che alcuni di essi possano utilizzare azioni già iniziate, o la minaccia di nuove, per ottenere posizioni negoziali vantaggiose, quanto – talvolta – esiziali, per il prosieguo del risanamento.

5.4. Il concordato preventivo in continuità

Il concordato preventivo è disciplinato dagli artt. 84 e ss. CCII. Lo scopo della procedura è quello indicato nel comma 1 del citato articolo, secondo cui "*con il concordato preventivo il debitore realizza il soddisfacimento dei creditori mediante la continuità aziendale o la liquidazione del patrimonio*" [34].

La disciplina concordataria pone in risalto aspetti complementari tra loro: da un lato la tutela dell'interesse dei creditori, dall'altro lato offre la possibilità di mantenere debitamente distinti il "concordato in continuità aziendale" dal "concordato liquidatorio" [35].

Tuttavia, da un attento esame della norma, emerge l'evidente atteggiamento di favore del legislatore verso il concordato in continuità aziendale, poiché appare la soluzione giuridica più idonea a garantire il superamento dello stato di crisi e nel contempo a mantenere l'integrità del patrimonio aziendale. Di conseguenza, il concordato liquidatorio viene considerato una procedura eventuale e residuale [36].

---

12 aprile; F. Oltolini (2022), *Il Piano di Ristrutturazione soggetto ad omologazione: una prima riflessione*, in *Diritto della crisi*, 27 marzo.

[34] L. Panzani (2022), *La finalità del concordato preventivo*, in *Diritto della crisi*, 10 ottobre.

[35] Si evidenzia che l'art. 47, lett. *b*), CCII, richiede che il piano sia idoneo alla "soddisfazione dei creditori, come proposta dal debitore e alla conservazione dei valori aziendali"; mentre il successivo art. 87, comma 3, CCII stabilisce che il professionista indipendente deve attestare che il piano in continuità "*è atto a impedire o superare l'insolvenza del debitore, a garantire la sostenibilità economica dell'impresa e a riconoscere a ciascun creditore un trattamento non deteriore rispetto a quello che riceverebbe in caso di liquidazione giudiziale*".

[36] S. Leuzzi (2022), *Appunti sul concordato preventivo ridisegnato*, in *Diritto della crisi*, 5 maggio; A. Zorzi (2022), *Concordato con continuità e concordato liquidatorio: oltre le etichette*, in *Dir. fall.*

Invero, nel concordato in continuità aziendale i creditori vengono soddisfatti in misura prevalente dai flussi finanziari prodotti dalla continuità aziendale (diretta o indiretta).

Pertanto, a ciascun creditore deve essere assicurata un'utilità specificamente individuata ed economicamente valutabile, che può anche essere rappresentata dalla prosecuzione o dal rinnovo di rapporti contrattuali con il debitore o con il suo avente causa[37].

L'accesso alla procedura di concordato preventivo è riservato agli imprenditori commerciali assoggettabili alla liquidazione giudiziale, di conseguenza rimangono escluse le imprese minori.

Ciò precisato, l'imprenditore che si trova in stato di crisi o di insolvenza può proporre un concordato che realizzi il soddisfacimento dei creditori in misura non inferiore a quella realizzabile in caso di liquidazione giudiziale mediante la continuità aziendale, anche per il tramite di un terzo assuntore e in qualsiasi altra forma.

Il piano di concordato, inoltre, può prevedere la suddivisione dei creditori in classi con trattamenti differenziati tra creditori appartenenti a classi diverse.

Dal punto di vista sostanziale, ai sensi dell'art. 87 CCII, il piano deve contenere:

a) l'indicazione del debitore e delle eventuali parti correlate, le sue attività e passività al momento della presentazione del piano e la descrizione della situazione economico-finanziaria dell'impresa e della posizione dei lavoratori;
b) una descrizione delle cause e dell'entità dello stato di crisi o di insolvenza in cui si trova e l'indicazione delle strategie d'intervento;
c) il valore di liquidazione del patrimonio, alla data della domanda di concordato, in ipotesi di liquidazione giudiziale;
d) le modalità di ristrutturazione dei debiti e di soddisfacimento dei crediti attraverso qualsiasi forma, anche mediante cessione dei beni, accollo o altre operazioni straordinarie, ivi compresa l'attribuzione ai creditori, nonché a società da questi partecipate, di azioni, quote, ovvero obbligazioni, anche convertibili in azioni, o altri strumenti finanziari e titoli di debito;
e) la descrizione analitica delle modalità e dei tempi di adempimento della proposta nonché, in caso di concordato in continuità, il piano industriale con l'indicazione degli effetti sul piano finanziario e dei tempi necessari per assicurare il riequilibrio della situazione finanziaria;
f) ove sia prevista la prosecuzione dell'attività d'impresa in forma diretta, l'analitica individuazione dei costi e dei ricavi attesi, del fabbisogno finanziario e delle relative modalità di copertura, tenendo conto anche dei costi necessari per assicurare il rispetto della normativa in materia di sicurezza sul lavoro e di tutela dell'ambiente;

---

[37] In merito si veda: S. AMBROSINI (2022), *Brevi appunti sulla nuova "sintassi" del concordato preventivo*, in *ristrutturazioni aziendali.ilcaso.it*, 9 giugno.

g) gli eventuali apporti di nuova finanza e le ragioni per cui sono necessari per l'attuazione del piano;
h) le azioni risarcitorie e recuperatorie esperibili, nonché le azioni eventualmente proponibili solo nel caso di apertura della procedura di liquidazione giudiziale e le prospettive di realizzo;
i) le iniziative da adottare qualora si verifichi uno scostamento dagli obiettivi pianificati;
l) le parti interessate dal piano, indicate individualmente o descritte per categorie di debiti, e l'ammontare dei relativi crediti e interessi, con indicazione dell'ammontare eventualmente contestato;
m) le classi in cui le parti interessate sono state suddivise ai fini del voto, con indicazione dei criteri di formazione utilizzati, del valore dei rispettivi crediti e degli interessi di ciascuna classe;
n) le eventuali parti non interessate dal piano, indicate individualmente o descritte per categorie di debiti, unitamente a una descrizione dei motivi per i quali non sono interessate;
o) le modalità di informazione e consultazione dei rappresentanti dei lavoratori, nonché gli effetti della ristrutturazione sui rapporti di lavoro, sulla loro organizzazione o sulle modalità di svolgimento delle prestazioni.

Inoltre, nella domanda il debitore deve indicare le ragioni per cui la proposta concordataria è preferibile rispetto alla liquidazione giudiziale.

Unitamente alla domanda, il debitore ha inoltre l'obbligo di depositare la relazione di un professionista indipendente che attesti la veridicità dei dati aziendali e la fattibilità del piano e, in caso di continuità aziendale, che il piano è atto a impedire ovvero superare l'insolvenza del debitore, a garantire la sostenibilità economica dell'impresa e a riconoscere a ciascun creditore un trattamento non deteriore rispetto a quello che riceverebbe in caso di liquidazione giudiziale. Analoga relazione deve essere presentata nel caso di modifiche sostanziali della proposta o del piano[38].

Nell'ipotesi di continuità aziendale, ai sensi dell'art. 88 CCII, con il piano di concordato il debitore può proporre il pagamento, parziale o anche dilazionato, dei tributi e dei relativi accessori amministrati dalle agenzie fiscali, nonché dei contributi previdenziali, qualora lo stesso ne prevede la soddisfazione in misura non inferiore a quella realizzabile sul ricavato in caso di liquidazione.

Inoltre, dalla data di presentazione della domanda di accesso al concordato preventivo e fino all'omologazione, il debitore conserva l'amministrazione dei suoi beni e l'esercizio dell'impresa, sotto la vigilanza del commissario giudiziale. Quest'ultimo viene nominato dal tribunale e ha il compito di vigilare sulla regolarità della procedura, anche nella fase post-omologa.

---

[38] F. De Santis (2020), *Il processo di concordato preventivo*, in *Diritto della crisi*, 31 ottobre.

Ai sensi dell'art. 109 CCII, il concordato è approvato dai creditori che rappresentano la maggioranza dei crediti ammessi al voto. Nel caso in cui un unico creditore sia titolare di crediti in misura superiore alla maggioranza dei crediti ammessi al voto, il concordato è approvato se, oltre alla maggioranza di cui al primo periodo, abbia riportato la maggioranza per teste dei voti espressi dai creditori ammessi al voto. Ove siano previste diverse classi di creditori, il concordato è approvato se la maggioranza dei crediti ammessi al voto è raggiunta inoltre nel maggior numero di classi.

La procedura di concordato preventivo si chiude con la sentenza di omologazione. Da tale momento, il commissario giudiziale rimane in carica con il solo fine di verificare la regolarità dell'attuazione del piano concordatario [39].

6. La transazione fiscale e contributiva (cenni)

L'istituto della transazione fiscale e contributiva, già contemplato dalla normativa fallimentare all'art. 182-*ter*, trova applicazione negli artt. 63 CCII (*Transazione fiscale e contributiva*) e 88 CCII (*Trattamento dei crediti fiscali e contributivi*) [40].

In particolare, l'art. 63 CCII fa riferimento agli accordi di ristrutturazione dei debiti di cui agli artt. 57, 60 e 61 CCII, mentre la transazione di cui all'art. 88 CCII riguarda la procedura di concordato preventivo.

Come già ricordato, l'art. 63 CCII fa riferimento alla transazione fiscale e contributiva nell'ambito degli accordi di ristrutturazione dei debiti, all'interno dei quali l'imprenditore può proporre il pagamento parziale o anche dilazionato dei tributi e dei contributi previdenziali, purché la proposta formulata nei confronti dei creditori istituzionali risulti più vantaggiosa rispetto all'ipotesi della liquidazione giudiziale e ciò deve risultare da una relazione redatta da un professionista indipendente.

A tal proposito, con riferimento ai soli accordi di ristrutturazione (quindi con esclusione del concordato preventivo), la recente Legge 10 agosto 2023, n. 103 ha di fatto modificato l'art. 63 CCII, inasprendo il ricorso a tale strumento.

Invero, l'art. 1-*bis* della citata legge, prevede, solo in caso di accordi non aventi natura liquidatoria, una percentuale minima di pagamento dei crediti tributari e previdenziali (comprese sanzioni e interessi) pari al 60% nel caso di accordi di ristrutturazione di cui all'art. 57, comma 1 CCII, mentre una percentuale minima

---

[39] S. Leuzzi (2023), *L'omologazione del concordato preventivo in continuità*, in *Diritto della crisi*, 16 febbraio.

[40] G.L. Adreani (2023), *Transazione Fiscale: Come cambia a seguito del Codice della Crisi e della Direttiva Insolvency*, in *Diritto della crisi*, 6 febbraio; L. Gambi (2021), *Una panoramica sulla transazione fiscale nelle procedure concorsuali*, in *Diritto della crisi*, 1° giugno.

del 30% nell'ipotesi di accordi agevolati di cui all'art. 60, comma 1 CCII, purché il credito complessivo vantato dagli altri creditori aderenti all'accordo non sia inferiore al 25%. In caso contrario, ossia ove tale percentuale del 25% non fosse raggiunta, la percentuale minima da offrire ai creditori viene elevata al 40%.

Inoltre, il debito può essere pagato in un arco temporale massimo di dieci anni, fermo restando il pagamento dei relativi interessi di dilazione in base al tasso legale vigente nel corso di tale periodo.

Infine, l'adesione dei creditori destinatari della proposta deve avvenire entro 90 gg. dal deposito della proposta medesima, in mancanza della quale il tribunale, accertato il rispetto delle percentuali di cui sopra, omologa l'accordo. È il caso dell'omologazione forzosa (*cram down*)[41].

L'art. 88 CCII, invece, fa riferimento alla transazione fiscale e contributiva nell'ambito del concordato preventivo, relativamente alla quale non sono previste percentuali minime da riconoscere ai creditori, in quanto l'unico limite è rappresentato dal valore di liquidazione, pertanto, il debitore in tal senso avrebbe più convenienza a preferire tale procedura rispetto agli accordi ristrutturazione, sebbene, com'è noto, essa sia più complessa e onerosa.

[41] M. MAURO (2022), *Transazione fiscale e "cram down" del giudice fallimentare*, in *Diritto della crisi*, 29 settembre.

Capitolo V
I principi di redazione dei piani di risanamento

1. Premessa

Come ampiamente detto in precedenza, il CCII disciplina una pluralità di istituti il cui scopo principale è quello di agevolare il superamento della crisi aziendale nell'ottica della conservazione del patrimonio aziendale e, quindi, della continuazione dell'attività economica.

In tale prospettiva il legislatore ha inteso privilegiare il rapporto tra il debitore e i creditori, riservando a tali soggetti il compito di ricercare una soluzione che, anche in ragione dello stato e delle connotazioni della crisi, sia in grado di garantire i variegati interessi.

Il riferimento è alle diverse procedure di risanamento che, in relazione ai differenti presupposti e finalità per cui vengono poste in essere, richiedono altrettanti differenti approcci valutativi da parte dei soggetti coinvolti. A tali procedure il legislatore ha inteso affidare una funzione ben specifica, ossia, da un lato tutelare il ceto creditorio, dall'altro lato mantenere in vita l'azienda, fermo restando la sussistenza dei presupposti che permettono a quest'ultima di proseguire la propria attività[1].

È indubbio che l'elemento comune e imprescindibile delle varie procedure è il piano di risanamento (la cui predisposizione compete agli organi di direzione), nel quale vengono definiti gli obiettivi, le strategie e le azioni da intraprendere, al fine di condurre l'azienda al di fuori dello stato di crisi.

---

[1] Sull'argomento si vedano: S. AMBROSINI (2005), *Gli accordi di ristrutturazione ...*, cit.; S. AMBROSINI, P. DE MARCHI (2005), *Il nuovo concordato preventivo e gli accordi di ristrutturazione*, Giuffrè, Milano; M. FERRO (2008), *La legge fallimentare. D.Lgs, n. 169/07*, Cedam, Padova; M. FERRO, A. RUGGIERO, A. DI CARLO (2009), *Concordato preventivo, Concordato fallimentare e accordi di ristrutturazione dei debiti*, Giappichelli, Torino; G.B. NARDECCHIA (2007), *Crisi d'impresa, autonomia privata e controllo giurisdizionale, Gli accordi di ristrutturazione dei debiti, il piano attestato, il concordato fallimentare*, Wolters Kluwer ed., Padova; A. DANOVI, A. QUAGLI (2008), *Gestione della crisi aziendale e dei processi di risanamento. Prevenzione e diagnosi, terapie, casi aziendali*, Wolters Kluwer ed., Padova.

Come si vedrà a breve, il piano deve essere redatto nel rispetto dei principi di redazione contenuti nel documento emanato nel 2022 dal Consiglio Nazionale dei Dottori Commercialisti ed Esperti Contabili [2].

2. I principi di redazione

Come ricordato poc'anzi, l'elemento comune alle diverse procedure di risanamento è il piano di ristrutturazione che, una volta redatto e prima di essere sottoposto all'attenzione dei destinatari, in taluni casi è oggetto di valutazione da parte di un professionista indipendente all'uopo nominato, il cui compito è quello di esprimere un giudizio in merito al grado di veridicità, affidabilità e realizzabilità.

Come è noto, l'art. 2381, comma 3, c.c. pone in capo all'organo amministrativo il compito di esaminare i piani strategici, industriali e finanziari della società e, pertanto, con il supporto del management aziendale, quello di analizzare i dati, le informazioni e le previsioni ivi contenute, anche con l'ausilio di consulenti esterni.

In particolare, dinanzi a una situazione di crisi aziendale, il piano di risanamento, in cui sono descritte le strategie e le azioni da intraprendere, deve essere preliminarmente esaminato e fatto proprio dall'organo amministrativo, anche nel caso in cui il processo di risanamento sia compiuto sotto la vigilanza degli organi giudiziari nell'ambito di una procedura concorsuale.

Tuttavia, benché nella redazione del piano l'organo amministrativo possa avvalersi del supporto del management e di professionisti esterni, esso rimane, in via del tutto esclusiva, l'unico responsabile della forma e della sostanza dei contenuti, in quanto risponde della chiarezza, della veridicità e della correttezza dei dati e delle informazioni riportati, delle azioni da intraprendere, delle tecniche impiegate nella redazione, dell'elaborazione delle analisi storiche e prospettiche, nonché della forma richiesta dal documento e degli obblighi informativi eventualmente richiesti dalle norme di legge.

Come già detto, il piano di risanamento in ragione del percorso che si intende intraprendere, può avere una valenza *interna*, quindi svilupparsi al di fuori dei confini dettati dalla normativa codicistica, ovvero una valenza *esterna*, allorquando trova riconoscimento nella disciplina degli istituti regolamentati dal CCII.

---

[2] CNDCEC (2022), *Principi per la redazione dei piani di risanamento*. In esso sono contenuti i principi generali di redazione del piano industriale, esposti nel documento denominato *Linee guida alla redazione del Business Plan* (2011), elaborato dal CNDCEC.

Si precisa che, al momento, i Principi di redazione fanno riferimento alla normativa fallimentare e non al *Codice della crisi d'impresa e dell'insolvenza*. Tuttavia, la nuova normativa non ha apportato alcuna modifica in tema di redazione dei piani di risanamento, pertanto, non vi è ragione di ritenere che detto documento possa subire sostanziali mutamenti.

Tuttavia, qualsiasi sia il percorso prescelto, il piano è frutto della volontà degli organi aziendali di ripristinare le condizioni di equilibrio dell'impresa e il ritorno alla creazione di valore, considerando che l'obiettivo primario è quello di far convergere il maggior numero di adesioni al progetto di *turnaround* da parte dei soggetti interessati, attraverso il loro pieno coinvolgimento, anche in termini di contributi (resi attraverso l'apporto o il sacrificio) di natura economica e finanziaria, finalizzati al raggiungimento dell'obiettivo comune che è quello di preservare la continuità dell'impresa.

Il piano, pertanto, deve evidenziare il percorso che si intende intraprendere per il superamento dello stato di crisi, anche al fine di consentire ai soggetti coinvolti di poter monitorare gli obiettivi che progressivamente vengono raggiunti rispetto a quelli pianificati.

Ciò precisato, il processo di individuazione delle cause della crisi e di analisi dei dati economici, finanziari e patrimoniali può condurre all'emersione di uno stato di crisi che, come ricordato in precedenza, assume due differenti connotazioni, ossia:

- una *crisi temporanea e reversibile*, quindi di tipo fisiologico, caratterizzata da disfunzioni, magari anche gravi, ma tali da consentire il mantenimento o il recupero della continuità aziendale;
- una *crisi irreversibile*, con connotazioni di tipo patologico, tale da rendere obbligatorio considerare la soluzione della liquidazione.

Ovviamente, il piano di risanamento è rivolto a quelle situazioni per le quali sussistono le condizioni per ristabilire le condizioni di equilibrio.

Ai fini della redazione del piano di ristrutturazione dell'impresa, come ricordato in precedenza, è necessario fare riferimento ai *Principi per la redazione dei piani di risanamento* (d'ora in poi "Principi di redazione"), contenuti nel documento elaborato dal Consiglio Nazionale dei Dottori Commercialisti ed Esperti Contabili, la cui applicazione si estende a tutti i piani aventi lo scopo di ristabilire le condizioni di equilibrio aziendale, disciplinandone la redazione, il contenuto e la forma.

2.1. Principi generali di redazione del piano

1. ***Adeguatezza delle risorse e delle competenze***: considerato che il piano deve esplicitare in chiave prospettica il percorso di riorganizzazione aziendale finalizzato al superamento dello stato di crisi, è necessario che in esso siano specificatamente indicate le risorse necessarie da impiegare in ragione degli obiettivi prefissati e il loro grado di adeguatezza.

Tra i fattori critici di successo di un piano di risanamento si evidenziano:

- la presenza, all'interno dell'azienda, di adeguate competenze manageriali in rapporto alle diverse funzioni;
- il grado di esperienza e di conoscenza in tema di attività di pianificazione e controllo da parte di coloro che sono chiamati a redigere il piano, anche in considerazione della necessità di monitorare i successivi sviluppi del processo di risanamento, soprattutto se questo viene attuato nell'ambito degli strumenti previsti dalla normativa sulla crisi d'impresa.

In tale prospettiva, il sistema amministrativo-contabile dell'azienda deve essere in grado di fornire tutte le informazioni necessarie, nonché i dati previsionali e consuntivi di natura economica e finanziaria, ma ciò presuppone l'implementazione di un adeguato processo di acquisizione ed elaborazione di tali dati. Pertanto, laddove vengano ravvisate delle lacune in tal senso, è necessario ricorrere a consulenti esterni specializzati, fermo restando che, come ricordato in precedenza, le responsabilità rimangono sempre in capo all'organo amministrativo.

Per essere efficace un piano deve dimostrare di possedere le seguenti caratteristiche:

- definire con chiarezza gli obiettivi a breve, medio e lungo periodo che si prevede di raggiungere;
- descrivere in maniera puntuale e organica le strategie che si intendono adottare;
- evidenziare le modalità attraverso cui saranno soddisfatte le aspettative degli stakeholders.

2. ***Tempestività***: come più volte ricordato, nelle situazioni di crisi aziendale il fattore tempo rappresenta un elemento di elevata criticità, soprattutto nella fase iniziale in cui è necessario porre sotto controllo le cause che ne hanno determinato l'insorgenza. In tal senso, i Principi di redazione auspicano che il piano garantisca una certa tempestività in rapporto alla gravità della crisi, in caso contrario, il rischio elevato è quello della perdurabilità delle cause originanti favorendo l'aggravarsi della situazione. Pertanto, è necessario considerare l'arco temporale tra l'esecuzione degli interventi e gli effetti che da essi derivano. Molto spesso, infatti, l'emersione della crisi avviene con un certo ritardo, quando cioè gli effetti negativi si sono propagati all'intero sistema aziendale compromettendo l'equilibrio complessivo. In tal senso, come già ricordato, nel CCII è stato introdotto l'istituto della *Composizione negoziata della crisi d'impresa*, il cui scopo principale è quello di far emergere tempestivamente eventuali disfunzioni in modo tale da evitare che queste si traducano in una situazione di crisi irreversibile.

3. ***Progressività nell'elaborazione***: la costruzione del piano avviene seguendo un processo articolato e strutturato in base a interazioni continue e interventi correttivi consecutivi, sino a giungere alla versione definitiva. Esso, pertanto, viene costruito attraverso una successione di attività (anche attraverso il coinvolgimento

degli stakeholders) decisamente complesse da gestire e che possono anche richiedere tempi non brevi. Da qui la necessità di agire con una certa tempestività e coordinazione per evitare che si possano produrre effetti ancor più negativi sulla gestione aziendale.

4. ***Affidabilità del processo di costruzione***: la redazione del piano presuppone l'adozione di un metodo scientifico affinché ne possa essere garantita l'affidabilità. Le ipotesi formulate, i procedimenti attraverso i quali si perviene all'elaborazione dei dati in esso contenuti e gli obiettivi che si intendono raggiungere rappresentano gli elementi portanti del piano medesimo. Va da sé che il requisito dell'affidabilità deve riguardare sia il metodo utilizzato per la raccolta dei dati, sia il metodo di elaborazione degli stessi. È necessario, pertanto, che la raccolta e l'elaborazione dei dati avvenga in modo organico e metodico e che l'analisi degli stessi dati sia verificabile sia da parte di chi ha redatto il piano, sia da parte dei suoi destinatari. Pertanto, devono essere chiaramente e correttamente rappresentate: le modalità di costruzione dei modelli utilizzati per la formulazione dei dati di tipo proiettivo, le ipotesi fondanti, nonché le fonti dei dati che sono alla base dei dati proiettivi.

5. ***Neutralità***: il principio della neutralità trova le sue radici nel citato documento *Linee guida alla redazione del Business Plan*[3], secondo cui il piano deve essere redatto secondo criteri il più possibile obiettivi e ponderati, ben lontani da quelli che possono essere gli interessi specifici.

Ne consegue che, l'obiettivo è quello di informare i soggetti interessati sull'evoluzione della gestione aziendale nel suo complesso e delle varie aree che la compongono, al fine di garantire all'azienda un percorso di cambiamento diretto al ripristino delle condizioni di equilibrio basato sul nuovo modello identificato.

6. ***Focalizzazione***: se l'elaborazione di un piano non è supportata da una reale volontà di raggiungere gli obiettivi prefissati è molto probabile che ciò si traduca in un insuccesso dello stesso. Pertanto, l'imprenditore e il management devono dimostrare concretamente l'intendimento di voler fermamente perseguire la via del risanamento, in linea con i contenuti del piano medesimo.

2.2. Principi generali sui contenuti del piano

1. ***Sistematicità***: tale principio presuppone la descrizione della situazione iniziale dell'azienda e quella che si andrà a delineare alla fine del processo di risanamento. Pertanto, nel piano devono essere indicate le variabili aziendali fonda-

---

[3] Vedi nota n. 2.

mentali, evidenziando, nel contempo, le correlazioni esistenti tra le diverse aree aziendali, la struttura organizzativa, le azioni che si intendono intraprendere, le risorse disponibili e altro ancora. Tale principio si affianca a quello enunciato in precedenza, ossia l'affidabilità del piano.

2. ***Coerenza***: secondo tale principio le ipotesi poste alla base delle stime e dei dati prospettici su cui è costruito l'intero piano devono essere *compatibili* e *interconnesse* tra di loro. La compatibilità deve essere valutata anche in rapporto all'analisi della situazione contingente, agli andamenti storici delle variabili economiche, patrimoniali e finanziarie e all'evoluzione attesa dei diversi possibili scenari identificati, anche di tipo ambientale.

3. ***Attendibilità***: un piano si considera attendibile allorquando il suo contenuto complessivo e i singoli elementi su cui esso si fonda risultano *compatibili* e *coerenti* tra di loro e le ipotesi sottostanti appaiono *ragionevoli* e *dimostrabili*. La portata di tale principio ricorda il concetto di veridicità del bilancio d'esercizio, pertanto esso è inteso come rappresentazione verosimile e ragionevole della realtà descritta nel piano. Invero, il piano di risanamento non è altro che uno strumento previsionale e come tale le previsioni in esso contenute potrebbero non trovare completa attuazione. Ciò che lo rende attendibile è l'elevata probabilità che gli obiettivi, la strategia delineata e le azioni da intraprendere possano essere complessivamente conseguiti, seppur con lievi variazioni e nonostante il possibile verificarsi di eventi negativi.

L'attendibilità del piano deve, altresì, essere valutata rispetto a una pluralità di fattori, quali:

- la *congruità*, sia qualitativa che quantitativa, delle risorse impiegate per il raggiungimento degli obiettivi prefissati;
- la *verifica* della loro effettiva disponibilità;
- gli *scenari* ragionevolmente prevedibili e le diverse aree di rischio;
- la *verifica* della fattibilità della combinazione produttiva in ragione delle risorse disponibili.

Ne consegue che la coerenza, la sistematicità e l'attendibilità costituiscono dei principi che vanno considerati in modo unitario e coordinato, atteso che la mancanza di un nesso di causalità tra le ipotesi strategiche del piano e le conseguenti rappresentazioni quantitative comporta il rischio di elaborare un piano che non è in grado sia di rappresentare la reale situazione aziendale, sia di fornire una stima attendibile dei dati previsionali di tipo quantitativo.

4. ***Sostenibilità***: detto principio presuppone la capacità dell'azienda, soprattutto a regime, di produrre adeguati flussi finanziari correnti diretti alla copertura dei costi operativi e di parte degli investimenti. Invero, è necessario dimostrare che,

nell'arco temporale di attuazione del piano, l'azienda è in grado di garantire il graduale ripianamento dei debiti e, pertanto, il piano deve risultare idoneo a ricondurre l'esposizione debitoria a livelli tali da dimostrare una certa coerenza con i flussi finanziari generati dalla gestione corrente e con il livello di patrimonializzazione della stessa.

5. ***Trasparenza***: tale principio, strettamente legato a quello della chiarezza e affidabilità, può ritenersi rispettato allorquando il piano risulti idoneo a descrivere i principi e le metodologie di calcolo su cui si fondano i dati previsionali elaborati.

6. ***Prudenza***: è un principio intrinsecamente legato a quello dell'attendibilità e affidabilità. Affinché esso sia rispettato è necessario che le ipotesi poste alla base del piano siano in grado di rappresentare gli scenari futuri più probabili al momento della sua redazione. Nel caso vi fossero più scenari con la stessa probabilità di realizzazione, la corretta applicazione del principio prevede l'esposizione dello scenario più sfavorevole dal punto di vista economico e finanziario, ossia l'ipotesi peggiore.

2.3. Principi generali sulla forma del piano

1. ***Chiarezza***: il piano deve essere comprensibile, non solo in termini formali, ma anche dal punto di vista sostanziale. Ciò significa che i suoi destinatari devono essere messi nelle condizioni di comprendere l'oggetto del risanamento, gli obiettivi che si intendono perseguire, le azioni da intraprendere, nonché le risorse da impiegare.

Gli elementi che possono contribuire a garantirne la chiarezza sono i seguenti:

- una univocità terminologica;
- la previsione di un'eventuale sezione in appendice, nella quale approfondire particolari aspetti tecnici o determinate formule utilizzate;
- l'utilizzo di un'impostazione generale e l'uso di tabelle uniformi tali da agevolare la lettura;
- l'analitica descrizione delle singole componenti del piano, organizzate secondo un indice ben preciso.

2. ***Completezza***: il piano deve riportare qualunque informazione utile ai fini della sua comprensione. Pertanto, occorre rispettare sia il principio della *completezza formale*, sia quello della *completezza sostanziale*.

La completezza formale presuppone che il piano sia adeguatamente corredato di tutti i documenti sottostanti. In particolare, come suggerito dai Principi di redazione, è necessario indicare i seguenti elementi:

- l'oggetto del piano;

- l'arco temporale di attuazione;
- la data di redazione e quella a cui si riferisce la situazione economica, patrimoniale e finanziaria dell'azienda;
- la storia dell'azienda e la descrizione dei prodotti e servizi offerti;
- la storia dei soci, degli amministratori e del management;
- l'analisi dell'azienda (struttura organizzativa, struttura amministrativa, struttura finanziaria, risorse umane, *know how*, ecc.);
- l'analisi del mercato e le scelte di marketing;
- le previsioni circa le ipotesi di sviluppo della gestione futura, in termini di piano di marketing, piano degli investimenti, piano delle fonti di finanziamento, impiego di nuove risorse umane, ecc.;
- la descrizione del ciclo produttivo;
- le considerazioni finali;
- l'approvazione da parte dell'organo amministrativo;
- l'eventuale strumento giuridico di composizione della crisi a cui il piano fa riferimento;

l'indicazione se trattasi di un piano redatto per la prima volta, ovvero se esso costituisce una modifica del precedente;
- l'indicazione di eventuali limitazioni circa la divulgazione del piano medesimo.

Infine, il piano deve essere corredato degli allegati.

D'altro canto, la completezza sostanziale impone che il piano esponga in modo chiaro il progetto di risanamento che si intende attuare, analizzando gli aspetti più significativi e individuando le possibili criticità che possono influire negativamente nella fase di attuazione. Invero, un piano che si limita unicamente all'esposizione di dati numerici, trascurando quelle che potrebbero essere le interferenze esterne, è destinato a offrire una rappresentazione parziale e incompleta del processo di *turnaround*. Dunque, affinché il piano assolva compiutamente la sua funzione è necessario che esso sia quanto più analitico possibile e permetta una puntuale comparazione tra i dati storici e quelli prospettici. Inoltre, esso deve indicare la scansione temporale, in modo tale da consentire, attraverso l'attività di monitoraggio, la verifica degli stati di avanzamento.

In definitiva, la completezza del piano, sia formale che sostanziale, permette ai suoi destinatari, primo tra cui l'attestatore, di formulare un giudizio sulla sua adeguatezza a perseguire gli obiettivi prefissati.

3. Il processo di redazione del piano

Il più delle volte la redazione del piano necessita della collaborazione di consulenti esterni, in quanto possessori di conoscenze ed esperienze specifiche difficilmente riscontrabili all'interno dell'azienda.

Ovviamente la sua struttura è condizionata dalla situazione in cui si trova l'azienda e dall'istituto giuridico prescelto per attuare il risanamento.

Esso si compone di due sezioni: una di tipo *qualitativo*, avente la funzione di descrivere la situazione attuale dell'azienda e le strategie che si intendono attuare, l'altra di tipo *quantitativo*, avente la funzione di esporre in termini numerici i dati prospettici di natura economia, patrimoniale e finanziaria.

Se ne deduce che il piano si basa su una pluralità di elementi, molti dei quali assumono particolare importanza:

- la pianificazione delle operazioni da porre in essere;
- i tempi necessari per la raccolta e l'elaborazione dei dati e delle informazioni;
- l'individuazione dei soggetti (interni ed esterni) che dovranno collaborare con l'organo amministrativo nella sua predisposizione.

È utile precisare che in una situazione di crisi il fattore tempo riveste un'importanza fondamentale, soprattutto quando, come nell'ipotesi del ricorso a uno strumento di risanamento previsto dal legislatore, è necessario rispettare i tempi tecnici.

3.1. La struttura del documento

In linea generale, il piano deve prevedere:

- l'illustrazione del progetto che si intende attuare;
- la situazione di partenza dell'azienda;
- la descrizione delle azioni che si intendono intraprendere;
- la rappresentazione, in termini quantitativi, degli effetti prodotti, in chiave prospettica, dalle assunzioni poste alla base del piano.

3.2. La forma

Il piano deve avere una forma scritta e, nello stesso tempo, analitica. Pertanto, un piano che si basa prevalentemente su tabelle, slides, ecc., con scarsi riferimenti descrittivi e a basso contenuto analitico, non può essere ritenuto idoneo a svolgere quella funzione informativa né ai fini di un giudizio di valutazione, né tanto meno ai fini di una successiva attività di monitoraggio volta a verificare lo stato di avanzamento delle attività poste in essere e l'eventuale raggiungimento degli obiettivi prefissati.

Il piano, inoltre, deve presentare pagine progressivamente numerate e firmate dal legale rappresentante dell'azienda, nonché deve garantire un'esposizione tale da consentire il confronto tra i dati storici e quelli prospettici.

3.3. Le sezioni

Come già ricordato, il piano si compone di due sezioni: una *qualitativa* e l'altra *quantitativa*.

Nella sezione qualitativa occorre descrivere, tra le altre, lo scopo del piano, l'impresa e la sua storia, la situazione di partenza e le azioni che si intendono intraprendere.

In particolare, con riferimento al quadro generale di partenza, è necessario descrivere innanzitutto gli obiettivi del piano in relazione alla situazione di crisi che si è venuta a determinare. In tale contesto è necessario, altresì, descrivere gli assetti societari e gli avvicendamenti che si sono susseguiti nel tempo, le strategie che in precedenza sono state implementate, l'elenco dei principali clienti e fornitori, i mercati di riferimento, i principali prodotti e servizi offerti.

Altrettanto importante è la descrizione del processo di diagnosi circa le cause che hanno determinato la crisi aziendale, al fine di delineare le strategie più appropriate per farvi fronte. Di conseguenza, nella parte iniziale occorre indicare le ipotesi di base su cui fondare l'azione di risanamento, le quali dovranno dimostrare un elevato grado di coerenza in rapporto all'ambiente di riferimento, alla struttura organizzativa esistente, alla capacità tecnico-produttiva dell'azienda, nonché al più generale contesto macroeconomico.

Pertanto, accertata la possibilità del ritorno alla creazione del valore e, quindi, della continuità aziendale, la strategia che si intende seguire deve essere illustrata in modo tale da esplicitare gli obiettivi, i tempi di attuazione e le modalità attraverso cui rilanciare l'impresa e raggiungere un assetto tecnico-industriale, economico e finanziario sostenibile.

Sempre nella sezione qualitativa occorre riportare l'impatto che la strategia di risanamento avrà sulle diverse aree aziendali, ossia:

- sull'*area delle vendite*: riportando le strategie commerciali e di marketing, l'analisi del mercato, il piano delle vendite e le relative previsioni analitiche;
- sull'*area tecnico-produttiva*: descrivendo gli eventuali investimenti tecnici che si intendono realizzare, le possibili innovazioni e/o ottimizzazioni dei processi, l'impiego di nuovo personale tecnico, ecc.;
- sull'*area organizzativa e del personale*: riportando l'eventuale rimodulazione dell'assetto organizzativo in ragione degli obiettivi che si intendono perseguire, non mancando di indicare i ruoli chiave e le relative responsabilità, la riduzione o l'ampliamento dell'organico e altro ancora;
- sulle *politiche degli investimenti (o dei disinvestimenti)*: attraverso l'indicazione di quelli che sono gli impieghi di risorse che si intendono attuare e le dismissioni che possono interessare singoli cespiti o rami d'azienda oramai obsoleti o anti economici.

Inoltre, sempre nella parte iniziale del piano, occorre indicare l'insieme degli interventi volti a riequilibrare la situazione finanziaria dell'azienda riportandola a livelli sostenibili e idonei a soddisfare il fabbisogno finanziario.

Il livello di gravità della crisi e la composizione dell'indebitamento definiscono il livello del fabbisogno finanziario e il grado di coinvolgimento richiesto ai creditori. Per tale motivo è fondamentale comprendere l'eventuale disponibilità dei soci a immettere nuovi capitali, ovvero ipotizzare l'ingresso di nuovi soci o, ancora, valutare il grado di disponibilità degli istituti di credito o di terzi finanziatori, nonché quello dei creditori in generale, quali i fornitori, gli enti previdenziali, l'Erario e così via.

Infine, sempre nella sezione qualitativa, è necessario descrivere le azioni che si intendono intraprendere in relazione agli obiettivi prefissati, ciò attraverso una elaborazione finalizzata alla loro concretizzazione che deve tener conto anche del grado di coerenza delle modalità operative necessarie al raggiungimento degli scopi.

D'altro canto, la sezione quantitativa deve riportare in termini numerici ciò che è stato descritto nella sezione qualitativa.

Essa può distinguersi in due sotto-sezioni:

- il *piano economico-finanziario e patrimoniale*, rappresentato dallo schema di stato patrimoniale e dal conto economico previsionali, dal piano finanziario, dal piano dei flussi di cassa, dal break-even point, ecc.;
- lo *stress test*, ossia l'analisi di sensitività, attraverso cui è possibile valutare come potrebbero variare le ipotesi poste alla base del piano al verificarsi di eventuali situazioni di rischio. Tale analisi permette, quindi, di appurare il livello di tenuta del piano il quale, anche in presenza di determinate situazioni non particolarmente favorevoli, deve comunque essere in grado di perseguire gli obiettivi in esso contenuti.

4. Il quadro generale di partenza

Nella redazione del piano di risanamento assume un ruolo fondamentale la descrizione della situazione in cui l'azienda si trova, rappresentando la base per la costruzione del piano medesimo e per la sua intellegibilità. In questa fase, dunque, occorre fornire un panorama iniziale esaustivo riguardante sia la dimensione interna dell'azienda, sia quella esterna.

4.1. La parte introduttiva

Il piano presuppone una parte introduttiva il cui scopo è quello di fornire una sintesi del piano medesimo e dell'azienda.

Pertanto, occorre descrivere, anche sinteticamente, gli obiettivi, i suoi contenuti, le azioni che si intendono intraprendere, unitamente ai risultati attesi.

Gli obiettivi, che devono rispondere ai requisiti di identificabilità e di realizzabilità, devono essere riportati senza fare alcun riferimento a dati di tipo quantitativo, a differenza dei risultati che, invece, dovranno essere espressi in termini numerici.

Inoltre, è necessario indicare l'arco temporale di realizzazione del piano che deve essere il più contenuto possibile, al fine di evitare che eventuali mutamenti (interni o esterni all'azienda) possano vanificare il piano medesimo. Ne consegue che, il grado di realizzazione di un piano è inversamente proporzionale alla sua durata[4].

In caso di aggiornamento del piano è necessario indicare specificatamente le modifiche apportate.

4.2. La descrizione dell'azienda

Alla parte introduttiva segue una sintetica descrizione dell'azienda, nella quale riportare:

- la denominazione;
- la compagine societaria, tenendo altresì conto che, se l'azienda appartiene a un gruppo, occorre descrivere la sua configurazione, nonché i rapporti tra le consociate;
- la cronistoria degli avvicendamenti societari che hanno caratterizzato gli ultimi anni, con particolare riguardo a eventuali operazioni straordinarie, compravendite di partecipazioni o di aziende, oltre che operazioni di investimento in immobilizzazioni materiali e immateriali;
- gli avvicendamenti nella governance e nei principali assetti organizzativi;
- il numero dei dipendenti e la sua evoluzione negli ultimi anni;
- la collocazione geografica degli stabilimenti produttivi e l'eventuale esistenza di sedi secondarie;
- i principali dati storici inerenti l'aspetto economico, finanziario e patrimoniale della gestione;
- la descrizione dei processi produttivi e dei prodotti ottenuti, nonché dei mercati di riferimento;
- l'indicazione di eventuali marchi, brevetti, licenze, ecc.;
- le principali cause che hanno determinato la crisi.

---

[4] In dottrina si ritiene che l'intervallo medio di un piano dovrebbe ragionevolmente essere intorno ai tre/cinque anni.

4.3. Le strategie applicate e quelle in itinere

Un ulteriore elemento da considerare, utile anche ai fini di individuare le cause della crisi e per approfondire la situazione di partenza, è quello relativo alle strategie che sono state implementate in passato e quelle ancora in atto al momento della redazione del piano medesimo.

Qualora la crisi sia sopraggiunta successivamente alla realizzazione della strategia in precedenza applicata, è opportuno descrivere se il mancato raggiungimento degli obiettivi sia dovuto all'inadeguatezza della stessa, ovvero a fattori esterni, quali il mutamento del contesto economico, del mercato, ecc.

Pertanto, molto utile si rivela la valutazione della strategia già implementata, al fine di accertare se vi siano ancora margini di efficacia.

4.4. I dati economici e finanziari

Nello sviluppo del piano è indispensabile procedere all'esposizione dei dati storici aziendali, in termini economici, finanziari e patrimoniali, ciò al fine di comprendere l'andamento della gestione aziendale negli ultimi anni.

Il periodo di osservazione dei dati storici non è fisso, ma è influenzato da una pluralità di fattori che possono far decidere se considerare un determinato periodo storico piuttosto che un altro.

Inoltre, l'analisi storica deve far emergere i dati aziendali determinanti ai fini dell'individuazione del business, utilizzando anche schemi di rappresentazione delle risultanze gestionali che siano coerenti con le informazioni che si intendono fornire. Ai fini di un'efficace analisi storica dei dati, occorre inoltre identificare gli strumenti di diagnosi in grado di evidenziare chiaramente lo stato di crisi.

4.5. La struttura organizzativa attuale

Tra i diversi elementi da indicare nel piano vi è l'assetto organizzativo e la descrizione qualitativa e quantitativa delle risorse umane presenti in azienda, nonché dei rispettivi ruoli e livello di responsabilità. È opportuno, inoltre, descrivere gli eventuali legami esistenti con altri operatori economici, basati su particolari obblighi contrattuali o attività di direzione e controllo.

La conoscenza della struttura organizzativa permette di comprendere meglio le scelte operate all'interno del piano, le quali dovranno tener conto delle diverse figure presenti nell'organizzazione medesima.

4.6. La descrizione dell'attività aziendale

Il principio della completezza del piano, innanzi richiamato, impone al suo redattore di descrivere l'attività aziendale e le sue connotazioni.

Pertanto, è necessario riportare:

- i principali processi e le principali funzioni operative;
- la struttura tecnica e la sua capacità produttiva, con l'indicazione anche dello stato eventuale stato di manutenzione;
- l'eventuale stagionalità della produzione;
- l'eventuale sensibilità a fattori esterni, quali i prezzi degli input;
- la consistenza e la composizione del magazzino;
- i principali prodotti ottenuti;
- la presenza di brevetti, marchi, licenze;
- la descrizione della normativa di riferimento qualora questa fosse determinante per lo svolgimento dell'attività aziendale;
- i principali clienti, anche potenziali, indicando per ciascuno di essi, l'ammontare dei ricavi rispetto al totale di essi;
- i principali fornitori, evidenziando quelli strategici.

4.7. L'analisi dei prodotti e dei servizi

Nel piano occorre dedicare un apposito spazio in cui rappresentare i prodotti e i servizi offerti, anche se di essi si è già detto nella descrizione dell'attività aziendale.

Si tratta, quindi, di descrivere le loro principali caratteristiche, la loro funzionalità per i clienti, il loro posizionamento rispetto ai prodotti offerti dalle imprese concorrenti, la fase del loro ciclo di vita, il loro grado di innovazione tecnologica e se vi è la possibilità di un'ulteriore evoluzione.

Detta analisi, insieme a quella relativa al settore (o mercato) di riferimento, costituisce un importante elemento di valutazione, in quanto permette di valutare i flussi finanziari generati dalle vendite, destinati a soddisfare le obbligazioni assunte.

4.8. L'analisi del settore (o mercato) di riferimento

Anche le indicazioni relative al settore di operatività dell'impresa costituiscono un ulteriore elemento di valutazione del piano.

Invero, nel descrivere il mercato è utile descriverne lo stadio di sviluppo, ossia se esso è in fase di definizione, di crescita, ovvero in fase di maturazione o, ancora, di declino.

Inoltre, in merito a ogni singola area strategica, è importante descrivere la posizione dell'azienda rispetto al mercato, indicando in particolare:

- il livello di penetrazione nel mercato e la possibilità di sviluppi futuri, evidenziando le opportunità e le criticità che lo caratterizzano;
- i punti di forza e di debolezza dell'azienda rispetto al mercato medesimo;
- le modalità competitive e le relative iniziative intraprese dall'azienda, ivi inclusa le modalità di reazione delle imprese concorrenti;
- i rapporti con i clienti e i fornitori, evidenziando gli effetti che potrebbero derivare dall'eventuale interruzione delle forniture sui processi produttivi;
- i canali distributivi e le reti di vendita, ponendo in evidenza i punti di forza e di debolezza.

4.9. La tecnologia impiegata

Un altro aspetto importante del piano riguarda la descrizione della tecnologia in dotazione dell'azienda, descrivendone le caratteristiche, le fonti di acquisizione, nonché l'impatto sull'attività tecnico-produttiva.

Nel caso in cui l'impresa faccia parte di un gruppo aziendale, occorre eventualmente descrivere anche l'apporto tecnologico al piano proveniente da altre aziende consociate.

4.10. La descrizione delle cause della crisi

Le informazioni contenute nel quadro generale di partenza non possono non contemplare la diagnosi della crisi e l'individuazione delle cause che l'hanno determinata.

Come più volte ribadito, la conoscenza delle cause permette all'organo amministrativo di predisporre un piano di risanamento efficace, in quanto consente di entrare nei meandri delle diverse funzioni aziendali, rimuovere le cause stesse e ripristinare le condizioni di equilibrio generale.

Ovviamente il processo di diagnosi deve innanzitutto partire dall'analisi di quelle che sono le possibili cause interne, quindi inerenti alla gestione aziendale, per poi estendersi ai fattori esogeni, ossia quelli provenienti dall'esterno.

Queste cause possono essere di varia natura e aver interferito nei diversi sottosistemi aziendali.

5. La strategia di risanamento

Una volta individuate e descritte le cause della crisi, verificata l'esistenza dei presupposti per garantire il ritorno alla creazione di valore, quantificati i sacrifici e i costi da sostenere soprattutto in presenza di procedure concorsuali, il passo successivo è rappresentato dall'esposizione della strategia che l'organo di governo intende implementare.

Il piano, pertanto, deve illustrare le azioni strategiche che si intendono perseguire ai fini del superamento dello stato di crisi, tenendo conto dell'arco temporale ipotizzato.

Come già sottolineato, il fattore tempo è di fondamentale importanza e può variare in ragione di una pluralità di fattori, quali: le dimensioni aziendali, il livello di gravità della crisi, le condizioni di mercato, i condizionamenti ambientali, l'atteggiamento degli stakeholders ed altro ancora. Pertanto, è necessario dimostrare la capacità dell'impresa di gestire la crisi, attraverso le competenze e le conoscenze possedute dell'organo amministrativo e dal management.

Inoltre, un piano di risanamento è basato su una pluralità di informazioni e di dati, sia di tipo storico, sia di tipo previsionale. E sono soprattutto questi ultimi che meritano particolare attenzione, in quanto essi sono fondati su stime, congetture e ipotesi che difficilmente trovano riscontro nel passato. Pertanto, tali previsioni devono basarsi su elementi concretamente dimostrabili attraverso idonea documentazione (ingresso di nuovi soci, acquisizione di nuove commesse, ingresso di nuovi manager, ecc.).

Il piano deve altresì considerare quelle che sono le variabili legate agli scenari macroeconomici e di settore in cui l'azienda opera, in quanto essi sono in grado di influenzare i dati previsionali. A tal proposito, i Principi di redazione indicano quelle che sono le variabili da tenere in considerazione, come ad esempio:

- il tasso di inflazione;
- i tassi di cambio rispetto alle valute con le quali vengono regolati i rapporti commerciali;
- il livello dei tassi di interesse;
- il tasso di crescita atteso del settore di attività;
- l'andamento dei prezzi delle materie prime.

Inoltre, anche l'arco temporale di attuazione del piano può essere influenzato da una pluralità di variabili, quali:

- la tempistica per l'analisi e la definizione delle linee strategiche che si intendono realizzare;
- il numero degli interlocutori coinvolti con i quali negoziare i presupposti del piano;
- la tipologia di procedura di risanamento che si intende attuare;

- le capacità esistenti all'interno dell'azienda di gestire determinate operazioni di carattere finanziario o straordinario.

La descrizione delle azioni correttive che si intendono attuare deve, altresì, considerare gli effetti che si produrranno sull'assetto tipicamente industriale, ma anche su quello economico e finanziario.

Ad esempio, in merito all'assetto finanziario, una volta identificate le azioni da compiere, il piano deve evidenziare l'impatto che dette azioni avranno in termini di:

- struttura degli investimenti;
- struttura delle fonti di finanziamento;
- composizione delle fonti e degli impieghi;
- capitale circolante netto;
- posizione finanziaria netta;
- consistenza del patrimonio netto;
- flussi finanziari di cassa.

Dal punto vista più strettamente economico, la contrazione dei ricavi delle vendite, e in generale il peggioramento delle performance commerciali, rappresentano le cause principali della crisi aziendale. In tal caso, il piano avrà quasi sicuramente come obiettivo principale quello del rilancio delle vendite. Tuttavia, le previsioni circa il livello atteso delle vendite deve basarsi su informazioni consolidate provenienti da analisi interne ed esterne, quali il trend dei ricavi, l'andamento degli stock di magazzino e l'evoluzione dei tempi medi di rotazione, l'evoluzione dei giorni medi di incasso da clienti e di pagamento ai fornitori, le informazioni circa i canali di vendita, le reti di distribuzione, le strategie di mercato, gli investimenti in pubblicità, il trend del settore, le strategie commerciali sviluppate da altri concorrenti e altro ancora.

Una volta raccolte ed esposte tutte le varie informazioni, è necessario esporre nel dettaglio gli eventuali investimenti e, quindi, i costi che l'azienda dovrà sostenere per attuare le politiche commerciali previste e che permetteranno di raggiungere i risultati sperati, nonché l'impatto che questi avranno sulla sua capacità produttiva.

Sempre dal punto di vista strettamente economico-tecnico, un ulteriore aspetto da considerare è rappresentato dalla struttura produttiva, relativamente ai punti di forza e di debolezza, soprattutto con riferimento agli *assets* strategici.

Qualora la strategia di risanamento dovesse basarsi sulla eliminazione di inefficienze tecniche, anziché su nuovi investimenti, occorre procedere a una mappatura degli interventi correttivi e dei miglioramenti che si intendono realizzare. È importante, quindi, fornire un'analisi dettagliata dei processi produttivi interni e dei cambiamenti che questi subiranno per effetto degli interventi che si intendono realizzare.

Ovviamente, qualora detti mutamenti dovessero avere un notevole impatto in termini di capacità produttiva o di qualità dei prodotti, è necessario dimostrare il loro grado di coerenza con le strategie commerciali ipotizzate.

Ovviamente tutte le azioni operative che si intendono attuare devono necessariamente trovare conferma nelle ipotesi di sviluppo che, indubbiamente, richiedono anche un progetto organizzativo aziendale. Invero, se il piano prevede anche una profonda riorganizzazione degli assetti aziendali, è opportuno esporre in maniera analitica il nuovo modello organizzativo, riportando i ruoli e le responsabilità di ogni singola risorsa, con particolare riferimento ai mutamenti intercorsi rispetto alla situazione anteriore alla redazione del piano medesimo.

In tale contesto, un elemento fondamentale e di innovazione, soprattutto agli occhi dei destinatari del piano, è rappresentato dalla discontinuità del management, quanto meno con riferimento a quelle aree aziendali che più delle altre hanno contribuito alla determinazione dello stato di crisi.

6. Le politiche relative agli investimenti e ai disinvestimenti

Molto spesso una strategia di risanamento richiede politiche di investimento di risorse finanziarie (o di disinvestimento), tanto nel *capitale circolante netto* (CCN), tanto nelle *attività immobilizzate* (AI)[5].

Nel primo caso, gli investimenti sono il più delle volte temporanei in quanto diretti all'acquisizione di fattori produttivi a fecondità semplice che hanno tempi di realizzo decisamente brevi (ad esempio le materie prime), ovvero destinati alla gestione delle dilazioni di incassi e/o pagamenti. Dall'analisi del capitale circolante netto è possibile ottenere informazioni riguardanti il livello di solvibilità dell'azienda nel breve termine, ovvero verificare se gli investimenti in capitale circolante, la cui durata si esaurisce nel breve termine, sono opportunamente coperti da fonti di finanziamento che hanno la medesima durata. Ovviamente, gli investimenti in CCN risentono del ciclo economico dell'impresa (acquisto dei fattori produttivi-trasformazione-vendita dei prodotti finiti), pertanto, il piano può prevedere due distinte ipotesi:

- **CCN > 0:** in tale ipotesi, per sostenere il ciclo del capitale circolante, occorre prevedere la copertura dell'assorbimento di risorse finanziarie necessariamente con capitale di rischio, ovvero con debiti a medio/lungo termine. Tale situazione è tipica delle aziende che hanno un basso indice di rotazione delle scorte di magazzino, ovvero tempi di incasso dei crediti commerciali più lunghi rispetto ai termini medi di pagamento dei debiti commerciali. In tal caso, un aumento del fatturato, ad esempio, determina un aumento del valore assoluto del CCN e, di conseguenza, una più elevata necessità di risorse finanziarie.

---

[5] Si ricorda che il CCN è dato dalla differenza tra le attività non finanziarie a breve (crediti commerciali, crediti diversi, magazzino) e le passività a breve non finanziarie (debiti commerciali e debiti diversi).

- **CCN < 0**: in questo caso non vi è necessità di copertura del CCN attingendo dal capitale proprio o da debiti a medio/lungo termine, in quanto l'azienda dimostra di avere un elevato indice di rotazione del magazzino, ovvero tempi sufficientemente brevi di incasso dei crediti commerciali rispetto a tempi più lunghi di pagamento dei debiti commerciali. Pertanto, un aumento del fatturato comporta una diminuzione del valore assoluto del CCN e, quindi, una minore necessità di copertura finanziaria. In altri termini, più è basso il CCN, minore sarà il fabbisogno di capitale e l'assorbimento dei flussi di cassa, di conseguenza una riduzione del CCN può rappresentare una vera e propria fonte interna di finanziamento, in quanto consente di liberare risorse finanziarie da destinare ad altre attività.

Da quanto sopra detto, ai fini dell'analisi previsionale del piano, emergono alcune considerazioni:

- le politiche relative al magazzino o ai tempi di incasso dei crediti e di pagamento dei debiti incidono sulla produzione o sull'assorbimento di risorse finanziarie. Ebbene, un eccessivo aumento del CCN potrebbe non essere sostenibile in termini finanziari dal piano, in quanto esso dovrebbe essere finanziato con capitale proprio e/o con debiti di finanziamento. Pertanto, risulta importante determinare il livello massimo di crescita del CCN compatibile con i vincoli di natura finanziaria dell'azienda oggetto del piano;
- le politiche inerenti il CCN producono effetti in termini di oneri finanziari. Invero, un aumento del CCN determina oneri finanziari impliciti (nel caso di finanziamento con capitale proprio), ovvero oneri finanziari espliciti (nel caso di ricorso ai debiti di finanziamento). Inoltre, nel piano occorre considerare che, molto spesso, una riduzione dei tempi di dilazione concessa ai clienti si accompagna a una riduzione dei prezzi di vendita, così come una riduzione dei tempi di pagamento ai fornitori determina una riduzione dei costi di acquisto;
- se il finanziamento del CCN è effettuato con debiti di finanziamento è necessario scegliere la modalità, in modo tale che la scelta del tipo di finanziamento sia conforme al sostenimento del risanamento aziendale;
- nel piano possono essere previsti investimenti e/o disinvestimenti in CCN di natura straordinaria (acquisti di fattori produttivi per nuove produzioni, ovvero disinvestimenti di materie o prodotti ritenuti obsoleti). Di tali operazioni occorre valutare e rappresentare gli effetti sia a livello finanziario, sia a livello economico.

Nel caso di investimenti in attività immobilizzate si deve tener conto della loro utilità pluriennale, ossia l'attitudine di ritornare in forma liquida nel medio/lungo periodo. In tal caso lo scenario è unico, ossia che AI > **0**, quindi il piano deve prevedere la copertura con capitale di rischio e/o con debiti di finanziamento a medio/lungo termine affinché l'investimento sia sostenibile.

Sovente una politica di risanamento prevede un intervento di ammodernamento, miglioramento o addirittura di sostituzione delle immobilizzazioni tecniche affinché il processo di *turnaround* sia sostenibile. Pertanto, è necessario individuare gli investimenti strategici in capitale fisso, verificando il loro grado di copertura attraverso il capitale proprio, ovvero il capitale di terzi.

Nel contempo, può accadere che il piano preveda la dismissione di beni ritenuti obsoleti comportando, quindi, un afflusso di mezzi finanziari che possono essere reinvestiti nel processo di *turnaround*. In tal caso, è compito del management quello di individuare le risorse non strategiche da dismettere, nonché di verificare l'impiego ottimale delle risorse che ne derivano (ulteriori investimenti, ovvero riduzione dell'indebitamento).

Inoltre, le politiche di gestione delle immobilizzazioni hanno effetti sugli oneri finanziari. Infatti, un incremento dell'attivo immobilizzato determina un aumento di oneri finanziari impliciti (nel caso di finanziamento con capitale proprio), ovvero di oneri finanziari espliciti (nel caso di finanziamento con capitale di terzi). Ne consegue la necessità di valutare l'effetto leva dell'indebitamento e la sostenibilità finanziaria dell'investimento.

D'altro canto, se la scelta del finanziamento ricade sul capitale di terzi, è necessario individuare la tipologia in ragione dell'idoneità della stessa a far fronte a un determinato investimento.

7. La strategia finanziaria

La strategia finanziaria può essere definita come una vera e propria *manovra finanziaria* che comprende l'insieme delle azioni e degli interventi da porre in essere, al fine di contribuire al ripristino dell'equilibrio generale dell'impresa. Essa è fondata su informazioni, proposte e decisioni delle quali devono essere edotti i creditori e i terzi interessati.

La negoziazione della strategia finanziaria, sebbene articolata in uno o più interventi, è un processo unitario che necessita di coordinamento nei contenuti, nelle modalità e nelle tempistiche negoziali degli interventi, allo scopo di ottenere un risultato uniforme, equo e reciprocamente accettabile da parte degli stakeholders.

A questo proposito, occorre porre l'attenzione alle possibili ipotesi alternative e al rispetto della posizione di ogni singolo creditore, soprattutto con riferimento all'ordine dei privilegi.

Ovviamente, la strategia finanziaria presuppone un piano industriale da cui deve emergere il fabbisogno finanziario oggettivo e non negoziabile, ossia l'ammontare delle risorse destinate al riequilibrio dei flussi finanziari nell'arco temporale prospettato.

Pertanto, tra l'impresa e i terzi si istaura una trattativa circa la manovra finanziaria proposta, la quale si basa su un piano finanziario che ne costituisce il risultato, contenente il flusso dei pagamenti destinato ai creditori.

Va da sé che, ad esempio:

- nella *composizione negoziata della crisi d'impresa* (art. 12 CCII) o nel *piano attestato* (art. 56 CCII), la manovra finanziaria è lasciata alla libera disponibilità delle parti;
- nel caso dell'*accordo di ristrutturazione dei debiti* (art. 57 e ss. CCII) la manovra finanziaria ha un contenuto privatistico, pertanto essa non è soggetta a vincoli, fatta eccezione del pagamento integrale dei creditori che non vi hanno aderito;
- nella procedura di *concordato preventivo* (art. 84 e ss. CCII) la manovra finanziaria deve rispettare i vincoli previsti dalla normativa.

Tuttavia, in generale, la manovra finanziaria deve assicurare l'equilibrio tra i flussi finanziari in entrata e in uscita, nel rispetto dei parametri della funzionalità aziendale. Essa, quale parte integrante del piano di risanamento, può presentare diverse tipologie di intervento in funzione delle risorse disponibili. Gli interventi, la cui intensità ed estensione dipendono dall'esposizione debitoria dell'azienda e dai flussi destinati al soddisfacimento di questa, sono spesso concorrenti tra loro, a volte differenziati nel tempo, anche in ragione della categoria degli stakeholders. La scelta delle azioni da adottare è il frutto di un processo negoziale che si istaura tra le parti, la cui natura, contenuto, dinamica e tempistica dipendono dallo strumento adottato per la risoluzione della crisi, nonché dalla sua natura, dalla sua gravità e dalla tipologia dell'indebitamento.

Tra questi interventi vi sono quelli che incidono sul *capitale netto* e che hanno lo scopo fondamentale, oltre che di garantire il livello minimo di capitale sociale stabilito per legge, di riequilibrare la struttura patrimoniale dell'impresa, sia in termini di rapporto tra fonti e impieghi, sia in termini di composizione delle fonti di finanziamento.

Tuttavia, com'è noto, non tutti gli interventi sul patrimonio netto comportano necessariamente un incremento reale di mezzi finanziari. Infatti, un aumento reale di mezzi propri si ha solo in presenza di un apporto di denaro o in natura. Ne costituiscono esempi:

- l'aumento di capitale sociale mediante versamento di denaro e/o apporto di beni (compresi i crediti) da parte dei soci;
- la conversione dei debiti in capitale proprio;
- l'incremento di riserve attraverso politiche di autofinanziamento derivante da accontamenti di utili. A tal proposito, nella fase di attuazione del piano di risanamento possono emergere sopravvenienze attive derivanti dallo stralcio di debiti, come accade nell'ipotesi dell'accordo di ristrutturazione dei debiti o del concordato preventivo. Dette sopravvenienze, in linea generale, determinano

un incremento del risultato economico dell'impresa. Così come possono emergere sopravvenienze attive derivanti da plusvalenze da cessione che concorrono positivamente alla formazione del risultato economico;

- gli strumenti finanziari partecipativi (SFP) sono disciplinati, com'è noto, dall'art. 2346, ultimo comma, c.c. e dall'art. 2351, ultimo comma, c.c. Essi sono solitamente sottoscritti da istituti di credito per la parte che eccede la capacità di rimborso a breve nell'arco temporale del piano. Nell'ambito delle operazioni di risanamento, gli SFP sono emessi non tanto come fonte di finanziamento (così come definiti dal codice civile), quanto come strumento di *equity* e, quindi, come incremento di capitale netto. Invero, a fronte dell'emissione di SFP viene creata un'apposita riserva di patrimonio netto corrispondente al debito che viene eliminato dalle passività aziendali. Allorquando gli SFP vengono attribuiti ai creditori per controbilanciare la falcidia del loro credito, la loro emissione è munita di particolari diritti patrimoniali, senza, tuttavia, che gli stessi attribuiscano ai loro possessori la qualifica di socio dell'azienda debitrice. Tali diritti patrimoniali sono generalmente rappresentati dal rimborso mediante flussi di cassa derivanti da operazioni straordinarie o da flussi di cassa eccedenti il fabbisogno reale del piano industriale. Pertanto, l'incasso dei SFP avviene, ad esempio, in occasione di cessione di pacchetti di controllo, ovvero di particolari assets e limitatamente ai proventi che da essa ne derivano. In caso contrario, ossia in mancanza di tali circostanze, al possessore non spetterà alcun rimborso.

Può anche accadere che gli SFP prevedano la conversione in capitale sociale, pertanto, l'assemblea deve deliberare il suo contestuale aumento.

Altri tipi di interventi sul passivo possono riguardare il ***debito esistente***. Tra questi si ricordano:

- la *postergazione* attraverso la quale il soddisfacimento di taluni crediti (generalmente quelli vantati dai soci) viene posticipato rispetto al pagamento di tutti gli altri creditori. Tuttavia, la postergazione, com'è noto, non comporta la rinuncia giuridica, né la perdita della titolarità dei diritti sottostanti al credito, anche nel caso di procedura concorsuale, ma solo una modifica della struttura del pagamento dei debiti in senso più favorevole per i creditori che non ne vengono interessati;
- la *moratoria*, ossia l'individuazione di un periodo di tempo nel quale l'azienda non corrisponde ai creditori alcuna somma di denaro in relazione ai piani di ammortamento previsti. Pertanto, essa ha la funzione di interrompere temporaneamente i pagamenti, destinando le risorse finanziarie al soddisfacimento di altre categorie di creditori (ad esempio quelli privilegiati), ovvero al sostenimento del piano industriale. Riguarda prevalentemente i debiti a lungo termine come i mutui passivi, i contratti di leasing, i prestiti obbligazionari, ecc.;

- il *riscadenzamento*, avente l'obiettivo di ridefinire i termini di soddisfacimento dei creditori. In alcuni casi esso può avere natura meramente dilatoria, in altri casi può riguardare l'allungamento dei piani di ammortamento dei debiti. La funzione del riscadenzamento è analoga a quella della moratoria, in quanto consente all'azienda di dirottare risorse finanziarie verso la gestione corrente;
- la *rinegoziazione dei tassi di interesse*, applicabile esclusivamente ai titolari di crediti fruttiferi (ad esempio gli istituti di credito), prevede l'omogeneizzazione (accompagnata spesso dalla riduzione) delle condizioni del tasso praticato tra i diversi creditori. L'effetto che ne scaturisce è quello del minore impatto degli oneri finanziari sulla situazione economica dell'impresa;
- lo *stralcio* dei debiti, allorquando sia lo stesso creditore a negare la possibilità di conversione del proprio credito in capitale sociale, ovvero di farsi assegnare SFP. In tale ipotesi, lo stralcio del credito si sostanzia in una rinuncia unilaterale da parte del creditore (o di una categoria di creditori) a fronte della quale viene garantito un pagamento in misura inferiore, ma in tempi più rapidi rispetto a coloro che accettano una moratoria più lunga;
- la *dazio in solutum*, attraverso cui al creditore viene offerto in pagamento uno o più beni anziché una somma di denaro. Solitamente si tratta di partecipazioni in società già esistenti o di nuova costituzione, beneficiarie di porzioni di patrimonio aziendale destinate a essere dismesse, ovvero destinate al mero godimento qualora dette società distribuiscano ai partecipanti i dividendi o attribuisca altre utilità;
- la *nuova finanza*, intesa come beneficio derivante dall'entrata di nuove risorse finanziaria. Invero, nella fase del risanamento, l'azienda può avere necessità di notevoli risorse finanziarie di breve periodo per far fronte, ad esempio, al pagamento di fornitori strategici, dipendenti e così via. Tale fabbisogno può essere accentuato dalla fisiologica contrazione delle linee di credito concesse dagli istituti di credito, ovvero dalla presenza di perdite generate dall'attività caratteristica dell'impresa debitrice.

Tale situazione può indurre l'impresa a richiedere nuovi finanziamenti che solitamente provengono dagli stessi soci, da terzi investitori o da banche.

Il più delle volte i soci sono disposti a immettere risorse finanziarie a titolo di debito quando la situazione finanziaria dell'azienda non risulta particolarmente compromessa e, comunque, allorquando intravedono la possibilità di rimborso del proprio capitale. In alternativa, potranno acconsentire alle predette operazioni sul patrimonio netto, ad esempio, rinunciando a crediti pregressi.

D'altro canto, le risorse finanziarie possono provenire da soggetti terzi (normalmente rappresentati da investitori industriali) o da istituti di credito. In questo caso, considerata la situazione di crisi aziendale, l'erogazione del credito avviene quasi sempre sotto la protezione degli strumenti giuridici di risanamento, prima tra cui la prededuzione del credito.

La nuova finanza, pertanto, si rende necessaria nell'ipotesi in cui gli affidamenti bancari concessi sino a quel momento si rivelano non più sufficienti ovvero qualora si siano ridotti. In tale ipotesi, una delle forme meno rischiosa di concessione di credito è quella definita *autoliquidante*, come nel caso dell'anticipo su fatture, su ricevute bancarie, ecc. Si tratta di concessioni di credito che, com'è noto, una volta deliberate possono essere in qualsiasi momento revocate. Tuttavia, il piano può prevedere l'impegno degli istituti di credito a mantenere le linee di credito concesse, purché sia verificato il rispetto da parte dell'azienda degli impegni e dei parametri prefissati nel piano.

Il piano di risanamento può, inoltre, prevedere che determinati atti siano *consentiti*, altri *vietati* e, altri ancora, *permessi* solo a seguito del parere favorevole di una maggioranza qualificata dei creditori.

Le suddette operazioni possono riguardare:

- operazioni straordinarie (fusione, scissione, conferimenti, ecc.);
- alienazioni di immobili, rami aziendali, partecipazioni;
- contrazione di nuovi debiti;
- concessione di nuove garanzie;
- cambio del controllo societario;
- ricorso a procedure concorsuali.

Infine, il piano può prevedere che l'azienda rilasci delle garanzie reali gravanti sul proprio patrimonio (ad esempio pegno su crediti o ipoteca su immobili) in favore di uno o più creditori o di categorie di essi.

La concessione di tali garanzie ha la finalità di ridurre il grado di incertezza dei creditori beneficiari e, normalmente, avviene all'interno degli strumenti di composizione della crisi giuridicamente previsti.

Tuttavia, le garanzie possono essere concesse anche da soggetti esterni all'azienda ed a valere su patrimoni e beni estranei a quelli dell'azienda debitrice. Tali garanzie, proprio perché non sono in grado di alterare la par conditio creditorum, possono essere concesse senza particolari cautele legate al contesto di crisi a cui esse sono riferite.

8. Il piano di azione

Come ricordato in precedenza, il piano di risanamento deve indicare con chiarezza gli obiettivi che si intendono raggiungere attraverso l'implementazione della strategia ipotizzata.

L'obiettivo del piano, pertanto, è quello di dare *concretezza* e *credibilità* alle azioni che si intendono intraprendere, esplicitando i soggetti responsabili della gestione e del controllo di tali azioni, anche in ragione dell'arco temporale di riferimento.

In altre parole, il compito del piano di azione (*action plan*) è quello di descrivere, anche sinteticamente, le principali azioni che si vogliono attuare al fine di realizzare la strategia di risanamento individuata nel piano, pertanto, in esso devono essere riportate:

- le attività sottese al piano strategico, indicando anche i relativi ambiti di intervento, le modalità di esecuzione, nonché l'impatto delle azioni previste sulla struttura organizzativa aziendale;
- l'attribuzione delle responsabilità ai vari soggetti coinvolti a diverso livello;
- l'indicazione degli investimenti e/o dei disinvestimenti che si intendono attuare e i tempi di esecuzione.

Inoltre, al fine di ridurre il rischio di un'inadeguata attuazione del piano, è necessario prevedere una puntuale attività di monitoraggio e una contestuale previsione delle eventuali azioni correttive nell'ipotesi in cui dovessero emergere degli scostamenti.

Così come occorre che il piano dia la percezione di una elevata probabilità di successo, anche grazie a una riprogettazione della struttura organizzativa che dimostri una certa coerenza non solo con la strategia che si intende attuare, ma anche tra tutti gli elementi che compongono il piano medesimo. Il cambiamento della struttura organizzativa deve, pertanto, essere descritto con particolare dettaglio, in maniera da ridurre al minimo ogni margine di dubbio e di incertezza.

9. I dati prospettici

I Principi di redazione prevedono che il piano di risanamento contenga una sintesi della situazione economica, finanziaria e patrimoniale dell'azienda, attraverso degli schemi prospettici preceduti dalle ipotesi che sono state poste alla base delle previsioni, nonché dall'eventuale analisi di sensitività.

Il piano, pertanto, deve partire dalla rappresentazione delle grandezze economiche, ossia dal livello dei ricavi che si presume di conseguire, seguito da quello dei costi che si prevede di sostenere, per poi passare all'analisi finanziaria tenendo conto delle variazioni di capitale circolante netto e del fabbisogno finanziario per investimenti durevoli, al fine di determinare i flussi finanziari al servizio dell'indebitamento tenuto conto delle diverse forme.

Ovviamente i dati previsionali sono il frutto di un processo di simulazione che porta alla determinazione di valori che devono rispettare determinati principi, tra cui:

a) *realismo*: nel senso che le ipotesi sottostanti devono essere realistiche, ossia devono dimostrare una certa continuità con la situazione corrente nella quale si trova l'azienda. Per cui più elevato è il livello di discontinuità maggiore è lo sforzo da parte del soggetto aziendale nel ricercare e fornire informazioni attendibili che diano credibilità al piano medesimo;

b) *completezza*: tale requisito si basa sul presupposto che le ipotesi del piano devono riguardare tutti i punti i critici della gestione aziendale, intesa nella sua globalità;
c) *ordinamento in base agli scenari futuri*: il piano deve essere formulato in modo tale da rappresentare una situazione futura che abbia un'elevata probabilità di realizzazione, basata su un elemento caratterizzante intorno al quale occorre organizzare le diverse ipotesi. Ad esempio, se lo scenario principale è quello di entrare in un determinato mercato, è necessario definire le diverse ipotesi che riguardano l'incremento dei ricavi, i relativi costi da sostenere, l'eventuale incremento di fabbisogno finanziario e altro ancora;
d) *verificabilità*: un piano si definisce verificabile quando è in grado di fornire elementi sufficienti atti a consentire un controllo autonomo delle ipotesi formulate. Ne consegue la necessità che dette ipotesi siano formulate in maniera chiara e comprensibile e che sia altrettanto definito chiaramente l'arco temporale di attuazione.

9.1. Il modello economico, finanziario e patrimoniale di previsione

Il modello rappresentativo della futura situazione economica, finanziaria e patrimoniale dell'azienda, tenuto conto dell'arco temporale di riferimento, si compone dei seguenti prospetti:

- il *conto economico*, il quale deve rappresentare i componenti reddituali (positivi e negativi) che concorreranno alla formazione del risultato economico previsto;
- lo *stato patrimoniale*, rappresentativo delle attività e delle passività prospettiche, nonché dell'evoluzione del patrimonio netto, al fine di determinare la composizione delle fonti di finanziamento e degli impieghi;
- il *rendiconto finanziario*, nel quale occorre indicare i dati previsionali circa il fabbisogno finanziario necessario per l'attuazione del piano contestualmente alla sua copertura;
- il *piano di tesoreria*, rappresentativo della dinamica di breve termine dei flussi di cassa in entrata e in uscita, articolato secondo una scansione temporale (preferibilmente mensile) del primo anno di attuazione del piano.

Il modello previsionale, costruito in base all'arco temporale di riferimento, consente inoltre di svolgere un'attività di monitoraggio dei risultati e, quindi, di verifica degli eventuali scontamenti tra i risultati attesi e quelli ottenuti, il cui grado di complessità è strettamente legato ad una serie di elementi, quali:

- le dimensioni aziendali;
- la struttura societaria;

– il modello di business;
– il sistema di controllo di gestione.

9.1.1. Contenuto e forma del conto economico

Il conto economico di previsione deve contenere informazioni in merito a tutte le componenti reddituali che concorrono alla determinazione dei risultati economici futuri.

La forma preferibile è quella scalare in quanto più idonea a fornire maggiori informazioni in merito alla progressiva formazione del risultato economico e all'incidenza delle diverse aree gestionali. La scelta in merito alla configurazione del conto economico deriva dalla tipologia di attività svolta dall'azienda e dalle informazioni che si vogliono fornire. Tra le diverse configurazioni si ricordano quella:

– ***a costi, ricavi e variazione delle rimanenze*** (tipica del nostro ordinamento civilistico), ma che mal si presta ai fini di una proficua analisi delle performance aziendali per una serie di ragioni, tra cui: l'influenza dei componenti reddituali di natura accessoria sulla gestione caratteristica, la distinzione tra componenti ordinari e straordinari di reddito non risulta compatibile con le esigenze di natura finanziaria e altro ancora;
– ***a valore aggiunto (o per natura)***, che prevede una distinzione dei costi operativi in interni ed esterni, al fine di ottenere due grandezze, ossia il *valore aggiunto* e il *margine operativo lordo*;
– ***a costo del venduto***, secondo cui, rispetto a quella prevista dal codice civile, la variazione delle rimanenze di prodotti va a rettificare il valore della produzione, i costi operativi sono classificati per destinazione, pertanto, la differenza tra il valore della produzione e il costo industriale della produzione consente di ottenere il *margine industriale lordo*.

Queste ultime due configurazioni sono quelle che meglio si prestano a una più efficace analisi di bilancio.

In particolare, lo schema suggerito dai Principi di redazione, sebbene suscettibile di un maggior dettaglio, è il seguente

Schema di Conto Economico di previsione

Descrizione	*Anno n*	*Anno n+1*	*Anno n+2*
Ricavi operativi			
Altri ricavi e/o ricavi non ricorrenti			
Totale ricavi			
Costi variabili diretti			
Margine di contribuzione			

Costi del personale			
Costi per servizi			
Costi per godimento di beni di terzi			
Costi generali amministrativi			
Margine operativo lordo (EBITDA)			
Ammortamenti e svalutazioni			
Accantonamenti per rischi ed oneri			
Reddito operativo (EBIT)			
Proventi ed oneri finanziari			
Proventi ed oneri straordinari			
Reddito ante-imposte (EBT)			
Imposte			
Reddito netto			

9.1.2. Contenuto e forma dello stato patrimoniale

Lo stato patrimoniale deve rappresentare:

- le attività e le passività prospettiche;
- l'evoluzione del patrimonio netto ai fini della determinazione delle fonti di finanziamento;
- il fabbisogno finanziario futuro.

Per una più efficace rappresentazione della situazione patrimoniale dell'azienda, ossia della composizione tra fonti e impieghi e della loro evoluzione futura, i Principi di redazione suggeriscono lo schema riclassificato secondo il *criterio della pertinenza gestionale*, come di seguito riportato [6]:

Schema di Stato Patrimoniale di previsione

Descrizione	*Anno n*	*Anno n+1*	*Anno n+2*
Immobilizzazioni immateriali			
Immobilizzazioni materiali			
Immobilizzazioni finanziarie			
Attivo Immobilizzato			

[6] Sulla contabilizzazione de fondi rischi ed oneri si veda: A. DELL'ATTI (2009), *I fondi rischi ed oneri (analisi comparativa tra i principi contabili nazionali ed internazionali)*, Collana di Economia Aziendale – Serie Studi e Ricerche di Ragioneria Internazionale, Vol. 3, Cacucci, Bari; A. DELL'ATTI (2021), *La passività patrimoniali. I fondi per rischi ed oneri*, in N. DI CAGNO, S. ADAMO, *Il bilancio d'esercizio delle imprese societarie. Modello civilistico*, cit.

Rimanenze			
Crediti commerciali			
Debiti commerciali			
Capitale circolante operativo			
Crediti diversi e altre attività			
Debiti diversi e altre passività			
Capitale circolante netto			
TFR			
Fondi rischi ed oneri			
Capitale investito netto			
Patrimonio netto			
Disponibilità liquide			
Debiti finanziari a breve termine			
Debiti finanziari a medio-lungo termine			
Fonti di finanziamento			

9.1.3. Contenuto e forma del rendiconto finanziario

Come detto in precedenza, il rendiconto finanziario (o piano finanziario) non è altro che una previsione sia del fabbisogno finanziario futuro necessario per la realizzazione del piano di risanamento, sia della relativa copertura. Per ciascun periodo che compone l'arco temporale del piano, le informazioni da fornire devono riguardare:

- i flussi finanziari generati dalla gestione caratteristica;
- i flussi finanziari derivanti dalla gestione degli investimenti (o disinvestimenti);
- i flussi finanziari derivanti dalla gestione delle fonti di finanziamento (mezzi propri e capitale di terzi).

Esso deve, pertanto, essere strutturato in modo tale da porre in evidenza (anno per anno) i flussi al servizio del debito esistente e di quelli derivanti dalla nuova finanza, con separata indicazione dei debiti nei confronti di coloro che, eventualmente, non hanno aderito al piano, tenuto conto dell'impatto delle uscite di natura fiscale, anche per eventuali contenziosi tributari.

Esso può assumere una forma *diretta* o *indiretta*.

Nel caso della **forma diretta**, il piano previsionale deve evidenziare:

- i flussi finanziari in entrata e in uscita derivanti dai singoli componenti reddituali positivi e negativi;
- i flussi finanziari attinenti la gestione patrimoniale, ossia investimenti, disinvestimenti, finanziamenti e rimborsi).

Nell'ipotesi della **forma indiretta**, il piano previsionale deve partire dal reddito netto o dal reddito operativo lordo, al quale vanno aggiunti i flussi finanziari derivanti dalla gestione patrimoniale.

Anche nel caso del rendiconto finanziario, i Principi di redazione forniscono uno schema di riferimento di seguito riportato.

Schema di Rendiconto Finanziario di previsione

Descrizione	*Anno n*	*Anno n+1*	*Anno n+2*
Margine operativo lordo (EBITDA)			
Imposte			
+/– rimanenze			
+/– crediti commerciali			
+/– debiti commerciali			
+/– capitale circolante operativo			
+/– crediti diversi e altre attività			
+/– debiti diversi e altre passività			
+/– TFR e fondi rischi e oneri			
+/– altre attività e passività			
Flusso di cassa operativo			
+/– immobilizzazioni immateriali			
+/– immobilizzazioni materiali			
+/– immobilizzazioni finanziarie			
Investimenti			
Proventi e oneri straordinari			
+/– patrimonio netto			
Flusso di cassa a servizio del debito			
Proventi e oneri finanziari			
+/– debiti finanziari a breve termine			
+/– debiti finanziari a m/l termine			
Flusso di cassa netto di periodo			
Disponibilità di cassa iniziale			
Disponibilità di cassa finale			
Variazione delle disponibilità liquide			

9.1.4. Contenuto e forma del piano di tesoreria

Il piano di tesoreria ha lo scopo di evidenziare la dinamica delle entrate e delle uscite riferite al breve periodo. Almeno per il primo anno di riferimento, è opportuno che detto piano sia articolato con una scansione temporale mensile, salvo il caso in cui l'attività aziendale richieda una tempistica differente. Esso, inoltre, richiede un aggiornamento periodico al fine di garantire un controllo puntuale e una corretta rappresentazione dei flussi di breve termine. Nonostante la natura stessa del piano di tesoreria, è assai probabile che si verifichino degli scostamenti, ma ciò non implica necessariamente che questi vadano a inficiare il piano di ristrutturazione nel suo complesso.

In merito alla forma, i Principi di redazione propongono uno schema di piano di tesoreria che può essere adattato in base alle singole esigenze e che, nel contempo, non tiene conto del debito nei confronti dei creditori che non hanno aderito all'accordo.

Schema di Piano di Tesoreria

Descrizione	*Gennaio*	*Febbraio*	.....
Saldo iniziale			
Entrate			
incassi da clienti			
di cui scaduti			
incassi da alienazione di immobilizzazioni			
incassi da finanziamenti m/l termine			
immissione di capitale proprio			
incassi diversi			
Totale entrate			
Uscite			
pagamenti di debiti v/fornitori			
di cui scaduti			
investimenti in immobilizzazioni			
pagamenti di debiti v/dipendenti + TFR			
pagamenti di tributari e previdenziali			
pagamenti debiti m/l termine			
pagamenti leasing			
pagamenti oneri finanziari			
pagamenti debiti diversi			
Totale uscite			
Saldo finale			

9.1.5. L'analisi di sensitività

Al fine di verificare il grado di realizzabilità e di affidabilità del piano di risanamento, si evidenzia l'opportunità che le ipotesi sottostanti siano sottoposte a un'analisi di sensitività (*stress test*), ossia delle simulazioni che, agendo su determinate variabili, tengono conto di una eventuale evoluzione futura peggiorativa rispetto a quella prospettata.

Da tale analisi possono derivare due distinti scenari:

a) nonostante sia stata ipotizzata un'evoluzione negativa di determinate variabili, se i risultati attesi non sembrano incidere particolarmente sul piano tanto da comprometterne la fattibilità, esso potrà essere considerato in grado di sostenere l'eventuale verificarsi di situazioni critiche;
b) al contrario, se l'analisi di sensitività fornisce un esito negativo, nel senso che il piano risulta inidoneo a far fronte a specifiche condizioni future negative, il management dovrà rivedere determinate assunzioni poste alla base del piano medesimo.

Ne consegue che, così come previsto dai Principi di redazione, le analisi di sensitività possono essere concorrenti o alternative in base sia alla natura dei fattori di rischio che vengono considerati, sia alla loro diretta correlazione. Inoltre, esse presuppongono l'individuazione e la misurazione dei fattori di rischio ai quali sono soggetti sia l'azienda, sia il piano, quali:

- scostamenti dei volumi di produzione;
- scostamenti dei prezzi di vendita;
- livelli di resi o di prodotti invenduti;
- produttività degli impianti;
- produttività dei fattori produttivi.

10. Esecuzione e monitoraggio del piano

Il piano redatto secondo i criteri sopra indicati deve essere in grado di rispondere ai requisiti di realizzabilità e, pertanto, idoneo a ripristinare le condizioni di equilibrio generale. Tuttavia, può accadere che, nonostante le ipotesi assunte nella fase progettuale risultino ragionevoli e corrette, le aspettative risultino disattese.

Pertanto, durante l'esecuzione del piano è necessario svolgere un'attenta e costante attività di monitoraggio al fine di ridurre al minimo il rischio di mancata attuazione dello stesso.

In tal senso, l'attuazione del piano è composta da momenti critici:

- la condivisione dei contenuti del piano da parte di tutti i soggetti coinvolti;
- l'assegnazione delle responsabilità dei piani di azione;

- la produzione dei report relativi agli indicatori di performance, soprattutto con riferimento a quelli critici.

Vi è da aggiungere che i tempi di avvio di un piano di risanamento il più delle volte possono risultare stringati e, pertanto, può emergere la difficoltà di pianificare un'adeguata sequenza cronologica e propedeutica di tutte le azioni. Ed è proprio in questa fase che si possono riscontrare dei punti di debolezza nella struttura organizzativa che, necessariamente dovrà essere oggetto di modifiche.

Come ricordato in precedenza, l'individuazione e l'analisi degli scostamenti tra quanto previsto e quanto si è verificato richiede una specifica attività di monitoraggio.

A tal riguardo, dal punto di vista strettamente quantitativo, gli indicatori utilizzabili al fine di quantificare tali scostamenti sono i seguenti:

- livello dei ricavi;
- l'EBITDA (*Earnings Before Interests Taxes Depreciation and Amortization*);
- la posizione finanziaria netta;
- il capitale circolante netto.

Ovviamente a tali indicatori di tipo quantitativo devono essere associati anche input di natura qualitativa, quali l'implementazione di una nuova strategia o le variazioni previste nell'organigramma aziendale.

La rilevazione di eventuali scostamenti significativi implica la necessità di intervenire sul piano e provvedere, quindi, ad apportare i dovuti correttivi.

La modifica del piano si ritiene sostanziale allorquando:

a) si verifica uno scostamento tale da incidere sulla realizzabilità del piano stesso, sia nei tempi e sia nelle modalità;
b) lo scostamento rilevato non viene assorbito dai correttivi o meccanismi di aggiustamento in quanto non previsti o non adeguati.

Ne deriva che la presenza di un efficace sistema di monitoraggio rappresenta un elemento distintivo di qualità del piano di risanamento, nel quale sono insiti elementi di criticità che devono essere costantemente tenuti sotto controllo.

11. Il ruolo dei consulenti nella predisposizione del piano

Come più volte ricordato, la redazione del piano richiede sovente l'intervento di consulenti esterni con specifiche competenze che affiancano il lavoro dell'organo amministrativo e del management. Ciò accade, soprattutto, nell'ipotesi in cui il piano è predisposto ai fini dell'accesso a una procedura concorsuale volta al superamento della crisi aziendale.

L'intervento di consulenti esterni consente di avere una visione d'insieme imparziale, soprattutto con riferimento all'individuazione delle cause della crisi e alla predisposizione della strategia di risanamento.

Il rapporto tra azienda e consulenti si instaura sin dalla fase iniziale, ossia dal momento della valutazione dello stato di crisi e può prolungarsi all'attività di monitoraggio e sino al momento in cui vengono ristabilite le condizioni di equilibrio generale.

La figura dei consulenti aziendali assume un'importanza notevole ai fini della predisposizione del piano, anche in ragione delle peculiari competenze che ognuno di essi possiede sia nell'ambito strettamente industriale, sia in quello finanziario e sia quello giuridico.

11.1. Il ruolo dell'advisor industriale

L'*advisor industriale* è una figura professionale con particolari competenze legate all'analisi economico-aziendale, soprattutto di tipo strategico, e alla misurazione delle performance industriali, ma con competenze anche in discipline collaterali. Molto spesso, proprio in virtù di tale grado di conoscenza, l'advisor industriale assume il ruolo di leadership nel team di lavoro che a sua volta è composto da una pluralità di soggetti (interni ed esterni all'azienda) ognuno dei quali con competenze specifiche.

In merito al suo ruolo, i Principi di redazione attribuiscono allo stesso il compito di identificare le azioni ritenute idonee a consentire all'azienda di raggiungere gli obiettivi strategici, primo tra tutti quello di superare lo stato di crisi.

Ne consegue che l'advisor industriale deve nell'ordine:

a) verificare che vi siano le condizioni per assicurare la continuità aziendale;
b) verificare l'esistenza di un patrimonio netto rettificato positivo;
c) predisporre, unitamente all'advisor finanziario, il programma di intervento nel quale devono essere indicati:
   - le dinamiche del mercato in cui l'azienda opera;
   - gli aspetti organizzativi e di tipo industriale che hanno determinato la crisi aziendale;
   - le azioni che si intende intraprendere al fine di realizzare la strategia ipotizzata, indicando nel contempo i tempi di realizzazione e il grado di responsabilità attribuita a ciascuno dei soggetti coinvolti.

Inoltre, il ruolo dell'advisor industriale è quello di supportare l'organo amministrativo e i manager nella predisposizione del piano, sia in merito alle ipotesi sulla base delle quali esso viene redatto, sia in merito alla sua sostenibilità, all'evoluzione del mercato e all'eventuale comparazione delle ipotesi stesse in rapporto alle dinamiche future.

11.2. Il ruolo dell'advisor finanziario

L'altra figura di riferimento altrettanto importante è rappresentata dall'*advisor finanziario*, il quale possiede competenze tipicamente legate all'aspetto finanziario della gestione aziendale, pertanto, con riferimento a una strategia di ristrutturazione dei debiti il ruolo che gli compete è quello di affiancare gli organi di direzione nella individuazione delle strategie di risanamento finanziario, nonché nella negoziazione e definizione degli accordi necessari per dare esecuzione al piano medesimo.

L'attività dell'advisor finanziario ha inizio ancor prima dell'assunzione dell'incarico, considerato che egli deve accedere a tutte le possibili informazioni, al fine di comprendere le esigenze dell'azienda. Pertanto, già in questa fase, egli deve identificare l'oggetto dell'incarico, le parti coinvolte, il livello di difficoltà dell'attività da svolgere, nonché una prima stima dei tempi di attuazione.

Inoltre, sempre in questa fase, l'advisor può identificare ulteriori figure professionali che dovranno affiancarlo, ovvero informare gli organi di direzione di eventuali limiti relativi alla propria attività.

Nell'ipotesi di accordo tra le parti, tale fase si conclude con il conferimento dell'incarico all'advisor, il quale inizia a svolgere la propria attività, sia interna all'azienda, sia esterna.

Con riferimento all'*attività interna*, egli deve procedere alla diagnosi:

- della *situazione di tesoreria*, sia iniziale, ossia volta a comprendere la capacità dell'azienda di far fronte alle proprie obbligazioni nella fase negoziale e di predisposizione del piano, sia nella fase di svolgimento e sino alla fase finale, al fine di valutare in chiave prospettica la gestione della liquidità aziendale. Solo dopo tale analisi si potrà valutare l'esigenza di intervenire sul capitale circolante, ovvero sui rapporti con i soggetti finanziatori;
- della *situazione aziendale*, ossia comprendere le ragioni della crisi, nonché le competenze manageriali necessarie per implementare una determinata strategia di risanamento;
- della *situazione contabile*, al fine di valutare la capacità dell'azienda di operare nel rispetto dell'equilibrio economico, patrimoniale e finanziario.

Solo dopo tale analisi, l'advisor finanziario può suggerire l'intervento di professionalità esterne, anche alla luce di eventuali intervenuti mutamenti del contesto aziendale che potrebbero richiedere ulteriori e diversificate competenze professionali.

L'advisor finanziario svolge, inoltre, ulteriori attività interne, quali:

- la collaborazione con l'advisor industriale e con il management aziendale ai fini della redazione del piano di risanamento fornendo gli elementi di natura finanziaria su cui costruirlo, in termini di fonti di finanziamento disponibili e di quelle ragionevolmente attivabili;
- la predisposizione, in accordo con gli organi di direzione, delle linee guida della manovra finanziaria tenendo conto dei flussi finanziari previsti.

Con riferimento all'*attività esterna*, l'advisor finanziario avvia l'attività di negoziazione con i diversi creditori dell'azienda, sia in forma bilaterale, sia in forma collettiva. Tale fase richiede l'individuazione di proposte iniziali da sottoporre agli interlocutori in attesa della presentazione del piano finale. Inoltre, egli assiste l'organo amministrativo nei confronti dei creditori in merito alla rappresentazione della situazione attuale dell'azienda (dal punto di vista economico, patrimoniale e finanziario), nonché, con cadenza periodica, della sua evoluzione.

Una volta sentiti i vari interlocutori, l'advisor finanziario interagisce con gli organi di direzione al fine di trovare il miglior coordinamento tra il piano industriale e la manovra finanziaria, anche alla luce dell'attività di negoziazione svolta sino a tale momento. La manovra finanziaria, invero, viene portata all'attenzione degli interlocutori durante i vari incontri e, successivamente, viene rettificata alla luce delle eventuali osservazioni prodotte. In tal modo, unitamente all'*advisor legale*, è possibile individuare lo strumento giuridico più idoneo al superamento della crisi.

Come già ricordato, l'advisor finanziario agisce unitamente a tutti coloro che sono chiamati a redigere il piano, così come con i soggetti esterni, in primis gli organi della procedura concorsuale, soprattutto il commissario giudiziale nell'ipotesi del concordato preventivo.

Infine, egli svolge un'attività di monitoraggio delle performance aziendali, al fine di verificare se l'andamento gestionale è in linea con quanto previsto.

12. Le criticità del piano di risanamento ai fini degli accordi di ristrutturazione dei debiti

Il piano redatto ai fini dell'accordo di ristrutturazione dei debiti (art. 57 CCII) deve evidenziare, così come previsto dai Principi di redazione, le seguenti informazioni:

- il pagamento integrale dei creditori estranei all'accordo; pertanto, è necessario che nella situazione patrimoniale dell'azienda questi siano chiaramente individuabili. A tal riguardo, è opportuno procedere alla pre-chiusura della situazione patrimoniale alla data stimata dell'accordo, nella quale è possibile individuare l'ammontare dei creditori estranei con separata indicazione della parte già scaduta;
- la stima dei flussi di cassa, ossia la liquidità da destinare al pagamento dei creditori estranei all'accordo. In merito a ciò, considerata la natura vincolante dell'accordo, è necessario sottoporre detti flussi di cassa a *stress test*, al fine di verificare il loro grado di veridicità che, ovviamente, deve risultare elevato. D'altro canto, per i creditori aderenti all'accordo è sufficiente stimare una probabilità media di avveramento a condizione che sia fornita compiutamente l'evidenza di un rischio inerente la mancata esecuzione del piano e delle sue conseguenze.

Secondo quanto previsto dai Principi di redazione, nel piano predisposto ai fini di un accordo di ristrutturazione dei debiti possono essere omesse alcune informazioni non ritenute essenziali nella fase della pre-attestazione, come, ad esempio, l'analisi di sensitività, la manovra finanziaria, la scansione temporale coerente con le pattuizioni in corso di negoziazione. Mentre, ai fini dell'attestazione, è necessario predisporre un piano di tesoreria sino al momento del pagamento dei creditori estranei all'accordo. Il piano di tesoreria, come ricordato in precedenza, è un elemento fondamentale per quantificare sia il fabbisogno finanziario di breve periodo, sia quello provvisorio e/o di urgenza [7].

Si ritiene, inoltre, che il piano debba contenere una situazione patrimoniale prospettica al momento dell'omologa (data dalla quale cessa la protezione del debitore prevista dall'art. 54 CCII), al fine di verificare la capacità dell'azienda di ripristinare le condizioni di una corretta gestione societaria, anche nel rispetto degli artt. 2447 e 2482 *ter* c.c.

13. Le criticità del piano di risanamento ai fini del concordato preventivo in continuità

Sulla base dei Principi di redazione, il piano redatto ai fini del concordato preventivo in continuità (art. 84 e ss. CCII) deve riportare le seguenti informazioni:

- l'ammontare della massa debitoria concorsuale e la stima dei flussi finanziari occorrenti, atteso che, a differenza di quanto accade nell'accordo di ristrutturazione dei debiti, la proposta di concordato preventivo è vincolante per tutti i creditori, compresi quelli dissenzienti. Per tale motivo, è necessario che detti flussi di cassa siano sottoposti ad analisi di sensitività al fine di dimostrare un'elevata probabilità di avveramento;
- il piano di tesoreria deve prevedere una scansione temporale mensile almeno nella fase iniziale e sino alla data presunta per l'omologa, tenendo conto della tipologia di attività svolta dall'azienda [8]. La scansione temporale mensile del piano permette al commissario giudiziale un più agevole controllo di eventuali scostamenti.

Inoltre, nella fase successiva all'omologa e sino al momento dell'adempimento del piano concordatario, la scansione temporale può essere meno frequente, ma

[7] L'indicazione del fabbisogno finanziario provvisorio e di urgenza nel piano di tesoreria è molto importante per l'attestatore, il quale ha il compito di verificare il fabbisogno finanziario complessivo necessario per la realizzazione dell'accordo.

[8] Se il settore di attività evidenzia un elevato grado di volatilità infrannuale è opportuno che se ne dia atto nel piano di tesoreria.

comunque idonea a consentire al commissario giudiziale di valutare l'eventuale riduzione della capacità di produrre flussi di cassa adeguati a garantire l'adempimento della proposta concordataria;

- il fabbisogno finanziario sino alla presunta data di omologa, nonché l'eventuale nuova finanza necessaria per l'attuazione del piano concordatario. Tali informazioni sono utili anche ai fini dell'attività del professionista attestatore che dovrà verificare il grado di copertura finanziaria;
- nel caso di decidesse di procedere alla riduzione del capitale sociale ai sensi degli artt. 2447 e 2482 *ter* c.c., nel piano è necessario riportare la situazione patrimoniale di previsione alla presunta data di omologa. Inoltre, la situazione patrimoniale attuale o attesa riferita al periodo intercorrente tra la data di ammissione alla procedura e quella di omologa del concordato deve tener conto dell'effetto derivante dalla proposta, al fine di evidenziare il ripristino del capitale sociale almeno entro i limiti previsti dal legislatore;
- qualora il piano preveda la prosecuzione di contratti pubblici, ovvero la partecipazione a nuove gare pubbliche, se ne dovrà dare menzione al fine di consentire all'attestatore di valutare la capacità dell'azienda a continuare la propria attività;
- ove il piano preveda lo scioglimento di contratti in essere è necessario descrivere gli effetti di tale scioglimento sui creditori concorsuali, sui debitori e sui contraenti *in bonis*. Dette informazioni sono utili al fine di consentire al tribunale competente di operare le proprie valutazioni in sede autorizzativa. Inoltre, nell'ipotesi di concordato misto, ossia in parte in continuità e in parte liquidatorio, il piano deve riportare le modalità di vendita e la relativa tempistica, che dovranno risultare coerenti con il piano medesimo, così come, nell'ipotesi di concordato con conferimento di azienda in una società controllata, il piano deve essere esteso ai dati previsionali di quest'ultima;
- la scansione temporale del piano (preferibilmente mensile) è un altro elemento utile di controllo e di valutazione degli eventuali scostamenti da parte del commissario giudiziale, in quanto permette di monitorare la gestione aziendale e l'amministrazione del patrimonio sino al momento dell'omologazione del concordato, ma anche nella fase successiva per ciò che attiene l'adempimento dello stesso.

14. Il piano di risanamento per le MPMI

Il piano di risanamento per le micro, piccole e medie imprese assume delle connotazioni particolari in ragione di una serie di fattori oggettivi, quali:

- la presenza di una struttura organizzativa particolarmente semplice e snella,

nella quale l'unico punto riferimento è l'imprenditore e pochi suoi collaboratori;
- la difficoltà di reperire informazioni attendibili, atteso che dette aziende non dispongono di adeguati sistemi informativi.

In merito a tale tipologia di aziende, i Principi di redazione forniscono innanzitutto una loro definizione prendendo come riferimento la normativa comunitaria[9].

La tabella di seguito riportata sintetizza i limiti che devono essere rispettati per rientrare nella categoria delle MPMI.

Categoria di imprese	Unità lavorative/ anno (ULA)	Fatturato annuo	Totale di bilancio annuo
MEDIE	< 250	≤ 50 mln. di euro	≤ 43 mln. di euro
PICCOLE	< 50	≤ 10 mln. di euro	≤ 10 mln. di euro
MICRO	< 10	≤ 2 mln. di euro	≤ 2 mln. di euro

Per tali imprese, in considerazione delle loro dimensioni e della semplicità della struttura organizzativa, il piano di risanamento si basa molto spesso su informazioni quali-quantitative che presentano un basso livello di analiticità. In considerazione di ciò, detti piani sono contemplano ipotesi semplificatrici, anche se con il supporto di professioni esterni di comprovata esperienze e capacità. Tuttavia, va rilevato che il piano di risanamento è un documento amministrativo e come tale la responsabilità inerente la sua redazione ricade esclusivamente sui soggetti che sono chiamati a redigerlo e ad approvarlo.

Tuttavia, così come accade per le imprese di grandi dimensioni, anche per le MPMI il piano di risanamento deve rispondere ai requisiti di *tempestività, sistematicità, coerenza* e *attendibilità*.

Pertanto esso deve contenere le seguenti informazioni:

- l'esplicitazione delle fonti utilizzate, il loro grado di attendibilità, le eventuali carenze o criticità dei dati, nonché i rischi eventuali che ne possono derivare;
- la descrizione dell'azienda e dell'attività svolta, l'analisi delle strategie applicate in passato e di quelle future, non mancando di evidenziare gli eventi negativi potenziali che potrebbero influire negativamente sul piano medesimo;
- la rappresentazione dei dati economico-finanziari di partenza, nonché l'analisi delle cause e dello stato di crisi;

---

[9] Raccomandazione delle Comunità Europee n. 2003/361/CE del 6 maggio 2003, G.U. L. 124 del 20 maggio 2003, pp. 36-41.

- la descrizione della strategia di risanamento dal punto di vista organizzativo, tecnico-produttivo e finanziario;
- l'esplicitazione delle azioni che si intendono porre in essere al fine di raggiungere gli obiettivi fissati, la tempistica di attuazione e i soggetti a cui è demandato il compito di implementare le azioni medesime;
- il piano economico, finanziario e patrimoniale, composto dal conto economico, lo stato patrimoniale, il rendiconto finanziario e il budget di tesoreria;
- l'analisi di sensitività, volta a dimostrare la tenuta o meno del piano in ragione del verificarsi di determinati eventi negativi;
- le informazioni richieste dalla tipologia di strumento giuridico di risanamento prescelto.

Capitolo VI

I principi di attestazione dei piani di risanamento

1. Premessa

La figura del professionista attestatore è stata per la prima volta introdotta dall'art. 37 della Legge 7 agosto 2012, n. 134 che, com'è noto, ha previsto, nell'ambito della normativa fallimentare, una serie di novità finalizzate al potenziamento degli strumenti giudiziali e stragiudiziali dedicati al risanamento e alla continuità delle imprese in crisi. Tra queste vi è, appunto, la figura dell'*attestatore*, nominato dallo stesso debitore, il cui compito è quello di asseverare il piano di risanamento ai fini dell'accesso alle diverse procedure disciplinate dal CCII [1].

La ratio della norma risiede nella necessità di garantire i creditori e i terzi in generale, in quanto le scelte dinanzi alle quali essi sono posti devono essere decise sulla base di una corretta e completa informazione.

Nel contempo, il ruolo dell'attestatore è anche quello di rafforzare la credibilità degli impegni assunti dal debitore mediante il piano.

2. I requisiti dell'attestatore e la natura dell'attività svolta

Secondo quanto prescritto dall'art. 2, comma 1, lett. *o*), CCII, il professionista incaricato dal debitore nell'ambito di una delle procedure di regolazione della crisi di impresa deve soddisfare congiuntamente i seguenti requisiti:

1. essere iscritto all'albo dei gestori della crisi e insolvenza delle imprese, nonché nel registro dei revisori legali;

---

[1] A. DELL'ATTI, M. TURCO (2015), *Piani attestati e principi di comportamento del professionista,* in *Rivista dei Dottori Commercialisti*, n. 2, Giuffrè, Milano; A. DELL'ATTI, M. TURCO (2015), *The restructuring plans of the companies in crisis in Italy: ethical principles in the activity of the attestor,* in proceeding of 5^ Annual European Business Research Conference, 10-11 September, Rome (Italy).

2. essere in possesso dei requisiti previsti dall'art. 2399 c.c.[2];
3. non essere legato all'impresa o ad altre parti interessate all'operazione di regolazione della crisi da rapporti di natura personale o professionale. Il professionista e i soggetti con i quali è eventualmente unito in associazione professionale non devono aver prestato negli ultimi cinque anni attività di lavoro subordinato o autonomo in favore del debitore, né essere stati membri degli organi di amministrazione o controllo dell'impresa, né aver posseduto partecipazioni in essa.

Con riferimento ai diversi strumenti di composizione della crisi d'impresa previsti dal legislatore, la relazione dell'attestatore, ove richiesta, assume una funzione fondamentale, in quanto egli ha l'obbligo di verificare l'attendibilità dei dati contenuti nel piano, nonché il suo grado di realizzabilità.

Pertanto, il ruolo dell'attestatore assume una funzione preminente ai fini delle valutazioni che competono sia all'autorità giudiziaria (ove investita), sia e soprattutto al ceto creditorio.

Come più volte ribadito, il piano contiene una molteplicità di dati qualiquantitativi, sia storici e sia di natura prospettica.

Soprattutto con riferimento a questi ultimi, l'attestatore deve svolgere una vera e propria attività di *due diligence*, in considerazione del fatto che la parte fondamentale del piano, quella cioè su cui si basa prevalentemente il giudizio di fattibilità, comprende le informazioni e i dati che riguardano il futuro svolgimento dell'attività aziendale.

Ciò precisato, è utile evidenziare che, proprio perché si tratta di dati non verificabili oggettivamente, ma derivanti da stime, la difficoltà è duplice, nel senso che da un lato ci si deve basare su congetture e ipotesi future che realisticamente presentano sempre un certo grado di aleatorietà, dall'altro lato, in considerazione del particolare momento vissuto dall'azienda, è necessario che le operazioni siano concluse in tempi relativamente brevi.

---

[2] L'art. 2399 c.c. così recita:

«*Non possono essere eletti alla carica di sindaco e, se eletti, decadono dall'ufficio:*

a) coloro che si trovano nelle condizioni previste dall'articolo 2382;

b) il coniuge, i parenti e gli affini entro il quarto grado degli amministratori della società, gli amministratori, il coniuge, i parenti e gli affini entro il quarto grado degli amministratori delle società da questa controllate, delle società che la controllano e di quelle sottoposte a comune controllo;

c) coloro che sono legati alla società o alle società da questa controllate o alle società che la controllano o a quelle sottoposte a comune controllo da un rapporto di lavoro o da un rapporto continuativo di consulenza o di prestazione d'opera retribuita, ovvero da altri rapporti di natura patrimoniale che ne compromettano l'indipendenza.

La cancellazione o la sospensione dal registro dei revisori legali e delle società di revisione legale e la perdita dei requisiti previsti dall'ultimo comma dell'articolo 2397 sono causa di decadenza dall'ufficio di sindaco. Lo statuto può prevedere altre cause di ineleggibilità o decadenza, nonché cause di incompatibilità e limiti e criteri per il cumulo degli incarichi».

Considerate le peculiari difficoltà che caratterizzano il compito del professionista, è importante comprendere la natura dell'incarico conferitogli.

A tal riguardo, appare utile richiamare l'art. 2501-*bis*, comma 4, c.c., il quale, come è noto, richiama il concetto di ragionevolezza che deve ispirare la relazione del perito nell'ipotesi del progetto di fusione a seguito di acquisizione con indebitamento, vale a dire il caso di due società, di cui una contrae dei debiti al fine di acquisire il controllo dell'altra e, pertanto, il patrimonio di quest'ultima costituisce la garanzia per il rimborso di detti debiti.

In proposito, il progetto di fusione, redatto ai sensi dell'art. 2501-*ter* c.c., deve indicare le ragioni che giustificano l'operazione, unitamente a un piano economico e finanziario, nel quale, tra gli altri, devono essere esplicitati gli obiettivi che si intendono raggiungere [3]. Il tutto viene sottoposto alla verifica di uno o più esperti, i quali, ai sensi dell'art. 2501-*sexies* c.c., hanno l'onere di redigere una relazione particolareggiata che attesti la ragionevolezza delle indicazioni contenute nel progetto di fusione. Invero, con la riforma societaria, il legislatore civilistico ha introdotto una nuova tipologia di relazioni redatte dall'esperto, il cui compito non è solo quello di valutare il capitale economico delle imprese coinvolte nell'operazione, ma deve spingersi oltre, ossia svolgere una vera e propria attività di revisione sul futuro andamento patrimoniale, economico e finanziario della costituenda azienda.

Orbene, tale nuova tipologia di relazioni è stata fatta propria dal legislatore fallimentare, il quale ha inteso estendere la portata nell'ambito degli interventi concordati di risanamento aziendale.

Il giudizio di ragionevolezza contenuto nel piano, richiamato del citato art. 2501, comma 4, c.c., deve essere basato sulla considerazione congiunta di alcuni rilevanti profili [4], ovvero:

a) l'*attendibilità*, ossia appurare se le proiezioni di tipo economico, patrimoniale e finanziario, poste alla base del piano aziendale, si conciliano o meno con le prospettive e le connotazioni di carattere ambientale;
b) la *realizzabilità*, nel senso che occorre soffermarsi sulle reali possibilità di raggiungimento degli obiettivi prefissati. A tal riguardo, occorre soffermarsi sui presupposti del piano e sulle condotte che si intendono intraprendere, al fine di verificare la loro concreta realizzabilità nei modi e nei tempi indicati;
c) la *visibilità*, ossia che il piano di risanamento dia la percezione di un'elevata

---

[3] Più in particolare, si vedano: G.M. GAREGNANI (2006), *Profili di valutazione nelle operazioni di fusione: concambio e MLBO*, Giuffrè, Milano; L.G. PICONE (2003), *Il leveraged buy out nella riforma del diritto societario*, in *Contratto e Impresa*, Vol. 19, II, p. 1434 ss.; A. SACCHI (2006), *Fusione a seguito di acquisizione con indebitamento e attività del revisore. Le relazioni dell'art. 2501 bis co. 4 e 5 c.c.*, in *Il controllo legale nelle società e negli enti*, Giuffré, p. 163.

[4] M. REBOA (2003), *Le operazioni di leveraged buy out e l'art. 2501 bis c.c.: prime considerazioni*, in *Riv. dei Dottori Commercialisti*, n. 6.

probabilità di successo. Ad esempio, l'esistenza di finanziatori esterni, l'acquisizione di nuove commesse, la presenza di un nuovo management, ecc. Solo in presenza di tali condizioni, il professionista può considerarsi nelle condizioni per poter esprimere compiutamente e serenamente il proprio giudizio.

Come ricordato in precedenza, con riferimento ai piani di risanamento, la normativa sulla crisi d'impresa utilizza il termine "*attestazione*" in luogo di "*revisione*", così come avviene nel citato art. 2501 *bis* c.c.[5].

In effetti, per ciò che si dirà, i due termini presuppongono un'attività differente (anche in termini temporali) svolta dal professionista all'uopo incaricato.

Invero, il termine *revisione* si riferisce all'attività di verifica svolta a consuntivo avente per oggetto fatti aziendali che si sono già manifestati, mentre il termine *attestazione* riguarda un'attività di controllo che prevalentemente ha per oggetto accadimenti che devono avere ancora la loro manifestazione.

Pertanto, nel caso dei piani di risanamento, il più delle volte l'attestatore è chiamato a esprimere il proprio parere in merito al verificarsi di scenari futuri, utilizzando strumenti differenti rispetto a quelli previsti per l'attività di revisione.

Al fine di chiarire quanto asserito, è utile richiamare il Documento n. 100 raccomandato dalla Consob[6], il quale, seppur tra le righe, opera una distinzione tra:

a) *servizi di revisione*, ossia gli incarichi svolti nell'ambito dell'attività di controllo dei bilanci annuali delle imprese (compresi quelli consolidati), nonché ai bilanci infrannuali, al fine di esprimere un giudizio professionale. Si tratta, invero, di un processo costituito da un insieme coordinato di verifiche, controlli e analisi che mira a raccogliere i dati necessari, al fine di formulare un giudizio di affidabilità sul bilancio destinato a pubblicazione[7];
b) *servizi di attestazione*, richiesti dalla legge o da regolamenti, ovvero disposti su base volontaria, aventi per oggetto informazioni differenti, in quanto si tratta di incarichi per i quali il professionista valuta elementi specifici, la cui determinazione spetta ad altri soggetti responsabili, ciò al fine di formulare un

---

[5] Secondo alcuni studiosi, l'attestazione della ragionevolezza, prevista dall'art. 2501 *bis* c.c., non rientra tanto nell'attività di *audit* o *review* quanto nella più ampia attività di *assurance engagements*, così come intesa nel contesto nazionale. Sul punto si veda: G.M. GAREGNANI, *Profili di ...*, cit., p. 138. A tal riguardo, è utile precisare che per *assurance engagements* si intendono quei servizi professionali indipendenti, tipicamente forniti da professionisti all'uopo abilitati, con l'obiettivo di migliorare il contesto delle informazioni in modo che gli organi decisionali possono operare nel miglior modo possibile e rendere, a loro volta, le informazioni più chiare e corrette. Detti servizi comprendono sia l'attività di audit, sia quella di revisione.

[6] CONSOB, *Principi di revisione*, Documento n. 100 *"Principi sull'indipendenza del revisore"*, emanato con delibera n. 15185/2005.

[7] Sull'argomento, tra gli altri, si vedano: L. MARCHI, *Revisione aziendale e sistemi ...*, cit.; G. PAOLONE (1994), *La revisione aziendale e la certificazione dei bilanci*, Franco Angeli, Milano; A. VIGANÒ (1989), *Revisione e certificazione di bilancio*, Franco Angeli, Milano.

giudizio sull'affidabilità dei medesimi elementi da sottoporre all'attenzione dei soggetti interessati.

Tuttavia, la citata distinzione tra servizi di revisione e servizi di attestazione è solo dedotta dalla lettura del citato Documento n. 100, ma non esaurientemente trattata, ciò in quanto i principi di revisione, come è noto, non si occupano di servizi diversi dall'attività di revisione propriamente intesa[8].

3. L'evoluzione dei principi di attestazione dei piani di risanamento in Italia

In Italia, sino al 2014, non vi era alcun riferimento circa l'attività di attestazione, pertanto, dinanzi a tale vuoto, la dottrina aziendale era unanime nel considerare il contesto internazionale e, in particolare, i principi di revisione emanati dall'apposita commissione dell'IFAC (*International Federation of Accounting*), denominata IAASB (*International Auditing and Assurance Standards Board*)[9].

Come è noto, detti principi si suddividono in:

1. principi di revisione internazionali generali *(ISA – International Standards on Auditing*);
2. principi applicativi degli ISA (*IAPS – International Auditing Practice Statements*);
3. principi internazionali per le revisioni limitate (*ISRE – International Standards on Review Engagements*);
4. principi di revisione applicabili negli incarichi di assurance o attestazioni (*ISAE – International Standards on Assurance Engagements*);
5. principi di revisione applicabili negli incarichi speciali (*ISRS – International Standards on Related Services*);
6. principi internazionali sui controlli di qualità (*ISQC – International Standards on Quality Control*).

È evidente pertanto che, a livello internazionale, i principi di revisione sono ben distinti rispetto ai principi di attestazione.

Con riferimento all'attività di *Assurance*, il documento introduttivo ai principi internazionali (*International Framework for Assurance Engagement*) mette in evidenza che l'incarico affidato all'attestatore è quello di valutare l'oggetto del controllo, per il quale, tuttavia, risulta responsabile un altro soggetto.

---

[8] A tal riguardo, si ricorda che, nel nostro Paese, il CNDCEC ha emanato i principi nazionali di revisione, recepiti poi dalla CONSOB, che, nella sostanza, non si discostano dai principi emanati dall'ISA (International Auditing Standards) 01.

[9] Sull'argomento, pregevole è il contributo di: P. RIVA (2009), *L'attestazione dei piani delle aziende in crisi*, Giuffrè, Milano, p. 25 ss.

Si tratta di un processo metodologico sistematico che richiede un'adeguata conoscenza specialistica, avente l'obiettivo di raccogliere e valutare i dati necessari sui quali esprimere il conseguente giudizio che ha come destinatario l'utilizzatore finale.

Gli elementi principali su cui si basa l'incarico di *Assurance* sono i seguenti:

a) la presenza di tre soggetti, ossia il revisore, il soggetto che ha predisposto l'oggetto del controllo e il destinatario del giudizio;
b) l'oggetto del controllo;
c) i criteri applicati;
d) l'indicazione degli elementi di maggior importanza;
e) la relazione finale.

Ovviamente, l'incarico di Assurance presuppone l'accettazione da parte del professionista, ma solo dopo che questi abbia verificato sia la propria neutralità rispetto alle parti interessate, sia la propria competenza in relazione all'incarico conferito, nonché dopo aver preso atto delle condizioni e dei termini che caratterizzano l'incarico stesso.

Ne deriva che:

- l'oggetto dell'incarico deve essere chiaramente identificabile;
- i criteri seguiti dal professionista devono essere portati a conoscenza dagli utilizzatori e da questi condivisi. Affinché ciò sia reso possibile è necessario che detti criteri siano esaustivi, neutrali, comprensibili e rilevanti ai fini del giudizio finale;
- il professionista deve disporre della più ampia documentazione e deve reputare razionale il lavoro da svolgere.

Come già detto, il concetto di Assurance apre il frame work dei principi internazionali, a dimostrazione del fatto che si tratta di una nozione decisamente di ampia portata [10].

In ambito nazionale, considerata l'assenza dei principi di attestazione (almeno sino al 2014), nel corso degli anni è stata pubblicata una serie di documenti con l'intento di contenere gli elementi di incertezza che caratterizzano l'attività dell'attestatore [11].

---

[10] Anche in ambito statunitense, sono in vigore i principi di revisione, attestazione e controllo di qualità emanati dall'Auditing Standards Board (ASB), ossia il comitato designato dall'AICPA (*American Institute of Certified Public Accountants*).

Detti principi si suddividono in:

- *principi di revisione* (SASs – *Statements on Auditing Standards*, denominati anche AU);
- *principi di attestazione* (SAAE – *Statements on Standards for Attestation Engagements,* denominati anche AT);
- *principi per revisioni limitate e compilazioni* (SAARS – *Statements on Standards for Accounting and Review Services*);
- *principi per il controllo della qualità* (SQCS – *Statements on Quality Control Standards*).

[11] Tra i più significativi si ricordano:

La questione, come già detto, è stata definitivamente superata nel 2014 con l'emanazione, da parte del CNDCEC, del documento *Principi di attestazione dei piani di risanamento* (di seguito Principi di attestazione)[12], avente il precipuo scopo di:

- formulare principi e proporre modelli comportamentali, condivisi e accettati, riguardanti l'attività che deve svolgere l'attestatore;
- offrire ai professionisti la possibilità di individuare standard comuni pur in presenza di situazioni di elevata incertezza e di carenza di fonti informative;
- proporre modelli di attestazione condivisi di alta qualità professionale;
- suggerire all'attestatore l'*iter* del lavoro da svolgere;
- rispondere alle problematiche sorte in sede di applicazione della normativa, anche a causa della carenza di precise indicazioni da parte del legislatore su aspetti fondanti gli istituti in questione.

In definitiva, l'obiettivo dei Principi di attestazione è quello di ridurre la già complessa e rischiosa attività dell'attestatore, anche in considerazione delle responsabilità (civile e penale) previste a suo carico, già introdotta con il D.L. n. 83/2012 (*Falso in attestazioni e relazioni*).

I Principi di attestazione, inoltre, consentono all'attestatore di far riferimento ai principi nazionali di revisione (ISA Italia), nei limiti in cui essi sono applicabili e funzionali alla propria attività. Ovviamente, in considerazione dello stato di crisi aziendale e visto il contesto di urgenza in cui spesse volte l'attestatore opera, si tratta di un'applicazione solo parziale, non solo per quanto attiene i dati previsio-

---

a) *"Guida al piano industriale"* (redatta nel 2003 da Borsa Italiana);

b) *"Protocollo piani di risanamento e ristrutturazione. Relazione del professionista: profili organizzativi e principi di comportamento nell'ambito delle procedure di Concordato preventivo, accordi di ristrutturazione dei debiti, piano di risanamento attestato"* (approvato dal CNDCEC il 3 luglio 2006);

c) *"Linee Guida per il finanziamento alle imprese in crisi"*, UNIVERSITÀ DEGLI STUDI DI FIRENZE-CNDCEC-ASSONIME, 2008, in *www.unifi.it*;

d) *"Osservazioni sul contenuto delle relazioni del professionista nella composizione negoziale della crisi d'impresa"* (approvato dal CNDCEC il 19 febbraio 2009).

[12] Il documento è frutto del lavoro di:
- AIDEA (Accademia Italiana di Economia Aziendale);
- IRDCEC (Istituto di Ricerca dei Dottori Commercialisti ed Esperti Contabili);
- ANDAF (Associazione Nazionale Direttori Amministrativi e Finanziari);
- APRI (Associazione Professionale Risanamento Imprese);
- OCRI (Osservatorio Crisi e Risanamento delle Imprese);
- UNGDC (Unione Nazionale Giovani Dottori Commercialisti).

Nel 2020 il predetto documento ha subito degli aggiornamenti. Si precisa inoltre che, al momento, i Principi di attestazione, come quelli di redazione, fanno ancora riferimento alla normativa fallimentare e non al *Codice della crisi d'impresa e dell'insolvenza*. Tuttavia, la nuova normativa non ha apportato alcuna modifica in tema di attestazione dei piani di risanamento, pertanto, non vi è ragione di ritenere che detto documento possa subire sostanziali mutamenti.

nali contenuti nel piano, ma anche con riferimento ai dati contabili posti alla base del piano medesimo. Ciò rafforza quanto affermato in precedenza, ossia che l'attestatore non può essere equiparato al revisore, pertanto, ogni richiamo ai principi di revisione (nazionali e internazionali) deve essere inteso come riferimento alle "tecniche di revisione" che l'attestatore è sensibilizzato ad applicare come strumenti metodologici e ispiratori della propria attività.

Inoltre, gli stessi Principi di attestazione operano un esplicito richiamo ai citati principi di *assurance* internazionali (*ISAE – International Standards on Assurance Engagements*), in particolare l'ISAE n. 3000 e n. 3400 [13], nonché, con riferimento al contesto nazionale, ai citati documenti "*Osservazioni sul contenuto delle relazioni del professionista nella composizione negoziale della crisi d'impresa*", "*Linee Guida per il finanziamento alle imprese in crisi*", "*Guida al piano industriale*" (redatto nel 2003 da Borsa Italiana) e la "*Circolare del CNDCEC n. 30/IR* (dell'11 febbraio 2013).

In merito alla natura dell'attività dell'attestatore, i Principi di attestazione sottolineano che si tratta un'attività professionale e come tale è un'*obbligazione di mezzi*. Ne deriva che egli è tenuto a svolgere l'incarico con correttezza, diligenza, prudenza e perizia, al fine di evitare di incorrere in responsabilità civili e penali. Tuttavia, è utile sottolineare che si tratta pur sempre di un'attività che implica un giudizio prognostico che, in quanto tale, può talvolta non trovare conferma nello sviluppo di fatti e accadimenti futuri. Dunque, ove il piano non dovesse concretizzarsi, ovvero vi sia l'inadempimento del debitore o dei soggetti incaricati all'esecuzione del piano, l'attestatore non può essere considerato responsabile se non nei limiti del suo operato. Pertanto, soprattutto in considerazione della natura previsionale del piano, l'attestatore non potrà mai fornire una garanzia certa di realizzabilità, proprio in considerazione degli elementi di rischio che caratterizzano la propria attività.

4. Nomina e accettazione dell'incarico da parte del professionista

Come ricordato in precedenza, la nomina dell'attestatore è sottratta alla competenza del tribunale e, pertanto, spetta esclusivamente al soggetto che presenta il piano di risanamento.

Ne deriva che il debitore, una volta individuata la procedura di risanamento a cui accedere, ha l'obbligo di allegare al piano di risanamento la relazione di atte-

---

[13] In proposito, alcuni studiosi evidenziano che non vi sono ostacoli affinché il professionista faccia riferimento ai principi internazionali, anche perché ciò consentirebbe di fornire una comprensibilità del piano anche a livello internazionale. Cfr. A. PALUCHOWSKI, P. PAJARDI (2008), *Manuale di diritto fallimentare*, Utet, Torino, p. 829; L. FACCINCANI (2007), *Banche, imprese in crisi e accordi stragiudiziali di risanamento. Le novità introdotte dalla riforma del diritto fallimentare*, Giuffrè, Milano, p. 128.

stazione (se richiesta dalla tipologia di procedura), pena l'inammissibilità della domanda [14].

Tuttavia il professionista, prima di accettare l'incarico, deve verificare il rischio connesso all'attività da svolgere e l'adeguatezza delle proprie capacità professionali. Gli elementi di rischio possono essere così sintetizzati:

- *fattori individuali*, con particolare riferimento all'oggetto di valutazione, al tempo a disposizione per svolgere l'incarico e al grado di indipendenza rispetto al soggetto che richiede l'attestazione;
- *fattori riferiti all'azienda*, con particolare riferimento al livello di adeguatezza del sistema di pianificazione e controllo, nonché al grado di affidabilità dei consulenti che hanno concorso alla redazione del piano;
- *fattori legati al business aziendale*, che possono rendere più complessa l'attività di pianificazione;
- *fattori ambientali*, intendendo con ciò il contesto in cui si inserisce il piano di risanamento, nonché l'atteggiamento dei creditori e degli stakeholders in generale rispetto alla prospettata ipotesi di ristrutturazione;
- *fattori legati in modo specifico al piano*, come ad esempio il grado di realismo delle ipotesi sottostanti, la qualità delle informazioni, l'arco temporale di attuazione del piano e altro ancora.

Ovviamente la valutazione dei predetti rischi può essere effettuata solo dopo aver preso visione del piano. Tuttavia, se la nomina dovesse intervenire prima della redazione del piano, la valutazione del rischio può avvenire sulla base di elementi preliminari, delle dichiarazioni del debitore, del grado di professionalità degli eventuali advisors nominati dal debitore stesso.

Una volta valutato il compito da svolgere, l'attestatore deve farsi sottoscrivere dal debitore un mandato nel quale devono essere chiaramente indicati i seguenti elementi:

- la portata dell'attestazione;
- l'assunzione di responsabilità da parte del management circa i dati contenuti nel piano [15];
- l'esplicitazione da parte del management delle ipotesi contenute nel piano e l'impegno a trasferire all'attestatore tutte le informazioni necessarie, al fine di verificare la veridicità dei dati in esso contenuti e il suo grado di realizzabilità;
- i poteri di acquisizione di eventuali informazioni integrative o supplementari;
- il compenso spettante all'attestatore e le modalità di pagamento;

---

[14] Sul punto, si evidenzia che non tutte le procedure di composizione della crisi contemplate dal CCII prevedono l'obbligo dell'attestazione del piano di risanamento. Un esempio su tutti è la procedura di *composizione negoziata della crisi d'impresa.*

[15] Tale dichiarazione deve essere riconfermata prima del rilascio del giudizio finale da parte dell'attestatore.

- le ipotesi di recesso dall'incarico per mancata consegna di documentazione o mancata collaborazione da parte del debitore, del management o dei professionisti in generale;
- le ipotesi di recesso dall'incarico allorquando dovessero emergere elementi di novità prima sconosciuti o inesistenti che facciano venir meno l'indipendenza dell'attestatore prima del giudizio finale.

Inoltre, nel mandato possono essere inseriti ulteriori elementi, quali:

- il termine orientativo per il rilascio del giudizio di attestazione;
- l'indicazione delle principali verifiche che saranno effettuate;
- la composizione del team di lavoro;
- il periodo intercorrente tra la data di consegna del piano e quella di rilascio della relazione di attestazione, qualora l'incarico sia conferito prima della redazione del piano medesimo;
- l'indicazione degli estremi della polizza assicurativa professionale dell'attestatore.

Infine, l'attestatore, all'atto dell'accettazione dell'incarico o nella propria relazione, deve espressamente indicare di essere in possesso dei requisiti professionali indicati nell'art. 2, comma 1, lett. *o*), CCII.

La lettera di incarico, inoltre, deve indicare le limitazioni di responsabilità a carico dell'attestatore nell'ipotesi in cui vi sia l'omissione di fatti e/o elementi, ovvero di mancanza di collaborazione da parte dell'azienda.

5. L'indipendenza dell'attestatore

L'attestatore deve essere un soggetto *indipendente* rispetto sia a chi lo nomina e sia a coloro che sono interessati all'operazione di risanamento. Pertanto, egli ha l'obbligo di dichiarare:

- di non essere legato al debitore (o al soggetto da cui riceve l'incarico) da rapporti di natura personale o professionale tali da compromettere l'indipendenza di giudizio;
- di essere in possesso dei requisiti previsti dall'art. 2399 c.c.;
- di non aver prestato negli ultimi cinque anni, neanche tramite altri professionisti uniti in associazione professionale, attività di lavoro subordinato o autonomo in favore del soggetto da cui riceve l'incarico, ovvero partecipato agli organi amministrativi e di controllo dell'azienda [16].

Inoltre, qualora l'attestatore abbia in precedenza rilasciato altre attestazioni ai fini di procedure concorsuali, egli deve valutare se permane il suo stato di indipendenza anche nel successivo incarico.

---

[16] Tale indipendenza deve permanere sino al compimento dell'incarico.

L'attestatore, altresì, non può partecipare alla redazione del piano di risanamento, sebbene è innegabile che egli può assistere ai lavori rappresentando gli elementi di criticità affinché questi vengano rimossi, così come può partecipare alle riunioni con il debitore e i suoi collaboratori, nonché con i creditori. La partecipazione a tali riunioni non determina, pertanto, il venir meno del requisito di indipendenza dell'attestatore, tuttavia egli non può influenzare le scelte strategiche aziendali che competono esclusivamente al debitore.

È utile ricordare che l'indipendenza dell'attestatore è innanzitutto uno status mentale, pertanto, oltre alle limitazioni imposte dalla legge, si deve aggiungere l'autocensura a cui egli deve sottoporsi qualora, per svariate ragioni, consideri compromessa la propria obiettività e libertà di giudizio. A tal riguardo, quindi, i Principi di attestazione richiamano le "*Norme di comportamento del collegio sindacale*" emanate dal CNDCEC [17], le quali rappresentano un valido ausilio al fine di verificare quando e come l'indipendenza può essere compromessa.

Inoltre, i Principi di attestazione prevedono alcune limitazioni all'attività dell'attestatore, quali:

- modificare il piano;
- verificare se il piano sia il migliore possibile;
- ricercare informazioni che riguardano atti in frode;
- esprimere giudizi circa l'esperibilità di eventuali azioni di responsabilità nei confronti degli organi societari, salvo che le stesse siano già indicate nel piano;
- individuare e/o prevenire atti distrattivi o depauperativi del patrimonio aziendale.

6. Profili generali delle verifiche

6.1. Verifica documentale

Una volta accettato l'incarico, il professionista deve espressamente formulare un giudizio circa la *completezza* e l'*adeguatezza* formale del piano. Pertanto, egli deve verificare che il piano:

- consti in un documento scritto, completo di indice, numerato e firmato in ogni pagina. Tabelle, slides e immagini non costituiscono il piano, ma ne divengono parte integrante;
- risponda ai requisiti (richiamati anche dalla normativa sul bilancio d'esercizio) di *chiarezza* e *comparabilità*. Pertanto, il piano deve presentare un grado di dettaglio tale da permettere all'attestatore di verificare la coerenza tra i dati storici e quelli riportati nel piano medesimo.

---

[17] CNDCEC (2021), *Norme di comportamento del Collegio sindacale delle società non quotate.*

Ne consegue che, in ossequio a quanto previsto dai *Principi di redazione dei piani di risanamento*, il requisito della *completezza* si ritiene soddisfatto allorquando nel piano sono riportate le seguenti informazioni:

- la presentazione dell'azienda;
- i dati storici di natura economica e finanziaria, considerando che, in assenza dell'approvazione di uno o più bilanci, è necessaria una situazione patrimoniale ed economica sottoscritta dall'organo amministrativo;
- la descrizione della situazione di crisi e delle cause che l'hanno determinata;
- l'esplicitazione delle ipotesi e della strategia di risanamento che si intende attuare;
- le azioni che si intendono intraprendere (*action plan*);
- l'analisi del settore di appartenenza e almeno in via sintetica il posizionamento dell'azienda sul mercato;
- l'evoluzione attesa e l'impatto dello scenario competitivo;
- la situazione prospettica economica, finanziaria e patrimoniale;

Infine, qualora il piano preveda la suddivisione in classi dei creditori, l'attestatore deve verificare la corretta classificazione dei creditori tra le stesse, mentre non è tenuto a esprimere un giudizio sulla correttezza dei criteri di individuazione delle classi medesime, in quanto tale compito spetta esclusivamente al tribunale, unitamente al giudizio di fattibilità della proposta.

6.2. Verifica dell'attendibilità dei dati

L'attestatore deve esprimere il proprio giudizio circa la veridicità dei dati e delle informazioni riportati nel piano. Tale accertamento è propedeutico ai fini del giudizio di fattibilità, atteso che una base di dati non attendibile rende inaccettabile il piano. Il che presuppone un'approfondita conoscenza degli aspetti strutturali e funzionali dell'impresa, considerata nella sua globalità [18].

In tal senso l'attività dell'attestatore si rivela alquanto complessa in quanto il piano contiene una pluralità di dati sia *storici*, ossia riferiti ad accadimenti che si sono già verificati, sia *prospettici*, quelli cioè riguardanti fatti che devono ancora verificarsi. Evidentemente il problema maggiore riguarda proprio questi ultimi, in quanto si tratta di dati che il più delle volte non sono verificabili oggettivamente.

Nelle ipotesi di risanamento delle crisi aziendali, soprattutto con riferimento alle procedure di composizione disciplinate dal CCII, non vi è dubbio che l'attività di verifica da parte dell'attestatore prende il via da una serie di dati consuntivi che costituiscono la base per l'elaborazione di quelli prospettici. Ne con-

---

[18] In proposito si veda: A. PROVASOLI (1979), *La revisione contabile nel fallimento d'impresa*, in *La professione del dottore commercialista*, Etas, Milano, p. 394.

segue che essi rappresentano un parametro di giudizio e la loro eventuale inattendibilità non può che riflettersi negativamente sull'intero piano.

A tal riguardo, è utile ricordare che parte dei dati storici sono il frutto di valutazioni soggettive, ossia di stime operate in precedenza. Esse possono risultare tanto più inattendibili quanto maggiore è la componente soggettiva con cui le stesse sono state compiute [19], con la conseguenza che esse generano un effetto distorsivo sui dati futuri. In proposito, l'ISAE 3400 raccomanda in maniera esplicita che il professionista, prima ancora di focalizzare la propria attenzione sui dati prospettici, deve procedere a un'attenta analisi dei dati che si sono formati in precedenza, in quanto essi rappresentano la base di giudizio delle prospettive future. Ne consegue che, l'assunzione di un comportamento passivo da parte dell'attestatore, limitato cioè a una mera condivisione dei dati originari, rischia di compromettere la fondatezza dell'intero piano. Peraltro, la verifica dei dati storici non deve limitarsi a un mero riscontro con la contabilità generale, ma deve spingersi oltre, ossia verificare il dato contabile con le movimentazioni finanziarie ed economiche sottostanti, con l'attribuzione di valore e la riclassificazione delle poste di bilancio e, comunque, con la situazione patrimoniale, finanziaria ed economica dell'azienda [20].

Sebbene tale raccomandazione si riveli alquanto onerosa per il professionista, è tuttavia da condividere, proprio in virtù della funzione che si attribuisce alla relazione di attestazione, quella, cioè, di accertamento in merito alla ragionevolezza e alla realizzabilità del piano presentato dal debitore in rapporto all'obiettivo prefissato, ossia il risanamento aziendale. In tal modo, il professionista ricopre il ruolo di *garante*, sia nei confronti dell'azienda, sia nei confronti dei terzi [21].

Indubbiamente si tratta di un'attività complessa, non priva di difficoltà, atteso che molti dati, come già detto, sono frutto di stime operate in passato, pertanto, ciò impone di risalire ai dati iniziali, al fine di comprendere se le valutazioni operate dagli amministratori sono state effettuate nel rispetto dei principi e dei criteri prescritti in materia di bilancio.

Tale complessità, peraltro, risulta accentuata in ragione di due fattori:

a) il tempo decisamente limitato che, il più delle volte, il professionista ha a disposizione per svolgere la propria attività;

---

[19] Sull'argomento si veda: N. Di Cagno, S. Adamo, F. Giaccari, *Lineamenti ...*, cit., p. 182.

[20] Si vedano, in proposito: CNDC (2006), "*Protocollo piani di risanamento e ristrutturazione. Relazioni del professionista: profili organizzativi e principi di comportamento nell'ambito delle procedure di concordato preventivo, accordi di ristrutturazione dei debiti, piano di risanamento attestato*"; CNDCEC (2009) *Osservazioni sul contenuto delle relazioni del professionista nella composizione negoziale delle crisi d'impresa*; Linee Guida del 2008.

[21] Cfr.: S. Fortunato (2009), *La responsabilità civile del professionista nei piani di sistemazione delle crisi di impresa*, in *Riv. Il Fallimento*, n. 8, p. 889 ss.

b) le dimensioni aziendali che, se rilevanti, rendono ancor più complessa l'attività di verifica.

Per tali motivi, è necessario che il professionista razionalizzi la propria attività, delimitando, in primo luogo, il campo di azione, quindi focalizzando l'attenzione sui quei dati quantitativi che egli ritiene maggiormente significativi, sugli elementi che possono pregiudicare l'attestazione del piano, sull'insussistenza o meno di fatti e/o situazioni che possono compromettere la correttezza e l'affidabilità delle rappresentazioni contabili relativi ai fatti di gestione.

Come detto poc'anzi, il fattore "tempo" gioca un ruolo fondamentale, in quanto se esso è molto limitato potrebbe indurre il professionista diligente a rinunciare all'incarico o, in caso contrario, a svolgere la propria attività in maniera superficiale vanificando, quindi, la funzione del piano stesso.

Tuttavia, nelle imprese di una certa dimensione il compito dell'attestatore potrebbe essere facilitato dalla circostanza che i dati storici sono stati oggetto di verifica e di attestazione da parte di altri revisori (interni o esterni), pertanto, al professionista spetterebbe solo il compito di verificare le procedure seguite, sempreché il giudizio espresso da altri soggetti non evidenzi delle riserve[22].

Al contrario, nelle ipotesi di imprese di dimensioni più ridotte, il lavoro dell'attestatore risulta paradossalmente più complesso e gravoso, in quanto, il più delle volte, non è previsto un sistema di controllo contabile, per cui i dati storici non sono mai stati oggetto di verifica da parte degli organi competenti.

Tuttavia, il compito più difficile per l'attestatore riguarda i dati e le informazioni prospettiche. Esse si distinguono in:

a) informazioni prospettiche basate su dati ed elementi di natura oggettiva che riguardano eventi futuri pressoché attendibili (ordini in portafoglio, proiezioni di dati aziendali ricavati da elementi storici, ecc.);
b) informazioni prospettiche basate su valutazioni soggettive, ossia su ipotesi future fondate su stime che esulano da dati storici e consolidati, ma derivano da congetture che implicano la necessità di essere verificate (ad esempio, il lancio di nuovi prodotti, acquisizione di nuovi mercati, ecc.).

Pertanto, le informazioni prospettiche possono assumere la forma di:

- *previsione*, quando sono basate su elementi di natura oggettiva;
- *proiezione*, quando, invece, sono basate su elementi di natura soggettiva;
- *combinazion*e, in entrambe le ipotesi[23].

---

[22] Il richiamo è al Principio di revisione ISA n. 600 *"Utilizzo del lavoro di altri revisori"*; Principio di revisione ISA n. 610 "*Utilizzo del lavoro di revisione esterna*".

[23] Sui differenti significati di previsione, proiezione, programmazione e pianificazione si vedano: P.E. CASSANDRO, *Trattato di Ragioneria*, cit., p. 248 ss.; A. CECCHERELLI (1931), *Le prospettive economiche e finanziarie nelle aziende commerciali*, Le Monnier, Firenze.

Tale distinzione appare quanto mai necessaria, in quanto essa presuppone che le informazioni fornite dai responsabili aziendali devono essere attentamente esaminate dal professionista, al fine di eliminare quelle ritenute poco attendibili, ovvero quelle che si considerano frutto di meri atteggiamenti di tipo speculativo.

Invero, un piano può dirsi attendibile allorquando le ipotesi sottostanti risultano compatibili con le condizioni del mercato, con le propensioni dei consumatori, con le strategie dei concorrenti, con il contesto socio-culturale, ambientale, ecc. Tuttavia, anche in mancanza di tale compatibilità, il piano potrebbe dimostrarsi attuabile, ma solo nell'ipotesi in cui si riesca a provare che gli elementi posti a suo fondamento fanno parte di un piano strategico a sua volta basato su elementi oggettivi idonei a dimostrarne l'attuazione.

Inoltre, è possibile che dall'analisi del piano emerga una significativa discordanza tra i dati storici e quelli prospettici; in tal caso, occorre fornire un'adeguata motivazione di tale divergenza, dimostrando, nel contempo, la validità delle nuove ipotesi.

Proprio in considerazione dello stato di crisi, il piano molto spesso si fonda su ipotesi di realizzabilità potenzialmente atte a raggiungere gli obiettivi prefissati, ma proprio per tale ragione il compito del professionista è per sua natura difficile e complesso, in quanto egli è chiamato ad asseverare dati previsionali e prospettici.

Ne deriva che, un piano può considerarsi attendibile e realizzabile se è formulato sulla base di ipotesi realistiche e adeguatamente comprovabili, nello stesso tempo, se esso è in grado di dimostrare che gli obiettivi prefissati sono ragionevolmente perseguibili.

Da qui la necessità da parte dell'attestatore di appurare che il piano sia:

- *compatibile* con le condizioni di mercato e ambientali;
- *comparabile* con i dati storici, considerando che, all'aumentare dello scostamento tra i dati storici e quelli previsionali, egli deve dimostrare con maggiore adeguatezza l'attendibilità di questi ultimi;
- *sostenibile*, nel senso che occorre dimostrare che l'azienda è dotata di risorse compatibili (qualitativamente e quantitativamente) con le ipotesi poste alla base del piano, nonché con gli obiettivi che esso si prefigge;
- *coerente*, tra le diverse parti e aspetti che compongono il piano stesso.

Pertanto, nell'ipotesi di un'impresa in crisi, la reale difficoltà dell'attestatore è quella di esprimere il proprio giudizio con riferimento a una situazione prospettica decisamente nuova e che difficilmente trova riscontro nel passato. Invero, la crisi aziendale è sintomatica di un'evidente quanto persistente situazione di discontinuità, in conseguenza della quale l'attestatore deve esprimere il proprio giudizio su ipotesi future che costituiscono il superamento dello stato in cui si trova l'impresa. Non vi è dubbio, quindi, che le condizioni in cui il professionista è chiamato a operare sono caratterizzate da un'elevata aleatorietà, in quanto si tratta di valutare degli eventi che non solo devono ancora manifestarsi, ma che presentano anche il carattere dell'eccezionalità e, pertanto, appare improbabile operare l'accostamento a circostanze che si sono manifestate in passato.

Ciò rende ancor più necessario che il piano di risanamento dimostri la più assoluta trasparenza, sia in merito alle ipotesi sulle quali è stato redatto, sia in merito alle metodologie seguite, in modo tale da consentire all'attestatore e ai terzi di verificare la correttezza e la congruità degli aspetti qualitativi e quantitativi in esso contenuti.

Nel caso di specie, il citato requisito della trasparenza è ancor più incombente rispetto all'ipotesi del *business plan* di un'azienda in normale funzionamento, in quanto, mentre in quest'ultimo caso il piano ha come destinatari i potenziali investitori, i quali, ovviamente, decidono in assoluta libertà se finanziare o meno l'azienda, nel caso del piano di risanamento esso è indirizzato ai creditori sociali che, al contrario, sono già pienamente coinvolti nella situazione di crisi e, pertanto, devono decidere con più attenzione le azioni da intraprendere.

Dunque, tanto più un piano è carente sotto il profilo della trasparenza, tanto più è difficile formulare un giudizio di attestazione. La trasparenza, infatti, è direttamente proporzionale al grado di esplicitazione delle ipotesi sulle quali esso viene costruito, traducendosi in un abbassamento del grado di incertezza che deriva dal rapporto tra gli interventi proposti e gli effetti che da questi ne derivano. In altre parole, in situazioni di discontinuità, è molto probabile che emergano degli scostamenti tra i dati prospettici e quelli storici, all'incrementarsi dei quali aumenta la necessità di fornire elementi che diano credibilità al piano stesso [24]. Ne consegue che, una mera esposizione delle ipotesi poste alla base del piano non è sufficiente, ma è necessaria una contestuale esplicitazione delle fonti informative sottostanti, in quanto ciò permette, prima di tutto all'attestatore, di verificare l'autorevolezza e la fondatezza dei presupposti sui quali è stato costruito il piano.

Come è noto, nelle crisi aziendali assumono particolare rilevanza gli interventi strutturali che, a loro volta, presuppongono una serie di accordi plurilaterali con i finanziatori, soprattutto con gli istituti di credito, nonché con soggetti terzi, nell'ipotesi di cessione di beni, di rami d'azienda, ecc. Ovviamente si tratta di operazioni che oltrepassano la soglia della gestione ordinaria, in quanto si tratta di eventi caratterizzati da una certa complessità e che presentano un'elevata probabilità di essere modificati in itinere.

È da escludersi, quindi, un giudizio di attestazione basato su accordi potenziali o su meri impegni assunti dalle controparti, in quanto è necessario preliminarmente appurare che le trattative siano state concretamente definite e supportate da documenti idonei a comprovarne i contenuti [25].

---

[24] Sul punto si veda anche: BORSA ITALIANA (2003), *Guida al piano industriale.* ASSIREVI (2007), Doc. n. 114.

[25] A tal riguardo, si ricorda anche il Documento 500 (Consob) "*Gli elementi probativi della revisione*", secondo cui l'attendibilità degli elementi probativi è influenzata dalla loro fonte di prove-

Inoltre, come più volte ribadito, affinché il piano sia attestabile è necessario che le ipotesi sottostanti siano credibili e ragionevoli, soprattutto con riferimento alla determinazione quantitativa delle passività. In merito a tale ultimo aspetto è necessario, dunque, verificare non solo le passività risultanti dalla contabilità, ma appurare e stimare anche quelle latenti o potenziali, al fine di pervenire a una situazione debitoria quanto più chiara e veritiera possibile.

La verifica di passività potenziali non manifeste implica, per il professionista, la ricognizione di eventuali cause legali o controversie in corso, di contratti in essere, dai quali possono sorgere ulteriori debiti e, di conseguenza, incidere negativamente sul fabbisogno finanziario futuro [26].

6.3. Ulteriori considerazioni in tema di veridicità dei dati

Il giudizio in merito alla veridicità consta in un processo di valutazione che riguarda il complessivo sistema dei dati riportati nel piano, tant'è che, come già ricordato, se qualche dato viene ritenuto non veritiero dall'attestatore il giudizio circa la veridicità del piano nel suo complesso può non essere inficiato. Tuttavia, sarà necessario, da parte dello stesso attestatore, valutare gli effetti che tali situazioni possono produrre sul piano e farne menzione nella relazione finale.

Il principio della "veridicità" è lo stesso utilizzato dal legislatore nella normativa del bilancio d'esercizio, nel senso che non si tratta di una verità in senso oggettivo, in quanto ciò sarebbe impossibile da verificare atteso che molti dati contenuti nel piano sono il risultato di stime, previsioni e congetture.

Al contrario, il concetto di veridicità deve essere inteso come rappresentazione veritiera del contenuto del piano, e ciò presuppone che il processo di informazione economico-finanziaria, che deve essere attendibile e imparziale, sia il frutto di un adeguato sistema amministrativo-contabile capace di ridurre al minimo il rischio di errori e che le stime siano effettuate in maniera corretta. In tal senso, quindi, l'attestatore deve verificare che la situazione patrimoniale, finanziaria ed economica dell'azienda (che rappresenta i dati di partenza del piano) sia attendibile e capace di rappresentare in maniera fedele la reale situazione aziendale [27].

---

nienza e dalla loro natura. Detta attendibilità è tanto maggiore in relazione alla terzietà delle fonti da cui provengono, nonché all'ottenimento diretto delle informazioni. Pertanto, il professionista ha l'onere di valutare la provenienza ed il contenuto dei documenti di cui è in possesso.

[26] In proposito, si ricorda il Principio di revisione 501 (Consob), Sez. B – *Gli elementi probativi – Considerazioni addizionali per casi specifici dei Principi di revisione.*

[27] In proposito, i Principi di attestazione sottolineano che se la situazione patrimoniale, finanziaria ed economica di partenza coincide con la chiusura dell'esercizio, la verifica da parte dell'attestatore deve avvenire sui dati riportati nel piano e non su quelli indicati nel bilancio, in quanto, sebbene il più delle volte può esservi coincidenza, è possibile che taluni criteri di valutazione differiscano in ragione della natura, principi e finalità dei due documenti.

Inoltre, è importante evidenziare che la valutazione dell'attendibilità dei dati riportati nel piano non implica, da parte dell'attestatore, l'espressione di un giudizio in merito ai bilanci precedenti, né, tantomeno, sulla correttezza della gestione degli esercizi precedenti.

Invece, per ciò che attiene i dati previsionali, l'attività di verifica deve essere svolta nell'ottica della rilevazione di un eventuale rischio di errori che interessano le stime prognostiche. Pertanto, la verifica dei dati deve essere articolata in maniera differente in funzione delle dimensioni aziendali, dell'assetto amministrativo-contabile e del sistema di controllo.

Si conferma il fatto, quindi, che le procedure di controllo che l'attestatore deve attuare non sono assimilabili all'attività di revisione propriamente intesa, considerato che egli non è tenuto a esprimere un giudizio professionale sulla situazione patrimoniale ed economica redatta sulla base della contabilità, ma un giudizio circa la veridicità e realizzabilità del piano. Pertanto, il richiamo ai principi di revisione deve essere interpretato come riferimento alle "tecniche di revisione" che l'attestatore deve utilizzare come strumenti metodologici e ispiratori del lavoro di attestazione [28].

7. La base informativa di partenza

7.1. La conoscenza dell'azienda

In primo luogo l'attestatore deve verificare che il piano e i documenti a esso allegati siano idonei a fornire un quadro chiaro ed esaustivo dell'azienda. Pertanto, egli può richiedere la documentazione dalla quale desumere, ad esempio:

---

[28] A tal proposito, i Principi di attestazione, sebbene a titolo meramente semplificativo, indicano i principi di revisione a cui l'attestatore deve rifarsi nello svolgimento della propria attività e precisamente:

a) ***Pianificazione del lavoro***: 315 – *La comprensione dell'impresa e del suo contesto e la valutazione di errori significativi*; 250 – *Gli effetti connessi alla conformità a leggi ed a regolamenti*; 320 – *Il concetto di significatività della revisione*; 330 – *Le procedure di revisione in risposta ai rischi identificati e valutati*; 530 – *Campionamento di revisione e altra procedura di verifica con selezione delle voci da esaminare*; 610 – *L'utilizzo di altri revisori*.

b) ***Svolgimento dei controlli sui saldi contabili***: 500 – *Gli elementi probativi della revisione*; 505 – *Le conferme esterne*; 520 – *Le procedure di analisi comparativa*; 540 – *La revisione delle stime contabili*; 620 – *L'utilizzo del lavoro dell'esperto*; 1005 – *Considerazioni sulla revisione delle imprese minori*.

c) ***Conclusione del lavoro***: 450 – *Valutazione degli errori identificati nel corso della revisione*; 580 – *Le attestazioni della direzione*; 560 – *Eventi successivi*; 570 – *Continuità aziendale (per le ristrutturazioni in continuità)*.

L'applicazione dei suddetti principi deve avvenire considerando la tipologia del lavoro dell'attestatore e la ridotta disponibilità di tempo che gli è concessa. L'eventuale limitazione di tempo o la mancata immediata reperibilità di informazioni devono essere indicate nella relazione finale. Tuttavia, tali fattispecie non devono essere intese come esonero di responsabilità per l'attestatore.

- la forma giuridica dell'azienda, nonché le eventuali operazioni straordinarie compiute negli ultimi anni;
- la compagine societaria attuale e i vari avvicendamenti intervenuti negli ultimi anni;
- nel caso di un gruppo aziendale, conoscere la sua configurazione e i rapporti intercorrenti tra le varie società;
- l'organizzazione aziendale, con particolare importanza all'organo amministrativo, di controllo e al management;
- le sedi dove viene svolta l'attività;
- i fatti rilevanti che possono aver condizionato la vita dell'azienda negli ultimi anni;
- i bilanci degli ultimi tre esercizi, nonché quelli delle società controllate e controllanti.

Inoltre, l'attestatore deve verificare se il piano di ristrutturazione contiene gli elementi idonei a fornire la descrizione del contesto in cui l'azienda opera, in termini di:

- attività svolta, prodotti e servizi realizzati, soprattutto con riferimento a quelli che sono protetti da marchi, licenze, ecc.;
- il posizionamento dell'azienda sul mercato e la fase del ciclo di vita dei prodotti o servizi offerti;
- il settore e il mercato in cui l'azienda opera, con particolare riferimento al suo posizionamento rispetto alle imprese concorrenti;
- il modello di business adottato, la tecnologia impiegata nei processi produttivi, le barriere in ingresso, la capacità produttiva, ecc.;
- i canali di approvvigionamento e la descrizione dei principali fornitori;
- i principali clienti e la loro localizzazione.

7.2. La valutazione dei rischi circa la veridicità dei dati

Come ricordato in precedenza, al fine di impostare la propria attività, l'attestatore ha il compito di verificare il rischio di errori commessi nell'esposizione dei dati e delle informazioni contabili contenuti nel piano.

I rischi che possono essere riscontrati sono riconducibili a tre categorie:

- *rischio inerente il controllo*, ossia l'inefficacia dei sistemi di controllo atti a individuare immediatamente ed eventualmente rimuovere gli errori significativi. Da tale valutazione scaturiranno l'ampiezza e l'intensità dell'attività di controllo dei dati da parte dell'attestatore;
- *rischio intrinseco*, ossia il rischio che taluni dati contabili contenuti nel piano presentino significative alterazioni di varia natura, ciò indipendentemente dall'affidabilità dei sistemi di controllo interno all'azienda;

- *rischio di individuazione*, cioè il rischio che le procedure di verifica attuate dall'attestatore non evidenzino un errore significativo.

In tale contesto, l'attestatore deve appurare l'esistenza di rischi significativi e, pertanto, verificare i controlli adottati dall'azienda e accertare che essi siano stati attuati. D'altronde, lo scopo della valutazione del rischio è quella di individuare i rischi intrinseci, in modo tale che l'attestatore sia in grado di pianificare un'idonea attività di verifica.

L'attestatore, inoltre, deve individuare i conti significativi nell'ambito della base contabile riportata nel piano, al fine di stabilire la strategia di revisione più appropriata per ciascuno di essi.

Le procedure di revisione circa la validità dei dati contabili servono a verificare le modalità con le quali i valori sono stati riportati nel piano, atteso che essi, proprio in virtù della particolare situazione vissuta dall'azienda, possono essere oggetto di differenti criteri di valutazione.

Invero, in base al Principio di revisione n. 500, i saldi dei conti patrimoniali ed economici devono essere verificati tenendo presente i seguenti principi:

- *esistenza* delle attività e delle passività a una certa data e se le stesse sono di pertinenza dell'azienda;
- *manifestazione*, nel senso che occorre comprendere il momento in cui un'operazione o un evento hanno avuto luogo;
- *completezza*, intesa come verifica che tutte le operazioni siano state riportate e sia stata data ampia informazione;
- *valutazione*, intesa come correttezza dei valori delle attività e delle passività indicate nel piano;
- *misurazione*, nel senso che le operazioni devono essere state contabilizzate correttamente e i componenti reddituali imputati secondo il principio della competenza economica;
- *presentazione e informazione*, presupposto secondo cui ciascuna voce (o operazione) deve essere evidenziata, classificata e corredata da un'idonea informazione.

Inoltre, con riferimento alle passività esposte nel piano, è necessario che l'attestatore verifichi il corretto grado di prelazione attribuito a ciascuna di esse, compito questo che è solo funzionale all'espressione del giudizio di fattibilità e, pertanto, non deve essere inteso come un'attività che sostituisce quella svolta dagli organi della procedura concorsuale.

Come più volte ribadito, il piano, affinché sia attestabile, necessita di ipotesi sottostanti che siano credibili e ragionevoli, soprattutto con riferimento alla determinazione quantitativa delle passività. A tal proposito, come ricordato in precedenza, è necessario verificare non solo le passività risultanti dalla contabilità, ma appurare e stimare anche quelle latenti o potenziali, al fine di pervenire a una situazione debitoria quanto più chiara e veritiera possibile.

Ne consegue che, al fine di individuare l'esistenza di passività potenziali, l'attestatore deve procedere alla ricognizione di eventuali cause legali o controversie in corso, nonché di contratti in essere, dai quali possono sorgere ulteriori debiti e, di conseguenza, incidere negativamente sul fabbisogno finanziario futuro[29].

Nel contempo l'attestatore ha il compito di effettuare un'analisi dei possibili scenari futuri che si possono configurare in relazione alle principali variabili. In tal senso, si sottolinea l'importanza dell'analisi di sensitività che permette di valutare la solidità dei risultati economici e finanziari futuri indicati, con l'obiettivo di dimostrare se e quanto questi siano sensibili alle variazioni dei parametri utilizzati. Ciò rende indubbiamente più agevole il compito del professionista, il cui giudizio sarà maggiormente confortato dalla presenza sia di valori poco sensibili ai possibili mutamenti futuri, sia di ammortizzatori (riserve di liquidità e/o patrimoniali) che tendono a neutralizzare o quanto meno attutire eventuali influenze negative.

L'attestatore, infine, non può modificare il piano, ma deve limitarsi a esprimere il proprio giudizio in merito alla veridicità dei dati in esso contenuti e al grado di realizzabilità. Tuttavia, egli non può esimersi dal segnalare la presenza di errori rilevanti che possono comportare una successiva modifica del piano stesso da parte di chi lo ha predisposto.

7.3. L'utilizzo del lavoro dei terzi nella verifica della veridicità dei dati

Si è molto discusso sulla possibilità per l'attestatore, anche in ragione del tempo limitato che ha a disposizione, di poter far propri i risultati dell'attività di controllo svolta da altri soggetti.

Il richiamo del Principio di revisione n. 610 consente, infatti, all'attestatore di utilizzare le risultanze del sistema di controllo interno.

Tuttavia, è utile sottolineare che, soprattutto nei casi di aziende in crisi, il ricorso ai sistemi interni richiede una particolare cautela, in quanto occorre operare delle verifiche[30]. Invero, il suddetto principio detta le regole di comportamento che il revisore esterno deve seguire in merito all'utilizzo del lavoro svolto dagli auditors interni con riferimento al bilancio d'esercizio. In particolare, il documento fornisce una pluralità di indicazioni che, nel caso di specie, l'attestatore deve far proprie, affinché possa dapprima valutare il grado di affidabilità del sistema di controllo e poi decidere se mutuare il giudizio dell'organo interno. A tal fine, è necessario che l'attestatore esamini la struttura organizzativa di cui l'azienda è dotata e le modalità attraverso cui la funzione di controllo si colloca all'interno di

[29] In proposito, si ricorda il Principio di revisione 501 (Consob), Sez. B – *Gli elementi probativi – Considerazioni addizionali per casi specifici dei Principi di revisione*.

[30] A. Provasoli, *La revisione ...*, cit., p. 396.

questa, al fine di valutare il grado di autonomia e di obiettività rispetto ai vertici aziendali. Dunque, occorre verificare la natura e l'ampiezza dei compiti assegnati al revisore interno, nonché il grado di competenza e di diligenza dei soggetti all'uopo preposti. Inoltre, occorre verificare se l'attività di controllo è stata adeguatamente pianificata e documentata attraverso appositi manuali di revisione interna e carte di lavoro. È evidente che ciò implica uno stretto rapporto di collaborazione tra l'attestatore e gli *auditors* interni e, quindi, la completa disponibilità di questi ultimi a fornire la documentazione e le notizie necessarie, in maniera tale che l'attestatore sia posto nelle condizioni migliori al fine di formulare il proprio giudizio in merito alla loro attendibilità. Solo dopo tale verifica l'attestatore potrà decidere se far proprio il lavoro svolto da altri soggetti, assumendosi, in tal caso, la piena responsabilità in merito al giudizio che andrà a formulare [31].

Ovviamente, la presenza di un efficiente sistema di controllo interno consente all'attestatore di limitare il suo intervento alla sola base contabile dei dati, riducendo considerevolmente l'ampiezza della propria attività di verifica.

Inoltre, sempreché venga pattuito al momento del conferimento dell'incarico, l'attestatore potrà avvalersi del lavoro di altri revisori da lui nominati che agiranno sotto la propria direzione e responsabilità (art. 2232 c.c.) [32].

8. La verifica della fattibilità del piano

L'ulteriore compito dell'attestatore è quello di verificare il livello di realizzabilità del piano.

In proposito, il giudizio del professionista deve basarsi su una pluralità di elementi contenuti nel piano medesimo, ossia:

- le ipotesi strategiche e la strategia di risanamento nel suo complesso;
- le azioni da intraprendere (*action plan*);
- le ipotesi economiche e finanziarie;
- l'evoluzione prospettica dei dati contenuti nel piano;

8.1. Le ipotesi strategiche e la strategia di risanamento

Tra i compiti dell'attestatore vi è anche quello di verificare che le ipotesi del piano, che sono alla base della strategia che si intende attuare, siano adeguatamen-

---

[31] A. Quagli (2011), *Verifiche ed attendibilità dei piani di risanamento*, in *Riv. Amministrazione e finanza*, n. 2, p. 47. Inoltre, sulla responsabilità dell'attestatore si legga: S. Fortunato (2009), *La responsabilità civile del ...*, cit., p. 889 ss.

[32] Anche la presenza di un sistema di controllo esercitato da parte di soggetti esterni rappresenta un ulteriore elemento di facilitazione e di garanzia del lavoro dell'attestatore.

te specificate, possibilmente in una parte dedicata del piano medesimo.

Se esse si riferiscono a una strategia di risanamento da attuarsi mediante la *continuità aziendale*, è necessario che il piano rappresenti l'evoluzione futura del mercato di sbocco e dei rapporti con il contesto competitivo (clienti, fornitori, aziende concorrenti, ecc.).

Mentre, se la strategia di risanamento è fondata sulla dismissione di elementi patrimoniali o rami d'azienda, il professionista deve verificare che siano riportati gli interessi di potenziali acquirenti o, in caso contrario, sia riportato il valore di liquidazione dei cespiti da alienare.

Ne consegue, quindi, che l'attestatore deve verificare la fondatezza delle ipotesi del piano affinché egli stesso possa esprimere le ragioni del suo convincimento. Affinché ciò avvenga, egli deve appurare che vi sia una certa coerenza tra le diverse parti che compongono il piano stesso.

Come poc'anzi ricordato, l'attestatore deve valutare l'evoluzione futura del mercato di sbocco e dei relativi prezzi di riferimento, la cui esplicitazione da parte del redattore del piano deve essere adeguatamente motivata, soprattutto nel caso in cui le ipotesi circa l'evoluzione futura dovessero discostarsi dai dati relativi alla gestione passata.

Inoltre, è necessario che l'attestatore verifichi lo stato dei rapporti con i principali clienti e fornitori, al fine di appurare se, a seguito dello stato di crisi dell'azienda, questi non risultino compromessi.

D'altro canto, se la strategia di risanamento prevede la dismissione di assets aziendali, l'attestatore deve verificare i valori riportati nel piano, anche ricorrendo a perizie tecniche, ovvero assumendo informazioni di mercato.

Egli, inoltre, deve verificare che l'evoluzione delle variabili strategiche del piano sia coerente con l'arco temporale di attuazione.

L'analisi circa la coerenza può essere di tipo *interno* (ossia coerenza tra le varie ipotesi), ovvero di tipo *esterno* (cioè coerenza tra le ipotesi del piano e il contesto economico e legislativo).

Inoltre, un ulteriore elemento di valutazione è rappresentato dal fatto che le ipotesi poste alla base del piano devono garantire una certa discontinuità rispetto alle cause che hanno determinato la crisi aziendale.

8.2. Le azioni da intraprendere (*action plan*)

Un ulteriore compito dell'attestatore è quello di verificare se le ipotesi strategiche sono traducibili in azioni concrete, anche in relazione ai tempi di attuazione previsti. Ciò è molto importante, in quanto denota la correlazione esistente tra i singoli obiettivi prefissati, le modalità operative per raggiungerli e la strategia generale di intervento. Pertanto, l'attestatore deve analizzare le azioni da intraprendere, sia dal punto di vista quantitativo e sia temporale, ponendo particolare attenzione, ad esempio:

- alle azioni da intraprendere nel loro complesso;
- agli investimenti da realizzare;
- agli effetti che ne derivano a livello di struttura organizzativa;
- alle condizioni e ai vincoli che possono influenzare la realizzabilità delle azioni medesime;
- all'impatto economico.

8.3. Le ipotesi economiche e finanziarie

Nell'ottica del risanamento, le azioni da intraprendere si traducono in un piano economico-finanziario basato su dati prospettici. Pertanto, l'attestatore deve verificare il grado di compatibilità tra le grandezze economiche e finanziarie in esso riportate e le strategie formulate.

8.4. L'evoluzione prospettica del piano

L'attestatore deve anche valutare la coerenza tra le ipotesi strategiche e i dati prospettici riportati nel piano, anche attingendo a fonti informative esterne sufficientemente attendibili (istituzioni pubbliche, associazioni di categoria, centri di ricerca, ecc.), ovvero maturando un proprio convincimento circa l'evoluzione delle principali variabili ambientali, quali la dinamica del contesto competitivo e della domanda di mercato, attraverso le informazioni fornite dal management, dai consulenti dell'impresa o da esperti indipendenti.

9. La valutazione dei dati prospettici

In merito al grado di realizzabilità del piano, l'attestatore deve valutare le condizioni poste alla base della sua fattibilità e, quindi, le informazioni in esso contenute.

Come ricordato in precedenza, in base a quanto previsto da citato principio ISAE 3400, occorre distinguere:

a) le informazioni prospettiche basate su dati ed elementi di natura oggettiva che riguardano eventi futuri pressoché attendibili (ordini in portafoglio, proiezioni di dati aziendali ricavati da elementi storici, ecc.);
b) le informazioni prospettiche basate su valutazioni soggettive, ossia su ipotesi

future fondate su stime che esulano da dati storici e consolidati, ma derivano da congetture che implicano la necessità di essere verificate (ad esempio, il lancio di nuovi prodotti, acquisizione di nuovi mercati, ecc.).

Tale distinzione è fondamentale, in quanto essa presuppone che le informazioni fornite dai responsabili aziendali devono essere attentamente esaminate al fine di eliminare quelle ritenute poco attendibili, ovvero frutto di meri atteggiamenti di tipo speculativo.

10. L'orizzonte temporale

Come più volte ribadito, uno degli elementi che incide sulla realizzazione di un piano di ristrutturazione è il fattore "tempo", ossia l'arco temporale entro il quale le condizioni poste alla base devono concretizzarsi.

A tal riguardo, è utile sottolineare che, soprattutto nei casi di crisi aziendale, la componente temporale molto spesso viene trascurata quando, invece, essa costituisce un vincolo fondamentale, in quanto è proprio rispetto a essa che occorre verificare se gli interventi ipotizzati risultano sostenibili.

In primo luogo, esiste un rapporto di proporzionalità inversa tra l'attendibilità delle ipotesi poste alla base del piano e l'arco di tempo considerato, atteso che, in linea generale, più lungo è il periodo di attuazione del piano, minore risulta il grado di attendibilità delle stime operate dal soggetto aziendale[33]. Pertanto, la durata del piano deve essere il più possibile contenuta, in quanto, se così non fosse, il rischio di mutamenti che potrebbero renderne vani i presupposti sarebbe elevato. Ad esempio, interventi effettuati con scarsa tempestività rischiano di vanificare l'incasso dei crediti, l'utilità degli *intangibles*, dell'avviamento, ecc.[34]. Pertanto, è necessario limitare, per quanto possibile, il periodo di realizzazione del piano, in modo tale da ridurre il grado di aleatorietà e accrescere il livello di ragionevolezza. Peraltro, tale aleatorietà risulta più evidente nelle situazioni di crisi aziendale, in cui il grado di incertezza e di mutevolezza ambientale è indubbiamente elevato.

Tuttavia, è pur vero che la durata del piano non può essere ritenuta uguale per tutte le fattispecie, ma varia in funzione di una pluralità di fattori, quali le dimensioni aziendali, la tipologia di attività, la situazione economico-finanziaria, l'importanza degli obiettivi prefissati ed altro ancora[35]. Ne deriva, quindi,

---

[33] Detta proporzionalità inversa è un elemento comune sia ai principi interraziali, sia a quelli statunitensi.

[34] Sul tema degli *intangibles asset* si veda, tra gli altri: A. DELL'ATTI (2000), *Il ruolo critico delle risorse intangibili nella gestione aziendale*, in AA.VV., *Le immobilizzazioni immateriali*, Cacucci, Bari.

[35] Al riguardo, si leggano: P. MAZZOLA (2003), *Il piano industriale. Progettare e comunicare le*

che tanto maggiore è la complessità del piano, più lungo sarà il suo tempo di attuazione. La ragionevolezza della durata di un piano, quindi, non può essere stimata in maniera tassativa, ma è necessario ponderare gli obiettivi in esso contenuti con le variabili che, a vario titolo, possono condizionare ed influenzare il loro raggiungimento.

11. La verifica dei criteri di valutazione applicati

Dopo aver appurato la correttezza dei dati contabili il professionista deve verificare i criteri di valutazione utilizzati ai fini dell'elaborazione del piano, nonché la loro coerenza con le finalità del piano medesimo.

A tal riguardo, come in precedenza ricordato, il piano può prevedere tre ipotesi alternative[36]:

a) la continuazione dell'attività aziendale;
b) la liquidazione del patrimonio aziendale;
c) la cessione del complesso aziendale nella sua interezza.

Non vi è dubbio che le suddette ipotesi implicano differenti criteri di valutazione[37].

---

strategie di impresa, Università Bocconi Ed., Milano, p. 32; P. ONIDA, *Economia d'Azienda*, cit., p. 534 ss.

[36] Invero, come nel caso del concordato preventivo "misto", il piano può prevedere sia la continuazione aziendale, sia la liquidazione di taluni *assets* o rami di azienda non strategici.

[37] A tal fine si vedano: S. ADAMO (2008), *Profili economico-contabili delle liquidazioni societarie. Scenario nazionale ed internazionale*, Cacucci, Bari; P. ANDREI (2004), *Valori storici e valori correnti nel bilancio d'esercizio*, Giuffrè, Milano; G. BUFFELLI, F. CLEMENTE, S. SPERANZA (2006), *I bilanci nelle procedure concorsuali*, Il Sole 24 Ore, Milano; M. CUNNINGHAM GARY (1977), *Accounting for Voluntary Corporate Liquidations*, in *The National Public Accountant*, Washington, vol. 22, fac. 11, November; F. DEZZANI, L. DEZZANI, R. SANTINI (2005), *Operazioni straordinarie*, Egea, Milano; G. FRATTINI (1989), *Lo scioglimento dell'impresa*, in AA.VV., *La gestione straordinaria*, Giuffrè, Milano; L. GUATRI, M. BINI (2005), *Nuovo trattato sulla valutazione delle aziende*, Egea, Milano; E. KIM HAN, J.D. SCHATZBERG (1987), *Voluntary Corporate Liquidations*, in *Journal of Financial Economics*, December; L.M. MARI (2000), *Gestione e rilevazione delle operazioni straordinarie di impresa*, Giappichelli, Torino; G. NICCOLINI (1998), *Scioglimento, liquidazione ed estinzione delle società di capitali*, in *Riv. dei Dottori Commercialisti*, n. 5; M. PANTALEONI (1925), *Alcune osservazioni sulle attribuzioni di valore in assenza di formazione dei prezzi di mercato*, in *Erotemi di Economia*, vol. II, Laterza, Bari; L. POTITO (1993), *I bilanci straordinari*, II ed., Utet, Torino; G. SAVIOLI (2005), *Le operazioni di gestione straordinaria*, II ed., Giuffrè, Milano; C. SORCI (1998), *La prospettiva liquidatoria nelle scelte economico-aziendali*, in *Riv. dei Dottori Commercialisti*, n. 2; A. VIGANÒ (2002), *I bilanci intermedi di liquidazione: alcune riflessioni*, in *Riv. dei Dottori Commercialisti*, n. 3; G. ZANDA, M. LACCHINI, T. ONESTI (1994), *La valutazione ...*, cit.

Invero, nel caso in cui il piano preveda la continuazione dell'attività aziendale appare scontato dedurre che i criteri di valutazione da utilizzare siano gli stessi applicati in sede di redazione del bilancio d'esercizio di un'azienda in funzionamento. Pertanto, occorre solo verificare se le considerazioni e le valutazioni degli amministratori rispettino il principio della ragionevolezza e della prudenza, non mancando di evidenziare che, nell'eventualità, si potrà anche procedere alla svalutazione di taluni elementi patrimoniali.

Al contrario, nell'ipotesi in cui il piano preveda la liquidazione del patrimonio aziendale, dopo aver proceduto alla revisione dei dati storici, è necessario appurare se i valori di ciascuna attività, qualunque sia la natura, sono ancora sostenibili in relazione alla loro realizzabilità. In altre parole, nella fase liquidatoria, la destinazione del patrimonio aziendale subisce un radicale mutamento passando dalla dimensione del funzionamento a quella della liquidazione [38]. Ne consegue che, i principi in base ai quali deve essere stimato il patrimonio aziendale non devono più soggiacere ai caratteri della strumentalità e della complementarietà, i quali, come è noto, contraddistinguono il complesso aziendale nella fase del funzionamento [39].

A tal proposito, i criteri di valutazione da applicare sono quelli indicati dalla dottrina aziendale [40], ossia:

---

[38] M. CARATOZZOLO (2010), *Principi e criteri per la formazione dei bilanci di liquidazione*, p. 57 ss., in S. ADAMO, G. NICCOLINI, *Le liquidazioni aziendali*, Giappichelli, Torino.

[39] Il passaggio dal funzionamento alla liquidazione non è poi così automatico, in quanto alle liquidazioni per stralcio, il cui carattere disgregativo assume assoluta rilevanza, possono affiancarsi situazioni che sfociano nella cessione in blocco dell'azienda, ovvero nell'esercizio provvisorio, per cui potrebbe rendersi necessario continuare a mantenere i criteri di funzionamento. Ne deriva che, di volta in volta occorre accertare le circostanze concrete in base alle quali si svolge la liquidazione. In merito, si vedano: R. ALESSI (1994), *I criteri di valutazione nei bilanci di liquidazione*, in *Riv. del diritto commerciale e del diritto generale delle obbligazioni*, n. 7-8; M. CARATOZZOLO (1996), *I bilanci straordinari. Aspetti economici, civilistici e tributari,* Giuffrè, Milano; S. CASAMASSIMA (2003), *I bilanci di liquidazione nella società per azioni*, in *Riv. del Notariato*, n. 1; G.B. PORTALE (1978), *I bilanci straordinari*, in AA.VV., *Il bilancio d'esercizio, Problemi attuali*, Giuffrè, Milano.

[40] S. ADAMO, *Profili economico-contabili ...*, cit., p. 105; A. AMADUZZI (1969), *L'azienda ...*, cit., p. 247; P.E. CASSANDRO (1971), *Le rilevazioni aziendali*, Cacucci, Bari, p. 207; A. CECCHERELLI (1964), *Le funzioni professionali del commercialista, Ragioneria-Tecnica-Procedura*, V ed., Vallardi, Milano, p. 396; P. ONIDA, *Economia d'azienda*, cit., p. 639. Inoltre: G. BIANCHI (2003), *Bilancio straordinario*, in *Digesto delle Discipline Privatistiche, Sezione Commerciale*, Utet, Torino, p. 146; G. COLOMBO (1994), *Bilancio d'esercizio*, in *Trattato delle S.p.A.*, vol. VII, Utet, Torino, p. 393; M. CARATOZZOLO, *I bilanci straordinari ...*, cit., p. 503; M. DE SARNO (1997), *Economia d'impresa in liquidazione*, Cedam, Padova, p. 124; G. FRATTINI, *Lo scioglimento ...*, cit., p. 516; OIC n. 5 *Bilanci di liquidazione*, Giugno 2008; G. PAOLONE (2000), *La cessazione aziendale, nelle sue forme tipiche di manifestazione*, Giappichelli, Torino, p. 356; M. PAOLONI, F.M. CESARONI (1999), *I bilanci straordinari*, Cedam, Padova, p. 341.

- per le attività patrimoniali, il *presunto valore di realizzo per stralcio*;
- per le passività patrimoniali, il *presunto valore di estinzione*.

È evidente che, in considerazione del fatto che ogni elemento patrimoniale presenta delle peculiarità, è necessario mantenere un atteggiamento prudenziale in relazione alle previsioni future, le quali risentono obiettivamente dei tempi di realizzazione e delle modalità con cui essa si compie, delle caratteristiche fisiche e giuridiche di ciascun elemento patrimoniale, nonché del contesto socio-economico e ambientale di riferimento.

La terza e ultima ipotesi è quella della cessione del patrimonio aziendale nel suo complesso, ovvero di uno o più rami di esso. Anche in tal caso, i criteri di valutazione dovranno essere coerenti con la finalità che si intende perseguire. Invero, la continuazione dell'attività aziendale in capo a un altro soggetto consente di conservare l'integrità del patrimonio, pertanto il piano di ristrutturazione deve essere basato su criteri che mirano alla determinazione del capitale economico dell'impresa. Ne consegue la necessità che il soggetto aziendale presenti all'attestatore sia delle offerte di acquisto, sia una perizia di stima del complesso aziendale da parte di un soggetto terzo, ciò al fine di verificare la concretezza dell'operazione, nonché la congruità del prezzo di cessione.

12. La struttura della relazione di attestazione

I principi di attestazione, nonostante lascino ampia libertà circa la forma da utilizzare, evidenziano che la relazione redatta dal professionista debba distinguere una parte ricognitiva dei dati aziendali e contabili e una parte attinente il progetto.

In definitiva, viene proposto uno schema così articolato:

a) una ***parte introduttiva*** e di rendicontazione sulle verifiche svolte circa la veridicità della base dei dati. Si tratta, in definitiva, di evidenziare una serie di informazioni, quali:
   - il possesso dei requisiti soggettivi e oggettivi, di cui all'art. 2, comma 1, lett. *o*), CCII;
   - la descrizione dell'incarico ricevuto e le relative finalità, in relazione agli specifici riferimenti normativi;
   - l'elenco della documentazione oggetto di analisi;
   - l'analisi della situazione aziendale e societaria riscontrata al momento della redazione del piano;
   - l'analisi e le verifiche operate in merito ai dati contabili strumentali rispetto al giudizio di veridicità;
   - le eventuali evidenze acquisite sulle verifiche compiute da altri revisori (in-

terni ed esterni), ovvero se queste, nonostante siano state richieste, sono state negate;

b) una ***parte centrale***, contenente l'illustrazione del piano, gli obiettivi prefissati e la strategia che si intende adottare. In essa devono essere anche riportati:
   - le ipotesi su cui si fonda il piano di risanamento, esprimendo su di esse il proprio giudizio;
   - i risultati dell'attività di verifica dei dati contabili, nonché le connotazioni e le capacità della struttura tecnico-produttiva ed organizzativa dell'azienda;
   - la valutazione in merito alla compatibilità tra le ipotesi del piano e l'arco temporale di attuazione previsto;
   - il giudizio, anche sintetico, circa l'idoneità del piano a consentire il superamento della crisi aziendale;

c) una ***parte conclusiva***, basata prevalentemente sulla fattibilità del piano, il cui giudizio (motivato) può essere:
   - ***positivo;***
   - ***negativo;***
   - ***condizionato***.

In tal caso ultimo caso, è evidente che il giudizio di fattibilità è positivo solo se si verificano determinate condizioni. Si tratta, pertanto, di un'attestazione condizionata che, tuttavia, si ritiene ammissibile, purché l'attestatore indichi esplicitamente gli eventi che devono verificarsi e l'orizzonte temporale entro cui gli stessi devono manifestarsi.

13. Obblighi successivi dell'attestatore e responsabilità

L'attività dell'attestatore si conclude con il giudizio di asseverazione.

I Principi di attestazione precisano che il professionista deve conservare la documentazione utilizzata per il lavoro svolto (anche su supporto elettronico o di altro tipo), comprese check list, verbali di riunioni, corrispondenza, email, intercorse con i responsabili del piano.

Inoltre, non è competenza dell'attestatore monitorare l'esecuzione del piano, in quanto tale attività compete agli amministratori o, in caso di concordato preventivo, anche al commissario giudiziale. Pertanto, egli non può essere ritenuto responsabile della non corretta esecuzione del piano.

Tuttavia, può accadere che, immediatamente dopo il rilascio dell'attestazione, si manifestino significativi scostamenti tali da rendere il piano irrealizzabile. In tal caso, ove al piano vengano apportate sostanziali modifiche, ovvero sia presentato un nuovo piano, è necessaria una nuova attestazione, in mancanza della quale il piano posto in esecuzione sarebbe sprovvisto della protezione prevista dalla legge [41].

La modifica del piano si ritiene *sostanziale* nei seguenti casi:

- quando gli scostamenti rilevati incidono sulla sua concreta realizzabilità;
- quando gli scostamenti non sono assorbiti da opportuni ammortizzatori (fondi di riserva, meccanismi di aggiustamento, ecc.) o questi risultano insufficienti.

Sotto il profilo formale e sostanziale, la nuova attestazione non deve configurarsi come supplemento o integrazione della precedente, atteso che il piano originario non è più attuabile. Ovviamente, l'attestatore potrà verificare quanta parte del lavoro precedentemente svolto possa ritenersi ancora valida.

In merito alle responsabilità che riguardano il professionista attestatore, si evidenzia che già l'art. 33 del D.L. n. 83/2012 aveva introdotto, nell'ambito della normativa fallimentare, l'art. 236 *bis* l.f., declinando il reato di "*Falso in attestazioni e relazioni*".

Le medesime responsabilità sono previste dall'art. 342 CCII, il quale prescrive che "*il professionista che nelle relazioni o attestazioni di cui agli articoli 56 comma 4, 57, comma 4, 58 commi 1 e 2, 62, comma 2, lettera d), 87, commi 2 e 3, 88, commi 1 e 2, 90, comma 5, 100, commi 1 e 2, espone informazioni false ovvero omette di riferire informazioni rilevanti in ordine alla veridicità dei dati contenuti nel piano o nei documenti ad esso allegati, è punito con la reclusione da due a cinque anni e con la multa da 50.000 a 100.000 euro. Inoltre, se il fatto è commesso al fine di conseguire un ingiusto profitto per sé o per altri, la pena è aumentata. Infine, se dal fatto consegue un danno per i creditori la pena è aumentata fino alla metà*".

Pertanto, dal dettato normativo emerge che le responsabilità in capo all'attestatore sono di due tipi: *civile* e *penale*.

Da punto di vista civilistico, la responsabilità del professionista è configurabile sia verso l'imprenditore (ossia il debitore), sia verso i creditori. In particolare, con riferimento all'imprenditore, si tratta di una responsabilità di natura contrattuale correlata al mandato che quest'ultimo conferisce all'attestatore, il quale deve svolgere il proprio incarico con la diligenza professionale commisurata alla natura dell'incarico medesimo. A tal riguardo, si rimanda all'art. 1176, comma 2, c.c., il quale così recita: "*Nell'adempimento delle obbligazioni inerenti all'esercizio di un'attività professionale, la diligenza deve valutarsi con riguardo alla natura dell'attività esercitata*".

Invece, per quanto riguarda i creditori, si configura una responsabilità aquiliana *ex* art. 2043 c.c., nell'ipotesi in cui gli stessi abbiano subito un pregiudizio conseguente alle attestazioni del professionista che ha operato con negligenza (responsabilità extracontrattuale).

---

[41] Si ricorda che l'obbligo del rilascio di una nuova attestazione è previsto dall'art. 58, comma 1, CCII (in caso di accordi di ristrutturazione dei debiti) e dall'art. 87, comma 2, CCII (in caso di concordato preventivo).

Il legislatore, introducendo il reato di falso in attestazioni e relazioni, ha inteso tutelare i creditori dell'imprenditore che ricorre a una delle procedure di composizione della crisi d'impresa, garantendo una corretta informazione sui dati aziendali e sulla fattibilità del piano proposto dal debitore.

In base al tenore letterale dell'art. 342 CCII, si evincono due fattispecie penalmente rilevanti: l'esposizione di false informazioni e l'omissione di informazioni rilevanti. Mentre la prima fattispecie è connotata da elementi oggettivi e riconducibili a una condotta attiva da parte del professionista attestatore, la seconda fattispecie è di natura omissiva.

I Principi di attestazione, in tema di responsabilità dell'attestatore, evidenziano che la duplice qualificazione del professionista (soggetto iscritto ad albi professionali regolamentati e revisore legale) non dovrebbe influire sulla qualificazione della responsabilità civile in quanto, nell'adempimento del suo incarico, l'attestatore non effettua una vera e propria revisione contabile (*rectius legale*), né esprime un giudizio professionale sulla situazione patrimoniale manifestatasi dalla contabilità aziendale posta alla base del piano. Ma le procedure che l'attestatore deve utilizzare sono finalizzate alla espressione del giudizio di veridicità e fattibilità del piano nel suo complesso. Tale importante conclusione permette di concludere che le previsioni di cui all'art. 15 del D.Lgs. n. 39/2010, relative al regime di responsabilità del revisore legale, non possono trovare applicazione nell'ambito dell'esecuzione di incarichi inerenti alla soluzione della crisi di impresa. Al contrario, come detto in precedenza, la norma di riferimento è l'art. 1176, comma 2, c.c.

Pertanto, nell'adempimento della sua prestazione, l'attestatore non deve usare la diligenza del buon padre di famiglia, bensì la diligenza richiesta dalla natura dell'incarico che gli impone di agire con particolare perizia e attenzione, in virtù del suo *status professionale* (che nel caso delle attestazioni è particolarmente rilevante, trattandosi di un soggetto doppiamente qualificato). Trattandosi di contratto d'opera stipulato nella maggior parte dei casi in situazione di urgenza e ricorrendo, dunque, la necessità di risolvere problemi tecnici di particolare complessità, troveranno applicazione le cause di esclusione della responsabilità di cui all'art. 2236 c.c. e, pertanto, l'attestatore sarà responsabile solo in caso di dolo o di colpa grave.

A tal proposito, è utile evidenziare che la Suprema Corte (SS.UU.), con sentenza n. 1521/2013, ha assimilato la figura dell'attestatore all'ausiliario del giudice, sebbene non possa essergli riconosciuto il ruolo di pubblico ufficiale. Tale circostanza impone all'attestatore di affrontare gli incarichi con prudenza e adeguata perizia. Pertanto, rispetto ai creditori e ai terzi in generale, dal punto di vista civilistico, la sua responsabilità è eventualmente di tipo extra-contrattuale.

In tema di responsabilità penale, l'art. 342 CCII punisce le infedeltà, sia attive che passive, purché abbiano per oggetto informazioni rilevanti.

La nozione di "informazione", include i dati contabili, ma anche le notizie, le perizie e le analisi che l'attestatore utilizza nelle sue valutazioni. Se, con riferimento alle valutazioni in ordine alla correttezza dei dati contabili, l'attestatore può far riferimento alle *best practices* in tema di revisione, maggiore attenzione deve essere posta in relazione agli scenari di mercato e all'analisi del business. Infatti, l'attestatore non ha il compito di svolgere in prima persona le valutazioni di specifici assets o le analisi di mercato, in quanto egli fa riferimento a studi e lavori svolti da altri soggetti. In tale evenienza, occorre selezionare accuratamente le fonti, individuandole, ove possibile, tra soggetti la cui attendibilità sia unanimemente riconosciuta.

L'attestatore, pertanto, deve citare l'autore delle analisi che pone a fondamento delle proprie valutazioni e utilizzerà le stesse previo vaglio critico in ordine alla loro ragionevolezza e coerenza. Allo stesso modo l'attestatore si dovrà comportare qualora utilizzi valutazioni di "secondo livello" quale parte integrante del proprio lavoro. Si pensi, ad esempio, alle perizie immobiliari o mobiliari. Dunque, egli dovrà selezionare i "suoi" esperti tra quelli dotati di autorevolezza professionale, nonché vagliare la coerenza intrinseca e la completezza del lavoro altrui.

Il giudizio finale dell'attestatore, in quanto avulso dalla nozione di "informazione", è escluso dall'area di applicazione del precetto penale. Tuttavia, è opportuno che egli espliciti il percorso argomentativo che lo ha condotto alla valutazione di attuabilità del piano, evidenziando le informazioni utilizzate.

La "rilevanza" è espressamente prevista dal legislatore esclusivamente per le infedeltà omissive. La stessa deve essere utilizzata anche per delimitare l'ambito di applicazione del precetto penale in relazione ai falsi commissivi, in virtù del principio generale che esclude la punibilità del falso c.d. innocuo. Pertanto, sono informazioni rilevanti esclusivamente quelle significative rispetto al giudizio di idoneità del piano. Conseguentemente sono escluse dall'area del penalmente rilevante tutte le omissioni che non influiscono sul giudizio finale reso dall'attestatore che è relativo alla veridicità della base dati e alla fattibilità del piano.

Ai fini penali non rilevano le "informazioni" inerenti gli aspetti esclusi dal giudizio dell'attestatore e, quindi, gli aspetti che non ineriscono al giudizio sulla veridicità della base dati e sulla fattibilità del piano.

Le infedeltà dell'attestatore, per rientrare nell'ambito di applicazione dell'art. 342 CCII, devono essere attuate con consapevolezza, attesa la natura pacificamente dolosa del reato. Ne consegue che, egli è punibile solo se è conscio della falsità della propria dichiarazione.

Alla luce di quanto sopra esposto, al fine di limitare il rischio, soprattutto in presenza di fattispecie complesse e non univoche, appare opportuno che l'attestatore proceda con una puntuale descrizione, mettendo in evidenza i profili di incertezza in modo chiaro ed esaustivo.

Capitolo VII

Le procedure liquidatorie nel Codice della crisi d'impresa e dell'insolvenza

1. Premessa

Come più volte affermato, l'intento primario del CCII è quello di evitare la cessazione dell'attività aziendale e, quindi, di individuare la soluzione più idonea a garantire l'integrità del patrimonio e la continuità aziendale attraverso i molteplici strumenti all'uopo previsti, la cui scelta dovrà tenere conto delle connotazioni della crisi, delle caratteristiche aziendali comprese quelle dimensionali.

Tuttavia, nei casi in cui non vi siano le condizioni per scongiurare un epilogo sfavorevole, il CCII contempla altre procedure, ma aventi una funzione liquidatoria, distinte in ragione dei soggetti destinatari.

2. Le procedure liquidatorie applicabili ai soggetti di cui all'art. 2, comma 1, lett. *d*) ed *e*), CCII

2.1. La liquidazione controllata

Il debitore in stato di sovraindebitamento, e quindi non assoggettabile alla liquidazione giudiziale, può richiedere con ricorso al tribunale competente, ai sensi dell'art. 27, comma 2, CCII, l'apertura della procedura di *liquidazione controllata* avente per oggetto i propri beni (art. 268 CCII) [1].

Nel caso in cui il debitore sia in stato di insolvenza, la domanda può essere

---

[1] M. MONTANARI (2021), *Il concorso delle procedure...*, cit.; D. BENINCASA (2019), *Le procedure in caso di sovraindebitamento ai sensi dell'art. 2, 1° comma lett.* c), *contributo al seminario di studî Codice della crisi d'impresa e dell'insolvenza*, a cura di Bonfante, in *Giur. it.*, p. 2045; F. ACCETTELLA (2020), *La liquidazione controllata del sovraindebitato: un primo commento*, in *Nuove leggi civ. comm.*, p. 675; F. CESARE (2023), *La liquidazione controllata*, in *Diritto della crisi*, 26 aprile 2023.

presentata da un creditore anche in pendenza di procedure esecutive individuali, fatta eccezione del caso in cui l'ammontare dei debiti scaduti e non pagati risultanti dagli atti dell'istruttoria è inferiore a euro cinquantamila.

Nel contempo, se la domanda è proposta da un creditore nei confronti di un debitore persona fisica, non è possibile procedere all'apertura della liquidazione controllata qualora l'OCC (*Organismo di composizione della crisi*), su richiesta dello stesso debitore, attesti che non è possibile acquisire attività da distribuire ai creditori, anche mediante l'esercizio di azioni giudiziarie.

Inoltre, dalla liquidazione rimangono esclusi:

a) i crediti impignorabili ai sensi dell'art. 545 c.p.c.;
b) i crediti aventi carattere alimentare e di mantenimento, gli stipendi, le pensioni, i salari e ciò che il debitore guadagna con la sua attività nei limiti, indicati dal giudice, di quanto occorre al suo mantenimento e a quello della sua famiglia;
c) i frutti derivanti dall'usufrutto legale sui beni dei figli, i beni costituiti in fondo patrimoniale e i frutti di essi, salvo quanto disposto dall'art. 170 c.c.;
d) le cose che non possono essere pignorate per legge [2].

Ai sensi dell'art. 269 CCII, il ricorso per l'apertura della procedura può essere presentato personalmente dal debitore (con l'assistenza dell'OCC), a cui deve essere allegata una relazione (redatta sempre dall'OCC), nella quale viene riportata una valutazione sulla completezza e sul grado di attendibilità della documentazione depositata, nonché l'illustrazione della situazione economica, patrimoniale e finanziaria del debitore [3].

L'apertura della procedura viene dichiarata con sentenza del tribunale competente, che produce effetti anche nei confronti dei soci illimitatamente responsabili (art. 270 CCII).

Con la stessa sentenza il tribunale:

a) nomina il giudice delegato;
b) nomina il liquidatore (scelto nell'elenco dei gestori della crisi);
c) ordina al debitore di depositare entro sette giorni i bilanci, le scritture contabili e fiscali, nonché l'elenco dei creditori;
d) assegna ai terzi che vantano diritti sui beni del debitore e ai creditori risultanti dall'elenco depositato un termine non superiore a sessanta giorni entro il quale, a pena di inammissibilità, devono trasmettere al liquidatore, a mezzo posta elettronica certificata, la domanda di restituzione, di rivendicazione o di ammissione al passivo, predisposta ai sensi dell'art. 201 CCII;

---

[2] S. De Matteis (2021), *La liquidazione controllata nel Codice della Crisi d'Impresa e dell'Insolvenza*, in *Dir. fall. e soc. comm.*, I, p. 361.

[3] Entro 7 gg. dal conferimento dell'incarico da parte del debitore, l'OCC deve darne notizia all'agente della riscossione e agli uffici fiscali, anche degli enti locali, competenti sulla base dell'ultimo domicilio fiscale dell'istante.

e) ordina la consegna o il rilascio dei beni facenti parte del patrimonio di liquidazione, salvo che non ritenga, in presenza di gravi e specifiche ragioni, di autorizzare il debitore o il terzo a utilizzare alcuni di essi. Il provvedimento è titolo esecutivo ed è posto in esecuzione a cura del liquidatore;
f) dispone l'inserimento della sentenza nel sito internet del tribunale o del Ministero della giustizia. Nel caso in cui il debitore svolga attività d'impresa, la pubblicazione è altresì effettuata presso il registro delle imprese;
g) quando vi sono beni immobili o beni mobili registrati, ordina la trascrizione della stessa sentenza presso gli uffici competenti [4].

Scaduti i termini per la presentazione delle domande, il liquidatore predispone un progetto di stato passivo comprendente un elenco dei titolari di diritti sui beni mobili e immobili di proprietà o in possesso del debitore. Detto progetto viene poi comunicato a tutti i creditori, i quali, nel termine di quindici giorni, possono proporre le osservazioni.

In assenza di osservazioni, il liquidatore procede alla formazione dello stato passivo definitivo e lo deposita in cancelleria, disponendo l'inserimento nel sito web del tribunale o del Ministero della giustizia.

Il liquidatore inoltre, dietro autorizzazione del giudice delegato, compie ogni azione volta alla realizzazione delle disponibilità liquide derivanti sia dall'alienazione dei beni compresi nel patrimonio del debitore, sia dalla realizzazione dei crediti.

Così come al liquidatore compete l'obbligo di redigere il programma di liquidazione e ne riferisce con cadenza semestrale al giudice delegato.

Terminate le operazioni di liquidazione, il liquidatore presenta il rendiconto al giudice, il quale verifica la conformità degli atti dispositivi al programma di liquidazione. Una volta approvato il rendiconto, il giudice procede alla liquidazione del compenso del liquidatore.

Quindi, il liquidatore provvede alla distribuzione delle somme ricavate dalla liquidazione secondo l'ordine di prelazione risultante dallo stato passivo.

A conclusione delle operazioni di riparto, il giudice, con decreto, dichiara la chiusura della procedura.

2.2. Il concordato liquidatorio semplificato

All'esito delle trattative relative alla procedura di composizione negoziata di cui all'art. 12 e ss. CCII, quando l'esperto nella relazione finale dichiara che le stesse non hanno avuto esito positivo e che le soluzioni individuate ai sensi del-

[4] A. Crivelli (2021), *Principali aspetti processuali nel procedimento di apertura della liquidazione controllata*, in *Il Fall.*, p. 895 ss.

l'art. 23, comma 1, CCII non sono praticabili, l'imprenditore, nel termine di sessanta giorni dalla comunicazione di cui all'art. 17, comma 8, CCII, può presentare una proposta di concordato con cessione dei beni, unitamente al piano di liquidazione e ai documenti indicati nell'art. 39 CCII[5]. La proposta può prevedere la suddivisione dei creditori in classi (art. 25 *sexies* CCII)[6].

Questa nuova procedura, inoltre, si distingue dal concordato preventivo per due motivazioni:

- l'assenza di una valutazione giudiziale preliminare da parte del tribunale in sede di ammissione;
- la mancanza del voto dei creditori[7].

Pertanto, con il ricorso presentato al tribunale competente, l'imprenditore chiede l'omologazione del concordato liquidatorio. Il ricorso è comunicato al pubblico ministero e pubblicato nel registro delle imprese a cura della cancelleria.

Il tribunale, acquisiti la relazione finale e il parere dell'esperto con specifico riferimento ai presumibili risultati della liquidazione e alle garanzie offerte, nomina un ausiliario (in luogo del commissario giudiziale), assegnando allo stesso un termine per il deposito del proprio parere.

Con il medesimo decreto il tribunale ordina che la proposta, unitamente al parere dell'ausiliario e alla relazione finale e al parere dell'esperto, sia comunicata a cura del debitore ai creditori che risultano dall'elenco depositato.

Il tribunale, una volta assunti i mezzi istruttori richiesti dalle parti o disposti d'ufficio, fissa l'udienza per l'omologazione prima della quale i creditori possono proporre opposizione.

In caso contrario, una volta accertata la regolarità del contraddittorio e del procedimento, nonché il rispetto dell'ordine delle cause di prelazione e la fattibilità del piano di liquidazione, il tribunale omologa il concordato rilevando che la proposta non arreca pregiudizio ai creditori rispetto all'alternativa della liquidazione giudiziale e, comunque, assicura un'utilità a ciascun creditore.

---

[5] Pertanto, non dovrebbe esservi dubbio che l'accesso al concordato semplificato è possibile solo dopo aver tentato la soluzione della composizione negoziata della crisi. Cfr.: A. FAROLFI (2022), *Il concordato liquidatorio: appunti introduttivi*, in *Diritto della crisi*, 7 marzo; S. AMBROSINI (2021), *Il concordato semplificato: primi appunti*, in *ristrutturazioniaziendali.ilcaso.it*, settembre; A.I. BARATTA (2021), *Il concordato semplificato per la liquidazione del patrimonio. Brevi considerazioni introduttive*, in *Il Fallimentarista*, agosto; S. MORRI (2021), *Il concordato semplificato per la liquidazione del patrimonio*, in *Il Fallimentarista*, agosto.

[6] Il concordato semplificato era già previsto dall'art. 18 del D.L. n. 118/2021 e poi trasfuso nell'art. 25 *sexies* CCII.

[7] L'elemento qualificante del concordato liquidatorio è dato dalla mancanza di approvazione da parte del ceto creditorio, non essendovi l'adunanza dei creditori o istituto simile. Manca, inoltre, la previsione dell'attestazione da parte di un professionista indipendente, nonché la previsione delle soglie che, invece, condizionano l'ammissibilità della proposta di concordato quando di natura liquidatoria.

Inoltre, a differenza del concordato preventivo liquidatorio, non è prevista una soglia minima di pagamento, né l'obbligo di apportare risorse esterne [8].

Così come, in merito al criterio di formazione delle classi, nel silenzio della norma, si ritiene che valgano le stesse regole del concordato preventivo. È evidente che il concordato semplificato rappresenta una procedura più snella e meno onerosa rispetto al concordato preventivo liquidatorio [9].

Infine, con il decreto di omologazione il tribunale nomina uno o più liquidatori (che potrà essere anche lo stesso ausiliario).

Si evidenzia, inoltre, che il liquidatore può cedere l'azienda nel suo complesso (o un ramo di essa), pertanto, in tal caso si configura la salvaguardia, seppur indiretta, della continuità aziendale.

In ultimo, è utile sottolineare che al concordato liquidatorio semplificato, proprio perché è una procedura che può essere attivata soltanto all'esito negativo della composizione negoziata della crisi (alla quale com'è noto possono accedere le imprese di qualsiasi dimensione), possono accedervi sia le imprese sotto soglia che quelle soggette alla liquidazione giudiziale.

3. Le procedure liquidatorie applicabili alle imprese soggette alla liquidazione giudiziale

3.1. Il concordato liquidatorio semplificato

Al concordato liquidatorio semplificato, di cui si è già detto in precedenza, possono accedervi anche le imprese assoggettabili alla liquidazione giudiziale, atteso che si tratta di una procedura a cui l'imprenditore può ricorrere all'esito negativo delle trattative intraprese nell'ambito della composizione negoziata della crisi. Pertanto, considerato che alla composizione negoziata possono accedervi tutti i soggetti, indipendentemente dal limite dimensionale, non può escludersi che l'accesso al concordato liquidatorio semplificato sia consentito anche

---

[8] In merito alla natura del concordato semplificato liquidatorio, vi è chi sostiene che si tratta di una procedura che, sebbene rientri nel novero dei concordati liquidatori, non ne riproduce in senso tradizionale le funzioni tipicamente disgregative. Ciò che in forza della disposizione si tende a semplificare è il passaggio in capo a terzi di un residuo attivo del compendio aziendale, reimpiegabile in quanto tale nell'esercizio di un'attività economico-produttiva. Parzialmente diversa sembra l'opinione di chi sottolinea la matrice strettamente liquidatoria del concordato semplificato, segnalando che quand'anche avvenga la cessione dell'azienda, la stessa "*non è ... funzionalizzata alla continuità ma alla massimizzazione del valore*", quindi all'ottenimento di un "*ricavato migliore*" per i creditori. Sull'argomento si veda: S LEUZZI (2023), *Il concordato semplificato nel prisma delle prime applicazioni*, in *Diritto della crisi*, 19 maggio.

[9] G. BOZZA (2021), *Il concordato semplificato introdotto dal D.L. n. 118 del 2021*, in *Diritto della crisi*, 5 ottobre.

alle imprese sopra soglia, ossia quelle che superano i limiti di cui all'art. 2, comma 1, lett. *d*), CCII.

3.2. Il concordato preventivo liquidatorio

Al concordato preventivo liquidatorio (art. 84 e ss. CCII) possono accedervi solo le imprese assoggettabili alla liquidazione giudiziale.

Tuttavia, a differenza del concordato preventivo in continuità (procedura questa particolarmente preferita dal legislatore), quello liquidatorio di fatto determina la cessazione dell'attività aziendale, salvo che il piano preveda la cessione dell'azienda o di rami di essa. In tale caso, sarebbe garantita la continuità aziendale, sebbene in forma indiretta.

In merito alla disciplina di tale procedura, si applicano le stesse norme previste per il concordato preventivo in continuità.

3.3. La liquidazione giudiziale

3.3.1. Premessa

Dal punto di vista semantico, una delle novità più significative introdotte dal CCII è rappresentata dalla definitiva scomparsa del termine "fallimento" e della relativa aggettivazione "fallimentare" dalla disciplina della gestione giudiziale della crisi, con conseguente eliminazione anche del termine "fallito" per indicare il debitore insolvente.

Pertanto, la procedura fallimentare è stata sostituita da quella della *liquidazione giudiziale*, in cui è evidente, già dalla denominazione, la funzione prettamente liquidatoria in ragione del soddisfacimento dei creditori.

Con tale modifica terminologica si è voluto eliminare *l'aura di negatività e di discredito, anche personale, che storicamente accompagnava il termine* "fallimento" o allo *status* di fallito, consentendo anche al nostro Paese di allinearsi a una *«tendenza già manifestatasi nei principali ordinamenti europei di civil law, tra cui quelli di Francia, Germania e Spagna»*.

Ciò precisato, è utile evidenziare che, al di là delle modifiche terminologiche, il legislatore non ha di fatto stravolto l'impianto fondamentale della procedura fallimentare, della quale conserva le caratteristiche essenziali, ma ha inteso riorganizzare la precedente disciplina al fine di rendere la procedura liquidatoria più rapida e snella.

Il nuovo istituto ha, tuttavia, attribuito una maggiore centralità alla figura del curatore, la cui azione è resa più efficace grazie a una serie di misure (si vedano gli artt. da 125 a 137 CCII) che hanno potenziato le sue prerogative e funzioni, con particolare riferimento alla cura e alla gestione diretta del patrimonio del debitore.

Invero, nel nuovo sistema codicistico la liquidazione giudiziale è stata posta immediatamente dopo le procedure finalizzate al risanamento aziendale, a dimostrazione del fatto che detta procedura (compreso il concordato liquidatorio) è considerata come una mera eventualità rispetto alle procedure di salvataggio aziendale che, invece, assumono una maggiore rilevanza.

3.3.2. I presupposti per l'apertura della liquidazione giudiziale

L'*insolvenza* costituisce il ***presupposto oggettivo*** per l'apertura della procedura di liquidazione giudiziale (art. 121 CCII), tenendo conto che l'art. 2, comma 1, lett. *b*), CCII, intende con tale termine «*lo stato del debitore che si manifesta con inadempimenti o altri fatti esteriori, i quali dimostrino che il debitore non è più in grado di soddisfare regolarmente le proprie obbligazioni*».

Tuttavia, la nozione di insolvenza viene distinta da quella di *crisi*, termine che sta a indicare come «*lo stato del debitore che rende probabile l'insolvenza e che si manifesta con l'inadeguatezza dei flussi di cassa prospettici a far fronte alle obbligazioni nei successivi dodici mesi*» (art. 2, comma 1, lett. *a*), CCII).

Le due situazioni, pertanto, sono delineate come differenti e autonome, entrambe rilevanti per l'ammissione alle diverse procedure di soluzione della crisi, mentre per l'apertura della procedura di liquidazione giudiziale l'unico presupposto rilevante è quello dell'insolvenza, non potendosi quindi ammettere alla procedura il debitore che si trovi solo in uno stato di crisi reversibile.

Anche con riferimento al ***presupposto soggettivo***, non vi sono novità di rilievo rispetto alla legge fallimentare. Infatti, il citato art. 121 CCII prevede che le disposizioni sulla liquidazione giudiziale si applicano «*agli imprenditori commerciali che non dimostrino il possesso congiunto dei requisiti di cui all'art. 2, comma 1, lettera* d)», ossia:

a) un attivo patrimoniale di ammontare complessivo annuo non superiore ad euro trecentomila nei tre esercizi antecedenti la data di deposito della istanza di apertura della liquidazione giudiziale o dall'inizio dell'attività se di durata inferiore;
b) ricavi, in qualunque modo essi risultino, per un ammontare complessivo annuo non superiore ad euro duecentomila nei tre esercizi antecedenti la data di deposito dell'istanza di apertura della liquidazione giudiziale o dall'inizio dell'attività se di durata inferiore;
c) un ammontare di debiti anche non scaduti non superiore ad euro cinquecentomila.

3.3.3. Il procedimento di apertura della liquidazione giudiziale

Ai sensi dell'art. 37, comma 2, CCII, l'apertura della procedura liquidatoria può avvenire su iniziativa dello stesso debitore, di uno o più creditori o del pubblico ministero, nonché da parte degli *organi e delle autorità amministrative che hanno funzioni di controllo e di vigilanza sull'impresa*. Per questi ultimi si tratta di una legittimazione che viene esercitata in via autonoma e non in rappresentanza del debitore, e che si giustifica con l'ampliamento dei poteri di controllo attribuiti a questi organi, in funzione dell'adozione degli adeguati assetti organizzativi e della tempestiva emersione della crisi (art. 14 CCII).

Risulta, inoltre, ampliato (o, forse, meglio delimitato rispetto alla disciplina precedente) il potere di iniziativa del pubblico ministero, il quale, da un lato, potrà presentare la richiesta di apertura della procedura di liquidazione giudiziale ogni qualvolta abbia notizia (in qualunque forma) dell'esistenza di uno stato di insolvenza; dall'altro lato, egli potrà assumere tale iniziativa dopo aver ricevuto notizie sull'esistenza di uno stato di insolvenza dall'autorità giudiziaria, che sarà tenuta a farne segnalazione una volta che lo abbia rilevato in un qualunque procedimento (art. 38, comma 2, CCII)[10].

In merito allo svolgimento della procedura, l'art. 41, comma 6, CCII prevede un termine di convocazione del debitore non inferiore a 15 giorni rispetto alla data di notificazione del ricorso e del decreto di fissazione dell'udienza, al fine di garantire un adeguato diritto di difesa.

L'apertura della procedura è disposta con sentenza, con la quale il tribunale nomina il giudice delegato e il curatore, con la possibilità, inoltre, di nominare anche *uno o più esperti per l'esecuzione di compiti specifici in luogo del curatore* (art. 49, comma 3, lett. *b*, CCII).

La sentenza di apertura della procedura deve essere iscritta nel registro delle imprese, con la precisazione che gli effetti nei confronti del fallito si producono dalla data di pubblicazione in cancelleria, mentre nei confronti dei terzi si producono dalla data di iscrizione nel suddetto registro.

Infine, non si può procedere all'apertura della liquidazione giudiziale nell'ipotesi in cui l'ammontare dei debiti scaduti e non pagati risulta complessivamente inferiore a euro trentamila (art. 49, comma 5, CCII).

3.3.4. Gli organi della procedura

Il CCII indica quali organi della procedura: il tribunale, il giudice delegato, il curatore e il comitato dei creditori.

---

[10] F. De Santis (2021), *Il ricorso del pubblico ministero per l'apertura della liquidazione giudiziale: tra interesse pubblico e modelli processuali comuni*, in *Diritto della crisi*, 27 maggio; S. Rossetti (2023), *Flussi informativi civili e ruolo del Pubblico ministero nella composizione negoziata e nella liquidazione giudiziale*, in *Diritto della crisi*, 14 marzo.

a) Il tribunale

Al tribunale sono attribuiti compiti generali di supervisione e controllo: esso, infatti, oltre alla nomina, alla revoca e alla sostituzione degli altri organi, ha poteri di audizione in ogni tempo del curatore, del comitato dei creditori e del debitore, e decide i reclami avverso i provvedimenti del giudice delegato (art. 122 CCII).

b) Il giudice delegato

I poteri del giudice delegato sono elencati nell'art. 123 CCII. In particolare, egli esercita funzioni di vigilanza e di controllo sulla regolarità della procedura, laddove le funzioni direttive e di gestione sono riservate al curatore, sotto il controllo del comitato dei creditori.

Pertanto, il giudice delegato:

a) riferisce al tribunale su ogni affare per il quale è richiesto un provvedimento collegiale;
b) emette o provoca dalle competenti autorità i provvedimenti urgenti per la conservazione del patrimonio, con esclusione di quelli che incidono su diritti di terzi che rivendichino un proprio diritto incompatibile con l'acquisizione;
c) convoca il curatore e il comitato dei creditori nei casi prescritti dalla legge e ogni qualvolta lo ritenga opportuno, ai fini del corretto e sollecito svolgimento della procedura;
d) su proposta del curatore, liquida i compensi e dispone l'eventuale revoca dell'incarico conferito alle persone la cui opera è stata richiesta dal medesimo curatore nell'interesse della procedura;
e) provvede sui reclami proposti contro gli atti del curatore e del comitato dei creditori;
f) autorizza il curatore a stare in giudizio come attore o come convenuto, quando è utile per il miglior soddisfacimento dei creditori;
g) nomina gli arbitri, su proposta del curatore;
h) procede all'accertamento dei crediti e dei diritti vantati da terzi sui beni compresi nella procedura;
i) quando ne ravvisa l'opportunità, dispone che il curatore presenti relazioni ulteriori rispetto a quelle previste dall'art. 130, prescrivendone le modalità.

c) Il curatore

Al curatore è affidata l'amministrazione del patrimonio oggetto della liquidazione. Egli deve, quindi, compiere tutte le operazioni della procedura, sotto la vigilanza del giudice delegato e del comitato dei creditori, nell'ambito delle funzioni a esso attribuite (art. 128 CCII).

Rispetto a quanto previsto dall'art. 33 l.f., con riguardo agli obblighi informativi in capo al curatore, l'art. 130 CCII ha ridotto da sessanta a trenta giorni il termine (decorrente dalla dichiarazione di apertura della procedura) entro il quale lo stesso curatore deve presentare al giudice delegato una relazione contenente l'informazione circa gli accertamenti compiuti e quanto è stato accertato sulle cause dell'insolvenza, nonché sull'eventuale responsabilità del debitore, degli amministratori o degli organi di controllo.

Inoltre, sono stati introdotti nuovi obblighi informativi in capo al curatore. In particolare, è prevista la segnalazione al pubblico ministero laddove il debitore non depositi copia dei bilanci e delle scritture contabili e fiscali obbligatorie (art. 130, comma 2, CCII) ed è stato altresì previsto che, entro sessanta giorni dal decreto di esecutività dello stato passivo, presenti al giudice delegato una relazione particolareggiata in ordine al tempo e alle cause dell'insorgere della crisi e del manifestarsi dell'insolvenza del debitore, sulla diligenza spiegata dal debitore nell'esercizio dell'impresa, sulla responsabilità del debitore o di altri e su quanto può interessare anche ai fini delle indagini preliminari in sede penale, oltre che, in caso di società, sulla responsabilità degli amministratori e degli organi di controllo, dei soci ed eventualmente di persone estranee alla società (art. 130, commi 4 e 5, CCII).

Il curatore, inoltre, ha la facoltà di accedere alle banche dati delle pubbliche amministrazioni e, in mancanza di collaborazione del debitore, deve reperire la documentazione idonea a ricostruire la situazione economica e finanziaria dell'imprenditore acquisendo, con l'autorizzazione del giudice, tutti i dati, le informazioni e la documentazione indicati nell'art. 130, comma 2, CCII.

La diligenza richiesta al curatore è quella propria «*richiesta dalla natura dell'incarico*» (art. 136, comma 1, CCII) e, quindi, una diligenza professionale qualificata secondo i noti parametri di cui all'art. 1176, comma 2, c.c.

Inoltre, nell'ottica di accelerare la procedura, il curatore procede alle operazioni di liquidazione del patrimonio contemporaneamente alle operazioni di accertamento del passivo e, quindi, non successivamente ad esse.

d) Il comitato dei creditori

Il comitato dei creditori ha il compito di vigilare sull'operato del curatore, ne autorizza gli atti ed esprime pareri nei casi previsti dalla legge, ovvero su richiesta del tribunale o del giudice delegato, motivando le proprie deliberazioni (art. 140 CCII).

Esso è composto da tre o cinque membri scelti tra i creditori, in modo da rappresentare in misura equilibrata quantità e qualità dei crediti e avuto riguardo alla possibilità di soddisfacimento dei crediti stessi. Il comitato, entro dieci giorni dalla nomina, provvede, su convocazione del curatore, a nominare a maggioranza il proprio presidente, così come a maggioranza esprime il proprio parere sulle questioni di propria competenza.

La nomina del comitato dei creditori spetta al giudice delegato che vi provvede entro trenta giorni dalla sentenza di apertura della liquidazione giudiziale, sulla base delle risultanze documentali, sentito il curatore e tenuto conto della disponibilità ad assumere l'incarico e delle altre indicazioni eventualmente date dai creditori nella domanda di ammissione al passivo o precedentemente. Salvo quanto previsto dall'art. 139 CCII, la composizione del comitato può essere modificata dal giudice delegato in relazione alle variazioni dello stato passivo o per altro giustificato motivo.

Contro le autorizzazioni o i dinieghi del comitato dei creditori, il curatore, il debitore e ogni altro interessato possono proporre reclamo, per violazione di legge, al giudice delegato entro otto giorni dalla conoscenza dell'atto. Il giudice delegato decide sul reclamo sentite le parti, omessa ogni formalità non indispensabile al contraddittorio (art. 141 CCII).

3.3.5. Gli effetti dell'apertura della procedura

La disciplina circa gli effetti dell'apertura della procedura non contiene rilevanti elementi di novità rispetto alla normativa fallimentare.

Invero, circa gli effetti nei confronti del debitore, l'art. 142 CCII prevede quello che viene definito comunemente lo "spossessamento" del debitore, cioè la perdita dell'amministrazione e della disponibilità dei suoi beni, che passano al curatore ai fini della liquidazione [11].

Con riferimento ai rapporti processuali, l'art. 143 CCII stabilisce che il curatore sta in giudizio nelle controversie, anche in corso, relative a rapporti di diritto patrimoniale del debitore compresi nella liquidazione giudiziale. Il debitore, d'altro canto, può intervenire nel giudizio solo per le questioni dalle quali può dipendere un'imputazione di bancarotta a suo carico o se l'intervento è previsto dalla legge.

Inoltre, dal giorno della dichiarazione di apertura della liquidazione giudiziale nessuna azione individuale esecutiva o cautelare, anche per crediti maturati durante la liquidazione giudiziale, può essere iniziata o proseguita sui beni ricompresi nella procedura (art. 150 CCII).

Il curatore, anche con l'ausilio di uno stimatore, deve redigere l'inventario, alle cui operazioni possono intervenire anche i creditori (art. 195 CCII).

Inoltre, ai fini dell'accertamento della massa debitoria, sulla scorta della documentazione in possesso o delle informazioni raccolte, il curatore ha il dovere di comunicare a coloro che risultano creditori o titolari di diritti reali o personali su beni mobili e immobili di proprietà, quanto segue:

---

[11] Si evidenzia che non sono compresi nella liquidazione giudiziale (art. 146 CCII):

a) i beni e i diritti di natura strettamente personale;
b) gli assegni aventi carattere alimentare, gli stipendi, le pensioni, i salari e ciò che il debitore guadagna con la sua attività entro i limiti di quanto occorre per il mantenimento suo e della sua famiglia;
c) i frutti derivanti dall'usufrutto legale sui beni dei figli, i beni costituiti in fondo patrimoniale e i frutti di essi, salvo quanto è disposto dall'art. 170 c.c.;
d) le cose che non possono essere pignorate per disposizione di legge.

a) il diritto di partecipare al concorso trasmettendo la domanda di ammissione al passivo con le modalità indicate nell'art. 201 CCII, anche senza l'assistenza di un difensore;
b) la data, l'ora e il luogo fissati per l'esame dello stato passivo e il termine entro cui vanno presentate le domande;
c) ogni utile informazione per agevolare la presentazione della domanda;
d) la possibilità di richiedere l'assegnazione delle somme non riscosse dagli aventi diritto e i relativi interessi ai sensi dell'art. 232, comma 4, CCII;
e) il domicilio digitale assegnato alla procedura.

3.3.6. L'accertamento del passivo

La domanda di insinuazione al passivo presuppone la verifica e l'accertamento delle pretese dei creditori. Invero, i creditori, per potere essere qualificati tali, devono far valere le loro pretese all'interno della procedura e questo avviene, per l'appunto, mediante il procedimento di verifica delle domande di insinuazione allo stato passivo.

La domanda di ammissione al passivo di un credito o di restituzione o rivendicazione di beni mobili o immobili compresi nella procedura, deve essere proposta mediante ricorso da trasmettere trenta giorni prima dell'udienza fissata per l'esame dello stato passivo (art. 201 CCII).

Il curatore, quindi, esamina le domande presentate e predispone gli elenchi separati dei creditori e dei titolari di diritti su beni mobili e immobili di proprietà o in possesso del debitore, motivando le proprie conclusioni. Il curatore può, inoltre, eccepire i fatti estintivi, modificativi o impeditivi del diritto fatto valere, nonché l'inefficacia del titolo su cui sono fondati il credito o la prelazione, anche se è prescritta la relativa azione.

Successivamente, il curatore deposita il progetto di stato passivo corredato dalle relative domande presso la cancelleria del tribunale almeno quindici giorni prima dell'udienza fissata per l'esame dello stato passivo e nello stesso termine lo trasmette ai creditori e ai titolari di diritti sui beni, affinché gli stessi siano posti nelle condizioni di presentare le proprie eventuali osservazioni nel temine di cinque giorni prima dell'udienza.

Il giudice delegato, con decreto motivato, accoglie in tutto o in parte ovvero respinge o dichiara inammissibile la domanda di ammissione al passivo. Tuttavia, la dichiarazione di inammissibilità della domanda non preclude la successiva riproposizione.

Terminato l'esame di tutte le domande, il giudice delegato forma lo stato passivo e lo rende esecutivo con decreto depositato in cancelleria. Lo stato passivo viene poi comunicato dal curatore a tutti i creditori.

3.3.7. Il programma di liquidazione

Come disposto dall'art. 213 CCII, entro 60 gg. dalla redazione dell'inventario e in ogni caso non oltre centocinquanta giorni dalla sentenza dichiarativa dell'apertura della liquidazione giudiziale, il curatore predispone un programma di liquidazione da sottoporre all'approvazione del comitato dei creditori. Il mancato rispetto del predetto termine senza alcuna giustificazione è motivo di revoca del curatore.

Il programma di liquidazione è suddiviso in sezioni in cui sono indicati separatamente criteri e modalità della liquidazione dei beni immobili, della liquidazione degli altri beni e della riscossione dei crediti, con indicazione dei costi e dei presumibili tempi di realizzo.

Nel programma sono, inoltre, indicate le azioni giudiziali di qualunque natura e il subentro nelle liti pendenti, i costi per il primo grado di giudizio. Sono, altresì, indicati gli esiti delle liquidazioni già compiute.

Inoltre, deve essere indicato il termine entro il quale avrà inizio l'attività di liquidazione dell'attivo e il termine del suo presumibile completamento. Entro otto mesi dall'apertura della procedura deve avere luogo il primo esperimento di vendita dei beni e devono iniziare le attività di recupero dei crediti, salvo che il giudice delegato, con decreto motivato, non ne autorizzi il differimento. Il termine per il completamento della liquidazione non può eccedere cinque anni dal deposito della sentenza di apertura della procedura. In casi di eccezionale complessità, questo termine può essere differito a sette anni dal giudice delegato.

Ai sensi del comma 4 dell'art. 213 CCII, per sopravvenute esigenze, il curatore può presentare un supplemento del piano di liquidazione. Così come, prima della sua approvazione, il curatore può procedere alla liquidazione dei beni, previa autorizzazione del giudice delegato e sentito il comitato dei creditori se già nominato, solo quando dal ritardo può derivare pregiudizio all'interesse dei creditori.

Il programma è trasmesso al giudice delegato che ne autorizza la sottoposizione al comitato dei creditori per l'approvazione. Il giudice delegato autorizza i singoli atti liquidatori in quanto conformi al programma approvato.

3.3.8. La ripartizione dell'attivo

Il curatore, ogni quattro mesi a partire dalla data del decreto previsto dall'art. 204, comma 4 CCII o nel diverso termine stabilito dal giudice delegato, trasmette a tutti i creditori, un prospetto delle somme disponibili derivanti dalla liquidazione parziale dell'attivo, nonché, qualora l'entità del passivo accertato consenta una ripartizione in misura apprezzabile, un progetto di riparto delle medesime, riservate quelle occorrenti per la procedura. Decorso il temine di 15 giorni entro cui ciascun creditore potrà far pervenire le proprie osservazioni, il giudice delegato dichiara esecutivo il piano di riparto (art. 220 CCII), pertanto, il curatore procederà al pagamento delle somme in esso indicate.

Le somme ricavate dalla liquidazione dell'attivo (parziale o totale) sono erogate nel seguente ordine (art. 221 CCII):

a) per il pagamento dei crediti ammessi in prededuzione;
b) per il pagamento dei crediti privilegiati sulle cose vendute secondo l'ordine assegnato dalla legge;
c) per il pagamento dei creditori chirografari, in proporzione dell'ammontare del credito per cui ciascuno di essi sia stato ammesso, compresi i creditori indicati alla lettera b), qualora non sia stata ancora realizzata la garanzia, ovvero per la parte per cui essi siano rimasti insoddisfatti dal relativo realizzo;
d) per il pagamento dei crediti postergati.

Una volta completata la liquidazione dell'attivo e prima del riparto finale, nonché in ogni caso in cui cessa dalle funzioni, il curatore presenta al giudice delegato il *rendiconto finale*, ossia l'esposizione analitica delle operazioni contabili, dell'attività di gestione della procedura, delle modalità con cui ha attuato il programma di liquidazione e il relativo esito.

Di tale rendiconto il giudice ordina il deposito del conto in cancelleria e fissa l'udienza che non può essere tenuta prima che siano decorsi quindici giorni dalla comunicazione del rendiconto a tutti i creditori (art. 231 CCII). Dell'avvenuto deposito e della data dell'udienza il curatore dà immediata comunicazione al debitore, ai creditori ammessi al passivo, a coloro che hanno proposto opposizione, ai creditori in prededuzione non soddisfatti, inviando loro copia del rendiconto e avvisandoli che possono presentare eventuali osservazioni o contestazioni fino a cinque giorni prima dell'udienza medesima.

Se all'udienza non sorgono contestazioni o su queste viene raggiunto un accordo, il giudice approva il conto con decreto, altrimenti fissa l'udienza innanzi al collegio che, sentite le parti, provvede in camera di consiglio.

Una volta approvato il rendiconto finale e liquidato il compenso del curatore, il giudice delegato, sentite le proposte del curatore, ordina il riparto finale che verrà comunicato a tutti i creditori e approvato in base a quanto visto in precedenza per il riparto parziale (art. 232 CCII).

3.3.9. La chiusura della procedura

La liquidazione giudiziale si chiude nei seguenti casi (art. 233 CCII):

a) se nel termine stabilito nella sentenza con cui è stata dichiarata aperta la procedura non sono state proposte domande di ammissione al passivo;
b) quando, anche prima che sia compiuta la ripartizione finale dell'attivo, le ripartizioni ai creditori raggiungono l'intero ammontare dei crediti ammessi, o questi sono in altro modo estinti e sono pagati tutti i debiti e le spese da soddisfare in prededuzione;

c) quando è compiuta la ripartizione finale dell'attivo;
d) quando nel corso della procedura si accerta che la sua prosecuzione non consente di soddisfare, neppure in parte, i creditori concorsuali, né quelli prededucibili e né le spese di procedura. Tale circostanza può essere accertata con la relazione del curatore o con i successivi rapporti riepilogativi.

La chiusura della procedura nei confronti della società nei casi di cui alle lettere *a*) e *b*) determina anche la chiusura della procedura estesa ai soci ai sensi dell'art. 256 CCII, salvo che nei confronti del socio non sia stata aperta una procedura di liquidazione giudiziale come imprenditore individuale.

La chiusura della procedura di liquidazione giudiziale è dichiarata con decreto motivato del tribunale su istanza del curatore o del debitore ovvero di ufficio (art. 235 CCII). Inoltre, una volta ripartito l'attivo, la chiusura della procedura non è impedita dall'esistenza di giudizi pendenti o procedimenti esecutivi, i quali proseguiranno anche successivamente (art. 234 CCII). In tal caso, il curatore dovrà accantonare le somme necessarie per le eventuali spese future e oneri che dovessero emergere all'esito dei predetti giudizi [12].

Con la chiusura cessano gli effetti della procedura di liquidazione giudiziale sul patrimonio del debitore e le conseguenti incapacità personali, con la conseguenza che decadono gli organi preposti alla procedura medesima (art. 236 CCII).

I creditori riacquistano il libero esercizio delle azioni verso il debitore per la parte non soddisfatta dei loro crediti per capitale e interessi.

3.3.10. La proposta di concordato nella liquidazione giudiziale

Dichiarata aperta la liquidazione giudiziale, i creditori o i terzi possono proporre un concordato anche prima del decreto che rende esecutivo lo stato passivo, purché sia stata tenuta dal debitore la contabilità e i dati risultanti da essa e le altre notizie disponibili consentano al curatore di predisporre un elenco provvisorio dei creditori da sottoporre all'approvazione del giudice delegato. La proposta non può essere presentata dal debitore, da società in cui egli abbia delle partecipazioni o da società sottoposte a comune controllo, se non dopo il decorso di un anno dalla sentenza che ha dichiarato l'apertura della procedura di liquidazione giudiziale e purché non siano decorsi due anni dal decreto che rende esecutivo lo stato passivo. La proposta del debitore, o di società in cui egli abbia delle partecipazioni o, ancora, di società sottoposte a comune controllo, è ammissibile solo se prevede l'apporto di risorse che incrementino il valore dell'attivo di almeno il dieci per cento (art. 240, comma 1, CCII).

Inoltre, la proposta di concordato può prevedere (art. 240, comma 2, CCII):

---

[12] F. De Santis (2019), *La chiusura della liquidazione giudiziale ed i giudizi pendenti*, in *Diritto della crisi*, 31 ottobre.

a) la suddivisione dei creditori in classi, secondo posizione giuridica e interessi economici omogenei;
b) trattamenti differenziati fra creditori appartenenti a classi diverse, indicando le ragioni dei trattamenti differenziati dei medesimi;
c) la ristrutturazione dei debiti e la soddisfazione dei crediti attraverso qualsiasi forma, anche mediante cessione dei beni, accollo o altre operazioni straordinarie, ivi compresa l'attribuzione ai creditori, nonché a società da questi partecipate, di azioni, quote ovvero obbligazioni, anche convertibili in azioni o altri strumenti finanziari e titoli di debito.

La proposta può anche prevedere che i creditori muniti di privilegio, pegno o ipoteca, non vengano soddisfatti integralmente, purché il piano ne preveda la soddisfazione in misura non inferiore a quella realizzabile, in ragione della collocazione preferenziale, sul ricavato che si avrebbe dalla liquidazione giudiziale, avuto riguardo al valore di mercato attribuibile ai beni o diritti sui quali sussiste la causa di prelazione, al netto del presumibile ammontare delle spese di procedura inerenti al bene o diritto e della quota parte delle spese generali, indicato nella relazione giurata di un professionista indipendente designato dal tribunale. Il trattamento stabilito per ciascuna classe non può avere l'effetto di alterare l'ordine delle cause legittime di prelazione.

Secondo quanto stabilito dall'art. 241 CCII, una volta espletato tale adempimento preliminare, il giudice delegato, acquisito il parere favorevole del comitato dei creditori e valutata la ritualità della proposta, ordina che la stessa, unitamente al parere del comitato dei creditori e del curatore, venga comunicata a cura di quest'ultimo ai creditori, informandoli che la mancata risposta sarà considerata come voto favorevole.

Nel medesimo provvedimento il giudice delegato fissa un termine non inferiore a venti giorni e non superiore a trenta, entro il quale i creditori devono far pervenire eventuali dichiarazioni di dissenso. In caso di presentazione di più proposte o se comunque ne sopraggiunge una nuova prima che il giudice delegato ordini la comunicazione, il comitato dei creditori sceglie quella da sottoporre all'approvazione dei creditori.

Hanno diritto di voto tutti i creditori indicati nello stato passivo reso esecutivo, compresi i creditori ammessi provvisoriamente e con riserva. Se la proposta è presentata prima che lo stato passivo venga reso esecutivo, hanno diritto al voto i creditori che risultano dall'elenco provvisorio predisposto dal curatore e approvato dal giudice delegato.

Tuttavia, sono esclusi dal voto i creditori muniti di privilegio, pegno o ipoteca, ancorché la garanzia sia contestata, a meno che non rinuncino al diritto di prelazione, salvo quanto previsto dal comma 3 dell'art. 241 CCII. La rinuncia può essere anche parziale, purché non inferiore alla terza parte dell'intero credito fra capitale ed accessori.

Il concordato è approvato dai creditori che rappresentano la maggioranza dei crediti ammessi al voto. Ove siano previste diverse classi di creditori, il concordato è approvato se tale maggioranza si verifica inoltre nel maggior numero di classi (art. 244 CCII). I creditori che non fanno pervenire il loro dissenso nel termine fissato dal giudice delegato si considerano favorevoli.

Se la proposta è stata approvata, il giudice delegato dispone che il curatore ne dia immediata comunicazione a mezzo posta elettronica certificata al proponente, affinché richieda l'omologazione del concordato e ai creditori dissenzienti.

Se nel termine fissato non vengono proposte opposizioni, il tribunale, verificata la regolarità della procedura e l'esito della votazione, omologa il concordato con decreto motivato non soggetto a gravame.

4. La liquidazione coatta amministrativa

La liquidazione coatta amministrativa è disciplinata dagli artt. 293 e ss. CCII.

Si tratta di una procedura concorsuale amministrativa (quindi disposta dall'autorità amministrativa) con effetti liquidatori riservata alle imprese non soggette a liquidazione giudiziale (istituti di credito, imprese di assicurazione, società cooperative, ecc.), salvo che la legge disponga diversamente.

Invero, l'art. 295 CCII dispone che ove la legge ammetta la procedura di liquidazione coatta amministrativa e quella di liquidazione giudiziale, la dichiarazione di apertura della liquidazione giudiziale preclude la liquidazione coatta amministrativa e il provvedimento che ordina la liquidazione coatta amministrativa preclude l'apertura della liquidazione giudiziale.

Capitolo VIII
La gestione della crisi nei gruppi aziendali

1. Premessa

I rischi di una crisi che può riguardare un gruppo aziendale, quale entità economica, sono molto simili a quelli che investono una singola impresa, specialmente se a struttura complessa, ma in parte sono anche rischi specifici, molto spesso legati a un'elevata complessità e varietà di business che vengono gestiti, a inefficienze gestionali e organizzative, alla duplicazione di funzioni e, quindi, duplicazioni di costi organizzativi e di lentezze decisionali.

Tali criticità impongono un'immediata ridefinizione della struttura del gruppo, attraverso un ridimensionamento e semplificazione di tipo organizzativo, processi di razionalizzazione, anche mediante la riduzione dei soggetti giuridici, ricorrendo a operazioni di fusione e/o di scissione infragruppo, volte a ridurre anche i costi legati alla presenza degli organi societari.

Ulteriori rischi specifici possono essere generati dalle dinamiche evolutive dei gruppi: come, ad esempio, una politica di diversificazione che può avere introdotto attività che presentano un basso livello di coerenza con il *core business* di gruppo. Anche in questo caso è necessario ridurre il grado di diversificazione tramite la cessione, da parte della holding, di partecipazioni non più strategiche. Ciò permette anche ottenere liquidità da destinare a sostegno degli equilibri (patrimoniale e finanziario) del gruppo medesimo.

Così come un ulteriore rischio può interessare più specificamente i gruppi familiari, il più delle volte caratterizzati da una limitata apertura al management esterno e con assetti organizzativi e di governo aziendale spesso rimasti inadeguati.

Inoltre, a livello patrimoniale e finanziario, si potrebbe verificare il rischio legato alla presenza di minoranze conflittuali che si dimostrano restie a ricapitalizzare le società in caso di necessità, incentivando il ricorso all'indebitamento.

Ciò detto, appare evidente che il tema della crisi può interessare anche i gruppi aziendali, con le dovute implicazioni derivanti dagli obblighi previsti dal riformato art. 2086 c.c. che, com'è noto, richiede la dotazione di adeguati assetti organizzativi e che, con riferimento ai gruppi societari, in ragione della loro complessità strutturale, impongono dotazioni organizzative, amministrative e informative coerenti sia con i livelli di impegno strategico e di articolazione organizzativa esistenti, sia con l'esposizione del gruppo al rischio di crisi percepibile tramite idonei meccanismi di segnalazione dei sintomi.

La disciplina della crisi dei gruppi aziendali costituisce una delle novità più significative introdotte nel CCII, tanto in materia di composizione negoziata della crisi (art. 25 CCII), tanto con riguardo alle altre procedure di risanamento di cui agli art. 284-286 CCII. Invero, sino all'emanazione del CCII, il nostro legislatore ha di fatto ignorato il fenomeno della crisi dei gruppi di imprese e delle tecniche unitarie di ristrutturazione dei debiti, come anche le diverse procedure concorsuali di gruppo [1].

A tal proposito, da un'analisi della normativa, sembrerebbe che il legislatore, avvicinandosi all'impostazione tipicamente aziendalistica, si sia ispirato a due principi di fondo:

- la necessità di prevedere un trattamento unitario delle diverse procedure concorsuali (concordato preventivo o liquidazione giudiziale) riservate ai componenti di un gruppo aziendale, qualora sia prevedibile che il consolidamento procedurale sia vantaggioso per i creditori che ne sono coinvolti;
- il mantenimento delle masse attive e passive delle singole imprese partecipanti, anche nel caso in cui si proceda a una gestione unitaria delle procedure previste.

In particolare, appare utile richiamare l'art. 3 della Legge delega n. 155/2017 che, relativamente ai gruppi aziendali, detta i principi generali, i principi che devono guidare la definizione della disciplina della gestione unitaria della procedura di concordato preventivo di gruppo e, infine, i principi che devono guidare la definizione della disciplina della gestione unitaria della procedura di liquidazione giudiziale di gruppo. I suddetti principi trovano attuazione negli artt. 284-292 CCII [2].

---

[1] Fanno eccezione alcune disposizioni dettate in tema di amministrazione straordinaria (artt. 80 ss. del D.Lgs. n. 270/1999 e art. 4 *bis* del D.L. n. 347/2003, convertito con Legge n. 39/2004) ed in tema di amministrazione straordinaria e liquidazione coatta amministrativa dei gruppi bancari od assicurativi insolventi (artt. 98 ss. del D.Lgs. n. 385/1993 e dagli artt. 275 ss. del D.Lgs. n. 209/2005).

[2] Sull'argomento si veda anche: P. Bastia (2019), *Crisi aziendali ...*, cit. Inoltre, in un'ottica più strettamente giuridica, prima dell'introduzione del CCII, si vedano: N. Abriani, L. Panzani (2015), *Crisi e insolvenza nei gruppi di società*, in *Nuovo dir. soc.*, fasc. 17; L. D'Orazio (2012), *Concordato preventivo di gruppo nella dottrina e nella giurisprudenza*, in *Giur. merito*, fasc. 10; M. Fabiani (2016), *Concordato preventivo e gruppo di società: colpito ma non affondato*, in *Foro it.*, fasc. 4; G. Fauceglia (2016) *Uno nessuno, centomila: il concordato preventivo di gruppo*, in *Giur. comm.*, fasc. 1; M. Garcea (2012), *La rilevanza del gruppo nelle gestioni negoziate della crisi di impresa*, in *Riv. soc.*, fasc. 5; L. Panzani (2013), *Il gruppo di imprese nelle soluzioni giudiziali del-*

2. La nozione di gruppo aziendale

L'art. 2, comma 1, lett. *h*), CCII, richiamando l'art. 2497 c.c., fornisce una definizione di gruppo inteso come «*l'insieme delle società, delle imprese e degli enti, escluso lo Stato, che, ai sensi degli articoli 2497 e 2545-septies del codice civile, sono sottoposti alla direzione e coordinamento di una società, di un ente o di una persona fisica, sulla base di un vincolo partecipativo o di un contratto; a tal fine si presume, salvo prova contraria, che: 1) l'attività di direzione e coordinamento di società sia esercitata dalla società o ente tenuto al consolidamento dei loro bilanci; 2) siano sottoposte alla direzione e coordinamento di una società o ente le società controllate, direttamente o indirettamente, o sottoposte a controllo congiunto, rispetto alla società o ente che esercita l'attività di direzione e coordinamento*».

Dal punto di vista più strettamente aziendale, gli aspetti essenziali di un gruppo di imprese raffiguranti le condizioni formali più evidenti sono i seguenti:

- l'esistenza di più imprese aventi ciascuna un'autonomia giuridica propria;
- la struttura societaria delle singole imprese a base capitalistica;
- il legame finanziario rappresentato dal possesso, da parte di una società del gruppo, della maggioranza (o di una parte rilevante) delle azioni o quote societarie di altre società, in misura tale da consentire l'esercizio del controllo e della direzione su tutte le imprese del gruppo medesimo [3].

Tuttavia, tali elementi distintivi non rappresentano solo l'involucro formale del concetto di gruppo, in quanto ciascuno di essi produce degli effetti rilevanti sul piano economico e finanziario dell'aggregato [4].

In merito alla prima connotazione, ossia l'autonomia giuridica delle imprese, è utile osservare che essa è una condizione presente in ogni tipologia di aggregazione aziendale, ma è solo nel gruppo che l'apparenza giuridica nasconde il comune riferimento delle imprese allo stesso nucleo di interessi economici, al quale è rimessa, in ragione del potere determinato dal controllo patrimoniale, la definizione delle strategie e degli obiettivi comuni.

---

la crisi, in *Le Società*, fasc. 12; S. POLI (2016), *Ammissibilità e tecniche di proposizione del "concordato di gruppo" dopo l'intervento della S.C., nota a Cass. 13 ottobre 2015 n. 20559*, in *Fallimento*, fasc. 2; R. SANT'AGATA (2015), *Concordato preventivo "di gruppo" e "teoria dei vantaggi compensativi"*, in *Riv. dir. impr.*, fasc. 2; G. SCOGNAMIGLIO (2008), *Gruppi di imprese e procedure concorsuali*, in *Giur. comm.*, II; G. VERNA (2015), *Sulla presentazione di concordati preventivi da parte di gruppi di società*, in *Giur. comm.*, fasc. 5.

[3] Sui caratteri distintivi dei gruppi si vedano: P.A. CASSANDRO (1982), *I gruppi aziendali,* Cacucci, Bari, Settima edizione; B. PASSAPONTI (1994), *I gruppi aziendali e le altre aggregazioni aziendali*, Giuffrè, Milano; L. MARCHI, M. ZAVANI (a cura di) (1998), *Economia dei gruppi e bilancio consolidato*, Giappichelli, Torino.

[4] F. GIACCARI (2003), *Le aggregazioni aziendali,* Cacucci, Bari.

L'autonomia giuridica non costituisce solo l'aspetto formale, ma influisce sulle modalità di manifestazione di fenomeni di natura economica. Essa condiziona la vita dell'impresa nei rapporti con i terzi, impone determinati comportamenti, consente o limita determinate operazioni, vincola la stessa struttura organizzativa. Tuttavia, se è vero che le aziende del gruppo sono sottoposte al controllo delle stesso soggetto economico il quale, nei limiti delle possibili integrazioni sul piano produttivo, tende a considerare gli aspetti unitari dell'insieme di imprese condizionando la singola gestione agli interessi globali, è altrettanto vero che tale integrazione trova dei limiti nell'autonomia giuridica delle imprese controllate, autonomia che impone la misurazione separata del patrimonio e del reddito, la responsabilità del management delle singole imprese, la salvaguardia delle minoranze azionarie e dei terzi, nonché il rispetto dei principi economico-aziendali e delle norme dell'ordinamento giuridico da parte delle imprese aggregate. Tant'è che ciascuna azienda del gruppo, pur inserita in un ordinamento aziendale complesso, è suscettibile di autonoma valutazione, così come ha un proprio avviamento, una propria capacità di reddito e una specifica forza sul mercato.

Le predette considerazioni confermano quanto detto in precedenza circa l'autonomia delle aziende che rientrano in un gruppo. Invero, l'autonomia economica costituisce un attributo di ciascuna azienda, in quanto ognuna di esse deve aver un soggetto economico che esercita il potere di indirizzo. Questo vale anche per le aziende che formano un gruppo, sebbene tale prerogativa è esercitata dal soggetto economico della capogruppo, il quale agisce contemporaneamente per tutte le società, creando una coesione necessaria per formare una complessa struttura economica. L'autonomia della singola impresa appartenente al gruppo viene, pertanto, limitata dalla comunanza del soggetto economico che essa ha con tutte le società del gruppo medesimo.

Tuttavia, le singole aziende non perdono la loro autonomia economica, ma la vedono solo limitata per il sol fatto che il soggetto economico di ciascuna di esse è lo stesso delle altre ed è portato ad agire anziché nell'interesse delle singole entità economiche, nell'interesse primario dell'aggregato inteso nel suo insieme[5].

Il riferimento alla pluralità delle imprese e alla loro autonomia giuridica è utile anche per differenziare il gruppo d'imprese dalle grandi aziende divise che, com'è noto, svolgono la loro attività in più unità produttive o commerciali, localizzate molto spesso in diverse aree geografiche anche distanti tra loro. In tal caso, non può parlarsi di gruppo in quanto manca la pluralità di soggetti dotati di autonomia giuridica, ma si tratta di un unico soggetto, sia economico e sia giuridico.

Inoltre, come detto in precedenza, un ulteriore elemento distintivo è rappresentato dalla forma societaria che necessariamente è a base capitalistica[6]. Tuttavia,

---

[5] L. Azzini (1968), *I gruppi. Lineamenti economico-aziendali*, Giuffrè, Milano.

[6] A tal riguardo, alcuni studiosi (Azzini *in primis*) ritengono che se è vero che nella maggior parte dei casi le aziende appartenenti a un gruppo assumono la forma capitalistica, è altrettanto vero che

secondo alcuni studiosi non può escludersi che anche una società di persone o un'impresa individuale possa far parte di un gruppo, in considerazione del fatto che occorre guardare alla funzione che un'azienda svolge al suo interno indipendentemente dalla sua forma giuridica.

Tuttavia, se vero che non sussiste alcun impedimento affinché a un gruppo possa afferire un'azienda dotata di forma giuridica differente da quella capitalistica, è altrettanto vero che le società di persone (al pari delle aziende individuali), per le caratteristiche che le contraddistinguono in termini dimensionali, di autonomia patrimoniale, di governance e di responsabilità dei soci, presentano connotazioni marcatamente differenti rispetto alle società di capitali. Va da sé che, nell'ambito di un'aggregazione aziendale, quando si sceglie un elemento discretivo basato sui vincoli patrimoniali, il concetto di gruppo deve riguardare necessariamente quelle forme societarie che assicurano la piana autonomia giuridica e la rilevanza del patrimonio sociale rispetto all'elemento personale.

Infine, il terzo elemento che contraddistingue un gruppo aziendale è rappresentato dal legame che si instaura tra una società del gruppo con le altre società, attraverso il possesso (diretto o indiretto) della maggioranza (o di una congrua parte) delle loro azioni o quote societarie, in misura tale da consentirne l'esercizio del controllo e della direzione.

3. La classificazione dei gruppi

I diversi elementi che contraddistinguono un gruppo d'imprese giustificano le molteplici tipologie proposte dalla dottrina aziendale, le quali, più che rispondere a delle classificazioni elaborate in base a differenti criteri formali attraverso i quali può essere indagato un fenomeno, hanno l'utilità di illustrare l'ampia articolazione di tipologie osservabile nella realtà, con caratteri sostanzialmente eterogeni.

Partendo da tale considerazione, di seguito vengono proposte alcune tra le tante possibili classificazioni dei gruppi aziendali, le quali, da un lato, dimostrano le diverse modalità alternative che possono assumere gli elementi formali, dall'altro lato, evidenziano le caratteristiche delle relazioni che si instaurano tra le imprese controllate dalla holding.

In merito alla struttura formale del gruppo, l'elemento che contraddistingue i vari gruppi è costituito dal legame finanziario tra la società controllante e quelle controllate, ossia dall'entità delle partecipazioni che l'una detiene nelle altre. In base a tale elemento, si distinguono[7]:

---

non può escludersi che possono farne parte anche le società di persone e le imprese individuali. L. AZZINI (1968), *I gruppi* ..., cit. Sull'argomento si veda anche: P. ANDREI, S. AZZALI, A. BISASCHI, A.M. FELLEGARA (1999), *Le aggregazioni d'impresa*, Giuffrè, Milano.

[7] S. SARCONE (1993), *I Gruppi aziendali. Strutture e bilanci consolidati*, Giappichelli, Torino.

- le *partecipazioni totalitarie*, allorquando la società capogruppo detiene l'intero capitale sociale della società controllata e, quindi, a essa fanno capo i diritti di voto in assemblea;
- le *partecipazioni di maggioranza*, nel caso in cui la capogruppo detiene la maggioranza del capitale sociale, per cui esercita il potere di comando e di indirizzo. A differenza delle partecipazioni totalitarie, in questa ipotesi negli organi di governo della controllata sono presenti soci di minoranza che, talvolta, sono portatori di interessi contrastanti con quelli del soggetto economico della controllante, il quale, comunque, esercita il potere di gestione. Ovviamente, quest'ultimo può decidere se coinvolgere o meno la minoranza nella conduzione dell'azienda controllata, anche se in forma subordinata;
- le *partecipazioni di maggioranza relativa*, quando la capogruppo detiene quote minoritarie del capitale sociale della partecipata che di per sé non consentono di esercitare il controllo. Tuttavia, se la restante parte del capitale sociale è fortemente polverizzata e, quindi, tale da non determinare una contrapposta coesione in sede assembleare, allora anche con una quota minoritaria, ma qualificata, la società partecipante sarà in grado di esercitare il controllo;
- le *partecipazioni di minoranza*, sono rappresentative di interessi minoritari non in grado di esercitare alcun tipo di influenza sulle altre imprese.

Secondo una diversa prospettiva più aderente al tema della classificazione dei gruppi, le partecipazioni possono essere suddivise in relazione alla struttura e al tipo di legame che si crea tra le diverse imprese. Pertanto, in tale ottica si distinguono:

- le *partecipazioni dirette*, quando la capogruppo detiene direttamente una partecipazione in un'altra società;
- le *partecipazioni indirette*, quando la capogruppo detiene una partecipazione di controllo in una società che a sua volta esercita il controllo su un'altra società [8];
- le *partecipazioni reciproche*, nell'ipotesi in cui due o più società stabiliscono legami reciproci di partecipazione [9]. Tuttavia, le partecipazioni reciproche sono sottoposte a una serie di cautele, in quanto possono diventare lo strumento utilizzato per ridurre in maniera surrettizia il capitale della società. Invero, in sede di costituzione o di aumento del capitale sociale di più società, in caso di sottoscrizione reciproca di capitale, si determina di fatto un annacquamento del capitale. Ecco perché su tale fattispecie la normativa giuridica è molto stringente [10].

---

[8] Ad esempio: A detiene il 60% del capitale sociale di B, che a sua volta detiene il 70% del capitale sociale di C. In tal caso il soggetto economico di A è anche il soggetto economico di B e di C.

[9] È il caso di A che detiene una partecipazione in B che, a sua volta, detiene una partecipazione in A.

[10] A tal proposito, si rinvia agli artt. 2360, 2359, 2359 *bis* c.c.

Ciò chiarito, in ragione del legame che una partecipazione instaura tra le diverse società, la catena del controllo si sviluppa seguendo dei percorsi che delineano dei gruppi aventi una morfologia molto variegata.

In base a tale ulteriore prospettiva, i gruppi possono essere classificati come segue:

- *gruppi a struttura semplice*, caratterizzati da rapporti di partecipazione diretti, nell'ipotesi in cui la capogruppo possiede partecipazioni in grado di esercitare il controllo sulle imprese facenti parte del gruppo;
- *gruppi a struttura complessa*, allorquando il controllo da parte della capogruppo avviene mediante partecipazioni dirette o indirette. In tal caso, il gruppo così costituito assume la forma definita "*a cascata*", ossia quando la capogruppo ha il controllo diretto di un'impresa che a sua volta ne controlla un'altra. In alternativa, il gruppo può strutturarsi "*a livelli successivi di raggruppamento*" ed è il caso in cui la capogruppo controlla direttamente una o più imprese le quali, a loro volta, controllano un numero più o meno esteso di altre imprese. Queste società intermedie vengono anche definite *sub-holding* e svolgono un ruolo molto importante sia per ciò che attiene il problema del coordinamento tra le imprese del gruppo, sia per contenere gli investimenti necessari per detenere il controllo su un ampio aggregato di aziende;
- *gruppi aventi struttura a catena*, nei quali prevalgono le partecipazioni reciproche, pertanto, considerati i predetti vincoli imposti dalla normativa civilistica, essi riproducono schemi il più delle volte adottati dalle imprese di grandi dimensioni. In tal caso, il gruppo può assumere una struttura a catena diretta (per esempio A e B connesse da legami partecipativi reciproci), ovvero assumere una struttura circolare (è il caso di A che detiene una partecipazione in B che a sua volta detiene una partecipazione in C che detiene una partecipazione in A).

Quanto asserito sinora dimostra come la struttura dei gruppi può presentare livelli di elevata complessità, soprattutto quando un gruppo comprende aziende di grandi dimensioni o, ancora, quando vi è una forte integrazione.

Inoltre, è da considerare un ulteriore elemento, utile per ricostruire la struttura di un gruppo riferibile, cioè, all'attività economica svolta dalla capogruppo. Questa può limitarsi a detenere le partecipazioni al sol fine di esercitare il controllo e definire le strategie da intraprendere per indirizzare la gestione plurima verso gli obiettivi comuni, ovvero associare a ciò anche un'attività operativa nell'ambito delle fasi che interessano i cicli produttivi. Nel primo caso la società è definita *holding pura*, mentre nel secondo caso *holding mista.*

Tuttavia, la classificazione dei gruppi sin qui esaminata, basata cioè sulle modalità con le quali si distribuiscono i legami partecipativi tra le varie imprese, rivela ben poco in merito ai caratteri sostanziali dell'aggregato.

Infatti, un aspetto che occorre considerare è che, al di là degli elementi formali che sono comuni a tutti i gruppi, esistono significative differenze che caratterizzano tali aggregati e ciò per effetto delle relazioni economico-finanziarie che si instaurano tra le imprese partecipanti.

Un primo elemento da valutare riguarda la *consistenza economica unitaria del gruppo*, ossia verificare se il gruppo costituisce o meno un'unità economica formata da una pluralità di imprese, le quali, indipendentemente dai legami finanziari, evidenziano anche una certa complementarietà e interdipendenza sul piano dell'integrazione tecnico-economica. Sotto tale profilo, dunque, le imprese appartenenti a un gruppo, in un caso sono disposte in modo tale da attuare un processo produttivo unitario, in un altro caso non presentano solidi legami di natura operativa, operando in settori più o meno lontani e, quindi, non raffigurano un'unità economica.

Ne deriva, quindi, la seguente classificazione:

- *gruppi economici*, nell'ipotesi in cui ai legami economici e finanziari corrisponde una vera e propria unità economica;
- *gruppi finanziari*, nel caso in cui tra le imprese del gruppo non sussistono dei vincoli di complementarietà e interdipendenza produttiva e, di conseguenza, i legami sono esclusivamente di natura finanziaria;
- *gruppi misti*, quando nel gruppo coesistono imprese che costituiscono un nucleo unitario sotto il profilo economico e altre imprese prive di collegamenti produttivi.

Ne consegue che, l'origine dei gruppi finanziari è da ricercare in motivazioni che esulano dalla realizzazione dei processi produttivi, quindi, nascono per ragioni di carattere strettamente finanziario, come la volontà di effettuare degli investimenti, al fine di accrescere il potere nel sistema economico da parte di chi controlla il gruppo. Inoltre, la capogruppo è molto spesso organizzata come una holding pura, limitando la sua attività alla gestione delle partecipazioni, mentre nei gruppi economici la capogruppo può svolgere anche un ruolo operativo nella realizzazione dell'unitario processo produttivo.

Ciò chiarito, il criterio di classificazione poc'anzi esaminato non deve essere confuso con un ulteriore parametro, anch'esso fondato sull'attività svolta dalle società del gruppo. In questa seconda ipotesi, occorre considerare il tipo di integrazione che caratterizza la gestione delle imprese e non l'eventuale formazione di un'unità economica. Pertanto, in base al tipo di integrazione si distinguono:

- i *gruppi ad integrazione orizzontale*, costituiti da imprese che realizzano prodotti similari nell'ambito dello stesso settore;
- i *gruppi ad integrazione verticale*, relativamente ai quali le imprese che vi fanno parte sono distribuite lungo l'asse delle fasi successive necessarie per realizzare il ciclo produttivo;
- i *gruppi conglomerati*, caratterizzati dal fatto che le imprese sottoposte al con-

trollo dello stesso soggetto economico operano in settori non omogenei, distanti sul piano delle tecnologie e dei mercati di riferimento.

In considerazione di questo insieme di classificazioni, ne deriva che il gruppo economico, originato dalla complementarietà dell'attività svolta dalle imprese, può presentare livelli di integrazione orizzontale, ovvero verticale in ragione della tipologia di processo produttivo che si vuole implementare.

4. Le cause della crisi di un gruppo di imprese

I gruppi costituiscono forme intermedie tra l'impresa giuridicamente unitaria e il mercato e, come ricordato in precedenza, sono costituiti da una pluralità di soggetti giuridici, sebbene essi agiscono sotto l'indirizzo strategico di un unico soggetto economico. In quanto forme intermedie, presentano connotazioni che sono proprie sia dell'impresa (il coordinamento interaziendale, la gestione strategica unitaria, la pianificazione a livello di gruppo, il bilancio "consolidato" di gruppo), sia del mercato (le relazioni contrattuali, il *pricing* infragruppo, le autonome responsabilità economiche e patrimoniali con bilanci distinti).

Ciò detto, anche i gruppi aziendali possono essere interessati dalla crisi, le cui cause sono molteplici, *in primis* lo stato di crisi che investe la singola azienda che, a sua volta e il più delle volte, tende a coinvolgere il gruppo di cui essa fa parte.

Invero, i gruppi rappresentano strutture di coordinamento, caratterizzate da una tale poliedricità tale da poterli adattare a molteplici orientamenti strategici, tuttavia, solo in presenza di determinate condizioni, essi operano con livelli di efficienza superiori rispetto a forme di coordinamento alternative.

A tal proposito, come ricordato in precedenza, esistono diverse configurazioni di gruppo, quali:

- *i gruppi integrati* (sia verticalmente, sia orizzontalmente), caratterizzati da un elevata omogeneità e interdipendenze tecnico-economiche delle aziende che ne fanno parte, con elevati e continuativi flussi di operazioni infragruppo, indirizzati in filiere produttive e distributive (gruppi tessili, gruppi agro-alimentari, gruppi immobiliari, gruppi industriali, ecc.);
- i *gruppi diversificati*, in cui i rapporti al loro interno possono essere più attenuati o quasi assenti e contrattualmente più vicini a quelli del libero mercato, con una ridotta giustificazione della loro funzione economica. Ove eccessivamente diversificati, detti gruppi, spesso con aree strategiche d'affari molto diverse tra loro, presentano minori possibilità di efficienza e di economie di scala rispetto ai gruppi integrati e, quindi, sono maggiormente esposti a possibili disfunzioni tali da portare alla crisi.

Inoltre, la crisi che investe un gruppo di imprese può essere imputabile anche a una serie di inefficienze legate proprio alla funzione di coordinamento, come ad esempio gli elevati costi di gestione dovuti al moltiplicarsi delle funzioni aziendali nelle diverse società del gruppo, delle funzioni di *corporate governance* (emolumenti agli organi sociali, procedure interne, di regolamentazione, organi di controllo di secondo livello, ecc.), senza dimenticare le disfunzioni nei processi decisionali, nella burocratizzazione e altro ancora.

Ciò precisato, in ragione della loro origine, è possibile individuare due principali categorie di gruppi in crisi, ossia:

- i grandi gruppi, distinti in nazionali e internazionali;
- i gruppi di dimensioni minori.

Così come, con riferimento a un gruppo, è possibile identificare due modalità di manifestazione della crisi, ossia:

- una *crisi parziale*, almeno apparentemente circoscritta a una sola azienda o a un numero limitato di aziende;
- una *crisi totale* che, al contrario, investe il gruppo nella sua globalità.

Nella maggior parte dei casi i grandi gruppi operano tipicamente in settori tecnologici e in ambiti competitivi dove assume rilevanza la grande dimensione, che spesso costituisce l'elemento determinante per competere con un soggetto aziendale che riveste un ruolo di primaria importanza a livello internazionale. In tal caso, la necessità di creare un aggregato costituito da una pluralità di soggetti giuridici non deriva solo da una scelta di tipo organizzativo, ma è dettata, principalmente, dall'esigenza di costituire società di diritto nei diversi paesi in cui si opera.

In altre parole, si tratta di gruppi di rilevanti dimensioni che sviluppano una gestione comune mediante elevati e sistematici volumi di operazioni internazionali, rette da sistemi interni di *transfer pricing*, con varie fonti decisionali, a seconda delle diverse esperienze:

- holding residente all'estero o in Italia;
- varie *sub-holding* residenti in paesi funzionali ad un'organizzazione di gruppo centrata sulle dimensioni della SBA – *Strategic Business Areas* (area Europa, area Nord America, area Medio Oriente, ecc.);
- consociate giuridicamente unitarie con una elevata autonomia economica (nell'ipotesi di una forte diversificazione produttiva);
- consociate caratterizzate da una limitata autonomia operativa ed economica (è il caso di gruppi altamente specializzati e fortemente integrati);
- società che hanno un solo mercato interno al gruppo, in quanto fornitrici in via esclusiva di beni destinati alle sole consociate, ovvero imprese che erogano servizi di *outsourcing* unicamente per le altre società del gruppo (servizi informatici, amministrativi, contabili e fiscali, ecc.). Si tratta di società in cui l'autonomia economica e finanziaria è quasi del tutto assente, così come quella giuridica è solo apparente.

Da quanto sopra detto, emerge come le fattispecie nelle quali possono essere inquadrati i grandi gruppi sono molteplici e, peraltro, con confini che mutano in ragione dei processi di acquisizione, di fusione, di scissione e di cessione posti in atto.

D'altro canto, in merito ai *gruppi di minori dimensioni*, le motivazioni che sono alla base della loro origine sono le seguenti:

- la crescita del business pur mantenendo una struttura meno complessa, ciò attraverso una semplificazione degli assetti mediante il frazionamento delle attività e dei processi tra diverse società che, se pur giuridicamente autonome, presentano una elevata integrazione a livello della proprietà, nonché di direzione e controllo. Questo consente, anche a imprenditori di dimensioni più contenute, di mantenere il governo nell'ambito di strutture adeguatamente semplificate, con ridotti livelli di comando e maggiore semplificazione degli assetti di *corporate governance* e dei meccanismi organizzativi interni, molto spesso ancora caratterizzati da uno stile tipicamente informale;
- la creazione di gruppi su base familiare, la cui finalità è quella di responsabilizzare o permettere di ricoprire ruoli di vertice ai vari componenti della famiglia proprietaria, soprattutto a quelli appartenenti alla seconda generazione;
- la riduzione degli oneri e degli obblighi in materia lavorativa e previdenziale mediante l'articolazione degli organici del personale nelle diverse società appartenenti al gruppo, con lo scopo di mantenere i livelli del personale dipendente sotto determinate soglie previste dallo statuto dei lavoratori in ordine alle tutele e agli obblighi in capo ai datori di lavoro [11].

È evidente, pertanto, che le finalità e modalità di costituzione di un gruppo aziendale sono molteplici.

Tuttavia, va sottolineata l'elevata interdipendenza esistente tra le varie società, tale da affermare un principio di unitarietà della gestione del gruppo che, a sua volta, impone un approccio integrato all'esame dei problemi e all'individuazione delle soluzioni da adottare, sia con riferimento al gruppo e sia con riferimento alle singole imprese, ciò anche nell'ipotesi di uno stato di crisi.

Dunque, anche una crisi che interessa una singola consociata deve essere inquadrata nel contesto del gruppo, in quanto essa spiega i suoi effetti al suo interno, oltreché nei confronti delle singole consociate. In tale ottica è possibile operare delle valutazioni più ampie e ricercare soluzioni che vanno al di là della singola impresa, ponendosi in un contesto interaziendale e sovraziendale, al fine di individuare un'efficace strategia di risanamento.

D'altronde, una visione unitaria di un gruppo aziendale, sia a livello gestionale che organizzativo, si impone per una serie di motivazioni, quali:

---

[11] Sull'argomento: P. BASTIA (2019), *Crisi aziendali ...*, cit.

a) al contrario delle singole imprese che li compongono, i gruppi aziendali esprimono sinergie che sono da ricondurre principalmente alle economie di scala, alle economie di integrazione, ovvero alle economie di scopo. Questo si traduce, sempreché ne ricorrano i presupposti, in una redditività più elevata, in una ottimizzazione e razionalizzazione dei costi e in un incremento del livello dei ricavi per via di una maggiore produttività;
b) la programmazione della gestione delle singole imprese consociate è strettamente connessa a una attività di pianificazione strategica che interessa l'intero gruppo;
c) gli assetti di governo, quelli manageriali e organizzativi sono tipicamente definiti a livello di gruppo;
d) si possono, inoltre, conseguire notevoli *vantaggi finanziari*, sia all'accentramento della gestione finanziaria in capo alla holding o in società all'uopo costituite, grazie al quale è possibile esercitare, nei confronti del sistema creditizio, una maggiore capacità contrattuale ottenendo migliori condizioni, sia mediante l'ottimizzazione delle strutture finanziarie delle singole imprese attraverso opportuni flussi finanziari (crediti e debiti reciproci), evitando quindi eccessive esposizioni debitorie in talune società e un eccesso di liquidità non impiegata in altre.

Come già detto, la crisi può manifestarsi a livello embrionale e autonomamente nell'ambito di una specifica azienda, ma, se non viene posta immediatamente sotto controllo, può rapidamente interessare altre aziende del gruppo, così come potrebbe accadere che la crisi della singola azienda possa avere origini dalle relazioni che intercorrono con altre consociate. Non è escluso, quindi, che la crisi che investe una singola impresa possa derivare da cause che si sono manifestate in una o più consociate. Ad esempio, ciò può accadere nell'ipotesi di acquisizione di un'azienda già in crisi, ritenuta vantaggiosa in termini di target o di prezzo, soprattutto se l'operazione è stata finanziata con ricorso al debito, ma non è stata avviata un'azione di risanamento.

Inoltre, soprattutto nei gruppi aziendali caratterizzati da una elevata integrazione tra le consociate, sovente si assiste a un comportamento dispotico da parte dei vertici della capogruppo, che si traduce in una limitazione dell'autonomia decisionale delle società sottoposte a controllo, di conseguenza ciò riduce le possibilità di ricercare in via autonoma soluzioni atte a fronteggiare i segnali di crisi.

Ne consegue, quindi, che la gestione della crisi deve coinvolgere l'intero gruppo e, in tale prospettiva, il legislatore è intervenuto disciplinando gli strumenti giuridici di risanamento che sono propri dei gruppi aziendali.

Infatti, partendo dalla nozione di gruppo contenuta nel citato art. 2, comma 1 lett. *h*), CCII, il legislatore ha tenuto conto che, quando si è in presenza di un gruppo di imprese, è frequente che la crisi investa tutte o molte di esse e, di conseguenza, sorge la necessità di affrontare il problema in un'ottica unitaria.

Come si dirà a breve, il connotato dell'unitarietà sostanziale e procedurale della disciplina vige per tutte le procedure, ossia per il concordato preventivo, per l'accordo di ristrutturazione, per la liquidazione giudiziale e per il piano di risanamento.

5. Il consolidamento procedurale

Nell'ottica della richiamata unitarietà della gestione della crisi, sia l'art. 25 CCII e sia l'art. 284 CCII, ai commi 1 e 2, consentono a più imprese in stato di crisi o di insolvenza, appartenenti al medesimo gruppo e aventi il centro dei propri interessi nel territorio italiano, di presentare un'unica domanda di accesso alla procedura di composizione della crisi o di concordato preventivo o, ancora, di accordo di ristrutturazione dei debiti. In ogni caso, si potrà scegliere se predisporre un unico piano di risanamento o più piani diversi, ma sempre collegati tra loro, pur preservando l'autonomia delle rispettive masse attive e passive [12].

Lo scopo dell'unicità della domanda è quello di semplificare la valutazione coordinata in merito alla necessità di adottare una strategia di risanamento, nonché di ottenere una riduzione dei costi.

Sul piano del diritto concorsuale, le autonomie giuridiche rivestono una rilevanza prioritaria, per cui le diverse procedure previste assumono un preciso e autonomo sviluppo, al fine di assicurare la segregazione dei patrimoni e delle masse dei creditori da tutelare, secondo un approccio atomistico, seppure con importanti meccanismi di armonizzazione e coordinamento introdotti dalla Riforma.

Gli strumenti di regolazione delle crisi e dell'insolvenza dei gruppi sono certamente radicati nelle singole società che, come più volte ribadito, conservano una propria autonomia giuridica. Ciò al fine di tutelare le specifiche masse di creditori attraverso l'autonomia dei patrimoni aziendali, anche se, nella realtà, tale finalità può non essere sempre raggiunta, soprattutto quando prevalgono classi di creditori che sono comuni alle diverse società del gruppo.

Tuttavia, è anche vero che l'approccio atomistico alle procedure concorsuali può dissolvere i valori delle sinergie e creare non pochi problemi allocativi di risorse e di costi. Si pensi, ad esempio, ad aree funzionali di rilevanza strategica (area progettazione, area sistemi informativi, area ricerca e sviluppo, estese a tutte le società del gruppo, con elevati investimenti ed accentrate presso la holding).

---

[12] Sino ad ora l'assenza di una normativa sulla crisi del gruppo ha determinato soluzioni di segno opposto nella giurisprudenza. Infatti, mentre i giudici di merito si sono generalmente espressi in favore di un concordato unico per il gruppo, la Corte di Cassazione ha negato decisamente tale possibilità proprio per l'assenza di un'apposita normativa (Cass. 13 ottobre 2015, n. 20559; Cass. 31 luglio 2017, n. 19014). Invero, il giudice di legittimità ha sempre sostenuto che il concordato preventivo di gruppo non può essere proposto essendo possibile proporre unicamente singoli concordati per ciascuna delle società appartenenti al gruppo, dinanzi ai tribunali territorialmente competenti per ogni singola società, senza possibilità di confusione delle masse attive e passive.

Inoltre, una frammentazione delle procedure potrebbe risultare penalizzante oppure premiante per le diverse masse dei creditori, anche in presenza di procedure puramente liquidatorie, laddove il gruppo, per una mera organizzazione interna, abbia allocato in passato *assets* di maggior valore presso talune società anziché altre, ancorché originariamente al servizio del gruppo. Al contrario, vi potrebbero essere altre imprese del gruppo con dotazioni tecniche altamente specifiche difficilmente collocabili sul mercato o con un'operatività di meri servizi logistici, che presenterebbero forti penalizzazioni in termini di realizzi del proprio patrimonio, a causa della forte specializzazione.

Per tali ragioni il CCII disciplina le procedure di regolamentazione della crisi e dell'insolvenza del gruppo che, fermo restando il principio dell'autonomia giuridica delle singole imprese, mirano a un coordinamento a livello procedurale.

Ciò appare quanto mai opportuno anche in chiave preventiva, atteso che un approccio rigidamente atomistico potrebbe essere anche sfruttato in maniera distorsiva da parte della holding di un gruppo in crisi, ad esempio concentrando dei debiti presso la società controllata destinata ad una procedura concorsuale, oppure spogliandola (tramite operazioni infragruppo) di *assets* di particolare valore o, ancora, trasferendo presso detta società delle attività di dubbio realizzo (immobili non strategici, beni obsoleti, crediti e titoli da svalutare), pregiudicando, pertanto, i creditori della società sottoposta a procedura concorsuale.

Tuttavia, è pur vero che posta in questi termini la questione appare quanto mai semplicistica, atteso che, comunque, emerge una responsabilità della holding nel momento in cui essa non abbia svolto in maniera efficiente l'attività di direzione e coordinamento, provocando così il dissesto economico delle società controllate, danneggiando il patrimonio di queste ultime e, conseguentemente, arrecando un danno anche ai loro creditori.

È evidente come, in tal modo, possono instaurarsi delle situazioni di conflitto tra la capogruppo e le società controllate, tali da impedire la predisposizione di piani unitari che coinvolgono l'intero gruppo, volti al superamento della crisi. Anzi, il rischio elevato è che si assumano condotte opportunistiche finalizzate più che altro a non far emergere le responsabilità della capogruppo, invece che tutelare gli interessi dei creditori.

A tal proposito, il modello di responsabilità diretta di cui all'art. 2497 c.c. prevede la responsabilità degli amministratori per aver continuato l'attività d'impresa nell'ipotesi in cui sapevano (o avrebbero dovuto sapere) che non vi era alcuna probabilità per la società di evitare la procedura di insolvenza. Mentre, la responsabilità è *esclusa* qualora la società abbia intrapreso una serie di iniziative per evitare il danno ai creditori. Detta responsabilità viene estesa anche al c.d. amministratore di fatto (*shadow director*), così come alla società capogruppo che agisce come tale nei confronti della società controllata.

Pertanto, la responsabilità della capogruppo, in relazione all'attività di direzione e coordinamento svolta in occasione della crisi di una parte o dell'intero gruppo, viene ricostruita sulla base di soluzioni simili a quella applicate in merito alla valutazione dell'attività degli amministratori di una singola società (che non viene comunque meno anche in presenza di direttive impartite dalla capogruppo). È opportuno precisare che il termine *direzione* non implica una totale privazione dell'autonomia gestionale delle società controllate, pertanto essa non determina l'eliminazione assoluta del potere di indirizzo della propria gestione, data l'omogeneità dello standard normativo di riferimento costituito dal principio della corretta gestione societaria e imprenditoriale previsto nell'art. 2497 c.c., applicabile, peraltro, a qualsiasi forma di gestione imprenditoriale, sia che riguardi una singola impresa, sia che si riferisca all'intero gruppo di società.

Ciò precisato, dinanzi a una situazione di crisi, la capogruppo, dopo un'attenta valutazione, deve effettuare una scelta fondamentale, quella cioè tra la liquidazione ovvero la continuazione dell'attività delle società del gruppo che si trovano in crisi [13].

Non è invece ammesso un comportamento passivo che non solo aggraverebbe la situazione e, quindi, il danno dei creditori, ma potrebbe estendere la crisi all'intero gruppo.

Ovviamente, in mancanza delle condizioni di continuità aziendale, la soluzione non può che essere quella liquidatoria, anche con l'eventuale presentazione di una domanda di accesso a una procedura di regolazione dell'insolvenza in proprio da parte della società controllata.

6. Il piano di risanamento

La crisi che investe un'azienda appartenente a un gruppo presenta connotazioni differenti rispetto a quelle di un'azienda completamente autonoma.

Invero, quando la crisi investe la singola azienda appartenente a un gruppo, occorre comprendere se essa è localizzata al suo interno, ovvero se ha assunto connotazioni più diffuse che interessano il gruppo e che rendono più complessa la sua individuazione.

Il primo caso appare decisamente atipico, atteso che una società controllata è sottoposta a direzione e controllo della capogruppo, pertanto, non possiede una piena autonomia economica e, quindi, il suo comportamento strategico, così come gli assetti organizzativi, manageriali e di governo, dipendono quasi esclusivamente dalla holding.

Pertanto, le ipotesi di una crisi circoscritta sono alquanto limitate e possono essere così riassunte:

---

[13] Tuttavia, anche un'operazione straordinaria (ad esempio un'operazione di fusione o di scissione) può essere utile, atteso che permette di operare una ristrutturazione aziendale senza necessariamente passare attraverso l'attività liquidatoria.

- il caso di un'azienda che opera in un business del tutto differente da quello principale del gruppo, ma che risulta superato e privo ormai di convenienza economica, per effetto, ad esempio, dell'obsolescenza degli impianti, della scadenza di brevetti, della scarsa formazione di personale, ecc.;
- un'azienda che fa parte di un gruppo che agisce e attua le proprie scelte in un'ottica internazionale, ricorrendo, per esempio, a processi di delocalizzazione che possono influire negativamente sull'azienda domestica;
- i vertici dell'azienda sono in forte conflitto con quelli della capogruppo, con il risultato che essa può venire sacrificata proprio per porre fine al problema;
- il mutamento degli assetti proprietari e manageriali in seno alla capogruppo, con conseguenti mutamenti del business o delle strategie aziendali che possono determinare una marginalizzazione di un determinata società appartenente al gruppo stesso, decretandone o favorendone la crisi;
- un'azienda potrebbe avere dimensioni trascurabili rispetto alle altre aziende del gruppo, pertanto, essa potrebbe essere privata dei supporti strategici, finanziari e manageriali, necessari per mantenere il proprio equilibrio.

Emerge, quindi, che la crisi di un'azienda appartenente a un gruppo può rimanere circoscritta allorquando viene consapevolmente gestita, in caso contrario elevato è il rischio che essa si propaghi interessando sia le altre consociate, sia l'intero gruppo, compresa la holding, soprattutto nei casi in cui il gruppo risulta fortemente integrato.

In Italia, ad esempio, la maggior parte dei gruppi sono a capitalismo familiare, riconducibili a un'unica proprietà e, quindi, a un unico soggetto economico, con stili di gestione estremamente unitari e verticistici.

I gruppi integrati, infatti, presentano numerosi fattori di interconnessione, oltre a quelli tecnologici e industriali, si pensi ad esempio:

- ai sistemi di *corporate governance*, con identità di soggetti nei consigli di amministrazione, nei collegi sindacali e negli organismi di vigilanza;
- al management, con accentramento presso la capogruppo delle funzioni centrali più rilevanti (ricerca e sviluppo, direzione commerciale, approvvigionamenti, marketing) e della tecnostruttura (finanza, amministrazione e controllo, pianificazione, legale, organizzazione, personale, sistemi informativi, controlli interni);
- ai codici di condotta, procedure, protocolli, principi contabili, procedure per la certificazione della qualità, software, normativa interna, regolamenti, flussi informativi, *reporting*;
- ai sistemi retributivi, incentivi, meccanismi sanzionatori, formazione e addestramento;
- alle prassi condivise non scritte, metodi di lavoro e consuetudini comuni, frequentazioni e collaborazioni in team interaziendali a livello di gruppo.

Tali meccanismi, che sono fisiologicamente necessari per il coordinamento dei gruppi, diventano nel contempo il canale di trasmissione di fenomeni di crisi all'interno del gruppo, sebbene inizialmente investito solo in qualche area.

Le società appartenenti a un gruppo normalmente hanno un'*autonomia limitata*, in quanto sottoposte a un indirizzo strategico e organizzativo unitario, impartito da un soggetto economico comune a tutte.

Pertanto, le possibilità di continuità di un gruppo che si trova in uno stato di crisi presuppongono un progetto di risanamento che lo riguarda nella sua globalità e che rappresenta la base di un piano unitario.

In particolare, il CCII impone la separazione delle masse attive e passive per ciascuna società del gruppo che si trova in stato di crisi, facendo prevalere l'autonomia giuridica, ma senza con ciò disconoscere l'unitarietà della gestione del gruppo, sebbene ciò non esclude che possono sorgere non poche difficoltà di coordinamento.

Inoltre, l'introduzione del "concordato di gruppo" consente la presentazione di un unico ricorso, con un unico piano o con distinti piani societari collegati tra loro, rafforzando quel concetto di unitarietà di gestione della crisi mediante diversi meccanismi:

a) deposito congiunto del piano di risanamento dell'intero gruppo di appartenenza, che diventa documento comune a tutti ricorsi delle aziende del gruppo, ovvero di diversi piani collegati e interferenti;
b) attestazione del piano di risanamento del gruppo (o dei diversi piani collegati), da parte di un unico professionista;
c) nomina dello stesso giudice delegato e dello stesso commissario giudiziale per tutte le procedure riguardanti società del medesimo gruppo;
d) relazione del commissario giudiziale dedicata al piano di risanamento del gruppo (ovvero dei diversi piani collegati);
e) forme di coordinamento delle adunanze dei creditori, tenute contestualmente, ancorché in maniera separata.

Quanto alla metodologia da seguire, il piano deve essere redatto in forma scritta e, quindi, possedere un elevato grado di formalizzazione, peraltro estremamente sviluppata, per ragioni di completezza, di esplicitazione e trasparenza, di controllabilità in fase di esecuzione.

Relativamente al processo di pianificazione formale, si adotta tipicamente una modalità di pianificazione multilivello, comunemente praticata dalle imprese a struttura decentrata, con una gerarchizzazione dei documenti (piani) elaborati.

In situazioni di crisi è necessario avviare quanto prima le azioni da intraprendere, quasi sempre caratterizzate da un ridimensionamento o da una ristrutturazione aziendale, con ovvi riflessi sui livelli occupazionali e la revisione dei ruoli e delle mansioni. Ciò può determinare una certa resistenza al cambiamento, tale da giustificare un maggiore accentramento decisionale da parte dei vertici della capogruppo.

Ne consegue che, quando la crisi interessa i gruppi aziendali, le strategie da intraprendere sono adottate dai vertici della capogruppo, e ciò dovrebbe far comprendere maggiormente la necessità di un piano di risanamento di gruppo che sia unitario, anche in presenza di procedure concorsuali articolate per singole società.

Nello specifico, è nella capogruppo che si formulano le strategie per l'intero gruppo, esplicitando le ipotesi sulle dinamiche ambientali attese e sui principali fattori competitivi e operativi del gruppo stesso, evidenziando i punti di forza e di debolezza rispetto ai competitor non delle singole aziende, ma sempre del gruppo unitariamente inteso e delle specifiche aree strategiche d'affari in cui si articola il suo modello di business. Queste analisi vanno declinate e differenziate sulle singole aree d'affari, qualora operino in settori sostanzialmente disomogenei.

Delineato il progetto di risanamento contenente le necessarie valutazioni di convenienza economica e finanziaria, questo deve essere descritto in maniera dettagliata, sviluppato in obiettivi, tempistiche, modalità di attuazione e risorse occorrenti, con le proiezioni economiche, finanziarie e patrimoniali dei risultati attesi.

A questo punto il piano di risanamento complessivo, soprattutto nelle realtà più complesse, necessita di essere strutturato sull'effettiva conformazione del gruppo, mediante una sorta di scomposizione, in cui si attribuiscono parti (o sottoprogetti) dell'unitario piano anche ai livelli sottostanti, ossia:

a) alle singole aree d'affari;
b) alle singole imprese.

Invero, gli anelli di congiunzione di tale processo di pianificazione multilivello del risanamento del gruppo sono le "linee guida" del piano di ristrutturazione, che promanano dalla capogruppo sino alle aree d'affari. Si tratta di linee fondamentali che costituiscono lo scheletro dell'intera architettura del piano (scelte fondamentali sul core business, sul personale, sui prodotti e sui marchi da valorizzare, sui canali distributivi, sulle scelte degli investimenti, sui tempi e sulle modalità della ristrutturazione del debito).

Tuttavia, a valle della parte generale comune (analisi dello scenario generale e progetto globale di ristrutturazione economica e finanziaria), il piano di risanamento di gruppo deve essere predisposto con un'articolazione in diversi piani di risanamento coordinati:

a) *piani di risanamento per singole aree d'affari*, necessari per indirizzare il percorso di risanamento in ciascuno specifico segmento di business;
b) *piani di risanamento per singole società*, rilevanti per le gestioni dei risanamenti nell'ambito delle procedure concorsuali, ma comunque necessari per allocare obiettivi, impegni e responsabilità anche a quel livello e per assicurare il monitoraggio degli andamenti effettivi dei risanamenti – comprendendo l'esecuzione delle proposte ai creditori, nel caso di procedure giudiziali – anche sulla base dei bilanci consuntivi societari, da confrontare con i rispettivi bilanci aziendali preventivi contenuti nei singoli piani.

Il *piano di risanamento di gruppo* non si presenta quindi come un documento inscindibile, ma è costituito da un complesso sistematico di documenti, strutturato (nei casi più complessi) secondo un'architettura multilivello, operando esso stesso come strumento di indirizzo e di coordinamento all'interno del gruppo, oltreché di esplicitazione e di comunicazione per tutti gli stakeholders.

Tuttavia, un piano di risanamento articolato, soprattutto in ragione della complessità del gruppo, tenderà ad avere esiti differenziati in ragione dell'area d'affari, della società, scontando differenti fattori di rischio e di incertezza che in concreto possono dare manifestazione di scostamenti e di imprevisti rispetto a quanto pianificato originariamente.

Per tale motivo, così come accade per il piano di risanamento delle singole aziende, è necessario procedere con differenti analisi di sensitività (*stress test*) che tengano conto delle diverse aree d'affari o società, in ragione di ipotesi adottate nell'una o nell'altra unità aziendale circa le prospettive di risanamento.

7. L'unitarietà del piano

In premessa, è opportuno evidenziare che l'art. 27, comma 1, CCII stabilisce che, con riferimento ai gruppi d'imprese di rilevanti dimensioni, il tribunale competente (sede della sezione specializzata in materia di imprese di cui all'art. 1 del D.Lgs. 27 giugno 2003, n. 168) è quello del luogo in cui il debitore ha il centro degli interessi principali. Mentre per i gruppi di minori dimensioni il tribunale competente è quello del circondario in cui il debitore ha il centro degli interessi principali (art. 27, commi 2 e 3, CCII).

Tuttavia, quanto disposto dall'art. 27 CCII deve essere letto unitamente all'art. 286, comma 1 CCII, il quale fa riferimento al *concordato di gruppo* in cui le aziende consociate hanno la propria sede in circoscrizioni giudiziarie differenti. In tal caso, il tribunale competente viene individuato in relazione al centro dei principali interessi della società (o ente o persona fisica) che, in base al Registro delle Imprese, risulta esercitare l'attività di direzione e coordinamento, oppure, in mancanza, della società che presenta una massa debitoria più elevata rispetto alle altre risultante dall'ultimo bilancio approvato.

Invece, per quanto riguarda la *liquidazione giudiziale di gruppo*, l'art. 287, comma 4 CCII, sempre in caso di giurisdizioni differenti, applica il predetto principio, ma solo in caso di domande contemporanee. In caso contrario, il tribunale competente è quello in cui è stata depositata la prima domanda di liquidazione giudiziale.

È utile precisare che il criterio dell'unitarietà della competenza giurisdizionale opera solo nel caso in cui sia stata presentata una domanda per l'apertura di una procedura unitaria (art. 284, comma 1 e art. 287, comma 1, CCII), mentre risulta esclusa qualora siano aperte più procedure separate (di concordato o di liquidazione giudiziale). In tal caso i Tribunali competenti saranno differenti e gli organi competenti dovranno cooperare al fine di agevolare la gestione delle diverse procedure.

Ciò premesso, si evidenzia come, nella logica di privilegiare il carattere unitario del gruppo, il citato art. 285 CCII permette di elaborare un piano concordatario di gruppo (piano unitario o più piani reciprocamente correlati e interdipendenti) che contempli le operazioni necessarie (anche infragruppo) funzionali alla continuità aziendale di alcune imprese e/o alla liquidazione di altre, purché confacenti al miglior soddisfacimento delle ragioni dei creditori di ciascuna impresa. In altri termini, rimanendo fermo il principio della separazione delle masse attive e passive, è necessario dimostrare che i creditori di ciascuna azienda partecipante al gruppo non solo non saranno penalizzati dal piano unitario, ma, al contrario, ne trarranno dei benefici.

Lo scopo della domanda unica non solo è quello di agevolare una valutazione coordinata in merito alla necessità/opportunità di ricorrere a una soluzione della crisi, ma è anche quello di ridurre i costi.

Tuttavia, non mancano i dubbi che emergono dalla lettura della normativa. In primo luogo, ci si chiede se, anche la proposta di concordato, al pari del piano, possa essere unica, attesa la differenza sostanziale tra i due. Sul punto la disciplina non è esplicita, tuttavia la possibilità che ciascuna impresa possa presentare una proposta separata lo si evince dall'art. 284, comma 3, CCII (separazione delle masse attive e passive) o dall'art. 286, comma 5, CCII (votazione separata dei creditori di ciascuna impresa). Tuttavia, a favore della tesi opposta appare l'art. 3, comma 3, lett. *c*), legge delega, ove si fa esplicito riferimento alla "proposta unitaria omologata".

Ai sensi del comma 5 dell'art. 284 CCII, il piano (o i piani) deve essere pubblicato nel Registro delle Imprese (o nei Registri delle Imprese).

Infine, il tribunale omologa il concordato (o l'accordo di ristrutturazione) qualora, dopo una valutazione complessiva del piano o dei piani collegati, accerta che i creditori possano essere soddisfatti in misura non inferiore a quanto avrebbero ricavato dalla liquidazione giudiziale della singola società (art. 285, comma 4, CCII).

8. Gli accordi di ristrutturazione

Il legislatore, all'art. 284, comma 2, CCII, consente di presentare un unico ricorso per tutte le società avente per oggetto un accordo di ristrutturazione, ammettendo, pertanto, come nel caso del concordato preventivo, un consolidamento procedurale.

Anche in questo caso, come prescritto dall'art. 284, comma 4, CCII, nella domanda è necessario indicare, nell'ottica del miglior soddisfacimento dei creditori delle singole imprese appartenenti al gruppo, le ragioni della convenienza a presentare un piano unico o piani reciprocamente collegati e interferenti, anziché un piano autonomo per ogni azienda.

In merito all'omologa degli accordi di ristrutturazione valgono le medesime norme previste per il concordato preventivo di gruppo. Tuttavia, è opportuno osservare che l'opposizione all'omologazione è consentita dall'art. 285, comma 3, CCII, ma non appare una tutela necessaria a fronte di operazioni pregiudizievoli previste nell'accordo di ristrutturazione, atteso che i creditori non aderenti all'accordo non sono vincolati agli effetti dell'accordo medesimo, tant'è che a essi deve essere garantito il pagamento integrale del loro credito. Al contrario, l'opposizione all'omologazione dell'accordo risulta necessaria dinanzi agli accordi di ristrutturazione con efficacia estesa ai sensi dell'art. 61 CCII.

Infine, in merito alla competenza territoriale del tribunale, nell'ipotesi in cui le società che presentano un unico ricorso abbiano il centro dei propri interessi in circoscrizioni giudiziarie differenti, nel silenzio della legge, si ritiene possibile applicare in via analogica le stesse norme prescritte per il concordato preventivo, ossia l'art. 286, comma 1, CCII.

9. La liquidazione giudiziale

La disciplina della liquidazione giudiziale di gruppo è contenuta negli artt. 287 e ss. CCII.

In particolare, più imprese che si trovano in stato di insolvenza, appartenenti al medesimo gruppo e aventi ciascuna il centro degli interessi principali nello Stato italiano, possono essere assoggettate, in accoglimento di un unico ricorso, dinanzi a un unico tribunale, a una procedura di liquidazione giudiziale unitaria quando risultino opportune forme di coordinamento nella liquidazione degli attivi, in funzione dell'obiettivo del migliore soddisfacimento dei creditori delle diverse imprese del gruppo, ferma restando l'autonomia delle rispettive masse attive e passive. A tal fine il tribunale tiene conto dei preesistenti reciproci collegamenti di natura economica o produttiva, della composizione dei patrimoni delle diverse imprese e della presenza dei medesimi amministratori.

Capitolo IX
Il trattamento contabile dei debiti ristrutturati

1. Premessa

Relativamente alle diverse operazioni di ristrutturazione dei debiti, l'OIC n. 19 si occupa del corretto trattamento contabile e dell'informativa da fornire in bilancio [1].

Detto principio si applica alle imprese che si trovano in una situazione di difficoltà finanziaria e che, proprio in virtù di tale condizione, raggiungono con i propri creditori un accordo in base al quale ottengono un trattamento di favore relativamente alla propria posizione debitoria. Detto accordo determina da un lato un vantaggio economico per l'impresa debitrice, dall'altro lato una perdita per i creditori stessi [2].

Tuttavia, le operazioni di ristrutturazione dei debiti contemplate nel presente principio contabile implicano delle problematiche di natura economico-contabile e di informativa che interessano il bilancio d'esercizio, nonché quello consolidato [3], riferito:

a) all'esercizio in cui sono ancora in corso le trattative tra il debitore e i creditori in merito alla ristrutturazione del debito;
b) all'esercizio in cui viene definito l'accordo tra le parti e, pertanto, diventa certa la data della ristrutturazione;

---

[1] Organismo Italiano di Contabilità (2017), OIC 19 – *Debiti*. Tale principio, emendato nel 2017, ha lo scopo di disciplinare i criteri per la rilevazione, classificazione e valutazione dei debiti, nonché le informazioni da presentare nella nota integrativa. Si precisa, altresì, che l'Organismo Italiano di Contabilità, nell'emendare l'OIC 19, ha contestualmente abrogato l'OIC 6 – *Ristrutturazione del debito e informativa di bilancio*. Sul Punto si veda anche: CNDCEC (2018), *Aspetti contabili della ristrutturazione dei debiti alla luce del nuovo OIC 19*.

[2] Si vedano anche: M. Pollio, P.P. Papaleo (2011), *Ristrutturazione dei debiti: l'OIC introduce il principio ad hoc*, in *Amministrazione e Finanza*, n. 11; F. Roscini Vitale (2011), *Ristrutturazioni a effetti variabili*, in *Il Sole 24 ore*, agosto.

[3] Sul bilancio consolidato si veda, tra gli altri: F. Giaccari (2003), *Le aggregazioni aziendali*, cit., p. 169 ss.

c) agli esercizi successivi a quello di definizione dell'accordo, nei quali la pattuizione produce i suoi effetti in vista del raggiungimento degli obiettivi indicati nel piano di *turnaround*[4].

Per ciò che si dirà in seguito, particolarmente significativi sono gli effetti che si producono nell'esercizio in cui l'accordo si perfeziona e, quindi, diviene efficace tra le parti, ma non meno importanti sono le informazioni da fornire nella nota integrativa relativa ai bilanci ante e post-accordo, in quanto per il suo tramite è possibile appurare la fondatezza dei presupposti sia in merito alla concreta realizzazione del piano, sia in merito alla reale possibilità di continuazione dell'attività aziendale.

In particolare, sono soprattutto i bilanci relativi agli esercizi successivi a quello in cui l'accordo diviene efficace che permettono di monitorare la situazione economica e finanziaria dell'azienda e, di conseguenza, di constatare l'eventuale raggiungimento degli obiettivi prefissati, primo tra tutti il superamento dello stato di difficoltà finanziaria.

Come ricordato in precedenza, un'operazione di ristrutturazione produce effetti reciproci sia per il debitore, sia per il creditore, tenendo conto dei seguenti elementi:

a) la *data della ristrutturazione*, ossia il momento a partire dal quale vengono rilevati contabilmente gli effetti economico-finanziari della ristrutturazione, con i conseguenti effetti sul bilancio d'esercizio dell'azienda debitrice;
b) le *modalità di rilevazione degli effetti contabili*, che, a loro volta, risentono delle differenti modalità di risanamento, ossia la modifica dei termini originari del debito, la cessione di attività, nonché la conversione del debito in capitale;
c) la *rappresentazione in bilancio*, per la quale occorre considerare:
   - l'eventuale utilizzo di apposite voci (o sottovoci) negli schemi di stato patrimoniale e di conto economico, nonché di peculiari informazioni da fornire in un'apposita sezione della nota integrativa;
   - l'indicazione, nello stato patrimoniale, di eventuali riclassificazioni dei valori relativi alle operazioni interessate;
   - l'evidenziazione, nel conto economico, degli effetti economici derivanti dalla riduzione dei debiti;
d) il *trattamento contabile dei costi sostenuti dall'azienda*, ossia i cosiddetti costi di transazione (ad esempio i costi di consulenza, gli oneri per servizi finanziari, ecc.).

2. Definizione di ristrutturazione dei debiti

La ristrutturazione dei debiti è un'operazione mediante la quale un creditore (o un gruppo di creditori), aderendo a una proposta formulata dal debitore che si tro-

---

[4] C. MEZZABOTTA (2012), OIC 6: *Informativa di bilancio e ristrutturazione del debito*, in *Bilancio e reddito d'impresa*, Ipsoa, n. 1.

va in una situazione di difficoltà finanziaria, si rende disponibile ad accettare una ristrutturazione del debito tale da comportare modalità di adempimento più favorevoli per il debitore medesimo.

Ne deriva che, se da un lato il creditore è disposto a rinunciare ad alcuni diritti pattuiti contrattualmente accettando, quindi, di subire una perdita, dall'altro lato tale rinuncia si traduce in un vantaggio immediato o futuro per il debitore, rappresentato dalla insussistenza di passività, intesa quale differenza tra il debito originario e quello ristrutturato.

Pertanto, un'operazione di ristrutturazione si perfeziona quando risultano soddisfatte le seguenti condizioni:

a) il debitore si trova in una situazione di difficoltà finanziaria e, quindi, di incapacità di procurarsi i mezzi finanziari per far fronte agli impegni assunti derivanti dalle esigenze gestionali;
b) in considerazione di tale stato di difficoltà, il creditore effettua una concessione al debitore rispetto alle condizioni originarie del contratto, dalla quale scaturisce una perdita. Tale concessione può assumere forme diverse in ragione delle modalità con cui viene attuata la ristrutturazione del debito.

3. L'efficacia del piano di ristrutturazione

Come già detto, la *data della ristrutturazione* rappresenta il momento in cui l'accordo si perfeziona, ossia diviene efficace tra le parti. Ed è a tale data che l'azienda debitrice deve rilevare contabilmente gli effetti economici e finanziari derivanti dall'attuazione del piano, nonché fornire nelle note illustrative le necessarie informazioni.

A titolo di esempio[5]:

a) nella procedura di *concordato preventivo* (art. 84 CCII) l'accordo produce efficacia a partire dalla data di emissione del decreto di omologazione da parte del tribunale competente;
b) per quanto riguarda l'*accordo di ristrutturazione dei debiti* (art. 57 CCII) tale momento coincide con la data di pubblicazione presso il Registro delle Imprese, a meno che la sua efficacia sia subordinata all'omologa da parte del tribunale, in tal caso si considera tale data;
c) nel caso del *piano di risanamento attestato* (art. 56 CCII), nell'ipotesi in cui esso risulti formalizzato da un accordo con i creditori, il momento dell'efficacia coincide con la data di adesione di questi ultimi;
d) infine, in tutte le altre ipotesi, risulta comunque fondamentale la data di perfezionamento dell'accordo.

---

[5] C. Mezzabotta (2011), *Ristrutturazione del debito secondo l'OIC: aspetti introduttivi*, in *Bilancio e reddito d'impresa*, Ipsoa, n. 11.

Tuttavia, qualora l'efficacia dell'accordo sia subordinata al verificarsi di una condizione sospensiva ovvero ad altri adempimenti da parte del debitore o di terzi, la data della ristrutturazione può coincidere con il momento in cui si verifica la condizione o si dà luogo a tali adempimenti. Ad esempio, tale momento può coincidere con la data in cui:

- le attività vengono trasferite dal debitore al creditore;
- il capitale è assegnato al creditore;
- le nuove condizioni del debito diventano effettive;
- si verifica un determinato evento che rende efficace l'accordo tra le parti.

Infine, nel caso in cui la data della ristrutturazione sia compresa nel periodo che intercorre tra la data di chiusura dell'esercizio e quella di formazione del bilancio, nel progetto di bilancio devono essere fornite le relative informazioni in merito alle caratteristiche dell'operazione e ai potenziali effetti di natura patrimoniale ed economica che si stima saranno prodotti nei successivi esercizi.

4. Le modalità della ristrutturazione dei debiti

L'obiettivo del risanamento finanziario mediante la ristrutturazione del debito può essere raggiunto con modalità differenti, ossia:

a) *modifica dei termini originari del debito*, ovvero il mutamento delle condizioni contrattuali originariamente pattuite dalle parti. Esse possono riguardare, ad esempio: la modifica del tasso di interesse pattuito, la data di scadenza, l'ammontare del capitale da rimborsare, ovvero il concorso di tali condizioni;
b) il trasferimento al creditore di una o più attività patrimoniali a estinzione parziale del debito;
c) l'aumento di capitale sociale con relativa assegnazione delle azioni (o quote) al creditore, a estinzione parziale del debito.

Ovviamente, nell'ipotesi in cui il debito venga totalmente estinto viene meno il presupposto affinché esso sia mantenuto nello stato patrimoniale e, pertanto, occorre rilevare soltanto l'effetto dal punto di vista economico.

5. L'eliminazione del debito a seguito della ristrutturazione

L'OIC 19 prevede che, in caso di ristrutturazione del debito, l'azienda deve eliminare in tutto o in parte il debito dal bilancio allorquando l'obbligazione contrattuale e/o legale risulta estinta per adempimento o altra causa, o trasferita. Ciò in linea generale, in quanto prima di procedere in tal senso occorre appurare se la ristrutturazione del debito è frutto di una sostanziale modifica dei termini contrattuali.

Infatti, nel caso in cui la ristrutturazione avvenga sulla base di una modifica delle condizioni originariamente pattuite tra il debitore e il creditore, il valore contabile del debito, in linea generale, deve essere depurato degli eventuali corrispettivi in denaro, ovvero del valore dell'attività patrimoniale ceduta al creditore, ovvero, ancora, del capitale emesso e assegnato al creditore a estinzione parziale dello stesso debito [6].

Invero, la modifica delle clausole può portare alla pattuizione dei seguenti singoli accordi o a una combinazione di essi:

a) riduzione del valore del capitale da rimborsare;
b) riduzione delle somme maturate a titolo di interessi e non ancora corrisposte;
c) riduzione dell'ammontare degli interessi che matureranno dal momento in cui l'accordo diviene efficace sino alla data di estinzione del debito;
d) rideterminazione degli importi e/o proroga delle scadenze inizialmente pattuite, relative ai pagamenti che il debitore avrebbe dovuto effettuare, sia in termini di capitale, sia in termini di interessi. A tal fine, devono essere considerate solo le modifiche che non producono interessi, ovvero anche quelle fruttifere, ma tali da determinare una riduzione del valore del debito.

Tuttavia, il trattamento contabile del debito oggetto di ristrutturazione varia in funzione della modifica che interviene a seguito dell'accordo tra il debitore e il creditore, ossia se essa va incidere in modo sostanziale sulle pattuizioni contrattuali precedentemente assunte.

5.1. Modifica sostanziale dei termini contrattuali

L'estinzione di un debito e l'emissione di un nuovo debito verso la stessa controparte determina l'eliminazione contabile soltanto nel caso in cui i termini contrattuali del nuovo debito differiscono in maniera sostanziale da quelli del debito originario [7].

---

[6] Sul punto è opportuno sottolineare che, nell'ipotesi di cessione di un'attività patrimoniale, è necessario confrontare il valore di cessione con quello contabile. Nell'ipotesi in cui essi differiscano, l'azienda dovrà rilevare una minusvalenza o una plusvalenza da alienazione.

[7] OIC 19, Par. 73. Tuttavia, l'OIC 19 non indica quali sono i parametri quantitativi per individuare possibili elementi di differenziazione fra "modifiche sostanziali" e "non sostanziali" come avviene, invece, nell'IFRS 9. Sarà, quindi, il redattore del bilancio che dovrà stabilire se una modifica è sostanziale o meno. Si ricorda che l'IFRS 9 afferma che "*per l'applicazione del paragrafo 3.3.2, i termini sono considerati sostanzialmente difformi se il valore attualizzato dei flussi finanziari secondo i nuovi termini, inclusa qualsiasi commissione pagata al netto di qualsiasi commissione ricevuta e attualizzato utilizzando il tasso di interesse effettivo originario, si scosta come minimo del 10 per cento dal valore attualizzato dei restanti flussi finanziari della passività finanziaria originaria ...*" (IFRS 9, B3.3.6).

Più in particolare, i paragrafi 73B e 73C dell'OIC 19 riportano il trattamento contabile della ristrutturazione del debito e dei relativi costi di transazione, sia nel caso in cui intervenga l'eliminazione del debito, sia nel caso contrario, operando una distinzione tra le aziende che applicano il costo ammortizzato (par. 73B) e quelle che non lo applicano (par. 73C), ossia:

a) ***Aziende che applicano il criterio del costo ammortizzato***

Quando interviene l'eliminazione contabile del debito, il valore di iscrizione iniziale del nuovo debito segue le regole di rilevazione iniziale dei debiti valutati al costo ammortizzato e soggetti ad attualizzazione, secondo quanto previsto dall'art. 2426 n. 8 c.c.

b) ***Aziende che non applicano il criterio del costo ammortizzato***

In tal caso, la riduzione del debito derivante dalla ristrutturazione genera un provento finanziario, quale differenza tra l'ammontare iniziale del nuovo debito e l'ultimo valore del debito originario[8].

Tuttavia, in entrambi i casi la differenza tra il valore di iscrizione del nuovo debito e l'ultimo valore contabile di quello originario costituisce un componente reddituale, positivo o negativo, da imputare al conto economico tra i componenti finanziari.

Invece, per quanto riguarda i costi di transazione, l'OIC 19 sembra riservare, almeno in prima approssimazione, lo stesso trattamento contabile.

Tuttavia, da una interpretazione letterale dei citati paragrafi 73B e 73C emerge che, per le aziende che applicano il costo ammortizzato, i costi di transazione vanno rilevati nel conto economico come parte dell'utile o della perdita derivante dall'eliminazione, quindi a compensazione tra l'utile derivante dall'eliminazione del debito e i costi di transazione), mentre, per le aziende che non applicano il costo ammortizzato, i costi di transazione vanno rilevati nell'esercizio in cui si riceve il beneficio. Pertanto, non vi sarebbe la compensazione tra l'utile e i costi di transazione. Tuttavia, anche se non espressamente prevista, si tratta pur sempre di una compensazione, sebbene indiretta, ossia uno storno indiretto che si concretizza con l'iscrizione nel conto economico, da un lato, di un provento finanziario (minor valore del debito), dall'altro lato, di un costo tra gli oneri finanziari (costi di transazione)[9].

---

[8] Si tratta delle aziende che redigono il bilancio in forma abbreviata (art. 2435 *bis* c.c.) e le micro imprese (art. 2345 *ter* c.c.) i cui i debiti, in deroga a quanto prescritto dall'art. 2426 c.c., "possono" essere valutati al valore nominale anziché al criterio del costo ammortizzato e l'attualizzazione.

[9] Tale impostazione è, peraltro, confermata dall'OIC 12 che, ai parr. 92 e 98, chiarisce che nella voce "C16 d) *Proventi diversi dai precedenti* vanno rilevati i componenti positivi di reddito derivanti da ristrutturazioni del debito.

5.2. Modifica non sostanziale dei termini contrattuali

Nel caso in questione, non intervenendo una modifica sostanziale dell'obbligazione precedentemente assunta, non si procede all'eliminazione del debito, ma, anche in questo caso, occorre fare una distinzione tra le aziende che adottano o meno il criterio del costo ammortizzato, ossia:

a) *Aziende che applicano il criterio del costo ammortizzato*

In questo caso si applica il par. 61 dell'OIC 19 [10]. Nel caso della ristrutturazione del debito si può presumere che la "differenza tra il valore attuale rideterminato del debito alla data di revisione della stima dei flussi finanziari futuri e il suo precedente valore contabile alla stessa data" sia solitamente positiva e rappresenti l'insieme dei benefici per il debitore derivanti dall'operazione. Tale beneficio deve essere imputato al conto economico nell'esercizio in cui avviene la revisione della stima dei flussi finanziari, quindi, nell'esercizio in cui ha effetto l'operazione di ristrutturazione.

Al fine di comprendere meglio l'applicazione di tali disposizioni, occorre far riferimento sia ai paragrafi dell'OIC 19 che trattano della rilevazione iniziale, sia a quelli che disciplinano le valutazioni successive, in quanto la rideterminazione dei flussi avviene normalmente in sede di valutazioni successive, mentre i costi di transazione vengono rilevati in sede di rilevazione iniziale.

La rilevazione iniziale dei debiti valutati al costo ammortizzato in presenza di attualizzazione è trattata nel par. 50, che così recita: «*Qualora il tasso di interesse desumibile dalle condizioni contrattuali sia significativamente diverso dal tasso di interesse di mercato, il tasso di interesse di mercato deve essere utilizzato per attualizzare i flussi finanziari futuri derivanti dal debito. In tal caso, il valore di iscrizione iniziale del debito e pari al valore attuale dei flussi finanziari futuri più gli eventuali costi di transazione come definiti al paragrafo 20. Il tasso di interesse desumibile dalle condizioni contrattuali (da confrontare con il tasso di mercato) include le commissioni contrattuali tra le parti dell'operazione e ogni altra differenza tra valore iniziale e valore a scadenza e non comprende i costi di transazione come definiti al par. 20; tuttavia, se le commissioni contrattuali tra le*

---

[10] Il par. 61 dell'OIC 19 prevede quanto segue: «*Se, successivamente alla rilevazione iniziale, la società rivede le proprie stime di flussi finanziari futuri (es.: prevede che il debito sarà rimborsato anticipatamente rispetto alla scadenza), essa deve rettificare il valore contabile del debito per riflettere i rideterminati flussi finanziari stimati. La società ricalcola il valore contabile del debito alla data di revisione della stima dei flussi finanziari attualizzando i rideterminati flussi finanziari al tasso di interesse effettivo calcolato in sede di rilevazione iniziale. La differenza tra il valore attuale rideterminato del debito alla data di revisione della stima dei flussi finanziari futuri e il suo precedente valore contabile alla stessa data è rilevata a conto economico negli oneri o nei proventi finanziari*».

parti e ogni altra differenza tra valore iniziale e valore a scadenza non sono significativi, il tasso desumibile dalle condizioni contrattuali dell'operazione può essere approssimato dal tasso di interesse nominale».

Il calcolo del costo ammortizzato in presenza di attualizzazione tiene conto del tasso di interesse desumibile dalle condizioni contrattuali, che non deve includere l'effetto dei costi di transazione [11].

In sede di valutazioni successive si fa riferimento al citato par. 61. Esso, infatti, viene applicato in situazioni in cui si presume che ci sia solo una variazione nei flussi finanziari futuri, senza il sostenimento di ulteriori costi di transazione (rispetto a quelli già sostenuti in sede di rilevazione iniziale).

Per cui, rispetto al par. 61, nel par. 73B l'elemento aggiuntivo è la parte in cui si precisa che i costi di transazione (sostenuti nella ristrutturazione del debito) rettificano il valore contabile del debito e sono ammortizzati lungo la durata del debito.

Pertanto, la procedura si articola nelle seguenti fasi:

1. determinazione del valore attuale dei flussi finanziari futuri al tasso di interesse effettivo originario;
2. imputazione al conto economico della differenza tra il valore attuale rideterminato nella fase 1 e il precedente valore del debito;
3. rettifica del valore contabile del debito rideterminato con i costi di transazione sostenuti;
4. determinazione del nuovo tasso di interesse effettivo che tiene conto dei nuovi costi di transazione e che permette di ammortizzare i costi di transazione lungo la durata del debito.

b) *Aziende che non applicano il costo ammortizzato*

Nell'ipotesi in cui non interviene la riduzione dell'ammontare del debito, come nel caso di riduzione dell'ammontare degli interessi maturandi e/o della modifica della tempistica originaria dei pagamenti, il paragrafo 73C prevede che "il beneficio per il debitore dev'essere rilevato per competenza lungo la durata residua del debito".

In tal caso, il valore contabile del debito rimane inalterato, mentre il beneficio derivante dall'operazione di ristrutturazione verrà distribuito fra gli esercizi di durata del debito stesso attraverso l'imputazione al conto economico di minori oneri finanziari, per cui i costi di transazione sono iscritti come risconti nella misura massima dei benefici ottenuti dalla riduzione del valore economico del debito e, in seguito, contabilizzati come tali. In altre parole, il valore economico assunto dal debito a seguito della ristrutturazione rappresenta il valore attuale dei futuri

[11] Per un approfondimento sulle modalità di calcolo si rinvia al citato documento: CNDCEC (2018), *Aspetti contabili della ristrutturazione* ..., cit.

pagamenti che il debitore dovrà corrispondere al creditore, a titolo di capitale e/o interessi, in base ai nuovi termini previsti, scontati al tasso di interesse effettivo dell'operazione ante-ristrutturazione. Ne deriva che, anche le società che non adottano il criterio del costo ammortizzato (e che si trovano in difficoltà finanziarie) sono tenute ad attualizzare, comunque, in via extra-contabile il debito ai fini della determinazione del limite massimo dei costi di ristrutturazione che, a loro volta, possono essere riscontati al fine di correlarli con i benefici che si avranno negli esercizi successivi. Più in particolare, i risconti attivi devono essere imputati al conto economico in relazione ai benefici ottenuti lungo la vita residua del debito, ciò sta a significare che, alla luce di quanto indicato nel par. 70, i costi di transazione inizialmente rilevati tra i risconti attivi sono addebitati al conto economico lungo la durata del prestito a quote costanti ad integrazione degli interessi passivi nominali. A tal riguardo, circa le modalità di verifica della recuperabilità dei risconti attivi mediante l'ottenimento dei benefici futuri, si ritiene che essa debba riguardare soltanto la permanenza dei requisiti previsti nell'operazione di ristrutturazione [12].

6. Sospensione del pagamento della quota capitale inclusa nei canoni di leasing finanziario

Tra i debiti oggetto di ristrutturazione possono essere ricompresi anche quelli nei confronti di società di leasing per canoni da pagare. I canoni di leasing finanziario comprendono, com'è noto, sia la quota rappresentata dalla sorte capitale, sia quella rappresentata dagli interessi. Orbene, qualora l'accordo preveda la sospensione, per un determinato periodo, del pagamento della sola quota di capitale e, di conseguenza, la modifica dei tempi di restituzione, il debitore non deve rilevare alcun utile nel conto economico, pertanto, i canoni di leasing da corrispondere saranno rappresentati dalla sola quota degli interessi calcolati sul debito residuo esistente al momento della sospensione.

---

[12] Per un esempio sulle modalità di calcolo si rinvia al citato documento: CNDCEC (2018), *Aspetti contabili della ristrutturazione ...*, cit. Inoltre, si veda il par. 20 dell'OIC 18, "*Ratei e risconti*", il quale recita: "*alla fine di ciascun esercizio si verifica se le condizioni che hanno determinato la rilevazione iniziale del rateo o del risconto siano ancora rispettate; se necessario, sono apportate le necessarie rettifiche di valore. Si effettua, dunque, una nuova valutazione per aggiornare il saldo a fine esercizio. Tale valutazione tiene conto non solo del trascorrere del tempo ma anche dell'eventuale recuperabilità dell'importo iscritto in bilancio*". Il successivo par. 23 prevede più specificamente che "*per quanto riguarda la valutazione dei risconti attivi è necessaria la valutazione del futuro beneficio economico correlato a questi costi differiti. Se tale beneficio è inferiore (in tutto od in parte) alla quota riscontata, occorre procedere ad opportune rettifiche di valore. La società rileva una perdita di valore nella voce B10d) «svalutazione dei crediti compresi nell'attivo circolante e delle disponibilità liquide» del conto economico in contropartita della riduzione del risconto attivo*". Pertanto, la recuperabilità del risconto dovrebbe nel caso concreto essere ricondotta anche alla realizzabilità del piano e monitorata nel corso del tempo.

In definitiva, il piano di ristrutturazione, così come prospettato, determina uno slittamento di tutti i termini contrattuali, per cui occorre rimodulare l'imputazione al conto economico, sia dei canoni di leasing residui successivi al termine della sospensione, sia del risconto attivo rilevato inizialmente a fronte del pagamento del maxicanone. In quest'ultimo caso, la rimodulazione deve avvenire in base al principio di competenza *pro-rata temporis*, in funzione della maggior durata del contratto.

Inoltre, occorre precisare che la rimodulazione dei canoni non incide su quelli già iscritti nel conto economico, scaduti e non ancora pagati, fatta salva l'ipotesi in cui sia lo stesso creditore a rinunciare alla loro percezione, facendoli così rientrare nell'accordo.

Mentre, l'eventuale plusvalenza residua derivante da un'operazione di compravendita con locazione finanziaria (c.d. *sale and lease back*) è rideterminata per competenza in funzione della nuova durata del contratto di leasing.

Ovviamente, anche gli effetti di tale accordo devono essere chiaramente esposti nelle note illustrative.

7. Estinzione del debito mediante la cessione di attività patrimoniali

L'estinzione di un debito può avvenire anche mediante la cessione al creditore di un'attività patrimoniale (beni materiali ed immateriali, crediti, rami di azienda, ecc.).

Nell'ipotesi in cui, alla data della ristrutturazione, dovesse emergere una differenza tra il valore contabile del debito estinto e il valore contabile dell'attività ceduta [13], detta differenza costituisce per l'azienda un provento o un costo e, pertanto, deve essere rilevata nella voce di conto economico più appropriata.

Tuttavia, l'estinzione del debito può anche avvenire mediante la cessione indiretta di un'attività al creditore, ossia mediante il pagamento della somma di denaro proveniente dall'alienazione della stessa. In tale ultimo caso, dovrà essere rilevato nel C.E. un provento o un onere da cessione.

Inoltre, nel caso in cui emerge uno scostamento tra il valore contabile dell'attività ceduta e il suo presunto valore di realizzo, è necessario fornire nella nota integrativa le dovute informazioni, anche nell'ipotesi in cui, pur essendo stato raggiunto l'accordo, non sia stata ancora perfezionata la cessione dell'attività e, di conseguenza, essa non ha ancora prodotto effetti sul risultato economico del periodo considerato.

Ancora, potrebbe accadere che, per effetto di condizioni sospensive pattuite tra

---

[13] Il valore contabile dell'attività ceduta deve tener conto anche dell'eventuale perdita durevole, nonché degli ammortamenti maturati alla data della cessione. Si veda anche: A. DELL'ATTI (2006), *Le svalutazioni degli elementi patrimoniali*, in N. DI CAGNO, *Le società commerciali. Aspetti gestionali e contabili*, Cacucci, Bari.

le parti o di altri adempimenti da ottemperare, la data della ristrutturazione ricada in un esercizio differente rispetto a quello del perfezionamento giuridico dell'operazione. In tale ipotesi:

- qualora l'attività da cedere sia iscritta tra le immobilizzazioni, il debitore deve trasferirla in un'apposita voce dell'attivo circolante e se essa è rappresentata da fattori aventi utilità economica pluriennale occorre interrompere immediatamente la procedura di ammortamento;
- inoltre, il debitore ha l'onere di valutare le attività da cedere al minore tra il valore contabile ed il valore di presumibile realizzo. In tal caso, l'eventuale minusvalore deve essere rilevato nel conto economico.

8. Estinzione del debito mediante conversione in capitale sociale

Come ricordato in precedenza, un'ulteriore modalità di ristrutturazione è costituita dall'estinzione del debito iscritto in bilancio mediante la sua conversione in capitale sociale, ossia mediante l'emissione e l'assegnazione di azioni (o quote) al creditore.

In tal caso, l'aumento del capitale sociale viene adeguato al valore contabile del debito ristrutturato e, quindi, il debitore non è tenuto a rilevare alcun componente reddituale.

9. Trattamento contabile del debito e dei costi di ristrutturazione nel caso in cui si verifichi una riduzione del debito con contestuale riduzione degli interessi

In merito alle aziende che non applicano il costo ammortizzato, sono state considerate due ipotesi, ovvero quella in cui si verifica una riduzione del debito e quella in cui si ottiene un altro beneficio come, ad esempio, la riduzione del tasso di interesse.

Tuttavia, rimane da considerare il trattamento dei costi di transazione riferiti a un'operazione che ha comportato sia una riduzione del debito e sia ulteriori bene fici economici futuri (ad esempio la riduzione del tasso d'interesse).

Detta ipotesi non è stata considerata dall'OIC 19, sebbene, nella realtà delle operazioni di ristrutturazione del debito, rappresenti l'ipotesi più diffusa.

In proposito, si richiama l'OIC 11, il quale, nel trattare le fattispecie non espressamente previste dai principi contabili nazionali, prevede che, in assenza di regole applicabili in via analogica, occorre riferirsi ai postulati di bilancio, primo tra tutti quello della competenza economica[14]. Di conseguenza, anche in ossequio

---

[14] ORGANISMO ITALIANO DI CONTABILITÀ (2018), OIC 11 – *Finalità e postulati del bilancio d'esercizio.*

al principio di prudenza, sarebbe corretto imputare i costi all'esercizio nel quale si è avuta la riduzione del debito, sino a concorrenza dello stesso, mentre l'eventuale parte residua seguirà negli esercizi successivi il verificarsi degli altri benefici, attraverso la tecnica dei risconti attivi, come spiegato in precedenza.

10. Il trattamento contabile dei costi derivanti dall'operazione di ristrutturazione

Il più delle volte un'operazione di ristrutturazione del debito comporta dei costi derivanti principalmente dalla necessità del debitore di avvalersi del supporto di figure professionali all'uopo incaricate.

Si pensi, ad esempio, ai costi per:

- spese legali e notarili;
- consulenze professionali prestate da soggetti incaricati della predisposizione del piano;
- attività di attestazione della validità del piano;
- attività di *due diligence* effettuata sull'attività dell'impresa.

Detti costi, secondo l'OIC 19, sono da considerarsi come "*costi di transazione*" e in quanto tali direttamente attribuibili all'acquisizione, all'emissione e alla dismissione di un'attività o una passività finanziaria. Di conseguenza, a seconda dei casi, essi vanno trattati secondo quanto riportato in precedenza.

11. Le informazioni da fornire in nota integrativa

In merito alla corretta informazione circa le operazioni di ristrutturazione dei debiti, secondo l'OIC 19, l'azienda debitrice ha l'onere di fornire la più ampia informazione, affinché i destinatari del bilancio siano posti nella condizione di comprendere chiaramente sia la reale situazione di difficoltà finanziaria dell'azienda, sia i benefici economici e/o finanziari che dall'operazione di ristrutturazione ne possono derivare.

Di conseguenza, è necessario riportare una serie di informazioni riguardanti: la situazione di difficoltà finanziaria e/o economica che ha caratterizzato la gestione dell'impresa nel corso dell'esercizio, nonché le cause originanti, l'esposizione debitoria dell'impresa, le principali connotazioni dell'operazione di ristrutturazione del debito, gli effetti di natura economica, finanziaria e patrimoniale che detta operazione produrrà sugli esercizi interessati.

Dette informazioni, che devono riguardare anche gli accordi intercorsi tra imprese dello stesso gruppo o che vedono coinvolte parti correlate, è opportuno che siano riportate in un'apposita sezione della nota integrativa, sia relativamente al bilancio:

- dell'esercizio in cui viene avviata la trattativa tra il debitore ed i creditori;
- dell'esercizio in cui l'accordo diviene efficace (data della ristrutturazione);
- degli esercizi successivi, sino a quello in cui l'operazione produce ancora effetti di natura economico-finanziaria.

Ovviamente, come detto in precedenza, tra le informazioni rilevanti, particolarmente importante è quella relativa alla continuità aziendale (*going concern*).

Pertanto, sulla scorta di quanto detto poc'anzi, in nota integrativa occorre riportare analiticamente le seguenti indicazioni:

- la situazione di difficoltà finanziaria e/o economica affrontata dall'impresa debitrice nel corso dell'esercizio, le cause originanti, nonché una chiara ed esaustiva rappresentazione dell'esposizione debitoria dell'impresa, ossia l'ammontare dei debiti inclusi ed esclusi dall'operazione di ristrutturazione. Inoltre, è opportuno fornire informazioni sull'ammontare dei debiti garantiti, sulla percentuale dei debiti in sofferenza, sul perdurare dei debiti scaduti (se superiore a 90 o 180 giorni) e sulle eventuali azioni esecutive o coattive esercitate dai creditori;
- le connotazioni principali dell'operazione di ristrutturazione del debito tra cui, a titolo di esempio:
  - la tipologia di ristrutturazione del debito;
  - la data della ristrutturazione;
  - una descrizione sintetica delle fasi mediante le quali si è svolta la ristrutturazione del debito;
  - le modalità mediante le quali è stata operata la ristrutturazione del debito;
  - la tipologia dei debiti oggetto della di ristrutturazione;
  - l'esistenza di eventuali condizioni risolutive o sospensive dell'accordo;
  - la presenza di eventuali pagamenti potenziali (ad esempio in presenza di *success fee*) che il debitore si impegna ad effettuare nei confronti del creditore al raggiungimento di certi obiettivi economici o finanziari o al verificarsi di determinate circostanze;
  - la presenza di eventuali *covenant* al cui rispetto è legato il successo dell'operazione;
  - i principali aspetti di un'eventuale operazione di erogazione di nuova finanza da parte del creditore direttamente connessa alla ristrutturazione del debito;
  - le caratteristiche principali dei derivati connessi al debito ristrutturato e le eventuali modalità di ristrutturazione del derivato con l'indicazione degli effetti in bilancio;
  - un'indicazione analitica e completa dei proventi e/o degli oneri derivanti dalla ristrutturazione iscritti nelle voci di conto economico più appropriate;
  - il valore contabile del debito alla data della ristrutturazione e alla data di riferimento del bilancio;
  - il beneficio derivante dalla ristrutturazione;
  - la durata residua del debito ante e post-ristrutturazione;
  - il tasso contrattuale ante e post-ristrutturazione;

- il tasso d'interesse effettivo dell'operazione ante e post-ristrutturazione;
- la natura e l'ammontare dei costi connessi all'operazione di ristrutturazione;
- l'esistenza di eventuali garanzie e/o impegni, o di altre operazioni fuori bilancio, che possono condizionare l'esito dell'accordo o gli effetti da questi prodotti;
- l'analisi delle scadenze dei debiti, compresi i debiti per leasing finanziari, evidenziando l'ammontare dei debiti avente scadenza entro l'esercizio successivo, con scadenza compresa tra un anno e cinque e con scadenza oltre i cinque anni di cui all'art. 2427, n. 6, c.c.;
- l'impatto della ristrutturazione di debiti relativi ad operazioni di leasing finanziario sull'informativa di cui all'art. 2427, n. 22, c.c. Anche gli effetti della sospensione della quota capitale implicita nei canoni di leasing e del relativo prolungamento del contratto sono presi in considerazione ai fini delle informazioni da rendere nella nota integrativa (art. 2427, n. 22, c.c.).

12. Lo stato di attuazione del piano di ristrutturazione

Un ulteriore onere a carico del debitore è quello di informare i terzi in merito allo stato di avanzamento del piano di ristrutturazione e delle condizioni poste alla base della sua realizzazione.

Le informazioni possono riguardare eventi, passati e futuri, che incidono sulla fattibilità del piano, ossia:

- se le condizioni e i tempi di esecuzione indicati nel piano sono stati integralmente rispettati nel corso del periodo a cui il bilancio si riferisce;
- se, nonostante alcune condizioni non sia siano verificate, vi è comunque la certezza che esse si realizzeranno durante il prosieguo della durata prevista nel piano;
- se durante il periodo di durata del piano vi è il rischio che possano manifestarsi fatti o situazioni tali da imporre l'adozione di differenti modalità di attuazione rispetto a quelle originariamente previste. In tal caso, occorre fornire una sintesi di tali nuove modalità;
- se durante il periodo di attuazione del piano emergono fatti o situazioni tali da far ipotizzare un'elevata probabilità di insuccesso e, quindi, l'inefficacia del piano medesimo.

Bibliografia

AA.VV. (2007), *Programmazione e Controllo*, Prentice Hall, N.Y., 2007.

AA.VV., *La crisi d'impressa nelle PMI*, Egea, Milano, 2009.

ABRIANI N., *Corporate governance e doveri di informazione nella crisi dell'impresa*, in G. GUIZZI, A. PACIELLO (a cura di), *Crisi d'impresa e ruolo dell'informazione*, Milano, in *Riv. dir. impr.*, 2016.

ABRIANI N., *Organizzazione dell'impresa societaria e modello di prevenzione dei reati: recenti linee evolutive*, in *Riv. dir. impr.*, 2018.

ABRIANI N., BASTIA P., *Valutazione e presidio della continuità aziendale tra scienze economiche e diritto societario della crisi*, in *Diritto della Crisi*, 24 novembre 2022.

ABRIANI N., PANZANI L., *Crisi e insolvenza nei gruppi di società*, in *Nuovo dir. soc.*, fasc. 17, 2015.

ABRIANI N., ROSSI A., *Nuova disciplina della crisi d'impresa e modificazioni del codice civile: prime letture*, in *Le Società*, aprile 2019.

ACCETTELLA F., *La liquidazione controllata del sovraindebitato: un primo commento*, in *Nuove leggi civ. comm.*, 2020.

ACKOFF R.L., *Management Disinformation System*, in *Management Science*, vol. 14, n. 4, 1967.

ADAMO S., *Dinamica gestionale ed equilibri aziendali nel funzionamento dell'impresa*, Cacucci, Bari, 2019.

ADAMO S., *Finalità ed obiettivi nell'attuale contesto socio economico*, in Scritti in memoria di Paolo Maizza, Cacucci, Bari, 1999.

ADAMO S., *Il nuovo codice della crisi è già in crisi?*, in *RIREA*, n. 9-10-11-12, 2019.

ADAMO S., *Lezioni di Ragioneria. Le rilevazioni di esercizio*, Cacucci, Bari, 2003.

ADAMO S., *Origine ed evoluzione dell'informazione di bilancio*, in DI CAGNO N., ADAMO S., *Il bilancio d'esercizio delle imprese societarie. Modello civilistico*, Cacucci, Bari, 2021.

ADAMO S., *Profili economico-contabili delle liquidazioni societarie. Scenario nazionale ed internazionale,* Cacucci, Bari, 2008.

ADAMO S., FASIELLO R., *Problemi di inquadramento della continuità aziendale nella crisi d'impresa*, in *RIREA*, n. 10-11-12, 2014.

ADAMO S., GIACCARI F., *Le cessazioni aziendali*, in DI CAGNO N., *Le società commerciali. Aspetti gestionali e contabili*, Cacucci, Bari, 2006.

AGLIATI M. (cura di), *Budget e controllo di gestione*, vol. n. 5, Collana Management, Egea-Unibocconi, 2009.

Airoldi G. (1986), *L'articolazione, l'origine ed il valore normativo delle discipline economico-aziendali, Letture e casi di Economia aziendale*, Cusl, Milano, 1986.

Alberici A., *Analisi dei bilanci e previsione delle insolvenze aziendali*, Isedi, Milano, 1975.

Alberici A., Caselli S., *La valutazione dell'impresa per i fidi bancar*i, Franco Angeli, Milano, 2003.

Alberti A.M., *L'interesse dei creditori e la continuazione dell'attività nel codice della crisi d'impresa e dell'insolvenza: un'analisi trasversale*, in *ristrutturazioniaziendali.ilcaso*, 30 marzo 2023.

Alessi R., *I criteri di valutazione nei bilanci di liquidazione*, in *Riv. del diritto commerciale e del diritto generale delle obbligazioni*, n. 7-8, 1994.

Aloi F., *Crisi aziendali: cause e interventi risolutivi*, in *Amministrazione e Finanza*, n. 12, 2004.

Altman E.I., *A further empirical investigation of the bankruptcy cost question*, in *Journal of Finance*, September, 1984.

Altman E.I., *Corporate Financial Distress: A complete Guide to Predicting, Avoiding and Dealing with Bankruptcy*, Wiley & Sons, N.Y., 1984.

Altman E.I., La Fleur J.K., *I modelli di previsione delle insolvenze: le loro applicazioni alla gestione d'impresa*, in *Finanza, Marketing e Produzione*, n. 4, 1985.

Amaduzzi A. (2002), *Equilibrio e valore economico aziendale*, Giuffrè, Milano, 2002.

Amaduzzi A., *Il sistema dell'impresa nelle condizioni prospettiche del suo equilibrio*, Signorelli Ed., 1949.

Amaduzzi A., *Il sistema dell'impresa nelle condizioni prospettiche del suo equilibrio*, Signorelli, Roma, 1949.

Amaduzzi A., *L'azienda nel suo sistema e nell'ordine delle sue rilevazioni*, Utet, Torino, 1969.

Amaduzzi A., *L'impresa nelle condizioni prospettiche del suo equilibrio*, Bozzi, Genova, 1948.

Ambrosini S., *Brevi appunti sulla nuova "sintassi" del concordato preventivo*, in ristrutturazioniaziendali.ilcaso.it, 09 giugno 2022.

Ambrosini S., De Marchi P. *Il nuovo concordato preventivo e gli accordi di ristrutturazione*, Giuffrè, Milano, 2005.

Ambrosini S., *Il concordato semplificato: primi appunti*, in *ristrutturazioniaziendali.ilcaso.it*, settembre 2021.

Ambrosini S., *La nuova composizione negoziata: caratteri e presupposti*, in *ristrutturazioniaziendali.ilcaso.it*, 23 agosto 2021.

American Accounting Association, *Report of Committee on Management Decision Models*, in *The Accounting Review*, vol. XLIV, n. 1.

Amigoni F., *Il controllo di gestione e le crisi d'impresa*, in AA.VV., *Crisi d'impresa e sistemi di direzione*, Etas, Milano, 1977.

Andreani G., *Transazione Fiscale: Come cambia a seguito del Codice della Crisi e della Direttiva Insolvency*, in *Diritto della crisi,* 6 febbraio 2023.

Andrei P., *La prevenzione dei dissesti aziendali: alcuni spunti di riflessione*, in AA.VV., *Crisi d'impresa e procedure concorsuali*, Giuffrè, Milano, 1996.

Andrei P., *Valori storici e valori correnti nel bilancio d'esercizio*, Giuffrè, Milano, 2004.

ANDREI P., AZZALI S., BISASCHI A., FELLEGARA A.M., *Le aggregazioni d'impresa*, Giuffrè, Milano, 1999.

ANGELICI C., *La società per azioni, Principi e problemi*, Giuffrè, Milano, 2012.

ANGIOLA N., *Crisi d'impresa. Modelli di analisi e di previsione*, Quaderno n. 8, Dipartimento di Scienze Economiche, Matematico-Statistiche, Economico-Aziendali, Ambientali, Università di Lecce, 1998.

ANTHONY R.N., KAPLAN R., YOUN S.M., *Management Accounting*, Isedi, Torino, 1998.

ANTONELLI V., *Politiche di bilancio nelle aziende in crisi: obiettivi e vincoli*, in *Amministrazione e Controllo*, n. 1, 2011.

ARDEMANI E., *L'avviamento d'impresa*, Marzorati, Milano, 1957.

AROGYSWAMY K., BACKER V., YASAI-ARDEKANI M., *Firms Turnaround: An Integrative Two, – Stage Model*, in *Journal of Management Studies*, 32, 4, 1995.

ASSIREVI, *Doc. n. 114,* 2007.

ASSONIME, Circolare n. 02/2021.

AZZINI L., *L'elasticità della gestione*, in *Saggi di Economia Aziendale e Sociale in memoria di G. Zappa*, Giuffrè, Milano, 1961.

AZZINI L., *I gruppi. Lineamenti economico-aziendali*, Giuffrè, Milano, 1968.

AZZINI L., *I processi produttivi e i rischi di andamento dei prezzi nel tempo*, Giuffrè, Milano, 1964.

BARATTA A.I., *Il concordato semplificato per la liquidazione del patrimonio. Brevi considerazioni introduttive*, in *Il Fallimentarista*, agosto 2021.

BARKER V.L., *Corporate turnaround as strategic reorientations: A field study of turnaround attempts from firmbased decline*, University of Illinois, 1992.

BASTIA P., *Crisi aziendali e piani di risanamento*, Giappichelli, Torino, 2019.

BASTIA P., *Gli adeguati assetti organizzativi, amministrativi e contabili nelle imprese*, in *ristrutturazioniaziendali.ilcaso.it*, 27 luglio 2021.

BASTIA P., *Pianificazione e controllo dei risanamenti aziendali*, Giappichelli, Torino, 1996.

BASTIA P., *Sistemi di pianificazione e controllo*, Il Mulino, Bologna, 2001.

BENAZZO P., *Il Codice della crisi d'impresa e l'organizzazione dell'imprenditore ai fini dell'allerta: diritto societario della crisi o crisi del diritto societario?*, in *Rivista delle società*, n. 2-3, 2019.

BENINCASA D., *Le procedure in caso di sovraindebitamento ai sensi dell'art. 2, 1° comma lett.* c)*, contributo al seminario di studi Codice della crisi d'impresa e dell'insolvenza*, a cura di Bonfante, in Giur. it., 2019.

BERGAMIN BARBATO M., *Programmazione e controllo in un'ottica strategica,* Utet, Torino, 1992.

BERTINI U., *Il sistema azienda. Schemi di analisi*, Giappichelli, Torino, 1990.

BERTINI U., *In merito alle condizioni che determinano il successo dell'impresa*, in *Saggi di Economia Aziendale per Lino Azzini*, Giuffrè, Milano, 1987.

BERTINI U., *Introduzione allo studio dei rischi nell'economia aziendale*, Giuffrè, Milano, 1987.

BERTOLI G., *Crisi d'impresa, ristrutturazione e ritorno al valore*, Egea, Milano, 2000.

BESANKO D., DRANOVE D., SHANLEY M., *Economia dell'industria e strategia d'impresa*, Utet, Torino, 2001.

BEYER R., *Profitability Accounting for Planning and Control*, The Ronald Press Co., N.Y., 1963.

BIANCHI C., *Modelli contabili e modelli dinamici per il controllo di gestione in un'ottica strategica*, Giuffrè, Milano, 1996.

BIANCHI G., *Bilancio straordinario*, in *Digesto delle Discipline Privatistiche, Sezione Commerciale*, Utet, Torino, 2003.

BOCCHINI E., *Riforma organica della disciplina della crisi d'impresa ed economia dell'informazione: una lettura*, in *Studi dedicati a Federico Martorano*, Esi, Napoli, 2006.

BONFATTI S., *Il piano di ristrutturazione soggetto ad omologazione*, in *Diritto della crisi*, 15 agosto 2022.

BORSA ITALIANA, *Guida al piano industriale*, 2003.

BOWMAN E.H., SINGH H., *Corporate Restructuring: Reconfiguring the Firm*, in *Strategic Management Journal*, 1993.

BOZZA G., *Il concordato semplificato introdotto dal D.L. n. 118 del 2021*, in *Diritto della crisi*, 5 ottobre 2021.

BOZZA G., *Il Piano di Ristrutturazione soggetto ad omologazione*, in *Diritto della crisi*, 7 giugno 2022.

BRANCIARI S., *Riflessioni sull'equilibrio economico dell'impresa: le ragioni di un possibile allargamento del concetto*, in *RIREA*, sett.-ott., 1991.

BREITER A.E., *Ristrutturazioni aziendali*, in *Economia e management*, n. 3, 1994.

BRODI E., *Tempestiva emersione e gestione della crisi d'impresa. Riflessioni sul disegno di un efficace "sistema di allerta e composizione"*, in *Questioni di Economia e Finanza*, n. 440, 2018.

BRUGGER G., *Gli interventi professionali nelle situazioni di crisi d'impresa*, in *Finanza, Marketing e Produzione*, n. 2, 1984.

BRUNETTI G., *Il controllo di gestione, in condizioni ambientali perturbate*, Franco Angeli, Milano, 1979.

BRUNI G., *Contabilità per l'Alta Direzione*, Etas, Milano, 1990.

BUFFELLI G., CLEMENTE F., SPERANZA S., *I bilanci nelle procedure concorsuali*, Il Sole 24 ore, Milano, 2006.

BUFFELLI G., ROTA G.P., *Composizione negoziata della crisi di impresa: il decreto dirigenziale del 28 settembre 2021 si aggiorna al Codice della Crisi di impresa e dell'insolvenza*, in *Diritto della crisi*, 5 aprile 2023.

BUONOCORE V., *Adeguatezza, precauzione, gestione, responsabilità: chiose sull'art. 2381, commi terzo e quinto, del codice civile*, in *Giur. comm.*, I, 2016.

BUTTÀ C., *Rischio d'impresa e pianificazione*, in *Annali della Facoltà di Economia e Commercio dell'Università di Catania*, 1969.

CAGNASSO O., *L'accesso agli strumenti di regolazione della crisi e dell'insolvenza delle società: la posizione degli amministratori*, in *Diritto della crisi*, 1 febbraio 2023.

CAGNASSO O., *Diritto societario e mercati finanziari*, in *Il Nuovo Diritto delle Società*, 2018.

CANZIANI A., *La strategia aziendale*, Giuffrè, Milano, 1984.

CANZIANI A., *Le circostanze di crisi nelle recenti esperienze industriali italiane*, in M.

CATTANEO M., CESARINI F., PROVASOLI A., QUATRARO B. (a cura di), *Crisi d'impresa e amministrazione controllata*, Giuffrè, Milano, 1986.

CAPALDO P., *Crisi d'impresa e suo risanamento*, in *Banche e banchieri*, n. 5, 1977.

CAPRARA U., *Rendimenti e reddito d'impresa*, in Produttività, n. 4, 1952.

CARAMIELLO C., *Il rendiconto finanziario*, Giuffrè, Milano, 1993.

CARAMIELLO C., *L'azienda nella fase terminale*, Colombo Cursi, Pisa, 1968.

CARAMIELLO C., DI LAZZARO F., GIORI G., *Indici di bilancio. Struttura per l'analisi della gestione aziendale*, Giuffrè, Milano, II ed., 2003.

CARATOZZOLO M., *I bilanci straordinari. Aspetti economici, civilistici e tributari*, Giuffrè, Milano, 1996.

CARATOZZOLO M., *Principi e criteri per la formazione dei bilanci di liquidazione*, in S. ADAMO S., NICCOLINI G., *Le liquidazioni aziendali*, Giappichelli, Torino, 2010.

CARDASCIA D., *Crisi d'impresa e interventi di turnaround*, in *Amministrazione e Finanza*, n. 23, 2005.

CARRATTA A., *Misure protettive e cautelari e composizione negoziata della crisi*, in *ristrutturazioniaziendali.ilcaso.it*, 18 maggio 2022.

CASAMASSIMA S., *I bilanci di liquidazione nella società per azioni*, in *Riv. del Notariato*, n. 1, 2003.

CASCIOLI E., PROVASOLI A., *La previsione delle insolvenze aziendali. Un modello quantitativo*, in CATTANEO M., CESARINI F., PROVASOLI A., QUATRARO B. (a cura di) *Crisi d'impresa e amministrazione controllata*, Giuffrè, Milano, 1986.

CASSANDRO P.E., *I gruppi aziendali*, Settima edizione, Cacucci, Bari, 1982.

CASSANDRO P.E., *Il profitto dell'impresa e la sua determinazione*, in *Rassegna Economica*, Napoli, n. 5, 1967.

CASSANDRO P.E., *Le gestioni assicuratrici*, Utet, Torino, 1957.

CASSANDRO P.E., *Le rilevazioni aziendali*, Cacucci, Bari, 1971.

CASSANDRO P.E., *Sulla crisi d'impresa e sulla possibilità di risolverla*, in *RIREA*, n. 4, 1981.

CASSANDRO P.E., *Sulla pianificazione strategica nelle imprese*, in *Rivista dei Dottori Commercialisti*, Milano, n. 5-6, 1977.

CASSANDRO P.E., *Trattato di Ragioneria*, Cacucci, Bari, 1986.

CAVAZZONI C., *La dinamica finanziaria nel sistema di impresa. Strumenti e metodologie di analisi*, Giappichelli, Torino, 2003.

CAVAZZONI C., SANTINI F., *La dinamica economica e finanziaria nell'informativa del bilancio di esercizio*, Giappichelli, Torino, 2013.

CECCHERELLI A., *Le prospettive economiche e finanziarie nelle aziende commerciali*, Le Monnier, Firenze, 1931.

CECCHERELLI A., *Le funzioni professionali del commercialista, Ragioneria-Tecnica-Procedura*, V ed., Vallardi, Milano, 1964.

CERIANI G., FRAZZA B., *Analisi di bilancio. Metodologie e casi di studio*, Cedam, Padova, 2007.

CESARE F., *La liquidazione controllata*, in *Diritto della crisi*, 26 aprile 2023.

CHANNON D.F., *The Strategy and Structure of British Enterprise*, MacMillan, London, 1971.

CIAMPAGLIA G.M., *La ristrutturazione delle imprese in crisi: evidenze empiriche ed aspetti innovativi*, in *Impresa Commerciale Industriale*, n. 4, 1999.

CIAN M., *Il bilancio d'esercizio*, in *Manuale di diritto commerciale* (a cura di), Giappichelli, Torino, 2016.

CNDC, *Crisi d'impresa. Strumenti per l'individuazione di una procedura di allerta*, Soc. Tipografica Romana, Pomezia (Roma), 2005.

CNDC, *Protocollo piani di risanamento e ristrutturazione. Relazioni del professionista: profili organizzativi e principi di comportamento nell'ambito delle procedure di concordato preventivo, accordi di ristrutturazione dei debiti, piano di risanamento attestato*, 2006.

CNDCEC, *Principi per la redazione dei piani di risanamento*, 2022.

CNDCEC, *Norme di comportamento del Collegio sindacale delle società non quotate*, 2021.

CNDCEC, *Principi di attestazione dei piani di risanamento*, 2020.

CNDCEC, *Aspetti contabili della ristrutturazione dei debiti alla luce del nuovo OIC 19*, 2018.

CNDCEC, *Linee guida alla redazione del Business Plan*, 2011.

CNDCEC, *Osservazioni sul contenuto delle relazioni del professionista nella composizione negoziale della crisi d'impresa*, 2009.

CODA V., *Crisi d'impresa e comportamento direzionale*, in AA.VV., *Crisi d'impresa e sistemi di direzione*, Etas, Milano, 1977.

CODA V., *I paradigmi dell'eccellenza imprenditoriale*, in *Economia e Management*, n. 2, 1988.

CODA V., *Il rendiconto finanziario*, in AA.VV., *Analisi, previsioni, simulazioni economico-finanziarie d'impresa*, Etas Libri, Milano, 1991.

CODA V., *La valutazione della solvibilità a breve*, in *Finanza, Marketing e Produzione*, n. 2, 1984.

COLOMBO G., *Bilancio d'esercizio*, in *Trattato delle S.p.A.*, vol. VII, Utet, Torino, 1994.

CONFALONIERI M., *Le cause dei dissesti aziendali*, in *Finanza, Marketing e Produzione*, n.1, 1993.

CONFALONIERI M., *La valutazione delle imprese in dissesto*, in *Rivista dei Dottori Commercialisti*, n. 2, 1979.

CONSOB, *Principi di revisione*, Documento n. 100 *Principi sull'indipendenza del revisore*, emanato con delibera n. 15185/2005.

CONSORTI A., *Il successo dell'azienda. Schema di analisi*, Giappichelli, Torino, 1994.

CONSORTI A., *La dimensione economico-reddituale e la dinamica finanziaria dell'azienda: schemi di analisi per indici e per flussi*, Giappichelli, Torino, 2001.

CORONELLA S., *Potenzialità e limiti dei modelli predittivi delle crisi aziendali*, in *Contabilità, finanza e controllo*, n. 1, 2011.

CORTICELLI R., *L'elasticità dei fattori produttivi e dell'azienda: interrelazioni*, in AV.VV., *Scritti di Economia Aziendale per Egidio Giannessi*, vol. I, Pacini, Pisa, 1987.

CRIVELLI A., *Principali aspetti processuali nel procedimento di apertura della liquidazione controllata*, in *Il Fall.*, 2021.

CUNNINGHAM GARY M., (1977), *Accounting for Voluntary Corporate Liquidations*, in *The National Public Accountant*, Washington, vol. 22, fac. 11, November, 1977.

D'ANNUNZIO N., FALAVIGNA G., *Modelli di analisi e previsione del rischio di insolvenza, una prospettiva delle metodologie applicate*, WP Ceris-CNR, n. 17, 2004.

D'ATTORRE G., *I principi generali del Codice della crisi d'impresa e dell'insolvenza*, in *Diritto della crisi*, 8 settembre 2022.

D'ORAZIO L., *Concordato preventivo di gruppo nella dottrina e nella giurisprudenza*, in *Giur. merito*, fasc. 10, 2012.

DAIDOLA G., ANDREAUS M., *Bilanci d'esercizio e flussi finanziari*, Giuffrè, Milano, 1994.

DALLOCCHIO M., *La gestione commerciale ed il credit manager*, Egea, Milano, 1989.

DANOVI A., GIACOMELLI S., RIVA P., RODANO G., *Strumenti negoziabili per la soluzione della crisi d'impresa: il concordato preventivo*, in *Questioni di Economia e Finanza*, n. 430, 2018.

DANOVI A., QUAGLI A., *Gestione della crisi aziendale e dei processi di risanamento. Prevenzione e diagnosi, terapie, casi aziendali*, Wolters Kluwer ed., Padova, 2008.

DAVIS L., *Handbook of genetic algorithms*, Van Nostrand Reinhold, N.Y., 1991.

DAVIS P., *Realizing the potential of the family business*, in *Organizational Dynamics*, 12 (1), 1983.

DE BERNARDIN L., *Le imprese sottosoglia nel decreto-legge n. 118/2021: nuove opportunità*, in *Diritto della crisi*, 2 novembre 2021.

DE MATTEIS S., *La liquidazione controllata nel Codice della Crisi d'Impresa e dell'Insolvenza*, in *Dir. fall. e soc. comm.*, I, 2021.

DE SANTIS F., *Il processo di concordato preventivo*, in *Diritto della crisi*, 31 ottobre 2020.

DE SANTIS F., *Il ricorso del pubblico ministero per l'apertura della liquidazione giudiziale: tra interesse pubblico e modelli processuali comuni*, in *Diritto della crisi*, 27 maggio 2021.

DE SANTIS F., *La chiusura della liquidazione giudiziale ed i giudizi pendenti*, in *Diritto della crisi*, 31 ottobre 2019.

DE SARNO M., *Economia d'impresa in liquidazione*, Cedam, Padova, 1997.

DE SENSI V., *Adeguati assetti e business judgment rule*, in *Diritto della crisi*, 16 aprile 2021.

DEANGELI G., *Management dei risanamenti aziendali*, in *Sviluppo e Organizzazione*, 1985.

DELL'ATTI A., *Il ruolo critico delle risorse intangibili nella gestione aziendale*, in AA.VV., *Le immobilizzazioni immateriali*, Cacucci, Bari, 2000.

DELL'ATTI A., *I patrimoni destinati ad uno specifico affare*, vol. 11, Collana di Economia Aziendale – Serie Scientifica, Cacucci, Bari, 2005.

DELL'ATTI A., *Le svalutazioni degli elementi patrimoniali*, in N. DI CAGNO, *Le società commerciali. Aspetti gestionali e contabili*, Cacucci, Bari, 2006.

DELL'ATTI A., *Il passaggio generazionale nelle imprese familiari*, Cacucci, Bari, 2007.

DELL'ATTI A., *I fondi rischi ed oneri (analisi comparativa tra i principi contabili nazionali ed internazionali)*, Collana di Economia Aziendale – Serie Studi e Ricerche di Ragioneria Internazionale, vol. 3, Cacucci, Bari, 2009.

DELL'ATTI A., *Il processo di internazionalizzazione attraverso l'export. Una strategia di rilancio per le PMI*, in Atti del 3° Workshop Internazionale AIDEA dal titolo *"I processi innovativi nelle piccole imprese. Le sfide oltre la crisi"*, Urbino Università Carlo Bo, 16/17 settembre 2011, Piccola Impresa – Small Business, Montefeltro Ed.

DELL'ATTI A., *I piani di risanamento nelle operazioni di ristrutturazione d'impresa*, Franco Angeli, Milano, 2012.

DELL'ATTI A., *Crisi d'impresa: strumenti di diagnosi e strategie di risanamento,* in atti del convegno sul tema "Il Concordato con riserva" (a cura di A. Leozappa), Edicusano, Roma, 2016.

DELL'ATTI A., *Il rendiconto finanziario nell'ambito dell'informazione societaria*, in Rivista dei Dottori Commercialisti, n. 1, 2017.

DELL'ATTI A., *I patrimoni e i finanziamenti destinati ad uno specifico affare,* in N. DI CAGNO-S. ADAMO, *Il bilancio d'esercizio delle imprese societarie. Modello civilistico*, Vol. 3, Cacucci, Bari, 2021.

DELL'ATTI A., *Il rendiconto finanziario,* in DI CAGNO N., ADAMO S., *Il bilancio d'esercizio delle imprese societarie. Modello civilistico*, Cacucci, Bari, 2021.

DELL'ATTI A., *La passività patrimoniali. I fondi per rischi ed oneri*, in N. DI CAGNO-S. ADAMO, *Il bilancio d'esercizio delle imprese societarie. Modello civilistico*, Cacucci, Bari, 2021.

DELL'ATTI A., TURCO M., *Evolutionary Aspects of the Corporate Governance: from the Orientation to profit to the "Systematic" Vision of the Value*, in proceeding of 10^ Annual London Business Research Conference, 10-11 August, Imperial College, London (UK), 2015.

DELL'ATTI A., TURCO M., *Piani attestati e principi di comportamento del professionista,* in *Rivista dei Dottori Commercialisti*, n. 2, Giuffrè, Milano, 2015.

DELL'ATTI A., TURCO M., *The restructuring plans of the companies in crisis in Italy: ethical principles in the activity of the attestor,* in proceeding of 5^ Annual European Business Research Conference, 10-11 semptember 2015, Rome (Italy).

DEMARIA G., *Logica della produzione e dell'occupazione*, Malfasi, Milano, 1950.

DEZZANI F., *Rischi e politiche d'impresa. Contenuto e relazioni*, Giuffrè, Milano, 1971.

DEZZANI F., DEZZANI L., SANTINI R., *Operazioni straordinarie*, Egea, Milano, 2005.

DI CAGNO N., *Il bilancio d'esercizio (Normativa civilistica e principi contabili nazionali)*, Cacucci, Bari, 2011.

DI CAGNO N., ADAMO S., *Il bilancio di esercizio nelle imprese societarie, Modello civilistico*, Cacucci, Bari, 2021.

DI CAGNO N., ADAMO S., GIACCARI F., *Lineamenti di Economia Aziendale*, II ed., Cacucci, Bari, 2011.

DI LAZZARO F., *Il rischio aziendale ed i modi per il suo fronteggiamento*, Giuffrè, Milano, 1990.

DIDONE A., *Appunti su misure protettive e cautelari nel D.L. 118/2021*, in *ristrutturazioniaziendali.ilcaso.it*, 17 novembre 2021.

DIDONE A., *Le misure protettive/cautelari*, in *Fallimento*, 2022.

DIXON J.R., NANNI A.J. JR., VOLLMANN T.E., *The New Performance Challenge: Measuring Operations for World-Class Manufacturing*, Homewood, Business One Irwing, 1990.

DOBBIN S., *Rapidità d'azione per vincere la crisi*, in *L'Impresa*, n. 5, 1991.

DOMENICHINI G., *Ruolo del collegio sindacale nelle procedure di allerta*, in AA.VV., *La riforma delle procedure concorsuali* a cura di A. Jorio e R. Rosapepe, Milano, 2021.

DONNELY R.G. (1964), *The Family Business*, in *Harvard Business Review*, July-August, 1964.

ECCLES R.G., *The Performance Measurement*, in *Harvard Business Review*, Gen.-Feb, 1991.

ECCLES R.G., PYBURN P.J., *Il vantaggio competitivo nelle misure non finanziarie*, in *Riv. L'Impresa*, n. 6, 2004.

FABIANI M. (2022), L'avvio del codice della crisi, in *Diritto della crisi*, 5 maggio 2022.

FABIANI M., *Concordato preventivo e gruppo di società: colpito ma non affondato*, in *Foro it.*, fasc. 4, 2016.

FACCHINETTI I., *Analisi dei flussi finanziari. Formazione, lettura e interpretazione del rendiconto finanziario previsionale e consuntivo*, Il Sole 24 Ore, Milano, 1996.

FACCHINETTI I., *Analisi di bilancio*, Il Sole 24 Ore ed., 2006.

FACCINCANI L., *Banche, imprese in crisi e accordi stragiudiziali di risanamento. Le novità introdotte dalla riforma del diritto fallimentare*, Giuffrè, Milano, 2007.

FARINET G., *Lo sviluppo come fattore di crisi dell'impresa industriale*, in *Finanza, Marketing e Produzione*, n. 3, 1996.

FAROLFI A., *Il concordato liquidatorio: appunti introduttivi*, in *Diritto della crisi*, 7 marzo 2022.

FAUCEGLIA G., *Il nuovo diritto della crisi e dell'insolvenza*, Giappichelli, Torino, 2019.

FAUCEGLIA G., *Uno nessuno, centomila: il concordato preventivo di gruppo*, in *Giur. comm.*, fasc. 1, 2016.

FAZZINI M., *L'analisi di bilancio nelle imprese in crisi*, in *Amministrazione e Controllo*, n. 10, 2009.

FERRARIS FRANCESCHI R. (a cura di), *Sistemi di pianificazione e controllo*, Giappichelli, Torino, 2010.

FERRERO G., *Il controllo finanziario nelle imprese*, Giuffrè, Milano, 1984.

FERRERO G., *Impresa e management*, Giuffrè, Milano, 1987.

FERRERO G., *Istituzioni d'azienda*, Giuffrè, Milano, 1968.

FERRERO G., *La valutazione economica del capitale d'impresa*, Giuffrè, Milano, 1966.

FERRERO G., DEZZANI F., PISONI P., PUDDU L., *Contabilità e bilancio d'esercizio*, 4ª ed., Giuffrè, Milano, 1995.

FERRO M., *La legge fallimentare. D.Lgs. n. 169/07*, Cedam, Padova, 2008.

FERRO M., RUGGIERO A., DI CARLO A., *Concordato preventivo, Concordato fallimentare e accordi di ristrutturazione dei debiti*, Giappichelli, Torino, 2009.

FIMMANÒ F., *L'insolvenza delle società pubbliche alla luce del Testo Unico*, in *Fallimento*, 2017.

FIORI G., *Benchmarking: eccellere attraverso il confronto*, Giappichelli, Torino, 1998.

FONDAZIONE NAZIONALE DEI DOTTORI COMMERCIALISTI, *Il rendiconto finanziario e l'informativa di bilancio*, Documento del 28 febbraio 2015.

FONDAZIONE NAZIONALE DI RICERCA DEI COMMERCIALISTI, *Assetti organizzativi, amministrativi e contabili: profili civilistici e aziendalistici* (Documento di ricerca), luglio 2023.

FORTUNATO S., *Codice della crisi e codice civile: impresa, assetti organizzativi e responsabilità*, in *Rivista delle società*, n. 5-6, 2019.

FORTUNATO S., *Codice della crisi e Codice civile: impresa, assetti organizzativi e responsabilità*, in *Rivista delle società*, 2018.

FORTUNATO S., *Gli obiettivi informativi del "nuovo" bilancio di esercizio*, in *Giur. comm.*, I, 2017.

FORTUNATO S., *Insolvenza, crisi e continuità aziendale nella riforma delle procedure concorsuali: ovvero la commedia degli equivoci*, in *Dir. fall.*, I, 34, 2021.

FORTUNATO S., *La responsabilità civile del professionista nei piani di sistemazione delle crisi di impresa*, in *Riv. Il Fallimento*, n. 8, 2009.

FRATTINI F., *Il valore di acquisizione delle imprese in funzionamento*, Giuffrè, Milano, 1993.

FRATTINI G., *Lo scioglimento dell'impresa*, in AA.VV., *La gestione straordinaria*, Giuffrè, Milano, 1989.

FRAZZA B. *Analisi di bilancio. Metodologie e casi di studio*, Cedam, Padova, 2007.

FREEMAN J., GHINI M., *Intelligenza emotiva dentro il cambiamento*, Il Sole 24 Ore, Milano, 2010.

GALBRAITH J.R., *Organization Design: an Information Processing View*, Interfaces, May, 1974.

GALLETTI D., *I piani di risanamento e di ristrutturazione*, in *Riv. trim. dir. proc. civ.*, 2006.

GALLETTI D., *Ancora sulla valutazione del danno nelle azioni di responsabilità: un banco di prova per la coerenza dei concetti*, in *Il fallimentarista.it*, settembre 2018.

GAMBI L., *Una panoramica sulla transazione fiscale nelle procedure concorsuali*, in *Diritto della crisi*, 1 giugno 2021.

GARCEA M., *La rilevanza del gruppo nelle gestioni negoziate della crisi di impresa*, in *Riv. soc.*, fasc. 5, 2012.

GAREGNANI G.M., *Profili di valutazione nelle operazioni di fusione: concambio e MLBO*, Giuffrè, Milano, 2006.

GARRISON R.H., NOREEN E.W., BREWER P.C. (a cura di M. Agliati), *Programmazione e Controllo*, McGraw Hill, N.Y., 2007.

GARZELLA S., *La strategia del risanamento*, in *Amministrazione e Controllo*, n. 1, 2011.

GHIRINGHELLI P., *Analisi di bilancio e driver di valore*, Egea, Milano, 2019.

GIACCARI F., *Le aggregazioni aziendali*, Cacucci, Bari, 2003.

GIANNELLI G., *Concordato preventivo e accordi di ristrutturazione dei debiti, piani di risanamento dell'impresa nelle procedure concorsuali*, in *Dir. fall.*, I, 2005.

GIANNESSI E., *Appunti di economica aziendale con particolare riferimento alle aziende agricole*, Pacini, Pisa, 1979.

GIANNESSI E., *L'equazione del fabbisogno di finanziamento nelle aziende di produzione e le possibili vie della sua soluzione*, Giuffrè, Milano, 1982.

GIUNTA F., PISANI M., *Analisi di bilancio*, Apogeo, Milano, 2012.

GIUNTA F., PISANI M., *L'analisi del bilancio*, Maggioli, 2016.

GOLDBERG D.E., *Genetic algorithms in search, optimization and machine learning*, Reading, MA, Addison-Wesley, 1989.

GOLINELLI G., *L'approccio sistemico al governo dell'impresa*, Cedam, Padova, 2000.

GRANT R.M., *L'analisi strategica per le decisioni aziendali*, Il Mulino, Bologna, 2005.

GROMIS DI TRANA M., BAVA F., *Riduzione del capitale sociale per perdite. Redazione dell'informativa e ruolo degli organi di controllo*, Giuffrè, Milano, 2016.

GUATRI L., *All'origine delle crisi aziendali, cause reali e cause apparenti*, in *Finanza, Marketing e Produzione*, n. 1, 1985.

GUATRI L., *Crisi e risanamento delle imprese*, Giuffrè, Milano, 1986.

GUATRI L., *Il fronteggiamento delle situazioni di crisi*, in *Finanza, Marketing e Produzione*, n. 1, 1983.

GUATRI L., *L'avviamento d'impresa. Un modello quantitativo per l'analisi e la misurazione del fenomeno*, Giuffrè, Milano, 1957.

GUATRI L., *La valutazione delle aziende in perdita*, in *Finanza, Marketing e Produzione*, n. 1, 1983.

GUATRI L., *Le ragioni della superiorità concettuale ed applicativa dei metodi reddituali,* in *Finanza, Marketing e Produzione*, n. 2, 1996.

GUATRI L., *Turnaround, declino, crisi e ritorno al valore,* Egea, Milano, 1995.

GUATRI L., *Valore e intangibles nella misura delle performance aziendali*, Egea, Milano, 1997.

GUATRI L., BINI M., *Nuovo trattato sulla valutazione delle aziende*, Egea, Milano, 2005.

GUATRI L., BINI M., *Valutazione delle aziende*, Collana Management, Egea-Unibocconi, 2009.

GUERRERA F., *Crisi e insolvenza delle società a partecipazione pubblica*, in *Giur. comm.*, I, 2017.

GUPTA L.C., *Financial Ratios for Monitoring Corporate Sickness*, Oxford University Press, Delhi, 1983.

HOFER C., *Turnaround strategies*, in *Journal of Business Strategy*, n. 1, 1980.

HORNGREN C., *Choosing Accounting Practices for Reporting to Management*, N.A.A. Bulletin, September, 1962.

KENNETH A.M., RICCABONI A., *Il controllo di gestione,* McGrawHill, Milano, 1998.

KIM HAN E., SCHATZBERG J.D., *Voluntary Corporate Liquidations*, in *Journal of Financial Economics*, December, 1987.

KNIGHT F.H., *Risk, Uncertainty and Profit,* La Nuova Italia, Milano, 1960.

KRIJNEN H.G., *The flexible firm*, in *Problemi di gestione*, anno XI, n.11/12, 1979.

LAZZARI M., *Un modello di gestione dei processi di cambiamento e ritorno al valore*, in *Amministrazione e Finanza*, n. 1, 2008.

LEUZZI L., *Allerta e composizione negoziata nel sistema concorsuale ridisegnato dal D.L. n. 118 del 2021*, in *Diritto della crisi*, 28 settembre 2021.

LEUZZI S., *Appunti sul concordato preventivo ridisegnato*, in *Diritto della crisi*, 5 maggio 2022.

LEUZZI S., *Il concordato semplificato nel prisma delle prime applicazioni*, in *Diritto della crisi*, 19 maggio 2023.

LEUZZI S., *L'omologazione del concordato preventivo in continuità*, in *Diritto della crisi*, 16 febbraio 2023.

LIBONATI B., *Creditori sociali e responsabilità degli amministratori nelle società di capitali*, in Liber amicorum Gian Franco Campobasso, *Il nuovo diritto delle società*, 3, a cura di Abbadessa-Portale, Torino, Utet, 2007.

LORENZONI G., *Strategia e flessibilità organizzativa*, in *Economia e Politica Industriale*, n. 52, 1986.

LYNCH R.L., CROSS K.F., *Measure Up – The Essential Guide to Measuring*, Mandarin, London, 1991.

MACARIO F., *La riforma dell'art. 2086 c.c. nel contesto del codice della crisi e dell'insolvenza e i suoi riflessi sul sistema della responsabilità degli organi sociali*, in *Diritto della crisi*, 26 maggio 2022.

MAIZZA A., *La gestione d'impresa tra vitalità e rischio di crisi,* Cacucci, Bari, 2006.

MANTOVAN M., MANTOVAN P., *Un modello di previsione del dissesto d'impresa,* in *Rivista dei Dottori Commercialisti*, Giuffrè, Milano, n.1-2, 1987.

MARCHI L. (a cura di), *Introduzione all'economia aziendale: il sistema delle operazioni e le condizioni di equilibrio aziendale*, Giappichelli, Torino, 2000.

MARCHI L., *Revisione aziendale e sistemi di controllo interno*, Giuffrè, Milano, 2008.

MARCHI L., ZAVANI M. (a cura di), *Economia dei gruppi e bilancio consolidato*, Giappichelli, Torino, 1998.

MARCON C., *Dal bilancio civilistico ai prospetti contabili riclassificati*, in AA.VV., *L'analisi economico-finanziaria di bilancio*, Giuffrè, Milano, 2016.

MARI L.M., *Gestione e rilevazione delle operazioni straordinarie di impresa*, Giappichelli, Torino, 2000.

MASCARENHAS B., *The Need for Strategic Flexibility*, in *Problemi di gestione*, anno XVI, n. 1, 1984.

MATACENA A., PASI F., *Il rendiconto finanziario nelle imprese,* Giannini, Napoli, 1980.

MAURO M., Transazione fiscale e " "cram down"" del giudice fallimentare, in *Diritto della crisi*, 29 settembre 2022.

MAZZOLA P., *Il piano industriale. Progettare e comunicare le strategie di impresa*, Università Bocconi Ed., Milano, 2003.

MELIS G., *Il bilancio d'esercizio come strumento di controllo della gestione*, Giuffrè, 2004.

MELLA P., *Controllo di gestione*, Utet, Torino, 1997.

MERUZZI G., *L'adeguatezza degli assetti*, in AA.VV., *Le clausole generali del diritto societario* a cura di G. Meruzzi e G. Tantini, Milano, 2011.

MEYERS G.C., *Gestire le crisi: come affrontare e risolvere le difficoltà dell'azienda*, Il Sole 24 Ore, 1988.

MEYERS G.C., HOLUSHA J., *Managing crises*, in *Sviluppo e Organizzazione*, 1991.

MEZZABOTTA C., OIC 6: *Informativa di bilancio e ristrutturazione del debito*, in *Bilancio e reddito d'impresa*, Ipsoa, n. 1, 2012.

MEZZABOTTA C., *Ristrutturazione del debito secondo l'OIC: aspetti introduttivi*, in *Bilancio e reddito d'impresa*, Ipsoa, n. 11, 2011.

MINISTERO ATTIVITÀ PRODUTTIVE, Circolare n. 972064 del 15/01/2003.

MINISTERO DELLA GIUSTIZIA, *Decreto del 31/03/2023.*

MINISTERO DELLA GIUSTIZIA, *Decreto dirigenziale del 28/09/2021.*

MONTALENTI P., *Diritto dell'impresa in crisi, diritto societario concorsuale, diritto societario della crisi: appunti*, in *Giur. comm.*, I, 2018.

MONTALENTI P., *Gestione dell'impresa, assetti organizzativi e procedure di allerta nella riforma Rordorf*, 2018.

MONTALENTI P., *La gestione dell'impresa di fronte alla crisi tra diritto societario e diritto concorsuale*, in *Riv. dir. soc.*, 2011.

MONTANARI M., *Il concorso delle procedure da sovraindebitamento nel sistema del Codice della crisi*, in *Diritto della crisi*, 7 settembre 2021.

MONTANARI M., *Il procedimento relativo alle misure protettive e cautelari nel sistema della composizione negoziata della crisi d'impresa: brevi notazioni*, in *ristrutturazioniaziendali.ilcaso.it*, 24 dicembre 2021.

MORRI S., *Il concordato semplificato per la liquidazione del patrimonio*, in *Il Fallimentarista*, agosto 2021.

MUSSARI R., *Manuale operativo per il controllo di gestione*, Rubbettino Ed., Soveria Mannelli, 2011.

NARDECCHIA G.B., *Anticipazioni del codice della crisi: le modifiche della legge fallimentare*, in *Diritto della crisi*, 13 gennaio 2022.

NARDECCHIA G.B., *Crisi d'impresa, autonomia privata e controllo giurisdizionale, Gli accordi di ristrutturazione dei debiti, il piano attestato, il concordato fallimentare*, Wolters Kluwer ed., Padova, 2007.

NICCOLINI G., *Scioglimento, liquidazione ed estinzione delle società di capitali*, in *Rivista dei Dottori Commercialisti* n. 5, 1998.

OLTOLINI F., *Il Piano di Ristrutturazione soggetto ad Omologazione: una prima riflessione*, in *Diritto della crisi*, 27 marzo 2022.

ONESTI T., *La valutazione del capitale economico delle aziende in perdita: un metodo empirico*, in *RIREA*, n. 5-6, 1988.

ONIDA P., *Economia d'azienda*, Utet, Torino, 1971.

ONIDA P., *La logica ed il sistema delle rilevazioni quantitative d'azienda*, Giuffrè, Milano, 1970.

ORGANISMO ITALIANO DI CONTABILITÀ, OIC 5 – *Bilanci di liquidazione*, 2008.

ORGANISMO ITALIANO DI CONTABILITÀ, OIC 10 – *Rendiconto finanziario*, 2016.

ORGANISMO ITALIANO DI CONTABILITÀ, OIC 11 – *Finalità e postulati del bilancio d'esercizio*, 2018.

ORGANISMO ITALIANO DI CONTABILITÀ, OIC 12 – *Composizione e schemi del bilancio*, 2022.

ORGANISMO ITALIANO DI CONTABILITÀ, OIC 14 – *Disponibilità liquide*, 2016.

ORGANISMO ITALIANO DI CONTABILITÀ, OIC 18 – *Ratei e risconti*, 2022.

ORGANISMO ITALIANO DI CONTABILITÀ, OIC 19 – *Debiti*, 2022.

PAGANELLI O., *Valutazione delle aziende. Principi e procedimenti*, Utet, Torino, 1990.

PAGANELLI O., LAMBERTINI F., *Valutazione di cessione delle aziende in esercizio*, Clueb, Bologna, 1986.

PALUCHOWSKI A., PAJARDI P., *Manuale di diritto fallimentare*, Utet, Torino, 2008.

PALUMBO R., *Il principio dell'analisi dei dati per la determinazione dei costi aziendali*, in PAOLONE G., D'AMICO L., *La ragioneria nei suoi principi applicativi e modelli contabili*, Giappichelli, Torino, 2002.

PANIZZA A., *Adeguati assetti organizzativi, amministrativi e contabili: aspetti teorici ed operativi*, in *ristrutturazioniaziendali.ilcaso.it*, 11 agosto 2021.

PANIZZA A., *Il controllo in tempo di crisi e dopo la crisi: spunti per il monitoraggio delle PMI*, in *Controllo di gestione*, n. 6, 2011.

PANTALEONI M., *Alcune osservazioni sulle attribuzioni di valore in assenza di formazione dei prezzi di mercato*, in *Erotemi di Economia*, vol. II, Laterza, Bari, 1925.

PANZANI L., *Il D.L. "Pagni" ovvero la lezione (positiva) del Covid*, in *Diritto della crisi*, 25 agosto 2021.

PANZANI L., *Il gruppo di imprese nelle soluzioni giudiziali della crisi*, in *Le Società*, fasc. 12, 2013.

PANZANI L., *La composizione negoziata dopo lo schema di decreto legislativo del C.d.M. del 17 marzo 2022*, in *Diritto della crisi*, 19 aprile 2022.

PANZANI L., *La finalità del concordato preventivo*, in *Diritto della crisi*, 10 ottobre 2022.

PAOLONE G., *La revisione aziendale e la certificazione dei bilanci*, Franco Angeli, Milano, 1994.

PAOLONE G., *Il deterioramento delle condizioni di equilibrio dell'azienda*, in *Studi in onore di L. Azzini*, Giuffrè, Milano, 1987.

PAOLONE G., *L'azienda a proprietà familiare*, Giappichelli, Torino, 1996.

PAOLONE G., *L'economia aziendale e la ragioneria nella teoria e nelle specializzazioni*, Franco Angeli, Milano, 2007.

PAOLONE G., *L'economia aziendale e la ragioneria, nella teoria e nelle specializzazioni*, Franco Angeli, Milano, 2011.

PAOLONE G., *La cessazione aziendale, nelle sue forme tipiche di manifestazione*, Giappichelli, Torino, 2000.

PAOLONE G., *Le cause aziendali della crisi d'impresa*, in ADAMO S.-NICCOLINI G., *Le liquidazioni aziendali*, Giappichelli, Torino, 2010.

PAOLONE G., D'AMICO L. (a cura di), *L'economia aziendale nei suoi principi parametrici e modelli applicativi*, Giappichelli, Torino, 2011.

PAOLONE G., D'AMICO L., PALUMBO R., *Le analisi di bilancio*, Cacucci, Bari, 2001.

PAOLONE G., DE LUCA F., *Il bilancio d'esercizio, Principi, procedure, valutazioni*, Franco Angeli, Milano, 2011.

PAOLONE G., MIGLIORI S., *Introduzione alla contabilità industriale*, Franco Angeli, Milano, 2011.

PAOLONI M., *La crisi della piccola impresa tra liquidazione e risanamento*, Giappichelli, Torino, 2003.

PAOLONI M., CESARONI F.M., *I bilanci straordinari,* Cedam, Padova, 1999.

PASSAPONTI B., *I gruppi aziendali e le altre aggregazioni aziendali*, Giuffrè, Milano, 1994.

PATTERSON J.G., *I fondamenti del benchmarking*, Franco Angeli, Milano, 1997.

PICONE L.G., *Il leveraged buy out nella riforma del diritto societario*, in *Contratto e Impresa*, vol. 19 II, 2003.

PISCITELLO P., *Piani di risanamento e posizione delle banche*, in *Banche, borsa e titoli di credito*, Giuffrè, Milano, I, 2007.

PIVATO S., GILARDONI A., *Elementi di economia e gestione delle imprese*, Egea, Milano, 2000.

PLATANIA F., *Piano di Ristrutturazione soggetto ad Omologa*, in *www.ilfallimentarista.it*, 12 aprile 2022.

POLI S., *Ammissibilità e tecniche di proposizione del "concordato di gruppo" dopo l'intervento della S.C., nota a Cass. 13 ottobre 2015 n. 20559*, in *Fallimento*, fasc. 2, 2016.

POLLIO M., PAPALEO P.P., *Ristrutturazione dei debiti: l'OIC introduce il principio ad hoc*, in *Amministrazione e Finanza*, n. 11, 2011.

PORTALE G.B., *I bilanci straordinari*, in AV.VV., *Il bilancio d'esercizio, Problemi attuali*, Giuffrè, Milano, 1978.

PORTER M., *Il vantaggio competitivo*, Edizioni di Comunità, Milano, 1987.

POTITO L., *I bilanci straordinari*, II ed., Utet, Torino, 1993.

PROSPERI S., *Il governo economico della crisi aziendale*, Giuffrè, Milano, 2003.

PROVASOLI A., *La revisione contabile nel fallimento d'impresa*, in *La professione del dottore commercialista*, Etas, Milano, 1979.

PROVASOLI A. (a cura di), *Bilancio d'esercizio, Letture e casi*, Egea, Milano, 2004.

QUAGLI A. (2016), *Il concetto di crisi d'impresa come incontro tra la prospettiva aziendale e quella giuridica*, in *IlCaso.it*, 2 febbraio, 2015.

QUAGLI A., *Verifiche ed attendibilità dei piani di risanamento*, in *Riv. Amministrazione e finanza*, n. 2.

RACCOMANDAZIONE U.E. n. 2003/361/CE del 6 maggio 2003, G.U. L 124 del 20 maggio 2003.

RACUGNO G., *Il rendiconto finanziario secondo le nuove norme del bilancio d'esercizio, con una postilla sui flussi finanziari derivati*, in *Giur. comm.*, n. 3, 2016.

RACUGNO G., *In tema di rendiconto finanziario*, in *Giur. comm.*, 2006.

REBOA M., *Le operazioni di leveraged buy out e l'art. 2501 bis c.c.: prime considerazioni*, in *Rivista dei Dottori Commercialisti*, n. 6, 2003.

RIPARBELLI A., *Il contributo della ragioneria all'analisi dei dissesti aziendali*, Stabilimenti Grafici Vallecchi, Firenze, 1950.

RIVA P., *L'attestazione dei piani delle aziende in crisi*, Giuffrè, Milano, 2009.

ROGGI O., *Rischio d'impresa, valore e insolvenza: aspetti teorici e processi di gestione del rischio*, Franco Angeli, Milano, 2008.

RORDORF R., *I doveri dei soggetti coinvolti nella regolazione della crisi nell'ambito dei principi generali del codice della crisi e dell'insolvenza*, in *Fallimento*, 2021.

ROSCINI VITALE F., *Ristrutturazioni a effetti variabili*, in *Il Sole 24 ore* del 4 agosto 2011.

ROSSETTI S., *Flussi informativi civili e ruolo del Pubblico ministero nella composizione negoziata e nella liquidazione giudiziale*, in *Diritto della crisi*, 14 marzo 2023.

ROSSI C., *Indicatori di bilancio, modelli di classificazione e previsione delle insolvenze aziendali*, Giuffrè, Milano, 1988.

ROSSI C., *L'insolvenza delle imprese. Cause e previsione*, in *Rivista dei Dottori Commercialisti*, n. 4, 1989.

SACCHI A., *Fusione a seguito di acquisizione con indebitamento e attività del revisore. Le relazioni dell'art. 2501 bis co. 4 e 5 c.c.*, in *Il controllo legale nelle società e negli enti*, Giuffrè, Milano, 2006.

SACCHI R., (2018), *Sul così detto diritto societario della crisi: una categoria concettuale inutile o dannosa?*, in *Nuove leggi civ. comm.*, 2018.

SANDULLI M., *La crisi d'impresa. Il Fallimento e le altre procedure concorsuali*, Giappichelli, Torino, 2007.

SANT'AGATA R., *Concordato preventivo "di gruppo" e "teoria dei vantaggi compensativi"*, in *Riv. dir. impr.*, fasc. 2, 2015.

SANTANGELI F., *Il piano attestato di risanamento ex art. 56 D.Lgs. n. 14/2019 a seguito del correttivo*, in *Diritto della crisi*, 31 dicembre 2020.

SANTANGELI F., *Le finalità della composizione negoziata per le soluzioni della crisi d'impresa*, in *Diritto della crisi*, 4 gennaio 2022.

SANTONI G., *I sistemi di allerta e di prevenzione e le procedure anticipatorie della crisi nel progetto di riforma della legge fallimentare*, in *Dir. fall.*, I, 2004.

SARCONE S., *I Gruppi aziendali. Strutture e bilanci consolidati*, Giappichelli, Torino, 1993.

SARTORI E., IZZO F., LUCIANI V., *L'OIC 10 per la redazione del rendiconto finanziario*, in *Contabilità, Finanza e Controllo*, n. 6, 2014.

SASSI S., *Il sistema dei rischi d'impresa*, Vallardi, Milano, 1940.

SAVIOLI G., *Le operazioni di gestione straordinaria*, II ed., Giuffrè, Milano, 2005.

SCHILLACI C.E., *I processi di transizione del potere imprenditoriale nelle imprese familiari*, Giappichelli, Torino, 1990.

SCIARELLI S., *L'impresa flessibile*, Cedam, Padova, 1987.

SCIARELLI S., *La crisi d'impresa. Il percorso gestionale di risanamento nelle PMI*, Cedam, Padova, 1995.

SCOGNAMIGLIO G., *Gruppi di imprese e procedure concorsuali*, in *Giur. comm.*, II, 2008.

SCOTT J.T., *The probability of bankraptscy: a comparison of empirical predictions and theoretical models*, in *Journal of Banking and Finance*, n. 5, 1981.

SICCA L., *Creazione di valore, conoscenza e gestione delle crisi aziendali*, in *Finanza, Marketing e Produzione*, n. 2, 1993.

SIDREA (Società Italiana di Ragioneria e di Economia Aziendale), *Le parole della crisi. La lettura degli aziendalisti italiani,* marzo 2021.

SILVESTRINI A., *La nuova disciplina dell'art. 67 Legge Fallimentare*, in *Dir. fall.*, I, 2006.

SIMON H.A., *Informatica, direzione aziendale e organizzazione del lavoro, La nuova scienza delle decisioni aziendali*, Franco Angeli, Milano, 1979.

SMART C., THOM I., VENTINSKY I., *Diagnosing corporate effectiveness and susceptibility to crises*, in *Journal of Business Administration*, n. 9, 1978.

SOLDATI N., *Il concordato minore nel codice della crisi d'impresa e dell'insolvenza quale evoluzione dell'accordo con i creditori*, in *Diritto della crisi*, 5 novembre 2021.

SOLDATI N., *Il sovraindebitamento e la babele della meritevolezza*, in *Diritto della crisi*, 25 maggio 2021.

SORCI C., *La prospettiva liquidatoria nelle scelte economico-aziendali*, in *Rivista dei Dottori Commercialisti*, n. 2, 1998.

SORCI C., *Lezioni di economia aziendale*, Vol. I, Giuffrè, Milano, 2002.

SOSTERO U., FERRARESE P., MANCIN M., MARCON C., *L'analisi economico-finanziaria di bilancio*, Giuffrè, Milano, 2018.

STUTELY R., *Il Business Plan*, Prentice Hall-Financial Time, 2005.

TALEB N.N., *Giocati dal caso*, Il Saggiatore, Milano, 2008.

TAMI A., *Flussi reddituali e flussi finanziari in situazioni di dinamismo ambientale. Un approccio strategico alla valutazione d'impresa*, Giuffrè, Milano, 1989.

TEDESCHI TOSCHI A. *Crisi d'impresa tra sistema e management. Per un approccio allo studio delle crisi aziendali*, Egea, Milano, 1993.

TEODORI C., *I modelli di previsione delle insolvenze e l'amministrazione controllata*, in *Rivista dei Dottori Commercialisti*, n. 1, 1994.

TEODORI C., *Il rendiconto finanziario: ruolo informativo, analisi, interpretazione e modelli contabili*, Giappichelli, Torino, 2015.

TEODORI C., *L'analisi di bilancio*, Giappichelli, Torino, 2008.

UNIVERSITÀ DEGLI STUDI DI FIRENZE-CNDCEC-ASSONIME, *Linee Guida per il finanziamento alle imprese in crisi"*, in *www.unifi.it*, 2008.

VALLINI C., *Equilibri, stati patologici e comportamenti e comportamenti di risanamento aziendale*, Coppini, Firenze, 1984.

VERGARA C., *Disfunzioni e crisi d'impresa. Introduzione ai processi di diagnosi, risanamento e prevenzione*, Giuffrè, Milano, 1988.

VERGARA C., *Note metodologiche nella ricerca della causa delle crisi aziendali*, in AV.VV., *Crisi di impresa e strategie di risanamento*, Giuffrè, Milano, 1997.

VERNA G., *Sulla presentazione di concordati preventivi da parte di gruppi di società*, in *Giur. comm.*, fasc. 5, 2015.

VIGANÒ A., *I bilanci intermedi di liquidazione: alcune riflessioni*, in *Rivista dei Dottori Commercialisti*, n. 3, 2002.

VIGANÒ A., *Revisione e certificazione di bilancio*, Franco Angeli, Milano, 1989.

WATSON G.H., *Benchmarking: come migliorare i processi e la competitività adattando e adottando le pratiche delle imprese leader*, Franco Angeli, Milano, 1995.

WILCOX J.W., *A gambler's ruin prediction of business failure using accounting data*, in *Sloan Management Review*, n. 3, 1971.

ZANDA G., LACCHINI M., ONESTI T., *La valutazione delle aziende*, Giappichelli, Torino, 1994.

ZAPPA G., *Il reddito d'impresa. Scritture doppie, conti e bilanci di aziende commerciali*, III ed., Giuffrè, Milano, 1950.

ZAPPA G., *Le produzioni nell'economia delle imprese*, Tomo I, Giuffrè, Milano, 1957.

ZAPPA G., *Le produzioni nell'economia delle imprese*, Vol. I, Giuffrè, Milano, 1956.

ZAPPA G., *Le produzioni nell'economia delle imprese*, Vol. II, Giuffrè, Milano, 1957.

ZITO M., *Fisiologia e patologia delle crisi d'impresa*, Giuffrè, Milano, 1999.

ZOPPINI A., *Emersione della crisi e interesse sociale (Spunti dalla teoria dell'*emerging insolvency*)*, in *Diritto societario e crisi d'impresa* a cura di Tombari, Torino, 2014.

ZORZI A., *Concordato con continuità e concordato liquidatorio: oltre le etichette*, in *Dir. fall.*, 2022.

Ristampa effettuata nel mese di gennaio 2025
nella LegoDigit S.r.l. – Via Galileo Galilei, 15/1 - 38015 Lavis (TN)

NEW CONCEPT ENGLISH

BAND I

Ein modernes Anfänger-Lehrbuch

Von

L. G. ALEXANDER und P. H. STOLDT

W0244257

Langenscheidt – Longman

Verfasser und Verlag danken dem Bundesprüfungsbeauftragten für Fremdsprachen des Deutschen Volkshochschul-Verbandes, Robert Nowacek, für seine Anregungen und kritischen Hinweise, durch die er die Arbeiten an diesem Lehrbuch in allen Stadien entscheidend gefördert hat.

Zusätzlich zu diesem Lehrbuch sind Aufnahmen der Lektionstexte erhältlich, und zwar auf einem Tonband (9,5 cm/sec., Laufzeit 60 Minuten) oder auf einer C-60 Cassette.

Die Vervielfältigung und Übertragung einzelner Textabschnitte, Zeichnungen oder Bilder, auch für Zwecke der Unterrichtsgestaltung, gestattet das Urheberrecht nur, wenn sie mit dem Verlag vorher vereinbart wurden. Im Einzelfall muß über die Zahlung einer Gebühr für die Nutzung fremden geistigen Eigentums entschieden werden. Das gilt für die Vervielfältigung durch alle Verfahren einschließlich Speicherung und Übertragung auf Papier, Transparente, Filme, Bänder, Platten und andere Medien.

Auflage:	13.	12.	11.	10.	9.	Letzte Zahlen
Jahr:	1981	80	79	78	77	maßgeblich

© 1967 Longman Group Ltd., Harlow (Originalausgabe)
© 1969 Langenscheidt-Longman GmbH, München (Deutsche Ausgabe)
Gesamtherstellung: Schöneberger Buchbinderei, Berlin
Printed in Germany · ISBN 3-526-50000-2

INHALT

Lesson **1**

Excúse me!

1

Yés?

2

Ís thís yóur hándbag?

3

Párdon?

4

Ís thís yóur hándbag?

5

Yés, it ís.

6

Thánk you véry múch.

7

Lesson **2** Is this your . . . ?

1

2

3

4

5

6

7

8

9

10

Exercise

Copy this:

Excuse me. Is this your handbag?
Yes it is. Thank you very much.

Lesson **3**

My cóat and my umbrélla pléase.

1

Hére is my tícket.

2

Thánk you, sír.
Númber fíve.

3

Hére is your umbrélla
and your cóat.

4

Thís is nót mý umbrélla.
Sórry, sír.

5

Is thís your umbrélla?
Nó, it ísn't!

6

Is thís it?
Yés, it ís.
Thánk you véry múch.

7

Lesson **4** Is this your . . . ?

1

Is this your pen?

2

Is this your pencil?

3

Is this your book?

4

Is this your watch?

5

Is this your coat?

6

Is this your dress?

7

Is this your skirt?

8

Is this your shirt?

9

Is this your car?

10

Is this your house?

11

Is this your suit?

12

Is this your school?

13

Is this your teacher?

14

Is this your son?

15

Is this your daughter?

Exercise

Copy this:

This is not my umbrella.
Sorry, sir.
Is this your umbrella?
No it isn't!

Lesson **5**

MR BLAKE: Góod mórning.
STUDENTS: Góod mórning, Mr Bláke.

1

MR BLAKE: Thís is Míss Álice Dupónt.
Álice is a néw stúdent.
She is Frénch.

2

MR BLAKE: Álice, thís is Háns.
He is Gérman.
HANS: Hów do you dó?

3

MR BLAKE: And thís is Brítt.
She is Swédish.
BRITT: Hów do you dó?

4

MR BLAKE: And thís is Dimítri.
He is Gréek.
DIMITRI: Hów do you dó?

5

MR BLAKE: And thís is Pául.
He's Brazílian.
PAUL: Hów do you dó?

6

MR BLAKE: And thís is Stélla.
She's Spánish.
STELLA: Hów do you dó?

7

Lesson 6 What make is it?

8

It's a Volvo. (Swedish)

9

It's a Citroen. (French)

10

It's a Volkswagen. (German)

11

It's a Daf. (Dutch)

12

It's a Moskovitch. (Russian)

13

It's a Morris. (English)

14

It's a Buick. (American)

15

It's a Fiat. (Italian)

Exercise

Look at this:

Stella is a student. She isn't German. She is Spanish.
Stella is a student. She isn't German. She is Spanish.

Copy this. Put in: He, She or It.

Alice is a student. She isn't German. She is French.
This is her car. It is a French car.
Hans is a student. He isn't French. He is German.
This is his car. It is a German car.

Lesson 7

1

ROBERT: I am a néw stúdent.
Mý náme's Róbert.
ALICE: Hów do you dó?
Mý náme's Álice.

2

ROBERT: Áre you Frénch?
ALICE: Yés, I ám.

3

ALICE: Are yóu French, tóo?
ROBERT: Nó, I am nót.

4

ALICE: Whát nationálity áre you?
ROBERT: I'm Itálian.

5

ROBERT: Áre you a téacher?
ALICE: Nó, I'm nót.

6

ROBERT: Whát's your jób?
ALICE: I'm a týpist.

7

ALICE: Whát's yóur job?
ROBERT: Í'm an enginéer.

Lesson **8** What's your job?

11

I'm a policeman.

12

I'm a policewoman.

13

I'm a taxi-driver.

14

I'm an air-hostess.

15

I'm a postman.

16

I'm a nurse.

17

I'm a mechanic.

18

I'm a barber.

19

I'm a housewife.

20

I'm a milkman.

Exercise

Look at this:

My name -is- Stella. I -am- Spanish.
My name is Stella. I am Spanish.

Copy this. Put in am *or* is.

My name -is- Robert. I -am- a student. I -am- Italian.
Alice -is- not Italian. She -is- French.
Mr Blake -is- my teacher. He -is- not French.

Lesson 9

1

Mr Ford: Góod afternóon, Mrs Dávis.
Mrs Davis: Góod afternóon, Mr Fórd.

2

Mr Ford: Hów are yóu todáy?
Mrs Davis: I'm véry wéll, thánk you.
And yóu?

3

Mr Ford: I'm fíne, thánks.

4

Mr Ford: Hów is Mŕ Dávis?
Mrs Davis: He's fíne, thánks.
Hów is Mŕs Fórd?
Mr Ford: She's véry wéll, tóo, Mrs Dávis.

5

Mr Ford: Góodbye, Mrs Dávis.
Níce to sée you.
Mrs Davis: Níce to sée yóu, tóo, Mr Fórd.
Góodbye.

Lesson **10** Look at . . .

11

that man!
(fat)

12

that woman!
(thin)

13

that policeman!
(tall)

14

that policewoman!
(short)

15

that mechanic!
(dirty)

16

that nurse!
(clean)

17

Mr Ford!
(hot)

18

Mrs Ford!
(cold)

19

that milkman!
(old)

20

that air-hostess!
(young)

21

that barber!
(busy)

22

that housewife!
(lazy)

Exercise

Look at this:

Robert isn't a teacher. --- an engineer. Robert isn't a teacher. He's an engineer.

Copy this. Put in He's , She's *or* It's .

Mr Blake isn't a student. --- a teacher.
This isn't my umbrella. --- your umbrella.
Alice isn't a teacher. --- a typist.
Mr Ford isn't cold. --- hot.
Stella isn't Brazilian. --- Spanish.
This isn't a German car. --- a Swedish car.

Lesson **11**

1

TEACHER: Whóse shírt is thát?

2

TEACHER: Is thís yóur shírt, Fránk?
FRANK: Nó, sír.
It's nót mý shírt.

3

FRANK: Thís is mý shírt.
Mý shírt is blúe.

4

TEACHER: Is thís shírt Tím's?
FRANK: Perháps it ís, sír.
Tím's shírt is whíte.

5

TEACHER: Tím!
TIM: Yés, sír?

6

TEACHER: Is thís yóur shírt?
TIM: Yés, sir.

7

TEACHER: Hére you are.
Cátch!
TIM: Thánk you, sír.

Lesson **12** Whose is this . . ? This is my/your/his/her . . Whose is that . . ? That is my/your/his/her . .

22

handbag
It is Stella's.

23

car
It is Paul's.

24

coat
It is Miss Dupont's.

25

umbrella
It is Mr Ford's.

26

pen
It is my son's.

27

dress
It is my daughter's.

28

suit
It's my father's.

29

skirt
It's my mother's.

30

blouse
It's my sister's.

31

tie
It's my brother's.

Exercise

Look at this:

Hans is here. That is --- car.
Hans is here. That is his car.

Copy this. Put in my, your, his *or* her.

Stella is here. That is --- car.
Excuse me, Mr Ford. Is this --- umbrella?
I am an air-hostess. --- name is Britt.
Paul is here, too. That is --- coat.

Lesson **13**

1

Mrs Brown: Whát cólour's your néw dréss?
Mrs White: It's gréen.

2

Mrs White: Cóme upstáirs and sée it.
Mrs Brown: Thánk you.

3

Mrs White: Lóok!
Hére it ís!
Mrs Brown: Thát's a níce dréss.
It's véry smárt.

4

Mrs White: My hát's néw, tóo.
Mrs Brown: Whát cólour is it?

5

Mrs White: It's the sáme cólour.
It's gréen, tóo.

6

Mrs Brown: That *is* a lóvely hát!

Lesson **14** What colour's your . . . ?

20

umbrella

30

car

40

shirt

50

coat

60

case

70

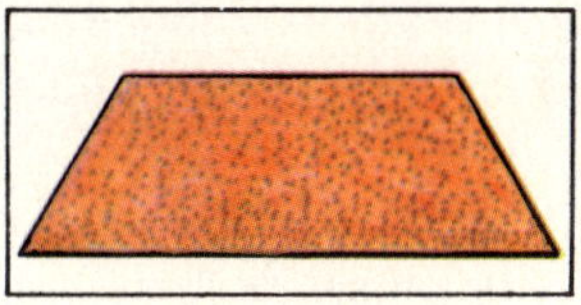

carpet

80

blouse

90

tie

100

hat

101

dog

Exercise

Look at this:

This is Stella. This is her handbag.
This is Stella's handbag.

Join in the same way:
This is Paul. This is his car.
This is Miss Dupont. This is her coat.
This is Mrs Davis. This is her dog.
This is my father. This is his suit.
This is my daughter. This is her dress.

Lesson **15**

1

Customs Officer: Áre you Swédish?
Girls: Nó, we are nót.
We are Dánish.

2

Customs Officer: Áre your fríends Dánish, tóo?
Girls: Nó, they are nót.
They are Norwégian.

3

Customs Officer: Your pássports pléase.
Girls: Hére they áre.

4

Customs Officer: Áre thése yóur cáses?
Girls: Nó, they áren't.

5

Girls: Óur cáses are brówn.
Hére they áre.

6

Customs Officer: Áre you tóurists?
Girls: Yés, we áre.

7

Customs Officer: Áre your fríends tóurists, tóo?
Girls: Yés, they áre.

8

Customs Officer: Thát's fíne.
Thánk you véry múch.

Lesson **16**

Are you . . .

20

Russian?

30

English?

40

American?

50

Dutch?

Are these your . . . ? What colour are your . . . ?

60

red books

70

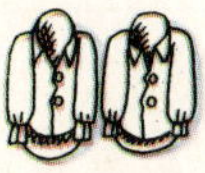

white shirts

80

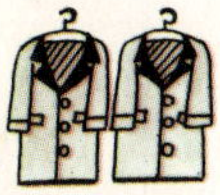

grey coats

90

yellow tickets

100

blue suits

101

black and grey hats

102

green passports

103

black umbrellas

104

white handbags

105

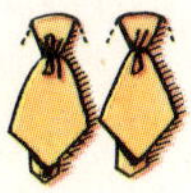

orange ties

106

brown and white dogs

107

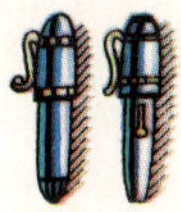

blue pens

108

red cars

109

green dresses

110

yellow blouses

Exercise

Look at this:

It is . . . Swedish car.	It is a Swedish car.
She is . . . air-hostess.	She is an air-hostess.

Copy this. Put in *a* or *an*.

It is .an. English car.
It is .a. Russian car.
It is .an. Italian car.
It is .a. French car.
It is .an. American car.
Robert is not .a. teacher.
He is .an. engineer.

Lesson **17**

1

MR JACKSON: Cóme and méet our employées, Mr Ríchards.
MR RICHARDS: Thánk you, Mr Jáckson.

2

MR JACKSON: Thís is Míss Gréy and thís is Míss Táylor.
MR RICHARDS: Hów do you dó?

3

MR RICHARDS: Thóse gírls are véry prétty. Whát are their jóbs?
MR JACKSON: They're týpists.

4

MR JACKSON: Thís is Mŕ Báker and thís is Mŕ Shórt.
MR RICHARDS: Hów do you dó?

5

MR RICHARDS: Théy aren't véry búsy! Whát are their jóbs?
MR JACKSON: They're clérks. They're véry lázy.

6

MR RICHARDS: Whó is thís yóung mán?
MR JACKSON: Thís is Jím. Hé's our óffice-bóy!

Lesson 18 What are their jobs?

100

clerks

200

typists

300

mechanics

400

engineers

500

barbers

600

teachers

700

customs officers

800

taxi-drivers

900

nurses

1000

air-hostesses

1001

housewives

1002

milkmen

1003

postmen

1004

policemen

1005

policewomen

Exercise

Look at this:

Those men are lazy. They are clerks.
Those men are lazy. They are clerks.

Copy this. Put in He, She, We *or* They.

That man is tall. He is a policeman.
Those girls are busy. They are typists.
Our names are Britt and Inge. They are Swedish.
Look at our office boy. He is very busy.
Look at Miss Grey. She is very pretty.
Mr Baker and Mr Short are employees. They are clerks.

Lesson **19**

1

MOTHER: Whát's the mátter, chíldren?
GIRL: We're tíred . . .
BOY: . . . and thírsty, mum.

2

MOTHER: Sít down hére.

3

MOTHER: Áre you áll ríght nów?
BOY: Nó, we áren't.

4

MOTHER: Lóok!
Thére's an íce-créam mán.

5

MOTHER: Twó íce-créams pléase.

6

MOTHER: Hére you áre, chíldren.
CHILDREN: Thánks, mum.

7

GIRL: Thése íce-créams are níce.

8

MOTHER: Áre you áll ríght nów?
CHILDREN: Yés, we áre, thánk you!

Lesson **20** Look at them!

105

They're clean.

106

They're dirty.

217

They're hot.

218

They're cold.

321

They're fat.

322

They're thin.

433

They're big.

434

They're small.

545

They're open.

546

They're shut.

657

They're light.

658

They're heavy.

769

They're old.

770

They're young.

881
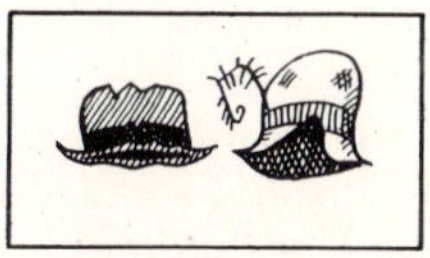
They're old.

882

They're new.

998

They're short.

999

They're tall.

1000

They're short.

1001

They're long

Exercise

Look at this:

Those children are thirsty. Those children are thirsty.

Copy this. Put in am, is *or* are.

Those children .are. tired.
Their mother .is. tired, too.
That ice-cream man .is. very busy.
His ice-creams are very nice.
What's the matter, children? We are thirsty.
What's the matter, Tim? I am tired.

Lesson **21**

1

MAN: Gíve me a bóok pléase, Jáne.

2

WOMAN: Whích bóok?

3

WOMAN: Thís one?

4

MAN: Nó, nót thát one.
The réd one.

5

WOMAN: Thís one?
MAN: Yés, pléase.

6

WOMAN: Hére you áre.
MAN: Thánk you.

Lesson **22** Give me/him/her/us/them a . . . Which one?

1001

(dirty)

1002

(clean)

1003

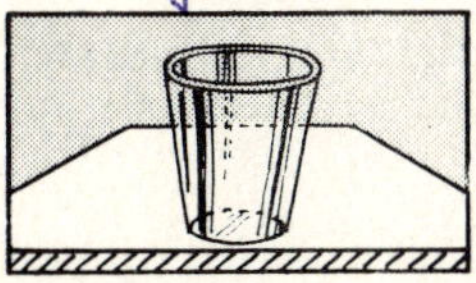

(empty)

1004

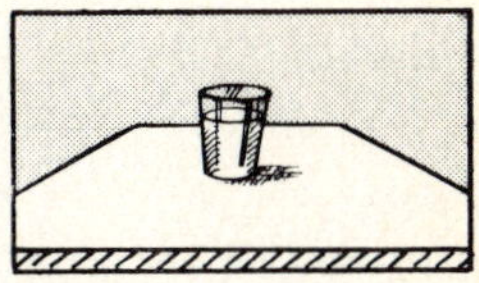

(full)

1005

(large)

1006

(small)

1007

(big)

1008

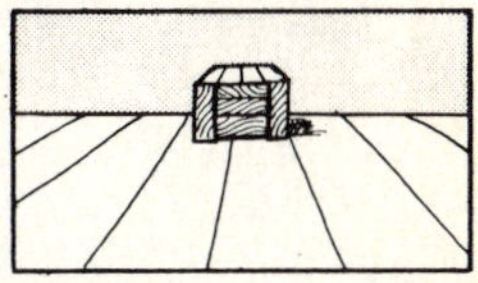

(little)

1009

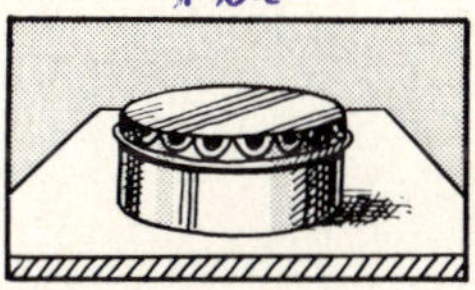

(new)

1010

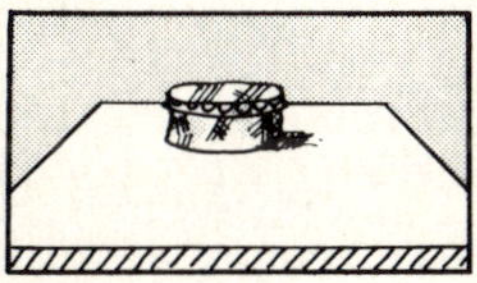

(old)

1011

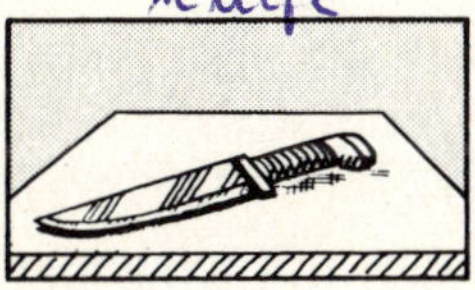

(sharp)

1012

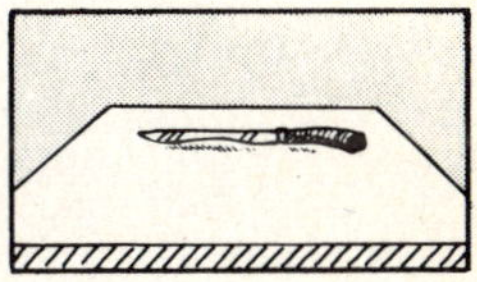

(blunt)

1013

(new)

1014

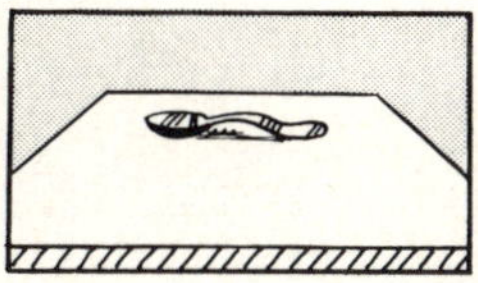

(old)

1015

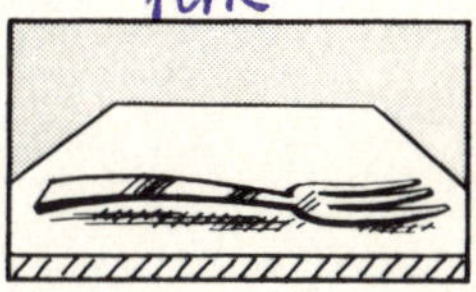

(large)

1016

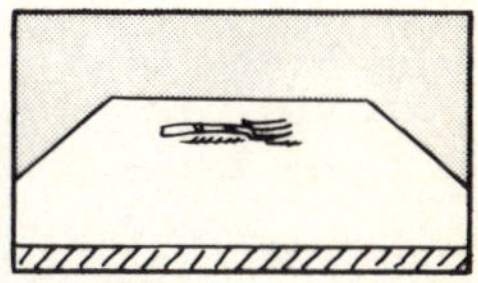

(small)

Exercise

Look at this:

> Is this Tim's shirt? No, it's not. .... shirt is white.
> *Is this Tim's shirt? No, it's not. His shirt is white.*

Copy this. Put in *His, Her, Our or Their*

Is this Miss Grey's coat? No, it's not. .... coat is grey.
Are these your pens? No, they're not. .... pens are blue.
Is this Mr Jackson's hat? No, it's not. .... hat is black.
Are these the children's books? No, they're not. .... books are red.
Is this Mrs Davis's dog? No, it's not. .... dog is brown and white.
Is this your father's tie? No, it's not. .... tie is orange.

Lesson **23**

1

MAN: Gíve me some glásses pléase, Jáne.

2

WOMAN: Whích glásses?

3

WOMAN: Thése glásses?

4

MAN: Nó, nót thóse.
The ónes on the shélf.

5

WOMAN: Thése?
MAN: Yés, pléase.

6

WOMAN: Hére you áre.
MAN: Thánks.

Lesson **24** Give me/him/her/us/them some . . . Which ones?

1117

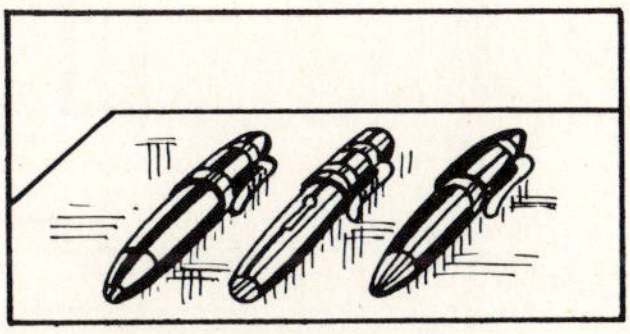

pens/on the desk

1218

ties/on the chair

1319

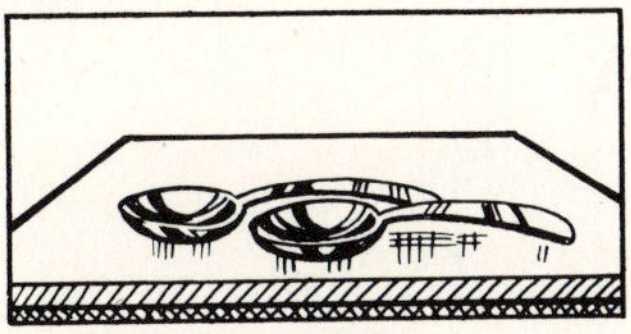

spoons/on the table

1420

plates/on the sideboard

1521

cigarettes/on the television

1622

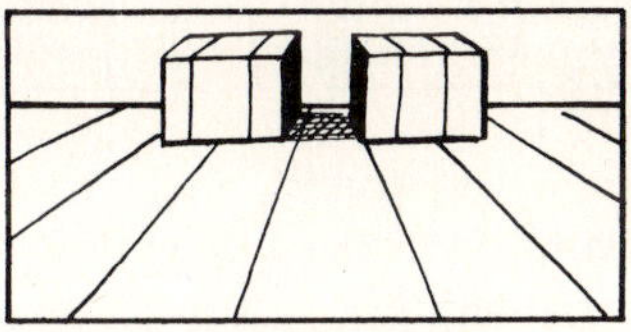

boxes/on the floor

1723

bottles/on the dressing table

1824

books/on the shelf

1925

magazines/on the bed

2000

newspapers/on the radio

Exercise

Look at this:

Give Tim this shirt. Give . . . this one, too. *Give Tim this shirt. Give him this one, too.*

Copy this. Put in me, him, her, us, *or* them.

Give Jane this watch. Give . . . this one, too.
Give the children these ice-creams. Give . . . these ones, too.
Give Tom this book. Give . . . this one, too.
That is my passport. Give . . . my passport please.
That is my coat. Give . . . my coat please.
Those are our umbrellas. Give . . . our umbrellas please.

Lesson **25**

Mŕs Smíth's kítchen is smáll.
There is a refrígerator in the kítchen.
The refrígerator is whíte.
It is ón the ríght.
There is an eléctric cóoker in the kítchen.
The cóoker is blúe.
It is ón the léft.
There is a táble
in the míddle of the róom.
There is a bóttle on the táble.
The bóttle is émpty.
There is a cúp on the táble, tóo.
The cúp is cléan.

Lesson **26** Where is it?

3000

There is a cup on the table.
The cup is clean.

4000

There is a box on the floor.
The box is large.

5000

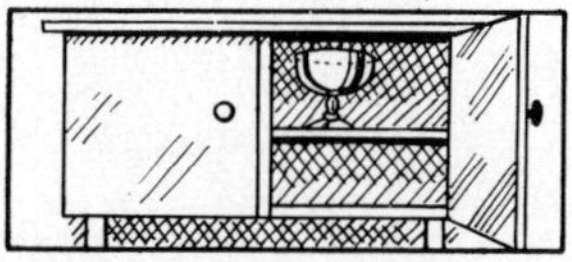

There is a glass in the sideboard.
The glass is empty.

6000

There is a knife on the plate.
The knife is sharp.

7000

There is a fork on the tin.
The fork is dirty.

8000

There is a bottle in the refrigerator.
The bottle is full.

9000

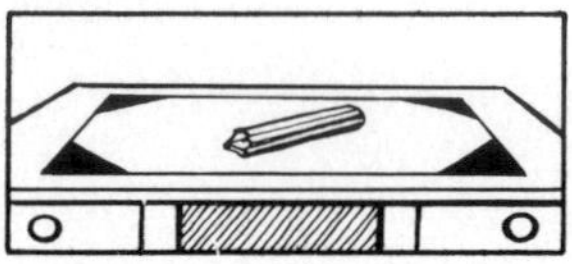

There is a pencil on the desk.
The pencil is blunt.

10,000

There is a spoon in the cup.
The spoon is small.

Exercise

Look at this:

Give me . . . book. Which book? . . . book on the table.
Give me a book. Which book? The book on the table.

Copy these. Put in a *or* the.

Give me . . . glass. Which glass? . . . empty one.
Give me some cups. Which cups? . . . cups on the table.
Is there . . . book on . . . table? Yes, there is. Is . . . book red?
Is there . . . knife in that box? Yes, there is. Is . . . knife sharp?

Lesson **27**

Mŕs Smíth's líving-róom is lárge.
There is a télevision in the róom.
The télevision is néar the wíndow.
There are some mágazínes on the télevision.
There is a táble in the róom.
There are some néwspapers on the táble.
There are some ármchairs in the róom.
The ármchairs are néar the táble.
There is a rádio in the róom.
The rádio is néar the dóor.
There are some bóoks on the rádio.
There are some píctures in the róom.
The píctures are ón the wáll.

Lesson **28** Where are they?

1120

There are some cigarettes
on the dressing-table.
They are near that box.

2230

There are some plates on the
cooker.
They are clean.

3340

There are some trousers
on the bed
They are near that shirt

4450

There are some bottles in the
refrigerator.
They are empty.

5560

There are some shoes on the floor.
They're near the bed.

6670

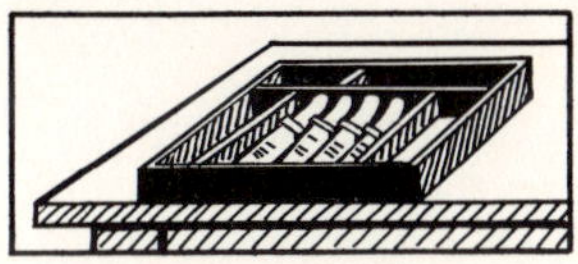

There are some knives on the table.
They're in that box.

7780

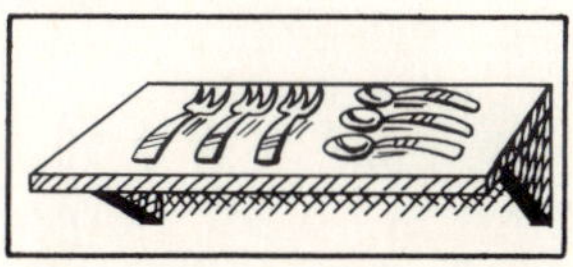

There are some forks on the shelf.
They're near those spoons.

8890

There are some bottles on the sideboard.
They're near those tins.

9999

There are some tickets on the shelf.
They're in that handbag.

10.001

There are some glasses on the radio.
They're near those bottles.

Exercise

Look at these:

a book – some books; a man – some men; a housewife – some housewives.

Now look at this:

There *is a book* on the desk. There are some books on the desk.

Copy these and change in the same way:
There *is a pencil* on the desk.
There *is a knife* near that tin.
There *is a policeman* in the kitchen.
There *is a newspaper* in the living-room.
There *is a typist* in the office.

Lesson **29**

Mrs Jones: Cóme in, Béssie.

1

Mrs Jones: Shút the dóor pléase.

2

Mrs Jones: Thís bédroom's véry untídy.
Bessie: Whát must I dó, Mrs Jónes?

3

Mrs Jones: Ópen the wíndow and áir the róom.

4

Mrs Jones: Then pút thése clóthes in the wárdrobe.

5

Mrs Jones: Then máke the béd.

6

Mrs Jones: Dúst the dréssing-táble.

7

Mrs Jones: Then swéep the flóor.

8

Lesson **30** Do this! Do that!

Open / Shut your

1 2 3 4

Put on / Take off your

5 6 7 8 9 10

Turn on / Turn off the

11 12 13 14 15

Sweep the

16 17 18 19

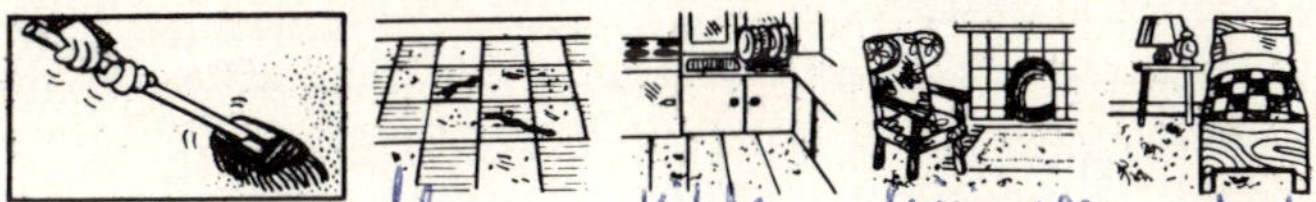

Clean the

20 21 22 23

Dust the

24 25 26

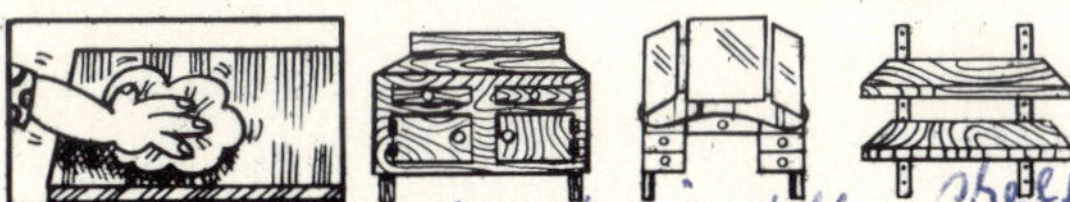

Empty the

27 28 29 30

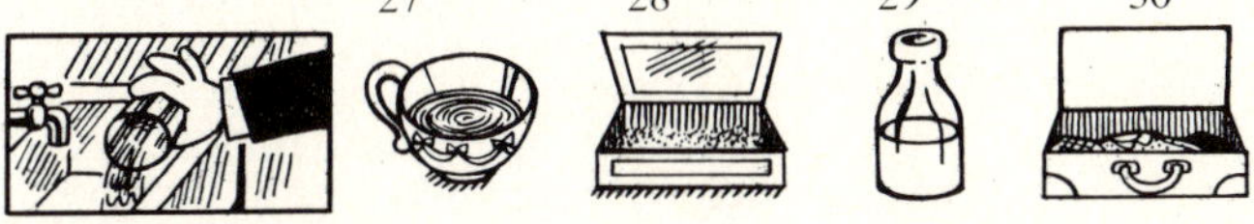

Read this

31 32 33

Sharpen these

34 35

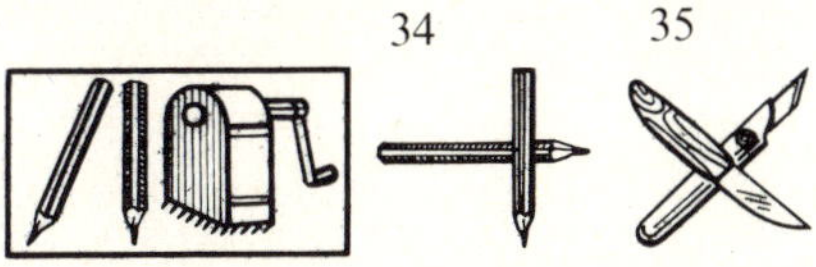

Look at this:

The cup isn't empty. *Empty it!*

Change in the same way:
The window isn't clean.
The door isn't shut.
The wardrobe isn't open.

Lesson 31

JEAN: Whére's Sálly, Jáck?
JACK: She's ín the gárden, Jéan.
JEAN: Whát is she dóing?
JACK: She's sítting under the trée.
JEAN: Is Tím in the gárden, tóo?
JACK: Yés, he ís.
He's clímbing the trée.
JEAN: I bég your párdon?
Whó is clímbing the trée?
JACK: Tím is.
JEAN: Whát abóut the dóg?
JACK: The dóg's in the gárden, tóo.
It's rúnning acróss the gráss.
It's rúnning áfter a cát.

Lesson **32** What is he/she/it doing?

20,000

Miss Grey is typing
a letter.

30,000

She is emptying
a basket.

40,000

Mr Richards is opening
the window.

50,000

My mother is making
the bed.

60,000

Sally is shutting
the door.

70,000

It is eating
a bone.

80,000

My sister is looking
at a picture.

90,000

Jack is reading
a magazine.

100,000

He is cleaning
his teeth.

200,000

She is dusting
the dressing-table.

300,000

Mrs Ford is cooking
a meal.

400,000

The cat is drinking
its milk.

500,000

Bessie is sweeping the floor.

600,000

Tim is sharpening a pencil.

700,000

He is turning on the light.

800,000

The girl is turning
off the tap.

900,000

The boy is putting
on his shirt.

1,000,000

Mrs Jones is taking
off her coat.

Exercise *Look at this:* Sweep the floor! She is sweeping it.

Do these in the same way:

Open the window! He . . .
Sharpen this pencil! She . . .
Dust the sideboard! She . . .
Empty the basket! She . . .
Look at the picture! He . . .

Lesson **33**

It is a fíne dáy todáy.
There are some clouds in the ský,
but the sún is shíning.
Mŕ Jónes is wíth his fámily.
They are wálking óver the brídge.
There are some bóats on the ríver.
Mŕ Jónes and his wífe are lóoking at them.
Sálly is lóoking at a bíg shíp.
The shíp is góing únder the brídge.
Tím is lóoking at an áeroplane.
The áeroplane is flýing óver the ríver.

Lesson **34** What are they doing?

220,231

cooking

331,342

sleeping

442,453

shaving

553,564

crying

664,675

eating

775,786

typing

886,897

doing

997,998

washing

1,000,001

flying

1,100,000

walking

1,500,000

waiting

2,000,000

jumping

Exercise

Look at this:

> take – tak~~e~~ing
> Take . . . He is taking his book.

Do these in the same way:

Type . . .	She is . . . a letter.
Make . . .	She is . . . the bed.
Come . . .	He is . . .
Shine . . .	The sun is . . .
Give . . .	He is . . . me some magazines.

Lesson **35**

1 

Thís is a phótograph of our víllage.
Óur víllage is in a válley.
It is betwéen twó hílls.
The víllage is on a ríver.

2 

Hére is anóther phótograph of the víllage.
My wífe and Í are wálking
alóng the bánks of the ríver.
We are on the léft.
There is a bóy in the wáter.
He is swímming acróss the ríver.

3 

Hére is anóther phótograph.
Thís is the schóol búilding.
It is besíde a párk.
The párk is on the ríght.
Some chíldren are cóming óut of the búilding.
Sóme of them are góing ínto the párk.

Lesson **36** Where . . . ?

1 one

going into

2 two

going out of

3 three

sitting beside

4 four

walking across

5 five

running along

6 six

jumping off Who

7 seven

walking between Where

8 eight

sitting near Where

9 nine

flying under What is

10 ten

flying over What

11 eleven

sitting on Who

12 twelve

reading in Who

Exercise

Look at this:

put – putting	
Put . . .	He is putting on his coat.

Do these in the same way:

Swim . . .	He is . . . across the river.
Sit . . .	She is . . . on the grass.
Run . . .	The cat is . . . along the wall.

Lesson **37**

1

FRED: Yóu're wórking hárd, Géorge.
What are you dóing?
GEORGE: I'm máking a bóok-cáse.

2

GEORGE: Gíve me thát hámmer pléase, Fréd.
FRED: Whích hámmer?
Thís óne?

3

GEORGE: Nó, nót thát óne.
The bíg óne.

4

FRED: Hére you áre.
GEORGE: Thánks, Fréd.

5

FRED: Whát are you góing to dó nów, Géorge?
GEORGE: I'm góing to páint it.

6

FRED: Whát cólour
are you góing to páint it?
GEORGE: I'm góing to páint it pínk.
FRED: Pínk!

7

GEORGE: Thís bóok-cáse ísn't for mé.
It's for my dáughter, Súsan.
Pínk's her fávourite cólour.

Lesson **38** What are you going to do? What are you doing (now) ?

one

I am going to shave.

two

Now I am shaving.

three

I'm going to wait for a bus.

four

Now I'm waiting for a bus.

five

We are going to do our homework.

six

Now we are doing our homework.

seven

I'm going to paint this book-case.

eight

Now I'm painting this book-case.

nine

We're going to listen to the radio.

ten

Now we're listening to the radio.

eleven

I'm going to wash the dishes.

twelve

Now I'm washing the dishes.

Exercise

Look at this:

What . . . you doing? *What are you doing?*	We . . . reading. *We are reading.*

Copy this. Put in am, is *or* are.

What . . . you doing? We . . . reading.
What . . . they doing? They . . . doing their homework.
What . . . he doing? He . . . working hard.
What . . . you doing? I . . . washing the dishes.

Lesson **39**

JOHN: Whát are you góing to dó
with that váse, Máry?

1

MARY: I'm góing to pút it
on the rádio, Jóhn.

2

JOHN: Dón't do thát.
Gíve it to mé.

3

MARY: Whát are you góing to dó with it?
JOHN: I'm góing to pút it hére,
in frónt of the wíndow.

4

MARY: Bé cáreful!
Dón't dróp it!

5

MARY: Dón't put it thére, Jóhn.
Pút it hére,
on thís shélf.

6

JOHN: Thére we áre!
It's a lóvely váse.
MARY: Thóse flówers are lóvely, tóo.

7

Lesson **40** What are you going to do? I'm going to . . .

13 thirteen

put it .On!

14 fourteen

take it .Off! (ausziehen)

15 fifteen

turn it .On!

16 sixteen

turn it off!

What are you going to do with that/those . . .
I'm going to give/show/send/take . . .

17 seventeen

to my daughter

18 eighteen

to my grandmother

19 nineteen

to my father

20 twenty

to my mother

30 thirty

to the children

40 forty

to my wife

50 fifty

to my grandfather

60 sixty

to my sister

Exercise

Look at this:

Give me that vase. Give that vase to me.

Change these in the same way:

Send George that letter. . .
Take her those flowers. . .
Show me that picture. . .
Give Mrs Jones these books. . .
Give the children these ice-creams. . .

Lesson **41**

JOHN: Ís that bag héavy, Máry?
MARY: Nót véry.
JOHN: Hére!
Pút it on thís cháir.
What's ín it?

1

MARY: A píece of chéese.

2

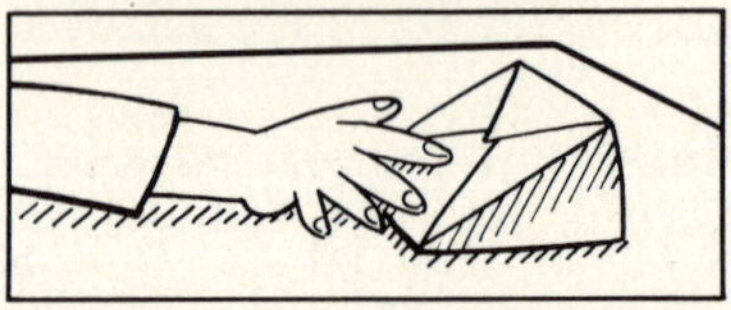

A lóaf of bréad.

3

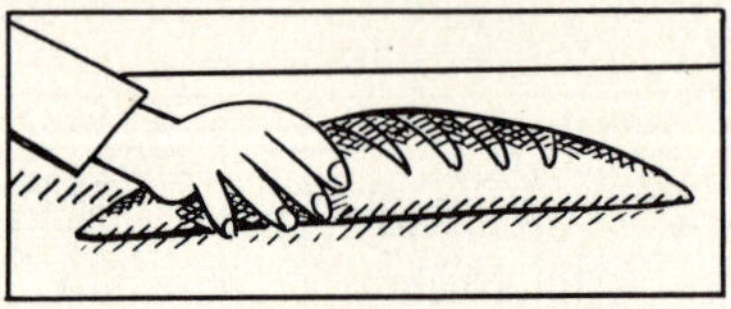

A bár of sóap.

4

A bár of chócolate.

5

A bóttle of mílk.

6

A póund of súgar.

7

Hálf a póund of cóffee.

8

A quárter of a póund of téa.

9

10

And a tín of tobácco.
JOHN: Ís that tín of tobácco for mé?
MARY: Wéll, it's cértainly nót for mé!

Lesson **42** Is there a . . . in/on that . . . ? Is there any . . . in/on that . . . ?

thirteen

passport

fourteen

milk

fifteen

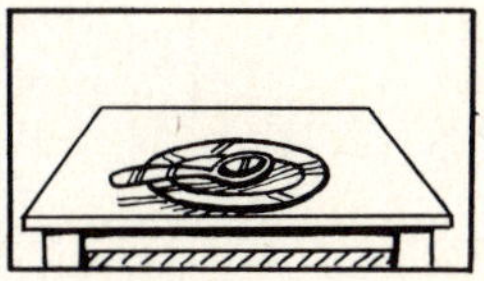

spoon

sixteen

tie

seventeen

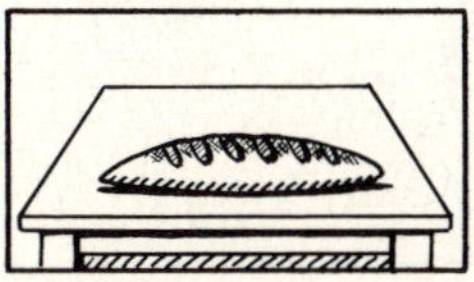

bread

eighteen

hammer

nineteen

tea

twenty

vase

thirty

suit

forty

tobacco

fifty

chocolate

sixty

cheese

70 seventy

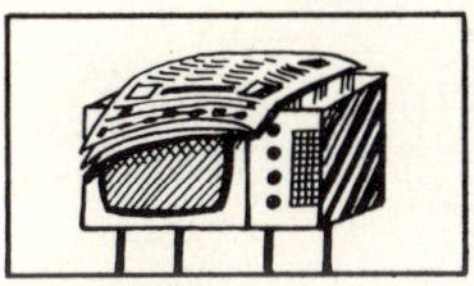

newspaper

80 eighty

car

90 ninety

soap

100 a hundred

bird

Exercise

Look at these:

> There's *a* photograph on the desk.
> Is there *any* milk in the bottle?
> There isn't *any* milk in the bottle.
> There's *some* milk in that cup.

Copy this. Put in a, any *or* some.

Is there . . . bread in the kitchen?
There's . . . loaf on the table.
There's . . . coffee on the table, too.
There isn't . . . chocolate on the table.
There's . . . spoon on that dish.
Is there . . . soap on the dressing-table?

Lesson **43**

1 

MARY: Cán you máke the téa, Jóhn?
JOHN: Yés, of cóurse, I cán, Máry.

2 

JOHN: Ís there ány wáter in thís kéttle?
MARY: Yés, there ís.

3 

JOHN: Whére's the téa, déar?
MARY: It's óver thére,
behínd the téa-pot.

4 

MARY: Cán you sée it?
JOHN: I can sée the téa-pot,
but I cán't see the téa.

5 

MARY: Thére it ís!
It's in frónt of you!
JOHN: Áh yés, I can sée it nów.

6 

JOHN: Whére are the téa-cups?
MARY: There are sóme in the cúpboard.

7 

MARY: Cán you fínd them?
JOHN: Yés. Hére they áre.

8 

MARY: Húrry up, Jóhn!
The kéttle's bóiling!

Lesson **44** Are there any . . . ? Is there any . . . ?

seventy

bread on the table

eighty

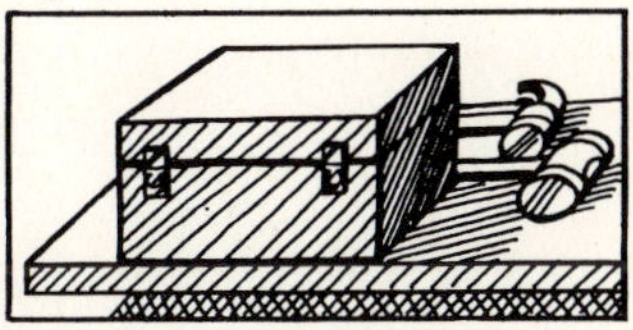

hammers behind that box

ninety

milk in front of the door

a hundred

soap on the sideboard

two hundred

newspapers behind that vase

three hundred

water in those glasses

four hundred

tea in those tea-cups

five hundred

tea-cups in front of that kettle

six hundred

chocolate behind that book

seven hundred

tea-pots in the cupboard

eight hundred

cars in front of that building

nine hundred

coffee on the table.

Exercise

Look at these:

glass – glasses; book – books; housewife – housewives.

Now look at this:

I can see some cups, but I can't see any . . . (glass).
I can see some cups, but I can't see any glasses.

Do these in the same way:

I can see some spoons, but I can't see any . . . (knife).
I can see some hammers, but I can't see any . . . (box).
I can see some coffee, but I can't see any . . . (loaf) of bread.
I can see some cupboards, but I can't see any . . . (shelf).
I can see Mr Jones and Mr Brown, but I can't see their . . . (wife).
I can see some cups, but I can't see any . . . (dish).
I can see some cars, but I can't see any . . . (bus).

Lesson **45**

THE BOSS: Cán you cóme hére a mínute pléase, Bób?
BOB: Yés, sír?

1

THE BOSS: Whére's Míss Jónes?
BOB: She's néxt dóor.
She's ín her óffice, sír.

2

THE BOSS: Cán she týpe
thís létter for me?
Ásk her pléase.
BOB: Yés, sír.

3

BOB: Cán you týpe thís létter
for the bóss pléase, Miss Jónes?
MISS JONES: Yés, of cóurse, I cán.

4

BOB: Hére you áre.
MISS JONES: Thánk you, Bób.

5

MISS JONES: Bób!
BOB: Yés?
Whát's the mátter?
MISS JONES: I cán't týpe thís létter.

6

MISS JONES: I cán't réad it!
The bóss's hándwriting is térrible!

7

Lesson **46** Can you . . . ?

1000
a thousand

I can put my hat on,
but I can't put my coat on.

5000
five thousand

I can see that aeroplane,
but I can't see a bird.

10,000
ten thousand

I can paint this book-case,
but I can't paint this room.

100,000
a hundred thousand

I can lift that chair,
but I can't lift this table.

210,000
two hundred and ten thousand

I can read this book,
but I can't read that magazine.

350,000
three hundred and fifty thousand

I can jump off this box,
but I can't jump off that wall.

500,000
five hundred thousand

I can make cakes,
but I can't make biscuits.

1,000,000
a million

I can put the vase on this table,
but I can't put it on that shelf.

Exercise

Look at these:

He is taking his book.	He can take his book.
She is putting on her coat.	She can put on her coat.

Change these in the same way:

They are typing these letters...
She is making the bed. . .
You are swimming across the river...
We are coming now...
We are running across the park. . .
He is sitting on the grass...
I am giving him some chocolate. ...

Lesson **47**

MRS YOUNG: Dó you líke cóffee, Mŕs Príce?
MRS PRICE: Yés, I dó.

1

MRS YOUNG: Dó you wánt a cúp?
MRS PRICE: Yés, pléase, Mŕs Yóung.

2

MRS YOUNG: Dó you wánt any súgar?
MRS PRICE: Yés, pléase.

3

MRS YOUNG: Dó you wánt any mílk?
MRS PRICE: Nó, thánk you.
Í dón't líke mílk in my cóffee.
Í like bláck cóffee.

4

MRS YOUNG: Dó you líke bíscuits?
MRS PRICE: Yés, I dó.

5

MRS YOUNG: Dó you wánt one?
MRS PRICE: Yés, pléase.

6

Lesson **48** Do you like . . . ?
Do you want . . . ?

1st first

2nd second

3rd third

4th fourth

5th fifth

6th sixth

7th seventh

8th eighth

9th ninth

10th tenth

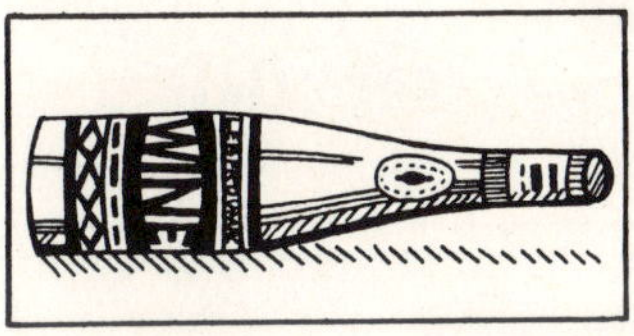

11th eleventh

12th twelfth

Exercise

Copy this. Put in off, over, between, along, in front of, behind, under, across.
The aeroplane is flying . . . the village.
The ship is going . . . the bridge.
The children are swimming . . . the river.
Two cats are running . . . the wall.
The boy is jumping . . . the tree.
The girl is sitting . . . her mother and her father.
The teacher is standing . . . the blackboard.
The blackboard is . . . the teacher.

Lesson **49**

BUTCHER: Dó you wánt any méat todáy, Mrs Bírd?
MRS BIRD: Yés, pléase.

1

BUTCHER: Dó you wánt béef or lámb?
MRS BIRD: Béef, pléase.

2

BUTCHER: Thís lámb's véry góod.
MRS BIRD: Í like lámb,
but my húsband dóesn't.

3

BUTCHER: Whát abóut some stéak?
Thís is a níce píece.
MRS BIRD: Gíve me thát piece pléase.

4

MRS BIRD: And a póund of mínce, tóo.

5

BUTCHER: Dó you wánt a chícken, Mrs Bírd?
They're véry níce.
MRS BIRD: Nó, thánk you.

6

MRS BIRD: My húsband líkes stéak,
but he dóesn't líke chícken.
BUTCHER: To téll you the trúth, Mrs Bírd,
Í don't like chicken, éither!

7

Lesson **50** He likes . . . but he doesn't like . . .

13th thirteenth

14th fourteenth

15th fifteenth

16th sixteenth

17th seventeenth

18th eighteenth

19th nineteenth

20th twentieth

21st twenty-first

22nd twenty-second

23rd twenty-third

24th twenty-fourth

Exercise

Look at this: She likes potatoes, but I . . .

Copy these. Put in am not, aren't, isn't, can't, don't, doesn't.
He likes coffee, but I . . .
She likes tea, but he . . .
He is eating some bread, but she . . .
She can type very well, but he . . .
They are working hard, but we . . .
He is reading a magazine, but I . . .

Lesson **51**

1

HANS: Whére do you cóme fróm?
DIMITRI: I cóme from Gréece.
HANS: Whát's the clímate líke
in yóur cóuntry?
DIMITRI: It's véry pléasant.

2

HANS: Whát's the wéather líke in spríng?
DIMITRI: It's óften wíndy in Márch.
It's álways wárm in Ápril and Máy,
but it ráins sometimes.

3

HANS: Whát's it líke in súmmer?
DIMITRI: It's álways hót
in Júne, Julý and Áugust.
The sún shínes évery dáy.

4

HANS: Is it cóld or wárm in áutumn?
DIMITRI: It's álways wárm
in Septémber and Octóber.
It's óften cóld in Novémber
and it ráins sometimes.

5

HANS: Is it véry cóld in wínter?
DIMITRI: It's óften cóld
in Decémber, Jánuary and Fébruary.
It snóws sometimes.

Lesson **52** What nationality are they? Where do they come from?

20th

I'm American.
I come from America.

21st

He's Brazilian.
He comes from Brazil.

22nd

She's Dutch.
She comes from Holland.

23rd

We're English.
We come from England.

24th

They're French.
They come from France.

25th

You're German.
You come from Germany.

26th

He's Greek.
He comes from Greece.

27th

You're Italian.
You come from Italy.

28th

We're Norwegian.
We come from Norway.

29th

They're Russian.
They come from Russia.

30th

She's Spanish.
She comes from Spain.

31st

I'm Swedish.
I come from Sweden.

Exercise

Look at this:

I come from England, but Stella . . . from Spain.
I come from England, but Stella comes from Spain.

Do these in the same way:

We come from Germany, but Dimitri . . . from Greece.
I like cold weather, but he . . . warm weather.
He comes from America, but she . . . from England.
She doesn't like the winter, but she . . . the summer.
I come from Norway, but you . . . from Sweden.
Stella comes from Spain, but Hans and Carl . . . from Germany.
We don't come from Spain. We . . . from Brazil.

Lesson **53**

1 

HANS: Whére do you cóme fróm?
JIM: I cóme from Éngland.
HANS: Whát's the clímate líke
in yóur cóuntry?
JIM: It's míld,
but it's nót álways pléasant.

2 

JIM: The wéather's óften cóld in the Nórth
and wíndy in the Éast.
It's óften wét in the Wést
and sómetimes wárm in the Sóuth.

3 

HANS: Whích séasons do you líke bést?
JIM: I like spríng and súmmer.
The dáys are lóng
and the níghts are shórt.
The sún rises éarly
and séts láte.

4 

JIM: I dón't líke áutumn and wínter.
The dáys are shórt
and the níghts are lóng.
The sún ríses láte
and séts éarly.
Óur clímate is nót véry góod,
but it's cértainly ínteresting.
It's our fávourite súbject
of conversátion.

Lesson 54 What nationality are they? Where do they come from?

20th

I'm Australian.
I come from Australia.

30th

He's Austrian.
He comes from Austria.

40th

He's Canadian.
He comes from Canada.

50th

We're Chinese.
We come from China.

60th

They're Danish.
They come from Denmark.

70th

You're Finnish.
You come from Finland.

80th

She's Indian.
She comes from India.

90th

You're Japanese.
You come from Japan.

100th

We're Nigerian.
We come from Nigeria.

101st

They're Polish
They come from Poland.

102nd

She's Turkish.
She comes from Turkey.

103rd

I'm Yugoslavian.
I come from Yugoslavia.

Exercise

Look at this:

The sun rises early.	*Does the sun rise early?* *The sun doesn't rise early.*

Do these in the same way:

The sun sets late. . . .
. . .

He likes ice-cream. . . .
. . .

Mrs Jones wants a biscuit. . . .
. . .

Jim comes from England. . . .
. . .

Lesson **55**

1

The Sáwyers líve at 87 Kíng Stréet.

2

In the mórning, Mr Sáwyer góes to wórk
and the chíldren go to schóol.
Their fáther tákes them to schóol évery dáy.

3

Mŕs Sáwyer stáys at hóme évery dáy.
She dóes the hóusework.

4

She álways éats her lúnch at nóon.

5

In the afternóon,
she úsually sées her fríends.
They óften drínk téa togéther.

6

In the évening,
the chíldren cóme hóme from schóol.
They arríve hóme éarly.

7

Mŕ Sáwyer cómes hóme from wórk.
He arríves hóme láte.

8

At níght,
the chíldren álways dó their hómework.
Thén they gó to béd.
Mŕ Sáwyer úsually réads his néwspaper,
but sómetimes hé and his wífe wátch télevision.

Lesson **56** What do they usually do?

every day

in the morning
in the afternoon
in the evening

at noon
at night

1st

dusts

2nd

makes

3rd

shaves

4th

listen

21st

cleans

22nd

go

23rd

washes

24th

type

31st

drinks

32nd

watch

33rd

eats

34th

reads

Exercise

Look at this:

She wash . . . the dishes every day.
She washes the dishes every day.

Copy this. Add s *or* es *where necessary:*

The children go . . . to school in the morning.
Their father take . . . them to school.
Mrs Sawyer stay . . . at home.
She do . . . the housework.
She always eat . . . her lunch at noon.

Lesson **57**

It is éight o'clóck.
The chíldren gó to schóol by cár
évery dáy,
but todáy,
they are góing to schóol on fóot.

1

It is tén o'clóck.
Mŕs Sáwyer úsually stáys at hóme
in the mórning,
but this mórning,
she is góing to the shóps.

2

It is fóur o'clóck.
Ín the áfternóon,
Mrs Sáwyer úsually drínks téa
in the líving-róom.
But this áfternóon,
she is drínking téa in the gárden.

3

It is síx o'clóck.
Ín the évening,
the chíldren úsually dó their hómework,
but this évening,
they are nót dóing their hómework.
At the móment,
they are pláying in the gárden.

4

It is níne o'clóck.
Mr Sáwyer úsually réads his néwspaper
at níght.
But he's nót réading his néwspaper toníght.
At the móment,
he's réading an ínteresting bóok.

5

Lesson **58** What's the time?

1st  2nd  3rd  4th  5th  6th 

7th  8th  9th  10th  11th  12th 

gewöhnlich

They usually . . . but today, they are . . .

13th

He usually shaves at 7.0 o'clock every day,

14th

but today, he . . .

15th

She usually drinks tea in the morning,

16th

but this morning, she . . . is drinking coffee

17th

They usually play in the garden in the afternoon,

18th

but this afternoon, they . . . are swimming

19th

I usually cook a meal in the evening,

20th

but this evening, I am reading a book

21st When do you watch Television?

We usually watch television at night,

22nd

but tonight, we . . . are listening to the radio

Exercise
Look at this:

He usually shaves at 7.0,	*He usually shaves at 7.0,*
but today, he . . . at 8.0.	*but today he is shaving at 8.0.*

Do these in the same way:

She usually drinks tea in the morning, but this morning, she . . . coffee.
They usually play in the garden in the afternoon, but this afternoon, they . . . in the park.
She usually washes the dishes at night, but tonight she . . . clothes.

Lesson **59**

1

LADY: I wánt some énvelopes pléase.
STATIONER: Dó you wánt
the lárge síze, or the smáll síze?
LADY: The lárge síze pléase.

2

LADY: Háve you any wríting-páper?
STATIONER: Yés, we háve.

3

STATIONER: I háven't any smáll páds.
I ónly háve lárge ones.
Dó you wánt a pád?
LADY: Yés, pléase.

4

LADY: And I wánt some
bláck ínk and some glúe.
STATIONER: A bóttle of ínk
and a bóttle of glúe.

5

LADY: And I wánt
a lárge bóx of chálk, tóo.
STATIONER: I ónly háve smáll boxes.
Dó you wánt one?
LADY: Nó, thánk you.

6

STATIONER: Is thát áll?
LADY: Thát's áll, thánk you.

7

STATIONER: Whát élse do you wánt?
LADY: I wánt my chánge.

Lesson **60** What's the time?

1st 
2nd 
3rd 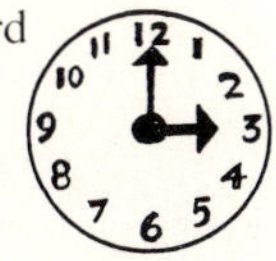
4th 
5th 
6th 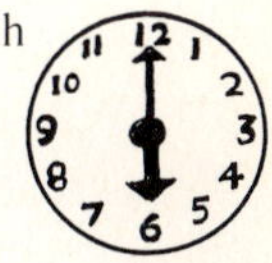
7th 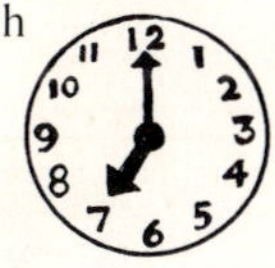
8th 
9th 
10th 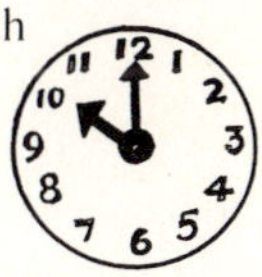
11th 
12th 

Have you any . . . ?

13th

cheese

14th

butter

15th

eggs

16th

jam

17th

honey

18th
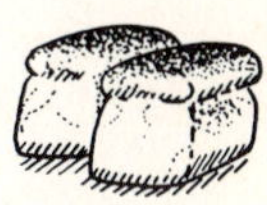
bread

19th

biscuits

20th

potatoes

21st

tomatoes

22nd

peas

23rd
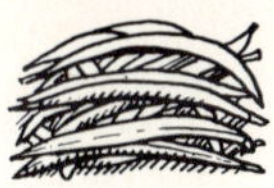
beans

24th

cabbages

25th

lettuces - Salat

26th

bananas

27th

grapes

28th

peaches

29th

steak

30th

mince - Gehacktes

31st

chicken

32nd

whisky

33rd

beer

34th

wine

35th

tobacco

36th

soap

Exercise

Look at these:

I haven't any *banana*, but I have some *peach*.
I haven't any bananas, but I have some peaches.
I haven't any *coffee*, but I have some *milk*.
I haven't any coffee, but I have some milk.

Copy these. Add s *or* es *where necessary.*
I haven't any *grape*, but I have some *peach*.
I haven't any *tomato*, but I have some *potato*.
I haven't any *mince*, but I have some *steak*.
I haven't any *glue*, but I have some *ink*.
I haven't any *envelope*, but I have some *writing-paper*.

Lesson 61

1

MR WILLIAMS: Whére's Jímmy?
MRS WILLIAMS: Hé's in béd.
MR WILLIAMS: Whát's the mátter with him?
MRS WILLIAMS: He féels íll.

2

MR WILLIAMS: He lóoks íll.
MRS WILLIAMS: We must cáll the dóctor.
MR WILLIAMS: Yés, we múst.

3

MR WILLIAMS: Cán you remémber the dóctor's télephone númber?
MRS WILLIAMS: Yés.
Ít's 09754.

4

DOCTOR: Ópen your móuth, Jimmy.
Shów me your tóngue.
Sáy, 'Áh'.

5

MR WILLIAMS: Whát's the mátter with him, dóctor?
DOCTOR He has a bád cóld,
Mr Wílliams,
so he must stáy in béd
for a wéek.

6

MRS WILLIAMS: That's góod néws for Jímmy.
DOCTOR: Góod néws?
Whý?
MR WILLIAMS: Becáuse he dóesn't líke schóol!

I have got the flu – Grippe
a cold – Erkältung
bad luck – Pech
sore throat – heiser
fetch – holen

Lesson **62** What's the matter with them? What must they do?

41st

She has a headache.
So she must take an aspirin.

52nd

George has an ear-ache.
So he must see a doctor.

63rd

He has a toothache.
So he must see a dentist.

74th

Jane has a stomach-ache.
So she must drink some medicine.

85th

Tom has a temperature.
So he must go to bed.

96th

Frank has flu.
So he must stay in bed.

107th

Jimmy has measles.
So we must call the doctor.

108th

Susan has mumps.
So we must call the doctor.

Exercise

Look at these:

I have a headache.
I must stay at home.

Write these again. Begin each sentence with He.

I have a cold.	He . . .
I can't go to work.	. . .
I am not well.	. . .
I feel ill.	. . .
I must see a doctor.	. . .
I do not like doctors.	. . .

Lesson **63**

DOCTOR: Hów's Jímmy todáy?
MRS WILLIAMS: He's bétter thánk you, dóctor.
DOCTOR: Cán I sée him pléase,
Mrs Wílliams?
MRS WILLIAMS: Cértainly, dóctor.
Cóme upstáirs.

1

DOCTOR: You look véry wéll, Jímmy.
You are bétter nów,
but you mústn't get up yét.
You must stáy in béd
for anóther twó dáys.

2

DOCTOR: The bóy mústn't
gó to schóol yét, Mrs Wílliams.
And he mústn't éat rich fóod.
MRS WILLIAMS: Hás he a témperature, dóctor?
DOCTOR: Nó, he hásn't.
MRS WILLIAMS: Múst he stáy in béd?
DOCTOR: Yés.
He must remáin in béd
for anóther two dáys.
He can gét úp
for about twó hóurs éach dáy,
but you múst kéep the
róom wárm.

3

DOCTOR: Whére's Mr Wílliams this
évening?
MRS WILLIAMS: He's in béd, dóctor.
Cán you sée him pléase?
Hé has a bád cóld, tóo!

4

Lesson 64 Don't . . . ! You mustn't . . . !

110

. . . take any aspirins!

221

. . . drink this medicine!

332

. . . call the doctor!

443

. . . play with matches! – Streichhölzer

554

. . . talk in the library! – Bücherei

665

. . . make a noise! – Geräusch

776

. . . drive so quickly!

887

. . . lean out of the window!

998

. . . break that vase!

Exercise

Look at this:

I mustn't take any aspirins. Jimmy mustn't take any aspirins.

Write this again. Begin each sentence with Jimmy.

I am better now but I mustn't get up yet.
I have a cold and I must stay in bed.
I can get up for two hours each day.
I often read in bed.
I listen to the radio, too.
I don't feel ill now.

Lesson **65**

1

FATHER: Whát are you góing to dó
this évening, Bétty?
BETTY: I'm góing to méet some fríends, Dád.

2

FATHER: You mústn't cóme hóme láte.
You must bé hóme at hálf pást tén.
BETTY: I cán't get hóme só éarly, Dád!

3

BETTY: Cán I háve the kéy
to the frónt dóor, pléase?
FATHER: Nó, you cán't.

4

MOTHER: Bétty's éighteen yéars óld, Tóm.
She's nót a báby.
Gíve her the kéy.
She álways comes home éarly.
FATHER: Oh, áll ríght!

5

FATHER: Hére you áre.
But you mústn't cóme hôme
after a quárter pást elèven.
Dó you héar?
BETTY: Yés, Dád.

6

BETTY: Thánks, Múm.
MOTHER: Thát's all ríght, déar.
Góodbye.
Enjóy yourself!
BETTY: We álways enjóy ourselves, Múm.
Býe, býe.

Lesson **66** What's the time?

1st

2nd

3rd

4th

5th

6th

7th

8th

9th

10th

11th

12th

When's your birthday?
How old are you?

JULY					
S		7	14	21	28
M	1	8	15	22	29
Tu	2	9	16	23	30
W	3	10	17	24	31
Th	4	11	18	25	
F	5	12	19	26	
S	6	13	20	27	

My birthday is on Monday July, the first

Enjoy yourself!

13th

Enjoy yourself!
I always enjoy myself.

14th

We're enjoying ourselves.
They're enjoying themselves.

15th

He's enjoying himself.

16th

She's enjoying herself.

Exercise

Copy this. Put in in, at *or* from.
I am going to see him . . . ten o'clock.
It often rains . . . November.
Where do you come . . . ? I come . . . France.
I always go to work . . . the morning.
What's the climate like . . . your country?
It's cold . . . winter and hot . . . summer.

Lesson 67

MRS JOHNSON: Húllo, Mrs Wílliams.
Wére you at the bútcher's?
MRS WILLIAMS: Yés, I wás.
Wére yóu at the bútcher's, tóo?
MRS JOHNSON: Nó, I wásn't.
Í was at the gréengrocer's.
Hów's Jímmy todáy?
MRS WILLIAMS: He's véry wéll, thánk you.
MRS JOHNSON: Wás he ábsent from schóol lást wéek?
MRS WILLIAMS: Yés, he wás.
He was ábsent on Mónday, Túesday,
Wédnesday and Thúrsday.
Hów are yóu áll kéeping?
MRS JOHNSON: Véry wéll, thánk you.
We're góing to spénd thrée dáys
in the cóuntry.
We're góing to stáy at my móther's
for the wéek-énd.
MRS WILLIAMS: Fríday, Sáturday and Súnday
in the cóuntry!
Áren't you lúcky!

Lesson **68** What's the time?

1st

2nd
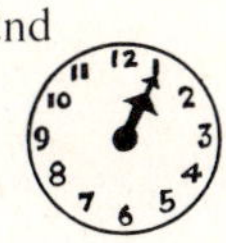
3rd

4th

5th
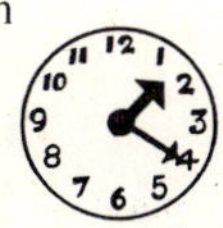
6th

7th

8th
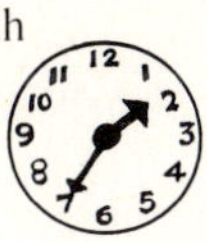
9th

10th

11th

12th

Where were you on . . . ?
When were you at . . . ?

Sunday, January 1st

church

Monday, February 2nd

school

Tuesday, March 3rd

the office

Wednesday, April 4th

the butcher's

Thursday, May 5th

the barber's

Friday, June 6th

the baker's

Saturday, July 7th

the dairy

Sunday, August 8th

home

Monday, September 9th

the grocer's

Tuesday, October 10th

the greengrocer's

Wednesday, November 11th

the tobacconist's

Thursday, December 12th

the stationer's

Exercise

Copy these. Put in the *where necessary.*

I was at . . . church on Sunday.
I was at . . . office on Monday.
My son was at . . . school on Tuesday.
My wife was at . . . butcher's on Wednesday.
She was at . . . grocer's on Thursday.
My daughter was in . . . country on Friday.
I was at . . . home on Saturday.

Lesson **69**

There is a cár ráce
near óur tówn évery yéar.
In Í968,
there was a véry bíg ráce.

1

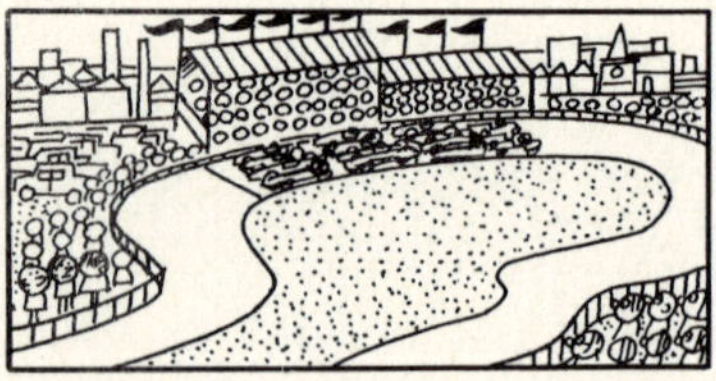

There were húndreds of péople thére.
My wífe and Í were at the ráce.
Our fríends, Júlie and Jáck
were thére, tóo.
You can sée us in the crówd.
We are stánding on the léft.

2

There were twénty cárs in the ráce.
There were Énglish cárs, Frénch cárs,
Gérman cárs, Itálian cárs,
Américan cárs and Japanése cárs.

3

It was an excíting fínish.
The wínner was Bílly Stéwart.
He was in cár númber fíftéen.
Fíve óther cárs were just behínd him.

4

Ón the way hóme,
my wífe sáid to me,
"Dón't dríve so quíckly!
You're nót Bílly Stéwart!"

5

Lesson **70** When were they there?

ON

Monday Tuesday Wednesday Thursday Friday Saturday

At:

ON

Jan. 21st Feb. 22nd March 23rd April 24th May 25th June 26th

At:

IN

July August September October November December

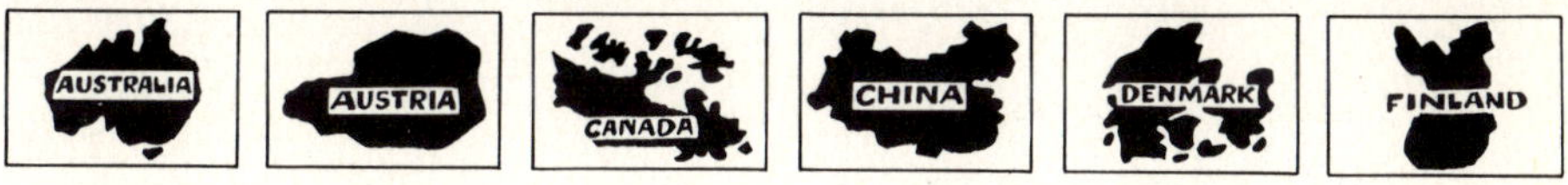

In:

IN

1931 1947 1952 1956 1960 1967

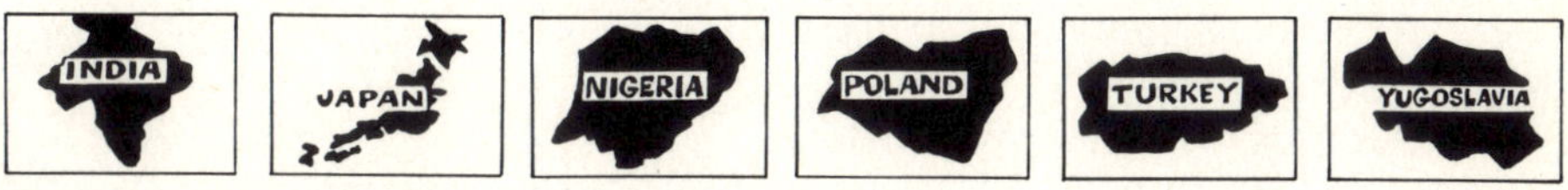

In:

Exercise

Copy this. Put in at, on *or* in.
We were . . . the stationer's . . . Monday.
We were there . . . four o'clock.
They were . . . Australia . . . September.
They were there . . . spring.
. . . November 25th, they were . . . Canada.
They were there . . . 1967.

Lesson 71

1

JANE: Whát's Rón Márston like, Páuline?
PAULINE: He's áwful!
He télephoned me
fóur tímes yésterday,
and thrée tímes
the dáy befóre yésterday.

2

PAULINE: He télephoned the óffice
yésterday mórning
and yésterday afternóon.
My bóss ánswered the télephone.

3

JANE: Whát did your bóss sáy to him?
PAULINE: He sáid, "Míss Whíte is týping létters.
She cán't spéak to you nów!"

4

PAULINE: Thén I arríved home
at síx o'clóck yésterday évening.
He télephoned agáin.
But I dídn't ánswer the phóne!

5

JANE: Díd he télephone agáin lást níght?
PAULINE: Yés, he díd.
He télephoned at níne o'clóck.

6

JANE: Whát did you sáy to him?
PAULINE: I sáid, "Thís is Páuline's móther.
Pléase dón't télephone
my dáughter agáin!"

7

JANE: Díd he télephone agáin?
PAULINE: Nó, he dídn't!

Lesson 72

TODAY	YESTERDAY	THE DAY BEFORE YESTERDAY
this morning	yesterday morning	the day before yesterday in the morning
this afternoon	yesterday afternoon	the day before yesterday in the afternoon
this evening	yesterday evening	the day before yesterday in the evening
tonight	last night	the night before last

When did you . . . ?

1st

aired

2nd

cleaned

3rd

opened

4th

sharpened

5th

turned on

6th

listened

7th

boiled

8th

arrived

9th

played

10th

stayed

11th

shaved

12th

climbed

13th

telephoned

14th

called

15th

emptied

Exercise

Look at this:

She is airing the room now. She . . . it yesterday.
She aired it yesterday.

Do these in the same way:

It is raining now. It . . . yesterday.
It is snowing now. It . . . yesterday.
She is boiling some eggs. She . . . some yesterday.
We are enjoying our lunch. We . . . it yesterday, too.
They are hurrying to work. They . . . to work yesterday, too.

Can you do this Test?

I. Dictation.

II. Look at this:

I am tired.	*He is tired.*

Write these again. Begin each sentence with *He*.

1. I must call the doctor. *He* ...
2. I am going to telephone him. ...
3. I can go with her. ...
4. I have a new car. ...
5. I come from America. ...
6. I am American. ...
7. I like ice-cream. ...
8. I want a newspaper. ...
9. I was at school yesterday. ...
10. I don't live here. ...

III. Look at this:

> *There is a pencil* on the desk.
> *There are some pencils on the desk.*

Write these again. Begin each sentence with *There are* . . .

1. *There is a watch* on the table.
2. *There is a knife* near that tin.
3. *There is a policeman* in the kitchen.
4. *There is a cup* on the table.
5. *There is a letter* on the shelf.
6. *There is a peach* on the desk.
7. *There is a passport* on the shelf.
8. *There is a dish* in the cupboard.
9. *There is a tree* in the garden.
10. *There is a boat* on the river.

IV. Put in *a, some* or *any:*

1. I have . . . new car.
2. There are . . . clouds in the sky.
3. There is . . . milk in the bottle.
4. Is there . . . chocolate on the shelf?
5. There is . . . bar of chocolate on the table.
6. I want . . . loaf of bread, please.
7. Do you want . . . bread?
8. No, I don't want . . . bread.
9. I want . . . tea.
10. I want . . . biscuits, too.

V. Put in *in, at, from* or *on:*

1. He is going to telephone . . . five o'clock.
2. My birthday is . . . May 21st.
3. It is always cold . . . February.
4. She isn't French. She comes . . . Spain.
5. My father was there . . . 1942.
6. Were you . . . school yesterday?
7. He doesn't live here. He lives . . . England.
8. They always do their homework . . . the evening.
9. Can you come . . . Monday?
10. She's not here. She's . . . the butcher's.

VI. Put in *across, over, between, off, along, in, on, into, out of, under*.

1. The aeroplane is flying . . . the village.
2. The ship is going . . . the bridge.
3. The boy is swimming . . . the river.
4. Two cats are running . . . the wall.
5. My books are . . . the shelf.
6. The bottle of milk is . . . the refrigerator.
7. The boy is jumping . . . the tree.
8. Mary is sitting . . . her mother and her father.
9. It is 9.0 o'clock. The children are going . . . class.
10. It is 4.0 o'clock. The children are coming . . . class.

VII. Look at this:

Take . . .	He is *taking* his book.

Do these in the same way:

1. Make . . . She is . . . the bed.
2. Swim . . . They are . . . across the river.
3. Shine . . . The sun is . . .
4. Shave . . . My father is . . .
5. Run . . . They are . . . across the park.
6. Sit . . . She is . . . in an armchair.
7. Type . . . We are . . . letters.
8. Put . . . He is . . . on his coat.
9. Come . . . I am . . .
10. Give . . . I am . . . it to him.

VIII. Look at this:

	He is sitting in an armchair.
QUESTION:	*Is he sitting in an armchair?*
QUESTION:	Where *is he sitting?*
NEGATIVE:	*He isn't sitting in an armchair.*

Do these in the same way:

1. He can come now.
Q: …
Q: When …
N: …

2. There is a newspaper on the desk.
Q: …
Q: What …
N: …

3. He wants a new car.
Q: …
Q: What …
N: …

4. He is going to come now.
Q: …
Q: When …
N: …

5. They like ice-cream.
Q: …
Q: What …
N: …

6. He comes from Germany.
Q: …
Q: Where …
N: …

7. They must go home now.
Q: …
Q: When …
N: …

8. He feels ill.
Q: …
Q: How …
N: …

9. He has a headache.
Q: …
Q: What …
N: …

10. He cleaned his shoes.
Q: …
Q: When …
N: …

Lesson **73**

Lást wéek Mŕs Mílls wént to Lóndon.
She dóes not knów Lóndon véry wéll,
and she lóst her wáy.

1

Súddenly, she sáw a mán
néar a bús-stóp.
"I can ásk him the wáy,"
she sáid to hersélf.

2

"Excúse me," she sáid.
"Cán you téll me the wáy
to Kíng Stréet pléase?"

3

The mán smíled pléasantly.
He díd not únderstánd Énglish!
He spóke Gérman.
He was a tóurist.

4

Thén he pút his hánd
ínto his pócket,
and tóok óut a phráse-bóok.

5

He ópened the bóok
and fóund a phráse.
He réad the phráse slówly.
"I am sórry," he sáid.
"I dó not spéak Énglish."

6

Lesson **74** What did they do?

101

He shaved hurriedly
this morning and
cut himself badly.

102

He took a cake
and ate it quickly.

103

I gave him a glass of water
and he drank it thirstily.

104

I met her in the street
the day before yesterday
and she greeted me warmly.

105

The bus went slowly
yesterday afternoon
and we arrived home late.

106

They worked very hard
this morning.

107

We enjoyed ourselves
very much last night.

108

He swam very well this afternoon.

Exercise

Look at this:

quick – quickly; thirsty – thirstily; careful – carefully.

Now look at this:

She smiled . . . (pleasant) *She smiled pleasantly.*

Do these in the same way:
He read the phrase . . . (slow)
He worked . . . (lazy)
He cut himself . . . (bad)
He worked . . . (careful)
The door opened . . . (sudden)

Lesson **75**

1

LADY: Háve you ány shóes líke thése?
SALESMAN: Whát síze?
LADY: Síze fíve.
SALESMAN: Whát cólour?
LADY: Bláck.
SALESMAN: I'm sórry.
We háven't ány.
LADY: But my síster bóught thís páir
lást mónth.
SALESMAN: Díd she búy them hére?
LADY: Nó, she bóught them
in the Ú.Ś.Á.
SALESMAN: We hád some shóes like thóse
a mónth agó,
but we háven't ány nów.
LADY: Cán you gét a páir for me pléase?
SALESMAN: I'm afráid that I cán't.
They were ín fáshion lást yéar
and the yéar before lást.
But they're nót in fáshion
thís yéar.

2

SALESMAN: Thése shóes are in fáshion nów.
LADY: Théy lóok véry uncómfortable.
SALESMAN: They *áre* very uncómfortable.
But wómen álways wéar
uncómfortable shóes!

Lesson **76**

this week	last week	the week before last
this month	last month	the month before last
this year	last year	the year before last

a minute an hour a day a week a month a year	AGO	two minutes five hours three days two weeks four months six years	AGO

When did you . . . ?

109

looked

110

jumped

111

walked

112

washed

113

worked

114

asked

115

typed

116

watched

117

talked

118

thanked

119

dusted

120

painted

121

waited

122

wanted

123

greeted

Exercise

Look at this:

She *goes* to town every day. She went to town yesterday.

Do these in the same way

She *meets* her friends every day.
They *drink* some milk every day.
He *swims* in the river every day.
She *takes* him to school every day.
He *cuts* himself every morning. .

Lesson **77**

NURSE: Good mórning, Mr Cróft.
MR CROFT: Good mórning, núrse.
I wánt to sée the déntist, pléase.
NURSE: Háve you an appóintment?
MR CROFT: Nó, I háven't.
NURSE: Ís it úrgent?
MR CROFT: Yés, it ís.
It's véry úrgent.
I féel áwful.
I háve a térrible tóothache.
NURSE: Cán you cóme at 1́0 a.m.
on Mónday, Ápril 2́4th?
MR CROFT: I múst sée the déntist nów, núrse.
NURSE: The déntist is véry búsy
at the móment.
Cán you cóme at 2́.0 p.m.?
MR CROFT: That's véry láte.
Cán't the déntist sée me nów?
NURSE: I'm afráid that he cán't, Mr Cróft.
Cán't you wáit till this áfternóon?
MR CROFT: Í can wáit, but my tóothache cán't!

Lesson **78** When did you . . . ?

AT:

ON: Sunday Monday Tuesday Wednesday Thursday Friday Saturday

IN: January February March April May June
July August September October November December

IN: 1959 1960 1961 1962 1963 1964 1965 1966 1967 1968

ON: July 1st Aug. 2nd Sept. 3rd 4th Oct. 5th Nov. 6th Dec.

Exercise

Look at this:

She goes to town every day. She *went* to town yesterday.

Do these in the same way:

He buys a new car every year. He . . . a new car last year.
She airs the room every day. She . . . it this morning.
He often loses his pen. He . . . his pen this morning.
He always listens to the news. He . . . to the news yesterday.
She empties this basket every day. She . . . it yesterday.

Lesson **79**

1

TOM: Whát are you dóing, Péggy?
PEGGY: I'm máking a shópping-líst, Tóm.

2

TOM: Whát do we néed?
PEGGY: We néed a lót of thíngs thís wéek.

3

PEGGY: I múst gó to the grócer's.
We háven't gót much téa or cóffee,
and we háven't gót any súgar or jám.

4

TOM: Whát about végetables?
PEGGY: I múst gó to the gréengrócer's.
We háven't gót many tomátoes,
but we've gót a lót of potátoes.

5

PEGGY: I múst gó to the bútcher's, tóo.
We néed some méat.
We háven't gót any méat at áll.

6

TOM: Háve we gót any béer and wíne?
PEGGY: Nó, we háven't.
And I'm nót góing to gét ány!

7

TOM: I hópe that you've gót some móney.
PEGGY: I háven't gót múch.
TOM: Well Í háven't gót múch éither!

Lesson **80** I must go to the . . .

GROCER'S to get some GROCERIES:

120 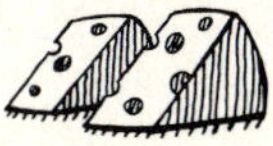
cheese

121 
eggs

122 

butter

123 

honey

124 

jam

125 

biscuits

GREENGROCER'S to get some FRUIT and VEGETABLES:

226 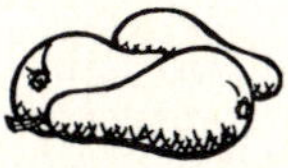
pears

227 
oranges

228 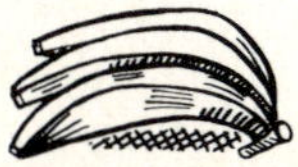
bananas

229 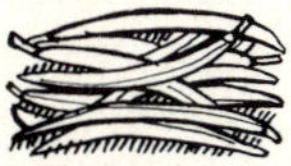
beans

230 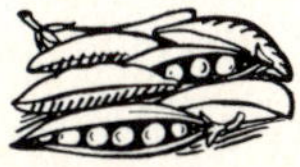
peas

231 
cabbages

BUTCHER'S to get some MEAT:

332 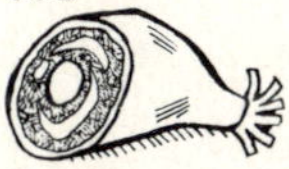
lamb

333 
beef

334 
steak

335 
mince

336 
chicken

STATIONER'S to get some STATIONERY:

437 

ink

438 

glue

439 

envelopes

440 

writing-paper

NEWSAGENT'S to get some: BAKER'S to get some:

541 
newspapers

542 
magazines

543 
bread

544 
cakes

TOBACCONIST'S to get some: CHEMIST'S to get some:

645 
cigarettes

646 

tobacco

647 

aspirins

648 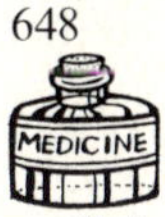

medicine

Look at this:

I haven't any eggs.	I haven't got many eggs.
He hasn't any coffee.	He hasn't got much coffee.

Do these in the same way:

I haven't any butter.
You haven't any cigarettes.
We haven't any milk.
She hasn't any biscuits.
They haven't any stationery.

Lesson 81

JOHN: Húllo, Péggy!
Whére's Tóm?
PEGGY: He's úpstáirs.
He's háving a báth.

1

PEGGY: Tóm!
TOM: Yés?
PEGGY: Jóhn's hére.
TOM: I'm néarly réady.

2

TOM: Húllo, Jóhn.
Háve a cígarétte.
JOHN: Nó thanks, Tóm.
TOM: Háve a gláss of whísky then.
JOHN: Ó.Ḱ. Thánks.

3

TOM: Is dínner réady, Péggy?
PEGGY: It's néarly réady.
We can háve dínner at séven o'clóck.

4

TOM: Jóhn and Í had lúnch togéther todáy.
We wént to a réstaurant.
PEGGY: Whát did you háve?
TOM: We had róast béef
and potátoes.

5

PEGGY: Óh!
TOM: Whát's the mátter, Péggy?
PEGGY: Wéll, you're góing to háve
róast béef and potátoes agáin toníght!

6

Lesson **82** I had . . .

760

breakfast

870

lunch

980

tea

1010

dinner

1020

a meal

1030

a swim

1040

a bath

1050

a haircut

1060

a lesson

1070

a party

1080

a holiday

1090

a good time

Exercise

Look at this:

I *had* a cup of coffee. I drank a cup of coffee.

Do these in the same way. Put in drank, enjoyed yourself, are eating, went for, ate, take.
They *had* a meal at a restaurant. They . . . a meal at a restaurant.
We *had* a holiday last month. We . . . a holiday last month.
Have a cigarette. . . . a cigarette.
You *had a good time*. You . . .
They *are having* their lunch. They . . . their lunch.
I *had* a glass of milk. I . . . a glass of milk.

Lesson **83**

1

PEGGY: Húllo, Jóhn.
Cóme ín.

2

TOM: Húllo, Jóhn.
We're háving lúnch.
Dó you wánt to háve lúnch wíth us?
JOHN: Nó thánk you, Tóm.
I've álready hád lúnch.
Í had lúnch at hálf pást twélve.

3

PEGGY: Háve a cúp of cóffee then.
JOHN: Í've just hád a cup, thánk you.
I hád one áfter my lúnch.

4

TOM: Lét's gó into the líving-room, Péggy.
We can háve our cóffee thére.

5

PEGGY: Excúse the méss, Jóhn.
Thís róom's véry untídy.
We're pácking our súitcases.
We're góing to léave tomórrow.
Tóm and Í are góing to háve a hóliday.

6

JOHN: Áren't you lúcky!
TOM: Whén are yóu going to
háve a hóliday, Jóhn?
JOHN: I dón't knów.
I've alréady hád my hóliday thís yéar.
PEGGY: Whére did you gó?
JOHN: I stáyed at hóme!

Lesson **84** Have you had . . . ?

1000

fruit

2000

bananas

3000

oranges

4000

peaches

5000

apples

6000

vegetables

7000

lettuce

8000

cabbage

9000

peas

10,000

beans

11,000

meat

12,000

beef

13,000

lamb

14,000

steak

15,000

chicken

16,000

milk

17,000

tea

18,000

coffee

19,000

wine

20,000

beer

Exercise

Look at this:

Have some coffee. ....I've already had some....
Have a banana. ....I've already had one.....

Do these in the same way:

Have some beer.
Have an apple.
Have a peach.
Have some milk.
Have a glass of water.
Have a biscuit.
Have some cheese.

Lesson **85**

GEORGE: Húllo, Kén.
KEN: Húllo, Géorge.
GEORGE: Háve you just béen to the cínema?
KEN: Yés, I háve.
GEORGE: Whát's ón?
KEN: "Páris in the Spríng".
GEORGE: Óh, I've alréady séen it.
I saw it
on a B́.B́.Ć. télevision prógramme lást yéar.
It's an óld film,
but it's véry góod.
KEN: Páris is a béautiful cíty.
GEORGE: I have néver béen thére.
Have yóu ever béen there, Kén?
KEN: Yés, I háve.
I was thére in Ápril.
GEORGE: Páris in the spríng, éh?
KEN: It was spríng,
but the wéather was áwful.
It ráined áll the tíme.
GEORGE: Júst líke déar óld Lóndon!

Lesson 86 What have you done?

1st

aired

2nd

cleaned

3rd

opened

4th

sharpened

5th

turned on

6th

listened to

7th

boiled

8th

answered

9th

emptied

10th

asked

11th

typed

12th

washed

13th

walked

14th

painted

15th

dusted

Exercise

Look at these two sentences:

She has already aired the room. She aired it this morning.

In which of these sentences can we put has:

She . . . just boiled an egg.
She . . . boiled it a minute ago.
She . . . never been to Yugoslavia, but he . . . was there in 1966.
He . . . already painted that book-case.
He . . . painted it a week ago.
She . . . emptied the basket this morning.
She . . . just dusted the sideboard.

Lesson **87**

1

MR WOOD: Ís my car réady yét?
ATTENDANT: I dón't knów, sír.
What's the lícence númber
of yóur cár?
MR WOOD: It's ĹF́Ź 3́1́2́ Ǵ.
ATTENDANT: Whén did you bríng it to us?
MR WOOD: I bróught it hére thrée dáys agó.
ATTENDANT: Áh yés, I remémber now.
MR WOOD: Háve your mechánics fínished yét?
ATTENDANT: Nó, they're stíll wórking on it.
Lét's go ínto the gárage
and háve a lóok at it.

2

ATTENDANT: Ísn't thát yóur cár?
MR WOOD: Wéll, it *wás* my car.
ATTENDANT: Dídn't your wífe have a crásh?
MR WOOD: Thát's ríght.
She dróve it into a lámp-póst.
Cán your mechánics repáir it?
ATTENDANT: Wéll,
they're trýing to repáir it, sír.
But to téll you the trúth,
you néed a néw cár!

Lesson **88** Have you . . . yet?

1

Have you met Mrs Jones yet?
Yes, I have.
When did you meet her?
I met her two weeks ago.

2

Has the boss left yet?
Yes, he has.
When did he leave?
He left ten minutes ago.

3

Have you had breakfast yet?
Yes, we have.
When did you have it?
We had it at half past seven.

4

Has she found her pen yet?
Yes, she has.
When did she find it?
She found it an hour ago.

bring	brought	brought	lose	lost	lost
buy	bought	bought	make	made	made
find	found	found	meet	met	met
get	got	got	send	sent	sent
have	had	had	sweep	swept	swept
hear	heard	heard	tell	told	told
leave	left	left			

Exercise

Look at this:

He bought a house last year.
QUESTION: Did he buy a house last year?
NEGATIVE: He didn't buy a house last year.

Do these in the same way:
He found his pen a minute ago.
He got a new television last week.
We heard the news on the radio.
They left this morning.
He lost his umbrella yesterday.
I swept the floor this morning.

Lesson **89**

1 

MR HILL: Góod afternóon.
I belíeve that
thís hóuse is for sále.
MR WEST: Thát's ríght.
MR HILL: Máy I háve a lóok at it pléase?
MR WEST: Yés, of cóurse.
Cóme ín.

2 

MR HILL: Hów lóng have you líved hére?
MR WEST: I have líved hére for twénty yéars.
MR HILL: Twénty yéars!
Thát's a lóng tíme.
MR WEST: Yés, I have béen hére since 1́94́7.
MR HILL: Then whý do you wánt to séll it?
MR WEST: Becáuse I have júst retíred.
I wánt to búy
a smáll hóuse in the cóuntry.
MR HILL: Hów múch does thís hóuse cóst?
MR WEST: £6́85́0.
MR HILL: Thát's a lót of móney!
MR WEST: It's wórth évery pénny of it.
MR HILL: Wéll, I líke the hóuse,
but I cán't decíde yét.
My wífe must sée it fírst.
MR WEST: Wómen álways háve
the lást wórd.

Lesson **90** Have you . . . yet?

1

Have you read this book yet?
Yes, I have.
When did you read it?
I read it last year.

2

Have you done your homework yet?
Yes, I have.
When did you do it?
I did it half an hour ago.

3

Has he gone yet?
Yes, he has.
When did he go?
He went an hour ago.

4

Has she spoken to him yet?
Yes, she has.
When did she speak to him?
She spoke to him yesterday.

Study these verbs:

cut	cut	cut	do	did	done	eat	ate	eaten
put	put	put	come	came	come	go	went	gone
read	read	read	give	gave	given	rise	rose	risen
set	set	set	swim	swam	swum	see	saw	seen
shut	shut	shut	take	took	taken	speak	spoke	spoken

Exercise

Look at this:

He read this book last week.
QUESTION: *Did he read this book last week?*
NEGATIVE: *He didn't read this book last week.*

Do these in the same way: . .
The sun set at twenty past seven.
He ate his lunch at one o'clock.
They did their homework last night.
He came by car this morning.
The sun rose at half past five.
We swam across the river yesterday.

Lesson **91**

MRS SMITH: Hás Mr Wést sóld his hóuse yét?
MRS BROWN: Yés, he hás.
He sóld it lást wéek.
MRS SMITH: Hás he móved to his néw hóuse yét?
MRS BROWN: Nó, nót yét.
He's stíll hére.
He's góing to móve tomórrow.
MRS SMITH: Whén? Tomórrow mórning?
MRS BROWN: Nó. Tomórrow afternóon.
Í shall míss him.
He has álways béen a góod néighbour.
MRS GREEN: He's a véry níce pérson.
We shall áll míss him.
MRS SMITH: Whén will the néw péople
móve into this hóuse?
MRS BROWN: I thínk that they will móve ín
the dáy after tomórrow.
MRS GREEN: Wíll you sée Mr Wést todáy, Mrs Brówn?
MRS BROWN: Yés, I sháll.
MRS GREEN: Pléase gíve him my regárds.
MRS SMITH: Póor Mr Wést!
He dídn't wánt to léave this hóuse.
MRS BROWN: Nó, hé didn't wánt to léave,
but hís wífe díd!

Lesson 92

TODAY	TOMORROW	THE DAY AFTER TOMORROW
this morning	tomorrow morning	the day after tomorrow in the morning
this afternoon	tomorrow afternoon	the day after tomorrow in the afternoon
this evening	tomorrow evening	the day after tomorrow in the evening
tonight	tomorrow night	the night after next

When will . . . ?

1st

rain

2nd

snow

3rd

leave

4th

get up

5th

arrive

6th

finish work

7th

have a holiday

8th

drive home

9th

have a haircut

10th

telephone me

11th

have a shave

12th

pack his bags

13th

sweep the floor

14th

paint this room

15th

repair my car

16th

make an appointment

Exercise

Look at this:

It will rain tomorrow. It'll rain tomorrow.

Write these again. Use short forms:
He will arrive tomorrow morning.
She will come this evening.
I shall see you the night after next.
We shall meet him next week.
It will snow tonight.
He will not believe me.
We shall not remain here.

Lesson **93**

Mŕ Híll is our néw néxt-dóor néighbour.
He's a B́.É.Á. pílot.

1

He was in the Ŕ.Á.F́. dúring the wár.

2

He will flý to Néw Yórk néxt mónth.

3

The mónth after néxt
hé will flý to Tókyo.

4

Át the móment,
he's in Madríd.
He fléw to Spáin a wéek agó.

5

He will retúrn to Lóndon
the wéek after néxt.

6

He's ónly fórty-óne yéars óld.
and he has alréady béen
to néarly évery cóuntry in the wórld.

7

Mŕ Híll is a véry lúcky mán.
But his wífe isn't véry lúcky.
She úsually stáys at hóme!

8

last week	this week	next week	the week after next
last month	this month	next month	the month after next
last year	this year	next year	the year after next

When did you/will you go to . . . ?

1

Accra

2

Athens

3

Berlin

4

Bombay

5

Geneva

6

London

7

Madrid

8

Moscow

9

New York

10

Paris

11

Rome

12

Stockholm

13

Sydney

14

Teheran

15

Tokyo

Exercise

Look at this:

> He went to Accra last year.
> *He will go to Accra next year.*

Do these in the same way:

He went to New York last week.
She went to Sydney last month.
I went to Paris the year before last.
We went to Stockholm last year.
They went to Geneva the week before last.

Lesson **95**

1

GEORGE: Twó retúrn tíckets to Lóndon pléase.
What tíme will the néxt tráin léave?
ATTENDANT: At níneteen mínutes pást éight.

2

GEORGE: Whích plátform?
ATTENDANT: Plátform Twó.
Óver the brídge.

3

KEN: Whát tíme will the néxt tráin léave?
GEORGE: At éight ninetéen.
KEN: Wé've got plénty of tíme.

4

George: It's ónly thrée mínutes to eíght.
KEN: Let's gó and háve a drínk.
Thére's a bár
néxt dóor to the státion.

5

GEORGE: Wé had bétter
gó báck to the státion now, Kén.

6

PORTER: Tíckets pléase.
GEORGE: We wánt to cátch
the éight ninetéen to Lóndon.
PORTER: You've júst míssed it!

7

GEORGE: Whát!
It's ónly éight fiftéen.
PORTER: I'm sórry, sír.
Thát clóck's tén mínutes slów.
GEORGE: Whén's the néxt tráin?
PORTER: In fíve hóurs' tíme!

Lesson **96** What's the exact time?

1st  2nd  3rd  4th  5th  6th 

7th  8th  9th  10th  11th  12th 

a minute/two minutes an hour/two hours a day/two days a week/two weeks a month/two months a year/two years	AGO	IN	a minute's/two minutes' an hour's/two hours' a day's/two days' a week's/two weeks' a month's/two months' a year's/two years'	TIME

When did he/will he go to . . . ?

1 
Accra

2 
Athens

3 
Berlin

4 
Bombay

5 
Geneva

6 
London

7 
Madrid

8 
Moscow

9 
New York

10 
Paris

11 
Rome

12 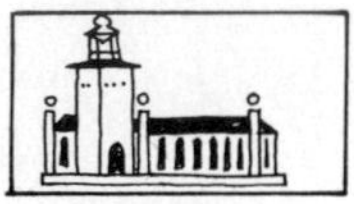
Stockholm

13 
Sydney

14 
Teheran

15 
Tokyo

Exercise

Look at this:

We must go back to the station. *We had better go back to the station.*

Change these sentences in the same way:

I must stay here.
We must wait for him.
You must call a doctor.
They must go home.
She must hurry.
You must be careful.

Lesson **97**

1

MR HALL: I léft a súitcase
on the tráin to Lóndon
the óther dáy.
ATTENDANT: Cán you descríbe it, sír?

2

MR HALL: It's a smáll blúe cáse
and it's gót a zíp.
There's a lábel on the hándle
with my náme and addréss on it.

3

ATTENDANT: Ís thís cáse yóurs?
MR HALL: Nó, thát's not mine.

4

ATTENDANT: Whát abóut thís óne?
Thís óne's gót a lábel.
MR HALL: Lét me sée it.

5

ATTENDANT: Whát's your náme and addréss?
MR HALL: Dávid Háll,
8́3́, Brídge Stréet.
ATTENDANT: Thát's ríght.
D́. Ń. Háll,
8́3́, Brídge Stréet.

6

ATTENDANT: Fíve shíllings pléase.
MR HALL: Hére you áre.
ATTENDANT: Thánk you.

7

MR HALL: Héy!
ATTENDANT: Whát's the mátter?

8

MR HALL: Thís cáse dóesn't belóng to mé!
You've gíven me the wróng cáse!

Lesson **98**

Does this belong to me?	Is this mine?
Does this belong to you?	Is this yours?
Does this belong to him?	Is this his?
Does this belong to her?	Is this hers?
Do these belong to us?	Are these ours?
Do these belong to you?	Are these yours?
Do these belong to them?	Are these theirs?

Whose is it?
Whose are they?

1

2

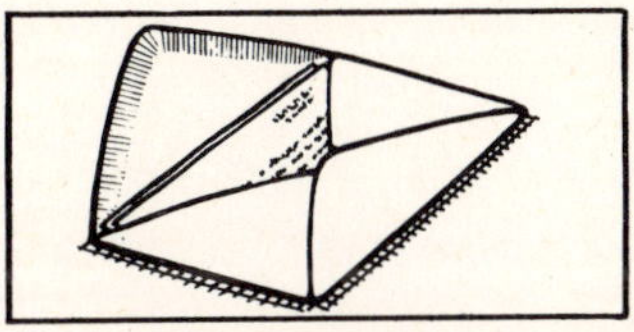

3

4

5

6

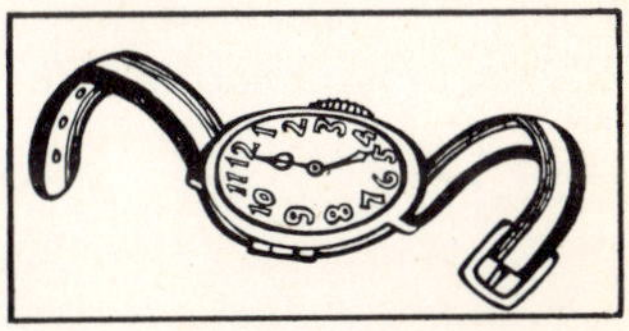

7

8

9

10

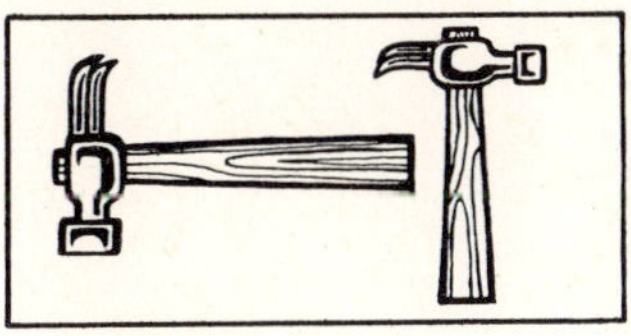

11

12

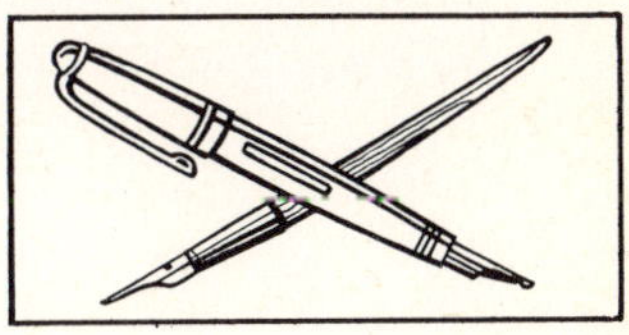

Exercise

Look at this:

> This dress belongs to my sister. It *is hers*.

Do these in the same way:

These things belong to my husband. They . . .
This coat belongs to me. It . . .
These shoes belong to my wife. They . . .
These books belong to my brother and me. They . . .
These pens belong to Tom and Betty. The pens . . .
This suitcase belongs to you. It . . .

Lesson **99**

TED: Ów!

1

PAT: Whát's the mátter, Téd?
TED: I slípped and féll downstáirs.

2

PAT: Háve you húrt yoursélf?
TED: Yés, I háve.
I thínk that
I've húrt my báck.

3

PAT: Trý and stánd úp.
Cán you stánd úp?
Hére.
Lét me hélp you.

4

TED: I'm sórry, Pát.
I'm afráid that
I cán't gét úp.

5

PAT: I thínk that
the dóctor had bétter sée you.
I'll télephone Dŕ Cárter.

6

PAT: The dóctor sáys that
he will cóme at ónce.
I'm súre that
you néed an X́-ray, Téd.

7

Lesson **100**

	says		is . . .
	thinks		feels . . .
	believes		has (got) . . .
	knows		needs . . .
He	understands	**that he**	wants . . .
	is afraid		can . . .
	is sorry		must . . .
	is sure		will . . .

He says that . . . She says that . . . They say that . . .

is/are feel(s)

1

tired

2

thirsty

3

cold

4

ill

has/have (got)

5

a cold

6

a headache

7

an ear-ache

8

a toothache

need(s) want(s)

9

a haircut

10

a licence

11

an X-ray

12

some money

can must will

13

wait

14

catch

15

repair

16

sell

Exercise

Look at this:

He is drinking his milk. *He says that he is drinking his milk.*

Do these in the same way:
She has found her pen.
They must remain here.
He remembers you.
She doesn't speak English.
They are washing the dishes.

Lesson **101**

GRANDMOTHER: Réad Jímmy's cárd to me pléase, Máry.
MARY: "I have júst arríved in Scótland
and I'm stáying at a Yóuth Hóstel."
GRANDMOTHER: Éh?
MARY: He sáys he's júst arríved in Scótland.
He sáys he's stáying at a Yóuth Hóstel.
You knów he's a mémber of the Ý.H́.Á.
GRANDMOTHER: The whát?
MARY: The Ý.H́.Á., móther.
The Yóuth Hóstels Associátion.
GRANDMOTHER: Whát élse does he sáy?
MARY: "I'll wríte a létter sóon.
I hópe you are áll wéll."
GRANDMOTHER: Whát?
Spéak úp, Máry.
I'm afráid I cán't héar you.
MARY: He sáys he'll wríte a létter sóon.
He hópes we are áll wéll.
"Lóve, Jímmy."
GRANDMOTHER: Is thát áll?
He dóesn't sáy very múch, dóes he?
MARY: He cán't wríte véry múch
on a cárd, móther.

Lesson **102**

	says		is . . .
	thinks		feels . . .
	believes		has (got) . . .
He	knows	**he**	needs . . .
	hopes		wants . . .
	is afraid		can . . .
	is sorry		must . . .
	is sure		will . . .

He says he . . . She says she . . . They say they . . .

is/are
feel(s)

1

tired

2

thirsty

3

cold

4

ill

has/have
(got)

5

a cold

6

a headache

7

an ear ache

8

a toothache

need(s)
want(s)

9

a haircut

10

a licence

11

an X-ray

12

some money

can
must
will

13

wait

14

catch

15

repair

16

sell

Exercise

Look at this:

> He is drinking his milk. *He says he has drunk his milk*

Do these in the same way:
She is shutting the door.
He is putting on his coat.
He is reading this magazine.
They are speaking to the boss.
The sun is rising.

Lesson **103**

HARRY: Hów was the examinátion, Díck?
DICK: Nót tóo bád.
I thínk I pássed
in Énglish and Mathemátics.
The quéstions were véry éasy.
Hów abóut yóu, Hárry?
HARRY: The Énglish and Máths pápers
wéren't éasy enóugh for mé.
I hópe I háven't fáiled.
DICK: I thínk I fáiled the Intélligence Tést.
I could ánswer síxteen of the quéstions.
They were véry éasy.
But I cóuldn't ánswer the rést.
They were tóo dífficult for mé.
HARRY: Intélligence tésts are áwful, áren't they?
DICK: I háte them.
I'm súre I've gót a lów Í.Q.
HARRY: Óh, chéer úp!
Perháps we dídn't dó tóo bádly.
The féllow néxt to mé
wróte his náme
at the tóp of the páper.
DICK: Yés?
HARRY: Then he sát thére
and lóoked at it for thrée hóurs!
He dídn't wríte a wórd!

Lesson **104**

I could answer the questions.
They were very easy.
I couldn't answer the questions.
They were too difficult.
The questions were easy enough for me to answer.
The questions were too difficult for me to answer.

A

easy

B

difficult

C

clever

D

stupid

E

cheap

F

expensive

G

fresh

H

stale

I

loud

J

low

K

low

L

high

M

soft

N

hard

O

sweet

P

sour

Exercise

Copy these sentences. Put in too, very, *or* enough.
I couldn't speak to the boss. He was . . . busy.
I couldn't go out. It was . . . cold for me to go out.
I could answer all the questions. They were . . . easy.
Is that suitcase light . . . for you to carry?
Is your brother old . . . to be a member of our association?
They couldn't see that film. They were . . . young.

Lesson **105**

1

THE BOSS: Whére's Míss Símpson, Bób?
I wánt her.
BOB: Dó you wánt to spéak to her, sír?
THE BOSS: Yés, I dó.
I wánt her to cóme to my óffice.
Téll her to cóme at ónce.

2

MISS SIMPSON: Díd you wánt to sée me, sír?
THE BOSS: Áh, yés, Miss Símpson.
Hów do you spéll "intélligent"?
Cán you téll me?
MISS SIMPSON: Í-Ń-T́-É-Ĺ-Ĺ-Í-Ǵ-É-Ń-T́.

3

THE BOSS: Thát's ríght.
You've týped it with ónly óne "Ĺ".
Thís létter's fúll of mistákes.
I wánt you to týpe it agáin.
MISS SIMPSON: Yés, sír.
I'm sórry about thát.

4

THE BOSS: And hére's a líttle présent for you.
MISS SIMPSON: Whát ís it?
THE BOSS: It's a díctionary.
I hópe it will hélp you.

Lesson **106** I want you to . . . Tell (him) to . . .

K

carry it

L

correct it

M

listen to it

N

describe it

O

move it

P

try it

Q

finish it

R

keep it

I don't want you to . . . Tell (him) not to . . .

S

hurt yourself

T

slip

U

fall

V

miss it

W

break it

X

drive it

Y

lose it

Z

cut yourself

Exercise

Look at this:

Please repair it. I want you to repair it.

Do these in the same way:

Please spell it.
Please telephone him.
Please wear it.
Please ask her.
Please tell them.
Please help us.

Lesson **107**

1

ASSISTANT: Dó you líke thís dréss, mádam?
LADY: I líke the cólour véry múch.
It's a lóvely dréss,
but it's tóo smáll for mé.

2

ASSISTANT: Whát abóut thís óne?
It's a lóvely dréss.
It's véry smárt.
Shórt skírts are in fáshion nów.
Wóuld you líke to trý it?
LADY: Áll ríght.

3

LADY: I'm afráid thís gréen dréss
is tóo smáll for me as wéll.
It's smáller than the blúe one.

4

LADY: I don't líke the cólour éither.
It dóesn't súit me at áll.
I thínk the blúe dréss is préttier.

5

LADY: Cóuld you shów me
anóther blúe dréss?
I wánt a dréss like thát óne,
but it múst be mý síze.

6

ASSISTANT: I'm afráid I háven't gót a lárger dréss.
Thís is the lárgest dréss in the shóp.

Lesson **108** How do they compare?

A

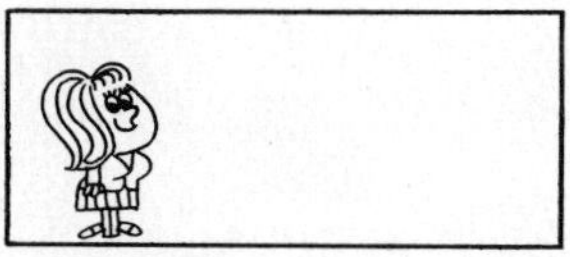

Alice is tall.

B

Paul is taller
than Alice.

C

Hans is the tallest
student in our class.

D

It is hot today.

E

It was hotter
yesterday.

F

The day before yesterday
was the hottest day
in the year.

G

There was a large
crowd at the race
last year.

H

This year the
crowd is larger.

I

It is the largest
crowd I have ever seen.

J

The brown suitcase
is heavy.

K

The blue suitcase
is heavier than
the brown one.

L

The green suitcase is
the heaviest of them all.

Exercise

Look at these words:

cold – colder; nice – nicer; hot – ho*tt*er; heavy – heavier.

Now look at this:

It is warm today, but it was . . . yesterday.
It is warm today, but it was warmer yesterday.

Do these in the same way:
It is cool today, but it was . . . yesterday.
It is wet today, but it was . . . yesterday.
He's late again today, but he was . . . yesterday.
This test is easy, but that one is . . .
This bookcase is large, but that one is . . .
Betty is pretty, but Jane is . . .

Lesson **109**

BETTY: Sháll I máke some cóffee, Jáne?
JANE: Thát's a góod idéa, Bétty.

1

BETTY: It's réady.
Dó you wánt any mílk?
JANE: Júst a líttle pléase.

2

BETTY: Whát abóut some súgar?
Twó téaspoonfúls?
JANE: Nó, léss than thát.
Óne and a hálf téaspoonfúls pléase.
Thát's enóugh for mé.

3

JANE: Thát was véry níce.
BETTY: Wóuld you líke some móre?
JANE: Yés, pléase.

4

JANE: I'd líke a cigarétte, tóo.
Máy I háve óne?
BETTY: Of cóurse.
I thínk there are a féw in thát bóx.

5

JANE: I'm afráid it's émpty.
BETTY: Whát a píty!
JANE: It dóesn't mátter.

6

BETTY: Háve a bíscuit instéad.
Éat móre and smóke léss!
JANE: Thát's véry góod advíce!

7

Lesson **110** How do they compare?

I

Have you got any chocolate?
I haven't got much.

J

I've got more than you have.

K

I've got the most.

L

Have you got any chocolate?
I've got very little.

M

I've got less than you have.

N

I've got the least.

O

Have you made any mistakes?
I haven't made many.

P

I've made more than you have.

Q

I've made the most.

R

Have you made any mistakes?
I've made very few.

S

I've made fewer than you have.

T

I've made the fewest.

U

You must see my new car.
It's very good.

V

This one's better.

W

This one's the best
I've ever seen.

X

You mustn't go to that restaurant.
It's very bad.

Y

This one's worse.

Z

This one's the worst
I've ever seen.

Exercise

Copy these sentences. Put in much, many, less *or* fewer.
I haven't got any cigarettes. I haven't got . . . either.
I've got some money. I've got . . . than you have.
I haven't got any money. I haven't got . . . either.
I've got some books. I've got . . . than you have.

Lesson 111

1

MR FRITH: I líke this récord-pláyer véry múch.
How múch does it cóst pléase?
ASSISTANT: It's the móst expénsive módel
in the shóp.
It cósts síxty-fóur póunds.

2

MRS FRITH: That's tóo expénsive for ús.
We cán't affórd áll thát móney.

3

ASSISTANT: Thís módel's léss expénsive
than thát óne.
It's ónly twénty-éight póunds.
But, of cóurse,
it's nót as góod as the expénsive óne.

4

MR FRITH: I dón't líke thís módel.
The óther módel's móre expénsive,
but it's wórth the móney.

5

MR FRITH: Cán we búy it on instálments?
ASSISTANT: Of cóurse.
You can páy a depósit of tén póunds,
and then óne póund a wéek
for síxty wéeks.

6

MR FRITH: Dó you líke it, déar?
MRS FRITH: I cértainly dó,
but I dón't líke the príce.
You álways wánt the bést,
but we cán't affórd it.
Sómetimes you thínk
you're a míllionáire!
MR FRITH: Míllionáires dón't búy thíngs
on instálments!

Lesson **112** How do they compare?

As . . . as

a

sweet

b

tall

c

short

d

old

e

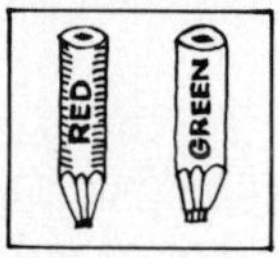

blunt

f

sharp

Not as . . . as

g

clean

h

fat

i

smart

j

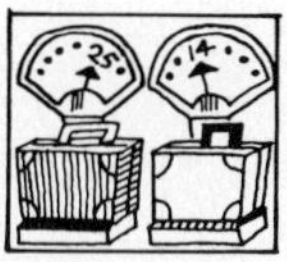

light

k

new

l

expensive

m

This test is difficult.

n

This test is more difficult.

o

This is the most difficult test I have ever done!

p

This book is interesting.

q

This book is less interesting.

r

This is the least interesting book I have ever read!

Exercise

Look at these sentences:

This dress is long, but that one is . . .
This dress is long, but that one is longer.
Tom is intelligent, but Bill is . . .
Tom is intelligent, but Bill is more intelligent.

Do these in the same way:
This book is cheap, but that one is . . .
This book is expensive, but that one is . . .
This question is easy, but that one is . . .
This question is difficult, but that one is . . .
Miss Jones is pretty, but Miss Brown is . . .
Miss Green is beautiful, but Miss White is . . .

Lesson **113**

1

CONDUCTOR:	Fáres pléase!
MAN:	Trafálgar Squáre pléase.
CONDUCTOR:	I'm sórry, sír. I cán't chánge a póund nóte. Háven't you gót any smáll chánge?
MAN:	I've gót no smáll chánge, I'm afráid.
CONDUCTOR:	I'll ásk sóme of the pássengers.

2

CONDUCTOR:	Háve you ány smáll chánge, sír?
1st PASSENGER:	I'm sórry. I've gót none.
2nd PASSENGER:	Í háven't gót any éither.

3

CONDUCTOR:	Cán you chánge thís póund nóte, mádam?
3rd PASSENGER:	I'm afráid I cán't.
4th PASSENGER:	Néither can Í.

4

CONDUCTOR:	I'm véry sórry, sír. You must gét óff the bús. Nóne of our pássengers can chánge this nóte. They're áll míllionáires!

5

TWO TRAMPS:	Excépt ús, condúctor.
1st TRAMP:	Í've got some smáll chánge.
2nd TRAMP:	Só have Í.

Lesson **114** I've got none

o

Have you got any chocolate?

p

I haven't got any.
I've got no chocolate.
I've got none.

q

I haven't any either.
Neither have I.

r

Have you got any envelopes?

s

I haven't got any.
I've got no envelopes.
I've got none.

t

I haven't any either.
Neither have I.

u

Have you got any cake?

v

I've got some.

w

So have I.

x

Have you got any biscuits?

y

I've got some.

z

So have I.

Exercise

Look at this:

There isn't any milk in that bottle. There is no milk in that bottle.

Change these sentences in the same way:

There aren't any books on that shelf.
I haven't got any money.
There isn't any coffee in this tin.
I didn't see any cars in the street.
I haven't got any envelopes.

Lesson **115**

HELEN: Ísn't there ányone at hóme?
JIM: I'll knóck agáin, Hélen.
Éverything's véry quíet.
I'm súre there's nó one at hóme.

1

HELEN: But thát's impóssible.
Pát and Tóm invíted us to lúnch.
Lóok through the wíndow.

2

HELEN: Cán you sée ánything?
JIM: Nóthing at áll.

3

HELEN: Lét's trý the báck dóor.
JIM: Lóok! Éveryone's in the gárden.

4

PAT: Húllo, Hélen. Húllo, Jím.
TOM: Éverybody wánts to háve lúnch
in the gárden.
It's níce and wárm out hére.

5

PAT: Cóme and háve sómething to drínk.
JIM: Thánks, Pát.
Máy I háve a glåss of béer pléase?
PAT: Béer?
There's nóne léft.
You can háve some lemonáde.
JIM: Lémonáde!

6

TOM: Dón't belíeve her, Jím.
She's ónly jóking.
Háve some béer!

7

Lesson **116** Every, No, Any and Some

Every	None	Any	Some
Everyone	No one	Anyone	Someone
Everybody	Nobody	Anybody	Somebody
Everything	Nothing	Anything	Something
Everywhere	Nowhere	Anywhere	Somewhere

a

Everyone is asleep.
Everybody is asleep.

b

Everything is untidy.

c

I looked for my pen everywhere.

d

Is there anyone at home?
Is there anybody at home?

e

Is there anything in that box?

f

I couldn't find my pen anywhere.

g

There's no one at home.
There's nobody at home.

h

There's nothing in this box.

i

Where did you go yesterday?
Nowhere. I stayed at home.

j

There's someone in the garden.
There's somebody in the garden.

k

There's something under that chair!

l

My glasses must be somewhere!
You're wearing them!

Exercise

Look at this:

I didn't buy *anything*. / I bought nothing.

Change these in the same way:

I didn't do *anything*.
I didn't see *anyone*.
I didn't go *anywhere*.
I didn't meet *anybody*.

Lesson **117**

Whén my húsband was góing
into the díning-róom this mórning,
he drópped some cóins on the flóor.

1

Thére wére cóins éverywhere.
We lóoked for them,
but we cóuld not fínd them all.

2

Whíle we were háving bréakfast,
our líttle bóy, Tómmy,
fóund twó smáll cóins on the flóor.

3

He pút them bóth into his móuth.
We bóth tríed to gét the cóins,
but it was tóo láte.
Tómmy had alréady swállowed them!

4

Láter that mórning,
when I was dóing the hóusework,
my húsband télephoned me
from the óffice.

5

"Hów's Tómmy?" he ásked.
"I dón't knów," I ánswered,
"Tómmy's béen to the lávatory
thrée tímes thís mórning,
but I háven't hád any chánge yét!"

6

Lesson **118** What were you doing?

m

Someone knocked at the door
when I was having breakfast.

n

When I was leaving the house,
the postman arrived.

o

Just as I was opening the
front door, the telephone rang.

p

She slipped and hurt herself
while she was getting off the bus.

q

He cut himself
while he was shaving.

r

My wife was cooking the dinner,
while I was working in the garden.

Exercise

Look at this:

He arrived. I had a bath. *He arrived when I was having a bath.*

Join these sentences in the same way. Use when.

He knocked at the door. I answered the telephone.
He came downstairs. I had breakfast.
The telephone rang. I washed the dishes.
The boss arrived. She typed a letter.
The train left. I bought the tickets.
It rained heavily. I drove to London.

Lesson **119**

1

2

3

4

5

SUSAN: Cán't you cóme ín
and háve téa nów, Péter?
PETER: Nót yét, déar.
I must wáter the gárden fírst.

SUSAN: Do you háve to wáter it nów?
PETER: I'm afráid I múst.
Lóok at it!
It's térribly drý.

SUSAN: Whát a núisance!
PETER: Lást summer it was véry drý, tóo.
Dón't you remémber?
I had to wáter it évery dáy.
SUSAN: Wéll, I'll háve téa by mysélf.

SUSAN: Thát was quíck!
Háve you fínished alréady?
PETER: Yés, déar.
Lóok out of the wíndow.

SUSAN: Góod héavens!
It's ráining.
Thát méans
you néedn't wáter the gárden.
PETER: That was a pléasant surpríse.
It méans I can háve téa, instéad.

Lesson 120 Must, Have to and Needn't

1

Must you go now?
Yes, I have to leave immediately.

2

Must you get up early tomorrow morning?
Yes, I shall have to get up at six o'clock.

3

Did you have to take a taxi?
I'm afraid I had to.
I couldn't get a bus.

4

Hasn't your girl friend arrived yet? How long have you had to wait?
I have had to wait for two hours!

5

Must you water the garden?
No, I needn't water it now.
It's going to rain.

6

Do we have to walk to the station?
No, we needn't.
We can catch a bus.

Exercise

Look at these sentences:

You have to leave early. Do you have to leave early? You don't have to leave early. She must leave early. Must she leave early? She needn't leave early.

Copy each of these sentences. Then write a question and a negative:
She has to decide immediately.
She must decide immediately.
We have to take a taxi.
We must take a taxi.

Can you do this Test?

I. Look at this example:

I am tired. *He is* tired.

Write these sentences again. Begin each sentence with *He*.

1. I am busy. He . . .
2. I have a new book. He . . .
3. I live in the country. He . . .
4. I shall see you tomorrow. He . . .
5. I can understand you. He . . .
6. I must write a letter. He . . .
7. I do a lot of work every day. He . . .
8. I did a lot of work yesterday. He . . .
9. I bought a new coat last week. He . . .
10. I was busy this morning. He . . .

II. Look at these examples:

I want *a* biscuit. I want *a* cup of coffee. I want *some* biscuits. I want *some* coffee. Do you want *any* biscuits? Do you want *any* coffee? I don't want *any* biscuits. I don't want *any* coffee.

Write these sentences again. Put in *a*, *some* or *any*.

1. There are . . . books on the desk.
2. I drank . . . glass of beer.
3. Do you want . . . butter?
4. There aren't . . . people in the street.
5. Tom has just bought . . . new car.
6. We have . . . apple trees in our garden.
7. Can I have . . . bar of chocolate, please?
8. There isn't . . . bread in that tin.
9. Is there . . . ink in that bottle?
10. Are there . . . eggs in that basket?

III. Look at these examples:

I haven't any eggs. I haven't *got many* eggs. He hasn't any coffee. He hasn't *got much* coffee.

Do these in the same way:

1. I haven't any butter.
2. You haven't any cigarettes.
3. We haven't any milk.
4. She hasn't any biscuits.
5. They haven't any stationery.

IV. Look at this example:

She goes to town every day. She *went* to town yesterday.

Do these in the same way:
1. He buys a new car every year. He . . . a new car last year.
2. She airs the room every day. She . . . it this morning.
3. He often loses his pen. He . . . his pen this morning.
4. He always listens to the news. He . . . to the news yesterday.
5. She empties this basket every day. She . . . it yesterday.

V. Look at this example:

	He went to the cinema yesterday.
QUESTION:	Did he go to the cinema yesterday?

Now you change these statements into questions:
1. He bought a new car.
2. She can come tomorrow.
3. They were here yesterday.
4. He must leave early.
5. He gave you a pen.
6. He lives next door.
7. You know him well.
8. He has found his pen.
9. You saw that film.
10. He arrived at two o'clock.

VI. Look at this example:

She smiled . . . (pleasant) She smiled *pleasantly*.

Do these in the same way:
1. He read the phrase . . . (slow)
2. He worked . . . (lazy)
3. He cut himself . . . (bad)
4. He worked . . . (careful)
5. The door opened . . . (sudden)

VII. Look at this example:

It will rain tomorrow. *It'll* rain tomorrow.

Write these sentences again. Use short forms.
1. *He will* arrive tomorrow morning.
2. *She will* come this evening.
3. *I shall* see you the day after tomorrow.
4. He *will not* believe me.
5. We *shall not* remain here.

VIII. Look at this example:'

This dress belongs to my sister. It is *hers*.

Do these in the same way:
1. These things belong to my husband. They are . . .
2. This coat belongs to me. It is . . .
3. These shoes belong to my wife. They are . . .
4. These pens belong to Tom and Betty. The pens are . . .
5. This suitcase belongs to you. It is . . .

IX. Look at this example:

It is *warm* today, but it was *warmer* yesterday.

Do these in the same way:
1. It is *cool* today, but it was . . . yesterday.
2. It is *wet* today, but it was . . . yesterday.
3. He's *late* again today, but he was . . . yesterday.
4. This test is *easy*, but that one is . . .
5. This book is *expensive*, but that one is . . .
6. This bookcase is *large*, but that one is . . .
7. That film was *interesting*, but the other was . . .
8. Betty is *pretty*, but Jane is . . .
9. Miss Green is *beautiful*, but Miss White is . . .
10. Tom is intelligent, but Bill is . . .

X. Put in the right word or phrase: *yesterday, last night, tomorrow* etc.
The date today is Monday, March 5th.
1. I saw him . . . (Sunday, March 4th)
2. I shall see him . . . (Tuesday, March 6th)
3. I shall see him . . . (Monday, March 5th)
4. I shall see him . . . (Monday, March 5th – afternoon)
5. I shall see him . . . (Wednesday, March 7th)
6. I saw him . . . (Saturday, March 3rd)
7. I saw him . . . (Sunday, March 4th – night)
8. I shall see him . . . (Tuesday, March 6th – morning)
9. I shall see him . . . (Monday, March 5th – morning)
10. I saw him . . . (Sunday, March 4th – afternoon)

XI. Put in *at, in,* or *on:*
1. He is going to telephone . . . five o'clock.
2. My birthday is . . . May 21st.
3. It is always cold . . . February.
4. My father was there . . . 1942.
5. He is going to arrive . . . Tuesday.

XII. Put in *across, over, between, off, along, in, on, into, out of,* or *under:*
1. The aeroplane is flying . . . the village.
2. The ship is going . . . the bridge.
3. The boy is swimming . . . the river.
4. Two cats are running . . . the wall.
5. My books are . . . the shelf.

6. The bottle of milk is . . . the refrigerator.
7. The boy is jumping . . . the tree.
8. Mary is sitting . . . her mother and her father.
9. It is 9.0 o'clock. The children are going . . . class.
10. It is 4.0 o'clock. The children are coming . . . class.

XIII. Put in *Who* or *Which:*

1. . . . hat did you buy?
2. . . . broke this plate?
3. . . . bus did you catch?
4. . . . is knocking at the door?
5. . . . of the two books do you want?

XIV. Look at this example:

I can see some cups, but I can't see any *glasses.*

Do these in the same way:

1. I can see some spoons, but I can't see any . . . (knife)
2. I can see some hammers, but I can't see any . . . (box)
3. I can see some cupboards, but I can't see any . . . (shelf)
4. I can see Mr Jones and Mr Brown, but I can't see their . . . (wife)
5. I can see some cups, but I can't see any . . . (dish)

LIST OF STRUCTURES

LESSON

1 The use of *it/this is;* possessive adjectives *my* and *your;* affirmative tag response
Is this your (handbag)?
Yes, it is.
My name is . . .

3 The use of *it/this/here is;* negative statements; negative tag response.
My (coat) and my (umbrella).
This is (not) my (umbrella).
Here is my/your . . .
Is this it?
No, it isn't.

5 The use of *he/she is;* the indefinite article; nationality-adjective/noun combinations; negative and affirmative statements and tag responses; the use of *What.*
This is (Alice).
She is (she's) French.
He is (he's) German.
It's a (French) car.
It's (French).
It's an (English) car.
It's (English).
His/her name is (name's) . . .
He's/she's a (French) student.
Yes, she is/No, she isn't.
Yes, he is/No, he isn't.

7 The use of *I am;* the indefinite article (*a* and *an*); noun combinations; possessive adjectives *his* and *her;* negative and affirmative statements and tag responses; the use of *What's.*
Are you (French), too?
Yes, I am/No, I am (I'm) not.
I'm a (typist).
I'm an (engineer).
What's your/his/her job?

9 The use of *I'm/he's/she's;* adjectives describing people; the use of *very.*
I'm/he's/she's (very) well/hot/tall etc.
Look at that (man).

11 The use of *it is* and familiar possessive adjectives; the possessive case; the use of *Whose; this/that.*
Whose (shirt) is this/that?
Whose is this/that (shirt)?
Is this your/his/her (pen)?
It's not my/his/her (pen).
It's (Tim's)/my (father's).
Here you are.

13 The use of *it is* and noun subjects *(shirt's);* colour-adjectives.
What colour is (colour's) . . .?
It's (green).
Come and see it.
It's the same colour.
Here it is.
My shirt is (shirt's) white.

15 The use of *we/they are;* nationality-adjectives; colour-adjectives; possessive adjectives *(our/your/their);* regular plural of nouns (soft and hard 's').
Are you/your friends (Swedish)?
Yes, we/they are.
No, we/they are not (aren't).
Our/their (cases) are (brown).
Are these your . . .?
Here they are.

17 The use of *they are* with plural noun combinations (regular and irregular forms).
Those women are (very pretty).
What are their jobs?
They are (typists).
Who is (this young man)?

19 The use of we/they are; adjectives describing people and things; the use of *Who.*
We're/They're (tired).
Are you all right?
These (ice-creams) are (nice).
Look! There's a(n) . . .
Who is (tired)?

21 The imperative form of *give* followed by singular and plural object pronouns *(me/him/her/us/them); one* as a pronoun; *this* and *that;* the definite and indefinite article.
Give me/him/her/us/them a (book).

Which one/(book)?
This/that one/(book).
Not this/that one/(book).
The (red) one/(book).

23 The imperative form of *give* followed by singular and plural object pronouns; *ones* as a pronoun; *these* and *those; some* and *the* with plural nouns.
Give me/him/her/us/them some (glasses).
Which ones/(glasses)?
These/those ones/(glasses).
Not these/those ones/(glasses).
The ones/(glasses) on the shelf.

25 The use of *There is;* prepositions *in* and *on;* the indefinite and definite articles contrasted; the use of *Where.*
There is a (bottle) in/on the (refrigerator/table).
The (bottle) is (empty).
It is on the left/on the right/in the middle of . . .
Where is . . .?

27 The use of *There are;* prepositions *in, on* and *near; some* (affirmative statements); *any* (negatives and questions).
There are some (magazines) on/in/near . . .
The (magazines) are . . .
Are there any (magazines) on/in/near . . .?
There aren't any (magazines) on/in/near . . .
Where are . . .?

29 The imperative, including the use of elementary phrasal verbs.
Put on/take off your (coat).
Turn on/off the (light).
Then (sweep) the (floor).
What must I do?
She must . . .

31 The present continuous, third person singular, with transitive verbs; the possessive adjective *its.*
He/she/it is (running) under/across/after . . .
What is he/she/it doing?
It is (drinking) its (milk).
He isn't (reading). (He's typing a letter).
Where is he/she/it (sitting)?
What about (the dog)?

33 The present continuous *(you/we/they).*
It is a fine day.
There are some clouds in the sky, but the sun is shining.
We/they are (walking) over/under . . .
They are jumping off a wall.

35 The present continuous with common prepositions of place and direction; the use of *another* (= one more).
It is between/beside . . .
(We are) walking along/across . . .
(They are) coming out of . . .
(They are) going into . . .
Here is another (photograph).

37 The present continuous (first person) contrasted with *going to* used as a future substitute.
What/where are you going to . . .?
I am going to . . .
I am (making) . . .
I am going to paint it (pink).
This (book-case) isn't for me.

39 The negative imperative; the use of *going to* with elementary phrasal verbs; the transposition of prepositions; the use of verbs followed by direct and indirect objects *(give/show/send/take).*
Give/show/send (it) to (me).
What are you going to do with . . .?
Don't (put) . . .
Put/turn (it) on.
Take/turn (it) off.
I'm going to put it in front of . . .

41 *There is* in connection with singular countable nouns and uncountable nouns; the use of *a/any/one/some.*
Is there (a tie) in/on . . .?
Is there (any milk) in/on . . .?
There's (a tie)/one in/on . . .

There's (a piece of cheese)
in/on . . .
There's some (cheese) in/on . . .

43 *There is/are* in connection with plural countable nouns and uncountable nouns; the use of *a/some/any;* simple prepositions of place; *can/can't* (first person singular only), negative and affirmative tag responses.
Can you . . . (= Are you able to)
Yes, I/you etc. can . . .
No, I/you etc. can't . . .
(He) can't . . . but (he) can . . .
It's behind/in front of . . .
Are there any (cups) . . .?
Is there any (coffee) . . .?

45 *Can/can't* (ability), all persons; negative and affirmative statements; but in contrary additions.
Can (you type) this for me?

47 The simple present (first person singular) with *like* and *want* in connection with *any/one/some* and familiar countable and uncountable nouns; negative and affirmative tag responses with *do.*
Do you like/want
(any coffee/biscuits)?
Yes, I do/No, I don't.
I (like)/don't (like)
coffee/biscuits.
Do you want any/one/(a cup)?
I like . . . but I don't like . . .

49 The simple present (third person singular) in connection with familiar countable and uncountable nouns; *like* and *want* only.
He/she likes/doesn't like . . .
I like . . . but (he) doesn't.
Does he/she like . . .
Yes, he does/No, he doesn't.
I don't either.

51 The simple present in connection with seasons, climate and countries; *Where . . . from* and *What . . . like;* the use of frequency adjectives after the verb *be*; the use of *When;* the use of *does/doesn't;* months of the year.
Where do you come from?
I/you etc. come from . . .
What's the (climate) like?
It's often/always/sometimes (hot).
It rains/snows sometimes.
When is/does it (hot/rain)?

53 The simple present used to describe permanent states in connection with seasons, climate and countries, the use of frequency adjectives after the verb *be.*
(The weather's often cold) in the
North/South/East/West.
Which season(s) do you like best?

55 The simple present used to describe habitual actions; time expressions; the use of nouns without articles; the use of adverbs of frequency before a verb.
They live at . . .
In the morning/afternoon/
evening/at noon/night
(they go) to work/school/bed/
home.
(She stays) at home.
He (usually) reads . . .

57 The simple present (habitual actions) is contrasted with the present continuous; contrasting points of time; telling the time (exact hour only).
What's the time?
It is (8.0) o'clock.
They usually go to school by car
every day/in the morning etc.,
but today/this morning they
are going on foot.

59 *Have* (possession, all persons except the third person singular) with *any/some* and countable/uncountable nouns; *only/all/else;* negative and affirmative statements and tag responses.
Have you/we/they any . . .?
Yes, I/we/they have.
No, I/we/they have not/haven't.
(I) haven't any . . . but (I) have
some . . .
I only have . . .
Is that all?
What else do you want?

61 *Has* (possession, ailments); sense-verbs *(feel/look);* negative and

affirmative statements and tag responses; *must* (necessity); *Why . . . because; so* (continuative).
He feels/looks (ill).
How does he feel/look?
He/she has (a bad cold).
Yes, he/she has.
No, he/she has not/hasn't.
(We) must call (the doctor).
Yes, (we) must.
No, (we) must not/mustn't.
Why . . . because.
So (continuative).

63 *Can* (permission); *mustn't . . . yet; How (long);*
Can I . . . (= May I).
He mustn't . . . yet.
How long must he . . .?
. . . for about two hours each day.
Negative questions.
So (adverbial).

65 The time (halves and quarters); *How (old);* dates and birthdays: reflexive pronouns.
It's half past/a quarter past/to (ten). How old are you?
I'm 24/I'm 24 years old.
My birthday's on (July 18th)/(18th July).
Enjoy yourself/yourselves etc.

67 The use of *was;* negative and affirmative statements and tag responses; days of the week; prepositions of time and place; the time (5/10/20/25 to/past).
Were you (at the butcher's)?
Yes, I/he/she was.
No, I/he/she wasn't.
Where were you (on Monday)?
I was (at church on Sunday/January 1st).
It's (five past/to one).

69 The use of *was/were*, including *there was/were;* negative and affirmative statements and tag responses; prepositions of time and place.
In (1968) there was . . .
There were . . .
My wife and I (we) were . . .
Julie and Jack (they) were . . .
Yes, we/they were.
No, we/they were not (weren't).

71 The regular past *(-ed, -d, -ied)* and related time expressions; the use of *did;* first person tag responses with *did; What . . . like* (people).
What's (he/she) like?
He (telephoned) four times yesterday/yesterday morning/the day before yesterday/last night etc.
Did you/he/she etc.?
Yes, (I) did. No, (I) did not/didn't.

73 The introduction of the irregular past; adverbs (*-ly*, *-ily*, and common ones without *-ly*); *once, twice . . .* times.
She went to London and lost her way. (Irreg. past).
Did he (understand)?
He did not (understand).
She smiled (pleasantly).
I went there once, twice . . .

75 The regular past [t] and [id] endings); related points of time with *last* and *ago*; the use of *have/had* (possession).
Have you any (shoes) like these?
We had some a month ago/last month/last year etc.
I'm afraid that I can't.

77 The regular and irregular past and related points of time; the use of *want to.*
I want to (see the dentist).
Can't you wait till . . .?

79 The use of *need/needn't* and *must; have got; much/many/a lot of;* the use of the infinitive to express purpose.
What do (we) need?
(We) need a lot of things.
(We) haven't got much/many/a lot of (butter/eggs) at all.
(She) needn't buy any (eggs), but she must buy some (butter).
I must go to the (grocer's) to get some (groceries).

81 The use of *have* as an ordinary verb involving the omission and use of the indefinite article before certain nouns; questions and negatives involving the use of *did* with *have.*

(He's) having a bath.
Have a (cigarette).
(We) can have dinner.
(We) had/didn't have (lunch).
What did you have?
I'm nearly ready.

83 The present perfect form *(have had)* with *just/already;* the use of *Let's* (= I think it's a good idea to . . .).
I've already/just had . . .
Have you had . . .?
Let's go . . .

85 The present perfect form *have been* with *just/already/ever/never* (without a time indicator); the present perfect with familiar regular verbs ([d], [t] and [id] endings.)
Have you just been to the cinema?
I've already seen it.
I have never been there.
Have you ever been there?
I've already done so/I did so.

87 The present perfect with irregular verbs: contrasted with the simple past *(ago)* and the present continuous *(still);* the use of *yet* (questions and negatives); the main parts of familiar irregular verbs.
Have you/Has he etc. finished yet?
(They're) still working on it.
They're trying to . . .

89 The present perfect with irregular verbs contrasted with the simple past; *for* and *since; How long/much; May I . . . ?* (permission).
I believe that . . .
May I . . . (= permission).
How long have you (lived) here?
I have (lived) here for/since twenty years/1947.
How much does it cost?

91 *Shall/will* and related points of time; negative and statements and tag responses; contracted forms.
I/we shall/you/he/she/it/they will (see him) tomorrow/tomorrow morning etc.
Yes, (I) shall/No, (I) shall not (shan't).
Yes, (he) will/No, (he) will not (won't).
When will . . .?
I think that . . .

93 The simple past and *shall/will* future contrasted; related points of time contrasted; *going to/coming from* with a future meaning.
He was there during the war.
He will (fly to New York) next month/ the month after next etc.
I'm going to . . . next week.
Echoed questions: affirmative only.

5 The simple past and *shall/will* future contrasted; contrasting time expressions *(ago/in . . . time);* telling the exact time in minutes; *had better; plenty of.*
At nineteen minutes past eight/eight nineteen.
In (five hours') time.
We've got plenty of time.
The clock's ten minutes slow.
What's the exact time?
We'd better . . .

97 Possessive pronouns and the use of *belong to; who* in place of *whom.*
Is this mine/yours/his/hers?
Are these ours/yours/theirs?
Does this belong to me? etc.
Do these belong to you? etc.
Who do they/does it belong to?

99 Noun clauses after *say/think/believe* etc. where no tense-change is involved; *that* is not omitted.
say/think/believe/know/understand/be afraid/be sorry/be sure that . . .
Let (me) help you.
Try and stand up.
Echoed questions: negative.

101 Noun clauses after *say/think/believe* etc. where no tense-change is involved; *that* is omitted.
(He) says/thinks/believes/knows/hopes/is afraid/is sorry/is sure (he) . . .
What else (does he say)?

Question tags: negative-affirmative: He doesn't say very much, does he? etc.

103 Ability and inability expressed with *could/couldn't* and *too/very/enough*.
(I) could answer the questions.
They were very easy.
(I) couldn't answer the questions.
They were too difficult.
The questions were easy enough for me to answer.
The questions were too difficult for me to answer.
How about you?
That's why I could/couldn't . . .

105 *Want* and *tell* followed by a pronoun object (negative and affirmative forms).
I want/don't want (you) to (come) . . .
Tell (him) (not) to (come) . . .
How do you spell . . .?
I'm sorry about that.
Question tags: affirmative-negative.

107 *Would you like to . . ./Could you . . .* in requests; the regular comparison of adjectives *(-er/-est/-ier/iest)*.
Would you like to . . .?
Could you (show me) . . .?
It's (smaller) than . . .
It's the (smallest) in/of . . ./ I have ever seen.

109 Questions with *shall* (requests); patterns involving the use of *few* and *little* (comparative and superlative forms); the comparative and superlative of common irregular adjectives.
Shall I (make some coffee)?
I've got very little/a little.
I've got very few/a few.
I've got more/the most/less/the least/fewer/the fewest.
It is better/the best/worse/the worst.

111 Comparing adjectives of two or more syllables; the use of *(not) as . . . as*.
It's more/less (expensive).
It's the most/least (expensive).
It's as (good) as . . .
It's not as (good) as . . .

113 *Not . . . any/no/none;* negative and affirmative patterns with *either/neither/so/also/as well.*
I've got no (cake/biscuits).
I've got none.
Neither (have) I.
So (have) I.
I'm (tired) also/as well

115 Compounds of *every/no/any/some*.
Every/No/Any/Some compounds.
There's none left.
Have something to drink.
They must be somewhere.

117 The past continuous contrasted with the simple past; the use of *just as/when/while;* both/all.
When (he was going) into the dining-room (he dropped) . . .
Just as he was . . .
While she (was cooking), he (was working) in the garden.
We both/all tried . . .
He had already (swallowed them).

119 *Must* compared and contrasted with *have to* and *needn't*.
I have to/Do you have to . . .
I shall have to/Will you have to . . .
I had to/Did you have to . . .
I have had to/Have you had to . . .

Vocabulary

Die Zahlen in Klammern verweisen auf die Seite in 'New Concept English', Band I, auf der die Vokabel eingeführt wird. Einige der hier verzeichneten Vokabeln erscheinen nicht in den Lektionstexten. Sie sollen in der betreffenden Lektion vom Lehrer ergänzend eingeführt werden.

a (5) [ei, ə]	ein(e)
one pound a week (113)	ein Pfund pro Woche
able [eibl]	fähig
are you able to . . .? (43)	kannst du . . . ?
about [ə'baut]	ungefähr; herum; umher; wegen
what about the dog? (31)	was ist mit dem Hund?, und der Hund?
for about two hours (63)	ungefähr zwei Stunden lang
I'm sorry about that (107)	das tut mir leid
absent (67) ['æbsənt]	abwesend
across (31) [ə'krɔs]	(quer) über; (quer) durch
address (99) [ə'dres]	Anschrift, Adresse
advice (111) [əd'vais]	Ratschlag
aeroplane (33) ['ɛərəplein]	Flugzeug
afford (113) [ə'fɔːd]	sich leisten
afraid [ə'freid]	
I'm afraid (that) I can't . . . (77)	leider kann ich nicht . . .
after ['ɑːftə]	nach; hinter . . . her
the dog is running after the cat (31)	der Hund läuft hinter der Katze her
after my lunch (85)	nach meinem Mittagessen
the day after tomorrow (93)	übermorgen
the month after next (95)	übernächsten Monat
afternoon (9) ['ɑːftə'nuːn]	Nachmittag
good afternoon (9)	guten Tag
in the afternoon (55)	nachmittags
again (71) [ə'gen]	wieder
ago [ə'gou]	vor
a minute/day/week *etc.* ago (78)	vor einer Minute/einem Tag/einer Woche *etc.*
air (29) [ɛə]	lüften
air-hostess (8) ['ɛə'houstis]	Stewardess
all [ɔːl]	all(e); ganz; alles
all right (19) ['ɔːl'rait]	in Ordnung
is that all? (59)	ist das alles?
not . . . at all (81)	überhaupt nicht; überhaupt kein(e)
all the time (87)	die ganze Zeit
alone (121) [ə'loun]	allein
along (35) [ə'lɔŋ]	entlang
already (85) [ɔːl'redi]	schon
always (51) ['ɔːlwəz]	immer
am *see:* be	
a. m. *(= ante meridiem)* (79) ['ei'em]	vormittags
America (52) [ə'merikə]	Amerika
American (6) [ə'merikən]	Amerikaner(in); amerikanisch
an (6) [æn, ən]	ein(e)
and (5) [ænd, ənd]	und
another (35) [ə'nʌðə]	noch ein(e); ein(e) andere(r, s)
for another two days (63)	noch weitere zwei Tage
answer ['ɑːnsə]	Antwort; (be)antworten
I didn't answer the phone (71)	ich ging nicht ans Telephon
I could answer the questions (105)	ich konnte die Fragen beantworten
any ['eni]	(irgend)ein(e); jede(r, s) (beliebige)
are there any magazines on the table? (27)	liegen Zeitschriften auf dem Tisch?
there aren't any magazines on the armchair (27)	es liegen keine Zeitschriften auf dem Sessel
we haven't got any meat at all (81)	wir haben überhaupt kein Fleisch

anybody, anyone (117)	(irgend) jemand
anything (117)	(irgend) etwas; alles
anywhere (117)	irgendwo
apple (48) ['æpl]	Apfel
appointment (79) [ə'pɔintmənt]	Verabredung
are (7) *see:* be	
armchair (27) ['ɑːm'tʃɛə]	Sessel, Lehnstuhl
arrive (55) [ə'raiv]	ankommen
they arrive home (55)	sie kommen zu Hause an
as (æz, əz]	als; wie; so; da
as well (109)	auch
as good as (113)	so gut wie
not as good as (113)	nicht so gut wie
just as I was opening the door (120)	gerade als ich die Tür öffnete
ask (45) [ɑːsk]	fragen; bitten
asleep [ə'sliːp]	
everyone is asleep (118)	jeder schläft, alle schlafen
aspirin (62) ['æspərin]	Aspirintablette
assistant (109) [ə'sistənt]	Gehilfe; Verkäufer(in)
association [əsousi'eiʃən]	Vereinigung; Genossenschaft; Gesellschaft
the Youth Hostels Association (103)	die Jugendherbergsorganisation
at [æt, ət]	an; um; in; zu; bei
look at that man (10)	sieh dir (sehen Sie sich) den Mann an
at home (55)	zu Hause
at noon (55)	mittags
at night (55)	abends
at the moment (57)	im Augenblick
at the baker's (68)	beim Bäcker, im Bäckerladen
at church (68)	in der Kirche
at once (101)	sofort
at a Youth Hostel (103)	in einer Jugendherberge
at the top of the paper (105)	oben auf dem Bogen (Papier)
ate (76) *see:* eat	
attendant (89) [ə'tendənt]	Diensthabender; Bedienter; Gesellschafter
Australia (54) [ɔs'treiljə]	Australien
Australian (54) [ɔs'treiljən]	Australier(in); australisch
Austria (54) ['ɔstriə]	Österreich
Austrian (54) ['ɔstriən]	Östereicher(in); österreichisch
autumn (51) ['ɔːtəm]	Herbst
awful (71) ['ɔːful]	schrecklich
baby (65) ['beibi]	Baby
back [bæk]	zurück; rückwärts; Rücken; Rückseite
go back (97)	zurückgehen
I've hurt my back (101)	ich habe mir den Rücken verletzt
bad (worse, worst) (61) [bæd (wəːs, wəːst)]	schlecht; schlimm
he has a bad cold (61)	er hat eine schlimme Erkältung
he cut himself badly (76)	er hat sich schlimm geschnitten
that restaurant is bad (112)	das Restaurant ist schlecht
this restaurant is worse (112)	dies Restaurant ist schlechter
this one is the worst (112)	dies ist das schlechteste
bag (41) [bæg]	Tasche; Tüte; Sack
baker ['beikə]	Bäcker
at the baker's (68)	beim Bäcker, im Bäckerladen
banana (48) [bə'nɑːnə]	Banane
bank (35) [bæŋk]	(Fluß) Ufer
bar [bɑː]	Stange; Barren; Riegel; Bar; Schanktisch
a bar of soap (41)	ein Stück Seife
a bar of chocolate (41)	eine Tafel Schokolade
there's a bar (97)	dort ist eine Bar
barber (8) ['bɑːbə]	Friseur
basket (32) ['bɑːskit]	Korb
bath (83) [bɑːθ]	Bad

he's having a bath (83)	er nimmt (gerade) ein Bad
B.B.C. (87) [ˈbiːbiːˈsiː] British Broadcasting Corporation [ˈbritiʃ ˈbrɔːdkɑːstiŋ kɔːpəˈreiʃən]	Britische Rundfunkgesellschaft
be [bi(ː)]	sein
I am (7) [æm, əm]	ich bin
you are (7) [ɑ(ː)]	du bist; Sie sind; ihr seid
he/she/it is (1) [iz]	er/sie/es ist
we are (15)	wir sind
were you? (67) [wə(ː)]	warst du? waren Sie? seid ihr?
I was (67) [wɔz, wəz]	ich war
we/they were (70)	wir/sie waren
B.E.A. (95) [ˈbiː-iːˈei] British European Airways [ˈbritiʃ juerəˈpiːən ˈɛəweiz]	*eine britische Luftfahrtgesellschaft*
bean (50) [biːn]	Bohne
beautiful (87) [ˈbjuːtəful]	schön
because (61) [biˈkɔz]	weil
bed (24) [bed]	Bett
he goes to bed (55)	er geht zu Bett
you must stay in bed (61)	du mußt (Sie müssen) im Bett bleiben
bedroom (29) [ˈbedrum]	Schlafzimmer
beef (49) [biːf]	Rindfleisch
roast beef (83)	Rinderbraten
beer (48) [biə]	Bier
beg [beg]	bitten; (an)flehen; betteln
I beg your pardon? (31)	wie bitte?
behind (43) [biˈhaind]	hinter
believe (91) [biˈliːv]	glauben
belong (99) [biˈlɔŋ]	gehören
beside (35) [biˈsaid]	neben
best (53), better (63) *see:* good	
between (35) [biˈtwiːn]	zwischen
big (20) [big]	groß
bird (34) [bəːd]	Vogel
birthday (66) [ˈbəːθdei]	Geburtstag
my birthday's on . . . (66)	ich habe am . . . Geburtstag
biscuit (47) [ˈbiskit]	Keks; Zwieback
black (14) [blæk]	schwarz
blouse (12) [blauz]	Bluse
blue (11) [bluː]	blau
blunt (22) [blʌnt]	stumpf
boat (33) [bout]	Boot; Schiff
boil (43) [bɔil]	kochen, sieden
bone (32) [boun]	Knochen
book (2) [buk]	Buch
book-case (37) [ˈbukkeis]	Bücherregal
boss (45) [bɔs]	Meister; Chef; Arbeitgeber; Vorgesetzter
both (119) [bouθ]	beide
bottle (22) [bɔtl]	Flasche
bought (77) *see:* buy	
box (22) [bɔks]	Kasten; Schachtel; Dose
boy (17) [bɔi]	Junge
Brazil (52) [brəˈzil]	Brasilien
Brazilian (5) [brəˈziljən]	Brasilianer(in); brasilianisch
bread [bred]	Brot
a loaf of bread (41)	ein (Laib) Brot
break (64) [breik]	(zer)brechen; (zer)reißen
breakfast (84) [ˈbrekfəst]	Frühstück
we had breakfast (84)	wir frühstückten
bridge (33) [bridʒ]	Brücke
bring (brought, brought) (89) [briŋ (brɔːt)]	bringen
brother (12) [ˈbrʌðə]	Bruder

brought *see:* bring	
brown (14) [braun]	braun
building (35) ['bildiŋ]	Gebäude
bus (34) [bʌs]	(Auto)Bus
bus-stop (34) ['bʌs-'stɔp]	Bushaltestelle
busy (10) ['bizi]	fleißig; beschäftigt; geschäftig
but (33) [bʌt, bət]	aber
butcher (49) ['butʃə]	Fleischer, Schlachter, Metzger
at the butcher's (67)	beim Fleischer, im Fleischerladen
butter (48) ['bʌtə]	Butter
buy (bought, bought) (77) [bai (bɔːt)]	kaufen
by [bai]	von; durch; bei; neben; an (vorbei)
by car (57)	mit dem Auto
bye [bai]	
good bye (9)	auf Wiedersehen
bye, bye (65)	auf Wiedersehen
cabbage (50) ['kæbidʒ]	Kohl
cake (76) [keik]	Kuchen
calendar (66) ['kælində]	Kalender
call (61) [kɔːl]	rufen; nennen
came (92) *see:* come	
can (43) [kæn, kən]	kann; können *(Plural)*
could (105) [kud, kəd]	konnte(n); könnte(n)
Canada (54) ['kænədə]	Kanada
Canadian (54) [kə'neidjən]	Kanadier(in); kanadisch
car (1) [kɑː]	Auto
by car (57)	mit dem Auto
a car race (69)	ein Autorennen
card (103) [kɑːd]	Karte
careful (39) ['kɛəful]	sorgfältig, achtsam, vorsichtig
carpet (14) ['kɑːpit]	Teppich
carry (108) ['kæri]	tragen
case (14) [keis]	Koffer
cat (31) [kæt]	Katze
catch (11) [kætʃ]	fangen
certainly (41) ['səːtnli]	gewiß, sicherlich
chair (24) [tʃɛə]	Stuhl
chalk (59) [tʃɔːk]	Kreide
change [tʃeindʒ]	Wechsel; Veränderung; wechseln; (sich) ändern; umsteigen
I want my change (59)	ich möchte mein Wechselgeld haben
small change (115)	Kleingeld
I can't change a pound note (115)	ich kann keine Pfundnote wechseln
cheap (106) [tʃiːp]	billig
cheer [tʃiə]	aufheitern; zujubeln
cheer up! (105)	Kopf hoch!
cheese (41) [tʃiːz]	Käse
chemist ['kemist]	Drogist
to the chemist's (82)	zum Drogisten, zur Drogerie
chicken (49) ['tʃikin]	Hühnchen, Huhn
children (19) ['tʃildrən]	Kinder
China (54) ['tʃainə]	China
Chinese (54) ['tʃai'niːz]	Chinese, Chinesin; chinesisch
chocolate (41) ['tʃɔkəlit]	Schokolade
a bar of chocolate (41)	eine Tafel Schokolade
church (34) [tʃəːtʃ]	Kirche
at church (68)	in der Kirche
cigarette (24) [sigə'ret]	Zigarette
cinema (87) ['sinimə]	Kino
city (87) ['siti]	(große) Stadt
clean (10); (30) [kliːn]	rein, sauber; säubern, reinigen
clerk (17) [klɑːk]	(Büro)Angestellte(r)
clever (106) ['klevə]	klug

climate (51) ['klaimit]	Klima
climb (31) [klaim]	klettern (auf), besteigen
clock [klɔk]	(Wand-, Turm-, Stand)Uhr
8.0 o'clock (57)	8 Uhr
the clock is ten minutes slow (97)	die Uhr geht zehn Minuten nach
closed (20) [klouzd]	geschlossen
clothes (29) [klouðz]	Kleider, Kleidung
cloud (33) [klaud]	Wolke
coat (2) [kout]	Mantel
coffee (41) ['kɔfi]	Kaffee
cup of coffee (85)	Tasse Kaffee
coin (119) [kɔin]	Münze
cold [kould]	kalt; Erkältung; Kälte
she's cold (10)	ihr ist kalt
he has a bad cold (61)	er hat eine schlimme Erkältung
colour (13) ['kʌlə]	Farbe
come (came, come) (13) [kʌm (keim, kʌm)]	kommen
compare (110) [kəm'pɛə]	vergleichen
conductor (115) [kən'dʌktə]	Schaffner
conversation (53) [kɔnvə'seiʃən]	Unterhaltung
cook (32) [kuk]	kochen
electric cooker (13)	Elektroherd
cool (52) [kuːl]	kühl
correct [kə'rekt]	richtig; korrigieren, berichtigen
correct the mistake (108)	berichtige(n Sie) den Fehler!
cost (91) [kɔst]	kosten
how much does it cost? (91)	wieviel kostet es?
could (105) *see:* can	
country (51) ['kʌntri]	Land
in the country (67)	auf dem Lande
course [kɔːs]	Lauf; Kurs(us)
of course (43)	natürlich
crash (89) [kræʃ]	Zusammenstoß
crowd (69) [kraud]	Menge
cry [krai]	rufen; schreien; weinen; Ruf; Schrei
they are crying (34)	sie schreien
cup (22) [kʌp]	Tasse
tea-cup [43]	Teetasse
cup of coffee (85)	Tasse Kaffee
cupboard (43) ['kʌbəd]	Schrank
customs officer (15) ['kʌstəmz 'ɔfisə]	Zollbeamter
cut (cut, cut) (76) [kʌt]	schneiden
dad (65) [dæd]	Vati
dairy ['dɛəri]	Milchgeschäft
at the dairy (68)	im Milchgeschäft
Danish (15) *see:* Denmark	
daughter (4) ['dɔːtə]	Tochter
day (33) [dei]	Tag
the days of the week (67)	die Wochentage
the day before yesterday (71)	vorgestern
the day after tomorrow (93)	übermorgen
the other day (99)	neulich
dear [diə]	Liebling; lieb, teuer
where's the tea, dear? (43)	wo ist der Tee, Liebling?
dear old London (87)	das gute alte London
decide (91) [di'said]	(sich) entscheiden; beschließen
Denmark (54) ['denmaːk]	Dänemark
Danish (15) ['deiniʃ]	Däne, Dänin; dänisch
dentist (62) ['dentist]	Zahnarzt
deposit (113) [di'pɔzit]	Anzahlung
describe (99) [dis'kraib]	beschreiben
desk (24) [desk]	Schreibtisch; Pult
dictionary (107) ['dikʃənri]	Wörterbuch

difficult (105) ['difikəlt]	schwierig
dining-room (119) ['dainiŋrum]	Eßzimmer
dinner (83) ['dinə]	Hauptmahlzeit, (Mittag-, Abend)Essen
to have dinner (83)	die Hauptmahlzeit einnehmen
dirty (10) ['də:ti]	schmutzig
dish [diʃ]	Gericht, Speise; Schüssel
they are washing dishes (54)	sie waschen Geschirr ab
do (did, done) (29) [du:, (did, dʌn)]	tun, machen
what is she doing? (31)	was tut (macht) sie?
she does the housework (55)	sie macht die Hausarbeit
they do their homework (55)	sie machen ihre Hausaufgaben
doctor (61) ['dɔktə]	Arzt
dog (14) [dɔg]	Hund
door (27) [dɔ:]	Tür
next door (45)	nebenan
our next-door neighbour (95)	unser Nachbar nebenan
downstairs (101) ['daun'stεəz]	(die Treppe) hinunter; unten (im Haus)
drank (76) *see:* drink	
dress (2) [dres]	Kleid
dressing-table (24) ['dresiŋteibl]	Frisierkommode
drink (drank, drunk) (32) [driŋk (dræŋk, drʌŋk)]	trinken
drive (64) [draiv]	treiben; fahren
drop (39) [drɔp]	fallen (lassen)
drunk *see:* drink	
dry (121) [drai]	trocken
during (95) ['djuəriŋ]	während
during the year	während des Jahres
dust (29) [dʌst]	abstauben
Dutch (6) [dʌtʃ]	Holländer(in); holländisch
each (64) [i:tʃ]	jede(r, s)
ear-ache (62) ['iəreik]	Ohrenschmerzen
early (53) ['ə:li]	früh
east (53) [i:st]	Ost(en); Ost-; nach Osten; östlich
easy (105) ['i:zi]	leicht
eat (ate, eaten) (32) [i:t (et, 'i:tn)]	essen
egg (48) [eg]	Ei
either ['aiðə]	entweder
I don't like chicken, either (49)	ich mag auch kein Hühnchen
electric (25) [i'lektrik]	elektrisch
electric cooker (25)	Elektroherd
else [els]	andere(r, s); sonst
what else? (59)	was sonst noch?
employee (17) [implɔi'i:]	Arbeitnehmer(in)
empty (22) (30) [empti]	leer; entleeren
engineer (7) [endʒi'niə]	Ingenieur
England (25) ['iŋglənd]	England
English (6) ['iŋgliʃ]	Engländer(in); englisch
enjoy (65) [in'dʒɔi]	genießen, Freude haben an
enjoy yourself (65)	viel Vergnügen
enough (105) [i'nʌf]	genug
easy enough for me (105)	leicht genug für mich
envelope (59) ['enviloup]	(Brief)Umschlag
evening (55) ['i:vniŋ]	Abend
in the evening (55)	abends
this evening (65)	heute abend
ever (87) ['evə]	jemals
the largest crowd I've ever seen (110)	die größte Menge, die ich je sah
every (51) ['evri]	jede(r, s)
every day (51)	jeden Tag
everybody, everyone (117)	jeder
everything (117)	alles
everywhere (118)	überall

exact (98) [ig'zækt]	genau
examination (105) [igzæmi'neiʃən]	Prüfung
except (115) [ik'sept]	außer
exciting (69) [ik'saitiŋ]	aufregend
excuse (1) [iks'kju:z]	entschuldigen
excuse me (1)	entschuldige(n Sie) bitte
expensive (106) [iks'pensiv]	teuer
fail [feil]	fehlschlagen; keinen Erfolg haben
I failed the Intelligence Test (105)	ich habe im Intelligenztest versagt
fall (fell, fallen) (101) [fɔ:l (fel, 'fɔ:lən)]	fallen
family (33) ['fæmili]	Familie
fare (115) [fɛə]	Fahrgeld
fashion (77) ['fæʃən]	Mode
fat (10) [fæt]	dick
father (12) ['fɑ:ðə]	Vater
favourite (37) ['feivərit]	Lieblings-
feel (61) [fi:l]	(sich) fühlen
fell (99) *see:* fall	
fellow (105) ['felou]	Bursche; Kerl
few (fewer, fewest) (111) [fju: ('fju:ə, 'fju:ist)]	wenige
a few (111)	einige
film (87) [film]	Film
find (found, found) (43) [faind (faund)]	finden
fine [fain]	fein; schön; dünn; gut
I'm fine (9)	es geht mir gut
it's a fine day (33)	es ist ein schöner Tag
finish ['finiʃ]	Endspurt; beend(ig)en, aufhören (mit)
an exciting finish (69)	ein erregender Endspurt
have you finished (89)	bist du (sind Sie) fertig?
Finland (54) ['finlənd]	Finnland
Finnish (54) ['finiʃ]	finnisch
first (121) [fə:st]	zuerst; als erste(r, s)
flew (95) *see:* fly	
floor (24) [flɔ:]	Fußboden
flower (39) ['flauə]	Blume
flown (47) *see:* fly	
flu (62) [flu:]	Grippe, Erkältung
fly (flew, flown) (33) [flai (flu:, floun)]	fliegen
food (63) [fu:d]	Essen; Nahrung(smittel)
foot (57) [fut]	Fuß
on foot (57)	zu Fuß
for [fɔ:, fə]	für; denn
for me (37)	für mich
for a week (61)	für eine Woche, eine Woche lang
for sale (91)	zu verkaufen
I've lived here for 20 years (91)	ich wohne hier (schon) seit 20 Jahren
fork (22) [fɔ:k]	Gabel
found (75) *see:* find	
France (52) [frɑ:ns]	Frankreich
French (5) [frentʃ]	Franzose, Französin; französisch
fresh (106) [freʃ]	frisch
friend (15) [frend]	Freund(in)
from [frɔm, frəm]	von, aus
where do you come from? (51)	woher kommst du? woher kommen Sie?
he comes home from work (55)	er kommt von der Arbeit nach Hause
front [frʌnt]	Vorderseite, Front; Vorder-
in front of (39)	vor
the front door (65)	die Haustür
fruit (82) [fru:t]	Obst
full (22) [ful]	voll
full of mistakes (107)	voller Fehler

garage (89) [ˈgærɑːʒ]	Garage; Reparaturwerkstatt
garden (31) [ˈgɑːdn]	Garten
gave (76) *see:* give	
German (5) [ˈdʒəːmən]	Deutsche(r); deutsch
Germany (52) [ˈdʒəːməni]	Deutschland
get (got, got) [get (gɔt)]	
get up (63)	aufstehen
the case has got a zip (99)	mein Koffer hat einen Reißverschluß
you must get off the bus (115)	du mußt (Sie müssen) aus dem Bus aussteigen
girl (17) [gəːl]	Mädchen
give (gave, given) (21) [giv (geiv, ˈgivn)]	geben
give him my regards (93)	richte(n Sie) ihm meine Grüße aus
glass (22) [glɑːs]	Glas
where are my glasses? (118)	wo ist meine Brille?
glue (59) [gluː]	Leim; leimen
go (went, gone) (33) [gou (went, gɔn)]	gehen; fahren
good (better, best) [gud (ˈbetə, best)]	gut(e)
good morning (5)	guten Morgen
good afternoon (9)	guten Tag
good heavens! (121) [ˈhevnz]	du lieber Himmel!
which season do you like best? (53)	welche Jahreszeit magst du (mögen Sie) am liebsten?
you are better now (63)	dir (Ihnen) geht es jetzt besser
we had a good time (84)	wir hatten viel Spaß
we had better go back (97)	es wäre besser, wir gingen zurück
goodbye (9) [gudˈbai]	auf Wiedersehen
grandfather (20) [ˈgrændfɑːðə]	Großvater
grandmother (20) [ˈgrænmʌðə]	Großmutter
grapes (50) [greips]	Weintrauben
grass (31) [grɑːs]	Gras, Rasen
Greece (51) [griːs]	Griechenland
Greek (5) [griːk]	Grieche, Griechin; griechisch
green (13) [griːn]	grün
greengrocer [ˈgriːngrousə]	Gemüsehändler
at the greengrocer's (67)	im Gemüseladen
greet (76) [griːt]	(be)grüßen
grey (14) [grei]	grau
grocer [ˈgrousə]	Lebensmittelhändler, Kaufmann
at the grocer's (68)	im Lebensmittelgeschäft
groceries (82) [ˈgrousəriz]	Lebensmittel
had *see:* have	
haircut (84) [ˈhɛəkʌt]	Haarschnitt
half [hɑːf]	Hälfte; halb
half a pound of . . . (41)	ein halbes Pfund . . .
half past ten (65)	halb elf Uhr
hammer (37) [ˈhæmə]	Hammer
hand (20) [hænd]	Hand
handbag (1) [ˈhændbæg]	Handtasche
handle (99) [ˈhændl]	Griff; Henkel
handwriting (45) [ˈhændraitiŋ]	Handschrift
hard [hɑːd]	hart; schwierig, schwer; heftig
you're working hard (37)	du arbeitest (Sie arbeiten) schwer
the apple was too hard (106)	der Apfel war zu hart
hat (13) [hæt]	Hut
hate (105) [heit]	hassen
have (had, had) [hæv, həv (hæd, həd)]	haben
have you any writing-paper? (59)	hast du (haben Sie) Schreibpapier?
I had breakfast/lunch etc. (83)	ich aß Frühstück/Mittag etc.
I had a bath etc. (84)	ich nahm ein Bad etc.
I have to water the garden (121)	ich muß den Garten sprengen
he (5) [hi(ː)]	er
his (5) [hiz]	sein(e)
him (22) [him]	ihn, ihm

headache (62) ['hedeik]	Kopfschmerzen
hear (heard, heard) (65) [hiə (hə:d)]	hören
heavy (20) ['hevi]	schwer *(an Gewicht)*
help (101) [help]	helfen
her (5) *see:* she	
here (3) [hiə]	hier
here you are (11)	bitte
high (106) [hai]	hoch
hill (35) [hil]	Hügel
him (3) *see:* he	
his (3) *see:* he	
holiday (84) ['hɔlədi]	Feiertag; Urlaub, Ferien
Holland (52) ['hɔlənd]	Holland
home (55) [houm]	Heim(at); zu Hause
at home (55)	zu Hause
they arrive home (55)	sie kommen zu Hause an
homework (34) ['houmwə:k]	Hausaufgabe(n)
honey (48) ['hʌni]	Honig
hope (103) [houp]	Hoffnung; hoffen
hot (10) [hɔt]	heiß
hour (63) ['auə]	Stunde
house (2) [haus]	Haus
housewife (8) ['hauswaif]	Hausfrau
housework (55) ['hauswə:k]	Hausarbeit
how [hau]	wie
how do you do? (5)	guten Tag
how are you? (9)	wie geht es dir (Ihnen)?
how long? (63)	wie lange?
how about you? (105)	wie steht es mit dir (Ihnen)?, und du (Sie)?
hullo (67) ['hʌ'lou]	hallo
hundred ['hʌndrəd]	hundert
hundreds of . . . (69)	Hunderte von . . .
hurriedly (37) *see:* hurry	
hurry ['hʌri]	(sich be) eilen; Eile
hurry up (43)	beeile dich (beeilen Sie sich)
he shaved hurriedly (76)	er rasierte sich eilig
hurt (hurt, hurt) (101) [hə:t]	(sich) verletzen
husband (49) ['hʌzbənd]	Ehemann
I [ai]	ich
me (1) [mi(:)]	mir; mich
my (1) [mai]	mein(e)
is this mine? (100) [main]	ist dies meine(r, s)?
ice-cream (19) ['ais'kri:m]	(Speise)Eis
idea (111) [ai'diə]	Idee; Vorstellung; Begriff
that's a good idea (111)	das ist eine gute Idee
ill (61) [il]	krank
he feels ill (61)	er fühlt sich krank
immediately (122) [i'mi:djətli]	sofort
impossible (117) [im'pɔsəbl]	unmöglich
in [in]	in
in the middle of the room (25)	in der Mitte des Raumes
in the room (27)	im Zimmer
come in (29)	herein; komm(en Sie) herein
in the sky (33)	am Himmel
into (35)	in; in . . . hinein
in front of (39)	vor
in the morning/afternoon/evening (55)	am Morgen/Nachmittag/Abend
to stay in bed (63)	im Bett bleiben
in the country (67)	auf dem Lande
in 1968 (69)	(im Jahre) 1968
in fashion (77)	in Mode, modern
India (54) ['indjə]	Indien
Indian (54) ['indjən]	Inder(in); indisch

ink (59) [iŋk]	Tinte
instalment (113) [in'stɔːlmənt]	Rate
on instalments (113)	auf Raten
instead (111) [in'sted]	statt dessen
intelligence (105) [in'telidʒəns]	Intelligenz
intelligence test (105)	Intelligenztest
intelligent (107)	intelligent
interesting (53) ['intristiŋ]	interessant
into (35) *see:* in	
invite (117) [in'vait]	einladen
I.Q. (105) ['ai'kjuː]	Intelligenzquotient
is (1) *see:* be	
it (1)	es
its (=the cat's) milk (32)	ihre Milch
Italian (6) [i'tæljən]	Italiener(in); italienisch
Italy (52) ['itəli]	Italien
its (32) *see:* it	
jam (48) [dʒæm]	Marmelade
Japan (54) [dʒə'pæn]	Japan
Japanese (54) [dʒæpə'niːz]	Japaner(in); japanisch
job (7) [dʒɔb]	Beruf
joke [dʒouk]	Witz, Scherz; scherzen
she's joking (117)	sie scherzt
jump (34) [dʒʌmp]	springen
just [dʒʌst]	genau; gerade; nur; gerecht
just behind him (69)	genau hinter ihm
just a little (111)	nur ein wenig
keep (63) [kiːp]	(be)halten; aufbewahren
you must keep the room warm (63)	du mußt (Sie müssen) das Zimmer warm halten
how are you keeping? (67)	wie geht es dir (Ihnen)?
kettle (43) ['ketl]	Kessel
key (65) [kiː]	Schlüssel
king (55) [kiŋ]	König(s-)
kitchen (25) ['kitʃin]	Küche
knife (22) [naif]	Messer
knock [nɔk]	schlagen; klopfen; Klopfen
I'll knock (117)	ich werde anklopfen
know (75) [nou]	wissen; kennen
label (99) ['leibl]	Etikette, Schildchen; Aufschrift
lady (77) ['leidi]	Dame
lamb (49) [læm]	Lamm(fleisch)
lamp-post (89) ['læmppoust]	Laternenpfahl
large (22) [lɑːdʒ]	groß
last [lɑːst]	letzte(r, s); vorige(r, s); zuletzt; dauern
last week (67)	vorige Woche
last night (71)	gestern abend
the year before last (77)	im vorletzten Jahr
late (53) [leit]	spät
lavatory (119) ['lævətəri]	Waschraum, Toilette
lazy (10) ['leizi]	faul
lean (64) [liːn]	(sich) lehnen
lean out of the window (64)	sich aus dem Fenster lehnen
least (112) *see:* little	
leave (left, left) (85) [liːv (left)]	verlassen; (weg)gehen; (weg)fahren
left [left]	links; linke(r, s); linke Seite
on the left (25)	links
lemonade (117) [lemə'neid]	Limonade
less (112) *see:* little	
lesson (84) ['lesn]	Lektion; (Unterrichts)Stunde
let (85) [let]	lassen
let's go (85)	wir wollen gehen
let me see it (99)	laß (lassen Sie) mich es sehen
letter (32) ['letə]	Brief

lettuce (50) ['letis]	Salat, Lattich
library (64) ['laibrəri]	Bibliothek
licence ['laisəns]	Erlaubnis, Bewilligung
licence number (89)	Zulassungsnummer, Kennzeichen
lift (46) [lift]	(hoch)heben
light [lait]	leicht; Licht; anzünden
light (20)	leicht (an Gewicht)
turn on the light (30)	schalte(n Sie) das Licht ein
like [laik]	gern haben; wie; gleich, ähnlich
do you like coffee? (47)	magst du (mögen Sie) Kaffee?
what's the climate like? (51)	wie ist das Klima?
which season do you like best? (53)	welche Jahreszeit magst du (mögen Sie) am liebsten?
have you any shoes like these? (77)	hast du (haben Sie) (ähnliche) Schuhe wie diese?
would you like to try it? (109)	möchtest du (möchten Sie) es anprobieren?
listen (38) ['lisn]	zuhören
listen to the radio (38)	(dem) Radio (zu)hören
little (less, least) ['litl, (les, li:st)]	klein; wenig
that box is little (22)	jene Kiste ist klein
a little (111)	ein wenig
little chocolate (112)	wenig Schokolade
less chocolate (112)	weniger Schokolade
the least mistakes (112)	die wenigsten Fehler
the least expensive model (56)	das am wenigsten teure Modell
live [liv]	leben; wohnen
they live at 87 King Street (55)	sie wohnen Königstraße 87
living-room (27) ['liviŋrum]	Wohnzimmer
loaf (41) [louf]	Laib
a loaf of bread (41)	ein (Laib) Brot
London (75) ['lʌndən]	
long (20) [lɔŋ]	lang
look (10) [luk]	sehen, schauen
he looks ill (61)	er sieht krank aus
may I have a look at it? (91)	darf ich es mir ansehen?
lose (lost, lost) (75) [lu:z (lɔst)]	verlieren
she lost her way (75)	sie verirrte sich
lot [lɔt]	Menge
a lot of things (81)	eine Menge Dinge
a lot of money (91)	eine Menge Geld
loud (106) [laud]	laut
love [lʌv]	lieben; Liebe
Love, Jimmy (103)	Herzliche Grüße, Jimmy
lovely (13) ['lʌvli]	reizend, nett
low [lou]	niedrig; leise
the radio was too low (104)	das Radio war zu leise
a low I.Q. (105)	ein niedriger Intelligenzquotient
lucky ['lʌki]	
aren't you lucky! (67)	habt ihr (hast du, haben Sie) ein Glück!
lunch (55) [lʌntʃ]	Mittagessen
have lunch (83)	zu Mittag essen
madam (109) ['mædəm]	gnädige Frau
made *see:* make	
magazine (24) [mægə'zi:n]	Zeitschrift
make (made, made) [meik (meid)]	machen; veranlassen
make the bed (29)	mache(n Sie) das Bett!
I'm making the shopping-list (81)	ich stelle die Einkaufsliste auf
make (6) [meik]	Marke
man (10) [mæn]	Mann
many (more, most) (81) ['meni (mɔ:, moust)]	viele
I have made more mistakes . . . (112)	ich habe mehr Fehler gemacht . . .
I've made the most (112)	ich habe die meisten gemacht

match [mætʃ]	Streichholz; Wettspiel
don't play with matches (64)	spiele nicht mit Streichhölzern
mathematics (=maths) (105) [mæθi'mætiks, mæθs]	Mathematik
matter ['mætə]	Sache, Angelegenheit
what's the matter? (19)	was ist los?
it doesn't matter (111)	das macht nichts
may [mei] (63)	darf; kann (vielleicht); dürfen *(Plural)*
me (1) *see:* I	
meal (32) [mi:l]	Mahlzeit
mean (121) [mi:n]	bedeuten
measles (62) ['mi:zlz]	Masern
meat (49) [mi:t]	Fleisch
mechanic (8) [mi'kænik]	Mechaniker
medicine (62) ['medsin]	Medizin
meet (met, met) (17) [mi:t (met)]	(sich) treffen
member (103) ['membə]	Mitglied
mess (85) [mes]	Durcheinander, Verwirrung
met (76) *see:* meet	
middle ['midl]	Mitte; mittlere(r, s)
in the middle of the room (25)	in der Mitte des Zimmers
mild (53) [maild]	milde
milk (32) [milk]	Milch
milkman (8) ['milkmən]	Milchmann
millionaire (113) [miljə'nɛə]	Millionär
mince (49) [mins]	Gehacktes, Hackfleisch
mine (99) *see:* I	
minute (45) ['minit]	Minute
miss (93) [mis]	verfehlen; versäumen; vermissen
miss a train (97)	einen Zug verpassen
Miss (5) [mis]	Fräulein
mistake (107) [mis'teik]	Fehler
model ['mɔdl]	Vorbild, Muster, Modell; vorbildlich
the most expensive model (113)	das teuerste Modell
moment (57) ['moumənt]	Augenblick
at the moment (57)	im Augenblick
money (81) ['mʌni]	Geld
month (51) [mʌnθ]	Monat
more (111) *see:* much; many	
morning (5) ['mɔ:niŋ]	Morgen
good morning (5)	guten Morgen
in the morning (55)	morgens
this morning (57)	heute früh
tomorrow morning (93)	morgen früh
the day after tomorrow in the morning (94)	übermorgen früh
most (112) *see:* much; many	
mother (12) ['mʌðə]	Mutter
at my mother's (67)	im Hause meiner Mutter, bei meiner Mutter
mouth (61) [mauθ]	Mund
move (93) [mu:v]	(sich) bewegen; umziehen
Mr (5) ['mistə]	Herr
Mrs (9) ['misiz]	Frau
much (more, most) [mʌtʃ (mɔ:, moust)]	viel; sehr
thank you very much (1)	vielen Dank
we haven't got much tea (81)	wir haben nicht viel Tee
how much does it cost? (91)	wieviel kostet es?
I've got more chocolate (112)	ich habe mehr Schokolade
I've got the most (112)	ich habe am meisten
more expensive (113)	teurer
the most expensive (113)	am teuersten; das teuerste
mum (19) [mʌm]	Mutti
mumps (62) [mʌmps]	Ziegenpeter, Mumps

must [mʌst]	muß; müssen *(Plural)*
what must I do? (29)	was muß (soll) ich tun?
my (1) *see:* I	
name (1) [neim]	Name
my name is (1)	ich heiße
nationality (7) [næʃə'næliti]	Nationalität
near [niə]	nahe
near the window (27)	in der Nähe des Fensters
nearly (83)	beinahe, fast
need [ni:d]	brauchen, benötigen; müssen
what do we need? (81)	was brauchen wir?
she needn't buy any eggs (81)	sie braucht keine Eier zu kaufen
neighbour (93) ['neibə]	Nachbar
our next-door neighbour (95)	unser Nachbar nebenan
neither ['naiðə]	weder
I can't . . . – Neither can I (115)	Ich kann nicht . . . – Ich auch nicht
never (87) ['nevə]	nie(mals)
new (5) [nju:]	neu
news (61) [nju:z]	Neuigkeit(en), Nachricht(en)
that's good news (61)	das ist eine gute Nachricht
newsagent (82) ['nju:zeidʒənt]	Zeitungsverkäufer
newspaper (24) ['nju:speipə]	Zeitung
next [nekst]	nächste(r, s)
the night after next (94)	übermorgen abend
next month (95)	nächsten Monat
the month after next (95)	übernächsten Monat
the fellow next to me (105)	der Kerl neben mir
next door (45)	nebenan
our next-door neighbour (95)	unser Nachbar nebenan
nice (9) [nais]	nett, fein, hübsch, schön
Nigeria (54) [nai'dʒiəriə]	Nigeria
Nigerian (54) [nai'dʒiəriən]	Nigerianer(in); nigerianisch
night (53) [nait]	Nacht; Abend
at night (55)	abends, am Abend
tonight (57)	heute abend
last night (71)	gestern abend
the night before last (72)	vorgestern abend
no (3) [nou]	nein; kein
no thanks (83)	nein danke
no thank you (85)	nein danke
I've got none (= no small change) (115)	ich habe keins (= kein Kleingeld)
none of the passengers (115)	keiner der Fahrgäste
nothing at all (117)	überhaupt nichts
nowhere (118)	nirgendwo
no one, nobody (117)	niemand
noise (64) [nɔiz]	Lärm, Geräusch
none (115) *see:* no	
noon (55) [nu:n]	Mittag
at noon (55)	mittags
north (53) [nɔ:θ]	Nord(en); Nord-; nach Norden; nördlich
Norway (52) ['nɔ:wei]	Norwegen
Norwegian (15) [nɔ:'wi:dʒən]	Norweger(in); norwegisch
not (3) [nɔt]	nicht
note [nout]	Note; Notiz; Anmerkung
a pound note (115)	eine Pfundnote
nothing (117) *see:* no	
now (19) [nau]	jetzt
nowhere (118) *see:* no	
nuisance ['nju:sns]	Ekel; Unfug; Ärgernis
what a nuisance (121)	wie ärgerlich
number (3) ['nʌmbə]	Nummer
nurse (8) [nə:s]	Krankenschwester
of [ɔv, əv]	von

a photograph of the village (35)	ein Photo des Dorfes
out of the shop (36)	aus dem Geschäft heraus
in front of (39)	vor
of course (43)	natürlich
full of mistakes (107)	voller Fehler
off [ɔ:f]	ab; weg, fort
take off your coat (30)	ziehe(n Sie) den Mantel aus
turn off the light (30)	schalte(n Sie) das Licht aus
they are jumping off the wall (34)	sie springen von der Mauer herunter
you must get off the bus (115)	du mußt (Sie müssen) aus dem Bus aussteigen
office (45) ['ɔfis]	Büro
office-boy (17)	Botenjunge
often (51) ['ɔ:fn]	oft
O.K. (83) ['ou'kei]	in Ordnung, einverstanden
old (10) [ould]	alt
on [ɔn]	auf; an
on the shelf (23)	auf dem Regal
on the right/left (25)	rechts/links
on the wall (27)	an der Wand
turn on the radio (30)	schalte(n Sie) das Radio ein
put on your coat (30)	ziehe(n Sie) den Mantel an
a village on a river (35)	ein Dorf an einem Fluß
on foot (57)	zu Fuß
on Monday (67)	am Montag
what's on? (87)	was wird gegeben? *(im Kino etc.)*
on the train to London (99)	im Zug nach London
a label on the handle (99)	ein Schildchen am Handgriff
once (75) [wʌns]	einmal
at once (101)	sofort
one [wʌn]	
which one/ones? (21, 23)	welche(r, s),/welche?
this/that one (21)	diese(r, s)/jene(r, s)
these/those ones (23)	diese/jene
only (59) ['ounli]	nur
open ['oupən]	offen; öffnen
open (20)	offen
open the window (29)	öffne(n Sie) das Fenster
or (81) [ɔ:]	oder
orange (14) (24) ['ɔrindʒ]	orangefarben; Apfelsine
other ['ʌðə]	andere(r, s)
five other cars (69)	fünf weitere Autos
the other day (99)	neulich
our (15) *see:* we	
out [aut]	hinaus, heraus; aus; (dr)außen
out of the shop (36)	aus dem Geschäft heraus
over ['ouvə]	über; herüber, hinüber
over the river (33)	über den Fluß (hinweg)
over there (43)	dort drüben
pack (85) [pæk]	(ein)packen
pad (59) [pæd]	Schreibblock
paint (37) [peint]	(an-, be)malen, (an)streichen
pair (77) [pɛə]	Paar
paper ['peipə]	Papier; Zeitung
newspaper (24)	Zeitung
writing-paper (59)	Schreibpapier
the English and Maths papers (105)	die Prüfungsaufgaben (Prüfungsbögen) in Englisch und Mathematik
pardon ['pɑ:dn]	Verzeihung; verzeihen
pardon? (1)	wie bitte?
I beg your pardon? (31)	wie bitte?
park (35) [pɑ:k]	Park
party (84) ['pɑ:ti]	Party, Gesellschaft
pass [pɑ:s]	vorbeigehen (an); vorbeifahren (an); bestehen

I passed in English (105)	ich habe (die Prüfung) in Englisch bestanden
passenger (115) [ˈpæsindʒə]	Fahrgast
passport (15) [ˈpɑːspɔːt]	(Reise)Paß
past [pɑːst]	Vergangenheit; vorbei; vergangen
half/a quarter past ten (65)	halb elf Uhr/ein Viertel nach zehn
pea (50) [piː]	Erbse
peach (50) [piːtʃ]	Pfirsich
pear (50) [pɛə]	Birne
pen (2) [pen]	Feder; Federhalter; Füller
pencil (2) [ˈpensl]	Bleistift
penny (91) [ˈpeni]	Penny; Pfennig
people [ˈpiːpl]	Volk; (die) Leute
hundreds of people (69)	Hunderte von Leuten
perhaps (11) [pəˈhæps]	vielleicht
person (93) [ˈpəːsn]	Person
phone (71) *see:* telephone	
photograph (35) [ˈfoutəgrɑːf]	Photo(graphie)
phrase-book (75) [ˈfreizbuk]	Vokabelheft
picture (27) [ˈpiktʃə]	Bild
piece (41) [piːs]	Stück
pilot (95) [ˈpailət]	Pilot
pink (37) [piŋk]	blaßrot
pity [ˈpiti]	Mitleid; bemitleiden
what a pity! (111)	wie schade!
plate (24) [pleit]	Teller
platform (97) [ˈplætfɔːm]	Bahnsteig
play (64) [plei]	spielen
pleasant (51) [ˈpleznt]	angenehm
please (3) [pliːz]	bitte
plenty [ˈplenti]	sehr viel, reichlich
plenty of time (97)	sehr viel Zeit
p. m. *(=post meridiem)* (79) [ˈpiːˈem]	nachmittags, abends
pocket (75) [ˈpɔkit]	(Hosen-, Mantel- etc.) Tasche
Poland (54) [ˈpoulənd]	Polen
police(wo)man (8) pəˈliːs(wu)mən]	Polizist(in)
Polish (54) [ˈpouliʃ]	Pole, Polin; polnisch
poor (93) [puə]	arm
postman (8) [ˈpoustmən]	Briefträger
potato (50) [pəˈteitou]	Kartoffel
pound (41) [paund]	Pfund
half a pound of . . . (41)	ein halbes Pfund . . .
a quarter of a pound of . . . (41)	ein Viertelpfund . . .
a pound note (115)	eine Pfundnote
present (107) [ˈpreznt]	Geschenk
pretty (17) [ˈpriti]	hübsch
price (113) [prais]	Preis
programme (87) [ˈprougræm]	Programm
put (put, put) [put]	legen; stellen; setzen
put on your coat (30)	ziehe(n Sie) den Mantel an
put on your watch/tie (30)	binde(n Sie) deine (Ihre) Uhr / deinen (Ihren) Schlips um
quarter [ˈkwɔːtə]	Viertel
a quarter of a pound of . . . (41)	ein Viertelpfund . . .
a quarter past eleven (65)	(ein) Viertel nach elf (Uhr); Viertel zwölf
question (78) [ˈkwestʃən]	Frage
quickly (64) [ˈkwikli]	schnell
quiet (117) [ˈkwaiət]	ruhig
race [reis]	(Wett)Rennen, (Wett)Lauf
we were at the race (69)	wir waren beim Rennen
twenty cars in the race (69)	zwanzig Autos im Rennen
a car race (69)	ein Autorennen
radio (24) [ˈreidiou]	Radio
R.A.F. (95) [ˈɑːreiˈef]	
Royal Air Force [ˈrɔiəl ˈɛə fɔːs]	*britische Luftwaffe*

rain (51) [rein]	regnen
read (read, read) (30) [riːd (red)]	lesen
ready (83) [ˈredi]	fertig, bereit
record-player (113) [ˈrekɔːdˈpleiə]	Plattenspieler
red (14) [red]	rot
refrigerator (25) [riˈfridʒəreitə]	Kühlschrank
regard [riˈgɑːd]	betrachten; Rücksicht; Beachtung
give him my regards (93)	richte(n Sie) ihm meine Grüße aus
remain (63) [riˈmein]	bleiben; übrig bleiben
remember (61) [riˈmembə]	sich erinnern (an)
repair (89) [riˈpɛə]	reparieren
rest (105) [rest]	Rest
restaurant (83) [ˈrestərənt]	Restaurant
retire (91) [riˈtaiə]	in den Ruhestand treten
return [riˈtəːn]	zurückkehren; zurückgeben; Rückkehr
he will return to London (95)	er wird nach London zurückkehren
two return tickets (97)	zwei Rückfahrkarten
rich (63) [ritʃ]	reich
rich food (63)	reichhaltiges (fettes) Essen
right [rait]	recht, richtig; rechts; rechte(r, s); rechte Seite; Recht
all right (19)	in Ordnung
on the right (25)	rechts
that's right (91)	das ist richtig
ring (rang, rung) (120) [riŋ (ræŋ, rʌŋ)]	klingeln, läuten
rise (rose, risen) (53) [raiz (rouz, ˈrizn)]	aufstehen; (an-, auf)steigen
the sun rises late (53)	die Sonne geht spät auf
river (33) [ˈrivə]	Fluß
a village on a river (35)	ein Dorf an einem Fluß
roast (83) [roust]	gebraten; geröstet
room (25) [rum]	Zimmer
living-room (27) [ˈliviŋrum]	Wohnzimmer
dining-room (119) [ˈdainiŋrum]	Eßzimmer
rose *see:* rise	
run (31) [rʌn]	rennen; laufen
Russia (52) [ˈrʌʃə]	Rußland
Russian (6) [ˈrʌʃən]	Russe, Russin; russisch
sale [seil]	Verkauf
for sale (91)	zu verkaufen
salesman (77) [ˈseilzmən]	Verkäufer
same (13) [seim]	selbe, gleiche
saw (75) *see:* see	
say (61) [sei]	sagen
school (4) [skuːl]	Schule
Scotland (103) [ˈskɔtlənd]	Schottland
season (53) [ˈsiːzn]	Jahreszeit
see (saw, seen) (13) [siː (sɔː, siːn)]	sehen
he must see a doctor (62)	er muß einen Arzt aufsuchen
sell (sold, sold) (91) [sel (sould)]	verkaufen
send (sent, sent) (40) [send (sent)]	schicken; senden
set (set, set) [set]	(fest)setzen; stellen; legen
the sun sets early (53)	die Sonne geht früh unter
shall (93) [ʃæl, ʃəl]	werde(n *Plural*); soll(en *Plural*)
I/we shall see him (93)	ich/wir werde(n) ihn sehen
sharp (22) [ʃɑːp]	scharf
sharpen (30)	anspitzen
shave (34) [ʃeiv]	(sich) rasieren
she (5) [ʃi(ː)]	sie
her (5) [hə(ː)]	ihr(e)
is this hers? (100)	ist dies der/die/das ihrige?
shelf (23) [ʃelf]	Regal; Fach
shine (33) [ʃain]	scheinen, glänzen
ship (33) [ʃip]	Schiff

shirt (2) [ʃəːt]	Hemd
shoe (20) [ʃuː]	Schuh
shop (20) [ʃɔp]	Geschäft
shopping-list (81) [ˈʃɔpiŋlist]	Einkaufsliste
short (10) [ʃɔːt]	kurz, klein
show (40) [ʃou]	zeigen
shut (shut, shut) [ʃʌt]	schließen
shut (20)	geschlossen
sideboard (24) [ˈsaidbɔːd]	Anrichte(tisch; Geschirrschrank, Sideboard
since (91) [sins]	seit
sir (3) [səː]	(mein) Herr
sister (12) [ˈsistə]	Schwester
sit (19) [sit]	sitzen
size (59) [saiz]	Größe
skirt (2) [skəːt]	Rock
sky (33) [skai]	Himmel
in the sky (33)	am Himmel
sleep (34) [sliːp]	schlafen
everyone is asleep (118)	jeder schläft, alle schlafen
slip (101) [slip]	(aus-, ent)gleiten; schlüpfen
slow (76) [slou]	langsam
the clock is ten minutes slow (97)	die Uhr geht zehn Minuten nach
small (20) [smɔːl]	klein
small change (115)	Kleingeld
smart (13) [smɑːt]	schmuck, elegant
smile (75) [smail]	lächeln
smoke (111) [smouk]	rauchen
snow (51) [snou]	schneien
so [sou]	so; deshalb
so he must see a doctor (62)	deshalb muß er einen Arzt aufsuchen
don't drive so quickly (64)	fahre(n Sie) nicht so schnell
I've got some small change. So have I. (115)	Ich habe etwas Kleingeld. – Ich auch.
soap (41) [soup]	Seife
a bar of soap (41)	ein Stück Seife
soft (106) [sɔft]	weich; sanft
some [sʌm]	einige; etwas; irgendein(e)
some glasses (23)	einige Gläser
some of them (35)	einige von ihnen
some cheese (41)	etwas Käse
somebody/someone (118)	(irgend) jemand
something (118)	(irgend) etwas
sometimes (51)	manchmal
somewhere (118)	irgendwo(hin)
son (4) [sʌn]	Sohn
soon (103) [suːn]	bald
sorry [ˈsɔri]	
sorry, sir (3)	Verzeihung, mein Herr
I am sorry (75)	es tut mir leid
I am sorry about that (107)	das tut mir leid
sour (106) [ˈsauə]	sauer
south (53) [sauθ]	Süd(en); Süd-; nach Süden; südlich
Spain (52) [spein]	Spanien
Spanish (51) [ˈspæniʃ]	spanisch
he's (she's) Spanish	er (sie) ist Spanier(in)
speak (spoke, spoken) (71) [spiːk (spouk, ˈspoukən)]	sprechen
speak up (103)	sprich (sprechen Sie) lauter
spell (107) [spel]	buchstabieren
spend (67) [spend]	verbringen
spoke (75) *see:* speak	
spoken (92) *see:* speak	
spoon (22) [spuːn]	Löffel

spring (51) [spriŋ]	Frühling
square [skwεə]	Quadrat; Viereck; quadratisch; (öffentlicher) Platz
Trafalgar Square (115) [trə'fælgə 'skwεə]	
stale (106) [steil]	schal, alt, abgestanden
stand (69) [stænd]	stehen
try and stand up (101)	versuche(n Sie) aufzustehen
station (97) ['steiʃən]	Bahnhof
stationer ['steiʃnə]	Schreibwarenhändler
at the stationer's (68)	im Schreibwarenladen
stationery (82) ['steiʃnəri]	Schreibwaren
stay (57) [stei]	bleiben
steak (49) [steik]	Steak, Fleischschnitte
still (89) [still]	(immer) noch
stomach-ache (62) ['stʌməkeik]	Magenschmerzen
street (36) [stri:t]	Straße
student (5) ['stju:dənt]	Schüler; Student; Hörer; Lernender
stupid (106) ['stju:pid]	dumm
subject (53) ['sʌbdʒikt]	Thema
subject of conversation (53)	Unterhaltungsthema
our favourite subject (53)	unser Lieblingsthema
suddenly (75) ['sʌdnli]	plötzlich
sugar (41) ['ʃugə]	Zucker
suit (4) [sju:t]	Anzug
suit (109)	passen (zu)
it doesn't suit me (109)	es paßt mir nicht
suitcase (85) ['sju:tkeis]	Koffer
summer (51) ['sʌmə]	Sommer
sun (33) [sʌn]	Sonne
sure (101) [ʃuə]	sicher, gewiß
surprise (121) [sə'praiz]	Überraschung
swallow (119) ['swɔlou]	(ver)schlucken
swam (76) *see:* swim	
Sweden (52) ['swi:dn]	Schweden
Swedish (5) ['swi:diʃ]	Schwede, Schwedin; schwedisch
sweep (swept, swept) (29) [swi:p (swept)]	fegen; kehren
sweet (106) [swi:t]	süß
swim (swam, swum) (35) [swim (swæm, swʌm)]	schwimmen
we had a swim (84)	wir waren zum Schwimmen
swum *see:* swim	
table (24) [teibl]	Tisch
take (took, taken) [teik, (tuk, 'teikən)]	nehmen; (weg)bringen
take off your coat (30)	ziehe(n Sie) den Mantel aus
Father takes them to school (55)	Vater bringt sie zur Schule
she must take an aspirin (62)	sie muß eine Aspirintablette nehmen
he took out a phrase-book (75)	er zog ein Vokabelheft heraus
talk (64) [tɔ:k]	sprechen, reden, sich unterhalten
tall (10) [tɔ:l]	groß
tap (30) [tæp]	Wasserhahn
taxi (122) ['tæksi]	Taxi
taxi-driver (8) ['tæksidraivə]	Taxifahrer
tea (41) [ti:]	Tee
have tea (84)	Nachmittagstee trinken
tea-cup (43) ['ti:kʌp]	Teetasse
tea-pot (43) ['ti:pɔt]	Teekanne
teaspoonful (111) ['ti:spu:nful]	ein Teelöffelvoll
teacher (4) ['ti:tʃə]	Lehrer
teeth (32) [ti:θ]	Zähne
telephone ['telifoun]	Telephon; anrufen, telephonieren
I didn't answer the phone (71)	ich ging nicht ans Telephon
he telephoned me (71)	er rief mich an
telephone number (61)	Telephonnummer
television (24) ['teliviʒən]	Fernsehen

tell (told, told) (49) [tel, tould]	erzählen; sagen
temperature (62) ['tempritʃə]	Temperatur
terrible (45) ['terəbl]	schrecklich, furchtbar
test (105) [test]	Test, Prüfung
than (109) [ðæn, ðən]	als *(nach Komparativen)*
thank [θæŋk]	danken; Dank
thank you very much (1)	vielen Dank
thank you (3)	danke
no thank you (85)	nein danke
thanks (9)	danke; vielen Dank
that [ðæt]	jene(r, s); daß
that man (10)	jener Mann
I'm afraid that I can't . . . (77)	ich fürchte, daß ich es nicht kann
I believe that . . . (91)	ich glaube, daß . . .
that's why (106)	deshalb
the (13) [ði, ðə]	der; die; das
their (16) *see:* they	
them (22) *see:* they	
then (29) [ðen]	dann, danach
there (25) [ðεə]	da, dort
there we are (39)	so, das wäre es (hätten wir)
over there (43)	dort drüben
these (15) [ði:z]	diese
they (15) [ðei]	sie
their (16) [ðεə]	ihr; ihre
them (22) [ðem, ðəm]	sie; ihnen
are these theirs? (100)	sind dies die ihrigen?
thin (10) [θin]	dünn
think (93) [θiŋk]	denken, meinen
thirsty (19) ['θə:sti]	durstig
this (1) [ðis]	dies(e, r)
this morning/afternoon/evening (57)	heute früh/nachmittag/abend
those (17) [ðouz]	jene
through (117) [θru:]	durch; hindurch
ticket (3) ['tikit]	Eintrittskarte; Fahrkarte
two return tickets (97)	zwei Rückfahrkarten
tie (12) [tai]	Schlips
till (79) [til]	bis
time [taim]	Zeit; Mal
what's the time? (58)	wie spät ist es?
four times (71)	viermal
we had a good time (84)	wir hatten viel Spaß
all the time (87)	die ganze Zeit
in five hours' time (97)	innerhalb von fünf Stunden
plenty of time (97)	sehr viel Zeit
tin (22) [tin]	(Konserven)Büchse
tired (19) ['taiəd]	müde
to [tu(:)]	zu; nach; bis
give it (= the vase) to me (39)	gib (geben Sie) sie mir
he goes to work/school (55)	er geht (fährt) zur Arbeit/Schule
he goes to bed (55)	er geht zu Bett
it's five to two (68)	es ist fünf (Minuten) vor zwei (Uhr)
she can't speak to you (71)	sie kann nicht mit dir sprechen
she went to London (75)	sie fuhr nach London
she said to herself (75)	sie sagte (zu) sich
I must go to the grocer's (81)	ich muß zum Kaufmann gehen
have you been to the cinema? (87)	warst du (waren Sie) im Kino?
she invited us to lunch (117)	sie lud uns zum Mittagessen ein
tobacco (41) [tə'bækou]	Tabak
at the tobacconist's (68)	im Tabakwarengeschäft
today (9) [tə'dei]	heute
together (55) [tə'geðə]	zusammen
tomato (50) [tə'ma:tou]	Tomate

tomorrow (85) [tə'mɔrou]	morgen
tomorrow morning (93)	morgen früh
tomorrow afternoon/evening (93)	morgen nachmittag/abend
the day after tomorrow (93)	übermorgen
tongue (61) [tʌŋ]	Zunge
tonight (57) [tə'nait]	heute abend; heute nacht
too [tu:]	auch; (all) zu (sehr)
are you French, too? (7)	sind Sie auch Franzose?
we didn't do too badly (105)	wir schnitten gar nicht so schlecht ab
not too bad (105)	gar nicht so schlecht
took (75) *see:* take	
toothache (62) ['tu:θeik]	Zahnschmerzen
top [tɔp]	höchste(r, s); oberstes Ende
at the top of the paper (105)	oben auf dem Bogen (Papier)
tourist (15) ['tuərist]	Tourist
town (69) [taun]	Stadt
train (97) [trein]	Zug
miss a train (97)	einen Zug verpassen
on the train to London (99)	im Zug nach London
tramp (115) [træmp]	Landstreicher
tree (31) [tri:]	Baum
trousers (20) ['trauzəz]	lange Hose(n)
truth (49) [tru:θ]	Wahrheit
try (89) [trai]	versuchen; (an)probieren
Turkey (54) ['tə:ki]	Türkei
Turkish (54)	türkisch
he's (she's) Turkish (54)	er (sie) ist Türke (Türkin)
turn [tə:n]	(sich) drehen
turn on/off the radio (30)	schalte(n Sie) das Radio ein/aus
turn on/off the tap (30)	drehe(n Sie) den Wasserhahn auf/zu
twice (75) [twais]	zweimal
type (32) [taip]	tippen
typist (7) ['taipist]	Stenotypistin
umbrella (3) [ʌm'brelə]	Regenschirm
uncomfortable (77) [ʌn'kʌmfətəbl]	unbequem
under (31) ['ʌndə]	unter
understand (75) [ʌndə'stænd]	verstehen
untidy (29) [ʌn'taidi]	unordentlich
up [ʌp]	(hin)auf, aufwärts, (nach) oben, hoch
hurry up! (43)	beeile dich! beeilen Sie sich!
get up (63)	aufstehen
speak up (103)	lauter sprechen
cheer up! (105)	Kopf hoch!
upstairs (13) ['ʌp'stɛəz]	oben (im Haus); nach oben, die Treppe hinauf
urgent (79) ['ə:dʒənt]	dringend
us (22) *see:* we	
U.S.A. (77) ['ju:es'ei]	
United States of America [ju'naitid 'steits əv ə'merikə]	die Vereinigten Staaten von Amerika
usually (55) ['ju:ʒuəli]	gewöhnlich, meistens
valley (35) ['væli]	Tal
vase (39) [vɑ:z]	Vase
vegetables (81) ['vedʒitəblz]	Gemüse
very ['veri]	sehr
very much (1)	sehr
thank you very much (1)	vielen Dank
I'm very well (9)	es geht mir sehr gut
village (35) ['vilidʒ]	Dorf
wait (34) [weit]	warten
walk (33) [wɔ:k]	(spazieren)gehen; laufen
wall (27) [wɔ:l]	Wand, Mauer
want (47) [wɔnt]	wollen; wünschen

war (95) [wɔ:]	Krieg
wardrobe (29) ['wɔ:droub]	Kleiderschrank
warm (51) [wɔ:m]	warm
was (67) *see:* be	
wash (34) [wɔʃ]	(sich) waschen
watch (55) [wɔtʃ]	aufpassen (auf); beobachten; zuschauen
watch (2) [wɔtʃ]	(Armband)Uhr
water (35) ['wɔ:tə]	Wasser
I must water the garden (121)	ich muß den Garten sprengen
way [wei]	Weg; Art und Weise
on the way home (69)	auf dem Nachhauseweg
can you tell me the way? (75)	kannst du (können Sie) mir den Weg sagen?
she lost her way (75)	sie verirrte sich
we (15) [wi(:)]	wir
our (15) ['auə]	unser(e, s)
us (22) [ʌs, əs]	uns
are these ours? (100)	sind dies die unsrigen?
wear (77) [wɛə]	*(am Körper)* tragen
weather (51) ['weðə]	Wetter
week [wi:k]	Woche
for a week (61)	für eine Woche, eine Woche lang
the days of the week (67)	die Wochentage
last week (67)	vorige Woche
two weeks ago (78)	vor zwei Wochen
one pound a week (113)	ein Pfund pro Woche
week-end (67) ['wi:k'end]	Wochenende
well [wel]	gut; wohl; gesund; nun
I'm very well (9)	es geht mir sehr gut
well, it's (= the tobacco) certainly not for me (41)	nun, er (= der Tabak) ist gewiß nicht für mich
as well (109)	auch
went (75) *see:* go	
were (67) *see:* be	
west (53) [west]	West(en); West-; nach Westen; westlich
wet (53) [wet]	naß
what [wɔt]	was; was für (ein); welche(r, s)
what colour is . . .? (13)	welche Farbe hat . . . ?
what's the matter? (19)	was ist los?
what about the dog? (31)	was ist mit dem Hund?, und der Hund?
what's the time? (58)	wie spät ist es?
what else? (59)	was (sonst) noch?
what's on? (87)	was wird gegeben? *(im Kino etc.)*
what a pity (111)	wie schade
when (93) [wen]	wann; wenn; als
where (25) [wɛə]	wo
which (21) [witʃ]	welche(r, s)
while (119) [wail]	während
whisky (48) ['wiski]	Whisky
white (11) [wait]	weiß
who (17) [hu(:)]	wer
whose (11) [hu:z]	wessen
why (61) [wai]	warum
that's why (106)	deswegen
wife (40) [waif]	Ehefrau
will (93) [wil]	werde, werden *(Plural)*; will, wollen *(Plural)*
window (27) ['windou]	Fenster
windy (51) ['windi]	windig
wine (48) [wain]	Wein
winner (69) ['winə]	Gewinner, Sieger
winter (51) ['wintə]	Winter
with (39) [wið]	mit
woman (10) ['wumən]	Frau

word (91) [wə:d]	Wort
work (37) [wə:k]	arbeiten
you're working hard (37)	du arbeitest (Sie arbeiten) schwer
world (95) [wə:ld]	Welt
worse (112) *see:* bad	
worst (112) *see:* bad	
worth (91) [wə:θ]	wert
would (109) [wud]	würde, würden *(Plural)*
write (103) [rait]	schreiben
writing-paper (59)	Schreibpapier
wrong (99) [rɔŋ]	falsch; unrecht
X-ray (101) [ˈeks ˈrei]	Röntgenstrahl, Röntgenbestrahlung
year (51) [jiə]	Jahr
last year (77)	voriges Jahr
the year before last (77)	vorvoriges Jahr
yellow (14) [ˈjelou]	gelb
yes (1) [jes]	ja
yesterday (71) [ˈjestədi]	gestern
the day before yesterday (71)	vorgestern
yesterday morning/afternoon etc. (71)	gestern früh/nachmittag etc.
yet [jet]	doch; noch; schon
you mustn't get up yet (63)	du darfst (Sie dürfen) noch nicht aufstehen
Y.H.A. (103) *see:* Youth Hostel	
you (1) [ju(:)]	du; ihr; sie
your (1) [jɔ:]	dein(e); euer; eure; Ihr(e)
is this yours? (99)	ist dies der deinige (eurige; Ihrige)?
young (10) [jʌŋ]	jung
Youth Hostel (103) [ˈju:θˈhɔstəl]	Jugendherberge
Y.H.A. = Youth Hostels Association (103) [ˈju:θ hɔstlz əsousiˈeiʃən]	Jugendherbergsverband
Yugoslavia (54) [ˈju:gouˈslɑ:vjə]	Jugoslawien
Yugoslavian (54) [ˈju:gouˈslɑ:vjən]	Jugoslawe, Jugoslawin; jugoslawisch
zip (99) [zip]	Reißverschluß

Key to Phonetic Transcription

Selbstlaute

[i], [e], [ɑ], [u]			sind wie im Deutschen auszusprechen
[æ]	have	[hæv]	offener, kurzer ä-Laut, viel offener als in *hätte*
[ɔ]	office	[ˈɔfis]	kurzes, offenes o wie etwa in *Sonne*
[ɔ:]	for	[fɔ:]	langes, offenes o
[ʌ]	come	[kʌm]	dumpfer a-Laut wie etwa in *Katze*
[ə]	about	[əˈbaut]	kurzes, abklingendes e wie etwa in *Liebe*
[ə:]	bird	[bə:d]	langer, offener ö-Laut wie etwa in *Mörder*

Doppellaute

[ei], [ou], [ai], [au], [ɔi], [iə], [uə]			sind genau nach dem Wert der einzelnen Laute auszusprechen ([ei] nicht mit [ai] verwechseln!)
[ɛə]	where	[wɛə]	langes ä wie in *Krähe* mit abklingendem e (= [ə])

Mitlaute

[ŋ]	wrong	[rɔŋ]	ähnlich dem deutschen ng in *Finger*
[r]	rain	[rein]	mit nach oben zurückgebogener Zungenspitze, ohne daß diese den Gaumen berührt, zu sprechen
[θ]	think	[θiŋk]	stimmloser Zahnlaut; Zungenspitze leicht zwischen obere und untere Schneidezähne drücken
[ð]	then	[ðen]	stimmhafter Zahnlaut; Zungenspitze leicht gegen die oberen Schneidezähne drücken
[v]	every	[ˈevri]	stimmhafter Laut, fast wie deutsches w

[w]	wet	[wet]	stimmhaft; u-ähnlich mit größtmöglicher Lippenrundung zu sprechen
[s]	see	[siː]	stimmloses (hartes) s wie in *Gruß*
[z]	as	[æz]	stimmhaftes (weiches) s wie in *Gesang*
[ʃ]	short	[ʃɔːt]	stimmloses (hartes) sch wie in *Schulter*
[ʒ]	garage	[ˈgærɑːʒ]	stimmhaftes (weiches) sch wie in *Gelee*

Nicht angeführte Lautzeichen sind wie im Deutschen zu sprechen. [ː] nach einem Lautzeichen bedeutet Dehnung. In mehrsilbigen Wörtern steht vor der betonten Silbe das Zeichen [ˈ].

Anhang
mit den Lektionen 121-146

Dieser Anhang ist für Lernende gedacht, die anstelle von New Concept English, Band 2, mit Mainline, Progress A, einer Variante von New Concept English, weiterarbeiten wollen.

Lesson **121**

1

CUSTOMER: Í bóught
twó expénsive díctionaries here
hálf an hóur agó,
but I forgót
to táke them wíth me.

2

MANAGER: Whó sérved you, sír?
CUSTOMER: The lády who is stánding
behínd the cóunter.

3

MANAGER: Whích bóoks did you búy?
CUSTOMER: The bóoks
which are ón the cóunter.

4

MANAGER: Díd you sérve thís géntleman
hálf an hóur agó, Miss Róberts?
He sáys he's the mán
who bóught thése bóoks.
MISS ROBERTS: I cán't remémber, sír.
The mán whom Í sérved
was wéaring a hát.

5

MANAGER: Háve you gót a hát, sír?
CUSTOMER: Yés, I háve.
MANAGER: Wóuld you pút it ón, pléase?
CUSTOMER: Áll ríght.

6

MANAGER: Is thís the mán
that you sérved, Miss Róberts?
MISS ROBERTS: Yés, sír.
I récognize him nów.

Lesson **122** Who/Whom, Which and That

1

Who served you?
The man who/that is standing behind the counter.

2

Who served you?
The woman who/that is standing behind the counter.

3

Who is making all that noise?
The men who/that are repairing the road.

4

I served him yesterday.
He is the man whom/that I served yesterday.

5

I served her yesterday.
She is the woman whom/that I served yesterday.

6

I saw them yesterday.
They are the men whom/that I saw yesterday.

7

Which book did you buy?
The book which/that is on the counter.

8

Which books did you buy?
The books which/that are on the counter.

9

Which dog is yours?
The dog which/that is carrying that basket.

Exercise

Look at these sentences:

She is the girl. *She* met me yesterday.
She is the girl *who* met me yesterday.

She is the girl. I met *her* yesterday.
She is the girl *whom* I met yesterday.

This is the book. I bought *it* yesterday.
This is the book *which* I bought yesterday.

Join these sentences in the same way. Use who, whom *or* which.
This is the car. The mechanic repaired *it* yesterday.
He is the man. I invited *him* to the party.
These are the things. I bought *them* yesterday.
He is the man. *He* came here last week.
He is the policeman. *He* caught the thieves.
She is the nurse. *She* looked after me.
She is the woman. I met *her* at the party.
I am the person. *I* wrote to you.

Lesson 123

1

BILL: Lóok, Bób.
This is a phótograph I took
dúring my tríp to Austrália.
BOB: Lét me sée it, Bíll.

2

BOB: Thís is a góod phótograph.
Whó are thése péople?
BILL: They're péople I mét dúring the tríp.

3

BILL: Thát's the shíp
we trávelled on.
BOB: What a béautiful shíp!

4

BOB: Whó's thís?
BILL: Thát's the mán I tóld you abóut.
Remémber?
BOB: Áh yés.
The óne who óffered you
a jób in Austrália.
BILL: Thát's ríght.

5

BOB: Whó's thís?
BILL: Guéss!
BOB: It's nót yóu, ís it?
BILL: Thát's ríght.

6

BILL: I gréw a béard dúring the tríp,
but I sháved it óff
whén I cáme hóme.
BOB: Whý did you sháve it óff?
BILL: My wífe dídn't líke it!

Lesson **124** (Who)/(Whom), (Which) and (That)

1

Who served you?
The man standing
behind the counter.

2

Who served you?
The woman standing
behind the counter.

3

Who is making all
that noise?
The men repairing the road.

4

I served him
yesterday.
He is the man
I served yesterday.

5

I served her
yesterday.
She is the woman
I served yesterday.

6

I saw them
yesterday.
They are the men
I saw yesterday.

7

What's this?
This is the book
I bought yesterday.

8

What are these?
These are the books
I bought yesterday.

9

What's this?
This is the kitten
I found in the garden.

Exercise

Look at these sentences:

She is the girl. I met *her* yesterday. She is the girl I met yesterday.
This is the book. I bought *it* yesterday. This is the book I bought yesterday.
This is the ship. I travelled on *it*. This is the ship I travelled on.

Join these sentences in the same way:
She is the woman. I drove *her* to London.
That's the film. I saw *it*.
That's the man. I spoke to *him*.
They are the thieves. The police caught *them*.
These are the letters. I typed *them*.
These are the people. You asked me about *them*.
These are the shoes. The boy took *them* off.

Lesson **125**

Dó you líke stóries?
I wánt to téll you a trúe story.
It háppened to a fríend of míne a yéar agó.

1

Whíle my fríend, Géorge, was réading in béd,
twó thíeves clímbed into his kítchen.

2

Áfter they had éntered the hóuse,
they wént into the díning-róom.
It was véry dárk,
so they túrned on a tórch.

3

Súddenly, they héard a vóice behínd them.
"Whát's úp? Whát's úp?" sómeone cálled.
The thíeves drópped the tórch
and rán awáy as quíckly as they cóuld.

4

Géorge héard the nóise
and cáme dównstáirs quíckly.

5

He túrned on the líght,
but he cóuldn't sée ányone.
The thíeves had alréady góne.

6

But Géorge's párrot, Hénry, was stíll thére.
"Whát's úp, Géorge?" he cálled.
"Nóthing, Hénry," Géorge sáid and smíled.
"Gó back to sléep."

7

Lesson **126** It had already happened

s

I asked the price of the car,
but they had already sold it.

t

I ran to the platform quickly,
but the train had already left.

u

He gave us our copybooks
after he had corrected them.

v

She went on holiday
after she had taken the examination.

w

She had finished the housework
before she went out.

x

We had had dinner
before they arrived.

Exercise

Look at this:

She went home. She typed the letter. *She went home after she had typed the letter.*

Join these sentences in the same way. Use after.
He dropped the vase. He took it into the living-room.
He bought another car. He sold his old one.
She swept the floor. She dusted everything.
She drank the milk. She boiled it.
He turned off the television. He saw the programme.
He went to bed. He did his homework.

Lesson **127**

KATE: Cán you récognize thát wóman, Míllie?
MILLIE: I thínk I cán, Káte.
It múst be Káren Mársh, the áctress.
KATE: I thóught só.
Whó's thát besíde her?
MILLIE: Thát must be Cónrad Réeves.
KATE: Cónrad Réeves, the áctor?
It cán't be.
Lét me háve anóther lóok.
I thínk you're ríght!
Ísn't he her thírd húsband?
MILLIE: Nó. He múst be her fóurth or fífth.
KATE: Dóesn't Káren Mársh lóok óld!
MILLIE: She dóes, dóesn't she!
I réad she's twénty-níne,
but she múst be at léast fórty.
KATE: I'm súre she ís.
MILLIE: Shé was a fámous áctress
when Í was stíll a schóolgirl.
KATE: Thát was a lóng tíme agó, wásn't it?
MILLIE: Not *thát* long agó!
Í'm not móre than twénty-níne myséłf.

Lesson **128** He can't be . . . He must be . . .

1

He can't be ill.
He must be tired.

2

It can't be my new hat.
It must be my old one.

3

She can't be Danish.
She must be Swedish.

4

He can't be a dentist.
He must be a doctor.

5

She can't be forty.
She must be fifty.

6

It can't be the 20th.
It must be the 21st.

7

He can't be the youngest.
He must be the oldest.

8

He can't be reading.
He must be sleeping.

Exercise

Look at these sentences:

He must be home before six o'clock. He has to be home before six o'clock. He must be tired.

In which of these sentences can we put has to *instead of* must:
He must be here at six o'clock.
He must be busy.
He must be at the office early tomorrow.
He must be sleeping.
He must be French.
He must be in France next week.
He must be an engineer.

Lesson **129**

1

ANN: Lóok, Hárry!
Thát políceman's wáving to you.
He wánts you to stóp.

2

POLICEMAN: Whére do you thínk you áre?
Ón a ráce tráck?
You múst have been dríving
at séventy míles an hóur.
HARRY: I cán't have béen.
POLICEMAN: Í was dóing éighty
whén I óvertóok you.

3

POLICEMAN: Dídn't you sée the spéed límit?
HARRY: I'm afráid I dídn't, ófficer.
I múst have been dréaming.
ANN: He wásn't dréaming, ófficer.
Í was télling him to dríve slówly.
HARRY: Thát's why I dídn't sée the sígn.

4

POLICEMAN: Lét me sée your dríving-lícence
and your insúrance certíficate.

5

POLICEMAN: I wón't chárge you thís tíme.
But you'd bétter nót dó it agáin!
HARRY: Thánk you.
I'll cértainly bé móre cáreful.

6

ANN: I tóld you to dríve slówly, Hárry.
HARRY: You álways téll me
to dríve slówly, déar.
ANN: Well, néxt tíme
you'd bétter táke my advíce!

Lesson **130** He can't have been . . . He must have been . . .

1

He can't have been ill.
He must have been tired.

2

It can't have been my new hat.
It must have been my old one.

3

She can't have been Danish.
She must have been Swedish.

4

He can't have been a dentist.
He must have been a doctor.

5

She can't have been forty.
She must have been fifty.

6

It can't have been the 20th.
It must have been the 21st.

7

He can't have been the youngest.
He must have been the oldest.

8

He can't have been reading.
He must have been sleeping.

Exercise

Look at these sentences:

He is very tired because he *had to* get up early this morning. He didn't get up early this morning. He *must have been* tired.

Copy these sentences. Put in had to *or* must have been.
He didn't come to work yesterday. He . . . ill.
He didn't come to the office this morning. He . . . stay at home.
I don't think she was Austrian. She . . . German.
I lost my pen so I . . . buy a new one.
He forgot his case so he . . . return home.
She didn't hear the telephone. She . . . sleeping.

Lesson **131**

ROY: Whére are you góing to
spénd your hólidays thís yéar, Hárry?
HARRY: We máy gó abróad.
I'm nót súre.
My wífe wánts to gó to Égypt.
Í'd líke to gó there, tóo.
We cán't máke úp óur mínds.
ROY: Wíll you trável by séa or by áir?
HARRY: We máy trável by séa.
ROY: It's chéaper, ísn't it?
HARRY: It máy be chéaper,
but it tákes a lóng tíme.
ROY: I'm súre you will enjóy yóursélves.
HARRY: Dón't bé só súre.
We máy nót gó ánywhere.
My wífe álways wórries tóo múch.
Whó's góing to lóok áfter the dóg?
Whó's góing to lóok áfter the hóuse?
Whó's góing to lóok áfter the gárden?
We háve thís próblem évery yéar.
Ín the énd, we stáy at hóme
and lóok áfter éverything!

Lesson **132** He may be . . . He may have been . . . I'm not sure

1

Where's Harry?
He may be in his room.
I'm not sure.

2

Where will he go?
He may go to the cinema.
I'm not sure.

3

Why is he late?
He may be busy.
I'm not sure.

4

What is he doing?
He may be reading.
I'm not sure.

5

Why was he late?
He may have been busy.
I'm not sure.

6

What was he doing?
He may have been reading.
I'm not sure.

Exercise

Read the conversation in Lesson 131 *again. Then write answers to these questions:*

1 Is Roy talking to Harry?
2 Where may Harry and his wife go this year?
3 Who wants to go to Egypt?
4 How will they travel?
5 Isn't it cheaper to travel by sea?
6 Doesn't it take a long time?
7 Why may Harry and his wife not go anywhere?

Lesson **133**

1

REPORTER: Háve you júst máde
a néw fílm, Míss Mársh?

MISS MARSH: Yés, I háve.

REPORTER: Áre you góing to máke anóther?

MISS MARSH: Nó, I'm nót.
I'm góing to retíre.
I féel véry tíred.
I dón't wánt to máke anóther fílm
for a lóng tíme.

2

KATE: Lét's búy a néwspaper, Míllie.
Lísten to thís!
"Káren Mársh: Sensátional Néws!
by our repórter, Álan Jones.
Míss Káren Mársh arríved
at Lóndon Áirport todáy.
She was wéaring a blúe dréss
and a mínk cóat.
She tóld me
she had júst máde a néw fílm.
She sáid
she was nót góing to máke anóther.
She sáid she was góing to rétire.
She tóld repórters she félt véry tíred
and dídn't wánt to máke
anóther fílm for a lóng tíme."

MILLIE: Wéll, fáncy thát, Káte!

Lesson **134** He said (that) he . . . He told me (that) he . . .

1

I'm tired.

2

What did he say?
What did he tell you?

3

He said (that) he was tired.
He told me (that) he was tired.

4

I'm reading.

5

What did she say?
What did she tell you?

6

She said (that) she was reading.
She told me (that) she was reading.

7

We want our dinner.

8

What did they say?
What did they tell you?

9

They said (that) they wanted their dinner.
They told me (that) they wanted their dinner.

10

I've finished my homework.

11

What did he say?
What did he tell you?

12

He said (that) he had finished his homework.
He told me (that) he had finished his homework.

Exercise

Read the conversation in Lesson 133 *again. Then write answers to these questions:*

1 Has Miss Marsh just made a new film?
2 Who was asking her questions?
3 What is Miss Marsh going to do?
4 Why doesn't Miss Marsh want to make another film?
5 Who bought a newspaper?
6 Where did Miss Marsh arrive?
7 What was Miss Marsh wearing?

Lesson **135**

1

REPORTER: Áre you réally
góing to retíre, Míss Mársh?

MISS MARSH: I máy.
I cán't máke úp my mínd.
I shall háve to ásk
my fúture húsband.
He won't lét me máke anóther fílm.

2

REPORTER: Your fúture húsband, Míss Mársh?

MISS MARSH: Yés. Lét me introdúce him to you.
His náme is Cárlos.
We shall gét márried néxt wéek.

3

KATE: Lóok, Míllie!
Hére's anóther repórt about
Káren Mársh.
Lísten: "Káren Mársh: The Látest.
At her Lóndon Hotél todáy
Míss Mársh tóld repórters
she míght retíre.
She sáid she cóuldn't
máke úp her mínd.
She sáid she wóuld háve to
ásk her fúture húsband.
She sáid her fúture húsband
wóuld not lét her
máke anóther fílm.
Thén she introdúced us to Cárlos
and tóld us
they wóuld gét márried néxt wéek."

4

MILLIE: Thát's sensátional néws, ísn't it,
Káte?

KATE: It cértainly ís.
Hé'll be her síxth húsband!

Lesson **136** He said (that) he . . . He told me (that) he . . .

1

I shall leave tomorrow.

2

What did he say?
What did he tell you?

3

He said (that) he would leave tomorrow.
He told me (that) he would leave tomorrow.

4

I can't do this Maths problem.

5

What did he say?
What did he tell you?

6

He said (that) he couldn't do this Maths problem.
He told me (that) he couldn't do this Maths problem.

7

I may return at six o'clock.

8

What did she say?
What did she tell you?

9

She said (that) she might return at six o'clock.
She told me (that) she might return at six o'clock.

Exercise

Read the conversation in Lesson 135 *again. Then write answers to these questions:*

1 Is Miss Marsh really going to retire, or is she still not sure?
2 She can't make up her mind, can she?
3 What is the name of her future husband?
4 When will they get married?
5 Where is Miss Marsh staying?
6 Did Miss Marsh introduce Carlos to the reporters?
7 How did Millie describe the news?

Lesson 137

JUNE: Áre you dóing the fóotball póols, Brían?
BRIAN: Yés, I've néarly fínished, Júne.
I'm súre we shall wín sómething thís wéek.
JUNE: You álways sáy thát,
but we néver wín ánything!
Whát will you dó
if you wín a lót of móney?
BRIAN: Íf I wín a lót of móney
I shall búy you a mínk cóat.
JUNE: Í dón't wánt a mínk cóat!
Í want to sée the wórld.
BRIAN: Áll ríght.
Íf we wín a lót of móney
we shall trável róund the wórld
and we shall stáy at the bést hotéls.
Thén we shall retúrn hóme
and búy a big hóuse in the cóuntry.
We shall háve a béautiful gárden and . . .
JUNE: But íf we spénd áll thát móney
we shall be póor agáin.
Whát shall we dó thén?
BRIAN: Íf we spénd all the móney
we shall trý and wín the fóotball póols agáin.
JUNE: It's a pléasant dréam
but éverything depénds on "íf"!

Lesson **138** If . . .

1

If you break this window,
you will have to pay for it!

2

If you don't hurry,
we shall miss the train.

3

If he falls,
he will hurt himself.

4

If it rains tomorrow,
we shan't go to the seaside.

5

If you feel better,
you can get up.

6

If he sells that car,
he can buy a new one.

Exercise

Read the conversation in Lesson 137 *again. Then write answers to these questions:*

1 What is Brian doing?
2 Has Brian ever won anything on the football pools?
3 What will Brian buy his wife if he wins a lot of money?
4 She doesn't want a mink coat, does she?
5 What does June want instead of a mink coat?
6 What will Brian do if he spends all the money?
7 It's only a dream, isn't it?
8 What does it all depend on?

Lesson **139**

MR GRIMES: Ís thát yóu, Jóhn?
JOHN SMITH: Yés, spéaking.
MR GRIMES: Téll Máry we shall be láte
for dínner this évening.
JOHN SMITH: I'm afráid I dón't understánd.
MR GRIMES: Hásn't Máry tóld you?
She invíted Bétty and mé
to dínner this évening.
I sáid I would bé
at yóur hóuse at síx o'clóck,
but the bóss wánts me
to dó some éxtra wórk.
I'll háve to stáy at the óffice.
I dón't knów whén I shall fínish.
Óh, and bý the wáy,
Mý wífe wánts to knów
if Máry néeds ány hélp.
JOHN SMITH: I dón't knów whát you're tálking abóut.
MR GRIMES: That ís Jóhn Smíth, ísn't it?
JOHN SMITH: Yés, Í'm Jóhn Smíth.
MR GRIMES: You áre Jóhn Smíth, the engineer, áren't you?
JOHN SMITH: Thát's ríght.
MR GRIMES: You wórk
for the Óverséas Enginéering Cómpany, dón't you?
JOHN SMITH: Nó, I dón't.
I'm Jóhn Smíth the télephone enginéer
and I'm repáiring your télephone líne.

Lesson **140** He wants to know if/why/what/when . . .

1

Are you tired?

Why are you tired?

2

What does he want to know?
What does he want to know?

3

He wants to know if you are tired.
He wants to know why you are tired.

4

Are you reading?

What are you reading?

5

What does he want to know?
What does he want to know?

6

He wants to know if you are reading.
He wants to know what you are reading.

7

Does Tom always do his homework?

When does Tom do his homework?

8

What does he want to know?

What does he want to know?

9

He wants to know if Tom always does his homework.
He wants to know when Tom does his homework.

Exercise

Read the conversation in Lesson 139 *again. Then write answers to these questions:*

1 Isn't Mr Grimes speaking to John Smith?
2 Who invited Mr and Mrs Grimes to dinner?
3 What time did Mr Grimes say he would be there?
4 Why can't he be there at six o'clock?
5 Mr Grimes doesn't know when he will finish work, does he?
6 What does Mr Grimes' wife want to know?
7 What's John Smith's job?
8 What is John Smith doing?

Lesson **141**

Lást wéek, my fóur yéar óld dáughter, Sálly,
was invíted to a chíldren's párty.
I decíded to táke her by tráin.
Sálly was véry excíted
becáuse she had néver trávelled
on a tráin befóre.
She sát near the wíndow
and ásked quéstions
about éverything she sáw.
Súddenly, a míddle-áged lády
cáme into óur compártment
and sát ópposite Sálly.
"Húllo, líttle gírl," she sáid.
Sálly did not ánswer,
but lóoked at her cúriously.
The lády was dréssed in a blúe cóat
and a lárge, fúnny hát.
Áfter the tráin had léft the státion,
the lády ópened her hándbag
and tóok out her pówder cómpact.
She thén begán to máke up her fáce.
"Whý are you dóing thát?" Sálly ásked.
"To máke myself béautiful," the lády ánswered.
She pút awáy her cómpact and smíled kíndly.
"But you are stíll úgly," Sally sáid.
Sálly was amúsed,
but Í was véry embárrassed!

Lesson **142** Someone invited Sally to a party Sally was invited to a party

1

She is embarrassed.

2

They are worried.

3

Does anyone ever repair this car?

4

Someone repairs it regularly.
It is repaired regularly.

5

Does anyone ever correct these copybooks?

6

Someone corrects them regularly.
They are corrected regularly.

7

Did anyone meet him at the station this morning?

8

Someone met him at the station this morning.
He was met at the station this morning.

Exercise

Read the story in Lesson 141 *again. Then write answers to these questions:*

1 How old is Sally?
2 Why did Sally's mother decide to take her by train?
3 Where did Sally sit?
4 Who came into the compartment?
5 How was the lady dressed?
6 What did the lady do?
7 Why did the lady make up her face?
8 Did Sally think the lady was beautiful?

Lesson 143

Í líve in a véry óld tówn
which is surróunded by béautiful wóods.
It is a fámous béauty spót.
On Súndays, húndreds of péople
cóme from the cíty
to sée óur tówn
and to wálk through the wóods.
Vísitors have been ásked
to kéep the wóods cléan and tídy.
Lítter-báskets have been pláced únder the trées,
but péople stíll thrów their rúbbish éverywhere.
Lást Wédnesday, I wént for a wálk in the wóods.
Whát I sáw
máde me véry sád.
I cóunted séven óld cárs
and thrée óld refrígerators.
The lítter-báskets were émpty
and the gróund was cóvered with
píeces of páper, cigarétte-énds, óld týres,
émpty bóttles and rústy tíns.
Amóng the rúbbish
I fóund a sígn which sáid:
"Ányone who léaves lítter in thése wóods
will be prósecuted."!

Lesson **144** He hasn't been served yet He will be served soon

1

Hasn't anyone repaired this car yet?

2

It has already been repaired!

3

Hasn't anyone corrected these copybooks yet?

4

They have already been corrected!

5

Hasn't anyone caught the thief yet?

6

He hasn't been caught yet.
He will be caught soon!

7

Hasn't anyone caught the thieves yet?

8

They haven't been caught yet.
They will be caught soon!

Exercise

Read the piece in Lesson 143 *again. Then write answers to these questions:*

1 Where does the writer live?
2 Why do visitors often come from the city?
3 What have visitors been asked to do?
4 Where have litter-baskets been placed?
5 Where did the writer go last Wednesday?
6 He saw a lot of rubbish, didn't he?
7 What did he see among the rubbish?
8 What did the sign say?

Lesson **145**

BETSY: Óh, déar!
We're lóst agáin, áren't we?
DAVID: Yés, I'm afráid só.
We réally shóuld take a máp with us
when we gó somewhere.
Well, whát are we góing to do nów?
BETSY: Perháps we óught to ásk
that lády over thére.

1

BETSY: Excúse mé.
Cán you téll us hów to gét
to the néarest únderground státion?
WOMAN: Yés, of cóurse.
Gó stráight ón
till you cóme to the tráffic lights,
thén túrn léft at the córner.
The státion is ón the ríght.
You cán't míss it.
BETSY: Thánk you véry múch.
WOMAN: Oh, thát's all ríght.

2

BETSY: Thére are the tráffic lights.
The státion óught to be
júst round the córner, then.

3

DAVID: I cán't sée it.
BETSY: Néither can Í.
DAVID: Shóuld I go báck
and ásk her agáin?

4

BETSY: Nó, lóok,
she's wáving to us.
DAVID: Whát does she wánt to téll us?

5

BETSY: Í know whát the próblem is.
We're góing the wróng wáy.
We shóuld have turned léft, not ríght!

6

Lesson **146**

They should/ought to...
They shouldn't/oughtn't to...
They should have/ought to have...
They shouldn't have/oughtn't to have...

1850

5432

13,930

22,706

35,814

40,655

58,333

69,212

70,617

87,919

99,999

106,313

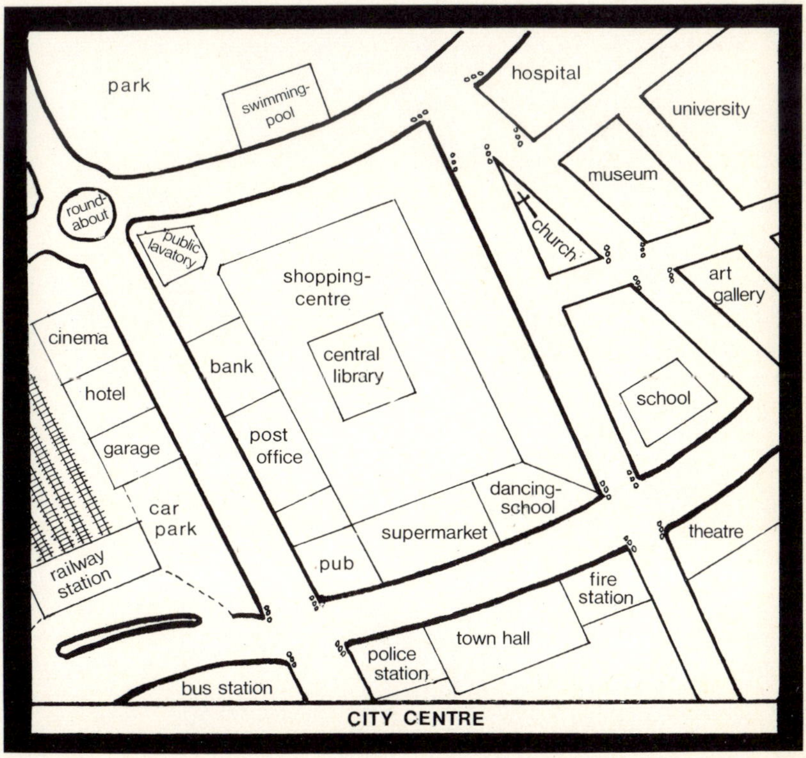

MASKE

um Texte abzudecken